불한당들의 미국사

불한당들의 미국사

새디어스 러셀

이정진 옮김

까치

A RENEGADE HISTORY OF THE UNITED STATES

by Thaddeus Russell

Copyright © 2010 by Thaddeus Russell

역자 이정진(李廷進)

이정진은 1990년대 초반부터 줄곧 서울대학교 영어영문학과에서 교육
을 받았고, 2011년에 현대 영미희곡 분야로 최종학위를 받았다. 『불한당
들의 미국사』는 역자의 '공식적인' 첫 번째 역서이고, 앞으로 축구사와
대중음악사에 관한 책을 번역할 계획이 있다.

편집, 교정 _ 권은희(權恩喜)

불한당들의 미국사

저자 / 새디어스 러셀
역자 / 이정진
발행처 / 까치글방
발행인 / 박종만
주소 / 서울시 종로구 행촌동 27-5
전화 / 02 · 735 · 8998, 736 · 7768
팩시밀리 / 02 · 723 · 4591
홈페이지 / www.kachibooks.co.kr
전자우편 / kachisa@unitel.co.kr
등록번호 / 1-528
등록일 / 1977. 8. 5
초판 1쇄 발행일 / 2012. 11. 30

값 / 뒤표지에 쓰여 있음
ISBN 978-89-7291-530-0 03940

톨리와 그의 자유를 위해서

차례

제4부 어느 편에 설 것인가?

서론

이 책은 새로운 이야기를 담고 있다.

최초의 미국사에는 주로 정치인, 군사 지도자, 발명가, 탐험가 같은 '위인들'이 등장해서 칭송을 받았다. 고등학교와 대학교의 교과서는 그 인물들에게 미국의 독특한 문화적, 제도적 특성들을 창안한 공을 돌렸다. 이 위로부터의 역사에는 여성, 인디언, 아프리카계 미국인, 이민자와 평범한 노동자, 즉 대다수의 미국인들은 거의 보이지 않았다. 1960년대와 1970년대 새로운 세대의 학자들은 노동조합 지도자, 페미니스트, 민권운동가 등 민중을 대변했던 인물들을 미국에 관한 이야기의 중심에 놓기 시작했다. 이런 새로운 조류는 '아래로부터의' 역사로 알려지게 되었다. 그러나 내게는 미국사의 새로운 스타들이 자주 과거의 위인들과 많은 문화적 가치들을 공유하는 것처럼 보였다. 그들은 선량하게 행동했을 뿐만 아니라, 자신들이 대변하려고 했던 사람들을 '교정하고자' 애썼다. 요컨대 그들은 전혀 평범하지 않았다.

『불한당들의 미국사』는 더 아래로, 즉 '새로운 사회사'가 사회의 아래라고 지칭한 것보다 더 아래로 내려간다. 이 책은 불량한 미국인들, 즉 술꾼과 매춘부, 게으른 노예와 백인 백수, 범죄자와 탈선 청소년, 대담한 동성애자 등 미국의 사회적 규범 바깥에서 살았던 사람들에 대한 이야기를 들려주며, 그들이 어떻게 세상을 지금과 같은 형태로 변화시켰고, 새로운 쾌락을 창안했으며, 우리의 자유를 확대했는지를 보여준다. 이를테면, 그 이야기는 하수구로부터의 역사라고 할 수 있다.

또한 이 책은 교과서와는 다른 방식으로 역사적 진보가 배태되는 과정을 제시한다. 미국의 역사는 단지 부자와 빈자, 흑인과 백인, 남성과 여성 간의 투쟁의 이야기만은 아니다. 미국의 역사는 공동체를 유지하는 데에 가치를 두는 쪽과 그들 자신의 욕망을 추구하는 데에 가치를 두는 쪽, 즉 점잖은 무리와 타락한 무리, 달리 말하면 도덕적 세력과 비도덕적 세력 혹은 선량한 시민과 불량한 시민 간의 충돌에 의해서도 추동되었다. 이 책은 이러한 미국 문명과 그 불만에 관한 이야기를 담고 있다.

이 책은 그 대립축의 한 편에, 보통은 우리가 근본적으로 다르다고 생각하는 사람들을 한 무리로 묶는다. 그들은 건국의 아버지, 노예 폐지론자, 위대한 자본가, 사회주의 혁명가, 참정권론자, KKK 단원, 뉴딜 지지자, 민권운동가, 그리고 보수적인 정치 지도자들로서, 이들은 모두 권력을 소유했거나 추구했다. 그 말인즉슨 이들은 사회를 통제하려고 했으며, 따라서 사회구성원들의 개인적 자유를 제약하려고 했다. '선량한' 미국인으로 이루어진 이 집단의 모든 일원은 열렬하게 노동윤리를 진작했고, 성적 자유를 단죄했으며, 퇴폐적인 소비행위를 비난했다. 따라서 권력을 추구하는 이 도덕 개혁가들과, 술집과 이민자, 노동에 저항하는 흑인, 쇼핑, 댄스홀, 로큰롤, 계속 진전된 성 혁명과 엮인 '하류문화' 사이에는 항상 갈등이 있었다.

이 책은 주류 역사에 반하는 역사이므로, 유명인의 연설에 귀를 기울이는 만큼 거리와 침실, 영화관과 술집에 많은 지면을 할애할 것이다. 독자들은 사창가와 게이 나이트클럽 안을 들여다보게 될 것이며, 노예들이 벌이는 비밀 파티를 엿보고 나서는 왜 그토록 많은 흑인들이 해방된 후에도 일하던 농장에 그대로 머무르려고 했는지를 이해하게 될 것이다. 노동을 회피하고, 경찰과 싸우며, 수치심 없이 성관계를 한 사람들도 등장할 것이다. 남자를 지배하는 매춘부와 백인이 되기 전에 마치 흑인처럼 춤을 추었던 아일랜드인, 유대인, 이탈리아인 이민자들도 등장한다. 이 모든 사례들을 통해서 독자들은 미국인의 자유가 확대되는 과정을 추적하게 될 것이다.

이 책은 기본적으로 정치철학자들이 항상 인류 역사의 중심적인 갈등으로 지목한 개인과 사회 사이의 투쟁에 관한 것이다. 지금까지 미국사를 연구한 학자들은 이 갈등을 부각시키는 데에는 거의 관심을 두지 않았으며, 이 책의 주인공들과 같은 유형의 개인주의자들에게는 더더욱 관심을 두지 않았다.

초기 미국사 분야의 대표적인 역사가들은 정착민과 원주민, 민주주의자와 왕정주의자, 노예와 노예주, 상인과 직인 간의 역동적인 긴장을 훌륭하게 서술했다. 그러나 대개 그들의 저서에는 매춘부나 악당, 술 취한 일꾼, 음란한 해적, 빈둥대는 일꾼, 혹은 게으른 노예가 단 한 번도 등장하지 않았다. 그런 부류의 사람들이 미국의 거리를 가득 메운 존재들이었음에도 불구하고 말이다. 식민지 시기와 혁명기 분야를 연구한 뛰어난 역사가들은 유럽과 미국의 경제관계, 혁명가들의 계급적 기반, 미국 혁명의 이념적 기원에 대한 대가적인 분석을 제시했다. 그러나 그들은 민주주의를 위해서 개인의 자유가 제약당하는 방식에는 거의 시선조차 주지 않았다. 그들은 왜 미국이 '자유의 수도'라는 명성에도 불구하고 빅토리아 시대의 영국보다 성적으로 더 억압되었으며, 노동윤리에 강박된 국민문화를 형성했는지 묻지 않았다.

마찬가지로 19세기의 중요한 변화도 미국사에서 다루어지지 않았는데, 특히 흑인 역사의 서술에서 그런 누락이 두드러진다. 불행히도 1960년대와 1970년대에 성년이 된 역사가들은 너무나 열렬하게 대중을 영웅으로 만들려고 한 나머지, 바로 보통사람들의 비영웅적이고 흉한 특성들이 미국 문화를 개선시킨 요인임을 이해하지 못했다. 노예제를 연구한 역사가들은 노예와 그 후예들이 빅토리아적인 억압에 대항하는 투쟁에서 선봉에 섰다는 사실을 거의 언급하지 않는다. 대신 역사 교과서에서 이 시기의 흑인은 가장 근면하고, 가장 검소하며, 가장 건전하고, 가장 가족지향적인 미국인으로 묘사된다.

미국 서부에 관한 역사서술에서도 '아래로부터의' 노선을 따르는 학자들은 이전 역사가들의 우스꽝스런 낭만주의를 미국의 팽창에 관한 훨씬 더 지적이고 냉철한 서사로 대체했다. 그러나 지금까지 출간된 서부에 대한 수십 권의 역사서에서 그곳의 역사는 쉴 없는 억압과 착취, 인종학살의 연속에 다름 아니었다. 버려진 마을, 황폐한 인디언 거주지역, 우울한 스페인 식민지, 늘어선 탄광이 주된 서술의 대상인 것이다. 그런 내용이 전적으로 '틀린' 것은 아니지만, 확실히 그 역사서들은 인간 경험을 가장 불쾌한 측면으로 축소해서 이해하고 있다. 더욱 문제인 것은, 이런 역사서술이 광부와 벌목꾼, 철도 노동자와 매춘부, 인디언과 흑인, 멕시코인, 중국인들이 누렸던 자유와 쾌락을 무시한다는 점이다. 그들은 아직 법이 미치지 않아 개방적이던 개척지 마을에서 한곳에 모여 함께 어울리는 일이 많았다.

특히 여성사를 창안한 역사가들은 여성들의 '불량한' 행태에 대해서는 지독할 정도로 침묵했다. 1, 2세대 페미니스트들에게 영감을 받아 여성에 관한 역사를 쓰게 된 1970년대와 1980년대의 여성사가들은 앞선 세대의 노선을 쫓아 성이나 오락에 대해서는 거의 언급하지 않았으며, 미국인들에게 새로운 쾌락의 세계를 가져다준 소비자 혁명을 주도한 하층계급 여성의 공로를 인정하기도 꺼렸다.

물론 이제는 대중문화, 저급한 오락물, 거리의 행인을 연구하는 역사가들이 많다. 그러나 나는 술집과 하이힐, 또는 록(rock)이 그들의 연구를 거치면서 다른 무엇인가로 탈바꿈하는 것을 볼 때 항상 당혹감을 느낀다. 역사가들이 대중문화를 소비하는 이들에게 공감하면서, 소비되는 그 품목들은 억압에 대한 '저항' 혹은 자본주의적 개인주의에 대한 '집단주의적 대안' 같은 것으로 변모한다. 단순히 '재미를 주기만' 해서는 안 되는 것이다. 대중문화에 적대적인 절대 다수의 역사가들은 위의 품목들을 그저 광고회사가 대중에게 강요하는 '소비문화'의 일부로 치부한다. 한 역사가는 광고회사에 '의식의 통제자'라는 딱지를 붙이기도 했다. 수많은 미국인들이 다양한 물품의 소비를 통해서 진정한 쾌락을 누려왔고, 삶의 질을 근본적으로 향상시켰으며, 경제학자들이 '퇴장으로 반대의사 표하기(voting with ones feet)'라고 부른 행동을 통해서 제품의 생산 여부를 결정했음에도 불구하고, 소비주의에 관한 거의 모든 저서는 소비주의에 대해서 부정적이다. 이른바 '진보적' 학자들도 대중의 '저급한' 욕망과 '흉한' 소비습관을 최초로 비판한 이들이 19세기의 부르주아 도덕주의자들이라는 사실을 모르는 듯이 글을 쓴다.

생불학적 범주가 아니라 행위로서의 성(性)은 내가 역시기로 훈련받는 동안 결코 논의되지 않았으며, 내가 박사학위를 받기 위해서 읽었던 수백 권의 책들은 모두 인간 경험의 기록을 목표로 내세우고 있었지만 그중에서 성을 논한 것은 극소수일 뿐이었다. 심리학자들이 한 세기 동안 성이 인간의 모든 사회적 행위를 규정하며, 인간은 성에 강박되어 있다고 말해왔음에도 불구하고, 역사가들이 성을 거의 언급하지 않는다는 사실은 항상 나에게 기이하게 느껴졌다. 또한 미국사 전체를 다루는 두꺼운 교과서는 명백하게 사람들이 매일 생각하고, 행하는 것, 즉 폭력을 무시한다. 그런 표준적인 역사서에서 폭력은 항상 군대와 경찰, 혹은 파업 파괴자와 인종주의자의 몫이고, '민중'은 폭력에 의존해 이익을 추구하지 않는다. 비슷하게 범죄, 특히 항상 보통사람들이 삶에서 빠지지 않는 소소한 경범죄는 현재 우리가 누리는 자유의 확장에 기여했음에도 불구하고 역사에서 누락된다.

그러나 한 가지 분명히 해둘 것이 있다. 이 책은 반항자들의 혁명을 옹호하려는 의도로 쓰이지 않았다. 만약 이 책에 나오는 영웅들이 사회를 장악했다면, 그 사회는 지옥과도 같을 것이다. 너무나 혼란스러운 사회여서 어느 누구도 안전하게 다니지 못하고, 쓰레기 수거도 제대로 이루어지지 않을 것이다. 사회의 수호자들은 자유의 적들이지만, 그렇다고 그들이 도덕적으로 문제가 있다고 주장할 수는 없다. 그들은 최선이라고 생각한 역할을 수행한 것이며, 나는 그들의 선택을 도덕적인 근거가 있는 자율적인 것으로 본다. 더욱 중요한 사실은 그들이 대다수 사람들이 중요하게 여기는 핵심적인 사회적 기능, 즉 안전과 안보, 공공위생을 제공한다는 점이다. 따라서 이 책의 주장은 '불량한' 사람들이 기강을 세우려는 사람들을 대체해야 한다는 것이 아니라, 미국사에서 개인적 자유의 폭을 결정해온 것이 이 두 세력 간의 투쟁이었다는 것이다. 나는 세계의 다른 지역에 대해서는 어떠한 주장도 하지 않을 터이지만, 때때로 어떤 나라에서는 반항자가 질서의 수호자를 압도했던 것으로 보인다. 이 나라에서는 '불량한' 사람들이 저항하고, 싸움에서 승리하면서 더 큰 자유가 열렸다.

독자들은 이 책을 읽어나가면서 과거에는 금지되었다가 반항자들의 투쟁에 힘입어 허용된 쾌락이 많다는 사실을 알게 될 것이다. 그 각각의 자유의 항목들은 이제 독자들이 각자의 삶에서 소중히 여기고, 누리기를 욕망하는 것이 되었다. 그러므로 문명화 세력에 대항하는 반항자들의 투쟁이 영원히 계속되기를 기원해야 마땅할 것이다. 그럼 이제부터 그 반항자들이 이 자유의 땅을 자유롭게 한 역사를 살펴보자.

제1부

불한당들의 미국인 되기

1

술꾼, 게으름뱅이, 창녀, 해적 그리고 여타 미국 혁명의 영웅들

1777년 봄 미국의 뛰어난 인물들이 반란 중인 공화국의, 사실상의 정부인 대륙회의(Continental Congress)의 4번째 회기를 맞아 필라델피아로 모였다. 그들은 마차에서 내려 보도에 발을 딛는 순간 매우 오랫동안 이어질 전쟁이 시작되었다는 것을 알 수 있었다. 당시 뉴욕은 벌써 영국의 수중에 떨어졌고, 영국의 정규군과 독일의 용병들은 뉴잉글랜드를 봉쇄할 준비를 마친 상태였다. 이렇듯 필라델피아를 점령해서 반란을 제압하려는 영국의 계획은 이미 개시되었다. 반면 수천 명의 독립군 병사들은 발진, 설사, 천연두와 기아 등으로 목숨을 잃었다. 그들은 병사 수와 무기 모두에서 열세였다. 그러나 미국 독립전쟁의 지도자들을 근심하게 한 것은 제국의 군사력만이 아니었다. 훨씬 더 사악하고, 끈질긴 적들이 그들이 걷는 거리에 존재했다. 그해 4월에 필라델피아에 머물던 존 애덤스(1735-1826 : 미국 독립선언서를 기초한 사람 중의 한 명이며, 미국의 제2대 대통령/역주)는 한 친구에게 보낸 편지에서 다음과 같이 썼다. "실은 기근과 전염병, 그리고 검보다 더 무서운 적이 하나 있네. 나는 너무나 많은 미국인의 마음에 만연한 타락, 즉 성적 방종을 말하는 것인데, 그것은 빛과 어둠이 서로 어울리지 않은 것 이상으로 우리의 공화국 정부와 맞지 않는다네."

17

애덤스가 옳았다. 다수, 아마도 대부분의 초기 미국의 도시주민들은 타락과 방종을 일삼았고, 건국의 아버지들(Founding Fathers)은 그 사실을 알았다. 알렉산더 해밀턴(1755-1804 : 후에 『연방주의자 논고[The Federalist Papers]』로 묶여 출간되는, 연방헌법 비준을 설득하기 위해서 발표한 일련의 정치논설을 쓴 필자 중의 한 명으로 워싱턴 행정부의 초대 재무장관을 역임했다/역주)은 미국인의 행태를 "사악하고", "더럽다"고 했으며, 새뮤얼 애덤스(1722-1803 : 독립선언서에 서명한 매사추세츠 주 대표로서 독립 후에 매사추세츠 주 지사를 역임했다/역주)는 "악덕의 소용돌이"가 이 신생국에 흐른다고 보았다. 존 제이(1745-1829 : 『연방주의자 논고』의 또 한 명의 저자이며, 건국기 동안 중요한 외교적 직책을 역임했다/역주)는 "미국인들의 행동이 '사람들은 스스로를 통치할 수 없다'는 토리당의 격언을 확인시켜주지 않을까" 하는 두려움에 대해서 썼다. 매사추세츠 의회의 의장이자 독립군의 급여 담당자였던 제임스 워런은 전쟁 중에 미국인은 "타락한 삶"을 살았다고 확언했다. 영국과의 전쟁이 본격적으로 시작되자, 존 애덤스는 거리의 광경에 심한 역겨움을 느낀 나머지 종종 미국인들에게는 자유가 아니라 죽음이 합당하다고 생각했다. 그들의 방종한 면모는 "양식과 덕성을 갖춘 사람이라면 누구나 그 혐오스런 무리들이 파멸하게 내버려두도록 만든다. 그들이 망한다면, 그것은 정의"라는 것이었다. 애덤스는 독립을 이룬 후에도 미국이 "어리석고 사악한 자들에게는 경멸과 조소의 광경이, 인류 중 지혜로운 자들에게는 슬픔과 수치의 광경이 되지 않을지, 그것도 몇 년 안에 그렇게 되지 않을지" 두려워했다. 1777년 9월, 윌리엄 하우 장군의 지휘 아래 영국 군대가 필라델피아를 함락시키던 찰나에 애덤스는 아내에게 미국이 패배했으면 좋겠다고 속내를 밝혔다. "우리의 군대가 패배하고, 우리의 포대가 전투에서 지고, 우리의 최고 사령관이 죽고, 필라델피아가 하우의 수중에 떨어진다면……그것은 그렇게 되어야 한다는 신의 섭리에 따른 것이오. 왜냐하면 그 패배가 미국 독립의 기초를 더욱 깊게 다지고, 더욱 튼튼하게 만들 것이기 때문이오. 그 패배는 미국인들의 사악함과 사치, 여성화된 취향, 정염과 구태를 없애줄 것이오. 이것들이야말로 하우보다 더 위험한 미국 독립의 적이라오."

그러나 건국의 아버지들이 타락, 방종, 패악으로 칭한 것들을, 우리는 자유라고 부른다. 독립전쟁 동안 권위에 대한 존경은 깨졌고, 새로운 도시문화가 과거에는 금지되었던 쾌락들을 제공했으며, 성은 청교도적 규제로부터 풀려나게 되었다. 간통과 흑백 간의 관계를 비롯한 혼외정사가 걷잡을 수 없이 퍼져나갔고, 그에 대한 처벌도 사라졌다. 이혼이 쉬워졌고, 그래서 늘어났다. 창녀들은 법적, 도덕적 제재 없이 자신들의 일에 매진했다. 흑인 노예들과 아일랜드계 계약직 노동자들, 아메리카 원주민들, 그리고 자유 백인들이 계급에 구애받지 않고 거리에서 함께 춤을 추었다. 항구도시에 자주 들르던 해적들은 요란한 춤판과 밤을 새는 파티를 통해 인종 간의 통합과 동성애를 아우르는 삶의 방식을 보여주었다. 유럽에서 온 방문객들은 자주 초기 미국 도시들의 "놀라운 방탕함"에 대해서 언급했다. 이들 불한당들(renegades)이 필라델피아, 보스턴, 뉴욕, 찰스턴에서 승리했고, 그들을 중심으로 미국 최초의 쾌락 문화가 성립되었다. 이전에 미국이 그토록 재미에 빠졌던 적이 없었고, 따라서 미국의 지도자들이 그토록 불쾌했던 적도 없었다.

그러나 건국의 아버지들은 미국인들이 재미는 나쁘다고 생각하게 만드는 법을 발명했으니, 그것이 곧 민주주의이다.

악덕과 방탕의 온상

18세기의 미국 도시에는 거의 모든 거리마다 부자, 빈자, 중간층과 인디언, 흑인, 백인, 남녀노소가 술을 마시고, 노래하고, 춤추고, 성교를 하며, 정치 토론을 벌이고, 도박하고, 이런저런 놀이를 하며 두루 어울리는 공간이 있었다. 건국의 아버지들은 예리하고 고통스럽게 그 사실을 인식하고 있었다.

1777년 대륙회의의 회기 동안 존 애덤스는 매일 아침 자신의 살찐 몸을 반바지와 조끼에 우겨넣은 후에 나막신을 신고, 하얀 가발까지 갖춰 쓴 뻣뻣한 모습으로 집을 나섰다. 그는 월넛 가의 숙소에서 4블록을 걸어, 5, 6번 가 사이의 (지금은 독립기념관이 된) 펜실베이니아 의회로 향했다. 그는 도중에 160개 이상의 필라델피아 술집들 중 최소한 20여 개의 술집을 지나쳤을 것인데, 당시 그 도시에는 2만4,000명 정도가 거주하고 있었다. 게다가 필라델피아에는 비허가 술집도 상당했으므로, 최소한 인구 100명당 술집 1개가 있었다는 계산이 나온다(반면 2007년에는 술을 판매하는 업소가 인구 1,071명당 1개였다). 같은 시기에 미국의 다른 도시들은 술집의 밀도가 이보다도 더 높았다. 1770년대 뉴욕에는 도시의 모든 인구를 동시에 수용하기에 충분한 정도의 술집들이 존재했다. 18세기 중반 보스턴의 경우 주택 8채당 술집이 1개 있었다고 추정되기도 한다. 샤론 V. 샐린저는 『초기 미국의 술집과 음주(*Taverns and Drinking in Early America*)』라는 저서에서 "도시는 술집으로 가득했다"고 썼다.

만약 애덤스가 어느 날 아침 새로운 공화국을 세우러 가는 길에 그 술집들 중 한 곳에 들렀다면, 그는 무엇을 보았을까? 그 술집이 하층계급의 거주지인 월넛 가에 있었다면, 그곳은 대부분의 필라델피아 주민이 찾는 평균적인 모습이었을 것이다. 애덤스는 입구 앞에서부터 백인들이 켜는 아일랜드식 바이올린 소리와 더불어, 흑인들이 드럼과 래틀(rattle : 타악기의 일종으로 나무로 만든 톱니바퀴를 돌리면 연속적으로 짤랑짤랑하는 소리가 남/역주), 나무토막을 두드려 내는 요란한 아프리카 리듬을 들었을 것이다. 애덤스가 들었을 노골적으로 성적이며, 혼종적인 그 소리는 바로 미국 최초의 파티용 도시 음악이었다. 문을 여는 순간 애덤스는 헐거운 나무 바닥이 춤추는 이들로 인해서 진동하는 것을 느꼈을 것이다. 일단 안으로 들어서면 그 정치인의 귀는

하층계급이 출입하던, 전형적인 미국 초기 도시의 술집을 그린 스케치. 이런 술집 풍경 묘사에는 자주 흑인과 백인이 뒤섞여 요란한 춤을 추었고, 여성 또한 빠지지 않았다. 하우저 마틴 게일의 『대양 이야기(Tale of Ocean)』(1840)에서.

주고받는 노랫소리와 잔이 부딪혀서 깨지고, 요란하게 웃음을 터트리며, 각종 음란한 단어들을 외치는 소리의 습격을 피할 수 없었을 것이다. 그는 고약한 쉰 맥주 냄새와 럼에 물을 탄 그로그 주의 달달한 향기를 흠뻑 맡았을 것이다.

애덤스는 체구가 작았음에도 불구하고, 담배연기 자욱하며, 땀 냄새 물씬 나는 그 좁은 공간에서는 모든 소리가 울려퍼지고, 모든 사람이 아주 가까이 붙어 있어야 했기 때문에 비좁고 불편한 느낌을 피할 수 없었을 것이다. 그러나 그 공간이 강요하는 친밀감이 이 건국의 아버지에게 가장 큰 충격을 주지는 않았을 것이다. 그곳이 18세기의 하층계급이 출입하던 전형적인 도시의 술집이었다면, 애덤스는 흑인과 백인이 나란히 앉아 음악에 맞추어 긴 탁자를 두드리는 모습도 보았을 것이다. 그는 백인 여성이 흑인 남성과, 흑인 여성이 백인 남성과 춤추는 것도 보았을 것이다. 그 광경은 창녀들이 공개적으로 수치심 없이 장사하는 모습이었다. 그리고 그 술집의 바에서 술을 따라주는 여성이 그 공간의 주인일 공산이 컸다. 애덤스가 목격한 것은 이제 막 꽃을 피우기 시작한 불한당들의 미국이었으며, 그 순간 그는 무엇이 공화국의 적인지 알게 되었을 것이다.

독립전쟁 중에 15세 이상의 미국인들은 매년 6.6갤런의 순수 알코올을 소비했다고 추정되는데, 그렇다면 그들은 매일 80도짜리 독주를 5.8잔씩 마셨다는 계산이 나온다. 그 수치는 그 자체로도 엄청나지만, 거기에는 맥주 소비는 제대로 반영되지도 않았다. 그래서 역사가 W. J. 로라보는 독립전쟁 시기를 미국의 "위대한 폭음(great alcoholic binge)"의 초창기라고 칭했다.

독립전쟁이 끝나고 나서도 음주에 대한 도덕적, 법적 규제는 실질적으로는 전무했다. 역사가들은 식민지 시대의 기록에서 술집에서의 난동으로 처벌을 받은 사례를 거의 찾지 못했다. 뉴욕에서는 18세기 내내 그런 죄목으로 법정에 선 피고가 단 한 명도 없었다. 샐린저는 이것은 "치안판사들이 술주정을 처벌이 필요한 죄목 명단의 높은 순위에 두지 않았기" 때문이라고 결론을 내린 바 있다. 실제로는 오히려 음주가 장려되던 상황이었다.

다시 애덤스에게로 돌아오자. 그는 출근길에서 하루의 일과를 시작하기도 전에 술을 마시거나 아예 작업을 접고 술을 마시는 사람들도 보았을 것이다. 가구나 신발, 마차, 연장 등 초기 미국 경제의 필수품들을 제작하는 작업장을 지나갈 때, 애덤스는 장인들의 작업대 위에 연장과 함께 놓여 있는 술잔을 볼 수 있었을 것이다. 음주와 노동의 공존은 용인되었을 뿐만 아니라 흔한 광경이었다. 온갖 분야의 노동자들은 일하는 내내 맥주를 마셨으며, 자주 독주를 마시면서 휴식 시간을 가졌다. 건설 노동자들과 조선공들은 고용인이 휴식 시간에 맥주를 제공할 것으로 기대했다. 역사가 피터 톰슨에 따르면, 초기 미국 생산업의 관리자들인, 고도의 기술력을 갖춘 직인들조차도 "대량의 음주를 권리이자 특권으로 열렬히 옹호했다.”

초기 미국 경제에서는 고용주가 아니라 노동자들이 언제 출근하고 언제 퇴근할지를 결정했다. 먹고 마시고 낮잠을 즐길 수 있는 충분한 오후의 휴식 시간은 당연한 것이었다. 18세기 노동자의 주간 일정에서 일요일 다음 날은 “성 월요일(Saint Monday)”로 불렸으며, 사실상 또 하루의 휴일이었다. 이런 현상에 분노한 벤저민 프랭클린은 그 휴일이 “일요일만큼이나 엄격하게 노동자들에 의해서 준수되고 있는데, 유일한 차이라면 그날 노동자들은 돈을 쓰지는 않는 교회에서 보내는 대신, 술집에서 돈을 낭비한다는 점”이라고 썼다. 「뉴헤이븐 가제트(New Haven Gazette)」의 한 기사는 고용주들은 노동자들이 절주하기를 간절히 바랐지만, “노동자들은 매일 낮에 1파인트나 반 파인트의 맥주를 마시고, 밤이면 월급의 반을 럼 주를 마시는 데에 허비한다”고 썼다. 18세기 내내 청교도의 영향력이 강하게 남아 있던 뉴잉글랜드에서조차 술집들은 종종 교회 옆에 자리잡고 있어서 신도들도 예배 전후에 술을 한 잔씩 마셨다.

술집 문화는 권위와 기강을 부정했다. 1714년 보스턴의 한 술집에서 벌어진 사건은 전형적이다. 문을 닫는 시간임에도 계속 술을 마시려고 한 일군의 애주가들 때문에 한 판사가 현장으로 불려가게 되었다. 다음은 그 판사의 기록이다. “무리가 많았다. 그들은 집에 가기를 거부했다. 여왕의 건강을 기원하고자 술을 마신다고 했는데, 그밖에도 건강을 기원해줄 사람이 많은 듯했다. 그들은 더 많은 술을 주문했다. 나를 위해서도 건배를 했는데, 도발하는 듯한 태도를 느꼈다. ……그중 몇 사람에게는 감옥에 보내겠다고 겁을 주었지만, 꿈쩍도 하지 않았다. ……내 말을 듣지 않으면 반란죄에 해당될 수 있다고 말했다.” 그제야 그 술꾼들은 그곳을 떠났다. 대륙군대의 장교이자 필라델피아의 술집에 자주 들렀던 알렉산더 그레이든은 술집 손님들에게서 “성실하고 노력하는 자들에 대한 우월감에 찬 경멸”을 보았다. 이런 종류의 불경은 식민지 모든 주에서 두루 나타났다. 1751년 버지니아 주의 한 성직자는 술집에 대해서 다음과 같은 불만을 토로했다. "술집들은 가장 쓰레기 같은 인간들이 모이고 만나는 곳이 되었다. 각 마을에서 가장 게으르고, 방탕한 작자들을 그곳에서 찾을 수 있다. 그런 곳에서는 돈과 시간이 아무 보람도 없이 헛되게 낭비될 뿐만 아니라, (더 문제인 것은) 금지된 불법 놀이와 게임, 오락이 거의 끊임없이 행해지고, 구경거리가 된다는 사실이다. 즉 카드와 주사위 도박, 경마, 닭싸움 등을 포함한 모든 종류의 악습과 악덕이 행해지고 있다."

그것은 수치를 모르는 집단문화였다. 저명한 버지니아 주의 정치 지도자이자 농장주인 윌리엄 버드 2세는 1710년의 어느 봄날 윌리엄스버그에서 겪은 일을 일기에 적었다. "몇 사람이 재판정에 왔는데, 궂은 날씨와 질병에도 아랑곳하지 않고 술에 취해 있었고, 교회 묘지에서도 취객 몇몇을 보았다." 그해 여름에 버드는 재판소에 우편물을 가지러 갔는데, "그곳에 있던 대다수의 사람들은 술에 취해 있었다." 또한 그는 "밤이 깊어지도록 거리에서 취객들이 내는 소음 때문에" 잠을 잘 수 없었다고 쓰기도 했다. 버드는 이런 행동을 비난하기는커녕 그 문화에 일조했다. 그는 민병대의 소집 훈련에 참여하는 동안 63갤런들이 큰 통에 럼 펀치를 가득 담아와 나눠주었다. "모든 사람들이 즐거워했다. 사람들은 저녁 내내 술에 취해 서로 치고받았지만, 큰 불상사는 없었다." 이렇듯 공식적 행사에서도 다량의 알코올을 소비하는 것이 정상적인 일이었다. 역사가 샐린저는 "버지니아 주에서는 대부분의 행사에 흥을 돋우는 다량의 음주가 빠지지 않았다"라고 썼다.

이런 음주문화는 모든 사람의 자유를 확대시켰지만, 특히 흑인에게 그러했다. 1732년 필라델피아 시의회는 "특히 일요일에 벌어지는 흑인 노예들의 요란한 모임이 잦아진 것"에 대해서 경계를 촉구했다. 의원들은 그런 모임을 규제할 법령의 필요성을 논의했지만, 그에 대한 입법은 한 건도 없었다. 1740년대 총독들은 무리지어 술을 마시며 어울리는 엄청난 수의 흑인들에 대한 탄원을 들었다. 그러나 역사가 제시카 크로스에 따르면, "결국 시의회는 노예들의 음주에 대해서 어떠한 조치도 취하지 않았던 것으로 보인다." 1744년 벤저민 프랭클린이 주재했던 대배심(grand jury : 일반시민이 재판에 참여하여 기소 여부를 결정하는 배심제의 한 종류/역주)은 필라델피아에는 주택 10여 채당 1곳에서 독주를 팔며, 그 대부분은 "악덕과 방종의 온상"이라고 추정했다. 그 술집들은 손님을 두고 치열한 경쟁을 벌였기 때문에 전반적으로 "도제와 하인늘, 심지어는 흑인들에게도 장사를 하려는 깊은 유혹을 느꼈다."

하층계급이 출입하던 술집은 미국에서 최초로 인종 간의 만남이 공개적으로 이루어진 장소였다. 연방정부가 강제력까지 동원하여 흑인과 백인, 원주민들을 한데 모으기 몇 세기 전에 이미 그들은 그곳에서 서로에게 이끌려 함께 어울렸다. 모든 식민주의 법률은 흑인의 술집 출입을 금지했지만, 술집 주인들과 백인 손님들, 자유 흑인과 노예들마저도 자주 그 법률을 무시했다. 이 시기의 법정 기록은 식민지 전체에 걸쳐 술집에서 인종 간의 경계가 무시되었다는 것을 말해준다. 1707년 뉴저지 주 벌링턴의 대배심 판결이 전형적인 사례이다. 윌리엄 케일이라는 한 남성은 "술집을 하나 운영했는데,……다양한 부랑자들과 범죄 관련 사실이 의심되는 게으른 작자들을 손님으로 받고, 숨겨주면서 도왔다. 그밖에도 그 마을 주민들의 하인들과 노예들도 그 가게의 손님이었다." 법 집행자들의 간헐적인 공격은 다양한 피부색의 사람들이 미국의 술집으로 흘러드는 것을 거의 막지 못했다. 다시 말하자면 술집의 품위가 떨어질수록 인종 간의 어울림이 용이했다. 따라서 이런 현상은 평판이 나빴던 뉴욕의 술집에서 가장 두드러졌다. 그곳에서는 미국 역사를 통틀어 가장 저질의 '쓰레기(scum)' 장사치들이 인종 간의 경계를 가볍게 무시했다. 다음은 샐린저의 정리이다. "모든 식민주는 공공질서를 어지럽히는 술집을 처벌한다고 했지만, 실상은 허가 없이 술을 팔거나 사창을 운영하는 등 다양한 위법 행위가 벌어지고 있었다. 그중에서도 뉴욕의 술집은 독보적이었다. 뉴욕의 술집 하면 무엇보다도 다양한 인종의 손님들(multi-racialness)이 연상되기에 이르렀던 것이다." 술집에서 허용되던 그런 자유는 때때로 거리로도 흘러나갔다.

존 휴슨은 문맹에 도둑질을 일삼는 쓰레기였고, 더불어 미국의 자유를 진작시킨 알려지지 않은 영웅 중 한 사람이었다. 나중에 세계무역 센터 빌딩이 들어서게 되는 자리 근처에 위치한 휴슨의 술집은 더럽고 허름했으며, 밤마다 뉴욕의 막장 인생들이 모여드는 곳이었다. 그곳은 다른 모든 비슷한 술집들과 마찬가지로 자유와 욕망이 넘실대서 창녀 같은 여성과 야수 같은 이민자, 그리고 대충 일하고 관능을 탐하는 노예들을 불러들였다. 인근 주민들은 요란한 노래와 고함, 욕하고 떠드는 소리와 북과 바이올린이 동원된 시끄러운 음악, 그리고 춤추는 무리들이 내는 소음뿐만 아니라 그 술집이 끌어들이는 밑바닥 군상들에 대해서 불만을 토로했다. 기록에 의하면, 휴슨의 술집은 자유 흑인과 노예들에게 "(법을 무시하면서) 쉬고, 놀 수 있는" 공간을 24시간 내내 제공하는 다수의 술집들 중의 하나였다. 판사에 따르면, 이렇듯 술을 판매하고 상업적 성을 조달하는 자들이 저지르는 가장 중대한 범죄는 "흑인들의 시중을 들고, 그들과 어울리고, 술과 고기와 잠자리를 제공함으로써 그들을 백인들과 동등한 인간으로, 심지어는 더 우월한 인간으로 만드는 것"이었다. 휴일이나 일요일이면 휴슨은 그 흑인 무리들이 왕처럼 굴 수 있는 연회를 열었다. 한 목격자는 "그들 모두 탁자에 앉아 거위고기, 양고기, 닭고기와 빵"을 먹었다고 말했다. "휴슨이 통에서 럼을 한 병 퍼와서 탁자 위에 올려놓으면, 펀치 두 접시가 만들어졌다. 어떤 이는 럼만 한 잔씩 마시기도 했으며, 그러면 금세 옷들을 벗기 시작했다."

일군의 노예들은 정기적으로 훔친 물건을 휴슨과 사고팔았다. 거래항목에는 그 노예들의 사교 모임이었던 제네바 클럽에 이름을 제공한 네덜란드산 제네바 진도 상당량 포함되어 있었다. 술집 이 층의 몇몇 방은 세를 주었는데, 그곳에 살던 사람 중에는 "샐린버그 혹은 케리라는 가명을 썼으며, 흔히 페기라고도 불렸던 마거릿 소루비로도 있었는데, 그녀는 뉴펀들랜드의 아일랜드 미녀로 이름을 날렸다." 페기는 흑인 고객을 선호한다고 알려진 매춘부였으며, 그녀의 방세는 제네바 클럽의 리더였던 시저가 지불했다. 그녀는 그의 아이를 낳기도 했다.

1741년 3월 18일 뉴욕의 총독 관저 지붕에서 화염이 솟구쳤다. 화재는 급속하게 인근 포트 조지의 포병부대로 번졌다. 그 기지에 살던 다수의 병사들과 민간인 근무자들은 화약고가 폭발할 것을 두려워하며 도망갔다. 화재는 이 건물에서 저 건물로 옮겨 붙으며 교회와 사무실, 막사를 전부 태워버렸다. 해가 저물었을 때, 그 기지 안의 시설은 전소되었다. 일주일 후에는 영국 해군의 대위 피터 워런의 집에 화재가 발생했다. 그 다음 달에는 뉴욕 전체에 화재가 난 듯했다. 도시 곳곳의 주택과 마구간, 그리고 창고가 화염에 휩싸였고, 더불어 "깜둥이들이야! 깜둥이들이 했어"라는 외침도 퍼져나갔다. 치안판사는 그 도시에 새로 이주해온 노예들을 모두 잡아 투옥시켰다. 얼마 지나지 않아 두 명의 여성이 "불이 났네, 불이 났어! 태워라, 태워버려라! 조금씩, 차례로!"라고 노래하며 춤추는 흑인 세 명을 보았다고 신고했다. 그 흑인들은 체포되어, 고문을 당했고, 화형에 처해졌다. 존 휴슨의 계약 일꾼이었던 열여섯 살의 메리 버턴은 당국에 그녀의 주인인 페기가 시저를 비롯한 제네바 클럽 일당과 함께 "도시에 불을 내서, 우리 모두를 죽이려고" 공모했다고 진술했다. 혐의를 받은 공모자들 전부는 공개적으로 화형 혹은 교수형을 당했다. 그러나 그들이 형성에 일조한 문화는 살아남았다. 그 문화는 왕이 통치하는 사회질서보다는 공화국의 억압적인 자기 통치에 훨씬 더 위협적인 것으로 밝혀졌다.

사생아, 매춘부, 그리고 미국의 (성)혁명

애덤스가 제2기 대륙회의 기간 동안에 묵었던 집 인근의 필라델피아의 월넛 가에는 60여 곳가량의 사창이 모여 있었다. 그 사창가는 혁명정부의 수도에서 공개적으로, 또 합법적으로 영업을 하고 있었다. 애덤스는 의회로 가는 도중에 거의 틀림없이 자신들의 가게를 홍보하는 창녀들에게 제안을 받았을 것이다. 그들은 가슴을 보여주면서 '재빨리 즐기거나', '느긋하게 즐기지' 않겠냐고 물었을 것이다. 그들 중에는 흑인이나 인디언들도 다수 포함되어 있었고, 몇몇은 유대인이었으며, 많은 수가 아일랜드계였다. 심지어 백인 매춘부까지 포함한 이 직군의 여성들은 가장 적극적으로 피부색의 경계선을 횡단하려는 부류로 널리 인식되었다. "흑인이라도 별로 개의치 않는다"는, 1765년에 쓰인 어느 시의 구절은 길거리에서 영업하는 매춘부들의 고객 선정기준을 말해준다. 이어지는 구절은 "쓸 돈이 있기만 하다면, 그와 함께 하겠다"이다. 역사가 클레어 라이언스에 따르면, "계급과 인종을 막론하고 많은 이들이 술집과 사창가, 흑인들의 술집을 방문해 성적 모험을 추구했다." 「펜실베이니아 가제트(*Pennsylvania Gazette*)」에 따르면, 이런 곳에는 "백인, 흑인, 물라토 할 것 없이 도시의 가장 방종하고 게으른 인간들이 모여……야단스럽게 놀았고 동이 틀 때까지 춤을 추었다." 또한 그곳은 애인끼리 처벌 없이 성관계를 할 수 있는 장소였다. 그런 술집들 중 다수는 존 요크 같은 아프리카계 미국인이 운영했다. 그는 필라델피아에서 가장 인기 있던 사창을 운영했는데, 백인 단골도 많았다.

라이언스는 미국 혁명기에 "개인들은 성적 관계를 쉽게 시작하고, 또 거기서 쉽게 벗어날 수 있었으며, 폭넓은 사회계층이 그런 관계를 수용했다"고 썼다. 매춘은 법적으로든, 문화적으로든 거의 처벌을 받지 않았다. 창녀들은 연감(年鑑)에 수록되는 이야기, 연극 무대, 노래와 시에 자주 등장했으며, 그럴 때 악녀뿐만 아니라 주인공인 적도 많았다. 그러나 그들은 신문의 범죄 기사나 법정 기록에는 거의 나타나지 않았다. 1760년대와 1770년대 필라델피아에서 매춘으로 처벌받은 여성은 고작 3명뿐이었다. 라이언스에 따르면, 매춘은 필라델피아의 초기 역사에서 번성했고, "18세기 후반 필라델피아에서 가장 흔한 혼외정사의 형태였다." 독립전쟁 이후 매춘에 대한 처벌은 증가했지만, 어디까지나 서서히 증가했다. 1790년대 매춘부는 "거리를 가득 메웠고, 사창은 모든 거주지역에 존재했다." 당시 매춘 혐의로 체포되는 여성은 평균적으로 매달 2명 이하였다. 필라델피아를 방문한 외국인들도 혁명의 수도에 편재하는 창녀의 존재를 언급했다. 한 젊은 브라질인이 1798년 일기에 "필라델피아에는 매춘이 너무나 번성해서 밤마다 거리를 북적이게 할 정도인데, 어떤 여자가 남자 없이 홀로 있다면 슬쩍 보기만 해도 그녀의 직업을 식별할 수 있다"라고 썼다. 한 프랑스 여행자는 1790년대에 "엄청난 숫자의 유부남들"이 사창가를 "난봉을 피우는 수단"으로 애용했다고 기록했다. 성은 사창가뿐만 아니라 술집의 뒷방, 극장, 골목길, 감옥, 그리고 종종 거리에서도 거래되었다. 많은 성행위가 공개적으로 이루어져서, 행인이 볼 수 있었다. 혁명 중인 미국에서 성행위는 당당했고, 수치와는 거리가 멀었다.

특히 여성들은 성과 얽혀 있는 수치심에서 풀려났다. 남편이 만족시키지 못하면, 아내는 자유롭게 남편을 떠날 수 있었다. 1797년 루이자 러빙거는 청교도 시대였다면 사형으로, 빅토리아 시대였다면 투옥이나 따돌림으로 처벌받았을 간통을 저질렀지만, 자신의 행동을 정당화했다. 한 이웃이 자신이 한 일이 부끄럽지 않느냐고 묻자, 러빙거는 그렇지 않다며 이렇게 답했다. "남편은 일주일 내내 술집에서 시간을 보냈고, 나는 남편을 본 적도 별로 없었어요. 나는 그 작자와 더 이상 살고 싶지 않습니다." 엘리너 라이트우드는 1788년 "작고 못 생겼다"는 이유로 남편을 버렸고, "남편보다 훨씬 더 잘나 보이는 사람을 여럿 만났다." 엘리자 맥두걸은 남편이 멀리 배를 타고 나가 있는 동안, 딴 남자를 만나 아이를 낳았다. 남편이 돌아온 후 둘 사이에는 이런 대화가 오갔다고 엿들은 사람들이 증언했다. "여보, 그 아이의 아버지가 누구인지만 말해준다면 모든 일을 용서하겠소"라는 남편의 요청에, 그녀는 "당신보다 나은 남자의 자식이야"라고 답했다는 것이다. 이후에는 아주 잠깐이라도 매춘부로 일하고 나면 평생 낙인이 따라다녔지만, 이 신생 공화국에서는 그 직종에 잠깐 몸담았다고 해서 결혼이나 품위 있는 삶을 영위하는 데에 장애가 되지 않았다. 이 시기에 일부 매춘부들은 상류사회 자제와 결혼하기도 했다. 1809년 바로 펜실베이니아 식민지 설립자의 증손자인 윌리엄 펜은 필라델피아에서 '시 공통의 매춘부'로 알려진 한 여성과 결혼했지만, 지역 엘리트들 사이에서 위신을 잃지 않았다.

다른 초기 미국 도시들에서의 성생활 역시 크게 다르지 않았다. 1774년 뉴욕을 방문한 영국인 패트릭 M. 로버츠는 세인트폴 성당 근처에서 성을 사고파는 일이 너무나 자연스러운 것을 보고 충격을 받았다. 세인트폴 성당은 뉴욕이 미국의 수도였던 2년간 조지 워싱턴이 직무를 수행하던 곳이었다. "쾌락을 파는, 500명 이상의 여성들의 숙소가 자유의 성소인 세인트폴 성당에 인접해 있었다. 시의 이 구역은 교회에 속했고, 성스러운 땅(Holy Ground)이라고 불렸다. 바로 그곳에 모든 매춘부들이 거주했고, 그중 다수가 세련되게 차려입었다. 그들이 영국이나 아일랜드의 비슷한 부류들보다 서로 훨씬 더 다정한 사이라는 점 또한 주목할 만하다." 역시 인근에 위치한 (컬럼비아 대학교의 전신인) 킹스 칼리지가 매춘부들에게 많은 고객을 제공했다. 매춘부들은 "그 앞으로 지나갈 일이 잦은 어린 청년들을 유혹했다." 영국군의 장교이자 귀족인 아이작 밴즈는 1776년에 왜 병사들 절반이 "짐승보다 못한 존재들과 친밀한 관계"를 맺으려고 하는지를 알아내고자 그곳을 방문조사했다. 그는 그곳의 매춘부들을 직접 만나본 후에 다음과 같은 기록을 남겼다. "나는 그들을 보자마자, 그 누구도 그들보다 무례하고 건방지지 않을 것이라고 생각했다. 그들을 더 깊이 알게 될수록 그들의 야만적인 면이 더욱 두드러졌다." 프랑스인 모로 드 생 메리는 1794년 뉴욕을 방문하고 나서 다음과 같이 썼다. "자신들의 직업에 매진하는 매춘부들이 거리 전체를 점령하고 있었다. 특히 밤 10시가 넘으면 온갖 피부색의 여성들이 더 이상 뻔뻔할 수 없는 방식으로 음란함을 과시하며 남자들에게 호객행위를 하는 것을 볼 수 있었다." 비슷한 광경은 볼티모어의 펠스 포인트나 보스턴 북부의 앤 가(街)에서도 목격되었다.

미국의 도시가 난봉꾼들의 천국이었다는 증거는 말 그대로 도시의 거리를 활보하고 다녔는데, 바로 도시마다 결혼을 거치지 않고 태어난 수천 명의 아이들이었다. 미국사에서 독립전쟁 전후 시기만큼 인구당 사생아의 수가 많았던 적은 없었다. 라이언스는 필라델피아에서만 1767년에서 1776년 사이에 대략 성인 38명당 1명이 사생아를 낳았다고 추정한다. 전쟁 후에 혼외정사는 더욱 빈번해진 듯하다. 1790년부터 1799년까지는 대략 성인 20명당 1명이 사생아를 낳았다. 그 다음으로 기록이 남아 있는, 1805년부터 1814년까지 10년 동안에는 대략 성인 10명당 1명에게 사생아가 있었다. 같은 기간 동안 필라델피아의 인구는 세 배로 늘어났지만, 사생아의 수는 열 배나 늘었다.

성적 방종은 초기 미국 도시들에서 만연했다. 18세기 후반 필라델피아에서 사생아를 낳은 1,000명 이상의 여성들 가운데 동일한 남성과의 사이에서 2명 이상의 자녀를 둔 사람은 5명뿐이었다. 상층계급의 도덕주의자들은 늘어나는 사생아가 하층계급의 무분별한 성행위 때문이라고 비난했다. 그들의 말은 옳았다. 아버지의 경제적 지위를 확인할 수 있는 경우 중에서 25퍼센트는 너무나 가난해서 세금을 내지 않았다. 34퍼센트는 최저 등급인 1-2파운드의 세금만 납부했다. 30퍼센트는 3-8파운드의 세금을 내기는 했지만, 그들의 직업은 도축업자, 제빵 기술자, 목수, 대장장이, 모자 기술자, 소목장(小木匠), 벽돌공, 가죽가구 제조공, 방직공, 학교 선생 등이었다. 존 애덤스가 필라델피아나 뉴욕, 보스턴의 상점이나 서점을 방문했다면, 이런 직종에 종사하는 인간들이 자신보다 더 재미있게 산다는 증거를 목격했을 것이다. 양의 창자로 만든 콘돔과 외설적인 내용의 연감, 그리고 성병을 치료하기 위한 다양한 알약과 약들이 진열장에 가득했다. 다수의 기록에 의하면, 그런 물품들은 초기 미국 소매업의 표준적인 상품이었다.

이 모든 사실은 초기 미국 도시에서 살던 여성들, 특히 가난한 여성들이 난잡한 창녀였으며, 가난한 남성들은 상층계급 남성들보다 더 동물적이었다는 것을 말하는가? 그렇다고 할 수 있다. 그러나 개인적 자유를 소중히 여기는 사람이라면, 이들을 영웅으로 생각해야 한다.

매춘을 금지하는 법률과 마찬가지로 혼외정사나 간통을 금하는 법률은 혁명기에 대개는 무시되었다. 필라델피아에서 1790년에서 1799년 사이에 흑백 간의 정사로 체포된 커플은 딱 1쌍이었고, 공공장소에서 성교를 하다가 법정에 선 커플은 2쌍뿐이었다. 그리고 동의하에 성교를 한 성인 백인이 체포된 적은 단 한 번도 없었다. 그렇지만 당시 상당수의 필라델피아 시민들이 불륜을 저질렀다고 말해주는 증거는 풍부하다. 이혼 소송 중에 드러난 간통 건의 70퍼센트는 형법에 의거한 처벌을 피할 수 있었다.

청교도주의가 강고했던 뉴잉글랜드에서도 혼전 성교는 18세기 후반에 눈에 띄게 증가했다. 이 지역을 방문한 유럽인들은 노소를 막론한 성적 자유를 보고 충격을 받았다. 1780년대 매사추세츠 주를 여행한, 프랑스 군인 알렉산드르 베르티에는 이렇게 썼다. "여행 중에 나는 몇 번 어느 집의 침실에 들어간 적이 있었는데, 그럴 때마다 엉켜 있던 남녀는 동요 없이 솔직한 사랑의 행위를 계속했다." 관찰자들은 청춘 남녀들 간의 친밀성에 대해서 부모나 나이든 사람들이 보이는 관대함에 가장 놀라워했다. 독일의 여행가 요한 쇠프는 1783년에서 1784년까지 뉴잉글랜드에 머무는 동안 부모는 자식이 밤늦게 이성과 함께 침실에 있는 것을 알고 있으며, 그럴 때에도 "젊은 여성의 품위가 전혀 손상되지 않았다"고 증언했다. 젊은 남녀들은 그런 만남을 숨길 필요를 거의 느끼지 못했으며, 누군가와 함께 밤을 보내기 위해서 공식적으로 연인관계임을 확인받을 필요도 없었다. "상황은 그 반대로 남녀는 호감을 느껴서 그저 서로를 좀더 알아보고자 할 때 그런 만남을 가졌다." 남녀가 서로 '엉키는(bundling)' 연애풍속은 점차 증가했으며, 그런 만남에서 항시 순수한 포옹이 전부는 아니었다. 역사가들은 18세기 후반 뉴잉글랜드 지역에서 혼전 성교로 인한 출산 비율을 30퍼센트에서 40퍼센트까지로 추정한디.

이 기간에 여성들은 놀라울 정도의 자유를 누렸고, 그중에서 가장 주목을 끄는 것은 남편을 버리는 데에서 드러나는 적극성과 그럴 수 있는 능력이었다. 영국 왕실과 식민지 정부는 결혼을 규제하지 않았기 때문에 독립에 이를 때까지 미국에는 실질적으로 이혼에 관한 법률이 없는 상태였다. 아마도 이런 제도적 규제의 부재 때문으로 보이는데, 도시가 성장해감에 따라 새로운 배우자와 일자리, 인맥을 선택할 기회가 늘어가는 식민지 시대 후반에 이르러 여성들은 집단적으로 남편에게서 도망갔다. 펜실베이니아 주에서는 1726년에서 이혼법이 통과되는 1786년까지 부인이 자신을 버리고 떠나서 결혼이 무효가 되었다는 광고를 신문에 실은 남편의 수가 801명에 이르렀다. 역시 미국 최초의 성적 혁명을 이끈 이들은 밑바닥 계급이었다. 결혼관계의 해소를 알린 남자들의 62퍼센트는 육체노동을 하는 도시의 최하층계급이었다. 도망간 아내들에게서 발견되는, 가장 놀랍고도 해방적인 면모는 그들 대부분이 전혀 수치심을 느끼지 않았다는 사실이다. 도망가서 사람을 찾는 광고에 이름을 올린 아내들 중 오직 5퍼센트만이 자신들의 행동에 대해서 공개적인 해명을 내놓았다. 라이언스가 정리한 바에 따르면, 이러한 자기 주도적인 이혼(self-divorce)과 관련된 광고가 흔했다는 사실은 "18세기에는 사회의 여러 계층에서 결혼이 반드시 영속적인 것은 아니었음"을 보여준다. "이 남녀들과 그들의 행위를 용인해주었던 이 사회에서 결혼은 평생에 걸친 엄격한 구속이 아니었다. 결혼관계는 깨질 수 있었다."

미국 독립 이후의 200년의 기간보다 이 시기에 훨씬 더 많은 여성들이 결혼하지 않는 삶을 선택했다. 연구자들은 식민지 시기 후반 도시에 거주하는 여성 인구 중 최소 4분의 1이 결혼을 하지 않았다고 추정한다. 그 어떤 곳도 이 시기의 필라델피아만큼 여성이 아내와 어머니가 되리라는 기대에서 자유롭지 못했다. 당시 필라델피아 성인 여성 인구의 3분의 1 이상은 결혼 하지 않았을 뿐만 아니라 가족 혹은 친척이 아닌 사람들과 살고 있었다.

여러 세대가 지난 후에 페미니스트들이 공적 영역에서의 여성 노동을 용인되는 것으로 만들기 전에, 초기의 자유로운 미국 도시에서 여성 거주자들은 모든 직종에서 일을 했다. 그들은 대장장이, 도살업자, 주류 정제공, 부두 노동자, 행상꾼, 여관 주인, 육체노동자, 선원, 전당포 주인, 미장이, 인쇄공, 가죽 상인, 포도주 제조공으로 일했다. 18세기의 많은 여성들은 이후에 철저히 여성을 배제하게 되는 직종에서 일했을 뿐만 아니라, 너무나 비여성적인 여러 사업을 운영했다. 해나 브린트놀은 초기 미국의 느슨했던 성별 규범의 혜택을 입은 여성 사업가 계급의 전형적인 사례이다. 남편이 죽자, 브린트놀은 필라델피아의 체스넛 가에 술집을 열었다. 그 위치는 다수의 건국의 아버지들이 머물렀던 숙소와 미국을 건립 중이던 주 의사당에서 멀지 않았다. 시 당국은 여성이 술집 주인이었다고 해서 그곳에서 벌어지는 경매를 막지 못했으며, 또한 그곳으로 향하는 고객들의 발걸음도 돌려놓지 못했다. 1770년 사망할 무렵 그 여주인은 도시에서 가장 부유한 사람 중 한 명이었다. 독립선언서가 작성되기 20년 전인 1755년 필라델피아에서만 110명의 여성이 술집을 소유했고, 75명 이상이 각종 소매가게를 운영했다. 역사가들은 초기 미국 도시에서 많게는 절반 정도의 상점들을 여성이 소유했거나 운영했다고 추정했다. 도덕적 평가는 이 반항자 여성들에게 거의 영향을 미치지 못한 것으로 보인다. 술집을 소유한 여성들 중 다수가 술집에 사창을 두었다. 수치심이 없는 이런 술집 여주인이었던 마거릿 쿡은 자유를 소중하게 생각하는 모든 미국 여성들에게 추앙받아 마땅하다. 1741년 그녀는 "창녀와 부랑자들, 그밖에도 미심쩍어 보이는 다양한 무직자 인간들을 손님으로 받았으며, 계속해서 질서와 안녕을 교란했다"는 죄목으로 법정에 섰다. 20년 후에도 쿡은 똑같은 죄목으로 법정에 다시 불려갔으니, 그 사이에도 그녀는 전혀 교도되지 않았던 것이다.

독립전쟁기와 그 직전 시기에 상당수의 술집을 여성들이 소유하고 운영했다면, 특히 시끌벅적한 항구도시에서는 그 비율이 높았다. 1760년대 보스턴의 술집 중 대략 40퍼센트가 여성의 소유였다. 독립전쟁 발발 15년 전, 찰스턴의 술집 중 다수가 여성의 소유였다. 대개 술집이 품위와 거리가 멀수록 그 주인이 여성일 공산이 컸다.

세련된 고객을 염두에 둔 술집들은 예외 없이 여성을 손님으로 받지도 않았고, 종업원으로 고용하지도 않았다. 샐린저에 따르면, "여성들은 규범에 부합하는 오락만을 제공하고, 점잖은 곳으로 알려진 술집은 거의 운영하지 않았다." 그러나 그런 곳을 제외하면, 거의 18세기 내내 미국 사회에서 여성들은 술집에서 일했을 뿐만 아니라 그곳에서 술을 마셨다. 대부분의 상층계급의 사교계 인사들이 드나드는 술집은 여성의 출입을 막았고, 사실 품위 있는 여성들은 술집에서 술을 거의 마시지 않았다. 다행히도 대부분의 술집은 하층계급 취향이었고, 대다수의 여성들은 품위에 그리 매달리지 않았다. 사실 현대의 데이트 문화는, 남녀가 서로 만날 수 있는 장소로 알려진 이 식민지 시기의 술집에서 앞서 실현되었다. 역사가들은 미국사 초기에 여성들이 독주 소비의 8분의 1에서 4분의 1 정도를 담당했다고 추정하고, 초기 금주협회는 10만 명의 여성 술꾼이 존재한다고 주장했다.

바다의 소돔(sodom)

필라델피아에 머무르던 어느 날 존 애덤스는 쾌락에 물든 그 도시의 거리를 뒤로 하고 부두로 나갔다. 그의 시선이 델라웨어 강으로 향했을 때, 새로 건조된 전함 델라웨어 호가 강으로 진수되는 것이 보였고, 그 광경에 애덤스의 정신은 고양되었다. 애덤스는 "선창가에 서서 그 배의 아름다운 외형과 그 배가 나아가는 장관을 보았다." 애덤스는 그날 본 광경에 대해서 아들 찰스에게 편지를 썼다. "그것은 바로 새로 부상하는 국가의 제조업과 기술의 기초가 세워지는 광경이었다." 이어서 애덤스는 강가를 따라 걸으며, 군함과 대포를 만드는 공장을 둘러보았다. 그는 철과 구리를 녹여, 틀에 붓고, 담금질을 하는 작업이 이어져 계속 무기가 만들어진다면, 이 반란에 승산이 있다는 것을 알 수 있었다. 1777년 3월 그는 "새로 만들어진 곡사포(Howitzer)와 파운드포(Pounder)"를 볼 수 있었던 주조공장에 대해서 찰스에게 격정적인 어조의 편지를 보냈다. 그러나 그가 보았던 광경 바로 뒤 선창가는 미국에서 가장 야하고, 저속하며, 가장 쾌락을 탐한다고 소문난 술집들이 즐비했다.

18세기 초 해적들은 전 세계 항구도시의 선창가를 자유와 쾌락이 가장 격렬하게 펼쳐지는 공간으로 만들었다. 해적들은 해안가에 반(反)노동의 난봉꾼 정서를 가져왔다. 그 정신은 서인도 제도에서 뉴펀들랜드까지 대서양 연안을 돌아다닌 유명한 해적으로, 검은 바트(Black Bart)라는 이름으로 더 유명했던 바솔로뮤 로버츠에 의해서 세련되게 표현된 바 있다. 그는 합법적인 일과 해적질을 비교하고 그 차이를 다음과 같이 요령 있게 정리했다. "정직한 일을 하면 먹을 것도 별로 없고, 힘든 노동과 낮은 임금을 견뎌야 하지만, 이 일은 풍요와 만족, 쾌락과 안락, 자유와 권력을 준다." 다수의 해적은 공해(公海, high sea)의 삶에서 물러난 뒤에는 부둣가에 살면서 조선공 또는 항만노동자, 선원이나 그밖에 바다와 관련된 일을 하게 될 자식을 낳기도 했다.

그리하여 보스턴의 노스 엔드 지역의 앤 가(街), 맨해튼 남쪽 끝의 워터 가(街), 볼티모어 항구의 펠스 포인트, 그리고 바로 존 애덤스가 그곳의 조선소를 찬탄해 마지않았던 필라델피아의 프런트 가로 휴가를 나온 선원들은 해적 부친을 따라 술과 여자, 그리고 화려한 옷을 사는 데 아낌없이 돈을 썼고, 때로는 술집 밖으로 쏟아져나와 즉흥적인 춤을 추면서 온갖 피부색의 사람들과 어울렸다.

또한 해적들과 여타 뱃사람들은 현재 우리가 그것을 목격한다면 아마도 동성애 해방이라고 부를 어떤 문화를 창조하는 데도 일조했다. 존 애덤스가 프런트 가를 둘러보았다면 아마도 성기를 노출하고 있는 남성들을 지나쳤을 것이다. 그런 행동은 18세기 대서양 양쪽에서 남성이 동성의 상대자를 찾는다는 신호였다. 어쩌면 그 거리에서 애덤스는 앤 올위나 메리 해밀턴을 스치듯 지나갔을 수도 있다. 그들은 손이 크고, 목젖이 튀어나온 키 큰 여성들로서 남성들과 잠자리를 했지만, 실은 여성의 옷을 입은 남성이었다. 대니얼 스위니도 그 시기에 필라델피아에서 자신의 성을 교란하기를 즐겼던 또 한 명의 남성이었다. 그는 "여성의 복장을 입음으로써 소란을 일으킨다"고 체포되었지만 4일 후에 풀려났다. 이들은 관공서의 기록에 나타난 복장도착자들(transvestites)이었다. 이들 외에도 훨씬 많은 수의 복장도착자들이 존재했다. 1784년『필라델피아드(Philadelphiad)』는 도시의 공공장소에 몰려들었던 여성화된 꾸미는 남성(fop)을 이렇게 묘사했다.

도시의 모든 거리 구석에서 / 잔뜩 꾸민 이 쓸모없는 짐승들을 만나게 된다 / 그놈들은 생긴 모양만 남자일 뿐 전혀 남자답지 않다 /…… / 그것들이 색색의 옷을 나풀대는 모습과 / 머릿속 이성이 뒤집혀 교만 가득한 눈빛을 보라 …… / 이리 와 손을 주려무나, 너희에게 춤추는 법을 가르쳐줄 테니 / …… / 그놈들의 은색 반바지에는 푸른색 천이 덧대져 있다 / 이와 어울리는 그놈들의 모든 치장은 / 뒤에서 보면 두려움을, 앞에서 보면 즐거움을 준다.

신문에 언급된 여장 남자들 중 2명, 톰 틱과 잭 틴슬은 뱃사람이었다. 존 애덤스가, 건국의 아버지들에게 큰 자부심을 안겨주었던 필라델피아의 4개 도서관 중에 한 곳에 들렀다면, 『로더릭 랜덤의 모험(*Adventures of Roderick Random*)』이 가장 빈번히 대출된 책들에 속한다는 사실을 발견했을 것이다. 그 소설의 주인공들은 분홍색과 붉은색 새틴 천으로 만든 옷을 입고, 요란한 보석으로 치장했으며, 화장분과 향수로 꾸민 여성적인 댄디(dandy)인 스트럿웰 경과 위플 대위였다. 그들은 고대인들의 남색론(男色論, discussion of sodomy)으로 젊은 남자들을 유혹했으며, "이런 성향이 주는 섬세한 쾌락"에 대해서 역설했다. 라이언스에 따르면, 그런 남자들은 대개 "18세기 말 필라델피아 사회에서 비난을 받지 않고" 살았다.

해적들이 자신들의 삶의 방식을 해안도시에 전파하기 전에 남색(동성애는 훨씬 후에 만들어진 용어이자 개념이었다) 행위는 저주와 처벌의 대상이었는데, 그 저주와 처벌방식은 다양했으며 흥미로웠다. 매사추세츠 만(灣) 식민지의 설립자인 존 윈스럽은 남색이 "결혼의 규약을 깨고, 인류의 번식을 막는 경향이 있기 때문에" 처벌할 필요가 있다고 설명했다. 17세기 여러 식민지에서는 "자신의 씨를 서로 간에 낭비하다가" 잡힌 남자들을 교수형 혹은 태형에 처했고, 몸에 낙인을 찍기도 했다. 그러나 해적들이 17세기 후반부터 18세기 중반에 이르기까지 대서양을 주름잡으면서 다수의 남성들이 자신들의 씨를 서로에게 낭비하고도 처벌을 받지 않게 되었다. 역사가 B. R. 버그는 소위 해적들의 황금시대 동안에 전부는 아니더라도 대부분의 해적들이 잠자리를 같이 했다고 주장한다. 해적들은 쾌락에 몰두했고, 그 방식에는 개의치 않았다. 따라서 "서인도 제도를 다니는 해적선에서 동성애적 행위에 참여하는 남성은 그 문화에 완벽히 동화되고, 사회화된 평범한 구성원일 뿐이었다." 남색에 대한 처벌은 인구가 꾸준히 증가하는 와중에도 18세기에 오히려 급격하게 감소했고, 독립전쟁을 전후한 시기에 이르면 항구도시에서 헛되게 낭비된 씨에 대한 처벌은 거의 사라졌다. 최소한 인구의 20퍼센트가 바다에 나가 있던 필라델피아에서도 1750년에서 1800년까지 남색에 대한 처벌은 단 한 건도 없었다.

동성 간의 육체적 친밀감은 남성에 국한되지 않았다. 모로 드 생 메리는 "어린 나이에 자신에 대한 탐닉에 빠진" 필라델피아 여성의 수에 충격을 받았다. "거의 믿을 수 없을 정도로" 더 충격적이었던 것은 "그들이 자연을 거스르는 동성과의 쾌락을 기꺼이 추구하는 데에 익숙했다"는 사실이었다. "평범한 사람들, 예컨대 술집 주인이나 작은 상점의 주인, 혹은 더 이상 아이가 아닌 평범한 가정의 딸들이 여자 하인과 같이 잠을 잤다."

잡종의 무리

쾌락과 자유의 문화는 미국의 혁명가들뿐만 아니라 사회질서 유지에 관심이 있는 모든 이들에게 위협이 되었다. 미국 혁명이 시작된 1770년 3월 5일 보스턴에서 영국군은 이런 교훈을 얻게 되었다.

그날 술집에서 술을 마시던 한 무리는 교회의 종소리를 듣자 술잔을 내려놓고 거리로 달려나갔다. 그 무리는 막대기와 돌멩이, 얼음 덩어리 등을 들고서 도로를 달려 킹 가(街)로 향했다. 거기서 무리는 총검으로 무장하고 세관을 호위하는 영국군의 대열을 향해 말똥과 얼음을 던지면서 욕하는 어린 소년들을 목격했다. 그 부대는, 영국 제품을 식민지로 들여온다는 이유로 험한 욕을 듣거나 맞고 조리돌림을 당해온 세관 관리들을 보호하기 위해서 거의 2년간 보스턴에 머물고 있었다. 그런 목적으로 보스턴에 주둔한 700명의 병사 중 다수는 일반 주택이나 술집에서 시민들과 어울려 살았던 탓에 그들로 인한 싸움은 거의 매일 일어났다. 그러나 보스턴 인구의 대다수를 차지했던 거친 난봉꾼들은 그날 평소보다 더 큰 싸움을 벌이고자 준비했다. 그들은 영국군 병사들에게 심한 욕을 퍼부었다. 역사가 에드먼드 S. 모건에 의하면, 그날 밤 킹 가의 공기는 "욕으로 혼탁했다." 더 많은 술꾼들이 현장에 도착하면서 욕설과 돌팔매질은 더욱 거칠어졌다. 군중이 술에 취해 격해진 수백 명의 무리로 불어났을 때, 한 사람이 뛰쳐나가 몽둥이를 휘둘러 병사 한 명을 쓰러뜨렸다. 이어서 군중을 향해 총이 발사되었고, 쓰러진 11명 중에서 5명이 죽었다.

후에 보스턴 학살의 순교자로 알려진 이 사람들이 무슨 생각을 했으며, 왜 무장한 군인들과 맞섰는지는 아무도 알지 못한다. 우리가 아는 것은 그들이 술집에서 왔으며, 흑인과 백인이 섞여 있었고, 신사가 아니었다는 사실이다. 그들이 초기 보스턴의 흔한 술집 손님이었다면, 그 역사적 현장에 오기 전에 술을 마시고, 도박을 벌이고, 창녀들과 어울렸을 것이다. 그들은 단정하지 못했고, 입이 걸었으며, 폭력적이었을 것이다. 그들 중 한 명이자, 많은 이들이 그 운 없는 영국 병사를 몽둥이로 때려눕힌 사람으로 생각하는 크리스퍼스 애턱스는 과거에 노예였고, 그날은 로열 익스체인지 바에서 술을 들이부었다. 역사 교과서는 애턱스를 비롯한 킹 가의 군중이 건국의 아버지들과 협력한 것으로 묘사하기를 좋아한다. 사실 그날의 사건은 보스턴에서 영국군의 철수를 가져왔고, 영국에 대한 호전적인 적대감을 키우기도 했다. 바로 그런 이유로 많은 역사가들은 그날을 미국 혁명의 발단으로 꼽는다. 더나아가 보스턴 학살 사건은 헌법의 제3, 4수정조항을 정당화하는 근거를 제공했는데, 그 조항은 민간인 주택을 군 막사로 전용하는 것과 군인들의 "무분별한 수색과 체포"로부터 시민들을 보호해준다. 그러나 건국의 아버지들에게 가장 중요한 사안은 시민의 사적 자유의 보호가 아니었다. 시민의 사적 자유가 보호되면 식민지 시대의 보스턴처럼 반항적인 분위기가 팽배한 도시에서는 사회적 혼란을 야기하게 된다. 보스턴 학살이 벌어지고 나서 얼마 후에 존 애덤스가 말한 것처럼, "인구가 밀집한 도시에 주둔한 군인들은 항시 두 부류의 폭도들을 낳게 마련인데, 바로 군인들 자신이 그 한 부류가 되겠다. 하지만 군인들은 다른 한 부류를 억제한다. 그들은 끔찍한 존재이지만 평화를 수호하고 있기도 하다."

건국의 아버지들은 역사 교과서보다는 사태를 더 잘 파악했다. 그들은 그날 밤 정부의 권위에 대항해서 몽둥이를 휘두르고 말똥을 던진 술꾼들이 내영제국뿐만 아니라 자신들에게도 문젯거리라는 것을 알았다. 그날 사건에 대한 재판에서 영국군을 변호한 사람이 다름 아닌 존 애덤스라는 사실은 거의 알려져 있지 않다. 재판 중에 애덤스는 희생자들을 "발칙한 소년들, 흑인과 물라토, 아일랜드인, 요상한 뱃사람들로 이루어진 어중이떠중이들의 폭도"라고 정확하게 묘사했다. 또한 그는 그들의 행동을 "고함치고, 약을 올리고, 위협하며,……휘파람을 불고, 비명소리와 인디언 비슷한 소리를 내며, ……거리에서 아무것이나 집어던지는 것"으로 정확하게 규정했다. 애덤스는 다른 건국의 아버지들과 마찬가지로 사회질서를 완성하고, 유지하는 데에 커다란 관심을 기울였다. 애덤스가 나중에 한 친구에게 설명했듯이, "과감히 미국 시민들에게 폭동과 소란, 불법적인 집회를 금지하는 법률을 공개했을 때, 나는 온당한 법률과 훌륭한 정책의 견지에서 그렇게 했던 것이다."

가장 중요한 사실은 애덤스가 상비군과 외부의 억압으로 인민들을 통치하는 한 그런 무질서는 거의 불가피하다는 점을 이해했다는 것이다. 유럽의 모든 왕과 여왕은 군대와 군함과 지하감옥을 거느리고서도 식민지 시대 미국의 거리에 넘실대던 종류의 자유를 막을 수 없었다. 사실 그런 자유에 대한 열의는 유럽 농민들에게서 더욱 거세게 표출되었다. 그들은 런던과 파리, 암스테르담으로 돌격해서 그곳을 난장판으로 만들었다.

건국의 아버지들은 유럽의 왕들보다 월등히 뛰어나서, 인민들이 스스로를 통제하도록 훈련되어야 한다는 것을 받아들였다.

반혁명

미국을 건설한 사람들은 진정한 혁명가였다. 그들은 자유의 개념을 혁명적으로 변화시켰다.

건국의 아버지들은 18, 19세기 대서양 양안에서 전개되었던 지적 움직임, 즉 절대군주체제의 외적 통제를 공화국 시민의 내적 통제로 대체하려는 혁신적인 발상을 공유했다. 이러한 지적 움직임은 오늘날 근대라고 불리는 시기에 시작되었다. 근대의 달성은 군주제의 폐지뿐만 아니라 인간의 야수적 성질의 억압을 필요로 했다. 이 혁명가들에 따르면, 교수대와 채찍, 칼을 동원한 규율은 사회질서를 유지하는 데에 개인의 자기 기율보다 훨씬 덜 효과적이라는 문제가 있었다. 농부나 노예, 혹은 앞서 보았듯이 술집과 사창가에서 시간을 보내는 식민지의 신민은 어떤 정치적 권력도 가지지 못했지만 (혁명가들의 견해에 의하면) 실로 너무나 자유로웠다. 그들은 스스로를 통제할 이유가 없었다. 그래서 건국의 아버지들은 자유를 자기 통제로 재정의했고, 그 새로운 관념에 따라서 민주주의라고 불리는 새로운 정치체제를 건설했다.

건국의 아버지들은 그들 주위에 만연한 무질서를 해결하기 위해서 세계사를 통틀어 가장 놀라운 아이러니를 받아들인다. 많은 사람들이 놓치고 있는 그 아이러니는 바로 자기 통치로서, 이 개념을 통해서 사람들은 자신의 자유를 버리고도 여전히 스스로가 자유롭다고 믿을 수 있게 되었다. 존 애덤스는 인민의 정부로 말미암아 인민들이 스스로 기강을 잡고, 엄격하고, 근면하며, 쾌락을 부정하는 존재로 변모할 것이라고 주장했다. 특히 마지막 자질은 그가 가장 탄복하는 덕성이었다. 인민의 정부는 "인간 본성에서 남성적이고, 귀족적이며, 고결한 자질들인 힘과 강인함, 활력과 용기, 기백과 모험심을 풍부하게 길러줄 것이다." 반면 군주제는 인민들에게 너무나 많은 재미와, 더불어 (역설적이기는 하지만) 너무 많은 자유를 누리도록 허용한다. "군주제는 너무나 많은 취향과 세련됨을 낳는다. 의복과 가구, 마차에서 너무나 과한 세련됨이 추구된다. 너무나 다양한 음악과 춤, 펜싱과 스케이팅, 카드 게임, 경마와 닭싸움, 그리고 너무나 많은 연회와 연주회, 연극공연이 벌어지고, 사람들은 주로 그런 것들을 생각하면서 허영심에 차고, 경솔해진다." 애덤스는 민주주의가 인민들로 하여금 쾌락과 개인적 사유를 포기하도록 강제한다는 것을 이해했다. 왜냐하면 민주주의하에서는 인민들이 스스로 사회의 관리라는 책임을 짊어져야 하기 때문이다. "잘 통제되고 있는 공화국에서 인민들은 지혜롭고, 덕스럽지 않을 도리가 없다. 군주제하에서 그들은 마음대로 악하고 어리석을 수 있었다. 아니 그렇게 될 수밖에 없었다. ……그런데 해결이 묘연한 난제가 하나 있다. 공화국에서는 덕성과 소박한 삶의 방식이 모든 계층에 걸쳐 절대적으로 필요하다. 그러나 이 나라에서조차 지위고하를 막론하고 악행, 부패와 타락, 탐욕과 야심, 돈에 대한 맹렬한 욕심이 넘쳐나고 있어서 나는 종종 공화국을 지탱할 공적인 덕성이 충분한지 의구심이 든다." 건국의 아버지들은 지금 우리는 주의를 기울이지 않는 모순을 잘 이해하고 있었다. 민주주의는 개인적 자유의 적이라는 사실을 말이다.

애덤스는 군주제하에서 확산되는 자유에 대해서 잘 알고 있었다. 정치경력의 시작단계였던 1760년의 어느 날 밤 이 젊은 변호사는 매사추세츠 브레인트리의 테이어즈 바에서 친구들을 만났고, 그곳에서 타 인종과도 서슴없이 어우러져 즐기는 온갖 부류의 사람들을 목격했다. "깽깽이(fiddle)를 켜는 흑인, 바닥이 부서져라 춤을 추는 젊은 남녀들, ……깽깽이를 켜고 춤추고 노래하는 남녀노소는 지하에서 플립 주(Flip : 포도주나 리큐르에 달걀을 첨가하여 거품을 일으킨 음료/역주)와 토디 주(Toddy : 독한 술에 설탕과 뜨거운 물을 넣고 때로는 향신료도 넣어 만든 술/역주), 그리고 위스키를 마셔댔다."

애덤스는 이런 경박함 때문에 술집이 "한 마을의 방종하고 무질서한 인간들을 계속 끌어들여, 몹시 소박한 오락거리에는 호응하지 않는 불쾌한 존재로 변모시키는 구렁텅이"라고 생각했다. 애덤스가 테이어즈 바에서 보았던 사람들은 "하찮고, 추접하며, 사악한 무리들"이었다. 애덤스는 즉각 시의 주민총회에서 술집을 줄여 "나라 전체와 특히 이 도시에 만연한 타락한 풍속과 종교적, 시민적 의무에 대한 수치스런 방관"을 바로잡자고 요청했다. 그해에 애덤스는 성공하지 못했지만, 독립전쟁 기간 중에 미국의 분위기는 애덤스에게 우호적이 되어갔다. 역사가 마크 에드워드 렌더와 제임스 커비 마틴은 다음과 같이 말했다. "증류한 독주에 대한 가장 신랄한 부정은 혁명 직후에 그 시대정신의 일부로서 찾아왔다."

우리가 미국 혁명기라고 부르는 시기에 연이어 제2차 미국 혁명도 일어났다. 그것은 쾌락적인 도시문화에 대한 반혁명이었다. 개인적 자유와 감각적 쾌락은 민주제로의 혁명이 벌어지는 동안에 공격대상이 되었다. 혁명가들은 청교도들이 아니었지만 민주주의는 청교도적이었기 때문이다.

보통 우리는 민주주의를 권리와 자유를 보장하는 체제로 생각한다. 민주주의 하면 우선 투표와 자유로운 의견 표명, 법 앞에서의 동일한 대우 등이 연상될 것이다. 그러나 진정한 민주주의, 즉 건국의 아버지들이 원했던 민주주의는 그것을 훨씬 더 상회하는 것이었다. 인민들의 자치(自治)라는 개념을 발명함으로써 미국의 민주주의 혁명가들에게 영감을 주었던 영국인 존 로크 본인도 그 사실을 분명히 했다. 그는 자신의 저서 『교육론(Some Thoughts Concerning Education)』(1693)에서 "모든 덕성과 탁월성의 원칙은 이성이 허용하지 않는 욕망의 만족을 부정하는 힘에 있다"고 썼다. 로크는 사회를 관리하는 것이 엄청난 기강을 요구하는 큰일임을 알고 있었다. 그 일을 하려면 인민은 자신의 자유를 부정해야 했다. 가장 중요한 것은 그들이 자신들의 이기적인 욕망에 수치심을 느끼도록 훈련될 필요성이었다. "일단 그것을 느끼도록 교육을 받는다면, 자존감과 수치심은 여러 미덕 가운데서도 가장 강력한 정신적 유인이 된다." 그는 이렇게도 썼다. "일단 아이들에게 신뢰를 선호하고, 수치와 불명예를 두려워하는 마음을 심어준다면, 그들을 계속 노력하게 하고 바른 길로 이끌어줄 진정한 원칙이 자리잡은 것이다." 군주와 노예주가 인민들로 하여금 질서를 지키고, 생산성을 유지하게끔 사용하는 처벌들, 즉 "채찍질과 매질, 교수형 등등"은 오로지 "당장의 땜질이고 상처를 덮는 것이시, 동증의 근본에까지 닿지는 않는다. 순전한 수치심과 불쾌한 감정에 대한 우려야말로 유일하게 참다운 규제이다. 이것들만이 아이들을 바로잡는 도덕의 고삐가 되어야 한다."

이러한 사상을 마음에 품었던 건국의 아버지들은 대영제국과 더불어 미국인들의 반항적 충동을 동시에 제압하려는 이중의 전쟁을 벌였던 것이다.

미국 혁명의 촉매가 되었던 사탕 조례(Sugar Act)는 식민지를 유지하는 비용을 마련하기 위해서 영국 의회에서 1764년에 통과되었다. 그 입법은 설탕, 당밀, 포도주, 커피, 남색 염료 및 의복의 수입세를 효과적으로 증가시켰다. 그 법률로 인해서 식민지의 럼 주 생산은 거의 중단되다시피 했고, 미국인들의 고급의류 구입은 현저하게 감소했다. 그 조치에 대한 대응으로 상당수의 미국인들이 "대표 없는 과세(taxation without representation)"에 항의했고, 보스턴의 상인들은 영국 제품에 대한 구매 거부운동을 시작했다. 그러나 후에 미국 혁명을 이끌게 될 다수 인사들은 실제로는 새로 부과된 세금과 잇따른 구매 거부운동에 기뻐했다. 리처드 헨리 리(1732-1794 : 독립선언서에 서명한 버지니아 주 대표로서 독립 후에 버지니아 주 상원의원을 역임했다/역주)는 그 입법에 대해서 다음과 같이 말했다. "아마도 이 모국의 조치는 우리를 억압하고 비천하게 만들며, 식민지의 종속을 유지할 의도였겠지만 그 목적을 배반할 수도 있다. 가난과 억압은 영국적인 자유의 이념을 신봉하는 사람들에게 어쩌면 덕스러운 근면과 더불어 일련의 관대하고 남성적인 감정을 불러일으킬 수도 있다."

사탕 조례가 야기한 정치적 위기 중에 벤저민 프랭클린과 여타 저명한 펜실베이니아 주민들은 식민지 정부에 술집과 음주에 대한 조치를 취할 것을 거듭해서 청원했지만, 아무런 결과도 얻지 못했다. 다음은 식민지 정부에 대한 프랭클린의 비난이다. "나태와 타락의 온상인 술집을 규제하고 그 수를 줄이기 위한 다수 법안이 이전 총독들에게 건의되었으나, 그 어느 것도 채택되지 않았다. 그렇듯 펜실베이니아의 식민지 정부가 주민들의 파멸을 바라는 한 우리가 그렇게 되리라는 것은 명백해 보인다." 필라델피아의 상인이자 후에 대륙회의의 서기가 된 찰스 톰슨은 술집 수를 줄이자는 프랭클린의 주장을 지지했고, 미국의 음주는 곧 영국에 대한 종속으로 이어진다는 그의 주장에 힘을 보탰다. 톰슨은 고대 페르시아의 키로스 대제가 리디아 제국을 정복한 역사를 상기시켰다. 그 대제는 "사창가를 세워 리디아인들의 호전적인 성향을 누그러뜨리고 그 기백을 꺾었으며, 결국 그들을 가장 저열한 노예로 전락케 했다. ……나는 위대한 대영제국의 의도가 그런 것이라고 말하지는 않겠다. 그러나 사람들이 여성화되고 타락할수록 전제적인 정부에 맞춤한 존재들이 되므로, 모든 술집 주인들은 식민지 정부에 가장 우호적인 존재들이다."

1765년 영국 의회는 인지세 조례(Stamp Act)를 통과시킴으로써 신문, 소책자, 법률 문서, 허가증, 연감, 트럼프 카드 등을 포함하는 식민지의 출판물에 세금을 부과했다. 곧이어 통과된 막사 조례(Quartering Act)는 식민지 주민들이 영국 군대에 숙소와 식량을 제공하도록 강제했다. 건국의 아버지로 알려지게 될 몇몇 인사들은 의회와 왕에게 탄원하면서 "개인적인 혹은 그 대표에 의한 자발적인 동의가 없을 경우" 식민지 주민에 대한 그 어떤 과세도 있어서는 안 된다고 주장했다. 그해 말까지 200명 이상의 상인들이 영국 제품의 구매 거부운동에 합류했다. 벤저민 프랭클린이 군사력을 앞세운 인지세의 강요는 식민지에서 혁명을 불러올 것이라고 경고한 이후 조지 3세는 그 법안을 폐기하는 데에 서명했다. 그러나 같은 날 의회는 선언령(Declaratory Act)을 통과시키고, "어떤 경우에도……식민지와 그 주민들에게 구속력을 가지는, 유효하고 완전한 입법 권한"을 영국 정부에 부여했다. 그 다음날 의회는 타운센드 세수 조례(Townshend Revenue Act)마저 채택하여 식민지에 새로운 세금을 부과함으로써 미국 식민지의 행정과 군사적 방어에 필요한 비용을 충당하고자 했다. 또한 이 입법은 한 무리의 징수 감독관을 보스턴에 상주시켜 세금 징수의 관리를 맡겼다. 1767년 10월 보스턴의 성인들은 영국산 사치품의 구매 거부운동을 재개했다.

영국산 제품에 대한 구매 거부운동은 부분적으로는 그로 인한 검약효과 때문에 식민지의 반란자들이 선호하는 저항전략이 되었다. 친독립 성향의 「보스턴 이브닝 포스트(*Boston Evening-Post*)」는 "최근 몰지각하게 지나친 수준의 사치와 낭비에 빠져드는" 독자들을 꾸짖었다. 그러나 구매 거부운동으로 인해서 "진정으로 필요하지 않는 것들의 소비를 줄이고, 이 나라의 자연적 혜택을 성실히 개발하고 발전시킴으로써 우리의 자원, 더 나아가 우리의 국토가 다른 이들의 재산이 되는 것을 막고, 효과적으로 덕성과 자유를 보존해 후손들에게 물려줄 수 있게 되었다."

정치적 긴장은 1768년에 상당히 증가해서 몇몇 식민지 의회는 대표 없이는 과세도 없다는, 새뮤얼 애덤스의 회람용 서신을 공식적으로 지지했다. 또한 세관의 관리들은 보스턴 거리에서 조롱과 공격을 당했다. 그러자 영국의 군함이 보스턴 항구에 정박했으며, 육군 2개 연대가 질서 유지를 위해서 배치되었다. 다음 해가 되자 대표 없는 과세에 반대하는 결의서 채택과 영국 제품에 대한 구매 거부운동이 식민지 전역으로 확산되었다. 그러나 한 친독립 성향의 신문 「버지니아 가제트(*Virginia Gazette*)」는 사회기강에 미치는 영향 때문에 실제로는 대표 없는 과세를 환영했다. "사치가 깊게 뿌리내린 미국인들의 삶에서 그 질환을 치유하는 일은 실로 대단한 과업이다. 그 일은 아마도 영국 의회가 우리를 다루는 그 방식 말고는 지구상의 어떤 권력도 달성할 수 없을 것이다."

앞에서 보았듯이 이런 정치적 갈등으로 말미암은 첫 번째 폭력사태는 1770년 보스턴에서 벌어졌다. 술꾼들과 도박꾼들, 무뢰배들이 술집에서 거리로 쏟아져나와 쓰레기와 말똥을 던지며 영국군 병사들을 공격했던 것이다. 학살로 이어진 그날의 사태 이후 발생한 소요로 말미암아 영국은 보스턴에서 군대를 철수시켰으며, 타운센드 조례와 막사 조례를 폐지하고, 차[茶] 이외의 제품에 대한 관세를 없앴다. 그러나 몇 달 후 새뮤얼 애덤스는 달성해야 할 과제가 여전히 많다고 보았다. 그는 한 친구에게 보낸 편지에서 "우리에게서 자유를 빼앗고자 음모를 꾸미는 자들은……경박, 사치, 나태를 확산시키는 등……그들의 모든 영향력을 이용해서 미국인들을 갈라놓고 있다"고 썼다. 1772년 그는 식민지의 자치권을 선포하는 연락위원회(committee of correspondence)를 조직했다. 1773년 말에 이르러 연락위원회는 버지니아, 뉴햄프셔, 로드아일랜드, 코네티컷, 사우스캐롤라이나 주에도 설립되었다. 그해에 영국 의회는 차 조례(Tea Act)를 통과시켜 식민지로 수입되는 차에 대한 과세를 유지했고, 독점적인 차 판매권을 동인도회사에 부여했다. 독립을 지지하는 일군의 활동가들이 보스턴 항구의 화물선에 올라 차를 담은 상자를 바다에 던졌다. 그러나 친독립 성향의 한 신문은 미국인의 영혼에 이롭다며 대표 없는 과세를 반겼다. 「뉴포트 머큐리(*Newport Mecury*)」는 다음과 같이 썼다. "미국인들은 삶의 필수품뿐만 아니라 편의품이나 기호품도 누려왔다. 부와 풍요의 증가가 사치와 부도덕, 천박함의 증가를 가져온다는 것은 잘 알려진 사실인데, 친절하게도 이때 신의 섭리가 개입했다. 신께서는 한 기호품의 소비를 포기하도록 강제하시어 우리가 자유를 유지하도록 하셨다."

1774년 영국 의회는 보스턴 차 사건에 대응하여 일련의 강제조례(Coercive Act)를 통과시켰는데, 이를 통해서 보스턴 항을 폐쇄했고, 매사추세츠 주 대부분의 자치제도를 폐지했으며, 영국 군대가 식민지 정부의 관공서를 막사로 사용하게 했다. 곧이어 매사추세츠 주는 군대의 통치를 받게 되었다. 그에 대응하고자 최초의 대륙회의가 필라델피아에서 개최되어 조지아를 제외한 주에서 56명의 대표가 참가했다. 대륙회의에 참가한 인사로는 존 애덤스, 패트릭 헨리, 조지 워싱턴, 새뮤얼 애덤스, 존 핸콕이 있었다. 대륙회의는 강제 조례는 "지켜지지 않을 것이다"라고 선언했고, 지역별 민병대의 창설을 호소했으며, 모든 영국제 수입품에 대한 구매 거부와 영국으로의 수출 금지를 결의했다. 구매 거부운동은 영국산 제품뿐만 아니라 영국산 오락도 겨냥했다. 대표들은 다음과 같이 선언했다. "우리는 각자가 속한 여러 주에서 검약과 성실을 장려하며,……모든 종류의 사치와 방탕, 특히 경마와 모든 종류의 도박과 닭싸움, 쇼와 연극, 그 밖의 값비싼 여흥과 오락거리를 수치라고 보고 이에 반대한다." 그해 검약(Frugality)이라는 필명의 한 독자는 「뉴포트 머큐리」에 글을 보내서 미국에서의 자유를 자기 부정으로 재규정하는 노력을 이어갔다. "우리는 자유에 대해서 떠들고 자랑할 수 있다. 하지만 결국 성실하고 검약한 사람들만이 자유로워질 것이다." 그리고 애비가일 애덤스는 대륙회의에 참석한 남편 존 애덤스에게 다음의 내용을 담은 편지를 보냈다. "선조들이 누린 축복을 이어받고자 한다면, 우리는 그들의 원시적인 단순한 생활태도로 조금 더 되돌아가야 하고, 영예롭지 못한 안락에 빠져서는 안 됩니다. ……그런 덕성은 시골에서 찾아야 할 만큼 대도시에서는 희미한 흔적만 남아 있지요. ……나 같은 경우에는 양털과 아마(亞麻, flax)를 구해 기꺼이 내 손으로 일할 것이며, 이렇듯 근면과 검약을 실천할 기회는 실로 많습니다."

　갈등은 심화되어, 독립과 덕성 양자를 동시에 도모하기 위한 전쟁이 불가피해졌다. 결국 1775년 영국군과 식민지의 민병대는 콩코드와 렉싱턴, 그리고 벙커 힐에서 전투를 개시했다. 더불어 제2차 대륙회의가 필라델피아에서 소집되어 존 핸콕을 의장으로 선출하고, 조지 워싱턴을 신생 대륙군의 최고 사령관으로 임명했다.

그 다음해 대륙회의가 독립선언서를 승인한 바로 다음 날 존 애덤스는 희망적인 어조로 미국인들에게 더 큰 고난이 기다리고 있다고 썼다. "미국인들이 더욱 파괴적인 재앙과 두려운 고난을 겪게 된다면 그것은 신의 뜻일 것이다. 만일 그렇게 된다면, 최소한 다음과 같은 좋은 결과를 낳을 것이다. 우리는 미처 갖추지 못한 미덕을 함양할 것이며, 우리를 교란하고, 불명예스럽게 하며, 파괴하려고 했던 숱한 실수와 어리석음, 악덕을 고치게 될 것이다. 고난의 용광로는 개인뿐 아니라 국가 차원에서도 단련과정이 될 것이다." 몇 달이 지나서 애덤스는 미국인이 아직 충분한 고난을 겪지 못했다고 한탄했다. "공화국은 아직 유년기인데도 너무나 많이 타락했다. 미덕은 인기가 없는 반면, 악덕은 인기가 없지 않다." 1777년 대륙회의의 일원으로서 독립선언서에 서명을 했으며, 대륙군대의 의무 책임자였던 벤저민 러시는 전쟁이 미국인이 스스로를 통제하는 법을 배우기 전에 끝날지도 모른다고 우려했다. "나는 전쟁이, 선조들을 우뚝 서게 해주었던 것과 같은 쾌락의 절제, 소박한 의복 취향, 사업에서의 공정성, 신들에 대한 경외를 가져다줄 때까지 계속되기를 희망한다." 같은 해 가을 하우 장군이 지휘하는 영국 군대가 필라델피아를 공격하려고 했을 때, 존 애덤스는 혁명의 수도가 점령되었으면 하는 은밀한 바람을 아내에게 내비쳤다. 그렇게 될 때에야 "덕스럽지 못하고 여성적인, 미국인들의 사치벽이 치유될" 것이기 때문이었다. 한 달 후에 영국 군대는 필라델피아를 점령했고, 대륙회의는 펜실베이니아 주의 요크로 옮겨가야 했다. 그렇지만 이미 보았듯이 그렇다고 해서 미국인들의 질병이 치유되지는 않았다.

1778년 반가운 소식이 프랑스로부터 당도했는데, 그들이 참전해서 미국편에 서겠다는 내용이었다. 그러나 거리로부터는 골치 아픈 소식이 들려왔는데, 쾌락에 대한 탐닉이 계속해서 혁명 중의 시민들을 감염시키고 있었던 것이다. 새뮤얼 애덤스는 보스턴 시민들이 여전히 옷을 화려하게 차려입는다는 이야기를 들었을 때, 그런 행동만으로도 독립은 파멸을 맞이할 것이라고 생각했다. 그는 "사치와 낭비는 인민의 자유와 행복을 보존하는 데에 필수적인 덕성들에 철저히 파괴적이다"라고 선언했다. 그런데 그 즈음부터 혁명가들이 도입하려고 애쓴 수치심이 보통의 미국인들 사이에서도 통용되고, 그들의 자기 정체성에 침투하기 시작했다.

건국 초기의 범법자들 중 다수는 자신들에 대한 처벌을 악덕의 통제와 공화국의 보존을 위해서 필수적인 것으로 여겨 박수를 보냈다. 1778년 살인범 제임스 부캐넌과 에즈러 로스, 윌리엄 브룩스는 임박한 자신들의 처형을, 자유와 쾌락의 위험을 미국인들에게 경고하는 기회로 환영했다. 그들은 함께 "우리는 진실로 죄인이며……따라서 우리의 생명을 공적 정의의 손에 맡긴다"라는 내용의 진술서를 썼다. 그들과 같은 운명을 피하려면, 미국의 젊은이들은 "나쁜 친구들과 과음, 저속한 욕설, 수치스런 방탕, 부모에 대한 불손, 주일의 오용"을 피해야 했다.

1779년과 1780년 영국군이 사바나와 조지아, 찰스턴을 점령하면서 군사적 대결의 흐름은 영국에 유리하게 바뀌었음에도 상업의 흐름은 덕성에 반하는 방향으로 가는 듯했다. 사우스캐롤라이나 주의 대표이자 제2차 대륙회의의 의장이었던 헨리 로런스는 때때로 영토를 영국에 빼앗기는 것보다 자국민의 물질주의를 더 걱정하는 것처럼 보였다. 1779년 그는 다음과 같이 썼다. "우리 모두를 가난에 떨어지게 하자. 혹은 애국심을 가로막는 상업을 아예 없애거나 적절하게 제약을 두자. 그러면 우리 모두는 곧 애국자가 될 것이다. 반면 부유하고 탐욕스런 인간이 진실한 마음으로 애국의 왕국에 들어서는 것은 실로 어려운 일일 것이다." 로런스는 특히 축제와 같은 행사를 혐오해서, 올림픽 경기와 "그 밖의 어리석은 짓거리가 그리스의 몰락을 가져왔다"고 믿었다.

절주 감옥

1781년 미국인들은 버지니아 주의 요크타운과 노스캐롤라이나 주에서의 결정적인 승리로 전세를 뒤집었다. 다음해 파리에서 양측이 예비 정전협정에 서명했고, 1783년 영국은 공식적으로 적대관계를 끝냈다. 1784년에 비준된 파리 정전협정은 미국에 독립을 안겨주었지만 경제불황이라는 재앙 또한 몰고 왔다. 조지 워싱턴은 "부와 권력은 사치로 귀결되고, 사치는 다시 자연스럽게 악덕으로 귀결된다면, 이로부터 최대한 자유롭도록" 무역을 "적절히 규제해야 한다"고 호소했다. 다수의 건국의 아버지들은 경제위기를 환영했는데, 그로 말미암아 미국인들이 사치를 버리게 될 것이기 때문이었다. 토머스 제퍼슨은 사치를 "전쟁 중의 토리보다 더 악독한 죄"라고 불렀다. 때마침 음주에 대한 광범위한 공격을 담은 책이 출간되었으며, 당연하게도 제퍼슨과 미국인들은 그 책의 출간을 환영했다.

1784년 건국의 아버지이자, 의사인 벤저민 러시는 『독주의 영향에 대한 고찰(*An Inquiry into the Effects of Spiritous Liquors*)』이라는 제목의 책을 출간했다. 그 책은 건국 초기 건국의 아버지들이 펴낸 반-쾌락 선언서들 중에서도 가장 중요한 부류에 속한다. 이후 수십 년간 그 책은 수십만 부가 배포되었다. 이 신생국의 가장 앞선 의학적 권위자인 러시는 음주와 민주주의가 서로 섞일 수 없다고 주장했다. 또한 그는 만성적인 음주가 생물학적 질병이라는 관점을 개진했다. "그 증세의 발작은 다른 많은 병들처럼 짧거나 긴 간격을 두고 특정한 시기에 발생한다." 그럴 때 "독주를 마시는 것은 처음에는 자유의지의 결과이지만, 그것은 결국 필수적인 것이 되면서 의지의 마비를 가져온다." 이 질병은 환자를 사로잡고, 압도하므로 오직 하나의 치료책이 있을 뿐이다. "내가 관찰한 바에 따라 권위를 가지고 말하자면, 독주에 중독된 이들은 갑자기 그리고 철저히 금주해야만 한다. '마시지도, 다루지도, 만지지도 말라'라는 문구를 이 무절제의 습관을 고치기를 희망하는 사람 주변의 모든 술병에 붙여놓아야 한다."이런 주장은 과학적으로 증명이 불가능했음에도 불구하고, 19세기의 금주운동뿐만 아니라 20세기 초반의 금주령, 20세기 후반의 각종 중독의 치료를 위한 '과학', 그리고 아마도 가장 중요하게는 절주만이 과음의 유일한 치료법이라는 널리 유포된 통념의 기초가 되었다. 현대적인 재활 센터 또한 러시의 구상이었다. 그는 필라델피아의 거리에서 술꾼들을 잡아나가 절주 감옥(Sober House)이라고 불린 특별한 감호소에 가두게 했다. 홍미로운 사실은 러시를 따라 금주운동에 가담했던 개혁가들이 이전에는 음주로 인한 통제력의 상실을 보고하는 법률적, 의학적 기록을 한 건도 보지 못했다는 점이었다.

건국의 아버지들은 미국의 술 소비에 상당한 개인적 기여를 했지만, 그럼에도 불구하고 알코올에 의해서 실현되는 신체적 쾌락을 억제해야 한다는 데에 동의했다. 대륙회의의 사우스캐롤라이나 주 대표였던 데이비드 램지는 "부분적으로는 추운 기후 탓에 취기의 유혹은 너무나 강렬하고, 실제로 널리 만연해 있지만 이성이 감각을 지배하는 정신의 제국을 유지하려면 자제, 분별, 강건함과 더불어 과한 열정과 욕구를 억누르는, 엄격한 기율이 절대적으로 필요하다"고 보았다. 각 주의 대표들이 1787년 제헌의회(Constitutional Convention)에 당도하기 직전, 러시는 공화국과 육체의 갈등은 전쟁 못지않다고 썼다.

미국에서 전쟁은 끝났다. 그러나 미국 혁명에서 이 말은 진실과는 거리가 멀다. 오히려 위대한 드라마의 1막만이 이제 막 끝났을 뿐이다. ……폭압의 전당에는 문이 두 개 있다. 우리는 그중 하나를 적절한 규제를 통해 막아놓았다. 그러나 우리 자신의 무지와 방종에 대해서 경계하는 일을 게을리 할 때 다른 문이 열리게 된다.

대표들이 신생국의 헌법을 작성한 직후 알렉산더 해밀턴은 헌법의 비준을 설득하는 『연방주의자 논고』 중 한 편인 12번째 글을 발표했다. 그 글에서 해밀턴이 주장하는 바는 독주에 대한 과세였다. "그 과세가 술의 소비를 감소시키는 경향이 있다면, 농업과 경제 일반, 사회의 건강과 도덕 모두에 좋을 것이다. 아마도 술만큼 국가적인 낭비를 부추기는 것도 없을 것이다."

해밀턴의 친구 텐치 콕스는 제조업의 장려가 육체적 쾌락을 갈구하는 미국인들의 욕망을 규제할 것이라는, 제헌의회에 참여한 다수 대표들의 희망을 표현했다. 첫 4명의 미국 대통령 휘하의 행정부에서 일했던 콕스는 미국의 산업이 "인류의 악덕에 대한 강력한 해독제인 검약과 성실을 회복시킴으로써 우리를 다시 한번 덕의 길로 인도할 것이며, 사치의 파괴적인 급류와 외국에서 유입된 유행의 압제에서 우리를 구해냄으로써 진정한 독립을 보장할 것이다"라고 썼다. 또한 헌법이 작성되던 기간에 토머스 제퍼슨은 딸에게, 가장 엄격한 청교도가 썼다고 해도 전혀 어색하지 않을 노동에 대한 찬가를 써서 보냈다. 사실 제퍼슨은 진즉에 그 어떤 미국인 못지않게 사치와 음주를 강력하게 공격하기도 했다.

나는 미래의 네 행복에 대해 관심이 크단다. 성실한 노동습관을 들이는 것이 (항시 전제되는 도덕적 엄정함을 제하면) 그 어떤 것보다 네 행복에 도움이 될 것이다. 인간의 행복을 해치는 것 중에는 나태만 한 것이 없다. 그것은 너무나 조용히, 하지만 극도로 사악한 이빨로 행복을 잠식하지. 결코 게으르게 살지 않겠다고 결심을 하려무나. 만약 시간을 낭비하지 않는다면, 누구라도 시간의 부족을 탓할 일은 없을 것이다. 항상 뭔가를 애써 한다면 놀랄 정도로 많은 일을 할 수 있을 것이다.

1788년에 각 주에서 헌법을 비준하는 동안 벤저민 러시는 "쾌락에 대한 애정과 나태한 습관"뿐만 아니라 "도박과 만취, 불결함"을 낳는 축제, 경마, 닭싸움, 그리고 일요일의 오락을 없애자고 제안했다. 더 나아가 술집과 "모여서 유일하게 하는 일이라고는 먹는 것이 전부인 온갖 종류의 사교 모임 또한 도덕에 해를 끼친다." 그 다음 해에 의회는 워싱턴을 대통령으로, 애덤스를 부통령으로 선출함으로써 독립된 공화국의 수립을 완성했다. 그때 대부분의 주는 각각의 주 헌법에서 국가의 생명은 "정의, 온건, 절제, 검약, 그리고 덕성의 엄격한 준수"에 의존한다고 선포함으로써 이미 공화국과 육체적 쾌락 사이의 갈등을 공식화했다.

10만 명 이상의 미국인들이 술집이 즐비한 도시에 살던 1790년, 재무부 장관 알렉산더 해밀턴은 위스키의 생산에 소비세를 부과하는 법안을 통과시킬 수 있었다. 해밀턴은 의회 연설에서 그 입법이 연방정부를 강화하는 이중의 목표, 즉 인민들의 도덕을 단단히 조이면서 동시에 세원을 확보하는 데에 기여할 것이라고 주장했다.

특히 독주의 소비는 의심할 바 없이 싼 가격 때문에 극단적으로 증가했는데, 이는 공동체의 경제뿐만 아니라 그 건강 및 도덕과 관련하여 진정으로 통탄할 일이다. 세금을 늘려 그 소비를 줄일 수 있다면, 그 효과는 모든 면에서 바람직할 것이다. 그랬을 때 생기는 소득은 개인들을 좀더 여유롭게 해줄 것이며, 무역수지도 개선시킬 것이다.

다음 해에 권리장전(Bill of Rights)이 비준되고 헌법에 부가되었을 때, 벤저민 러시는 과음을 비난하는 『술꾼의 표상(*Drunkard's Emblem*)』을 출간했다. 또한 러시는 제퍼슨에게 위스키와 럼, 그리고 "우리 나라를 불명예롭게 하며, 노예화하는 그 악덕을 나누는 자들"은 "반연방적"이라는 내용의 편지를 쓰기도 했다.

당시 미국의 하층계급들은 계속해서 술집을 채웠지만, 혁명을 이끈 계급은 급진적인 자기 개혁과정 중이었다. 상층의 식민지 경영자들 또한 독립전쟁 전에는 지위가 낮은 사람들과 마찬가지로 유쾌하게 술을 즐겼다. 그러나 신생국가를 방문한 외국인 관찰자들은 식민지 시기보다 상층계급 파티에서 술을 마시기가 훨씬 더 어려워졌다는 기록을 남겼다. 미국의 엘리트들은 음주를 포기하고 커피 하우스로 몰려들었다. 그러나 인민들은 그런 변화를 따르지 않았다. 조지 워싱턴과 제임스 매디슨, 로버트 모리스(1734-1806 : 영국의 리버풀 출신으로 십대에 미국으로 이주하여 일찍부터 사업으로 큰 성공을 거두었고, 대륙회의의 재정 담당직을 역임했다/역주)는 혁명 후에 음주를 규제하는 수단으로 소비세의 도입을 지지했던 다수의 건국의 아버지들에 속했다. 그러나 이런 시도들은 대부분은 부결되면서 시행되지 않았다. 1794년 전국적인 위스키 세를 시행하려던 시도는 펜실베이니아 주 서쪽 지역에서 위스키 반란(Whiskey Rebellion)이라고 불리게 된 사태를 유발했다. 그 지역 전체에 걸쳐 반항적인 인사들은 세금 납부를 거부했을 뿐만 아니라 징수관을 조리돌렸다.

한동안 음주 규제운동은 실패할 것처럼 보였다. 순수 알코올 기준으로 성인의 연간 평균 음주량은 1790년 5.8갤런에서 1810년 7.1갤런으로 증가했다. 그러나 쾌락을 둘러싼 내전은 이제 막 시작했을 뿐이었다.

순수한 국가

혁명의 지도자들은 성욕이야말로 스스로를 규제하는 인간들로 구성된 신생 공화국에 음주보다 더 큰 위협이 된다고 믿었고, 이런 판단은 옳았다. 제퍼슨에 따르면, 바로 그런 이유로 미국인들을 유럽에 가지 못하게 막아야 했다. 유럽에서 "미국인은 인간의 가장 강한 열정에 이끌려 여성의 속임수에 빠지게 됨으로써 그 자신과 가까운 이들의 행복을 파괴하거나, 창녀에게 끌려 자신의 건강을 해치게 된다. 어느 쪽이든 부부 간의 결합에 대한 신실함을 지키는 것이 되려 신사답지 못하며 행복에도 부합하지 않는다고 생각이 바뀌게 된다." 벤저민 러시는 왜 미국인이 감각적 쾌락을 공격해야 하는지를 가장 잘 설명했다. 의사 경력 내내 러시는 성욕과 '자유로운' 시민들로 이루어진 공화국 사이에 내재하는 갈등에 대해서 쓰고 말했다. 1788년 그는 도시의 쾌락적인 문화가 "도덕에 치명적인 영향을 미치고, 그리하여 우리 나라를 비참한 노예 상태로 전락케 할 것"이라고 썼다.

이후에 전개된 상황은 역사가 클레어 라이언스가 칭한 것처럼 "혼외정사에 대한 공격"이었다.

우선 합법적이지 않은 성교에 대한 처벌이 증가했다. 필라델피아에서 매춘으로 체포된 건수는 독립 이후 20년간 60퍼센트 이상 늘어났다. 이어서 개혁이 전개되었다. 1790년 필라델피아에는 건국 초기에 설립된 다수의 도덕장려 단체 중 첫 번째로 사우스와크 협회가 출범했다. 이런 단체들은 도박장과 사창가, 댄스홀과 하층계급이 출입하는 술집 등을 개혁대상으로 겨냥했다.

이 불한당들을 상대로 하는 사회운동은 미국이 독립하고 10년이 지난 후에 재활 감호소의 급속한 성장이라는 제도적 수단을 얻었다. 막달렌 협회는 "덕의 길에서 이탈한 불행한 여성들에게 도움을 주고, 그들을 회복시킨다"는 사명으로 뉴욕과 필라델피아에서 설립되었다. 그 협회의 구성원들은 매춘부들뿐만 아니라 교도소와 구호원에 있는, 그저 성적으로 문란한 여성들도 방문해서 협회가 운영하는 재활원에 들어올 것을 설득했다. 그곳에서는 숙식과 의료가 무료로 제공되는 대신, 성적으로 자유로운 삶을 포기하고 순결과 가사, 협력과 도덕에 관한 교육 프로그램을 이수해야 했다. 이런 재활원의 목표는 '타락한 여성들(fallen women)'을 아내이자 어머니로 만드는 것이었다. 많은 여성들은 이런 제안을 그저 성병 치료를 받는 기회로 생각하고 받아들였다. 그러나 일단 재활원에 입소하면, 여성들은 그곳을 떠날 수 없다는 것을 알게 된다. 재활원의 문은 굳게 잠겨 있고, 높은 담장으로 둘러싸여 있었다. 오직 관리자만이 누가 퇴소할지를 결정했다. 일부 여성들은 담을 넘어 도망갔지만, 대부분은 제대로 품위 있는 여성이 되었으며, '순수한' 여성으로 사회에 복귀할 준비가 되었다는 평가를 들을 때까지 그곳에 머물렀다. 이런 순화과정은 몇 달에서 1년까지 걸리기도 했다.

혁명 후에 도시의 거리에서는 타 인종과의 성행위에 대한 체포가 증가했다. 18세기 대부분의 기간에 피부색을 가로지르는 성교는 처벌받지는 않았던 반면, 건국 초기에는 다수의 여성들이 그저 다른 인종과 성교를 했다는 이유로 체포되었다. 1801년 필라델피아에서 바버라 클리퍼드는 "흑인과 한 침대에 있다가 들켜서" 체포되었다. 1802년 엘리자베스 플래내건은 "자주 여러 흑인들과 잠자리를 가졌다"는 죄목으로 잡혔다. 1803년 마거릿 피셔는 "한 번은 백인과 또 한 번은 흑인과 침대에 함께 있다가 발각된" 중죄를 저질렀다. 사창가 주인들은 갑자기 인종 간의 혼음이라는 특정 죄목으로 기소되었다. 1802년 레이철 화이트는 "흑인 남성과 백인 여성이 함께 잠자리를 가지는 사창을 운영했다"고 체포되었다. 흑인 포주였던 로잔나 그로비스가 범한 죄는 "다양한 피부색의 소녀들을 고용한" 것이었다.

혁명 후의 변화를 가장 잘 말해주는 것은 모든 형태의 혼외정사와 심지어는 부부 간의 성에 반대하는 의료 문헌의 폭증이다. 다양한 성적 행태가 자세히 묘사되고, '일탈적'이라는 딱지가 붙었다. 남자들은 성적 에너지를 일에 쏟으라는 조언을 받았고, 여성들은 자신들이 본디 탈성적(脫性的)이며, '선량한' 여성들은 순수하고, 순결을 지킨다고 교육받았다. 1810년대와 1820년대 벤저민 러시는 신생 국가를 위해서 일련의 성생활 교본을 저술했으며, 그 책들에서 육체적 쾌락의 탐닉은 "과할 때, 신체와 정신 모두의 질병이다"라고 선언했다. 지나치게 잦은 성생활은 현기증과 발작뿐만 아니라 "정력의 감퇴,

무기력, ……폐렴, 건강 염려, 기억 상실, ……그리고 사망"을 유발한다. 다수의 의사들이 그런 주장을 펴면서, 심지어 자위도 갑자기 위험한 것이 되었다. 초기 미국사에서 가장 창의력이 넘쳤던 분야 중의 하나는 자위와 관련된 것이었다. 19세기 중반이 되면, 사람들은 성기 덮개나 수면용 장갑을 포함하여 자위 욕구를 통제하는, 매우 다양한 장치와 약을 구입할 수 있었다. 여성이 다리를 벌리지 못하도록 하는 장치에 관한 특허 건수만 20건 이상이었다.

성의 가장 핵심적인 통제상치, 즉 결혼을 두고서 식민시 정부는 내개 이혼을 남편과 아내 간의, 혹은 지역 공동체가 관련되는 문제로 보았지, 국가가 관심을 기울여야 하는 사안으로 다루지는 않았다. 그러나 건국의 아버지들의 주도로 건국 초기에 식민지 시기의 몇몇 모호한 이혼법은 엄격하고 구체적으로 이혼을 규제하는 법령으로 대체되었다. 그리하여 18세기에 대단히 유행했던 자기 주도적 이혼이 종식되었다. 역사가 낸시 콧이 정리했듯이, "혁명 후의 입법자들은 인민들이 지역 사회의 관용이라는 방패 아래서 해오고 있던 행위에 대해서 새로 권위를 행사하고자 했다." 이혼의 권리를 부여하는 것이 자주 개인의 자유를 신장하는 조치로 여겨졌지만, 조지아 주정부는 그 사안을 더 잘 이해하고 있었다. 조지아 주의 의원들은 그런 조치가 실제로는 사적인 삶에 대한 더욱 강력한 통제를 위한 것이라는 사실을 파악했다. 1802년 주정부는 "가장 엄격하고 성스러운 의무에 기초한 계약의 해소를 요구하는 상황"을 규제할 수 없는 그동안의 무능을 인정하며, 이혼을 규제하는 법률을 시행했다. "왜냐하면 혼인관계의 해소는 개인의 사적인 의지를 따라서는 안 되고, 법률의 개입을 요구하기 때문이다. 공화국이 시민들의 사적인 삶에 깊이 관심을 가질수록 더욱 그렇다." 콧에 따르면, 독립 후에 결혼은 이혼 소송의 원고 측이 자신은 이상적인 배우자의 행태를 유지했으나, 상대방이 간통을 했거나, 혹은 성적인 기능을 상실했다거나, 혹은 항시 집을 비웠다는 것을 법정에서 증명할 때까지는 법적으로 구속력이 유지되었다. 더 이상 불행한 아내나 남편은 그저 사라짐으로써 혼인관계에서 벗어날 수 없었다. "이혼하고자 법원에 호소하는 아내는 고통스런 결혼생활 내내 자신이 얼마나 결혼생활에 신경을 썼고, 순종적이었으며, 오래 고통을 받았는지(그리고 당연히 성적으로 신의를 지켰는지) 보여주어야 했다. 한편 부부관계를 유지하는 데 요구되는 남편의 적합성은 경제적 지원 여부로 결정되었다."

'진정한 범죄(true crime)'에 관한 소책자는 19세기 초반 엄청난 인기를 누렸으며, 그런 책자에 서술된 진정한 범죄들에는 매춘, 남색, 간통 그리고 간음 등을 포함하는 성범죄도 있었다. 이런 이야기에서 사생아를 낳는 여성들은 부도덕하고, 그 아이들은 건강하지 않은 것으로 묘사되었다. 건국 초기에 사생아를 기르는 여성들에게 지원되던 공공원조(복지)는 중단되었고, 사생아 감호소로 대체되었다. 결혼관계 밖에서 아이를 출산한 여성은 자녀를 국가로 귀속시켜야 했으며, 그런 과정에서 아이들에게는 공식적으로 사생아 딱지가 붙었다. 아이들은 부모가 양육비용을 국가에 전액 납부하고서야 감호소에서 나갈 수 있었다. 그렇지 않을 경우, 감호소는 대개 비용을 다 벌충할 때까지 아이들에게 일을 시켰다. 다수의 사생아들은 계속 고아로 남게 되었다.

새로운 전쟁

존 애덤스는 미국 정치의 장에서 높은 위치를 차지했지만 개인적인 삶은 좌절로 끝났다. 워싱턴 행정부에서 부통령으로 임기를 마친 후인 1796년 그는 연방주의자 당(Federalist Party)의 후보로 대통령에 출마해 민주-공화당 후보로 나선 라이벌 토머스 제퍼슨을 근소한 차이로 이겼다. 그러나 4년 후에는 제퍼슨이 또 한 번의 박빙의 승부에서 승자가 되었다. 애덤스는 그 패배를 뒤로 하고 정치에서 은퇴해서, 고향인 매사추세츠의 퀸시로 돌아가 농장일을 다시 시작했다. 그는 결국에는 제퍼슨과 화해했고, 1812년부터는 그 버지니아 주민과 긴 서신을 교환하는 교우관계를 시작했다. 그 당시 다수의 미국인들은 건국의 아버지들의 철학을 받아들이고, 민주적 삶의 기강에 헌신하게 되었다. 그러나 인민들을 자기 통치에 부합하게 훈련시키고자 했던, 건국을 주도한 이들의 최선의 노력에도 불구하고 퇴폐와 악덕은 초기 공화국에서 사라지지 않았다. 음주는 증가했다. 술집과 매춘부, 불법적인 짝짓기가 판치는 도시는 기하급수적으로 증가했다. 대량생산된 새로운 상품은 평범한 사람도 사치를 알게 해주었다. 가난한 사람들, 심지어 노예도 남을 의식하는 화려한 옷을 입기 시작했다. 그리고 신흥 부자들의 다수는 유럽의 귀족과 닮아가게 되었다. 이 모든 악덕의 확산을 도운 것은 애덤스와 제퍼슨, 그리고 대부분의 건국의 아버지들이 두려워했던 새로운 경제질서였다.

오늘날 정치적 스펙트럼에서 보수 쪽에 선 다수의 사람들은 국가 건립의 지도자들을 자유시장의 신봉자로 만들기를 좋아한다. 반면 많은 좌파들은 그들이 그저 부상하는 상업계급의 도구였을 뿐이라고 주장한다. 그 어느 쪽도 시장경제야말로 항시 반항자들의 친구이자, 도덕 수호자들의 적이었다는 것을 이해하지 못한다. 미국인들이 외떨어진 마을의 농장에서 살면서 필요한 모든 것을 재배하고, 만들고, 물물교환을 했을 때 그들은 술집에서 맥주를, 매춘부에게서 성을, 길모퉁이 상점에서 콘돔과 포르노를, 영국의 상인에게서 화려한 의복을 살 수 없었다. 그들은 춤을 추거나 도박을 하러, 혹은 애인을 찾기 위해서 갈 곳이 없었다. 그리고 그들은 땅을 일구어 생계를 꾸리기 위해서 새벽부터 밤까지 일해야 했다. 이런 이유로 그렇게 많은 건국의 아버지들은 미국인들이 상업적인 도시에서 멀리 떨어진 농장에서 살기를 소망했던 것이다. 이 때문에 제퍼슨은 "만약 신께서 누군가를 선택했다면, 땅에서 일하는 자가 신의 선택받은 자들"이며, "대도시의 군중들이 순수한 정부를 유지하는 데에 기여하는 것은 딱 염증이 신체가 내는 힘에 기여하는 정도"라고 선언했다. 존 애덤스는 "상업과 사치, 탐욕이 모든 공화정을 파괴했다"고 경고했다. 또한 그는 "우리 국민들을 감염시킨 대부분의 사치와 아둔의 원인"인 신용제도를 비판했는데, 그로 말미암아 평범한 사람들도 고급의 물건들을 구입할 수 있게 되었기 때문이다. 그런 이유로 대부분의 건국의 아버지들은 국가는 토지 소유주에게만 투표권과 공직의 자격을 허용해야 한다고, 그래서 상인과 은행가, 그리고 제조업자나 소비자가 아니라 농부가 정부를 통제하도록 보장해야 한다고 주장했다. 그러나 애덤스가 "보편적인 타락의 근원"이라고 칭한 탐욕은 계속해서 도시의 거리로 퍼져나갔다.

말년에 애덤스는 친구인 제퍼슨에게 일련의 애조 띤 질문을 던졌다. "절제와 근면의 결과로 부가 생산되는 것을 막는 법을 말해주겠는가? 부가 사치를 낳는 것을 막는 법을 말해주겠는가? 사치가 남성성의 상실, 도취, 화려함, 악덕과 아둔으로 이어지는 것을 막는 법을 말해주겠는가?" 제퍼슨은 그중 어느 질문에 대한 답도 가지고 있지 않았다. 그러나 쾌락과 기강 사이의 전쟁에는 승자가 없다. 독립전쟁 중에 미국인들은 민주주의의 어두운 면이 요구하는 의무와 희생에 대한 오랜 저항을 시작했을 따름이다. 기강을 세우려는 자들과 반항하는 자들 사이의 그 전투에서 어느 쪽도 승리하지 못하게 될 것이다. 미국의 건립은 오늘날까지도 지속되는 그 전쟁을 촉발시켰을 따름이었다.

2

노예의 자유

댄 에밋은 코르크 나무 재를 얼굴에 칠했을 때 노예들의 비밀을 알게 되었다. 그는 무대 밖에서라면 절대로 하지 않았을 동작들을 무대 위에서 했을 때, 노예 폐지론자들이 말하지 않았던 것들을 알게 되었다. 또한 흑인 사투리로 성적인 농담을 던지고, 방만과 나태에 대한 노래를 불렀을 때, 환호하는 관객들을 보면서 미국의 역사 교과서가 비밀에 부쳤던 사실을 알게 되었다. 흑인으로 분장을 하는 민스트럴 쇼(minstrel show : 19세기 중엽 이래 1910년대까지 미국에서 활발히 상연된 노래와 춤, 스케치 등으로 엮은 미국의 독특한 뮤지컬 쇼. 당시에는 백인 가수가 얼굴을 검게 칠하고 흑인의 민요나 흑인풍의 가곡을 노래하는 것이 인기였으며, 흔히 흑인 노예의 삶을 희화화했다고 이해됨/역주)의 창시자 중 한 명인 에밋은 흑인들이 백인들에게는 금지된 쾌락을 누린다는 사실을 알게 되었다. 그는 노예들이 자주 미국인들에게 선망의 대상이라는 것을 알게 된 것이었다.

　백인들의 흑인 흉내내기는 미국의 가장 오래된 오락거리였다. 그것은 최초의 노예를 신세계로 태우고 오던 배의 갑판에서 시작되었는데, 유럽인 선원들은 잡아온 아프리카인들의 춤에 즐겁게 동참했다. 이런 광경은 남부의 농장에서도 이어져서 노예주와 감독관들은 노예의 난장(亂場)에 함께 했다. 이런 기이한 광경은 1800년대 초 증기기관차와 철로의 도래와 더불어 국가적인 현상이 되었다. 역사상 최초로 전국 각지에 고립되어 살던 백인들은 흑인 무리들을 직접 보기 위해서 쉽게 남부로 여행할 수 있게 되었다.

거대한 외륜선이 미시시피 강을 따라 피츠버그와 신시내티에서 세인트루이스와 멤피스를 거쳐 미시시피 삼각주를 통과해 저 아래 뉴올리언스까지 승객들을 나르기 시작한 직후인 1810년대 초에는 흑인들의 춤과 노래를 따라하는 백인 예능인들이 주요 도시에서 흔한 풍경이 되었다. 이런 사람들이 기차로 뉴욕 시에서 피츠버그로 이동한 후에 다시 증기선을 타고 미시시피의 목화밭으로 이동할 수 있게 된 1840년대에 이르면, 미국 전역의 백인들이 흑인처럼 굴었다. 음악인류학자인 데일 코크렐은 1843년까지 흑인 분장을 한 백인이 2만여 번의 공연에서 등장했다고 추정했다. "사실을 말하자면, 흑인 분장을 한 공연은 굉장히 흔했다. 미국인들은 그런 공연을 관람할 기회가 많았는데, 같은 날 저녁에 벌어지는 그런 공연들 중에서 하나를 골라야 할 때도 있었다. 미국인들은 열정적으로 그런 공연을 관람했다."

1843년 2월 6일 저녁 뉴욕 시의 바워리 구역에 위치한 허름하고, 야단스런 리퍼블릭 원형극장에서 자신들을 버지니아 민스트럴이라고 칭하는, 에밋을 비롯한 4명의 백인들은 흑인 민스트럴 쇼를 예술형식으로 만들었다. 그날 저녁 그들은 오로지 흑인 민스트럴의 레퍼토리만으로 이루어진 공연을 무대에 올렸다. 그들 사인조는 노예 복장을 하고 흑인 사투리로 노래와 농담을 했으며, 에밋이 신시내티 거리와 켄터키의 농장, 그리고 오하이오 강을 다니던 증기선에서 보았던 흑인들의 춤을 최선을 다해 재연했다. 그 공연은 너무 인기가 좋아서 곧 그 극장에서는 민스트럴 쇼만 무대에 올리게 되었다. 1940년대 중반에 이르면 뉴욕의 대표적 연극 잡지인 『시대정신(*Spirit of the Times*)』은 민스트럴 쇼를 상연하는 극장들이 "뉴욕에서 관객이 가장 많이 찾으며 이익도 가장 많이 내는 오락시설에 속하며," 이탈리아 오페라를 무대에 올리려는 시도들은 "파산을 맞이했으나, 이 에티오피아식 오페라(민스트럴 쇼의 흑인 분장을 염두에 둔 비유적 표현으로 짐작된다/역주)는 월계수처럼 번창한다"고 쓰고 있다. 수십여 개의 민스트럴 전문 극단들이 뉴욕의 가장 큰 무대에 섰고, 전국을 돌며 공연했다. 1860년대가 되면 미국의 모든 주요 도시들에 이 공연 장르를 전문으로 하는 극장이 생겼고, 19세기 말에는 흑인 분장을 하고 벌이는 공연이 흔하고, 용인이 되는 존중할 만한 오락거리가 되었다. 미국의 대중문화를 연구하는 역사가들의 일치된 의견은 민스트럴 쇼가 19세기를 대표하는 대중공연 장르였다는 것이다.

오늘날 흑인 분장을 한 민스트럴 쇼는 흔히 반-흑인적인 패러디로 여겨지는데, 일부는 분명히 그러했을 것이다. 그러나 최근 학자들은 댄 에밋과 이 장르에서 활동한 여타 많은 연기자들의 노래가 그들이 노예문화에서 발견했던 자유에 대한 열망을 표현한다고 보기 시작했다. 예컨대, '백인성(whiteness)' 분야의 대표적인 역사가 데이비드 뢰디거는 이렇게 썼다. "민스트럴 무대는 백인들이 잠깐 동안 '흑인'이 될 수 있는 가능성을 열어주었다. 즉 그 공연형식은 산업화 시대의 기율 가운데 전(前)산업화 시대의 환희가 보존될 수 있도록 해주었다." 에밋이 처음으로 부른 노래 중 한 곡인 "뱃사람의 춤"은 옛 남부의 증기선에서 일하던 노예와 자유 흑인들에 대한 찬가였다. 에밋은 그들이 보여준 쾌락의 열렬한 수용과 육체의 자유, 그리고 노동은 그저 즐거움의 수단일 뿐이라는 태도에 탄복했다.

하이, 호, 뱃사람은 노를 저어,
오하이오 강을 따라 떠가네.

뱃사람은 춤추고, 뱃사람은 노래하니,
뱃사람은 모든 일에 신이 나지.
육지에 내리면 뱃사람은,

돈을 쓰니, 더 많은 돈을 벌기 위해 더 많이 일하지.

그러니 뱃사람아 춤을 추세.

뱃사람의 춤을 추세.

동이 훤하게 틀 때까지 밤새 춤추고,

아침이 되어 여인과 함께 집으로 가세.

흑인에 관한 에밋의 노래에 담긴 비극적 아이러니, 즉 자유로운 백인이지만 흑인 민스트럴 공연자로 사는 것의 비극적 아이러니는 위의 노래가 말하는 자유는 오로지 목격의 대상이기만 하다는 점이었다.

얼마 전 뱃사람이 하는 얘기를 들으려고

그들의 배에 올랐다네.

그러자 내 열정이 풀려나

결국 나는 감옥신세가 되었다네.

배에 오른 것은 그때가 마지막이니,

나는 이제 뭍에서 살기로 했지.

얼굴을 검게 칠한 백인들을 자기 기만적인 인종주의자로 치부한다면, 무의식적이기는 해도 미국 시민들이 자신들의 삶에 결여된 것에 대해서 하는 이야기들을 놓치게 된다. 곧 보게 되겠지만 그들에게 결여된 것은 진짜 노예의 삶에서 찾을 수 있었다. 그러나 훌륭한 미국 시민으로 여겨지기를 원하는 이들은 아프리카계 미국인들의 문화로 대변되는 모든 것과 거리를 두는 것이 시민의 주된 자격임을 알았다. 그래서 그들은 스스로에게 그 흑인성의 쾌락을 오직 간접적으로 즐기도록 허용했다.

다음에 이어지는 내용은 노예제에 대한 승인은 아니다. 다만 초기 미국사에서 우리가 현재 소중히 여기는 자유의 상당 부분이 오직 노예들에게만 허용되었으며, 반면 젊은 공화국의 시민들의 삶은 끔찍하게 구속적이었다는 것을 주장하려고 한다. 또한 노예들과 그 후손들이 어떻게 백인 미국인들뿐만 아니라 전 세계의 부러움을 사는 문화를 창조할 수 있었는지, 그 이유를 밝힐 것이다.

에밋은 난생처음 노예를 보고 난 직후에 농징에서의 삶에 대한 동경을 담은 노래를 만들기 시작했다. 그는 1834년 고향인, 오하이오 주 중부지역을 떠나 신시내티로 갔다. 그곳은 자유와 노예제가 마주하고 있는 곳이었다. 오하이오 강과 켄터키의 농장을 동시에 내려다보는 구릉지역에 위치한 신시내티는 미국 전체에서 두 문화를 비교할 수 있는 최적의 장소였다. 신시내티는 북부의 주요 도시들 중에서는 유일하게 두 사회의 경계에 위치하고 있었기 때문에 하루에도 엄청난 숫자의 도망 노예들과 자유 흑인들, 그리고 그들과 함께 일하고, 싸우고, 춤추고, 잠을 자던 온갖 계층의 백인들과 이민자 집단을 목격할 수 있었다. 흑인 분장을 한 민스트럴 쇼의 창시자들 대부분이 '서부의 여왕'이라고 알려진 이 도시에서 시간을 보낸 것은 확실히 우연이 아니었다.

미국 민스트럴 쇼의 대부인 토머스 다트머스 '대디(Daddy)' 라이스(1808-1860 : 에밋에 앞서 흑인 민스트럴 쇼를 널리 유행시키는 데에 큰 역할을 한 백인 배우 겸 극작가/역주) 또한 뉴욕에서 오하이오 강을 따라 신시내티로 왔고, 그곳에서 한 흑인 마부가 부르던 짐 크로(Jim Crow : 토머스 라이스의 인기와 더불어 민스트럴 쇼를 대표하는 인물유형이 되었으며, 후에는 흑인을 경멸적으로 칭하는 용어로 굳어졌다. 재건기 이후 남부에서 시행되었던 공공 공간에서의 흑백 분리정책 또한 짐 크로 법으로 불렸다/역주)에 관한 노래에서 미국 연극의 한 고전적인 인물형에 대한 착상을 얻었다. 스티븐 포스터

(1826-1864 : 미국의 가요 작사, 작곡가. 12세에 독학으로 최초의 곡을 작곡한 뒤 1848년 익명의 가곡집『흑인 민요집[*Songs of the Sable Harmonists*]』을 내어 호평을 받았고, 이후 175곡을 더 발표했다/역주)도 형의 여객선 사업을 돕기 위해서 신시내티로 옮겨온 직후에 작곡을 시작했다. 그는 "캠프타운 레이스", "스와니 강", "켄터키 옛집"을 비롯하여 이 장르에 속하는 상당수의 노래를 내놓았다. 아마도 19세기에 흑인 분장을 한 배우들 중 가장 유명했던 (링컨이 가장 좋아한 배우이기도 했던) 라이스는 경주마 기수와 도박꾼으로 일하는 동안 오하이오 강에서 마주쳤던 노예들과 과거에 노예였던 흑인들을 흉내냈다. 민스트럴 쇼의 배우들 중에는 더 아래쪽의 남부로 여행하며 흑인들과 사귀던 이들도 있었다. 에밋의 극단에서 밴조 연주자로 이름을 날렸던 빌리 휘틀록은 남부의 농장을 떠돌며 "몰래 흑인들의 오두막으로 숨어들어서 검둥이들이 춤추고 노래하는 것을 보았는데, 그럴 때면 그들의 흥을 돋우고자 위스키 술통을 들고 갔다."

에밋은 신시내티로 온 직후에 군에 입대했고, 켄터키 주의 뉴포트에 배치되었다. 그는 군악대에 합류했고, "끊임없이 드럼 연습을 했다"고 일기에 적었다. 1년 후에 그는 미주리 주에 있는 부대로 전송되었는데, 그 주는 흑인이 인구의 15퍼센트를 차지하고 있었다. 1835년 제대한 후에 이 젊은 음악인은 신시내티로 돌아왔지만, 그가 만들기 시작한 노래는 그의 마음이 (미주리 주의) 흑인들에게 머물고 있다는 것을 말해주었다. 그는 자유로운 북부에서 오하이오 강 건너편, 즉 약속의 땅을 동경했다.

난 막 도시에 도착했고 이곳에서 한동안 있을 참이었어,
일정도 다 정해두었지,
하지만 거리를 나서니 너무나 스산했네.
난 요르단 강 저편에 있었으면 하고 소망했어.

그러니 자네 코트를 벗고
소매를 걷게
요르단 강은 험한 여행길이니까.

1830년대 후반 에밋은 순회 서커스단에 합류해서 흑인 분장을 하고, 그가 만나보았던 노예 출신의 흑인들을 흉내내기 시작했다. 그는 버지니아 민스트 럴 쇼단과의 합동 공연과 개인 공연을 병행했다. 그가 부르는 노래의 공통된 주제는 자유인으로 태어난 것에 대한 한탄이었다. 그 극단에서 가장 인기 있 던 공연 레퍼토리 중의 하나는 "어려운 시절"이라는 짧은 쇼였는데, 에밋이 쇼맨이라는 이름의, "일이라고는 하지 않는 작자"로 분해 자유로운 삶을 묘사 하는 내용이었다. 에밋이 남북전쟁 기간 중에 만든 "리치몬드로 가는 길"이라 는 곡은 북부군에 입대한 어느 흑인의 후회를 담고 있었다.

내가 젊어서 잘나갈 때는
힘든 일이라고는 한 적이 없어.
일을 하긴 했지만, 내 식대로 했지.

에밋이 그의 가장 잘 알려진 노래들로 전국적인 명성을 얻게 된 것은 바로 남북전쟁 중이었다. 그 노래들은 오늘날 남부의 인종주의를 대변하는 것으로 알려져 있지만, 사실 에밋은 그것들을 통해서 노예가 되고픈 소망을 표현했다.

나는 딕시에 있었으면 하네.
야호! 야호!
나는 딕시 땅에서 터를 잡고,
그곳에서 살다 죽을 거야.

저 아래 남부 깊숙한 곳의 딕시에서 말이지.

내게 자유는 아무것도 아니야.

스티븐 포스터 또한 신시내티를 떠나고 몇 년 후인 1851년에 "안녕 내 소중한 릴리"에서 비슷한 회환을 표현했다.

옛 주인이 나를 해방시켜주었네.

그러니 릴리여, 잘 있게.

아! 소중한 내 사랑이여, 잘 있어.

안녕, 테네시도.

요컨대 "캐롤라인에서 온 멋쟁이 짐"을 쓴 댄 에밋은 흑인을 선망한 다수 작곡가들 중 한 사람일 뿐이었다.

옛 주인이 내게 말했지.

그 고장에서 내가 가장 잘 생겼다고.

거울을 보니 과연 그렇더군

주인이 말한 그대로였지.

아, 아름다움은 거죽뿐이라지만

누구라도 이 다이나 양과는 상대가 안 되지.

내 이름은 이제 아름다운 다이나에서

캐롤라인의 멋쟁이 짐 부인으로 바뀌었다네.

흑인들의 기괴한 얼굴 생김새에 관한 잦은 언급에 대해서는 많은 연구가 있었지만, 민스트럴 쇼의 노래, 특히 노예제가 존속하던 동안의 노래들은 빈번하게 농장의 아름다운 노예 여성에 대한 갈망을 담고 있었다. 벤저민 핸비가 지은, 1850년대의 인기곡 "내 사랑 넬리 그레이"는 켄터키 주의 찬란한 목가적 풍경을 배경으로 사랑을 노래한다.

달이 산 위로 뜨고, 별 또한 반짝이면
난 내 사랑 넬리 그레이를 만나러 갈 거야.
붉은색의 작은 카누를 타고 강을 떠내려갈 때
나의 밴조에서는 달콤한 노랫가락이 흘러나올 거야.

노예 여성의 사랑스러움과 우아함은 자주 아름다운 풍경에 견주어졌으며, 포스터의 "멜린다 메이"가 좋은 예이다.

사랑스런 멜린다는 달빛처럼 밝으니,
어떤 눈송이도 그녀보다 깨끗하지 않네.
그녀는 강가에 피는 장미처럼 웃고,
하늘의 새처럼 노래한다네.

존 P. 오드웨이의 "내 사랑아, 반짝이는 별들도 웃네요"는 또다른 예이다.

네 밝은 눈이 내 눈을 볼 때면,
마치 하늘의 별들 같아.
내 사랑아, 금색 빛줄기가 내려와
너를 축복하듯 비추고 있어.
마치 너는 밤의 여왕이 되어

사랑으로 어둠을 밝히는 듯해.

21세기의 독자들에게 위의 가사는 관습적인 낭만주의의 표현으로 들릴 것이다. 그러나 금욕이 지배하던 당시의 미국인들에게 어떤 형태로든 육체적 열망을 표현하는 것은 제 아무리 우아한 문구로 드러나더라도 점잖지 못하고, 저급하며, 더불어 흑인적이었다.

흑인 분장을 한 민스트럴 공연은 널리 인기를 누렸지만, 점잖은 것은 아니었다. 그것은 도덕적인 견지에서 비판을 받는데, 과격하고, 관능적이며, 자유로웠기 때문이다. 그 공연이 제공하는 자유의 경험에 대한 증언으로는 도덕의 수호자들이 표출했던 비판만 한 것이 없을 것이다. 점잖은 독자층을 겨냥한 신문들은 민스트럴 쇼를 "밤을 끔찍하게 만드는 무질서의 악마"라고 불렀다. 『시대정신』의 분노에 찬 공연평은 다음과 같이 선언한다.

우리는 점잖은 관객들이 흑인 광대들의 노래를 후원하거나 격려하리라고는 생각하지 않는다. 우리는 그러지 않기를 소망한다. 대중의 취향을 해치는 경향이 있는 것이라면 그 어떤 것이라도 창피를 주는 것이 사회가 스스로에게 부여한 의무인 것이다.

『뉴욕 미러(New York Mirror)』지는 흑인 분장을 한 배우들이 누려 마땅한 것은 "관객의 질타"가 전부라고 썼다. 일군의 뉴욕의 도덕 개혁가들은 최초의 노예 분장 공연에 너무 놀란 나머지 1832년 그 공연을 무대에 올린 극장을 사서 복음주의 회당으로 개조했다. 1838년 「보스턴 포스트(Boston Post)」는 "현재 전 세계에서 가장 인기 있는 두 명의 캐릭터"는 부르주아지의 억압을 상징하는 여왕 "빅토리아와 더불어 짐 크로"라는 의견을 표명했다.

그러나 짐 크로 캐릭터의 창조자인 라이스는 그의 가장 잘 알려진 노래에서 금욕적인 미국인의 마음의 실상을 안다고 주장했다.

난 깜둥이인 게 너무 좋아,
너 또한 깜둥이였음 싶겠지.
짐 크로처럼 춤을 춰서
인기를 얻을 테니까.

내 형제 깜둥이들아,
어쩌다 백인이 된
저치들을 비웃는 것은
옳지 않다고 생각해.

왜냐하면 그건 불행이니까,
까만 피부의 신사가
될 수만 있다면,
그들은 마지막 한푼까지 쓸 거야.

저치들이 나를 부러워하는 모습을 보면,
가슴이 미어지려고 해.

문학평론가인 W. T. 라몬 주니어는 미국 문화 속의 인종에 관한 획기적인 책을 여러 권 집필했다. 그는 민스트럴 쇼의 노래 속 흑인에 대한 묘사가 고정관념에 근거한다는 점은 인정하지만, 흑인 문화에 대한 '정확하고,' '참된' 묘사라는 것은 존재하지 않는다는 사실을 상기시킨다. 그의 주장에 따르면, 더 중요한 것은 노예 문화가 흑인 분장을 한 공연자와 관객들에게는 쾌락과 자유를, 모범 시민들에게는 위협을 의미한다는 사실이었다. 초창기 민스트럴 쇼에서 백인들이 "동일시했던 흑인들은 [산업이 요구하는 기율을 도시 젊은이들에게 가르쳤던] YMCA와 복음주의 성향의 조직가들이 억압하고자 애썼던 그 모든 것들의 대변자"였다. 남북전쟁 이전 시기에 얼굴에 검댕을 칠한 이 반역자들은 "명백하게 흑인의 재치와 몸짓에 대한 호감을 표현하고 있었다."

댄 에밋을 비롯하여 흑인 분장을 한, 1세대 민스트럴 쇼의 배우들은 전 세계적인 현상의 선구자였다. 블루스와 재즈, 리듬 앤 블루스는 아프리카계 미국인들보다 백인들에게 더 큰 인기를 누리게 되었다. 또한 이 '자유의 음악'은 미국보다 유럽과 일본에 팬이 더 많다. 힙합의 경우에도 사정은 다르지 않다. 힙합을 듣는 백인과 외국인의 숫자는 전체 흑인 인구를 넘어선다. 오렌지 카운티에서 스톡홀름을 거쳐 요하네스버그와 자카르타에 이르기까지 전 세계의 라디오 방송국들은 브롱크스와 애틀랜타, 콤프턴에서 만들어진 음악을 송출하고 있는 것이다. 그러나 이러한 동경의 원천을 찾으려면 농장보다는 먼저 초기 미국의 백인 자유민들의 삶을 살펴보아야만 한다.

끝없는 노동

댄 에밋은 미국에서 자유인이 된다는 것의 의미를 잘 알고 있었다. 1815년 노예제가 금지된 오하이오 주에서 태어난 그가 성장하던 때에 새로운 자유의 의미가 형성되고 있었다. 에밋이 배운 바에 따르면, 미국에서 자유는 기이하게도 구속적이고 고되었다. 에밋의 부모는 그가 태어나기 전에 이런 사실을 이미 알고 있었다. 19세기 초반 그들은 오하이오 강과 이리 호 사이에 자리한 평원으로 와서 마운트 버넌에 정착했는데, 당시 그곳은 울창한 숲 가운데 건물 몇 채가 있을 뿐이었다. 미국적 자유의 물리적 토대, 즉 토지를 찾아 서부로 향한 여타 미국인들과 마찬가지로 에밋의 부모인 에이브러햄과 세라는 자유로우려면 끊임없이 열심히 일해야 한다는 것을 알게 되었다. 에이브러햄은 나무를 베어 통나무로 다듬은 후에 손수 집을 지었다. 또 생계를 위해서 마을의 유일한 대장장이로 일하며, 직접 쇠를 두드려 연장과 무기를 만들었다. 사라 또한 주부이자 네 아이의 엄마로 남편보다 더 열심히 일했음은 의심의 여지가 없다.

마운트 버넌 같은 개척촌에서의 삶은 거의 쉼 없는 노동의 연속이었다. 식민지 시기부터 19세기에 이르기까지 미국민들의 막대한 노동량에 대한 논평은 계속 이어져왔다. 1620년대 버지니아 주의 한 관리는 식민지 거주자들의 "노동은 끝이 없다"고 본국에 보고했다. 매사추세츠 만 식민지 총독의 아들 존 윈스럽 주니어는 황야에서 문명을 건설하는 데에 필요한 노동량을 자세히 묘사한 바 있다. "최초에 농장에서는 충분하고도 남는 일거리가 존재하며, 편안한 생활을 영위하는 것 또한 상당히 힘들다. 토지를 개간하고, 울타리를 치고, 건물을 지어야 하며, 개간한 토지는 계속 돌봐야 한다. 과수를 심어야 하고, 도로와 다리, 성벽을 구축해야 하니, 마치 태초와 같이 모든 것을 새로 만들어야 하는 것이다." 토지를 가질 수 있다는 희망이 다수의 식민지 거주자들을 채찍질해서 지구상의 어느 누구보다 더 많은 일을 하게 했던 것이다.

플리머스 식민지의 총독 윌리엄 브래드퍼드는 회고하기를, 사적인 토지 소유가 식민지 정착자들에게 허용되자마자, "여성들은 아이들을 데리고 자발적으로 밭으로 나가 옥수수를 심었다. 이전에 여성들은 허약해서 무능력하다고 여겨졌기 때문에, 이들에게 노동을 강요하는 것은 압제와 억압으로 간주되었다." 부분적으로는 상황적인 필요와 경제적인 독립성을 위해서, 또 부분적으로는 신교의 노동윤리에 대한 헌신으로 인해서 최초의 식민지 정착자들은 본국 사람들이 즐기던 대다수의 오락을 없앴다. 사라진 오락으로는 다양한 포크 댄스, 노래 축제, 마을 잔치와 사냥 그리고 숱한 휴일이 있었다. 18세기에도 노동의 강도는 높아져만 가서, 식민지 경제 전체의 노동량의 분포는 계절별로 변화하지 않고 항시적으로 일정하게 유지되었다. 19세기 초에 이르면, 대다수의 식민지 가정은 고된 농업 노동에 더해 내다팔 물건을 만들게 되었다.

1820년대와 1830년대에 걸쳐 오하이오 주 변경에서 몇 년간 살았던 영국의 소설가 프랜시스 트롤로페는 세라 에밋과 비슷한 처지였을 그곳 여성들의 삶에 대해서 놀라움을 표했다. 그들은 요리와 청소, 아이 양육 외에도 가족들이 입을 모든 옷감을 짰으며, 비누와 양초를 만들었고, 또한 집에서 먹을 뿐만 아니라 시장에서 여타 물건들을 살 비용을 마련하기 위해서 내다팔 목적으로 버터를 만들었다. 트롤로페는 "이 여성들의 삶은 역경과 궁핍, 고된 노동으로 점철되어 있다"고 썼다. 자급자족하기에 충분한 양만 생산하든 아니면 판매를 위해서 잉여의 양을 생산하든, 식민지 농가에서 살던 이들은 깨어 있는 거의 모든 시간을 노동에 쏟아붓는 것이 전형적이었다. 노예들과 달리 이런 토지를 소유한 '자유 농민들'은 자신들의 생계를 전적으로 책임졌고, 따라서 하루의 노동이 끝난 후에도 그들의 생각은 그 문제에 사로잡혀 있었다. 18, 19세기 농부들의 일기는 이미 했거나, 앞으로 해야 할 노동의 자세한 기록과 근면과 검약, 절제와 같은 덕성에 대한 권면의 말들로 빼곡했다.

물론 근면은 산업사회 이전에도 괜찮게 살려면 필요했지만, 미국 문화에서는 그 자체로 찬양의 대상이었다. 이 신생 공화국의 자유로운 시민들은 그어떤 족속들보다도 성실히 노동했고, 격렬하게 여가를 경멸했으며, 이런 자신들의 특질에 대해서 자부심을 표했다. "지구상에서 아메리카 합중국의 주민들과 같은 정도로 일이 곧 즐거움이고, 근면이 재미가 되는 민족은 없을 것이다." 이처럼 빈에서 이민을 온 작가 프랜시스 그룬트는 19세기 초반 미국을 방문한 여타의 유럽인들처럼 종종 미국의 '노동병'이라고 불리는 현상에 대해서 연민을 가지고 논평했다. 그는 미국인에게 일은 "행복의 주된 원천"이기에, 그들은 "일이 없이는 완전히 비참할 것"이라고 썼다.

청교도 정착기부터 댄 에밋이 살던 시대에 이르기까지 어린이용 도서와 교과서, 신문에 실린 사설과 시, 선전책자, 설교와 정치연설은 미국인들에게 노동은 신적인 것이며, 게으름은 비참한 것이라고 가르쳤다. 코튼 매더(1663-1728 : 미국의 초기 청교도 사회에서 막대한 영향력을 미친 목사이자 역사가. 450권 가까운 방대한 양의 저서는 초기 뉴잉글랜드 역사 연구에 귀중한 자료이다/역주)는 부모들에게 자녀들을 "태만의 유혹에서 구원하도록" 그들을 "계속적인 노동상태"로 유지시키라고 썼다. 토머스 셰퍼드가 자신의 아들에게 "한 시간의 태만을 같은 시간 동안의 음주를 부끄러워하듯이 혐오하라"고 역설했을 때, 실제로 그가 염두에 둔 청자는 모든 청교도들이었다. 18세기에 벤저민 프랭클린은 품위와 존중을 얻으려면 하루 종일 일해야 한다고 권면하는, 대단한 인기를 누렸던 금언들을 통해서 청교도의 노동윤리를 자본주의 시대에 맞게 변형했다. 『가난한 리처드의 연감(*Poor Richard's Almanac*)』에 실린 한 금언은 "일하는 자가 행복한 자"라는 것이었다. 19세기에는 대규모 산업생산이 도입되면서 근면에 대한 자부심과 태만에 대한 수치는 이 젊은 국가의 모범적인 시민들을 특징짓는 자질로 자리잡게 된다.

댄 에밋이 학교에서 배운 책은 아마도 1830년대의 표준 교과서인 『새 그림책(*A New Picture Book*)』이었을 것인데, 그 책의 첫 장에는 다음과 같은 시가 실려 있다.

어떻게 작고 부지런한 벌이
해가 떠 있는 매시간 발전을 도모하여
활짝 핀 모든 꽃들로부터
하루 종일 꿀을 모을까.

열심히 몸을 놀리거나 기술을 발휘하며
나 또한 하루 종일 일할거야.
왜냐하면 사탄은 게으른 자들을 속일
간계를 마련하고 있으니까.

에밋이 주일학교에서 본 책이었을 『착한 아이들을 위한 동시집(*Little Verses for Good Children*)』에도, 역시 노동하라고 명하는 시가 실려 있었다.

힘써 일하라.
다음은 하느님의 명령이니:
일과 기도가
함께 하도록 하라.
모든 근면한 노동을
하느님은 축복하시리라.
그러니 게으르게
살지 않도록 하자.

19세기 초반 미국의 학교에서는 아이들에게 놀이의 경솔함을 피하고 자기를 부정하는 훈련을 통해서 스스로를 유익한 존재로 만들라고 가르쳤다. 19세기 초반 널리 채택된 교과서 『미국 철자책(*The United States Spelling Book*)』에는 다음과 같은 교훈적인 구절이 있다. "세상과 세상에 속한 것들을 사랑하지 마라. 왜냐하면 세상에 속한 그 모든 것들, 즉 육체와 눈이 욕망하는 것들은 우리를 만드신 그분의 것이 아니라 세상의 것이기 때문이다." 그리고 댄 에밋은 19세기의 베스트셀러였음이 거의 확실한 노아 웹스터의 『미국 철자책(*American Spelling Book*)』도 읽었을 터인데, 그 책은 어린 독자들에게 "현명한 아이는 책을 통해서 배우기를 사랑하는 반면, 어리석은 아이는 장난감을 가지고 놀기를 선택한다"고 가르쳤다.

비밀

민스트럴 쇼의 배우들만이 유일하게 노예제의 비밀을 알고 있던 것은 아니었다. 주니어스 콰틀바움 또한 알고 있었다. 1937년 헨리 그랜트라는 한 젊은 백인은 사우스캐롤라이나 주 콜롬비아 시 외곽의 벽돌공장 근처에 살던 콰틀바움의 허름한 오두막에 녹음기를 가지고 왔다. 그랜트는 루스벨트의 뉴딜 정부가 창설한 한 기관인 연방 작가 프로젝트(Federal Writer's Project)에서 과거 노예들의 삶을 기록하고자 고용한 수백 명의 작가들 중 한 사람이었다. "그 옛날 노예로 있던 호시절 얘기를 하란 말 같군, 그렇지?" 콰틀바움이 물었다. "나는 그때를 그 옛날 호시절이라고 부르는데, 그때 이후로는 뭐 대단한 것이 없었다." 그의 반응은 조사 대상인, 과거에 노예로 살았던 2,300여 명가량의 흑인들도 보여준 태도였다. 다수가 매질과 가학적인 감독에 대해서, 또 사랑하던 이가 팔려간 뼈아픈 경험이나 노예 해방에의 소망에 대해서도 이야기했다. 그러나 노예제에 대한 전반적인 평가를 묻자, 다수는 긍정적인 견해를 내비쳤고, 심지어 적지 않은 흑인들이 드러내놓고 그 시절로 돌아가기를 소망한다고 말했다. 우리는 이런 뜻밖의 사실을 해명해야만 한다.

인종주의자들은 흑인들의 이런 진술을 열등성의 징표로 본다. 한편 우리의 역사 교과서는 그런 사실을 외면한다. 그러나 노예제에 대한 염원을 제대로 살필 때에야 인종주의적 편견을 뒤집을 수 있다.

콰틀바움의 다음과 같은 발언은 다수의 경험을 대변한 것이었다. "나는 남북 간의 전쟁이 벌어진 후에 옛날 주인과 마님 밑에 있을 때보다 더 많이 일해야 했다. 당연히 농장은 천국은 아니었지만, 노예제 전후 시기를 다 경험한 다수에게는 이전 시기가 더 나았다는 것은 명백하다." 모든 노예들은 때로 꽤 열심히 일했지만, 결코 지나치게 열심히 일하지는 않았다. 그들은 가볍고 행복한 마음으로 일했는데, 주인이 자신들을 돌봐줄 것을 알았기 때문이었다. 양질의 풍부한 식량, 그리고 날씨가 추워지면 따뜻한 옷과 난방이 제공될 것이었다. 콰틀바움은 노예생활과 자유상태 사이를 비교하면서 민스트럴 쇼의 공연자들과 거의 흡사한 언어를 이용해서 결론내린다. "느긋한 삶이 백인들의 절반에게만 해당되었다면, 대부분의 검둥이들은 그런 삶을 살았다."

사우스캐롤라이나 주 말보로 카운티에서 노예로 태어난 메리 프랜시스 브라운도 "그때가 행복한 시절"이라고 단언했다. 그녀는 농장에서의 식사에 대해서는 해방되고 나서와는 달리 "부족했던 적이 없었다"고 밝혔다. "그 시절이야말로 살 만했던" 것이다. 브라운은 남북전쟁 후에 해방된 흑인들 사이에서 인기 있던 노래를 조사관에게 들려주기도 했다. 그 노래는 민스트럴 쇼에서 불리던 노래와 매우 흡사했다.

우리 집은 저 너머에 있다네,
거기로 보내주오.
거기로 보내주오.
즐거움이 사라지지 않는 그곳으로.

즐거움이 사라지지 않는 그곳으로 보내주오.
즐거움이 사라지지 않는
그곳으로 보내주오.
즐거움이 사라지지 않는, 결코 사라지지 않는.

과거에 노예로 살았던 흑인들은 거듭해서 해방이 도래한 후에 느낀 회한에 대해서 말했다. "당연히 전쟁이 끝나고 나서는 제대로 된 것이 없었다"고, 지금은 오클라호마 주로 편입된 지역에서 살던 흑인 윌리엄 커티스는 말했다. "물론 우리는 자유인이 되었지만, 뭘 해야 될지 몰랐다. 우리는 옛 주인과 고향을 떠나고 싶지 않았다." 질문을 받은 대다수의 흑인들은 자신들을 해방시킨 북부군대를 증오했으며, 또 다수는 미시시피 주의 게이브 이매뉴얼처럼 자신들에게 주어진 자유를 거부했다. 그는 "북부군대가 주인의 식량을 다 먹어치우고, 질 좋은 술 또한 전부 마셔버렸다"고 기억했다. "흔번은 우리 농장에 오려면 반드시 건너야만 하는 다리에 불을 질렀는데, 양키 군대는 강 저편에서 진만 치고 있었다. 너무 게을러서 불을 끄려고도 하지 않았던 것이다. 내가 보기에는 그랬다. ……아, 노예였을 때야말로 행복했다."

미시시피 주 파스 크리스티안에서 30대 초까지 노예로 살던 헨리 네카즈 또한 대다수 흑인들의 공통된 선호를 드러냈다. "지금보다 노예였을 때가 살기에 나았다. 그때는 필요한 모든 것이 다 마련되어 있었던 반면, 지금은 스스로 모든 것을 구해야만 한다." 노예시절에 매질을 당하거나 팔려가는 일을 경험했던 흑인들도 '옛 호시절'로 돌아갔으면 하고 바랐다. 미주리 주 댄빌의 데이브 하퍼는 딱 잘라 이렇게 말했다. "나는 715달러짜리 노예였다. 나는 해방되고 나서 '715달러를 주면, 다시 노예가 되어드리겠소'라고 말하고 다녔다." 해방 당시 20대 초반이던, 앨라배마 주의 클라라 영 또한 노예시절 팔려도 가고 매질도 당했지만, 노예제에 대한 의견을 묻자 마찬가지 대답이었다. "진심으로 말하건대, 과거로 돌아갔으면 싶다. 지금보다 그때가 훨씬 더 살기가 나았다. 양키들이 그대로 뒀다면, 우리는 훨씬 더 행복했을 것이다." 질문을 받은 대다수 흑인들은 자신들의 감정과 기억이 노예제에 대한 20세기의 지배적인 견해와 배치된다는 것을 의식하고 있었다. 제퍼슨 데이비스라는 노예주의 소유였던 제임스 루카스는 "노예제는 잘못된 것이었지만, 사실 우리가 꽤나 좋은 시절을 보냈다고 생각한다. ……확실하게 말할 수 있는 것은 상당수 흑인들의 삶이 전쟁 후에 더 나빠졌다는 것이다. ……이제 우리는 죽도록 일을 하거나, 아니면 일을 않고 죽어야 한다. 반면 과거에는 일한 후에는 쉴 수 있었고, 그럴 때면 음식이 제공되었다. 쉬고 있다가 나팔이 울릴 때 다시 들로 가면 되었다."

질문을 받은 대다수 흑인들은 남북전쟁 중에 노예들에게 가장 인기 있었던 다음의 노래를 기억하고 있었다.

제프 데이비(1808-1889 : 남북전쟁 당시 남부연합의 의장이자, 전쟁부 장관 직을 수행했다/역주)가 대통령이고,

에이브 링컨은 바보야.

여기 와서 보게, 제프는 회색 말을 타고

에이브 링컨은 노새를 탄다네.

노예 해방에 관한 대중적인 이미지와는 상반되지만, 대부분의 노예들은 농장을 떠날 기회가 주어졌을 때 그대로 머물렀다. 자유가 주어졌을 당시에 대한 리나 헌터의 기억은 대다수 흑인들의 답변과 유사했다. 양키들이 가져온 "자유가 농장에 그렇게 많은 변화를 가져온 것은 아니었다. 대부분의 노예들은 그대로 머물렀고, 상황은 전쟁 전처럼 흘러갔다"고 그녀는 회상했다. "주인인 잭은 우리에게 이제 자유라고 말해주었지만 머물고자 하는 이들은 전쟁 전처럼 돌보겠노라고 했다. 농장을 떠나는 이가 많지 않았는데, 주인이 한사람 한사람을 다 잘 대해줬기 때문이었다." 양적 접근을 하는 역사가 폴 D. 에스콧은 이 조사내용을 비교하기 좋도록 수치화했다. 그가 정리한 내용에 따르면, 해방 후 1개월에서 1년간 주인과 함께 있었던 노예의 비율이 18.8퍼센트, 1년에서 5년간 머물렀던 비율은 14.9퍼센트, 5년 이상은 22.1퍼센트, 남아 있던 기간이 분명하지 않은 노예의 비율은 9.6퍼센트였다. 반면 불과

9퍼센트만이 해방 이후에 곧장 농장을 떠났다.

이런 통계와 애석함을 드러내는, 수백 명의 흑인들의 회고는 노예들이 노예제에도 불구하고가 아니라 바로 노예제로 말미암아 백인들이 동경하는 문화를 창조할 수 있었다는 사실을 말해준다. 사실 노예들은 자유롭다고 간주되는 이들, 특히 모범적인 미국 시민이 되기를 소망한 이들보다 엄청난 이점을 누렸으며, 초기 미국사에서 다른 어떤 집단보다 더 폭넓은 범위의 활동과 자기 표현의 기회를 가졌다.

노동보다는 삶

신시내티에서 살 때 댄 에밋은 거리에서 신학도이자 노예 폐지론자인 시어도어 드와이트 웰드와 지나치기도 했을 것이다. 웰드는 다수의 노예 폐지론자들처럼 노예제의 해악 중 하나가 태만의 확산이라고 생각했다. 오늘날의 생각과는 확실히 다르다. 그는 노예제가 노동에 대한 동기를 무용지물로 만들어 "무지와 미몽"을 유발하고, "노예들의 좀도둑질을 막기 위한 항시적인 감독의 필요성"을 낳으며, 그리하여 노동은 자유로운 의지의 행사가 아니라 "마지못한 의무"가 된다고 주장했다.

노예제를 반대한 이들은 많은 논점, 예컨대 노예제의 폐지가 곧장 혹은 점진적으로 이루어져야 하는지, 또 노예제는 도덕 혹은 정치의 문제인지, 혹은 흑인은 선천적으로 열등한지 등등에 대해서 의견이 갈렸다. 그러나 그들 모두는 '이 기이한 제도'가 인간을 덜 부지런하게 만든다는 점에 대해서는 동의했다. 북부를 전쟁으로 몰고 간 공화당원들은 노예주와 노예들의 나태는 자유주의적 노동문화를 위협한다고 믿었다. 1860년 지도적인 한 공화당원은 "노예 노동과 경쟁하면서 자유 노동은 쇠퇴하고, 치욕적인 것이 되어 노예를 소유하지 않은 다수의 인구층에서도 나태와 빈곤 및 악덕이 근면과 검약, 그리고 덕성을 밀어낼 것"이라고 말했다. 공화당의 지도자들은 노예 노동은 자유 노동보다 생산성이 떨어진다는 견해를 뒷받침하기 위한 다량의 통계를 내놓았고, 북부인이 남부를 방문한 후에 내놓은 노예들의 노동습관에 대한 부정적 관찰을 홍보했다.

1850년대 프레드릭 로 옴스테드는 1년 동안 남부를 여행하고 나서 자신이 목격한 것에 관해서 3권의 책을 썼다. 옴스테드에게 "너무나 느리고 어색하게 움직이는"것처럼 보였던 노예들의 비효율성보다 더 충격적인 것은 없었다. 그는 찰스턴 근처의 한 농장에서 노예들이 기회만 생기면 일을 피하고자 하는 것을 목격했다. "감독관이 가죽채찍을 든 채 말을 타고 노예들 사이를 다니며 계속해서 독려하고, 지시를 했다. 그러나 일행과 나는 감독관이 대열의 한 쪽 끝에 다다를 때마다 다른 쪽 끝의 일꾼들은 감독관이 자기들 쪽으로 다시 올 때까지 일손을 놓는 모습을 수 차례 관찰했다." 계속해서 옴스테드는 다음과 같이 썼다. "노예들에게 할당된 전형적인 임무는 북부 노동자가 볼 때 과도하게 힘든 것은 아니었다. 또 사실을 말하자면 그들 중 가장 근면하고 활동적인 부류는 2시에 일을 끝냈다."

노예주들은 자신의 일꾼들이 생산적이지 않다는, 노예제 폐지론자들의 주장을 공개적으로는 부정했지만, 사적인 자리에서는 그런 사실을 인정했다. 노스캐롤라이나 주의 한 농장주는 노예제가 본질상 생산성을 제약하게 되는 사정에 대해서 대단한 통찰력을 보여주었다. 그가 볼 때 노예들에게는 "자신들의 이익을 위해서 일하는 백인들만큼 성의와 근면이 활성화되지 않는다. 또한 그들이 일에 흥미를 붙이기가 어려운 것이, 자의적인 주인과 그들이 받는 교육으로 말미암아 명예욕과 감사의 마음이 뿌리내리기 어렵기 때문이다." 18세기 버지니아 주의 한 농장주는 일기에서 자주 노예들의 불량한 노동 태도에 대한 불평을 늘어놓았다. "나는 그놈들이 제대로 일을 하게 시키는 것은 불가능하다는 것을 알게 되었다. 어떤 명령도 그들의 주의를 끌 수 없고, 어떤 독려도 그들을 설득할 수 없으며, 어떤 처벌도 그들을 강제할 수 없었다." 상황이 이러했지만, 대다수 노예주들은 북부의 기업가에 견주어 자신들의 통제력이 낮다는 것을 인정하지 않으려고 했고, 노예들의 게으름을 흑인들의 태생적인 열등함 탓으로 돌렸다.

실제로 노예들은 의욕이라고는 없었지만, 그들의 삶을 자유 노동자와 견주어보면 실상 그들이 더 우월한 집단이었다고 볼 수 있다.

이제 옛 남부를 연구한 역사가들 사이에서는 노예들이 노동에 대한 미국적 헌신을 공유하지 않았다는 사실에 대한 광범위한 합의가 이루어져 있다. 그리고 바로 여기에 댄 에밋의 선망을 이해하는 열쇠가 있다. 노예제에 관한 아름다운 아이러니는 그것이 '자유' 노동의 자기 부정을 요구하지 않고, 노예들에게 음식과 쉴 곳, 의복과 의료 및 탁아를 보장하며 심지어는 귀중품과 돈의 획득도 허용했다는 사실이다.

옴스테드는 방문한 모든 농장에서 "질병이나 과로, 혹은 상해를 근거로" 일하지 않는 노예를 최소한 한 명 이상은 볼 수 있었다. 그에 따르면, "일할 마음이 생기지 않거나, 특히 자신을 고용한 주인이 싫다거나 제대로 대우받지 못하면 노예들은 꾀병을 부리거나, 심지어는 실제로 병에 걸리거나 다치기까지 한다." 이에 관한 증거로 19세기 초반 미시시피 주의 세 농장에 관한 풍부한 양적 자료가 있다. 휠즈 농장에서는 노예 1인당 평균 7일에 1일꼴로 아프다는 이유로 일을 쉬었다. 보울즈 농장에서는 1년 동안 질병으로 인한 총 결근일수가 159일이었는데, 할 일이 가장 적은 일요일에는 결근이 5건밖에 발생하지 않았다. 노예가 30명뿐인 리 농장에서는 질병으로 인한 결근이 389건 이나 보고되었다. 이런 농장에서 질병으로 인한 결근의 분포는 노동량이 가장 많은 토요일, 그리고 파종기와 수확기에 몰려 있었다. 노동에 대한 이런 저항은 자신의 노동에 생존이 걸려 있던 자유 백인들에게는 불가능했다. 게다가 대개의 미국인들에게 이런 저항은 수치라는 값비싼 대가를 가져왔을 것이다. 노예들은 그런 대가를 치르지 거의 않았다.

남북전쟁 이후에도 한동안 자유 미국인들에게는 '휴가'라는 개념, 즉 일정한 기간 동안 집 이외의 장소에서 노동의 의무로부터 벗어난 시간을 누린다는 생각은 존재하지 않았다. 반면 노예들은 휴가라는 개념을 사용하지는 않았지만, 그 실제적인 도입을 선도했다. 과거에 노예였던 로렌조 L. 아이비는 "노예들은 숲으로 도망가서 한두 주일을 보낸 후에 돌아오곤 했다"고 기억했다. 샐리 스미스는 자주 일을 두고 도망갔지만 자유로운 노동인구와는 달리 수치심을 느끼지 않았다. "때때로 나는 소나 닭이 우는 소리가 들리지 않을 만큼 먼 곳으로 도망갔다"고 그녀는 말했다. 노예주들은 이런 식으로 일터를 비우는 것을 '농땡이(truancy)'라고 불렀는데, 이런 현상은 비일비재했다. 관련 기록이 남아 있는 거의 모든 농장에서 며칠, 몇 주일, 몇 달, 심지어는 몇 년씩 노예들이 사라진 사례들이 있었다. 옴스테드가 노예주들이 노동량을 늘리는 데에 제약을 받았다고 기록한 것은 바로 "노예들이 '숲'으로 사라지는 집단행동의 위협" 때문이었다. 이런 집단행동은 노예들이 노예주의 악행에 대항하여 항시 내놓을 수 있는 무기였다. 역사가들은 노예주에 대항하는 노예들의 힘에 대해서 강력하게 시사하는 자료들도 찾았다. 일터를 떠났다가 돌아온 노예들을 처벌한 노예주들만큼이나 처벌하지 않은 노예주들이 있었던 것이다. 노예들은 사면 약속을 받아낼 때까지 숲이나 인근 농장, 혹은 근처 도시에 머물렀다. 장기간 농장을 떠나 있는 행동은 다른 노예들의 도움으로 가능했는데, 그들은 도망 노예에게 음식과 같은 생활필수품, 집 소식, 순찰에 대한 경고를 제공했다. 사우스캐롤라이나 주의 한 판사는 "굉장히 엄격한 경계도 노예들이 친척을 방문하는 것을 막을 수 없다"고 한탄했다. 일부 도망 노예들은 그냥 거주지를 이웃 농장의 숙소로 옮겼다. 일터에서 주기적으로 벗어나는 노예들의 수가 너무 많아서 남부 의료계의 대표적인 권위자 중 한 명인 새뮤얼 카트라이트는 흑인들은 자신이 '드레이프토마니아(drapetomania)'라고 명명한 질병에 유난히 취약하다는 결론을 내렸는데, 그 병의 주된 증상은 노동에서의 이탈이었다.

심지어 노예들도 자신들이 일을 싫어한다는 데에 동의했다. 놀랄 정도로 많은 흑인들은 자신들이 생물학적으로 일을 싫어한다고 보는 주인들의 의견에 동조했다. 제임스 존슨은 앞에서 살펴본 조사에서 '검둥이들은 천성이 게으르다'는 일반적인 의견에 동조했다. 많은 노예들이 신체적 강제만이 자신들을 일할 수 있게 만든다고 믿었다. 다음은 제인 존슨의 의견이다. "백인들은 남편에게 일을 시켰고, 남편은 그런 상황을 좋아하지 않았다. 원래가 게으른 것이다. ……처음으로 자신이 일을 해야 한다는 사실을 알게 되었던 때부터, 남편은 속으로 백인들을 경멸했다."

일을 꺼리는 경향이 '천성'이라는 생각은 저명한 흑인 연구자 W. E. B. 두보이스에 의해서 반박되었다. 그는 그런 현상을 강제노동의 필연적인 결과라고 설명했다. "모든 관찰자들은 노예들이 굼뜨고, 무례하며, 더불어 물건을 낭비하고, 꾀를 부린다고 말한다. 당연히 그들은 그렇다. 이런 현상은 인종 문제가 아니라 경제 문제이다. 마지막 남은 힘까지 짜내어 일하도록 강요당하는 어느 노동자 집단이라도 그렇게 대응할 것이다. 쉼 없이 일하도록 강요를 받을 수는 있지만, 그 어떤 권력도 일을 잘하게 만들 수는 없다." 더 나아가 두보이스는 이런 태도가 자신의 이익을 위해서 노동하는 백인들과 비교할 때 노예들에게 이점이 된다고 주장했다. "노예는 북부의 유럽계 노동자들처럼 쉽사리 기계적인 짐말 같은 존재로 전락하지는 않는다. 노예는 노동 자체에 대해서 쉽게 윤리적 승인을 하지 않고, 노동의 결과가 자신을 즐겁게 할 때 일을 하는 경향이 있으며, 적절한 영적 보상을 찾지 못할 때는 노동을 거부하거나 거부하고자 애쓴다. 노예는 흔히 나태하다는 비난을 받지만, 실제로는 삶의 견지에서 현대의 육체노동을 평가한다." 두보이스는 백인 독자들에게 노예들은 노동이 삶보다 더 중요하다고 생각하지 않는데, 왜 당신들은 그렇게 생각하느냐고 묻는 듯하다.

또한 일터에서 도망가고 꾀를 부리는 것은 주인을 교체하는 효과적인 방식이기도 했다. 의욕을 보이지 않는 다수의 노예들은, 그들의 비효율성을 더 이상 감당할 수 없는 노예주에 의해서 팔려나갔다. 실상 대다수의 자유 미국인들이 자신들의 고용주, 즉 부친의 자식으로 태어나 가족단위의 농장에서 살며, 그 직종에서 벗어나는 일이 도덕적으로 금지되었던 시대상을 생각할 때 노예들이 평균적인 자유 미국인들보다 더 많은 직업적 이동성을 가졌다고 주장하는 것은 꽤나 논리적이다.

이 모든 이유들로 인해서 노예들은 자유 미국인들보다 낮은 강도로 일했으며, 또 더 적은 시간을 일했다. 경제사가들은 북부의 농부들이 노예들보다 평균적으로 연간 400시간 이상 더 일했다는 사실을 확증해준다. 또한 세계사를 통틀어 그 어떤 집단보다도 19세기 미국의 산업 노동자들이 더 많은 일을 했다. 미국 최초의 공장에서 일한 그 불행한 영혼들의 전형적인 1일 근무시간은 14시간으로, 전형적인 1주일은 6일로 이루어졌다. 1주일에 100시간 이상 일을 하는 것도 그다지 드문 일이 아니었다.*

매질의 한계

이쯤에서 독자들은 노예들이 자유 노동자들보다 덜 일했으며, 미국의 시민들이 스스로에게 허락하지 않았던 많은 자유를 누렸다는 사실에 동의하더라도, 최종적으로는 노예들이 견뎌야 했던 체벌이 의심의 여지없이 그들의 삶

---

* 경제학자 로버트 포겔은 노예들이 자유 농민들보다 생산성이 높았다고 주장했지만, 그런 사정이 남부의 농장이 북아메리카에서 가장 비옥한 토양을 독점했다는 사실과 더불어 대규모 농장의 집단노동 상황에서 가능했을 분업과 전문화의 결과였을 수 있다고 인정했다. Robert Fogel, *Without Consent or Contract: The Rise and Fall of American Slavery* (New York: W.W. Norton, 1989), chapters 2-4.

을 비참하게 했다고 이의를 제기할 수도 있을 것이다. 호러스 레인의 삶은 이 문제제기에 대한 쉬운 답을 제공한다. 1788년에 태어난 레인은 일곱 살이 되기 전부터 계속해서 채찍으로 맞았다. 일곱 살이 되자 그는 들에서 일을 해야 했고, 그때부터 감독관에게 자주 맞았다. 성인이 되자 그는 일을 빼먹거나 도둑질을 했다고 "자주 심한 매질을 당했다." 레인은 뉴욕 주의 자유 백인이었고, 극소수의 노예만이 이런 체벌을 당했다. 그의 회고록인 『떠도는 소년(Wandering Boy)』은 노예제가 존재하던 시기에 사유인들이 겪은 심하고 잦은 체벌에 대한 많은 기록들 중 하나일 뿐이다.

체벌은 19세기 중반까지 미국의 학교와 가정에서 장려되었으며, 실제로 자주 행해졌다. 부모와 교사들은 아이들을 통제하기 위해서 맨손뿐만 아니라, 채찍과 작대기, 자작나무로 만든 매도 썼다. 댄 에밋은 춤과 여타 오락들을 좋아했으므로, 거의 틀림없이 웹스터의 『미국 철자책』에 실린 가장 엄격한 가르침 중의 하나를 몸으로 받아들여야 했을 것이다. "책에 주의를 집중하지 않는 소년과 소녀들은 비참해질 것이기 때문에, 그런 태도를 고칠 때까지 채찍질을 당해야 한다." 한 역사가가 말했다시피 초기 미국의 학교에서는 "매질 소리가 울려퍼졌다." 교장들은 학생들을 나무 작대기뿐만 아니라 아홉 가닥 채찍(cat-o'-nine-tails)과 가죽채찍으로도 때렸다. 교실에서 떠들다가 걸린 학생들에게는 재갈을 물렸고, 나중에는 '속삭이는 작대기'라고 불리는 목재 블록을 목에 채웠다. 퀘이커 교도들은 종교적 가르침에 따라서 폭력의 사용을 금지했기 때문에, 펜실베이니아에 소재한 퀘이커 교의 학교에서는 대신 학생들의 목과 손에 칼(pillory)을, 혹은 발에 족쇄를 채우거나 자루에 담아 매달거나 함으로써 기율을 잡았다. 19세기 초에 출판된 9권의 양육 지침서 중 6권은 체벌의 사용을 옹호했고, 정부 당국은 그런 교육방식을 막는 조치를 거의 취하지 않았다. 매사추세츠 주의 어느 판사가 내린 판결이 그 전형을 보여준다. 체벌은 학교의 "절대적인 의무"이며 "모든 사람에게서 합당한 복종을 확보하며……질서 잡힌 통치를 유지하기 위해서” 필수적인 것이었다.

노예제가 유지되던 동안에 태어난 미국의 가장 위대한 영웅들 중 몇몇은 대부분의 노예보다 더 자주 채찍질을 당했다. 데이비 크로켓(1786-1836 : 19세기를 대표하는 탐험가로서 여러 민중서사에 등장해 ‘개척지의 왕’이라고 불린다/역주)의 아버지는 단단한 히코리 나무로 만든 매로 끊임없이 아들을 때렸다. 로버트 E. 리(1807-1870 : 남북전쟁 당시 남부연합군의 총사령관을 맡아 객관적인 전력의 열세에도 불구하고 여러 차례의 결정적인 전투에서 승리를 거둔, 미국사의 대표적인 전쟁영웅/역주)는 친척 아주머니 손에 자랐는데, 그녀는 아이를 가르치는 최선의 방식이 “기도하고, 때리고, 때리고, 기도하는” 것이라고 생각했다. 존 D. 록펠러의 어머니도 자주 아들을 나무에 묶어놓고 채찍으로 때렸다. 에이브러햄 링컨의 아버지는 주먹과 채찍으로 아들을 때렸다. 더욱 중요한 사실은, 이들 중 어느 누구도 이런 체벌이 비정상이라고 생각하지 않았다는 것이다. 역사가인 엘리자베스 플렉은 1850년 이전에 출생한 백인들이 쓴, 체벌 사례를 상술하고 있는 58종의 일기나 자서전을 발견했다. 그들은 남과 북에 걸쳐 상인과 농장주, 목사와 농부, 법률가와 장인 및 교사로 일한 부모의 자손들이었다. 이 무리 중에서도 1750년에서 1799년 사이에 태어난 이들은 모두 물건으로 맞았고, 특히 채찍으로 자주 맞았다. 1800년과 1850년 사이에 태어난 이들 중에서도 80퍼센트는 적어도 한 번은 물건으로 맞은 적이 있었다. 또한 장인들은 견습공으로 일하는 아이들과 청소년들을 때리는 일이 흔했으며, 이런 관행이 합당한 교육수단이라고 생각했다.

백인들의 삶에서 사형까지 포함하는, 정부 당국의 신체형은 흔한 일이었다. 식민지 시기 동안에는 살인이나 강간뿐만 아니라 방화, 간통, 남색이나 마술 또한 사형으로 처벌될 수 있었다. 18세기 버지니아 주에서 돼지를 훔친 절도 초범은 25대의 채찍질을 당했다. 재범의 경우에는 2시간 동안 귀에 못이 박힌 채 칼을 쓰고 있어야 했다. 매사추세츠 주에서는 절도 초범의 이마에

B자(아마 burglary의 이니셜인 듯하다/역주) 낙인을 찍었다. 재범은 낙인에 더해 채찍질을 당했다. 삼범부터는 고질로 판명되어 사형에 처해졌다. 모든 식민지에서는 안식일을 지키지 않거나, 가벼운 절도, 혹은 소요 같은 범죄에 대해서 채찍질, 낙인 등의 다양한 신체형을 가했다. 몇몇 주의 법률은 16세 이상일 경우 자식이 부모를 때리거나 욕하면 사형과 채찍질, 감금으로 처벌 하게 규정했다. 채무자와 만취자, 또 그저 범죄 행위나 도덕적 타락이 의심되 는 자도 공개적인 장소에 있는 우리에 갇혔다. 행인들은 이들에게 침을 뱉고, 돌멩이를 던졌으며, 주먹으로 때리거나 발로 찼다. 군대에서는 매질이 19세 기 후반까지도 만취와 욕설, 불복종에 대한 표준적인 처벌방식이었다.

건국 이래로 새로운 근대적 방식의 처벌이 점차 인기를 누리게 되었다. 그것은 노예가 경험한 어떤 처벌보다 더 잔인하고, 반인간적이며, 삶 전체에 적용되는 포괄적인 성격을 띠었으며, 오로지 자유민에게 적용되도록 고안되 었다. 그것은 바로 수감제도였다. 미국 최초의 감옥에서 수감자들은 비좁고, 어두우며 창문이 없어 환기도 되지 않는 더러운 방에 감금되었다. 일부 감옥 은 과거 탄광의 갱도를 개조한 것으로 재소자들은 지하에서만 지내다가 죽기 도 했다. 이런 유형의 감옥에서는 질병과 강간, 살인과 폭동이 너무나 잦아서 이후 19세기의 개혁가들은 자기 기율이라는 미국적 이상을 반영하는 최신의 교도 시스템을 개발하게 되지만, 실상 그 제도는 여러 모로 애초의 지하감옥 보다 더 혹독했다.

19세기 미국에는 두 가지 유형의 감옥이 있었다. 운이 좋은 죄수들은 뉴욕 의 오번 주립교도소를 모델로 한 시설로 보내졌다. 그곳에서 그들은 모두 독 방에 수감되었다. 재소자들 간의 의사소통, 심지어는 시선의 교환도 금지되 었다. 1831년 오번 감옥을 방문한 알렉시 드 토크빌은 생기가 완전히 제거된 감옥 실태에 충격을 받았다. "모든 일은 극도의 무거운 침묵 속에서 행해졌 다. 줄을 맞추어 걷는 발자국 소리나 작업장에서 나는 소리를 제외하면 감옥

전체에서 아무 소리도 들리지 않았다." 수감자들이 감방에 있을 때면 "이 거대한 벽 안의 침묵은 죽음처럼 느껴졌다." 토크빌과 그 일행은 "마치 카타콤(catacombs)을 걷는 느낌을 받았다. 수천 명의 사람들이 이곳에 있지만, 사막과 같은 고독을 느끼게 된다." 이 전적인 침묵과 고립 가운데 수감자는 1주일에 6일간, 매일 8시간에서 10시간 동안 반복적인 육체노동을 수행했다. 운이 더 나쁜 죄수들은 필라델피아의 동부 주립교도소를 모델로 하는 감옥으로 보내졌다. 그곳에서는 고립의 원칙이 너무나 철저하게 지켜져서 새로 도착한 죄수는 자신에게 배정된 감방으로 가는 동안 머리에 두건을 써서 누구도 볼 수 없었고, 기존 재소자들도 그를 볼 수 없었다. 펜실베이니아 안(案)에 의거한, 이런 유형의 감옥에서 재소자들은 감방에서 홀로 일했고, 『성서』를 읽는 것만이 허용되었다. 오번 감옥에서처럼 수감자 간의 소통은 금지되었다. 두 교도 시스템의 목적은 외부적인 강제를 통해서 미국적 삶의 기율을 아직 내면화하지 않은 자유 시민들에게 그것을 강제하는 것이었다. 이 시스템은 노예를 염두에 두지도 않았고, 실제로 그들에게 사용되지도 않았다. 사우스캐롤라이나 주 출신의 흑인 실비아 캐넌은 흑인 또한 투옥의 '자격'을 가지게 되고 한참이 지난 후에 이렇게 회고했다. "상황은 옛날이 지금보다 훨씬 더 좋았다. ……자유가 생기기 전에는 흑인이 감옥에 갔다는 얘기를 한번도 듣지 못했다."

　노예들에 대한 체벌에 관해서는 루이지애나 주의 베넷 배로 농장의 기록이 가장 신뢰할 만한 양적 증거 자료를 제공한다. 1840년대 초반 노예 1인이 1년간 채찍질을 당한 횟수는 0.7회에서 1.03회까지로 역사가마다 다르게 추정한다. 물론 21세기를 사는 우리에게는 평생 단 한 번의 채찍질도 말할 수 없는 공포일 것이다. 하지만 어느 역사가의 수치가 더 정확하건 간에 자유 백인들, 특히 어린이들은 노예보다 더 자주 체벌을 받았을 공산이 크다. 오늘날 역사가들은 노예주가 노예에게 가하는 체벌량을 제한해야 했다는 데에 널리 의견을 같이한다. 노예에 대한 체벌은 일정 수준을 넘기면서부터는 수입의 감소를 가져오기 쉽기 때문이었다. 한 노예주는 채찍질에 내재하는 한계에 대해서 다음과 같이 말했다. "우리는 노예가 체벌을 피하기 위해서만 일하리라는 것을 항시 생각한다. 더불어 그들은 체벌을 피하기에 충분한 정도 이상으로 일하지 않으리라는 것과 아무리 많은 체벌을 받아도 결국 성의 없이 일하는 것을 막을 수 없다는 것 또한 계산에 넣는다." 체벌의 과잉 사용은 노예주의 이익에 반하는 결과를 낳는데, 그것이 노예들을 노동에 대한 의무에서 멀어지게 하며, 반항심을 조장하기 때문이다. "농장에서 노예들은 그런 행동의 결과로 곧장 처벌을 받으리라는 사실을 알면서도, 할 수 있는 한 열심히 농기구들 망가뜨리고 가축들에게 해를 입히려는 것처럼 보였다." 다음은 1840년대에 남부의 농업 실태를 취재하도록 북부에서 파견된 한 기자의 보고이다. "기독교 세계의 채찍을 모두 동원해도 노예들이 생각하는 정도 혹은 그들이 과거에 해왔던 것 이상으로 일을 하도록 다그칠 수 없다." 노예 관리문제에 일가견이 있던 조지 워싱턴 또한 이 점을 잘 이해하고 있었다. "감독관이 등을 돌릴 때마다 대다수 노예들은 일을 대강 하거나 아예 일을 멈출 것이다. 어느 경우든 통제 조치는 사태를 개선시키지 못하고, 오히려 자주 원래보다 심각한 상황을 야기한다."

채찍질이 낳은 그런 부정적 결과 중의 하나는 엄청난 노동시간의 감소이다. 도망 노예를 잡고자 매년 수천 장의 전단지가 뿌려졌는데, 그중 상당수는 도망 노예가 최근에 체벌을 받았다는 내용을 담고 있었다. 한 노예주는 친구에게 노예들은 "가혹한 취급을 받아들이지 않고 도망을 가며, 일단 이 습관이 자리를 잡으면 바로잡기 어렵다"고 충고했다. 도망을 가지 않더라도 노예들은 다른 방식으로 주인들의 폭력행사를 되갚아주었다. 처음으로 채찍을 맞고 난 후에 텍사스 주의 앤디 앤더슨이 했듯이 말이다. "채찍질을 당하고 나서 나는 주인을 위해 일할 마음이 없어졌다. 소들이 옥수수 밭에 있는 것을 보았지만 나는 그놈들을 거기서 쫓아내는 대신 그냥 등을 돌려버렸다."

　노예를 때리는 사람들은 자주 더 값비싼 대가를 치르기도 했다. 1846년 미시시피 주의 한 농장 감독관이었던 제임스 워드는 데이비드라는 이름의 노예에게 과한 매질을 했는데, 데이비드는 그 자리에서 도끼로 뒷머리를 찍어서 그를 즉사시켰다. 또 한 명의 잔인한 노예 감독관 매슈 래슬리도 비슷한 운명을 겪었다. 그의 두개골에는 빌이라는 이름의 노예가 휘두른 도끼가 7센티미터 깊이로 박혔다. 종종 복수는 비밀리에 행해졌다. 과거 노예였던 흑인 앤서니 애버크롬비는 감독관 중 한 명이 어느 날 밤 강둑에서 살해된 것을 기억했다. "살인자는 결코 밝혀지지 않았다. 하지만 주인인 짐은 항시 흑인 노예가 그랬을 거라고 생각했다." 심지어 노예 여성들도 감독관들에게 복수했다. 실비아 두보이스는 감독관에게 "한방 제대로 먹였다"고 말했다. 이런 경우 노예주는 개입하지 않으려고 했다. 한 노예주가 노예 여성에게 맞은 감독관에게 말했듯이 말이다. "노예와 상대해서 얻은 최선의 결과가 그것인데, 받아들이는 수밖에." 이런 사례들이 정확히 얼마나 되는지 알 수 없지만, 남부의 모든 지역에서 노예가 채찍질에 격렬하게 저항한 사례는 1건 이상은 보고되었다. 더욱 주목이 가는 사실은 많은 경우 저항한 노예는 죽임을 당하지 않았을 뿐만 아니라 종종 아무런 처벌도 받지 않았다는 점이다. 자유 백인들은 누리지 못한, 노예로 사는 삶의 이점은 미국 사회에서 가장 비싼 재산품목이라는 지위였다. 그런 이유로 노예주들은 백인에게 대항한 노예들을 죽이는 데에 주저하는 일이 잦았다.

지나치게 자유로운

　노예제에 대해서 가장 알려지지 않은 비밀이라면, 그 반대자들이 또한 자유의 반대자들이기도 했다는 사실이다. 노예 폐지론자들은 건국의 아버지들의 노선을 이어, 외부의 통제를 엄격한 자기 기율로 대체하려고 했다. 따라서 다수의 노예제 반대자들은 체벌 반대운동도 벌였다. 시어도어 드와이트는 자신이 쓴 육아 교본에서 "아이는 스스로 기율의 확립자가 되어야 한다"고 주장했다. 매사추세츠 주의 교육 개혁가들은 "내부의 도덕적인 규제로 외부의 자의적인 규제가 대체되지 않는다면, 사람들은 열정의 정복자요, 주권자가 되는 대신 그 희생자나 노예가 될 것"이라고 썼다. 반-노예제 운동과 학교 개혁운동 모두에서 지도자였던 시어도어 드와이트 웰드(시어노어 드와이트와는 아무 관계가 없다)는 적절하게도 내부의 규제야말로 "문명사회를 조직하는 근간"이라고 선언했다.

노예제 폐지운동의 지적 근간을 마련한 윌리엄 엘러리 채닝은 이 운동의 흉한 아이러니를 명백하게 밝혔다. 노예제는 노예들이 지나치게 자유롭다는 데에 문제가 있었다.

노예들은 무절제와 방탕, 더 일반적으로 말해서 감각의 과잉에 몸을 내맡기리라고 예상할 수밖에 없다. 자존감이 박탈된 채 감각적인 성격 이외의 쾌락은 모르며, 자신은 삶에서 얻을 것이 없는데 정작 타인의 풍요를 위해서 일해야 한다면, 그런 사람이 어떻게 자신을 다스리기를 기대할 수 있겠는가?……미래 또한 노예에게 욕망에 저항하는 데에 무슨 도움을 주겠는가? 탐욕의 충족을 미루게 하는 더 나은 삶의 조건이 그 앞에 결코 열리지 않는 것이다. 자유를 규제하는 또 하나의 요소인 평판의 영향력도 이토록 비천한 집단을 과잉과 타락에서 구조하는 데에 전적으로 무력하다.

폐지론자들이 특별히 근심했던 것은 노예들의 성적 자유였다. 레인 신학교의 헨리 스탠턴은 "노예들의 도덕적 상태, 특히 그들의 방종은 구역질이 날 정도"라고 썼다. 그 학교에서 노예 해방의 대의에 합류한, 켄터키 농부의 아들 제임스 톰은 지금 자라나고 있는 것이 "하나의 거대한 소돔"이라고 선언했다. 농장에서의 삶에 대해서, 경험에 바탕한 지식을 갖춘 소수의 노예 폐지론자 중의 한 명인 톰에 따르면, 노예들은 전적으로 너무 많은 재미를 누리고 있었다. 그들은 "천박한 농담 혹은 선정적인 노래로 행인들의 귀를 놀래며 거리를 어슬렁거리다가 집으로 돌아와서는, 이웃들을 불러들여 도박과 춤, 음주와 음란한 대화로 저녁 시간을 보낸다. 그들은 그렇게 밤이 다하도록 깨어 있다가 대미를 난교로 장식한다." 무엇이 이 말로 옮기지도 못할 지경의 자유를 낳았는가? 톰은 생물학적 특성이 아니라, 자기 규제의 문화에서 노예들이 배제된 것을 답으로 들었다. "이 오염은 노예제의 산물이다. 그것은 검둥이의 특성이 아니라 노예라는 조건에서 비롯된다." 1826년 최초의 반(反)노예제 잡지인 『보편적 해방이라는 천재(*Genius of Universal Emancipation*)』는 남부의 법률이 "노예들 간의 간음과 간통, 근친상간이나 일부다처 관계 등에 주의를 기울이지 않으며, 따라서 그들이 어떤 제제도 받지 않고 여러 상대들을 통해서 자신들의 감각적 욕구를 만족시키도록 내버려둔다"고 보았다.

신시내티에서 발행된, 노예 폐지론 진영의 대표적인 잡지 『박애주의자(*Philanthropist*)』는 "노예들은 신의 법도 모르고, 인간 제도도 이해하지 못해서 욕정과 성적 방종의 노예가 되었다"고 설명했다. 노예 폐지운동가들 중에서도 가장 전투적인 입장이었던 윌리엄 로이드 개리슨의 『해방자(*Liberator*)』는 노예주들의 외부적 강제가 노예들의 정념을 풀어놓는다는 주장을 강화했다. 그 잡지의 조지아 주 통신원은 "도덕적 행동의 규칙을 따라야 한다는 두려움이 없기 때문에, 노예들은 끝간 데까지 타락해서 쉽게 순결을 무시하게 된다. 그들은 저속한 농담과 노래를 사랑하고, 지나가는 모든 물건을 생각 없이 바라본다. ……노예들의 천재성은 사악함에서 드러나며, 그들은 기질상 재미만을 쫓는다. 소가죽 채찍을 들어 그들에게 공포를 불러일으키지 않는다면 말이다. 그들의 음탕함은 그 정도로 심해서 끔찍할 정도였다."

아마도 노예들은 폐지론자들이 상상하는 것과 같은 파티를 벌이지는 않았 겠지만, 확실한 것은 그들이 백인 자유인들보다 더 많은 성적 자유를 누렸다 는 사실일 것이다. 반면 백인들은 18세기 후반과 19세기 동안에 육체적 욕망 과 전쟁을 벌이고 있었다.

앞에서 보았듯이 미국 혁명 후에 의사와 정치 지도자들은 신생국가가 번성 하기 위해서는 미국 시민들이 자신들의 신체에 대해서 엄격한 통제력을 발휘 해야 한다고 믿었다. 벤저민 러시는 노예세와 자위 모두를 없애야 한디고 주 장했다. 그는 노예무역과 더불어, 쾌락을 쫓음으로써 공화국에 제기되는 많 은 악덕들에 반대하는 소책자를 여러 편 썼다. 러시는 "타락상태"를 피하려면 "일이나 어떤 종류이건 공부에 면밀히 주의를 쏟아야" 한다고 선언했다. 환자 가 계속 유혹에 굴복할 때 러시의 처방은 다음과 같았다. "채소로 된 식단, 금욕, 육체노동, 찬물 목욕, 음란한 것의 금지, 음악, 수학에 대한 면밀한 탐 구, 군사적 영광. 만약 이 모든 것이 효과를 내지 못한다면, 피마자 기름을 써라."

어떤 종류건 성교는 최선의 경우에도 위험한 것으로 간주되었고, 따라서 잡아 가둬야 했다. 미국의 섹슈얼리티 역사에 관한 주도적인 연구서인 『친밀 성이라는 문제(*Intimate Matters*)』의 저자인 에스텔레 B. 프리드멘과 존 에밀 리오에 따르면, 19세기 초반에 "쏟아져나온 성에 관한 지침서들"은 "미국인 들에게 신체적 안녕을 위해서는 개인들이 스스로 성욕을 통제해야 한다는 주장을 내세웠다." 확실히 다수의 백인 자유인들, 특히 도시의 새로운 노동자 계층은 성적 통제에 관한 규범을 위반했다. 그들은 시민이 될 자격이 없다고 여겨졌을 뿐만 아니라 (건국 초기의 역사를 다룬 앞의 장에서 확인했듯이) 국가 자체에 대한 위협으로 간주되었다.

그러나 성을 경계하는 권고는 얼마나 영향력이 있었을까? 간통을 한 사람 과 (펜실베이니아 주 법률에서 칭하듯이) 그 밖의 "떳떳치 못한 성격과 행동을 보여주는 사람들"은 체포되어 처벌을 받았다. 1797년 필라델피아의 한 부부는 "시민들의 도덕을 타락시키는 방탕한 삶"을 살았다는 이유로 유죄판결을 받았다. 앞에서 독자들은 수천 명의 '타락한 여성들', 즉 매춘부들뿐만 아니라 혼외정사에 연루된 여성들이 감호소에 수감되었고, 그곳에서 번듯한 가문의 하녀 혹은 반듯한 남성의 아내가 되도록 욕망을 억제하는 훈련을 받은 역사를 살펴보았다. 역사가들은 19세기 들어 출산이 급격히 감소한 데에는 부부 사이라도 출산이 목적이 아니라면 성생활을 제한했던 문화도 한몫을 했다고 본다.

최근의 학자들은, 노예들이 백인들만큼 점잖았고 따라서 백인들과 마찬가지로 성적으로 억압되어 있었다고 묘사한 1960-1970년대 자유주의 역사학자들의 관점을 파기했다. 확실히 일부 노예들은 백인들의 성규범을 채택했다. 즉 그들은 일부일처제 혼인관계와 가부장제 핵가족을 친밀한 육체적 관계를 유지하는 최선으로 형식으로 생각하고, 준수했다. 그러나 역사가 브렌다 스티븐슨에 따르면, 대부분의 노예들은 "다양한 관계의 규범을 보여주었고, 그런 점에서 그들은 유럽계 미국인들과 상당한 정도로 구분되었다." 어떤 노예들은 법적으로 인정받지는 않았지만 비공식적인 혼인관계를 확립해서 백인들의 결혼문화를 모방했다. 반면 다른 노예들은 '애인들을 사귀거나(sweethearted)', 결혼하지 않은 상태에서 '상대를 골랐다(took up).' 애인 사귀기와 상대 고르기는 대개 일대일의 관계가 아니었으며, (역사가 앤서니 케이에 따르면) "잠정적인 관계로서 의무보다는 더 많은 권리, 그리고 많은 새로운 감정 및 쾌락들과 관련되었다." 다수의 애인들은 아이를 가졌으며, 그 아이의 삶은 평생 부모의 불법적인 관계가 가져오는 수치를 지고 살아가야 하는 백인 사생아들과는 달랐다. 그들은 어떤 오명에도 시달리지 않았고 그저 애인들의 자식으로 불릴 뿐이었다. 노예들은 자신들의 이성관계를 공동체의 규약과 감시에 종속되도록 하려는 마음이 별로 없었다. 케이에 따르면, 서로 사귀거나 서로를 택한 노예들은 "자신들의 관계를 전적으로 자신들만의 일로 하고자 했다. 동료 노예들과 노예주를 결혼식에 초대해서 동거하는 부부로 인정받으려고 애쓴 노예들도 있었던 반면, 애인들이나 서로를 택한 남녀들은 상당한 정도로 그들 자신의 뜻대로 관계를 운위할 수 있었다."

아이러니는 인간 이하의 존재라는 노예의 정의가 이런 혜택을 가져다주었다는 사실이다. 그들은 남부의 백인들을 규제했던 억압적 법률에서 면제되었기 때문에 간음과 간통, 성적 분란을 두고 처벌을 피할 수 있었다. 메릴랜드주의 한 변호사는 다음과 같이 설명했다.

노예들은 대체로 이 나라의 형법에 구속된다. 그러나 우리는 그들을 성적 교류에 관한 법률의 적용 대상으로 고려하지는 않는다. ……그들은 남녀 모두 같은 정도로 강렬하고 불가항력적인 성적 열망을 보인다. 자식들의 미래의 처지에 대한 고려가 그런 번식 행위를 제어하지 않는 것이다. 다른 이들의 권리에 피해가 가지 않는다면, 법률은 그들의 성적 만족을 규제하지도 처벌하지 않을 것이다.

노예들은 법률뿐만 아니라 백인들에게 적용되던 불문율에서도 면제되었다. 노예 여성은 자유민 여성과 달리 결혼 전에 처녀여야 한다는 기대에서 자유로웠으며, 혼외관계를 가졌다고 해서 경멸을 당하지도 않았다. 결혼한 후에도 노예들은 무조건적으로 결혼생활에 매여 있지 않았다. 노예제에 관한 저명한 역사가인 유진 지노비스가 말했듯이, "노예들은 자신들의 잘못된 선택과 영원히 함께 해야 할 하등의 이유를 알지 못했다." 따라서 노예들의 이혼율은 '자유인'보다 월등히 높았으며, 출산율 또한 노예들이 백인 자유인들보다 훨씬 더 높았다. 이런 사실은 많은 이들에게 흑인들은 성에 대한 수치심이 낮으며, 따라서 열등한 존재라는 증표였다. 흑인들의 성적 수치심이 낮다는 생각은 분명한 역사적 사실이지만, 그런 점이 인간의 우열을 구분하는 것인지는 독자들이 결정할 몫이다.

노예들이 백인들보다 더 많은 성적 자유를 누렸다는 데에 동의하는 독자일지라도, 노예주들이 자기 소유의 여성에게 가하는 통제로 말미암아 노예 여성의 삶이 백인 여성의 삶보다 열악했다고 주장할 수도 있을 것이다. 그렇지만 다시 한번 노예제의 구조, 미국적 자유의 억압적 논리 및 그 밖의 역사적 증거를 고려할 때 상황은 그렇지 않았다. 경제사가인 로버트 포겔과 스탠리 잉거먼에 따르면, "미국의 노예제 시스템은 그 경제적 동기로 인해서 우생학적 조작이나 성적 착취에 반하는 방식으로 작동했다. 그런 행동을 한 이들은 경제적 동기 때문이 아니라 거기에 반해서 그렇게 했다." 농장의 문서들에는 노예주가 감독관들에게 노예들과의 '부적절한 관계'를 경계할 것을 지시하는 내용이 많다. 루이지애나 주의 한 농장주는 감독관과 노예 간의 성적 관계를 용인하지 않았다. "여성 하인과 관계를 맺는다면, 여지없이 쫓겨날 것이며, 어떠한 변명도 받아들여지지 않을 것이다." 또한 그 경고를 어긴 감독관들은 새로운 일자리를 찾는 것이 쉽지 않았다. 텍사스 주의 농장주였던 찰스 테이트는 아들에게 "흑인 여성과 동등해진 감독관은 절대로 고용하지 말라"고 조언했다. "도덕성을 차치하더라도 이루 언급하기도 어려울 만큼의 문제가 생긴다"는 것이었다. 한 노예 소유주의 일지에는 다음과 같은, 스스로에 대한 훈계가 담겨 있기도 했다. "노예와의 성관계를 막기 위해서 모든 노력을 기울여야 한다. 그런 일은 노예주를 타락시키고 노예에게도 불만을 야기한다. 유익한 한에서 나이든 흑인 하녀를 집 안에 두는 것은 권할 만하지만, 젊은 노예들은 전적으로 야외에서 육체노동을 시켜야 한다."

통계 또한 농장에서 강간이 드물었다는 점을 말해준다. 남부에서 '인종이 섞인' 사람들의 대다수는 타 인종과 연인관계를 가질 기회가 훨씬 더 많았던 도시주민이었다. 1860년의 인구조사에 따르면, 도시에 사는 노예들의 20퍼센트와 남부 도시에 사는 자유 흑인의 39퍼센트가 물라토(mulato)였다. 그러나 노예인구의 95퍼센트를 차지하는, 시골에 거주하는 노예들 중에는 오직 9.9 퍼센트만이 물라토였다. 노예인구 전체로 보면, 물라토의 비율은 1850년에는 고작 7.7퍼센트였고, 1860년에도 10.4퍼센트에 머물렀다. 더 나아가 1930년 대 공공사업 진흥국(Works Progress Administration, WPA)이 면담한 해방 노예들 중에서 오직 1.2퍼센트만이 노예주에게 강간을 당했고, 동료 노예에게 강간을 당한 비율도 5.8퍼센트에 그쳤다. 부모 중 한쪽이 백인이라고 답한 이는 4.5퍼센트였다. 포겔과 잉거먼에 의하면, 구할 수 있는 모든 자료를 종합 해보건대 "노예에 의해서 운영되는 농장에서 백인을 아버지로 둔 아이들의 비율은 평균 1퍼센트와 2퍼센트 사이"로 추정된다. 포겔과 잉거먼의 가장 공 세적인 비판자도 그 비율이 8퍼센트를 넘지 않으리라는 데에 동의한다. 또한 백인 남성과 노예 여성이 상호 동의하에 관계를 가졌다는 증거가 상당하므로 강간으로 생긴 아이들의 비율은 더욱 낮을 것이다.

노예를 강간으로부터 보호하는 법률은 존재하지 않았지만, 노예주와 감독 관들은 여러 가지 이유 때문에 노예 여성들에게 성관계를 강요하지 않았다. 우선 그런 폭력은 거의 여지없이 피해자 여성 혹은 그 배우자의 보복 행위를 불러왔으며, 보복 대상에는 강간범의 아내도 포함되었다. 또 노예 여성의 강 간은 농장의 작업에 지장을 초래했다. 당연한 이야기겠지만, 노예들 또한 분 노하면 일을 열심히 하지 않았다. 미시시피 주의 가장 유명한 농장주 중 한 명인 핼러 넛은 「감독의 시간을 통제하는 일반적인 규칙」이라는 글에서 다 음과 같이 조언했다.

무엇보다도 흑인 여성과의 성관계를 피해라. 그것은 많은 문제와 부주의, 태만과 악행, 도둑질과 거짓말을 야기한다. 그로 말미암은 좋지 않은 영향이 여타 경우를 다 합친 것보다 더 크다고 하겠다. ……실로 그런 일은 가차 없이 금해야 하고, 절대로 용인해서는 안 된다.

노예 여성들은 자신의 신체를 탐하는 사람을 물리적으로 공격하기도 했다. 물론 더 흔한 대응은 도망을 가는 것이었다. 영원히 사라지는 경우는 많지 않았고, 한번에 며칠이나 몇 주, 혹은 몇 달씩 도망가 있는 경우는 아주 흔했다. 역사가 스테파니 캠프는 역사적 기록을 검토한 후, 일을 피해 도망간 노예들 중에서 여성 노예가 차지하는 비율이 19퍼센트에서 41퍼센트에 이르렀으며, 평균적으로 그들은 한 번에 6일씩 농장을 떠나 있었다고 정리했다. 화난 노예들은 위험한 존재이기도 했다. 노예들이 살인으로 복수한 사례를 기록한 문서들이 다수 남아 있으며, 주인의 음식에 독이나 빻은 유리를 넣었다거나 노예 여성이 키우던 농장주의 자식이 갑자기 죽었다는 풍문이 많이 떠돌았다.

노예 애인은 노예주의 자유로운 활동에 몹시 방해가 되는 존재이기도 했다. 노예 여성과의 관계는 종종 용인되기도 했지만, 그런 관계는 대부분 수치스러운 일이었기 때문에 감춰야 했다. 이 주제에 관해서 최초로 글을 발표한 역사가 캐서린 클린턴에 의하면, 백인 남성은 "공적으로는 성과 인종에 관한, 농장문화의 엄격한 규약을 따라야만 했다." 남부 귀족계급의 유명인사들 중 다수가 노예와의 관계가 밝혀지면서 점잖은 사회에서의 지위를 잃어버렸다. 미시시피 주의 부유한 농장주의 아들 토머스 포스터 주니어는 가족으로부터, 노예 여성과의 관계를 청산하지 않으면 가문과 남부 사회로부터 추방될 것이라는 최후통첩을 받았다. 리처드 존슨은 부통령으로서 마틴 밴 뷰런(1782-1862 : 미국의 제8대 대통령/역주)을 보좌했는데, 혼혈 애인의 존재로 인한 스캔들만 아니었다면 대통령이 되었을 공산이 컸다. 그는 그 애인과의 사이에서 자식 둘을 두었다. 그는 이 끔찍한 소문을 부인하지 않았는데, 비밀 엄수를 경멸하고 백악관에서 인종 간의 융합을 이루려고 했다며 여러 사람들로부터 비난을 받았다.

그렇다면 자유로운 백인 여성의 경우에는 얼마나 많은 수의 여성들이 자신의 의지에 반해 성관계를 강요당했는가? 노예 여성의 강간범은 자기 소유의 여성을 공격하고도 매일 치욕과 분노, 불안과 폭력의 위협에 시달려야 했다. 반면 백인 여성의 강간 사건은 보고나 처리의 대상이 아니었고, 강간범의 존재조차 알려지지 않았다. 역사가 샤론 블록에 의하면, 이런 이유로 말미암아 "미국사 초기에 강간은 흔했으며, 감춰져 있었다." 사실 강제된 성관계는 백인 여성에게 흔한 일이었다. 19세기의 거의 모든 백인 여성은 결혼을 했는데, 남편이 그들의 신체에 대한 법적 통제권을 가지고 있었다. 20세기까지도 결혼에 관한 미국의 법률과 관습은 1632년 영국에서 제정된 "여성의 권리에 대한 법률안"에 의거했으며, 그 옛 법은 아내의 정체성은 남편의 그것과 "함께 단단히 엮여서," "그녀의 새 자아는 곧 그녀의 주인이자 동반자인 상관의 자아와 합치된다"고 선언했다. 1806년 미국에서 출간된 영국 법률에 관한 교본인 『법정론(A Treaise of the Pleas of the Crown)』은 "남편이 아내를 겁탈했다고 해서 그에게 법적인 책임을 물을 수는 없다. 바로 혼인서약 때문인데, 아내는 그것을 철회할 수 없다"고 밝히고 있다. 1830년대 한 대중적인 처세술 서적은 젊은 미국 여성에게 "요람에서 무덤까지 어떤 삶의 상황이 주어지든 순종과 복종의 정신, 유순한 성품, 겸손한 마음이 필수적"이라고 충고한다. 이렇듯 '유부녀 신분(coverture : 아내의 정체성은 상위의 존재인 남편의 존재 아래에 가려지게 된다는 의미를 담고 있다/역주)'이라는 개념에 의거할 때, 남편이 가계의 모든 물건을 소유할 뿐만 아니라 남편의 아내 강간은 성립이 불가능했다.

노예 매매로 인해서 가족이 흩어지는 것이야말로 의심의 여지없이 노예에게 닥치는 가장 끔찍한 일일 것이다. 이런 방식으로 가족이 나눠지는 일이 얼마나 자주 벌어졌는지에 대해서는 이견이 있겠지만, 노예제가 유지되던 동안에 최소한 수만 명의 노예들이 사랑하는 가족과 강제로 이별해야 했을 것이다. 그러나 그런 노예 가족의 수가 정확히 얼마였든 간에 강제로 혹은 의무 때문에 집을 떠나야 했던 자유인의 수보다 적었던 것만은 틀림없다. 500만 명이 넘는 자유인들이 징집을 당했으며, 특히 독립전쟁과 1812년 전쟁, 그리고 멕시코-미국 전쟁과 남북전쟁 당시 징집인원의 규모가 컸다. 그중에는 살아서 귀향하지 못한 이들도 60만 명이 넘었다. 경제상황의 변동으로 인해서 가족을 떠나야 했던 이들도 많았다. 남북전쟁 이전 대규모 상업적 농업의 부상과 제조업의 성장으로 인해서 가족농이 해체되면서 수많은 남녀가 가족과 자신의 생계를 위해서 삶의 터전을 옮겨야 했다. 때로는 가족 전체가 농장 일을 그만두고 도시로 이주하기도 했지만, 노동할 수 있는 자식들만 도시로 가는 경우가 더 잦았다.

1834년에 한 신문은 그와 같은 현실에 통탄했다. "수천의 훌륭한 가족들이 세입자 신세를 받아들이거나 공장이나 부자들의 부엌에서 일자리를 구하기 위해서 흩어져야만 한다. 그나마 사정이 나은 쪽이 유배를 가듯이 서부의 오지로 이주하는 것이다." 1830년대부터 뉴잉글랜드 전역에서 십대 소녀들과 젊은 여성들은 미국 최초로 공장제 생산방식을 도입한 섬유산업 분야의 노동자가 되기 위해서 가족을 떠났다. 가장으로서 더 나은 삶을 찾아 서부로 떠난 남성들의 수는 너무 많아 밝힐 수 없을 정도이다. 그들 중 압도적인 다수는 가족을 남겨두고 홀로 떠났다.

자유로운 미국인들과 견주어 노예들이 누린 가장 큰 이점은 아마도 시민권의 궁극적인 의무로부터의 면제일 것이다. 1865년 이전의 전쟁에서만 60여만 명의 전사자와 그에 버금가는 수의 부상자가 발생했다. 부상자들 중에는 실명하거나, 팔다리를 잃거나 해서 거동이 힘들어진 사람들도 많았다. 강제로 참전해야만 했던 극소수의 노예들과 그보다도 훨씬 더 적은 수의 자발적인 지원자를 제외한다면, 이런 고난은 오로지 자유민들에게만 해당되었다.

노예들을 구경하기

초기 민스트럴 쇼에서 흔했지만, 언뜻 허구적으로 보였던 요소는 등장인물 중 노예의 화려한 복장이다. 댄 에밋이 연기한 뱃사공은 "푸른색 재킷과 타르 폴린 모자(tarpaulin hat : 타르를 입혀 만든 방수천 재질의 모자/역주)"를 갖춰 입었으며, 댄디 짐의 무대의상은 판탈롱(pantaloon : 무릎길이의, 몸에 붙는 재질로 만든 바지/역주)을 뽐냈다. "집 쿤(Zip Coon)"처럼 이 장르에서 잘 알려진 노래의 악보를 보면, 흑인 댄디는 실크해트와 턱시도를, 여자 댄디는 화려한 드레스를 갖춰 입는 것으로 되어 있다. 연미복과 실크해트, 주름장식과 시계줄, 그리고 흰 장갑으로 멋을 낸 댄디는 민스트럴 쇼에서 흔한 인물형이었다. 그러나 이 인물형은 허구가 아니라 현실에서 관찰한 내용에 바탕을 두었다. 도망 노예들을 찾는 전단지는 흔히 그들의 외양에 대한 상세한 묘사를 담고 있었는데, 흑인 문화에 대한 가장 포괄적인 역사서를 쓴 셰인 화이트와 그레이엄 화이트는 이런 전단지 수천 장을 검토하고 나서 "노예들의 복장이 거의 정신 사나울 정도로 다양했다"는 사실을 발견했다. 그들에 따르면, 노예들이 백인 자유민보다 더 잘 차려입은 경우는 매우 흔했다. 그들이 검토한 전단지는 당시 미국에서 구할 수 있는 가장 세련된 의류 카탈로그를 방불케 했다. 노예주들은 도망 노예를 찾기 위해서 정확한 묘사를 제시해야 했을 것이다. 전단지가 묘사하는 도망 노예들의 복장에는 수입 조끼와 속치마, 벨벳 망토, 가죽모자, 비단 보닛(bonnet), 새의 깃털과 하얀 망사로 장식한 모자, 무도회용 드레스, 굽이 높은 구도, 린넨 천으로 만든 셔츠, 은으로 된 커프스 단추, 허리띠, 금사로 짠 레이스, 스타킹, 그 밖에 최고급 옷감으로 만든 다양한 물품들이 포함되었다.

노예들은 이런 세련된 물건들을 어떻게 구한 것인가? 화이트 부부의 연구에 의하면, 다수의 흑인들이 의복을 훔치기도 했지만, 노예주들이 그런 의복의 소유를 노예들에게 허가했다는 증거 또한 다수 존재한다. 대단히 많은 노예들이 자신의 돈으로 의복을 구입했으며, 노예들은 그런 소비활동에 들어가는 돈을 농장 바깥에서의 일로 확보했다. 이런 외부 고용이 노예제 시절의 남부에서 흔했으며, 대개 노예들은 그렇게 번 임금의 전부 혹은 상당량을 자신이 가질 수 있었다는 데에 역사가들은 널리 의견의 일치를 보인다. 법적으로 자유로운 노동자와 비교할 때 노예들이 누렸던 최고의 혜택은 숙식과 의료, 자녀 보육이 제공되었다는 점이었다. 또한 그들은 선량한 시민들과 달리 자신들의 노동의 열매를 즐기는 데에서 수치심을 느끼지 않았다.

　이상적인 미국의 시민상을 창안했던 이들은 시민들에게 소박한 옷을 입혔다. 벤저민 프랭클린은 "그[이상적인 시민]는 가장 평범한 시골풍의 복장을 입었다"고 말했다. "그가 소유한 가장 좋은 코트도 거칠고, 오래되어 낡아 보인다. 그가 입은 린넨 셔츠는 집에서 직접 짠 것이다. 수염은 아마도 일주일째 깎지 않은 듯하고, 신발 또한 두껍고 무거운 종류이다. 그 밖의 복장의 모든 요소들 또한 이에 부응한다." 앞에서 보았듯이 이 신생국의 지도자들은 하나같이 미국인들은 부를 쌓되, 그것을 이용해 즐겨서는 안 된다는 확고한 신념의 소유자들이었다. 1787년 미국 혁명에 참여했던 필경사 조엘 발로는 다음과 같이 경고했다. "민주적인 국가에서는 주된 인간적 탁월성의 발로이자 통치의 근간이 되는 고귀한 공화주의적 덕성이 쇠락해서, 근면과 검약 대신 사치와 오락, 낭비가 흥하게 되면 몰락이 가까이 왔다고 결론짓는 것이 타당하다. ……덕성이 없으면 공화국도 없다." 기자이며 미국 독립을 지지한 대표적인 논객이었던 헤저카이어 나일스는 노예제와 쾌락 간의, 또 기강과 그가 자유라고 칭한 것 사이의 연관관계를 잘 이해하고 있었다. "한 국가는 자유를 완전히 박탈당하기 전에 악덕으로 말미암아 노예의 지위에 걸맞게 된다."

　외면의 치장에 대한 공격은 국가 건설 초기에도 계속되었다. 1843년 미국의 젊은 시인 코닐리어스 매슈스는 "공화국의 인간"을 "모든 과잉을 떨쳐버리고/ 매일의 삶의 행로에서 평범한 외양을 한 채" 사는 것으로 묘사했다. 같은 시는 여성들에게 "뛰어나게 단정하고 단순한" 의복을 입으라고 조언했다. 1850년대 유행한 사업가를 위한 조언을 담은 책자에 의하면, 존중받는 도시 남성은 "평범하고 꾸미지 않은 검은 갑옷으로 무장한 무명의 기사"가 되어야 했다. 1853년 프랭클린 피어스 대통령의 새 내각에서 국무부 장관을 맡았던 윌리엄 마시는 외교관늘조자 "가상 난순한 미국 시민의 복장"을 갖추어야 한다고 생각했다. 그런 복장이야말로 "공화국 제도에 대한 헌신"을 가장 잘 보여주리라는 것이었다.

행복하게도 노예들은 국가가 정한 이런 복장 규정에서 자유로웠다. 1744년 사우스캐롤라이나 주가 노예들의 복장 규제안을 공표한 지 10년도 지나지 않아 대배심원들은 노예들이 이 안에 신경쓰지 않는다는 우려를 표했다. "특히 흑인 여성들은 법이 정한 대로 복장의 절제를 준수하지 않고, 지위에 맞지 않게 꽤나 화려하게 차려입는다." 25년 후에도 노예들은 법에 신경을 쓰지 않았다. 「사우스캐롤라이나 가제트(South Carolina Gazette)」에 실린 한 독자 투고는 "다수의 여성 노예들은 대개 부유하지 않은 백인 여성들보다 훨씬 더 잘 차려입는다"고 보았다. 1845년 찰스턴을 방문한 한 캐나다인은 노예들의 복장을 보고 놀라워했다. "그토록 섬세하게 갖춰 입은 멋쟁이와 그토록 우아하게 차려입은 숙녀들을 전에는 본 적이 없다. 너무나 놀라운 사실은 그들이 다 노예라는 점이다!" 마찬가지로 프레드릭 로 옴스테드는 일요일에 버지니아 주 리치몬드의 흑인 다수가 "멋을 부리느라 과하게 차려입었으며, 또한 다수가 최신의 유행을 따랐다"고 기록했다. 부유한 사람들이 사는 동네에는 "고급스러운 옷으로 잘 차려입은 흑인들이 백인들보다 훨씬 더 많았고, 이 검은 피부의 신사들 사이에서는 가장 세련된 프랑스제 의복, 장식이 많은 조끼, 에나멜 구두, 반짝이는 브로치, 실크해트, 새끼염소 가죽으로 만든 장갑이 흔했다." 또 옴스테드는 노예들이 "(백인 남성은 거의 그러지 않는 데에 비해서) 밝고 대조가 되는 색깔 구성을 진정으로 즐기고, 다들 음악도 좋아해서 대부분 어느 정도는 솜씨가 있었다"고 말했다. 남북전쟁 중에 휴스턴에서 살았던 한 북부인은 "수없이 많은 흑인 남녀가 눈에 띄게 화려한 옷을 차려입고 거리를 활보하는" 광경을 보았는데, 그들의 의복은 자신의 부인이 입은 단순한 것들보다 월등하게 고급이었다.

백인들이 가장 열렬히 선망한 것은 노예들의 음악적 절묘함이었고, 실로 이 점을 두고 다수의 흑인들은 자신들의 모방자들에게 연민을 표했다. 그런 흑인들 중 한 명인 솔로몬 노섭은 주인의 연회에 초대되어 바이올린을 연주하면서 백인들이 춤추는 모습을 보았다. 그는 백인들을 딱하게 여기지 않을 수 없었다. "즐거움을 쫓는, 너희 나태한 족속의 아들딸들아, 너희들은 천천히 원을 그리는 코티용(cotilion) 춤을 추느라 달팽이처럼 맥없이 정해진 박자를 밟는구나. 민첩한 동작으로 표현되는, 제약 없는 진정한 기쁨을 느끼고자 한다면, 루이지애나로 가서 별이 빛나는 크리스마스의 밤하늘 아래에서 춤추는 노예들을 보면 된다." 사실 다수의 백인들은 노예들의 춤을 보고자 아래로 '내려왔다(go down).' 그들은 북부에서 남부로 내려왔고, 멀리 유럽에서도 찾아왔다. 대저택에서 살던 높으신 분들도 비천한 자들을 보러 왔다. 그들 모두가 목격한 것은 자신들에게는 낯선 기쁨이었다. 로라 타운은 남북전쟁 중에 해방 노예들을 교육시키고 문명화시키고자, 필라델피아에서 사우스캐롤라이나 주로 갔다. 전반적인 노예문화가 그녀에게 놀라움을 주었지만, 특히 흑인들이 누리는 재미는 그녀를 깊은 충격에 빠뜨렸다.

오늘 나는 이전 우상숭배 풍속의 잔재임에 틀림없는, '목청껏 노래 부르는 모임'에 갔다. 흑인들은 일종의 합창을 했는데, 세 명이 떨어져 서서 박수를 치며 선창을 하면, 다른 이들은 모두 앞사람을 따라 움직이며 원을 그렸다.

딱히 규칙적인 움직임은 아니었으며, 무리는 때때로 방향을 바꾸었고, 무릎을 굽혀 바닥을 발로 차자 바닥 전체가 들썩거렸다. 나는 이토록 원시적인 광경을 이전에 본 적이 없었다. 그들은 이 모임이 종교적인 의식이라고 했지만, 나에게는 오히려 정기적인 소동으로 보였다.

영국의 화가 에어 크로는 작가인 윌리엄 새커리와 함께 남부를 여행했는데, 찰스턴에서 노예들의 무도회를 목격했을 때의 놀라움에 대해서 다음과 같이 기록했다.

우리는 그들이 모여 노는 자리에 초대를 받는 귀한 기회를 가질 수 있었다. ……흑인 음악가들이 울창하게 우거진 나무 그늘 아래에 자리를 잡고 왈츠와 카드리유(quadrilles) 음악을 연주했고, 사람들은 홀이 울리도록 기분 좋은 웃음을 터뜨리며 격하게 춤을 추었다. ……흑인들이 차려입은 의상에서 두드러지게 주목을 끄는 것은 대머리황새의 깃털로 장식한 터번이었다. 거기에는 그 밖에도 폭죽 모양을 포함한 다양한 형태의 장식들이 달려 있었다.

「사우스캐롤라이나 가제트」에 실린 "시골의 무도회, 흑인들의 도당 혹은 잔당"이라는 제목의 기사는 흑인들의 춤을 묘사하는 중에 그들에 대한 선망을 감출 수 없었다.

모임에는 60명가량이 참여했으며, 모두들 방금 묘사한 것처럼 온갖 종류의 술병을 들고 있었다. 식탁 위에는 럼주, 혀 부위 고기, 햄, 소고기, 거위 고기, 칠면조 고기, 피클과 사탕 같은 온갖 귀한 음식이 차려져 있었다. ……
그들은 춤을 추고, 내기를 하고, 도박을 했으며, 욕설을 내뱉고, 시비를 걸고, 싸우는 등 이 시대의 대다수 세련된 신사들이 더 이상은 하지 않는 일을 거의 전부 했다.

다수의 백인 관찰자들은 노예들이 춤출 때 무릎이나 팔꿈치를 구부린다는 사실에 주목했다. 역사가 피터 우드에 의하면, 그런 춤동작은 (바로 유럽의 춤을 특징짓는 양상이기도 한) "곧게 편 무릎, 골반 및 팔꿈치"가 죽음과 경직성을 뜻한다고 믿는 서아프리카인들의 생각의 표현이었다. "반면 구부린 관절은 활력과 생명을 구현했다." 노예들도 이 차이를 의식했다. 한 농장에서, "노예들은 저택에 사는 백인들의 고상한 춤사위를 흉내내어 조롱했지만, 그것을 구경하러 모여든 농장주들은 그런 모방의 취지를 이해하지 못했다."

그런 조롱의 의도가 있었음에도 불구하고 농장주들은 계속해서 노예들의 춤을 구경하고자 단을 쌓았다. 당시의 농장 풍경을 그린 그림에는 단 위에 앉거나 혹은 노예들 가까이 다가가 그들이 춤추는 것을 구경하는 백인들이 자주 등장한다. 과거 조지아 주에서 노예로 살았던 엘렌 캠벨은 WPA와의 면담 중에 그렇게 구경나온 백인들이 춤과 음악에만 끌렸던 것은 아니라고 회상했다. "당시 토요일 밤이면 자주 떠들썩한 자리가 펼쳐졌다. 해몬드 농장, 필니지 농장, 이브 농장, 클레이턴 농장 및 드레이글 농장의 흑인들이 모두 모여 야단스럽고 큰 춤판을 벌였다. 많은 젊은 백인들이 그곳으로 모여들었으며, 그들은 흑인 남성들을 밀쳐내고 흑인 여성들과 춤을 추고자 했다."

대부분의 농장에서 노예들은 토요일 밤마다 정기적으로 춤판을 벌였고, 더해서 주중 저녁에도 즉흥적으로 춤판을 벌이기도 했다. 때로는 낮 동안에도 춤판이 벌어졌는데, 낮에 그렇게 노는 것은 불경한 일이었다. 식민지 시대 메릴랜드 주의 백인들은 노예들이 "주일에 술에 취해 북을 두드려 특정한 장소로 상당한 수의 노예들을 불러들인다"고 법정에 탄원을 했다. 1799년에 뉴올리언스를 방문한 한 사람은 일요일에 "남녀노소 할 것 없이 많은 흑인들이 제방에 모여 원을 그리며 춤을 추는 모습"을 목격했다. 1804년 그 도시를 방문한 또 한 명의 백인 여행자도 "일요일마다 제방에서 큰 무리의 흑인들"이 춤추는 광경을 보았다. 19세기 초반 세인트루이스에서는 노예들과 자유 흑인들이 모여 벌이는 일요일의 춤판이 너무 야단스럽고 규모가 커지자 군대를 동원해서 제압해야 했다. 사우스캐롤라이나 주의 에지필드와 반웰 지역에서는 허가받지 않은 노예들의 오락활동이 너무나 왕성해서 1840년대 중반 노예 소유주들은 사바나 강(江) 반-노예 교역협회를 조직해서 자기 소유의 노예들이 몰래 숙소를 벗어나 야간 모임을 열고 술을 마시는 것을 막고자 했다. "과장 없이 말하건대, 수백 명의 노예들이 매일 밤을 새며 들을 배회하고 있다." 더 심각한 것은 그런 노예들의 행동이 노동생산성의 감소를 가져왔다는 사실이었다. "흑인들의 신체적 능력이 심각하게 저하되었는데," "야간 여행이 낮의 무력감을 불러온 것이다."

흑인들의 요란한 모임을 사랑한 백인들은 자주 노예문화를 낭만화한다는 비난을 들었지만, 민스트럴 쇼에서 상상하는 노예들의 춤판은 그런 모임에 실제 참여한 노예들의 묘사와 꽤나 흡사했다. 켄터키 주 헨더슨빌의 앨비스 농장에서 노예로 일했던 베티 존스는 숙소 주변에서 벌어졌던 파티에 대해서 다음과 같이 회상한다.

> 모든 소녀들은 애인이 있었고, 음악 또한 대단했다. 깽깽이와 탬버린, 밴조와 본(bone)을 연주하는 사람이 각기 두 명씩 있었으며, 조라는 이름의 한 사내는 휘파람을 불었다. 그 악마적인 매력의 사내들은 음악을 연주하다가 나와 제니 쪽으로 다가왔다.

버지니아 주의 패니 베리도 남녀 간의 춤에 대해서 비슷한 이야기를 했다. "남녀는 서로에게 다가가 허리까지 깊이 몸을 숙여 인사를 한다. 여자는 일어서며 허리에 손을 올리고 남자는 그녀의 몸을 훑어보며 웃는다. 그리고 나서

둘은 함께 발을 맞추어 음악을 타는데, 정확하게 박자를 맞추었다." 1930년대 한 해방 노예가 과거 주인 부부가 자신들에게 선물을 안겨준 후의 즐거운 분위기에 대해서 회상했을 때, 연방 작가 프로젝트 소속 조사관은 충격을 받았을 것이다. "그런 일이 있고 나면 모든 이들은 기뻐하며 농장 곳곳에서 웃음을 터뜨렸다. 그 농장에서 노예로 사는 것이 천국에 버금간다는 것을 부정할 작정이라면 내 앞에서 썩 꺼지게! 나는 지금까지도 그 좋았던 때를 꿈에서 본다."

댄 에밋은 그 시절을 살지는 않았지만 평생토록 당시의 삶을 꿈꾸었다. 남북전쟁 후에 그는 뉴욕에서 시카고로 활동무대를 옮겨, 계속해서 민스트럴 쇼에 출연하여 노래하고 깽깽이를 켰다. 1880년대에 민스트럴 쇼는 다소 저급이라는 낙인을 떼고, 어느 정도는 주류 오락으로서의 품위를 확보했다. 에밋은 북부에서 대중의 영웅이 되었고, 시카고의 음악 아카데미와 그랜드 오페라 하우스에서의 영예로운 공연 기회도 주어졌다. 그가 남부에서 누린 인기는 훨씬 더 문제적이었다. 남북전쟁 동안에 남군과 북군 병사 모두가 그가 작곡한 "딕시"를 불렀다. 군인들은 그 노래의 화자를 흑인 노예로 설정한 에밋의 의도에 별로 신경쓰지 않는 듯했다. 남부연합이 기억 속으로 사라지고 백인성의 상징으로 부상했을 때, 그 노래는 패배한 남부의 지도자들에게 채택되어 새로운 의미를 부여받았다. 1904년 에밋이 죽기 직전 남부연합 여성연맹, 남부연합 참전용사연맹, 남부연합 참전용사 후손동맹 같은 단체는 "딕시"를 남부연합의 공식 노래로 선포하고, 원래의 가사를 백인 병사를 화자로 하는 좀더 품위 있는 내용으로 바꾸었다. 자신의 노래가 남부의 백인들을 대변하는 노래로 채택되었다는 소식을 듣자, 에밋은 "내 노래가 그렇게 쓰일 줄 알고도 내가 그 노래를 만들었다면, 난 죽일 놈이다"라고 대답했다.

"딕시"와 비슷한 수백 곡의 노래들은 흑인에 대한 증오가 아니라 흑인성에 대한 애정을 표현했다. 근대적 도덕이 강화하는 편견에서 벗어나 생각한다면, 삶에 대한 깊은 애정을 담았기 때문에 쉽게 전파되는 문화는 오직 노예들에 의해서 창조될 수 있었으리라는 것을 이해하게 될 것이다. 시민권이라는 굴레에서 자유로웠던 노예만이 삶을 즐길 수 있었던 것은 당연하다. 자신과 자식들의 생계에 대한 책임을 면제받았던 노예들이 백인들은 몰랐던 기쁨을 춤과 노래로 표현한 것은 놀랄 일이 아니다. 미국적 규범 바깥에서 살던 노예의 후손들이 세계 문화에 대한 미국의 가장 중요한 기여, 즉 몸을 움직이게 하는 리듬과 즉흥성을 장려하는 음악을 창조한 것이 기적은 아닐 것이다. 이렇듯 결코 완전히 미국 문화에 동화되지 않았던 노예들이야말로 미국의 원조 반항자들이다.

3
자유의 노예성

존 프리먼(John Freeman)은 일주일 내내 동이 트기 전에 일어나서, 씻고는 곧장 일하러 나갔다. 그는 몸이 허락하는 한, 노동의 종류나 대가에 상관없이 하루 종일 일했다. 그에게 휴식이라고는 몸이 작동하도록 유지하는 데에 필수적인 시간과 일요일에 교회에 가는 것이 전부였다. 12시간 혹은 14시간, 심지어 16시간의 노동 후에 존 프리먼은 지쳐 고개를 숙인 채 곧장 집으로 향했다. 그는 술을 마시지도, 담배를 피우지도 않았다. 그는 소박한 옷을 입었고, 간소한 식사를 했다. 그는 즐거움을 위해서는 한푼도 쓰지 않았고, 재미를 찾아 집과 일터 이외의 곳을 가지도 않았다. 그는 오직 아내와 잠자리를 했고, 그것도 어디까지나 자식을 낳기 위해서였지 쾌락 때문이 아니었다. 그의 부인 클라리사 프리먼 역시 남편과 함께 동이 트기 전에 일어났다. 그때부터 그녀는 하루 종일 요리와 청소를 했고, 저녁을 먹고 나면 곧 잠자리에 들었다. 그녀는 집에만 머물렀다. 그녀에게는 쾌락을 위한 활동이 전무했다. 그녀는 턱부터 발가락까지 자신의 신체를 소박하고, 칙칙하며, 딱히 모양이 없는 의복으로 가렸다. 그녀는 평생을 남편과 더불어 여덟 명의 아이들과 함께 살았다. 그녀가 성생활을 통해서 자신의 만족을 추구하지 않았다는 것은 확실했다.

역사 교과서는 재건(Reconstruction), 즉 남북전쟁과 그 직후 시기에 연방정부와 그 동맹세력이 과거의 노예를 미국 시민으로 편입시키려는 제도적 노력을 방치함으로써 노예 해방이 비극으로 귀결되었다고 말한다. 1990년대와 2000년대의 대표적인 대학 교재에서 재건은 "과거의 노예들에게 시민권과 경제적 능력을 보장하려는 시도의 작지만 중요한 첫 발걸음"*으로 평가된다. 그러나 "마침내 1870년대 말에 그것이 끝났을 때……해방된 노예들은 자신들이 연방정부에 의해서 내팽개쳐졌으며, 홀로 고된 노동과 예속을 강제하는 경제체제에 대처해야 한다는 것을 알게 되었다." 현재 재건기에 대한 학문적 연구의 결정판으로 통용되는 에릭 포너의 『재건 : 미국의 끝나지 않는 혁명, 1863-1877(Reconstruction: America's Unfinished Revolution 1863-1877)』은 "흑인들에게 재건의 실패는 너무나 압도적인 규모의 재앙이라서, 그 성취에 의해서 가려지지 않는다. 국가 전체를 놓고 보더라도 재건의 몰락은 미국사의 향방에 지대한 영향을 미친 비극이다"라고 주장한다. 위의 역사가들이 의도적으로 보지 않았거나 볼 수 없었던 사실은 재건이 모든 미국인들, 즉 과거의 노예와 백인 모두를 자유롭지 않게 만들고자 했다는 점이다. 즉 앞에서 그 일과가 소개된 프리먼 부부가 자유롭지 않듯이 말이다.

프리먼 부부는 정부가 운영하는 학교에서 과거의 노예들에게 '자유민'으로 생각하고 행동하는 법을 가르치기 위해서 제작한 교과서에 등장하는 주요 인물로서, 과거에 노예였던 가상의 인물이었다. 그들의 삶이야말로 재건이 내건 약속이자 요구였다. 그리고 피부색만 제외하면 그들은 미국 전역에서 백인 아이들이 읽어야 했던 교과서의 영웅들과 다르지 않았다.

재건은 남북전쟁이 시작되고 얼마 지나지 않은 1861년 가을에 시작되었다.

---

* 명시적으로 인종차별적인 이전의 해석이 폐기된 1970년대 이래로 이런 관점은 학자들 사이에서 재건에 대한 지배적인 해석으로 자리잡았다. 과거의 견해는 1902년 출간된 존 버제스의 『재건과 헌법(Reconstruction and the Constitution)』에 의해서 확립되었고, 1907년에 출간된 윌리엄 더닝의 『정치와 경제의 견지에서 살핀 재건, 1865-1877(Reconstruction, Political and Economic, 1865-1877)』을 통해서 확산되었다. 더닝의 책은 1970년대까지 이 주제에 관한 대표적인 대학 교재였다. 버제스와 더닝에게 재건이 저지른 죄악은 동물적이며 유치한 흑인들에게 권력을 준 것으로 정리된다.

바야흐로 북군이 남부의 농장을 점령했던 때였다. 북부의 일부 정치 지도자들은 새로 해방된 노예가 백인 지주의 감독 아래 영원히 농장에 남아 있어야 한다고 믿었다. 반대편은 흑인이 남부와 북부, 도시와 시골을 가리지 않고 미국 전역에서 백인과 일자리를 두고 경쟁할 수 있어야 한다고 생각했다. 가장 대담한 부류의 재건주의자들, 즉 급진적 공화주의자들은 정부가 해방된 노예들이 자신이 일했던 농장을 소유하게끔 도와야 한다고 주장했다. 북부 연방의 대의를 공유하는 거의 모든 지도자들이 동의한 것은 해방된 노예를 훌륭한 시민으로 교육시켜야 한다는 점이었다. 이런 필요성은 1863년 링컨이 노예 해방령을 선언하고 뒤이어 북군이 남부 대부분의 지역을 점령했던 1865년, 노예제와 강제적인 예속을 불법으로 규정한 제13조 헌법 수정조항이 비준되면서 더욱 다급해졌다. 결국 남북전쟁이 끝났을 때 여러 모로 미국 시민권에 반하는 문화를 이어왔던 400만 명의 노예들이 해방되기에 이르렀다.

그래서 점령군인 북군의 장교들은 남부의 농장에서 새로 해방된 노예 무리와 갑자기 맞닥뜨렸을 때, 자유민이라는 새로운 지위에 걸맞은 방식으로 그들을 대했다. 그러나 노예들은 그들에게 주어진 자유가 농장에서 자신들이 창안했던 그 모든 쾌락의 포기가 아니냐고 되물었다. 그들은 시민이 되면서 노예였을 때보다 더 열심히 일해야 했고, 국가에 대한 의무 때문에 욕망을 포기해야 했다. 어떤 노예들은 이 기이한 종류의 자유를 환영하기도 했다. 그들은 북군의 병사거나 공무원이거나, 부지런한 농부 혹은 가족에 헌신하는 자들이었다. 그러나 그 밖의 흑인들은 해방자들이 떠드는 것을 무시했다. 그들은 이곳저곳을 떠돌았고, 노동과 결혼을 거부했으며, 이제 자신들을 시민이라고 여기는 정부를 위해서 희생하는 것도 회피했다. 그런 이유로 의회는 전쟁이 끝난 1865년에 해방 노예부(Freedmen's Bureau)를 설립했다. 해방 노예부는 군대의 산하기관으로서 해방 노예들에게 식량과 주택을 공급했으며, 더 중요하게는 그들을 민주공화국의 시민으로 교육시키고자 했다. 곧 과거의 노예들은 민주시민이라는 것이 권리만큼이나 의무와 관련되며, 정부에 의한 그 권리의 보호에는 항상 비싼 대가가 따른다는 것을 알게 되었다. 많은 흑인들이 기꺼이, 그리고 열렬히 그 대가를 지불했다. 그러나 어떤 흑인들은 독립전쟁 이래로 의무와 희생의 요구를 무시해왔던 다수의 백인 반항자들처럼 그 대가가 너무 비싸다고 결론지었다. 그들은 투표권만 받아들였고, 여타 민주주의의 요구들은 거부했다.

일할 자유

노예들은 대개 노동을 부의 수단으로 생각했지만, 해방되면서 설령 보수나 인정이 따르지 않더라도 노동은 그 자체로 덕이라는 말을 듣게 되었다. "사람은 성실하고, 검약해야만 한다"는 것이었다. 해방 노예부의 관리들은 새로 자유를 얻은 노예들에게 다음과 같이 가르쳤다. "자유를 게으를 수 있는 권한으로 여기거나, 더 나아가 그런 잘못된 생각에 따라 행동하는 것을 두려워해야 한다. 흔히 법률상 부랑자로 분류되는 부류의 인간들은 당장 그런 잘못된 생각을 고쳐야 한다." 사우스캐롤라이나 주 오렌지버그 지부에서 일했던 찰스 소울은 해방된 노예집단을 맞이하면서 새로운 종류의 채찍을 휘둘렀다.

지금부터 아이들과 노인들, 그리고 장애자들의 부양책임은 당신들에게 있으며, 주어진 모든 것은 일을 해서 되갚아야 한다는 사실을 기억해야만 한다. 자신의 몫을 더 많이 요구한다면, 예컨대 수확한 곡식의 절반 혹은 3분의 1을 요구하더라도 지나치다고 할 수 있다. 그럴 경우 평생 자유인으로 산 이들보다 더 많은 것을 차지하고자 바라는 것이다. 토요일에 휴식을 원해서는 안 된다. 어느 곳에서든 자유로운 사람들은 토요일에도 일을 하며, 당신들이 그보다 많은 권리를 가져서는 안 된다. 고용주가 잠깐 동안 휴식을 허락하거나 평소보다 작업을 일찍 끝내준다면 그 친절에 감사해야 한다. 그렇지만 그 친절을 권리로 생각해서는 안 된다. 일할 때는 열심히 일해라. 일찍, 해 뜰 때부터 일을 시작하고, 낮에는 두 시간 이상 휴식을 취해서는 안 된다.

당신의 모든 노동시간은 고용주의 소유임을 기억하고, 따라서 허락 없이는 아이들을 돌보거나 배우자를 보기 위해서라도 작업현장을 떠날 수 없다. ……아파서 하루 동안 일을 쉬었다면 일하지 않았으므로 그날의 임금을 기대해서는 안 된다.

과거의 노예들은 해방 노예부가 설립한 학교로 밀려들었는데, 아마도 그들이 배우고자 했던 것은 읽고, 쓰고, 셈하는 법이었을 것이다. 학교에서는 그런 것들을 가르치기는 했다. 그러나 문맹인 노예들이 학교에서 읽어준 『존 프리먼과 그의 가족(*John Freeman and His Family*)』 같은 이야기책을 통해서 배운 것은 애초의 기대와는 매우 다른 종류의 것이었다. 그 책의 도입부에서 부부를 위시한 프리먼 가족은 "희열에 차서 고함치고, 엄청난 흥분에 울고, 웃고, 뛰고, 춤추며" 자유를 맞이한다. 그러나 존은 해방된 자유민이 된 식구들의 흥분을 가라앉히며, 자유는 즐거운 것이 아니라는 냉철한 교훈을 내놓는다. 그는 "이제 자유의 몸이 되었으니 일해야만 한다"고 말한다.

얘들아, 우리는 신의 축복으로 자유를 얻었다. 이제 우리가 물어야 하는 질문은 그것으로 무엇을 할 것인가란다. 자유롭다는 것은 무엇이지? 자유라는 것은 야생 멧돼지처럼 숲에서 제멋대로 살면서 땅을 파서 먹이를 구하는 삶이 아니야. 우리는 이제 인간이며, 자유로운 인간이기도 하다. 우리는 자유로운 인간들이 하는 일을 해야만 한단다. 주위를 둘러보면 피부색을 막론하고 모든 자유로운 인간은 생계를 위해서 일한다는 것을 알 수 있다. 식물의 뿌리나 뒤져서는 안 되는 거야.

무리 중에는 "게으르고 걱정 없는" 프린스도 있었는데, 그는 새로운 노동의 의무에 분개하고 더 편했던 노예시절을 그리워한다. 존을 비롯한 다른 자유인들은 그를 경멸하며, 백인 선생은 그를 따로 불러 특별교육을 받게 한다.

모든 사람은 일해야만 한다. 신은 일을 하라고 우리를 창조했다. 신이 창조한 최초의 남녀인 아담과 이브는 정원을 관리하고 가꾸어야 했다. 신은 할 일이 있을 때 아담과 이브가 더 행복해질 것이며, 우리 또한 그러하리라는 것을 아셨다. 신이 노동을 의무로 만든 것은 그런 까닭에서였다.

해방된 노예들 모두 노동은 그 자체로 좋은 것이라는, 이 새로운 관념에 동의했지만, 프린스는 "아무런 대꾸도 하지 않았다."

오늘날의 교과서 저자들과는 달리 해방 노예용 교과서의 저자들과 재건의 지도자들은 민주주의의 어두운 면을 이해하고 있었다. 『존 프리먼과 그의 가족』의 결정적 대목에서 한 북군 소위는 흑인들에게 다음과 같이 연설한다. "당신들은 예속의 굴레로부터 벗어나 자유의 축복을 누리며, 미국 정부의 보호를 받을 수 있게 되었다. ……그러나 보호를 받고자 이 국기 아래로 모여들었다면, 이 국기를 위해서 봉사할 각오 또한 다져야 한다." 무리 중의 한 명이 "당신을 위해서 일하겠소"라고 맹세하자, 그 소위는 다음과 같이 결론을 내린다. "바로 그런 자세이다. 우리는 서로 도울 것이며, 신이 바라는 바 형제가 될 것이다. 당신들은 근면하고, 질서를 잘 지키기만 하면 된다. 그렇게 하면 우리는 당신들을 돌볼 것이다." 여기에 인종에 따른 이중 잣대는 없다. 희생하고 절제하라는 민주주의의 요구를 지킬 때 정부가 권리를 보장해주리라는 가르침은 혁명 이래 백인 시민들에게 유포되어왔다. 이제는 잠재적 시민들도 더 열심히 일하되, 동시에 자신을 위해서만 살지 않을수록 더 많이 보호받게 된 것이었다.

해방 노예들을 위한 여타 교과서들도 노동윤리를 시민권의 필수적인 요소로 각인시키고자 했다. 과거 노예 해방론자였으며, 북군의 대령이자 해방 노예부의 고위 관리였던 클린턴 B. 피스크는 시민권에 대한 교본으로서 『해방 노예들을 위한 솔직한 충고(*Plain Counsels for Freedmen*)』를 썼다. "나 자신이 아이 때부터 열심히 일하라고 교육받았다. 그러니 나는 이 책에서 모르는 문제에 대해서 떠드는 것이 아니다." 그가 자신을 이상적인 미국인으로 제시한 것은 옳았다. "친구들이여, 나는 일을 사랑하기에 내게는 나태하게 있으라는 것보다 더 큰 벌이 없다네. 나는 하루를 쉬기보다는 열흘 내내 일할 것이네." 노동에 대한 그의 헌신은 가차 없고, 철저했다. "나는 내 아이들이 게으르게 자라서 부정직하게 사느니 차라리 그들 모두 죽는 쪽을 택하겠다." 피스크의 권면이 잘 말해주는 재건기의 국가 기획은 노예주의 채찍을 새로운 내적 처벌로 대체하고자 했다.

선하고 위대한 인간은 성실한 일꾼이다. 자유국가를 그토록 부유하고 강건하게 만드는 것이 무엇인지 아는가? 신의 은총을 제외하면, 그것은 무엇보다도 **정직하고 인내하는 노동**이다. ……자유로운 노동은 불규칙적으로, 대강, 정직하지 않게 일을 수행하는 것이 아니다. 고용주가 그런 나태한 태도를 참고, 아무 소리도 하지 않으리라고 기대해서도 안 된다. 노예였을 때는 채찍을 피할 정도로만 일하는 습관이 있었을 것이다. 그러나 이제 자유를 얻었기 때문에 공포보다는 좀더 고상한 원칙에 따라서 움직여야 한다.

신체에 직접적으로 가해지는 가죽채찍은 성실한 노동태도를 이끌어낼 수 없었다. 그러나 양심을 겨냥하는 치욕이라는 채찍은 노새처럼 일하게 만들었다. 해방 노예들은 인생에서 처음으로 일하지 않을 때 '불량한' 인간이 되었다.

일부 해방 노예들은 노동윤리를 받아들였다. 해방 노예부의 지원으로 출간된 잡지 『남부 노동자(*Southern Workman*)』는 노동의 복음을 동료들에게 설파하는 해방 노예들의 편지를 실었다. 흑인 중에서 가장 저명한 노동윤리의 대변자는 부커 T. 워싱턴(1856-1915 : 동화주의 노선을 대표하는 대표적인 흑인 지도자/역주)이었다. 그는 남북전쟁 이후 몇십 년간 노동의 품위를 찬미하고, 흑백 간의 동등한 권리주장을 억제하고자 했다. 초기 민권운동 지도자들 또한 해방 노예들이 학교에서 배웠던 가르침의 강력한 전파자들이었다. 이제는 흑인의 자유를 위해서 싸운, 가장 위대한 투사 중 한 사람으로 기억되는 프레더릭 더글러스(1818-1895 : 노예 출신으로 노예 폐지론 진영의 연설가로 명성을 날렸으며, 자서전 『미국 노예 프레더릭 더글러스의 삶에 관한 이야기[*Narrative of the Life of Frederick Douuglass, an American Slave*]』의 저자/역주)는 북부의 노동자들이 보여주는 잘 조직된 노동에 대한 경외감을 표현했다.

나는 야단을 떨지 않는 근면, 소란스럽지 않은 노동, 채찍 없이 이루어지는 힘든 노역을 보았다. 남부의 항구에서 하역이나 선적 시에 부르는 시끄러운 노래나 욕설은 들리지 않았다. 그럼에도 모든 작업은 잘 작동하는 기계처럼 순조롭게 이루어졌다. ······북부의 선원들은 향후 4년간 계속될 포경계획에 대해서 얘기하면서도 우리 고장의 선원들이 4개월짜리 항해에 대해서 얘기할 때보다 더 침착했다.

초기 민권운동의 선구자들 중 한 명이며 노동윤리의 지지자였던 이다 B. 웰스 또한 해방 노예부가 설립한 학교에서 이루어지는 교육을 신의 선물로 생각했다. "그곳의 모든 선생들은 전쟁이 끝났을 때 우리를 가르치기 위해서 곧장 북부에서 남부로 온 신성한 백인 남녀들이었다. 우리에게 지식의 빛과 기독교적 용기의 찬란한 예를 보여준 것은 바로 그들이었다." 어떤 고용주들은 해방 노예들이 노동의 가르침을 받아들였다고 행복하게 전했다. 미시시피 주의 한 농장주는 "우리 농장의 흑인들은 근면하고 효율적이어서 토로할 불만이 거의 없다"며 기뻐했다. 과거 북군의 장교였던 앨라배마 주의 두 농장주는 "평생 동안 그토록 순종적이고, 근면하며, 유쾌한 사람들을 고용했던 적이 없었다"며 해방 노예들에 대한 찬탄을 표했다. 그러나 훨씬 더 많은 수의 해방 노예들은 노동윤리의 쓸모를 깨우치지 못한 것처럼 보였다.

전후에 다수의 북부인들은 해방 노예가 북부의 노동자처럼 근면하리라는 가정하에 떨어진 땅값을 기회 삼아 남부의 농장을 구입했다. 그들 대부분은 흑인이 백인만큼 성실하지 않다는 인종주의적 편견을 받아들이지 않았던 것이다. 그들은 '흑인 형제들'이 충분히 인간다우며, 그들이 노동윤리를 수용하리라는 기대는 당연한 것이라고 주장했다. 그들이 이해하지 못했던 것은 노동에 몰두하는 삶에 당연한 것은 없다는 사실이었다.

해방 노예부가 흑인들을 북부인이 소유한 농장의 일꾼으로 보낸 지 채 몇 달이 되지 않아, 북부인에 대한 흑인들의 설명하기 힘든 편견에 관한 이야기가 돌기 시작했다. 북부인의 농장에서는 시간과 노동방식이 통제되었다. 조지아 주의 한 농장에서 일하던 한 해방 노예는 북부인 농장주에 대해서 정곡을 찌르는 의문을 품고 있었다. "노예였을 때보다 더 열심히 일해야 한다면" 자유로운 인간이 되는 것이 무슨 소용이 있는가 말이다. 프랭크 스미스라는 한 해방 노예는 앨라배마 주에서 일리노이 주로 이주했지만 새로운 고장에서 보게 된 종류의 자유를 좋아하지 않았다. "난 양키들을 좋아하지 않았다. 그들은 내가 **하루 종일** 일하기를 원했다. 나는 그렇게 하도록 배우지 않았다." 백인 노예 폐지론자였던 찰스 스턴스는 전후에 해방 노예들을 돕기 위해서 아내와 함께 매사추세츠 주에서 조지아 주로 이주했다. 그런데 그가 고용한 흑인들은 기강과 규칙을 따르는 것에 항상 저항했다. 일꾼들은 들로 일하러 나갈 때 총을 가지고 가서, 짐승이 눈에 띄면 사냥하게 해달라고 요구했다.

그로 인해서 야기된, 상당한 정도의 생산성 저하는 스턴스를 당혹스럽게 했다. 그러나 그가 흑인 일꾼들에게 자유인이라면 그런 식의 휴식을 취하지 않는다고 가르치자, 그들은 지금까지의 관행을 바꾸는 것은 "자유인으로서의 자신들의 권리에 대한 지대한 침해"라고 반발했다. 오랜 세월을 노예로 일했던 스턴스의 요리사 마거릿마저도 시간에 맞춰 효율적인 방식으로 의무를 수행하게 하려면 항상 감독이 필요했다. 마거릿 본인에게는 그런 성향이 전혀 없었다. 그녀는 일을 그만두겠다고 맞서며 다음처럼 말하기도 했다. "망할 양키들. 이놈들은 옛날 주인보다 더 꼴 보기 싫다. 양키들과는 싸움을 해봐야 소용이 없다." 또한 북부 출신 고용주들은 흑인들이 북부의 농부라면 개의치 않을 상황에서 노동을 거부하는 것에 충격을 받았다. 날씨가 좋지 않던 어느 날 한 고용주가 흑인 일꾼들에게 막힌 배수로에서 면화를 제거하라고 하자, 그들은 "우리는 자유인이고, 자유인은 그 누구를 위해서라도 진흙탕에 들어가 일하지 않는다"고 답했다.

해방 노예들은 남부 전역에서 임금과 근로환경, 감독관의 행태 등의 사안을 두고 조직화된 파업을 벌였다. 또한 흑인 노동자들은 그때그때 일이 너무 많거나 임금이 적다고 느끼면 자주 즉흥적으로 작업을 중단했다. 앞에서 언급한 스턴스는 깊은 분노를 느끼며 흑인들의 행태를 다음과 같이 묘사했다. 흑인 일꾼들은 "건강을 위해서 휴식이 필요하다고 생각되면, 고용주의 의견을 상관하지 않고 어느 때고 쉬었다." 굉장히 많은 해방 노예들은 완전히 비미국적인, 또 하나의 수단을 통해서 임금을 보충했다. 남부 전역에 걸쳐 흑인이 일하던 농장에서 육류와 옥수수, 가축, 의복, 보석, 면화, 그리고 농장의 정원에서 기르던 채소들이 사라졌던 것이다. 고용주들은 식량창고와 훈연장, 헛간과 사택에 자물쇠를 채웠지만, 별 소용이 없었다. 한 농장주는 이렇게 고백했다. "진실을 말하자면 그 모든 경계에도 불구하고 흑인들은 도둑질을 했고, 진짜 귀중한 것이 사라지지 않은 것에 만족했다."

역사가들은 해방 노예들이 보편적으로 토지 소유를 희망했다고 가정하는데, 확실히 그 다수가 자영농이 되기를 원했다는 증거가 존재한다. 실제로 재건기의 지도자들 중 일부는 해방 노예들에게 토지를 불하하고자 했다. 그런 정책은 부분적으로, 일정 면적의 비경작 토지를 주고 전적으로 그 소출로 생계를 삼게 하는 것이 가장 빠르고 확실하게 노동기율을 주입할 것이라는 판단에 근거했다. 생계를 전적으로 경작에 의존하는 삶은 실로 쉼 없는 노역의 연속이었다. 바로 그런 이유로 급진적 공화주의자들의 지도자였던 새디어스 스티븐스는 해방 노예들에게 "스스로 경작할 작은 면적의 토지를 불하할 때 그들의 인격이 고양되리라"고 주장했다.

그 어떤 방법보다도 자영농으로 키우는 것이 훌륭한 시민을 양성할 공산이 크다. 남부의 토지를 소규모 자영농의 토지로 쪼개는 것이 생산량을 늘리는 최선의 길일 것이다. 스스로의 힘으로 궁핍에서 벗어나고 자신이 경작한 땅의 주인임을 느낄 때 사람들은 근면하고 도덕적으로 바뀔 것이다. 이런 조치는 백인들에게도 혜택을 줄 것이다. 백인들은 공정한 임금을 벌기 위해서 열성적으로 노동하는 근면한 노동자 동료들을 항시 곁에 두게 되는 것이다.

일부 노예들은 그런 삶을 자유로 받아들였지만, 다수의 다른 노예들은 구하는 대로 곧 즐길 수 있는 수단, 즉 돈에 더 관심이 있었다. 해방 노예들의 고용주는 고임금을 가차 없이 요구하는 흑인들에 대해서 많은 이야기를 전한다. 농장주인 에드워드 필브릭은 일꾼 구하기가 쉽지 않다는 것을 알게 되었다. 왜냐하면 흑인들은 "작년보다 월등히 많은 임금"을 줄 때만 일하려고 했기 때문이다. 화이틀로 리드는 "흑인들을 대변하는 특성은 조금이라도 더 많은 임금을 짜내려는 것"이라며 불만을 토로했다. 루이지애나 주의 농장주였던 제임스 워터스는 항시 요구사항을 늘려가는 흑인 일꾼들에 시달렸다. "그들 중 몇몇은 늘 투덜대며 불평을 쏟아냈고, 무례했으며, (흑인 여성들의 경우에는) 어떨 때 충분한 임금을 받지 못했다고 울기까지 했다." 역사가 로런스 N. 파월에 의하면, 해방 노예들은 "농장주의 계산에 시비를 걸지 않고 임금을 받는 경우가 드물었다." 또한 그들은 계약한 시간을 넘겨 일해야 했을 때는 기민하게 잔업수당을 요구했다. 사우스캐롤라이나 주 시아일랜드 지역의 흑인 노동자들은 합의한 시간보다 고작 15분을 넘겼을 뿐인데도 잔업수당을 기대했다. 파월에 따르면, 토지에 대한 해방 노예들의 요구는 산발적이었지만, "돈에 대한 요구는 이 기간 동안 그 지역에서 계속해서 들려왔다." 대부분의 해방 노예들에게 노동은 목적을 위한 수단이었지, 그 자체로 선은 아니었던 것으로 보인다.

흑인들이 미국 주류문화에 저항했다는 또다른 증거로는 그들 중 상당수가 (고의적인 실직을 에둘러 표현하는 용어인) '떠돌기(loitering)'와 '부랑(vagrancy)'으로 체포되었다는 사실을 들 수 있다. 남북전쟁 후에 각 주의 의회는 흑인 단속법(Black Codes)으로 알려진 새로운 법령을 시행했다. 그 법에 따라서 지역의 관리들은 직업이 없어 보이는 흑인들을 체포해 부랑죄로 벌금을 부과할 수 있게 되었다. 대부분의 구속자들은 벌금을 낼 형편이 못 되었기 때문에, 돈을 벌기 위해서 사기업에 취직해야 했다. 다수의 북부 시민들은 이런 조치를 해방 노예의 인권에 대한 공격으로 생각했다. 그들은 흑인들이 뜻대로 살게 되면, 자연스럽게 노동을 원하게 되리라고 믿었다. 그래서 의회를 지배하고 재건 프로그램을 주도했던 급진적 공화주의자들은, 앤드루 존슨 대통령의 협조로 1865년 12월, 남부에서 자행된 이런 잔혹한 처사에 대응하여, 흑인들에게 투표권을 박탈한 남부 주들에 연방의회의 의석을 허용하지 않았다. 이렇듯 급진주의자들은 자신들이 진심으로 흑인들을 시민으로 세우려고 한다는 것을 만방에 시위했다.

1866년 4월 의회는 아프리카계 미국인을 미국 시민으로 선포하는 민권법

(Civil Rights Act)을 통과시켰는데, 더불어 그 법안은 주정부가 흑인의 권리를 축소했을 때 개입할 수 있는 권한을 연방정부에 부여했다. 같은 해 7월이 되자, 의회는 다시 해방 노예부 법안(Freedmen's Bureau Bill)을 통과시킴으로써 그 기관의 수명을 연장시켰다. 그 법안은 흑인 단속법에 의거한 강제 노동계약을 파기할 수 있는 권한을 그 기관에 부여했다. 두 법안 모두 대통령의 거부권에도 불구하고 통과되었다. 그러나 그 기관의 각 지역 지부에서 일하는 이들은 엄청난 수의 해방 노예들이 여전히 자연스런 노동 욕구와는 거리가 멀다는 사실에 당혹감을 느껴야 했다. 결국 해방 노예부는 자유의 의미를 오해하는 흑인들의 행태에 좌절감을 느낀 나머지, 주정부로 하여금 하릴없는 흑인들을 체포해서 강제로 농장에서의 노동계약에 서명하도록 종용했다.

그토록 많은 해방 노예들이 일하기를 거부했다는 사실이 생물학적 의미에서 인종 간의 차이를 보여준다고 시사하는 증거는 존재하지 않는다. 실상 우리는 왜 그들이 미국이 제시한 것과는 다른 종류의 자유를 선택했는지 결코 확실히 알 수 없을 것이다. 현재 우리가 확실히 아는 것은 그들과 같은 반항적 존재가 없었더라면, 우리는 모두 존 프리먼과 그의 가족이 추구한 '자유의 삶'을 살고 있으리라는 사실이다.

수치의 낙인

재건기의 지도자들은 모두 노동에 대해서 우호적이었던 만큼 성에 대해서는 한목소리로 반대했다. 전쟁 중에 의회는 해방된 흑인들을 어떻게 대할지 자문해줄 미국 해방 노예 조사위원회를 설립했다. 그 청문회에서 위원회는 흑인 도망자들을 수용하기 위해서 세운 '밀수(contraband)' 캠프 관리자의 증언을 들었다. 미시시피 주 빅스버그의 캠프를 감독했던 대령 윌리엄 파일은 다음과 같이 말했다.

남부에서 흑인들을 관리할 때 맞닥뜨린 중대한 문제 중 하나는 그들이 가족관계를 무시한다는 점이었다. ……내 판단에 흑인들이 스스로 자립해서 시민의 자격을 갖추게 하려면, 가장 먼저 해야 할 일 중의 하나는 그들에게 가족의 의무를 각인시키는 것이다.

　전쟁부 장관에 대한 보고에서 그 위원회는 흑인들은 문명화되지 않았다는 백인들의 지배적인 견해를 지지했지만, 그들이 앞으로도 문명화되지 않으리라는 편견은 뒤집었다. 연방정부와 그 동맹세력은 미국 혁명과 그 직후 시기에 백인들을 상대로 그랬던 것처럼 흑인들이 스스로에게 채찍질하는 법을 배우도록 했다. 새로 자유를 얻게 된 노예들에게 "법은 군사적 통치의 형태로 과거 노예주가 했던 역할을 맡게 되는데, 차이라면 이제는 어떤 수치도 느끼지 않고 진심으로 유쾌하게 복종한다는 점이다." 이런 변화를 위해서 결혼보다 더 효과적인 기제는 없었다. 결혼은 "자유를 얻은 흑인 남녀들이 문명에 부합하도록 고양시키고 그에 대비하도록 하는 지렛대"였다.

　위원회의 제안은 북군 지도자들 사이에서 거의 만장일치로 받아들여지면서 시행되었다. '밀수' 캠프를 운영하는 연방정부의 관리들은 다음과 같은 지시를 들었다. "해방된 흑인들이 행복하고 유익한 삶을 살도록 가르쳐야 하는 덕목에는 사회적 관계의 옳은 원칙을 알고 그에 따라 살려는 의지도 포함되어야 함은 명백하다." 북군 정부의 보호를 받던 흑인들에게 혼외정사는 불법이 되었다. 1863년 4월 캠프의 총책임자였던 존 이턴은 정부에 다음과 같이 보고했다. "캠프에 들어온 사람들 중에서 이미 부부관계이거나 그런 관계를 유지하고자 하는 남녀는 적절한 방식으로 결혼식을 치러야만 했다. ……이런 규정은 캠프의 질서를 진작하는 데 큰 도움이 되었다." 후에 캠프의 소장은 "기독교적인 결혼의식의 도입과 그 엄격한 준수가 캠프의 질서와 흑인들의 행태에 가장 유익한 영향을 미쳤다"고 보고했다. 전쟁부 장관 에드윈

스탠턴은 공식적으로 이턴이 도입한 규정을 승인했고, 해방 노예부의 관리들에게 "자유인이 된 흑인 간의 결혼식을 엄숙하게 진행하라"는 지시를 내렸다.

과거 흑인들의 결혼은 공식적이고 엄숙했을지 몰라도 증빙이 제대로 이루어지지 않아서 그 이후의 부정이 법적으로 처벌되지도 재산상속이 합당하게 이루어지지도 않았다. 과거의 제도 미비에서 빚어진 이런 부정적 결과를 종식시키는 것은 필요성이 명백한, 매우 긴급한 과제이다. (기록을 위해서) 결혼증서가 없거나 결혼식을 치르지 않은 모든 부부들의 전반적인 재혼절차는 고용주들과 더불어 그 부부를 아는 모든 이들이 권고해야 하는 일이다. 또한 이후에 결혼식을 위한 시설이 충분히 제공되었는데도 그런 사회적 삶의 필요에 순응하지 않을 경우 기소되어 처벌받게 되리라는 사실을 남녀 모두가 인지해야 할 것이다.

이렇듯 해방 노예부의 최우선적인 사명은 흑인들로부터 노예시절에 누리던 성적 자유를 박탈하는 것이었다. 업무를 개시하고 두어 달이 지났던 1865년 여름 그 기관은 '결혼 규정(Marriage Rule)'을 발행해서 "해방 노예들이 부부관계의 신성한 의무를 제대로 이해하고, 또 성스럽게 준수하도록 돕고자 했다." 그 규정은 흑인들에게 결혼할 수 있는 법적 권한을 부여했을 뿐만 아니라 (결혼 혹은 이혼에 필요한 자격을 포함하는) 결혼 규정을 확립했으며, 가장 중요하게는 이미 백인에게 그러한 것처럼 결혼을 **의무화**했다. "어떤 남녀도……결혼식이 엄숙히 치러지기 전까지는 부부로 함께 살 수 없다."

흑인들은 그 기관의 관리로부터 "이 사안을 두고 당신들 사이에서 만연했던 방만한 생각은 끝나야 하며", "어떤 구속력 있는 의무 없이 남녀가 난잡하게 함께 살아서는 어떤 인종도 인간다운 미덕이 높아지기를 기대할 수 없다"는 경고를 들었다. 그 기관에서 운영하는 학교의 선생들이 흑인들에게 읽어준 책은 혼외정사에 대한 공격으로 가득했다. 예컨대,『해방 노예들을 위한 솔직한 충고(*Plain Counsels for Freemen*)』에는 다음과 같은 구절이 있었다. "노예였을 때는 서로를 '취했으며', 신이 정한 결혼의 계율을 어기는 것이 얼마나 나쁜 일인지 배우지 못했다. 이제 과거를 뉘우치고, 순수한 바탕 위에서 새로 삶을 시작해야 한다. ……이제 신은 간통과 간음에 눈감지 않을 것이다." 노예였을 때 혼외정사를 하고도 수치를 느끼지 않았으며, 처벌도 받지 않았던 흑인 여성은 이제 엄한 경고를 들어야 했다.

최우선의 목표는 진정한 여성이 되는 것이다. 그 어떤 이유로든 남성이 당신의 덕을 파괴하게 해서는 안 된다. 부정한 여성의 이마에는 수치의 낙인이 찍히게 된다. 타락한 여성은 다른 타락한 여성에게도 증오를 받으며, 어떤 남성도 그녀를 사랑하지 않을 것이다. ……노예시절 도덕에 개의치 않았다면, 이제는 자유의 몸이 되었으니 자유로운 기독교 여성에 합당한 삶을 살아야 한다. 그리하여 흑인 여성은 모두 타락했다는 흔한 말이 거짓이 되도록 해야 한다.

나쁜 남녀와 어울리는 것을 피해라. 여성의 덕을 중요하게 여기지 않는 남성과는 어울리지 마라. 도박꾼을 멀리 해라. 평판에 신경쓰지 않은 여성과 어울려서는 안 된다. 음탕한 여성은 지옥으로 안내하는 자이다.

이제 반석 위에 집을 지어 스스로에게 떳떳하며 모든 사람을 똑바로 바라보고자 한다면, 더불어 신과 평화로운 관계를 유지하려면 자신을 순수하게 지켜야 한다. 모든 악덕을 피하되, 특히 사회의 건전한 법이 금하는 모든 것을 피해야 한다.

노예들은 불만족스런 부부관계를 끝내도 여타 미국인들의 이혼에 따라붙는 오명을 야기하지 않았다. 그러나 해방 노예들은 배우자를 절대로 떠나서는 안 된다는 말을 들어야 했다. 존 프리먼이 해방되던 날 아내에게 말했듯이, "백인들은 언제나 목사 앞에서 『성서』를 두고, 일련의 절차에 따라서 결혼식을 치른다. 예컨대, 하객으로 온 남자들과 여자들이 결혼에 찬성해야 하며, 부부는 신 앞에서 맹세한 후에야 함께 살기 시작한다. 그런 이후에는 그 어떤 상황도 그들을 떼놓지 못한다. 우리도 백인들처럼 그런 의식을 치름으로써 모든 것을 새롭게 시작하자."

다수의 해방 노예들은 노동윤리와 마찬가지로 성윤리 또한 기꺼이, 그리고 열렬하게 받아들였다. 해방된 수천 쌍의 흑인 남녀는 전쟁이 끝나자 서둘러 결혼식을 올렸고, 완벽하게 품위를 지키는 흑인 가정이 전국에 걸쳐 무수히 생겨났다. 흑인 정치 지도자들과 목사들은 한결같이 새로운 규칙을 지지했다. 한 흑인 목사는 흑인들에게 다음과 같이 권했다. "지금은 잦아든, 두 인종 간의 편견을 다시 지필 수 있는 일을 하지 맙시다. 우리는 국가와 세계라는 재판정에서 판결을 기다리는 중이라는 것을 기억합시다. ……그 재판을 통해서 우리가 자치와 자유에 합당한 사람들인지가 밝혀질 것이다."

그러나 계속된 훈계에도 불구하고 다수의 해방 노예들은 결혼과 남녀관계, 성에 대한 자신들의 관념을 견지했다. 흑인 남녀들이 "합당한 예식절차 없이 부부로 함께 사는 역겨운 행태"를 고집한다는 보고가 해방 노예부로 쏟아져 들어왔다. 그들은 "그 관계가 서로에게 편리할 동안만 서로를 부부로 지칭하며 함께 살되", 동시에 중혼관계나 혼외관계를 유지한다는 것이다. 그 부서의 한 관리는 다음과 같이 썼다. "법적으로 합당한 결혼식을 치르고도 그들은 짧은 기간 동안만 함께 산다. 그들은 이혼하고 다시 결혼하거나, 어떤 의무감 없이 그저 동거만 하기도 한다." 흑인들이 "과거의 부도덕한 행태"를 고수하며, "노예시절과 똑같이 행동한다"는 보고가 이어졌다. 그런 보고서의 작성자들은 평생의 헌신 없이 이성을 취하는 행태가 계속되는 것을 보고서 좌절감을 감추기 어려웠다. 1868년 해방 노예부의 미시시피 주 지부 책임자였던 앨번 길렘은 "흑인들의 복지와 관련된 사안들 중에서도 결혼과 관련된 그들의 생각을 바꾸는 것이 다른 어떤 사안보다 더 어려운 것처럼 보인다."

해방 노예부의 관리들은, 흑인들이 법이 정한 의무를 무시하는 태도에 자주 곤혹감을 표했다. 심지어 흑인들은 법률의 구체적인 내용을 숙지하고 있을 때에도 마찬가지였다. 미시시피 지부의 한 관리는 1867년 다음과 같이 썼다.

아내를 두고 딴 여자와 멀리 도망가는 남편들과, 역시 남편을 버리고 딴 남자와 도망가는 아내들에 대한 보고가 계속 들어온다. 나는 이런 행태들이 관련 법규에 무지해서가 아니라 법을 따르고자 하는 의지의 결핍 때문이라고 확신한다. 나는 간통 관련 법률을 그들에게 설명했지만 소용이 없었다.

또다른 관리는 흑인들 사이에서 한 명 이상의 성교 상대를 두는 것이 "누구도 간섭할 수 없는 권리"라고 여겨진다는 사실을 믿을 수 없어했다. 앨라배마 주 몽고메리 지부의 부책임자였던 군목 C. W. 버클리는 해방 노예들의 성문제 때문에 "매일이 괴롭다"고 보고했다. "부부는 무서운 속도로 서로 갈라서고, 다른 상대를 '취한다.' 한 남자가 두세 명의 여자와 사는 것은 드문 일이 아니다. 이런 행태는 오랜 기간 그 인종의 풍속이었고, 이 나라에서도 계속되었다. 하지만 양식 있는 사람이 보기에 그런 행태는 거대한 매춘 시스템과 다르지 않다." 그러나 강제력은, 해방된 시민으로 살기를 원하지 않았던 흑인들에게 그다지 효과를 발휘하지 못했다. 버지니아 주 지부의 부책임자는, 흑인들을 길들이려는 해방 노예부의 막대한 노력에도 불구하고 "부부관계와 관련된 등록을 혐오하거나 신경쓰지 않는 흑인들의 태도는 여전하다. 흑인 남녀는 여전히 결혼관계를 갈아치우는 데 소질을 보이며, 동물적 성향이 너무나 강력한 나머지 그들은 관계의 잦은 교체가 가져다줄 결과를 개의치 않는다"고 보고했다. 확실히 해방된 흑인들 중 다수는 다른 곳으로 팔려가면서 헤어졌던 배우자를 찾았다. 그러나 "다수의 흑인 남성들은 자신들에게 주어진 자유를 활용해 오랫동안 함께 산 부인을 떠나고자 했다. 그들은 결혼이 '책에 기록되지' 않았다는 것을 근거로 들었다." 버지니아 주 지부의 한 관리의 다음 발언은 사태의 본질을 잘 정리해준다. 다수의 해방 노예들은 "자신들의 자유(liberty)가 새로 주어진 자유(freedom)에 의해서 크게 줄어들었다며"(liberty와 freedom 모두 자유로 번역되지만 그 함의는 다르다. freedom이 좀더 추상적이고 일반적인 성격의 자유를 뜻한다면, liberty는 어떤 물리적인 구속 없이 특정한 행동을 할 수 있는 자유를 지칭한다/역주) 법적 결혼에 대해서 불만을 가졌다는 것이다.

좌절감을 느낀 그 기관의 관리들은 남부 의회를 상대로 로비를 펼친 끝에 동거하는 흑인 남녀의 결혼을 법적 의무로 규정하는 데에 성공했다. 재건기 중에 여러 주에서 통과된 다수의 민권 법령에는 법사학자 캐서린 프랭크가 '자동 결혼조항'이라고 칭한 것도 포함되었다. 1865년에 통과된 미시시피 주의 민권 법령은 전형적이다. "흑인과 물라토 등 모든 해방 노예들 중 지금까지 동거한 적이 있거나, 현재 그렇게 살고 있는 남녀의 경우 법적인 혼인관계로 간주되며, 앞으로도 그럴 것이다." 해방 노예부의 관리들은 흑인들의 주거 상황 및 성적 관계를 주시했고, 간통이나 중혼, 또는 혼음의 혐의가 있는 자들을 주 형법에 의거하여 주 검찰당국에 넘겼다. 길렘은 해방 노예들을 수감시키는 활동에 관여한 미시시피 주의 한 경찰간부를 만났다. 그는 1868년 9월 워싱턴 지부에서 다음과 같이 증언했다. "나는 그 문제가 법정에서 다뤄지도록 적법한 절차를 취했으며, 그리하여 범법자들이 재판을 거쳐 처벌을 받도록 애썼다." 결국 길렘은 그 기관이 제정한 결혼 규정의 목적은 "숱한 해방 노예들에게 결혼을 강제하는 것"이었다고 결론내렸다. 한 흑인 여성은 왜 이미 노예시절부터 남편으로 여긴 사람과 다시 법적인 결혼절차를 거쳐야 했는지 질문을 받자, "결혼식을 하지 않으면 잡아갔기 때문"이라고 답했다.

건국 초기에 백인 시민들과 마찬가지로 남북전쟁 후에 새로 시민이 된 흑인들은 결혼하지 않은 채 아이를 낳았다고 처벌을 받았다. 결혼하지 않은 채 부모가 된 흑인 남녀 수천 쌍은 체포되어 벌금형을 받았으며, 때로는 투옥되기도 했다. 수많은 흑인 아이들은 사생아라는 낙인이 찍힌 채 국가의 보호 아래 고아원에서 길러졌다.

백인들의 재건

재건기에는 백인들에게도 엄격한 도덕적 규범이 적용되었다. 백인 아이들은 노동하라는 도덕적 명령을 계속 들어야 했다. 19세기 중반 널리 사용되던 교과서, 『맥거프리 독본(*McGuffrey's Reader*)』은 읽기를 가르칠 목적으로 이야기와 시를 모아놓은 책이었는데, 수록 작품 중에는 「게으른 네드」라는 제목의 시도 있었다. 그 시는 한 게으른 소년에 관한 것이었다. 그 아이는 "전혀 수고를 기울이지 않으면서/노동이 가져다주는 대가를 원했다/시간이 흘러갔지만 평생 그는 언덕을 오르는 수고를 꺼려했다/마침내 그는 바보로 죽었다." 같은 책에 실린, 다른 이야기는 어린 독자들에게 "모든 일을 게을리 하다가", 이제 "거리에서 음식을 구걸하는" 하릴없는 학생의 삶을 피하라고 충고했다. "모든 사람들에게 경멸받으며……돈도 친구도 없는 가난한 떠돌이"인, 늑장 부리는 사람에 대한 이야기도 있었다. 그런 이야기들은 미국의 아이들에게 "게으름이 큰 죄이며 결국 파멸을 가져오게" 된다는 깨우침을 줌으로써 항시 노동과 결부된 삶을 살게끔 도모했다.

게으른 소년은 거의 예외 없이 가난하고 비참한 반면, 근면한 소년은 행복하고, 번창한다. 그러나 어떤 소년들은 이런 이야기를 읽고 나서 다음과 같은 의문을 품을지도 모르겠다. "신이 우리 같은 아이들을 신경쓰실까?" 확실히 신은 알아보신다. 만약 시간을 선용하며 부지런하게 살지 않는다면, 신의 눈으로 볼 때 그것은 마음이 올바르지 않다고 말해주는 확실한 증거이다. 사람이 이 세상을 사는 것은 시간을 선용하기 위해서이다. 어려서는 미래에 유용한 사람이 되기 위해서 준비해야만 한다. 우리가 누리는 혜택을 선용하지 않는다면, 창조주에게 죄를 짓는 것이 된다.

여자 아이들을 위한 교과서에 실린, 「근면에의 권면」이라는 시는 노동에 대한 병적인 집착을 전형적으로 보여준다. "일하고, 기뻐하라! 근면의 영감을 받아/너의 날렵한 팔다리에 활력의 숨결을 느껴라!/움직이지 않는 자는 곧 죽은 것이다./진창 같은 태만에 빠진 자는 자부심도 기쁨도 없으니, 그 납 같은 마음은 죽음과 사랑에 빠진 것이다."

노동하라는 도덕적 명령은 성인이 된 미국인에게도 계속해서 쏟아져 내렸다. 그 시기의 거의 모든 정치 지도자들과 마찬가지로 에이브러햄 링컨은 그런 교화의 효과를 잘 예시해준다. 남북전쟁이 벌어지기 전날 밤 그는 친구에게 "일하고, 일하고, 또 일하는 것이 전부이다"라는 내용의 편지를 썼다. 재건 프로그램이 막바지에 이르고 공황이 북부 산업의 대부분을 마비시켰던 1876년, 해방 노예부가 전개하던 교육운동의 지도적 인사이자, 북부 노동운동의 대표적인 지지자 중 한 명인 워싱턴 글래든은 (백인) 노동자를 위해서 친절한 충고를 담은 책을 저술했는데, 그 내용은 해방 노예들을 위한 교과서와 흡사했다. "땅을 파고, 톱질을 하라. 놀고 있을 바에는 도덕적으로 문제가 되지 않는 한 어떤 일이든 해라. 현재의 고통에 대한 구원은 근면과 검약, 야심찬 생각의 억제, 더 단순한 취향과 더 만족하는 태도의 함양을 통해서 올 것이다." 1878년 매사추세츠 주의 한 신발 공장주는 하루 10시간 내지 11시간의 노동시간을 옹호했는데, 그는 단지 일반적인 의견의 보다 적극적인 대변자였을 뿐이었다. 그는 "가정의 기쁨과 의무로 기꺼이 돌아가고자 할 만큼 지치도록 노동하는 것이 인간을 방탕과 범죄로부터 구원해준다"고 주장했다. 오하이오 주 노동청의 1879년 발표내용이 잘 보여주듯이 정부의 고위 관리들도 이런 생각에 널리 동의했다. "노동은 저주가 아니다. 사람을 주저앉게 하는 것은 긴 노동시간이 아니라 방탕하게 보낸 시간이다." "사람들에게 일거리를 충분히 주고, 그것을 긴 시간 동안 하도록 시켜야 한다. 그러면 그들은 신체적으로나 도덕적으로 더 훌륭한 사람이 될 것이다."

떠나는 시간

흑인들만이 재건이 제시한 규칙을 어긴 것은 아니었으므로, 흑인들이 실직 상태를 독점하지 않았다. 많은 미국인들은 세계에서 가장 억센 노동자가 되었지만, 다행히도 더 많은 수의 사람들이 혁명기 이후에 강제된 노동윤리에 저항했다. 잘 조직된 노동인력이 장시간 작업하는 공장제 생산이 미국 최초로 도입되었을 때, 다수의 백인 노동자들은 자신들이 형편없는 일꾼임을 드러냈다. 미국 최초로 건설된 공장 중의 하나인 매사추세츠 주 로웰의 해밀턴 공장은 여성 노동자만 고용했는데, 공장이 설립된 지 2년도 채 되지 않은 1825년에 이미 절반 이상의 직공들이 다음과 같은 이유로 해고되었다.

부적절한 행동 6명
소란 5명
지시 거부 3명
감독에 대한 무례 1명
경솔한 행동 1명
의무 불이행 1명

거짓말, 사태 왜곡, 거짓 이야기 유포 5명

심술 1명

도망 1명

히스테리 1명

매사추세츠 주 린에 세워진 최초의 신발공장의 직공들은 게임 혹은 정치토론을 하거나 서로 신문을 읽어주느라, 혹은 싸구려 선술집으로 몰래 가느라 작업을 중단했다. 매사추세츠 주 치코피의 한 공장 감독도 "일을 꾸준히 하는 것에 대한 노동자들의 전반적인 거부성향"에 대해서 불만을 토로했다.

이런 조직적이지는 않지만, 반항적인 노동행태는 상당한 자유의 공간을 창출했다. 미국사 초기에 주요 산업부문 중 하나였던 대형 통(barrel) 제조업의 노동자들은 보통 6일간의 노동분에 대한 임금을 받았지만, 토요일에는 오전부터 맥주를 마시기 시작해서, "통을 뒤집어 포커판을 벌이면서", 주급을 이 나올 때까지 다들 어슬렁거렸다. 이 산업부문을 연구한 한 역사가에 의하면, 술판은 저녁까지 계속되었다. "토요일 밤은 그 직종의 노동자들에게 큰 행사였다. ……대개 파티는 일요일까지 이어졌고, 월요일에도 노동자들은 작업에 매진하기에 최적의 몸 상태는 아니었다." 따라서 이런 '블루 월요일(Bule Monday)'에는 거의 작업이 이루어지지 않았기 때문에, "생산량의 견지에서 볼 때 그 하루는 허비되었다." 이렇듯 노동자들은 그저 게으름을 피움으로써 3일간의 주말을 누렸다.

19세기에 고용주들은 그런 행태에 대해서 주기적으로 불만을 토로했다. 재건기 동안에 유럽의 전근대적인 문화에서 자란 이민 노동자들이 무리지어 미국으로 유입되면서 그 토로는 강도를 더해갔다. 뉴욕의 조선소에서 일하던 이민자들은 케이크와 사탕을 먹으면서 휴식을 가지거나 근처 술집으로 위스키를 마시러 감으로써, 혹은 느긋하게 점심식사를 함으로써 고용주들을 열불나게 했다. 뉴저지 주의 도자기 공장에서 일하던, 영국 출신의 노동자들은 폭발적으로 몰아서 일을 하고는 한번에 며칠씩 사라진다고 알려졌다. 이민 노동자들은 미국사 초기의 비공식적인 3일 휴일 전통을 이어갔다. 한 노동자는 "월요일은 방탕하게 노는 데 할애된다"고 말하기도 했다. 1877년 한 시가 공장의 사장은 피고용인들이 일하는 시간보다 노는 시간이 더 많다고 불만을 토로했다. "시가 공장의 문제는 다음과 같다. 직공들은 아침에 작업장으로 나와서 몇 개의 시가를 만 후에 맥주집으로 가서 피아노를 치거나 여타 놀이들을 한다. ……아마 일하는 시간은 하루에 두세 시간밖에 되지 않을 것이다."

음주 문화

노예 폐지론자들과 재건의 지도자들은 남북전쟁 후에 또 하나의 사회 개혁 운동을 시작했으나, 노예들을 대상으로 한 도덕 개혁운동과 마찬가지로 그 성과는 대단치 않았다. 전쟁이라는 비상사태로 잠깐 동안 중지된 금주운동이 남부연합의 항복 후에 재개되었던 것이다. 이 운동의 새로운 지도자들은 1874년 여성 기독교 금주연합(Women's Christian Temperance Union, WCTU)으로 결집했다. 미국에서 사악한 럼 주를 없애려는 이 사회운동의 활동가들은 계속해서 금주의 법제화를 위해서 로비를 벌였고, 술집을 습격해서 술집 주인들에게 장사를 그만둘 것을 요구했다. 일부 술집 주인들은 그들에게 과일, 채소, 계란을 던졌고, 혹은 바닥의 톱밥을 뿌리기도 했다. 또다른 이들은 욕을 해댔고, 해치겠다고 위협도 했으며, 개를 풀거나, 맥주를 양동이째 퍼붓기도 했다. 이 단체의 신시내티 지부의 회원들이 맥주집을 없애려고 시위를 벌이자, 한 술집 주인은 "술집 입구에 있던 대포에 올라타서 내세의 왕국으로 그 숙녀들을 날려보내겠노라고 위협하기"도 했다.

남북전쟁 후 미국의 알코올 소비는 성층권까지 올라가 있던 이전 시기보다는 떨어졌지만, 미국은 여전히 상당한 정도로 '알코올 공화국'으로 남아 있었다. 해방 노예부가 설립된 1865년부터 WCTU가 창설된 1874년까지 10년 동안 미국 시민들과, 시민이 되기 위해서 훈련 중이던 집단은 공개적인 죄악의 장소를 피하고, 개인적 쾌락을 거부하라는 훈계를 들었지만, 미국에서 소비된 알코올 양은 6,200만 갤런에 달했다. WCTU가 설립된 첫 10년 동안에 그 양은 7,600만 갤런으로 증가했다.

이전 시기의 노예 폐지론자들과 재건의 지지자들이 전후에 모여 설립한 또 하나의 도덕 개혁기구로는 기독교 청년협회(Young Men's Christian Association, YMCA)가 있었다. 이 단체의 사명은 도시에 새로 유입된 대중들을 도시의 죄악으로부터 보호하는 것이었다. 이 단체는 자신들에게 맞는 일거리를 가지고 있었다. 1866년 YMCA는 뉴욕에만 8,000곳의 술집과 700곳의 사창, 4,000명의 매춘부, 그 밖에 셀 수 없을 만큼 많은 도색물 판매자들이 있다고 보았다. 미국의 쾌락 문화는 전쟁 후에 부흥기를 맞이했던 것이다. 수백만 명의 미국인들은 시민권의 요구를 따르기보다는 맥주집과 사창, 댄스홀과 당구장, 콘서트 술집과 쇼를 하는 극장이 번창하도록 했다. 한 역사가는 콘서트 술집과 쇼를 하는 극장을 "기본적으로 술집이지만 거기에 딸린 뒷방이나 거실, 혹은 공연장에서 저렴하거나 무료인 오락을 제공하는 곳"이라고 묘사했다. 콘서트 술집의 주된 수입원은 술의 판매였지만, "매춘 역시 중요한 부가 판매항목이었다." 도덕 개혁가들이 정확히 파악했듯이, "바닥에는 땅콩껍질이 잔뜩 깔려 있고, 흘린 맥주로 지저분하며, 실내는 담배연기로 자욱한" 이런 술집은 성적 문란으로 가는 입구였다. 매춘부가 손님들을 끄는 주된 요인이었고, 그곳에서 제공되는 공연에는 미국 최초의 스트리퍼들(strippers)이 등장하는 야한 장면들이 거의 항상 포함되었다. 역사가 티머시 J. 길포일은 1836년부터 1871년까지의 기간을 "상업화된 성의 평화시절"이라고 칭했다.

약속

재건의 지도자들은 일련의 급진적인 정책을 통해서 해방 노예들을 시민으로 만드는 과업에 진심으로 임하고 있다는 것을 보여주었다. 흑인 단속법을 무효화하기 직전 공화당이 장악한 의회는 14번째 수정헌법 조항을 상정했다. 그 조항은 미국의 시민권을 미국에서 태어나거나 귀화한 모든 사람들에게 부여되는 것으로 규정했다. 또 그 수정조항은 모든 시민에게 헌법이 보장하는 '특권과 면책권'을 누릴 자격을 보장했는데, 거기에는 가장 중요한 주정부와 연방정부 양자에 의한 평등한 법률의 보호도 포함되었다. 이로 말미암아 400만 명의 노예는 말 그대로 하룻밤 사이에 온전한 시민권자가 되었다. 1867년 겨울과 봄에 의회는 존슨 대통령의 거부에도 불구하고, 놀랄 만큼 공세적인 3개의 재건법안을 통과시켰다. 그 법안들은 (제14조 수정조항의 비준에 동의했다는 이유로 연방에 재가입된 테네시 주를 제외한) 남부를 5개의 군사권역으로 분할하고 각 권역에 대한 절대적인 통치권을 군대에 위임했다. 더 급진적이었던 점은 재건법에 따라서 모든 흑인들과 전쟁에 참여하지 않은 백인들에게만 투표권이 부여되었다는 사실이다. 그 결과 남부의 백인 중 약 4분의 1 정도가 투표에서 배제되었다. 이런 사정으로 인해서 일부 주에서는 흑인이 다수 유권자 집단이 되기도 했다. 의회는 연방에 다시 속하려면 주 헌법에 모든 흑인들의 투표권 조항이 포함되고, 주의회가 수정헌법 제14조항과 더불어 새로운 제15조항도 비준해야 했다. 새로운 제15조항은 "인종이나 피부색, 과거의 노예 경력" 때문에 투표권을 부정하는 것을 불법으로 규정하는 내용이다. 1870년까지 남부연합에 속했던 모든 주가 재건 정부의 요구에 굴복했다. 그 즉각적인 결과로 과거에 노예제를 시행한 주에서 흑인들이 20명의 하원의원과 2명의 상원의원 및 수백 명의 주의원을 배출하면서, 공직에 진출했다. 이것은 남부 정치의 심원한 변화였다.

재건 정부의 여타 업적 또한 그 규모와 야심 면에서 놀라웠다. 해방 노예부는 거의 4,000여 개에 이르는 학교를 설립했고, 그곳에서 대략 20만 명의 해방 노예들이 생애 최초의 공식교육을 받았다. 공화당이 통제하는 주에서 정부지출은 도로와 병원, 감옥, 고아와 정신병자들을 위한 수용시설의 숫자를 늘렸고, 공립학교가 남부 전역에 걸쳐 설립되었다. 대부분의 주에서 해방 노예들에게 불하한 토지는 얼마 되지 않았지만, 사우스캐롤라이나 주의 경우에는 1만4,000명의 흑인들이 토지를 불하받았다. 이렇듯 자립적인 농업이 "해방 노예들의 성품을 고귀하게 만들" 것이라는 새디어스 스티븐스의 신념이 현실에 적용되었다. 공화당원은 해방 노예들을 자경단(自警團)의 폭력으로부터 보호하는 데에 열심이었다. 1871년 그랜트 대통령은 KKK 법령(Ku Klux Klan Act)에 서명했다. 그 법안은 연방군에 그 단체의 조직원을 체포할 수 있는 권한을 부여했다. 또한 체포된 조직원들은 연방법원에서 재판을 받아야 했는데, 배심원의 다수가 흑인인 경우가 많았다. 이 법령의 시행과 더불어 수백 명의 조직원들이 재판을 받고 수감되면서, KKK단은 효과적으로 와해되었다.

그러나 재건에 대한 지지는 1870년대에 잦아들기 시작했다. 많은 공화당원들이 해방 노예들이 시민의 책임을 받아들이지 않는다는 불만을 토로하기 시작했다. 과거 노예 폐지론자였던 기자 제임스 S. 파이크는 사우스캐롤라이나 주를 돌아본 후에 흑인들에 대한 실망을 담은 기사를 발표했다. 해방 노예부의 선생들과 관리들이 최소한 주 6일씩 일해야 한다고 권고했음에도 불구하고, 찰스턴의 흑인들은 "평균 주에 4일씩만 일한다"는 것이었다. 흑인들 스스로가 자신들이 "습관적으로 도둑질을 하고 바람을 피우는 죄를 짓는다"고 밝혔다. 시민권에 따르는 문화적 제약을 받아들이지 않는 사람들에게 시민권을 부여하는 것은 "무지와 야만, 악덕의 지배"를 야기했다. 이 기사는 공화당 정치인들 사이에서 널리 읽혔고, 그중 다수가 흑인 반항자들을 개조하겠다는 희망을 버리도록 했다. 주도적인 공화당 상원의원이자 재건의 초기

지지자였던 칼 슈르츠는 1872년 "교육받지 못하고 경험도 없는 대규모 집단에게 정치적 권한을 부여할 때 그 필연적인 결과는 정치의 타락과 국가 재정의 몰락, 그리고 사회 전체의 물질적 이익의 잘못된 관리일 공산이 크다"고 말했다.

1872년에 이르면 흑인을 시민으로 전환시키는 일에 대한 좌절감이 팽배해지면서 해방 노예부가 폐지되었다. 이후 5년간 민주당원들은 꾸준히 하나씩 권력을 되찾았고, 공화당원들은 남부를 변화시키려는 의지를 잃게 되었다. 1876년 의욕을 잃은 공화당원들은 이른 시간 안에 연방군대를 남부에서 철수시키는 데에 동의했다. 그 결정의 대가로 공화당의 러더퍼드 B. 헤이스가 대통령이 되었다. 그해의 선거는 어느 정당이 많은 득표를 했는지 논란이 벌어졌고, 결국 의회에서 대통령을 선출하게 되었다. 1877년 말 재건기 동안 주정부의 권한을 대행하던 군대가 결국 남부에서 사라졌다.

재건에 적대적인 이런 흐름은 공화당의 잠재된 인종주의가 드러난 것으로, 또 공화당이 결코 진심으로 흑인들을 시민으로 만들려고 한 것은 아니었다는 증거로 해석되어왔다. 이런 해석은 흑인들이 시민권에 따르는 규율에 순응했으며, 따라서 미국 사회에서의 정당한 자리를 빼앗긴 것이라고 시사한다. 공화당원들 중 일부는 확실히 인종주의자였으며, 그들의 정책 변화가 인종주의 때문이었다고 하더라도 해방 노예들의 행태를 비난한 슈르츠와 공화당원들의 견해는 정확했다. 해방 노예들의 상당수, 아마도 대부분은 시민권의 책임을 받아들이지 않았으며, 자신들의 자유에 제약을 두려고 하지 않았고, 노동과 일부일처제, 검약과 기율이라는 가치에 헌신하지도 않았다. 그들의 태도와 행태는 건국의 아버지들이 시작했고, 노예 폐지론자들이 이어받았으며, 재건기의 지도자들이 확대한 국가적 기획, 즉 미국 시민을 스스로의 자유에 대한 적으로 만들려는 기획을 지연시켰다. 그리고 내 생각에는, 바로 이 점 때문에 그들은 칭송받아 마땅하다.

선물

노예들이 해방되면서 더불어 중요한 무엇인가도 함께 풀려났는데, W. E. B. 두보이스는 『미국에서의 흑인 재건(*Black Reconstruction in America*)』에서 그것을 선물로 묘사했다.

한 위대한 노래가 솟아났으니, 세계의 이쪽 편에서 가장 아름다운 것이 탄생한 것이다. 그것은 새로운 노래이다. 그 노래는 고대의 어두운 떨림과 박자를 담고 있으며, 아프리카를 경유하여 나온 것이지만 그곳에서 직접 오지는 않았다. 그것은 백인들의 미국에서 생기지도 않았으니, 그토록 창백하며 경직되고 빈약한 문화로부터는 그와 같은 것이 결코 나올 수 없다. 아무리 이런 저속한 주변음이 그 노래를 밀어냈다고 하더라도 말이다. 더운 남부나 추운 동부 혹은 둔탁한 서부는 그 음악을 만들 수 없다. 그것은 새로운 노래이고, 그 깊고 애조 띤 아름다움과 위대한 박자와 거친 호소력은 인간이 발설한 바 없는 메시지를 귀 있는 모든 이에게 외치고, 쏟아놓는다……

그들은 그 음악을 들었으나 결코 이해하지 못하는 남부의 백인들을 비웃었다. 듣는 귀라고는 없는 남부의 백인들은 그 음악을 겁탈하고 더럽혔다. 그러나 그 음악은 살아남아 커갔다. 그것은 계속 자라나 커졌고, 이제 신의 오른손을 보금자리로 삼고 있다. 그것은 미국이 미(美)에 유일하게 기여한 선물이며, 노예제가 그 배설물 찌꺼기에서 건져올린 유일한 구원의 성과이다.

두보이스에 따르면, 노예제는 아프리카계 미국인을 백인들이 창조한 억압의 문화로부터 보호했다. 그로 인해서 노예는 쾌락을 노동보다, 자유를 순응보다 가치 있게 여기는, 독특하게 해방적인 문화를 창조했다. 두보이스는 노예제에서 해방된 후에 존 프리먼처럼 행동하는 흑인들이 상당수 있었다고 보았다. 그러나 다수는 그렇지 않았으며, 두보이스에게 노예 해방과 더불어 풀려난 노예들의 문화는 미국은 물론이고, 전 세계에 주어진 선물이었다. 재건기 동안에 과거에 노예로 살았던 흑인들은 들을 벗어나 도시로 갔고, 그곳에서 금관악기를 발견하고 '주빌리(jubilee)' 밴드를 결성했다. 또한 많은 흑인들이 피아노를 보고 수백만의 백인들을 춤추게 한 래그타임(ragtime)을 창조했다. 또다른 흑인들은 기타를 들고 지금 우리가 블루스(blues)라고 부르는 음악을 연주하기 시작했다. 이런 화학적 결합으로부터 노동을 증오하고, 쾌락을 사랑하며, 아이처럼 자유롭기를 열망한 모든 이들을 위한 선물이 태어난 것이다. 두보이스에게 재건의 가장 큰 비극은 그토록 많은 수의 백인들이 이 선물을 받아들이지 않은 데에 있었다. 그들은 흑인 문화를 비웃고, 경멸했으며, 그것을 열등한 것으로 치부하기로 마음먹었다. 그러나 두보이스는 오늘날 대부분의 역사가와 마찬가지로 흑인들이 온전한 미국 시민으로 태어나기를 고대했다. 그가 이해하지 못했던 사실은 존 프리먼으로 대변되는, 시민권을 선택한 해방 노예들 또한 백인들과 마찬가지로 그 선물을 거부했다는 점이다. 재건이 완벽하게 실현되었다면, 노예들이 우리에게 선사한 자유와 기쁨의 대부분은 사라져버렸을 것이다. 간단히 말해서 해방 노예들이 시민이 되었다면, 재즈(jazz)는 존재하지 않았을 것이다.

4

매춘부와 여성 해방운동의 기원

19세기에 재산을 보유한, 특수한 여성 집단은 여러 모로 달랐다. 그들은 높은 임금을 받았고, 부부관계 밖에서 성생활을 누렸으며, 구강성교를 해주고 받았으며, 피임기구를 사용했고, 다른 인종의 남성들과 어울렸으며, 술을 마시고 춤을 추었으며, 바깥을 혼자 돌아다녔고, 화장을 했으며, 향수와 화려한 의복을 애용했다. 그들은 위와 같은 사실에 수치심을 느끼지 않았고, 대개는 매춘부로 일했다. 실제로 매춘부는 당시의 여성에게는 허용되지 않았으나, 현재는 당연한 것으로 간주되는 거의 모든 자유를 누렸다.

매춘부는 특히 거칠고, 무법이 판치며, 철저하게 반항적인 서부의 신흥 도시에서 성공을 구가했다. 여성이 대부분의 직종에서 거부되고, 아내는 재산을 소유할 법적 권리가 없던 때에 서부의 마담(포주)들은 넓은 땅을 소유했으며, 여타 형태의 부동산도 보유하고자 했다. 매춘부들은 미국 여성들 중에서 압도적으로 높은 임금을 받았다. 몇몇 마담들은 얼마나 부유했던지 새로운 서부의 기초를 놓는 관개와 도로 건설계획에 자금을 조달했다. 미국의 고용주들이 노동자들에게 건강보험을 보조하기 몇십 년 전, 서부 전역에서 마담들은 자신이 고용한 여성들에게 무상의료를 제공했다. 여성들이 폭력으로부터 자신을 보호할 수 없었고, 보호해서도 안 되던 시절에 마담들은 자신을 위해서 일하는 여성을 보호하려고 전직 경찰을 고용하기도 했다. 다수의 마담들은 총기를 소지했으며 그 사용법도 알고 있었다.

현대의 페미니스트들이 여성을 가부장제하의 결혼이라는 속박으로부터 해방시키고자 노력하기 훨씬 전에 매춘부들은 이미 나이가 제법 들어서 결혼을 했고, 평균적인 미국 여성과는 달리 여러 번 이혼을 했다. 피임이 법적으로 금지되었을 때, 매춘부들은 피임기구 시장의 소비자로서 그 제품의 생산과 판매가 계속되도록 해주었다. 여성들은 자신들이 '사적 영역'에 속한다고 배우고 있을 때, 매춘부들은 널리 여행을 다녔고, 그것도 사주 혼자 여행을 떠났다. 그들은 대담한 '공적 여성(public woman : 일반적으로 이 용어는 매춘부를 우회적으로 일컫는 명칭이기도 했지만, 이 글의 맥락에서는 말 그대로 사적 영역에 갇히지 않았다는 뜻이기도 하다/역주)'이었던 것이다.

여성이 여러 사람들과 어울려 춤추는 것이 합당한 행동으로 받아들여지기 훨씬 이전부터 매춘부들은 다수의 춤을 개발했는데, 그 춤들은 1910년대와 1920년대 춤 열풍이 일면서 엄청난 인기를 누리게 되었다. 도박과 집 밖에서의 음주가 대부분의 여성들에게 금지되었을 때에, 매춘부들은 서부에서 항시 술집 풍경의 일부였고, 어떤 매춘부들은 미국에서 가장 성공한 도박꾼이 되기도 했다. 가장 통렬한 아이러니는 매춘부의 화장술과 의복 및 헤어스타일이 미국 여성들 사이에서 광범위한 인기를 누리게 되었고, 이제는 영부인도 따라할 만큼 품위 있는 것이 되었다는 사실이다. 애초에 매춘부의 스타일은 노골적인 성적 표현으로 비난받았다(예컨대, 립스틱은 '길거리 매춘부의 주홍빛깔 수치'였다).

빅토리아 시대의 윤리의식을 따르는 미국에서 사회적 제약에서 벗어나고자 했던 여성들은 개척지에서 최적의 활동공간을 찾았다. 그곳에서는 특수한 경제 상황과 매우 불균형한 인구의 성비(性比)로 말미암아 반항적인 여성들에게 다수의 예외적인 특권이 주어졌다.

붐

1870년과 1900년 사이에 미국 농장의 수는 두 배로 늘었고, 최초의 식민지가 건설된 이래 지난 250년의 기간보다도 더 넓은 토지가 새로 경작지가 되었다. 새로 경작지가 된 토지의 대부분은 대평원과 남서부 지역에 위치했다. 농업 분야의 이런 확장에 더해 19세기 후반기 서부에서는 다른 산업부문도 빠르게 발전했다. 새로운 산업부문들 중에서 크게 두드러졌던 것은 캘리포니아 주와 로키 산맥 부근, 그리고 남서부 일부 지역에서의 금속광업과 탄광업, 대평원 지역의 목축업, 북서부 태평양 연안의 목재업, 캘리포니아 주 내륙 계곡의 대규모 과수 및 채소 농업, 텍사스와 오클라호마 그리고 남부 캘리포니아 주의 석유산업이었다. 이 다양한 산업들 사이에, 또 이 산업들의 성과를 미국 동부 및 유럽의 시장과 연결한 것은 19세기 말에 건설되어 서부를 종횡하는 철도였다. 연방정부는 태평양과 미주리 강을 잇는 대륙횡단 철도 건설에 막대한 자본을 투입함으로써 이런 폭발적인 산업의 성장에 기여했다. 뿐만 아니라 정부는 도로와 댐, 그리고 거대한 규모의 관개 시스템을 건설했는데, 이런 기반시설이 없었다면 오늘날 우리가 아는 형태의 서부는 결코 형성되지 않았을 것이다.

값비싼 금속이 발견된 산에는 하룻밤 사이에 마을이 세워졌다. 기름이 발견된 사막에, 소떼를 몰고 가는 길 주위에, 기차역 근처에, 목재소 옆의 숲과 벌목장에 마을이 들어섰다. 이런 급조된 마을이 핵이 되어 후에 샌프란시스코, 로스앤젤레스, 덴버, 시애틀 등의 대도시가 생겨나기도 했다. 그런 마을을 채운 인구는 남성이 압도적인 비율을 차지했다. 그곳으로 사람들을 끌어들인 일이 거칠고 고되어서, 대개 남성적인 것으로 간주되는 종류였기 때문이었다. 예컨대, 1850년 인디언을 제외한 캘리포니아 주 인구의 93퍼센트가 남성이었다. 네바다 주 콤스톡 은광산을 따라 들어선 탄광촌에서, 1860년 인구조사관은 남성 인구를 2,306명으로, 여성 인구를 30명으로 기록했다. 인구의 대부분은 가족, 토지, 재산이 없고 어떤 공동체에도 소속되지 않는 남성들이었다. 그들을 돈을 벌기 위해서 이곳저곳을 떠돌아다녔다. 그들이 살고, 일했던 대부분의 마을은 아주 최근에 형성되었고, 따라서 법의 존재는 매우 미약했다. 불량한 인간들이 융성하는 데에 정확히 부합하는 환경이었던 것이다.

창녀정(Whorearchy)

19세기 미국 도덕의 수호자들이 서부의 미혼남들에게 극심한 우려를 느낀 데에는 이유가 있었다. 한 개신교 목사는 "홀로 내버려두면 남성은 급속히 타락해서, 거칠고 냉혹하며 추접하게 변해 거의 야수 같은 존재가 된다"고 썼다. 그의 말은 옳았다. 아이러니는 그렇게 된 남성들의 대다수가 백인이며, 온전한 미국 시민이었다는 사실이다. 몬태나 주의 한 도덕 개혁가는 탄광촌의 삶에 대해서 다음과 같이 전했다. "법의 제약을 받지 않고, 평판에 무심해지며, 가족이라는 짐을 덜게 되면 달리 할 일이 없어 술을 마시고 싶을 때 항상 술을 마시게 된다. ……불량한 태도가 나타나고, 상스러움은 자연스러운 태도로 자리잡게 된다. ……술이 불러오는 흥분과 불안이 이런 경향을 지속시키고, 그런 상황을 바로잡으려면 총이 있어야 한다." 1879년 콜로라도 주의 리드빌에 은광이 발견되면서 세워진 마을에는 120곳의 술집, 19곳의 맥주집, 188곳의 도박장이 있었지만, 교회는 딱 4곳이었다.

이 세계로 수요와 공급의 관계를 이해하고 있던 일군의 여성들이 진입했다. 1916년 미국 노동부의 한 연구는 백화점 직원이나 경공업의 직공 같은, 합법적인 주요 여성 직군의 평균 주급이 6.67달러라고 밝혔다. 그 금액은 당시의 최저 생계비 수준과 비슷했다. 그런 직종에서조차 여성들의 일자리는 굉장히 적었던 반면, 대부분의 경제영역에서는 여성의 노동을 배제했기 때문에 여성의 노동을 허용했던 그 직종에서 일자리를 찾는 여성의 수는 엄청났다. 이런 노동의 과잉공급이 임금을 최저 수준으로 떨어뜨렸다. 반면 매춘을 택한 여성들은 자신들의 노동이 높게 평가받는 시장상황을 즐겼다. 특히, 서부에서 그 수요가 엄청났고, 꾸준했던 반면, 활용 가능한 인력군은 상대적으로 낮게 유지되었다. 절대 다수의 여성들이 매춘에 따라붙는 오명을 두려워하거나 그런 성윤리를 내면화했기 때문이었다. 미국에서 매춘의 사회사를 선구적으로 개척한 역사가 루스 로젠에 의하면, 이 업종의 가장 아래를 차지하는 "거리의 매춘부나 사창가에 묶인 매춘부도 한 회당 1-5달러를 대가로 받았기 때문에 하룻밤에 여타 여성 노동자의 주급을 벌었다." 1916년에 수행된 한 연구는 매춘부들이 주당 30달러에서 50달러를 번다고 결론내렸다. 당시 노조에 가입한 남성 숙련공이 대략 주급으로 20달러를 받고 있었다. 네바다 주 버지니아 시티에 관한 조지 M. 블랙번과 셔먼 L. 리처즈의 공동연구는 1860년대 그 지역에서 일하던 매춘부들이 젊고 순진한 '백인 노예'라는 통념과는 달리 실제로는 콜라라도, 아이다호, 네바다 주 서부 탄광촌의 여성 인구보다 평균적으로 나이가 훨씬 더 많았다는 것을 밝혔다. "매춘부들의 연령에 대한 자료를 검토해보건대, 그들은 자신들이 하는 일의 성격을 인지할 만큼, 그리고 미혼남성들이 차고 넘쳤던 곳이었기 때문에 마음만 먹으면, 진즉에 결혼했을 만큼 충분히 나이를 먹었다. 따라서 우리는 그들이 경제적 성공을 도모하는 직업여성이라고 결론내렸다." 텍사스 주 엘파소에서 주급 3달러를 받고 가정부로 일했던 멕시코 출신의 한 여성은 그 일을 그만두고 더 많은 돈을 벌고자 '푸타(puta, 매춘부)'가 되기로 결심했다. 그녀는 다음과 같이 회고했다. "남성들이 내 몸을 자세히 살피는 행위에 익숙해지는 데는 오랜 시간이 걸렸다. ……물론 처음에는 죄책감이 들었지만, 쌓여가는 돈을 보면서 그런 느낌은 사라져갔다."

좀더 경쟁이 치열했던 동부에서도 매춘부들은 매우 많은 돈을 벌었다. 역사가 티머시 길포일에 의하면, 뉴욕에서는 "떠돌이 생활을 하는 부유한 매춘부 집단이 번성했다." "직공이나 가정부의 임금이 매우 낮았기 때문에 매춘부들은 19세기에 최고의 임금을 받는 여성 노동자였다." 1900년대와 1910년대 뉴욕에서 수행된 조사에 따르면, 매춘부의 11퍼센트만이 강제로 그 업종에 들어서게 되었다고 밝혔고, 거의 28퍼센트가 고수익을 직종 선택의 이유로 들었다. 시카고의 악덕방지 위원회는 많은 반-매춘 개혁가들과 마찬가지로 매춘이 가져다주는 부라는, 뼈아픈 진실을 통렬한 질문으로 표현했다. "몸을 놀려 고작 주당 6달러를 버는 소녀가 자신의 몸에 대한 수요, 즉 기꺼이 그것에 값을 치르려는 남자들이 있다는 것을 알고, 주당 25달러를 벌고픈 유혹을 느끼는 것이 놀랄 일인가?" 자신이 번 돈으로 가족을 부양했던 한 시카고의 매춘부는 그 질문에 대한 명쾌한 답을 가지고 있었다. 그녀는 조사원에게 다음과 같이 답했다. "그 정도의 돈으로는 나 자신을 위해서 쓸 돈이 전혀 생기지 않는, 고작 주급 5, 6달러를 받으려고, 공장으로 돌아갈 거라고 생각하는가? 이제 하룻밤에도 그만큼, 혹은 자주 그보다 훨씬 더 많은 돈을 벌 수 있는데도 말이다." 역사가 루스 로젠은 "매춘부들이 현재 자신들이 하는 일이 선택 가능했던 여타 생존전략보다 '수월하고' 덜 억압적이라고 생각하는 것에 거듭해서 충격을 받았다."

매춘부들은 초기 미국의 페미니스트들이 여성 굴종의 체제로 묘사했던 것에서 벗어난 최초의 여성들이다. 세기 전환기의 지도적인 페미니스트 지식인 중 한 사람인 샬럿 퍼킨스 길먼은 인류가 "한 성(性) 전체가 다른 성과 경제적 의존관계 속에서 사는" 유일한 종이라고 말했다. 품위 있는 직종의 임금이 너무 낮았기 때문에 여성이 부를 획득할 수 있는, 문화적으로 승인받는 유일한 경로는 부유한 남성과의 결혼이었다. 19세기의 각 주의 법률은 결혼한 여성의 재산 소유권을 전적으로 부정하거나 거의 부여하지 않았기 때문에 실제로 '결혼을 잘한 여성'이라도 법적인 소유물은 없거나 거의 없었다. 그러나 불량하게 살기로 작정한 여성들은 자신의 힘으로 부유해질 수 있었다.

　업계에서 최고의 자리에 올라 '마담'으로 불리게 된 매춘부들은 미국의 어떤 여성보다도 많은 부를 소유했다. 실상 그들은 국가를 통틀어 가장 부유한 부류에 속했으며, 특히 서부에서 그러했다. '다이아몬드 제시' 헤이먼은 1880년대 시에라 네바다 구릉의 금광촌에서 매춘부로 일하기 시작해서, 후에 샌프란시스코로 옮겨 도시 역사상 가장 성공적인 매춘부 중 한 명이 되었다. 텐더로인 구에 위치한 그녀의 3층 건물은 3개의 벽난로, 술집, 샴페인 저장고를 갖추고 있었으며, 15개의 스위트 룸은 수입 가구로 장식되어 있었다. 그녀는 고용한 여성 각자에게 6,000달러 상당의 의류를 제공했는데, 여기에는 여우털 코트 1벌, 맞춤 정장 4벌, 모자 8개, 2벌의 외출용 코트, 구두 12켤레, 장갑 12짝, 잠옷 7벌, 속옷 7벌이 포함되었다. 헤이먼은 그 도시의 여러 곳에 토지를 살 정도로 큰돈을 벌었다. 1906년 지진으로 도시 대부분이 파괴되었을 때, 헤이먼을 위시한 마담들은 집을 잃은 수천 명의 사람들에게 음식과 의복을 제공했다. 1923년에 사망할 당시 그녀의 재산은 11만6,000천 달러에 달했다.

　'콜로라도 지하세계의 여왕', 제니 로저스는 덴버에 호화로운 사창을 여러 곳 소유했다. 그 건물에는 천장 높이의 거울, 크리스털 샹들리에, 수입 양탄자, 대리석 탁자, 그랜드 피아노가 있었다. 로저스는 자신의 매춘부들을 위해서 개인 미용사와 양재사(洋裁師, dressmaker)를 고용했는데, 자신의 피고용인들이 세상에서 가장 세련된 외양을 갖추도록 하기 위해서였다. 그녀는 엄청난 이익을 거두면서 덴버 시내의 가장 값비싼 토지를 구입했을 뿐만 아니라 시의 관개와 저수 시설의 지분도 확보했다. 로저스는 그 투자로 상당한 금액의 배당금도 받았다. 그 도시에서 로저스의 주된 경쟁자는 텍사스 주 애빌린의 길거리 매춘부로 시작해, 고작 열아홉 살에 캔자스 주의 다지에서 사창을 소유했던 매티 실크스였다. 1876년 덴버로 이주한 직후에 그녀는 27개의 방을 갖춘 3층 건물을 사서, 당시 미국에서 구할 수 있는 최고의 가구로 꾸몄다. 실크스의 사창에 온 손님들은 건물 현관에서 관현악단의 환영을 받았다. 실크스는 결국 업소를 3개나 더 열었고, 경주마를 기르는 마구간도 소유하게 되었다. 업계에서 은퇴한 이후 그녀는 기자에게 다음과 같이 말했다. "나는 사업적인 이유로 유흥업에 입문했다. 당시에 그 일은 여성이 돈을 벌수 있는 유일한 길이었고, 실제로 나는 돈을 벌었다. 그때도 그랬고, 지금도 그렇지만 나는 내가 사업가라고 생각한다." 미국에서 가장 높은 급료를 받는 여성들에 속하는, 그녀가 고용한 여성들도 "같은 이유로 나를 찾아왔다. 왜냐하면 우리 모두를 위한 돈이 이곳에 있었기 때문이다."

다른 마담들은 서부의 주요 지역을 장악했다. 엘레노라 듀몬트는 로키 산맥과 시에라 네바다 전역에 걸쳐 금광, 은광촌에서 부동산을 매입하고, 그곳에 사창, 술집, 도박장을 세워 많은 돈을 벌었다. 조세핀 '시카고 조' 에이리는 매춘업에서 번 돈으로 1870년대와 1880년대 몬태나 주의 헬레나에서 상당한 면적의 부동산을 구입했다. 루 그레이엄은 초기 시애틀의 가장 유명한 마담이자 그 도시의 가장 부유한 주민이었다. 그녀는 1888년 시애틀에 와서 곧 파이오니어 광장 지역에 철저하게 예약제로 운영되는 사창을 열었다. 그녀는 자신의 사업을 홍보하기 위해서 피고용인들과 마차를 타고 그 도시의 거리를 다녔다. 그레이엄은 주식시장과 부동산에 크게 투자했고, 한 역사가에 의하면, "북서부 태평양 연안에서 주식 보유액이 가장 많은 투자자 중 한 명"이되었다. 이 '용암층(lava bed) 지역의 여왕'은 막대한 돈을 기부해서 시애틀에 공립 교육제도를 도입하는 데에 일조했으며, 1893년 공황 때는 그 도시의 다수의 엘리트들을 파산에서 구해주었다. '오마하 지하세계의 여왕'인 애나 윌슨은 도시 부동산의 상당 부분을 소유하기도 했다. 그녀는 생의 막바지에 25개의 방이 있는 저택을 시에 기부했는데, 그 건물은 그 도시 최초의 응급병원이자 전염병 치료 센터가 되었다.

19세기 미국에서 가장 부유하고 힘있는 여성은 아마도 메리 엘런 '마미' 플레전트와 세라 B. '베이브' 코너스였을 것이다. 플레전트는 노예로 태어났지만 샌프란시스코 초기 역사에서 가장 영향력 있는 여성 중의 한 명이 되었다. 그녀는 최고급 하숙집을 운영했는데, 부유한 사업가였던 하숙객들은 각자 매춘부를 짝으로 두었다. 그녀는 이 사업에서 나오는 수입을 광산업의 주식에 투자하거나 도시의 고위층에 고이율로 빌려주었다. 또한 그녀는 시내의 전차에서 인종 간 분리를 없애고자 소송을 벌인, 캘리포니아 주 '민권운동의 대모' 같은 존재이기도 했다. 세인트루이스에 위치한 코너스의 사창은 중서부 지역에서 가장 인기 있던 곳 중 하나였다. '성' 혹은 '궁전'으로 알려진 그녀의 사창은 사치스런 양탄자와 예술품, 크리스털 샹들리에를 갖추었다. 궁전으로 불린 곳의 응접실은 전체가 다 거울이었던 바닥으로 유명했다. 코너스 자신은 항상 우아하게 보석으로 몸을 치장했고, 치아에는 금과 다이아몬드를 박아넣었다. 재즈의 전신이라고 할 수 있는 래그타임 장르에서 가장 널리 알려진, 다수의 노래는 르티티아 룰루 아가사 '마마 루' 폰테인이 만든 것이었는데, 그녀는 바로 코너스가 운영하는 업소에서 공연을 했다.

매춘부들 중에서 최고급 사창의 마담만이 대단한 부를 쌓았던 것은 아니었다. 네바다 주 버지니아 시의 한 중산층 개혁가는 경멸적인 어조로 지역의 평범한 매춘부들도 "항상 가장 비싼 옷을 입는다"고 말했다. 역사가 블랙번과 리처즈는 버지니아 시의 매춘부들이 그 지역에서 가장 부유한 부류는 아니었을지 몰라도, 그들은 "자신들의 고객보다는 더 많은 돈을 모았다. 더 나아가 그 지역의 다른 여성들과 비교했을 때, 백인 매춘부들은 부유했다고 할 수 있다. 이는 결혼 여부를 막론하고 거의 모든 여성들은 재산이 전혀 없었기 때문이다. 만약 매춘부들이 서부로 온 것이 다른 여성들과 경제적으로 경쟁하고자 함이었다면, 그들은 승리했다"고 결론을 내렸다.

역사가 폴라 페트릭도 비슷한 내용의 연구 결과를 도출했다. 1865년에서

1870년 사이에 몬태나 주 헬레나에서 일한 매춘부들의 대략 60퍼센트가 "개인 소유의 재산이나 부동산을, 혹은 둘 다를 보유하고 있었다"고 밝혔다. 그 도시의 '세련된 숙녀들'은 여성 명의로 이루어진 부동산 거래의 44퍼센트를 차지했고, 같은 기간 동안 여성이 획득한 20건의 저당 건도 모두 이들 차지였다. 이런 모든 정보들 중에서 가장 놀라운 것은 남성 노동자와 비교한 이들의 임금 수준이었다. 페트릭은 "우드 가(街)에서 일을 했던 이 세련된 여성들"의 평균 월수입이 233달러라고 추정한다. 반면 벽돌공과 석공, 목수는 90달러에서 100달러 사이를 벌었고, 은행원조차도 한 달에 고작 125달러를 벌었다. 게다가 "판매직 여성의 최고 임금이 65달러였다는 사실과 견주어보면 매춘부로 일한 보상은 굉장한 것이었다." 대표적인 페미니스트들이 여성의 경제적 종속을 끝내야 한다고 떠들고만 있을 때, 페트릭에 의하면 헬레나의 홍등가는 "여성 소유의 부동산과 자본에 기반한 여성 사업지구였다."

오늘날 변호사로 일하는 여성들은 여성 변호사의 역사적 선례를 서부의 마담들에게서 찾을 수 있다. 마담들은 스스로를 대변하고자 법정에 정기적으로 섰고, 또 자주 승소했다. 페트릭은 헬레나의 매춘부들이 "지역의 명망가들이 해결해주지 못하는 그들 사이의 사소한 분쟁을 정리하고자" 서로 고소한 사례가 굉장히 많다는 것을 발견했다. 또 그들은 "자신들을 폭행 또는 위협했거나 자신들의 물건을 훔친 남자들과 맞붙기 위해서도" 법에 호소했다. 매춘부가 남자를 고소한 재판의 절반 이상에서 "판사와 배심원들은 여성의 손을 들어주었다." 페트릭은 도덕 개혁가들이 도착하기 전에 그 지역에서 "성매매에 대한 사법적 처리가 한 건도 없었다"는 놀라운 사실을 발견했다. "법의 집행자들은 1886년 전에 매춘이나 사창을 운영했다는 이유로 어떤 여성도 체포하지 않았다. 경찰청이 바로 홍등가 지역에 있었는데도 말이다." 그리고 매춘부들은 20년 이상 지역 경제에서 핵심적인 부분을 담당하고 있었다. 매춘에 대한 이런 법적 관용의 시기 동안에 헬레나의 매춘부들은 성노동자에게 흔한 것으로 상정되는 자기 파괴적 행위를 거의 저지르지 않았다. "1883년 전에는 헬레나에서 자살한 창녀가 한 명도 없었다." 그리고 그 지역의 매춘부들은 "술과 마약의 사용에 절제라고는 몰랐지만, 1865년과 1883년 사이에 알코올 중독이나 마약 과다복용으로 사망한 매춘부에 대한 기록은 없었다."

일부 마담들은 고용한 여성들을 괴롭히고, 그들에게 노역을 시키기도 했지만, 그런 일은 사업이 잘 되지 않는 사창에 국한된 현상이었다. 서부의 홍등가에는 거의 예외 없이 다수의 사창이 동시에 영업 중이었으며, 이런 경쟁적인 환경에서 여성들을 끌어들이려면, 대부분의 마담들은 고용한 여성들에게 다른 직종에서 받는 것보다 월등히 높은 임금과 더불어 무료로 피임과 의료, 법적 지원 및 숙식을 제공해야 했다. 성별을 막론하고 19세기 미국에서 이런 복지 혜택을 누린 노동자는 거의 없었다.

19세기 중반이 되자 매춘부의 존재는 모든 지역으로 퍼져나갔고, 그들이 소유한 부와 권력으로 인해서 몇몇 도시의 개혁가들은 국가의 미덕을 잠식하는 '창녀정(Whorearchy)'의 존재에 대해서 말하기 시작했다. 조지 포스터가 1850년에 펴낸 소설 『셀리오 : 뉴욕의 땅 위와 아래(Celio : or, New York Above-ground and Under-ground)』에 따르면, 마담들은 "자신들만의 법과 규정을 가지고 있으며, 정기적으로 모이는 도둑 조직"을 통해서 "지하세계"를 통제했다. 1869년에 출간된 조지 엘링턴의 탐사물인 『뉴욕의 여성들 : 혹은 대도시의 지하세계(The Women of New York : or, the Underworld of the Great City)』에서는 마담들이 "바람직한 인성의 모든 면을 잃어버린 최악의 악마적 여성"으로 묘사된다. 더욱이 문제는 그들이 "그 도시의 가장 부유하고, 가장 지적인 부류 중에서 고른 친구와 동행함"으로써 "대도시의 상류사회에 출입한다"는 점이었다.

파렴치

빅토리아 시대의 이데올로기에서 그토록 중요한 역할을 했던 성적 억압은, 특히 여성과 관련하여 강고했음에도 불구하고 매춘부의 사고방식에서 드러나는 그런 이데올로기의 부재는 때때로 놀라울 정도였다. 덴버의 시위원회가 '평판이 나쁜 여성들'에게 노란 리본을 달도록 하는 조례를 통과시켜 지역의 매춘부들에게 수치심을 불러일으키려고 했지만, 마담들과 그 휘하의 여성들은 오히려 머리끝에서 발끝까지 노란색으로 꾸미고 다녔다. 이런 대응으로 인해서 거리의 매춘부들은 더 많은 주목을 끌게 되었고, 당황한 시위원회는 조례를 폐지해야 했다. 또한 덴버의 마담들은 널리 배포되는 간행물이었던 『덴버의 레드 북 : 믿을 만한 덴버의 유흥가 정보 안내서(*Denver Red Book: A Reliable Directory of the Pleasure Resorts of Denver*)』에 광고를 실음으로써 부르주아지의 규범으로부터 자유롭다는 것을 과시했다. 주 전체의 유흥가 정보가 담긴 안내서가 1895년 『여행객을 위한 콜로라다 유흥 안내서(*Travelers' Night Guide of Colorado*)』라는 이름으로 출간되기도 했다. 샌프란시스코의 매춘부들은 너무나 뻔뻔해서 가장 멋진 옷으로 꾸미고 매주 마켓 가(街)를 행진하며 자신들이 제공하는 서비스를 홍보했다. 텍사스 주 스윗워터에서 인구조사가 시행될 때, 그 지역의 가장 유명한 매춘부 리비 '다람쥐 이빨 앨리스' 톰슨은 전혀 부끄러워하는 기색 없이 직업란에 "어둠 속에서 만지작거리고 꼼지락거리는 사람"이라고 적었다.

매춘은 본래 자기 모멸적인 직업이므로 정신적으로 온전하거나 경제적으로 안정된 여성이 그런 일을 택할 리가 없다는 것이 통념이다. 이 가정 아래에는 성행위 용도로 신체 기능을 파는 것이 여타의 합법적인 종류의 노동을 위해서 신체 기능을 파는 것보다 훨씬 더 깊은 신체적, 심리적 손상을 초래한다는 또 하나의 가정이 깔려 있다.

1859년 윌리엄 생어 박사는 뉴욕 시의 성매매 여성 2,000명을 대상으로 "매춘부가 된 이유는 무엇인가?"라는 질문을 던졌다. 대략 1,100명은 "극도의 빈곤", "유혹 후에 버림받음", "부모, 친척, 남편의 학대", "나쁜 친구들" 등의 그가 예상했던 답변을 내놓았다. 그러나 놀랍게도 조사 대상자의 4분의 1이 넘는 513명의 매춘부들이 자신의 성향 때문에 이 직업을 택했다고 답했다. 그는 그런 답변이 "믿기 어려웠다"는 느낌을 털어놓았다. 그렇게 대답한 여성들 중 상당수는 자신이 하는 일을 노동으로 여기지 않았다. 181명은 이 직업을 택한 주된 이유가 "술, 술에 대한 욕구" 때문이라고 밝혔고, 124명은 매춘을 "편한 삶"으로 생각했다. 아마도 미국 역사상 최악의 불한당 무리에 속할 29명은 자신들이 "일을 하기에는 너무 게을러서" 매춘부가 되었다고 답했다. 다음은 길포일의 의견이다. "이 여성들은 매춘을 일탈이나 죄악으로 생각하지 않았다. 오히려 그들은 자신들의 직종을 직공이나 가정부가 처한 굴종보다는 나은 대안으로 보았다." 남북전쟁 후에 개시된 뉴욕의 매춘업에 대한 강력한 법적 대응 이전에는, 그 도시의 여성들은 "자신들을 '타락한 여성'으로 보지 않았다." 법정과 신문지상에서 "그들은 격렬한 위협에 굴복하는 대신 공개적으로 자신들의 개인적 성실성과 재산권을 옹호했으며, 수배자처럼 행동하지 않았다."

매춘부는 여성의 자유를 제약하는 거의 모든 성적 터부를 허물었다. 초기 미국 도시의 하층계급 사이에서 유통되던 피임기구는 19세기 중반에 이르러서는 비난의 대상이 되었다. 당시 피임약은 어떤 수치심도 유발하지 않은 채 널리 사용되던 중이었다. 1872년 보스턴을 찾은 한 방문객은 다음과 같이 말했다. "드러내놓고 피임약 광고를 싣지 않는 신문이 없었으며, 역시 수치심이라고는 없이 그 약을 진열장에 공개적으로 전시하지 않는 약국도 없었다." 역사가 앤드리아 톤에 의하면, 성을 순전히 오락거리로 만드는 피임기구의 생산과 유통은 "성을 결혼과 출산으로부터 해방시킴으로써 성적 방종을 장려하는 것처럼 보였다." 19세기 중반 증가하는 매춘부의 수가 상당한 정도로 이 시장을 떠받쳤고, 도덕 개혁가들이 그런 제품을 없애려고 했을 때에도 이 시장의 생명을 유지시켜주었다. 1860년대와 1870년대 『비둘기 둥지의 악마(Serpent in the Doves's Nest)』나 『사회의 사탄(Satan in Society)』 등의 제목을 단 몇 권의 책들이 피임을 미국의 가정을 말살하기 위해서 고안된 "천상의 법에 대한 위반", "지옥의 발명품", "히드라의 머리를 한 괴물"로 단죄했다. 이러한 비난은 흔히 컴스톡 법령(Comstock Law)으로 불리는, 부도덕한 음란물의 판매와 유통 금지령을 의회가 통과시킴으로써 1873년 제도화되었다. 반음란물 전선의 십자군을 자임한 앤서니 컴스톡의 이름을 딴 그 법령은 미국의 우편제도를 이용해 "음란하거나 음탕한, 혹은 외설적인" 물건이나 "임신을 막거나 낙태를 유발할 목적으로 고안된 그 어떤 물건"도 배포하는 것을 불법으로 규정했다. 컴스톡이 "불량한" 인간, "교활한" 유대인, "도덕적 암을 퍼뜨리는 자", 그리고 "늙은 여자 악당"이라고 불렀던 이들로 구성된 지하의 반항군은 계속해서 피임약을 제조하고, 배포, 구입함으로써 성적 자유의 생명을 유지했다. 그중에서도 가장 규모가 컸으며, 꾸준했던 소비자군은 매춘부들이었다. 1870년대에 도시에 거주하던 여성 인구의 5퍼센트 내지 10퍼센트가 매춘부였던 것으로 추정되며, 그 말은 곧 수백만 명의 여성들이 피임기구를 구매했다는 뜻이다. 이 여자 악당들은 1873년부터 피임약의 생산과 배포가 합법화되는 1920년대 사이에 지하의 피임약 사업이 침몰하지 않도록 떠받쳤다. 역사가 톤에 의하면, 이 시기 동안 "다수의 업체들이 콘돔 산업으로 몰려들었고, 밀수업자까지 가세해서 경쟁이 치열했다." 전형적인 피임제품 생산회사로는 조지프 백래치의 비밀공장을 들 수 있겠다. 그 공장은 아내와 7명의 아이들이 함께 사는 브루클린의 가정집에서 비밀리에 운영되었으며, 1880년대까지 매년 수천 개의 남성용 콘돔과 여성용 콘돔을 생산했다.

백래치의 주된 경쟁자 중 하나는 줄리어스 슈미드였다. 그 또한 백래치처럼 독일계 유대인 이민자로 소시지 공장에서 내장을 세척하는 일을 하다 사업 기회를 포착했다. 1883년 그는 집으로 동물의 내장을 대량으로 가져와서 후에 포렉스, 램지스 & 쉬크 콘돔의 제조사인 줄리어스 슈미드 주식회사가 될 사업을 시작했다. 1890년 컴스톡이 지휘하는 뉴욕 시 단속반은 맨해튼 46가에 있는 자택에서 슈미드를 체포했다. 그의 집은 당시 뉴욕에서 가장 큰 홍등가 한가운데 자리잡고 있었으니, 자신의 사업에 딱 맞는 위치였다고 하겠다. 단속반은 그의 집에서 696개의 임신 예방 '껍질(skin)'과 똑같은 모양으로 제작하기 위한 틀을 발견했다. 슈미드는 "임신을 막는 제품을 판매한 죄"로 투옥되고 벌금형을 받았지만, 타락한 인간들을 위한 그 거대한 시장 때문에 사업을 계속해나갔다. 저 유명한 마거릿 생어(1879-1966 : 간호사 교육을 받았으며 다양한 노동운동에 참여하던 중 1916년 뉴욕의 브루클린에서 최초의 피임 클리닉을 개원했다. 산아제한[birth contron]이라는 표현을 조어해낸 장본인/역주)가 자신의 첫 번째 피임 클리닉을 연 것은 그로부터도 26년이나 지나서였다. 슈미드는 후에 독일에서 발명된 기술을 도입해서 고무 콘돔을 대량생산한 첫 번째 미국인이자, 미국의 대표적인 콘돔 회사의 사장이 되었다. 제1차 세계대전 동안 그는 영국, 프랑스, 러시아와 이탈리아 군대에 콘돔을 제공했지만 미군에는 납품하지 못했다. 미국의 병사들은 피임기구 금지법령에 따라서 매춘부와 만나게 되면, '도덕적 임신 예방약'을 사용하도록 교육을 받았다. 그 결과 미군 병사의 대략 10퍼센트가 전쟁 기간 중에 성병에 감염되었다. 제2차 세계대전이 되어서야 그 금지령은 폐지되었고, 미국 군대는 슈미드 사를 공식 콘돔 공급업체로 지정했다.

구강성교가 널리 단죄되었던 19세기에 남자가 강제력을 쓰지 않고도 구강성교를 받을 수 있었던 곳은 사창가가 유일했다. 20세기에 되고도 한참 동안 의학계가 내놓은 성교본과 결혼지침서는 구강성교를 아예 다루지 않거나, 병적이고 변태적인 것으로 비난했다. 1950년에 구강성교는 부부 간에 널리 행해지고 있었겠지만, 펠라치오는 48개 주에서, 커닐링거스는 41개 주에서 법률상의 중죄였다. 물론 다수의 미국인들이 구강성교를 해왔던 것은 틀림없겠지만, 오로지 매춘부들만이 수치심 없이 그런 성행위를 했고, 그 사실을 감추지 않았다. 시카고의 매춘부들에 대한 1934년의 조사에서 고작 5명만이 조사관들이 '정상 결합(normal coitus)'이라고 칭한 서비스를 제공한 반면, 100명 이상은 펠라치오를 제공목록에 포함시켰다. 그 보고서는 조사관들이 관찰한 흥정의 90퍼센트 이상에서 "역겨운 변태행위의 제공이 언급되었다"고 기록하고 있다. 이렇듯 매춘부들은 미국인들의 관능적인 삶을 연 성혁명의 전위대였다. 마침내 많은 논평자들이 실은 '모두'가 그런 행위를 하고 있다고 선언하는 1970년대까지, 이성애자 간의 구강성교는 창녀들만의 행태로 간주되었다.

심지어 1910년대와 1920년대의 춤 열풍도 사창가에서 기원했다. 그때까지 남들 앞에서 품위를 지키며 추는 춤은 상류계급의 파티에 국한되어 있었다. 역사가 루이스 A. 에렌버그에 의하면, 그런 자리에서의 춤은 "통제와 규칙성, 정형화된 움직임을 보여주었다." 19세기 품위 있는 춤 중에서 가장 인기 있었던 왈츠는 "표준화된 동작형태를 만드는, 발동작의 일정한 통일성"을 요구했다. 파트너 간의 어깨 간격을 3 내지 4인치로 유지해야 했다는 왈츠에 대한 에렌버그의 묘사는 노예들과 민스트럴 쇼의 배우들, 매춘부와 댄스홀에서 그런 반항자들을 흉내낸 미국인들이 얼마나 혁명적이었는지를 말해준다.

왈츠는 아마도 육체성이 소거된, 19세기의 사랑에 대한 생각을 표현하는 춤일 것이다. 그것은 분명히 남녀가 함께 하는 춤이었지만, 그 춤의 동작은 사회에서 귀하게 고수하는 남녀 간의 분리된 동선처럼 남성과 여성을 계속 떨어뜨려놓았다.

노골적으로 성적인 춤은 오직 흑인과 매춘부들이 추는 것으로 간주되었다.

더 나아가서 춤은 사적이고, 잘 통제된 공간에 할당되었다. 최초의 할리우드 스튜디오를 세운 보드빌 쇼(vaudeville : 무용과 노래, 마술과 곡예 등 여러 공연 형식들이 뒤섞여 느슨하게 연결된 대중적인 공연 장르/역주) 배우 제시 래스키는 1911년에 "아직도 공개적인 장소에서 춤을 추는 것은 소란거리가 된다"고 말했다. 그러나 1920년대에 반항자들의 쾌락과 자유는 시궁창에서 벗어나게 된다.

선량한 미국인들이 왈츠를 추는 동안 불량한 미국인들은 전국의 유흥업소에서 음란한 춤을 즐겼다. 콘서트 살롱(concert saloon)이라고 불린 업소가 1840년대와 1850년대에 도시에 나타났고, 이후 19세기 내내 인기를 누렸다. 1910년에 바바리 코스트로 알려진 샌프란시스코의 홍등가의 반경 6블록 안에는 300여 곳의 콘서트 살롱이 있었고, 시카고의 사우스 사이드 지역에도 285곳이 있었다. (바로 슈미드가 살던 동네인) 뉴욕의 바워리 및 텐더로인 지역과 뉴올리언스의 프렌치 쿼터(French Quarter) 지역에도 비슷한 성격의 업소가 수백 군데 있었다.

콘서트 살롱은 네 가지, 즉 술, 음악, 춤, 그리고 성을 제공했다. 역사가 러셀 B. 나이에 의하면, "그런 업소에 자주 출입하는 여성들은 거의 전부가 매춘부였다. 좀더 직업적인 부류와 덜 직업적인 부류가 있었을 뿐이다." 또한 그곳에서는 거친 서부의 사창가와 마찬가지로 자주 다른 인종들이 섞였다. 대도시의 콘서트 살롱 중 다수는 아프리카계 미국인의 소유였고, 그들 대부분은 인종을 가리지 않고 손님을 받았다. 완벽하게 사회적인 품위를 지키는 업소에서도 이전에는 사창에서만 제공되던 자유와 쾌락을 팔기 시작했다. 1912년 뉴욕의 브로드웨이 가에 위치한 카페들은 종종 '티타임의 탱고(tango teas)'라고 불린 오후의 댄스 쇼를 시작했는데, 관객들 중에는 남성을 대동하지 않은 여성 손님과 독신 남성, 심지어는 여성 손님과 춤을 추도록 고용된 제비족(gigolo)도 있었다. 관객들은 모두 열광적으로 반응했다. 도덕 개혁가들이 이런 현상의 근원으로 사회의 쓰레기들을 지목한 것은 정확한 판단이었다. 뉴욕에서 공개적인 장소에서 모든 형태의 관능적인 춤을 금지시키려는 사회운동을 주도한 벨 모스코비츠는 "그런 춤은 하층계급의 사악한 환경이 사회의 다른 계층으로 퍼진 것에 지나지 않는다"고 말했다. 뉴욕의 잡지 『세계(World)』는 꽤나 정확하게 "슬럼에서 식당으로, 식당에서 가정으로 퍼지면서 춤 열풍은 물정을 잘 모르는 젊은이들뿐만 아니라 그 해악을 잘 인지해야 할 나이든 사람마저도 사로잡았다."

역사가들은 1910년대에 100여 가지 이상의 새로운 춤이 사회적 품위에 완벽하게 부합하는 업소에서 인기를 끌기 시작했다고 추측한다. 이런 춤들은 노골적인 성의 표현을 금하는 빅토리아 시대의 관습을 전복시켰다. 에렌버그에 의하면, 그 춤들은 댄스 파트너 사이에 이전과는 달리 격의 없는 태도를 조장했고, 파트너를 잡는 방식과 거리에서 더 많은 선택을 허용했으며, 이성간에 느끼는 친밀감과 매혹을 매우 가치 있게 생각하는 새로운 태도를 상징했다. 사회질서의 수호자들에게 가장 충격적이었던 것은 "남녀가 자주 서로의 허리나 목을 꽉 부여잡음으로써 착 달라붙게 된다는 점이었다. ……원-스텝(one-step), 버니 허그(bunny hug)와 그 밖의 새로운 춤들은 남녀가 친밀한 접촉상태에 머물도록 해주었다." 창안된 춤들 중에서 가장 영향력이 컸던 것은 터키 트롯(turkey trot), 폭스 트롯(fox trot), 찰스턴(charleston), 텍사스 토미(Texas Tommy)였으며, 많은 학자들은 이런 춤들을 초기 단계의 로큰롤 댄스, 스윙 댄스와 자이레이션(gyration)의 원형으로 보고 있다. 대중적으로 유행한 춤에 관한 어느 권위자에 따르면, 이 모든 춤들은 과거 노예였던 이들과 그 자손들이 남부에서 창안한 것을 바바리 코스트 지역의 매춘부들이 백인들에게 전파한 것이다. 에렌버그는 다음과 같이 썼다. "부유한 도시 거주자들은 그동안 품위에 봉쇄당했던 좀더 야만적이고, 좀더 본능적인 충동을 해방시키고자 출구를 찾던 중에 그런 문화적 재생의 원천으로 좀더 동물적인 흑인 문화와 홍등가로 향하게 되었다."

피스톨과 그림

　미국의 매춘부들은 여성이 본래 무성적이라는 빅토리아 시대의 믿음뿐만 아니라 여성들은 물리적인 폭력으로부터 자신들을 보호할 능력이 없다는 통념 또한 거짓임을 보여주었다. 유명한 마담들에 대한 전기에는 대부분 총기를 이용해서 남성의 공격을 퇴치하는 이야기가 한 번은 등장한다. 예컨대, 제시 해이먼은 항상 주머니에 총을 넣고 다녔다. 그녀는 "손님과 가까이 했지만 총은 더 가까이 두었다"고 말했다. "그녀는 그렇게 해서 많은 싸움을 정리할 수 있었다." 네바다 주 버지니아 시 은광촌의 영웅이었던 캐롤라인 '캐드' 톰슨은 자신을 죽이겠다고 위협하는 남편의 머리에 총을 겨눠 경찰이 도착할 때까지 그를 제압했다. '큰 코 케이트' 호로니는 열다섯 살 때 자신을 강간하려던 남자를 도끼자루로 때려 정신을 잃게 만들었다. 후에 세인트루이스에서 매춘부로 일할 때 그녀는 자신의 후원자였던 마담을 살해한 남자를 총으로 쏴 죽여 유명해졌다. 엘레노라 듀몬트는 서부를 돌아다니던 시절 많은 남자들을 총으로 쏘았다고 알려졌는데, 한번은 자신뿐만 아니라 몬태나 주 미주리 강변의 마을 전체를 구하기도 했다. 천연두 환자가 승선한 것으로 알려진 한 증기선에서 승객들이 하선하려고 하자, 듀몬트는 자신의 데린저 피스톨을 선장에게 겨누고 그의 발에서 불과 몇 센티미터 떨어진 곳에다 두 발을 쏘았다. 그녀는 당시를 이렇게 회고했다. "두 번째는 첫 발이 우연이 아님을 보여주기 위해서였다. 배를 돌리지 않으면 다음 번 총알은 그의 머리를 관통하게 되리라는 것을 전하고자 했다." 그런 뜻을 이해한 선장은 배에 시동을 걸고 빠르게 강을 따라 내려갔다.

　페미니스트를 위시한, 여타 '미를 숭배하는 문화'에 비판적인 사람들은 흔히 여성의 화장품 이용이나 치장이라고 하면 남성의 욕망에 대한 굴복, 실질적인 것보다 피상적인 것의 장려, 순응의 길, 자기 도취적인 것, 자기 억압 같은 어구를 떠올리게 된다. 이런 비판들은 최근의 것은 아니며, 여성이 주도한 것도 아니다. 도덕주의적인 영국인들이 이미 17세기에 화장품 사용에 반대하는 목소리를 높였다. 청교도 목회자였던 토머스 튜크는 1616년에 출간한 『그리고 칠하는 것에 대한 반대론(*A Discourse Against Painting and Tincturing*)』에서 화장은 "악마가 가져다준 것"이며, 여성들이 스스로를 숭배하도록 만든다고 경고했다. 화장은 여성들이 스스로를 새롭게 만듦으로써 자연의 질서를 침해하는 행위였다. "여성은 자연스러운 여성일 때 신의 피조물이지만 하나의 그림일 때 자신을 창조한다." 튜크는 품위를 지키고자 하는 여성에게 이렇게 충고했다. "그런 저열한 기예는 매춘부들에게나 넘겨라. 그들에게는 그런 기예가 최적의 쓰임새를 얻을 수 있으니, 그런 추잡함으로 인해서 그들의 본질이 드러나게 된다." 이후 미국에서도 근대 초기의 영국에서와 마찬가지로 화장은 창녀의 도구가 된다. 역사가 캐시 피스는 이렇게 썼다. "화장한 여성은 립스틱과 눈화장을 통해서 뻔뻔스럽게 자신의 부도덕한 직종을 홍보하는 매춘부뿐이었다." 19세기에 "신문과 소책자, 노래에서 화장과 매춘은 관습적인 표현에서 꼭 함께 등장할 만큼 서로 긴밀히 결부되어 있었다." 화장은 "악덕의 미적인 면"을 대표했다.

매춘부들은 미국에서 밝은 색 옷을 입은 최초의 여성들이었고, 붉은색은 성산업을 상징하는 색깔이었다. 너대니얼 호손의 「친척어른 몰리노 대령(My Kinsman, Major Molineux)」의 주인공은 "뻔뻔한 눈길"로 쏘아보는 거리의 여성이 "주홍색 속치마"를 입은 것을 보고 그녀가 매춘부임을 알아차린다. 1850년 출간된 조지 G. 포스터의 『가스 등이 비추는 뉴욕(*New York by Gas-Light*)』은 '두 숙녀'가 주인공으로 등장한다. 그녀들 또한 차림새 때문에 즉각적으로 매춘부임이 드러난다. 그들은 요란한 장신구와 "극도로 화려한 모양"

의 드레스와 "그 반짝이는 색깔이 시선을 몽롱하게 만드는 멋진 주홍색" 숄로 꾸몄다. 1928년에 출간된 넬라 라슨의 소설 『유사(Quicksand)』에는 교회에서 열리는 부흥회에서 붉은 드레스를 입은 한 여성이 주목받는 장면이 나온다.

그녀는 몸에 붙는 붉은색 드레스를 입고 있었는데, 오른쪽에 있던 남자는 그녀의 팔과 목이 맨살 그대로 드러난 것을 보고 몸서리를 쳤다. 그녀 앞에 있던 사람은 비난의 뜻으로 얼굴을 잔뜩 찌푸렸다. 그녀는 높고 날카로운 목소리고 외쳤다. "선홍빛 여인아, 예수에게로 오라. 길 잃어 가려한, 너 이 세벨(Jezebel : 『성서』「열왕기」에 나오는 아합 왕의 왕비. 『성서』에서 성적으로 타락한 악녀를 대표하는 인물/역주)아!"

20세기 초가 되어 점점 더 많은 여성들이 시골을 떠나 성장 중인 도시로 이주하여, 도시의 그 모든 자유를 누리게 되었다. 그들에 대해서 피스는 "이 질주하는 대대적인 변화의 요소들을 자신들의 것으로 삼았다"고 논평했다. 피스는 1909년과 1929년 사이에 "미국에서 향수와 화장품을 생산하는 회사의 수가 거의 2배로 늘어났고, 그 생산품의 공장 판매가 총액은 1,420만 달러에서 거의 1억4,100만 달러로 10배가 뛰었다"고 밝혔다. 매춘부들의 스타일을 받아들인, 최초의 점잖은 여성들은 경제적 위계의 최하층과 최상층에 위치하고 있었다. 백화점의 판매원들과 공장 노동자들 그리고 상류사회의 사교계 여성들이 바로 그들이었다. 여성 노동자들이 장악하고 있던 도시의 새로운 댄스홀에서는 블러셔와 파우더, 립스틱을 활용하는 것은 "거의 보편적인 것"이 되었다. 다수의 신문은 부유한 여성들 또한 '거리 여성'의 치장을 수용했다는 기사를 실었다. 1890년 뉴욕에서 간행되던 『세계』지는 "사교계 여성들, 심지어 최상류층의 여성들도 이제는 화장을 한다"고 보도했다. 화장에 대한 금기에서 벗어나면서 "전통과 권위를 벗어던지고 원하는 만큼 화려

흡연과 발목이 드러나는 치마가 여성들에게 점잖지 못한 것으로 간주되던 때에 알래스카와 유콘 지역의 매춘부를 찍은 이 20세기 초반의 사진은 대수롭지 않게 담배연기를 뿜어내고 다리를 드러낸 여성의 모습을 보여준다.

하게 치장하는 것이야말로 최상류층 풍속이 되었다." 피스에 따르면, 1910년 대에 이르러서는 "댄스홀의 매춘부와 점잖은 여성들의 의복과 치장을 구분하는 것이 종종 어려울 지경이 되었다." 1917년 뉴욕의 댄스홀을 탐방했던 풍속 조사관들은 거기서 일하던 웨이터들에게 "요즘 여자들이 옷 입는 방식을 보면 다들 매춘부 같다"는 말을 들었다.

　매춘부들로부터 시작된 변화에 아무런 저항도 없었던 것은 아니었다. 1912 년 한 여성은 「볼티모어 선(*Baltimore Sun*)」에 당시의 풍조를 비판하는 기고 문을 보냈다. 과거에 "화장한 얼굴은 그 여성의 직업과 품성을 뻔뻔하게 드러내는 표식이었으나, 이제는 점잖은 집안의 여성들과 소녀들도 화장한 얼굴로 거리를 활보한다." 사회 개혁가이자 페미니스트인 릴리언 D. 월드는 1915년에 출간된 회고록에서 매춘부들의 풍속을 받아들인 로어 이스트 사이드의 노동계급 여성들에 대한 불만을 토로했다. "복장에서 눈에 띄게 절제가 부족한 것"도 모자라 "춤추는 모습과 대화법, 방만한 행태가 어우러져 그들은 매춘부와 무척 비슷하게 보였다." 1920년 로스앤젤레스의 한 가정법원 판사는 한 십대 비행소녀에게 "부모의 뜻을 어기고 오랫동안 사용해온 립스틱이나 눈썹용 연필 같은 일체의 화장술"을 금지시켰다. 그리고 1937년에 수행된 한 연구는 십대 소녀의 절반 이상이 립스틱 사용문제로 부모와 언쟁을 벌인 것으로 밝혔다. 피스에 의하면, 많은 젊은 여성들이 화장을 자유와 쾌락, 그리고 자신의 삶에 대한 통제력을 확보하는 수단으로 생각했다. "어느 날 블러셔나 립스틱을 사용하기 시작하면, 곧이어 십대 소녀들은 임금의 더 많은 몫을 자신이 소유하고, 남자친구를 스스로 선택하며, 보다 적극적으로 여가활동을 즐기겠다고 선언하게 된다."

성적 보수주의자들의 노력에도 불구하고 20세기 중반이 되면, 매춘부들이 개척한 치장술은 품위에 어긋나지 않을 뿐만 아니라 정상적인 것으로 받아들여지게 된다. 매춘부 스타일의 대대적인 수용은 1910년대에 시작되는데, 이때 역사상 최초로 점잖은 여성들이 수치심 없이 목 아래의 피부를 드러냈다. 역사가 제임스 R. 맥거번은 "전례가 없는, 여성의 몸매를 공개적으로 드러내는 행위가 이 시기를 특징짓는다"고 쓴 바 있다. 치마는 위로 올라가고, 더불어 스타킹 또한 길이가 짧아지면서 다리의 맨살이 드러났고, 드레스는 깊이 파이면서 가슴골이 보이게 되었다. 1917년 『레이디즈 홈 저널(Ladies' Home Journal)』이라는 잡지는 불과 몇 년 전만 하더라도 술집 여주인에게나 해당되었을 법한 패션 관련 조언을 실었다. "최신 유행의 드레스라면 민소매여야 한다. ……그리고 오후에 입는 외출복의 소매와 덧대는 천은 비치는 소재여야 한다." 사람들이 보는 곳에서 여성들이 담배를 피우고 술을 마시는 것은 이전에는 매춘부나 미국 문화에 동화되지 않은 독일 이민자들이 하던 행위였다면, 이제는 "상층계급의 기혼여성들 사이에서 유행하고 있고, 다른 계층에도 확산되고 있다."

1920년대 신여성(flapper : 당시 여성들이 입었던 주름 잡힌 짧은 치마가 춤을 출 때 '펄럭대는[flapping]' 모습에서 유래한 명칭/역주) 하면 대번 연상되는 짧게 잘라, 때때로 웨이브를 넣은 헤어스타일은 많은 이들에게 빅토리아 시대의 모성적 여성성에 대한 반항으로 받아들여졌다. 빅토리아 시대에 여성들은 머리를 길게 길러 정성스럽게 위로 말아올렸다. 많은 신여성들에게 빅토리아 시대의 헤어스타일은 그 무게와 수고스러움으로 인해서 실제적이고 상징적인 차원 모두에서 여성의 자유로운 행동을 제약했다. 그런데 매춘을 연구하는 역사가들은 그런 짧은 머리가 사창가에서 시작되었다는 증거를 찾아냈다. 1912년 E. J. 벨록이 뉴올리언스의 매춘부들을 촬영한 사진은 1920년대와 1930년대의 지배적인 헤어스타일을 앞서 채택한 많은 여성들을 보여준다. 마찬가지로 1913년 필라델피아의 사회적 풍속을 기록한 조사보고서에는 흑인 매춘부들의 검은 단발머리를 자주 언급한다. 매춘부들이 처음 시도한 그 헤어스타일은 20년도 지나지 않아 많은 인기를 누리게 되었고, 루 헨리 후버나 엘리너 루스벨트 같은 영부인들조차 공식적인 초상화에서 그 머리를 하고 등장하기에 이르렀다.

1933년 『보그(Vogue)』지는 립스틱을 바르는 것이 "20세기를 상징하는 제스처" 중 하나라고 선언했다. 피스는 1930년대 자녀를 둔 다수의 여성들은 딸들의 화장술을 받아들였으며, 어떤 경우에는 "전통의 제약에도 불구하고 '타오르는 청춘'을 표상하는 현대적인 스타일의 수용에서 딸들을 능가하는 것처럼 보였다." 사회학자인 월터 레클리스는 1933년 출간된, 시카고의 매춘에 관한 연구서에서 이 사안을 명쾌하게 정리했다. 1910년대까지 매춘부들은

"실상 행태와 복장 등이 확연히 구분되는, 배제된 집단이었다. 그들은 '경계 세계'에서 살았는데, 그곳에서 그들은 점잖은 여성들에게는 금기였던 것을 자유롭게 할 수 있었다." "거리에서 일하는 여성만이 화장술과 염색, 강한 향수를 활용했다는 것은 명백한데, 그 모든 것은 성적 유혹의 수단이었다." 그러나 1920년대가 되면, "그렇게 오명 속에 산 여성들은 더 이상 복장이나 행동, 거주지역에 의해서 다른 여성들과 손쉽게 구분되는, 분리된 집단을 형성하지 않게 되었다. ……슬럼가 방문, 야간의 유흥, 화려한 복장, 후견인을 대동하지 않는 가정 밖에서의 삶, 취업 및 스포츠 세계로의 진출 같은 현대 여성의 활동은 화장을 한 멋쟁이와 보호받는 창백한 숙녀 간의 외면적 구분을 지워버렸다."

매춘부들의 '주홍빛 수치'조차 미국 여성의 품위의 상징이 되었다. 2005년 심장병 환자들을 위한 자선활동의 일환으로 영부인들이 입었던 붉은색 드레스 전시회가 준비되었고, 그 제막식에서 로라 부시는 6명의 전임 영부인들을 대표해서 이렇게 말했다.

레이건 부인의 붉은색에 대한 사랑은 유명합니다. 그 색에 대한 그녀의 열정은 어쩌면 멋진 로널드 레이건이 로스앤젤레스의 한 이탈리아 식당의 붉은색 가죽으로 꾸민 자리에서 그녀에게 청혼했을 때 시작되었지 싶네요. 미국의 영부인들은 붉은색 옷을 입는 경우가 많았습니다. 예컨대, 버드 존슨 여사는 80세 생일을 기념해 붉은색 드레스를 입었습니다. 베티 포드 여사와 로잘린 카터 여사에게 붉은색은 신뢰하고, 가장 선호하는 색깔이었습니다. 바버라 부시 여사도 대통령이 주재하는 만찬에서 붉은색 드레스를 자주 입었고, 그 옷에는 당연하게 붉은색 진주 장식이 달려 있었습니다. 힐러리 클린턴의 붉은색 드레스는 발렌타인 데이의 분위기에 딱 맞는 선택이었습니다. 저 로라 부시는 모스크바에서 볼쇼이 발레단을 관람하러 가면서 붉은색 드레스를 입었습니다. 이렇듯 우리 모두는 붉은색 드레스를 아주 잘 활용해왔는데, 여성의 건강에 대한 공공의 관심을 진작하고자 그 색을 활용하려고 합니다.

흑인 여성과 그을린 여성

짐 크로 법이 한창이었던 19세기 후반과 20세기 초반 남부에서 집단폭행(lynching)은 흔한 사건이었고, 북부에서도 그리 드물지 않았다. 그럼에도 수많은 흑인 남성들은 서부 신흥도시의 사창가에서 백인 여성과 성교하고도 처벌을 피할 수 있었다. 실상 19세기 서부의 사창가와 술집 그리고 댄스홀은 지구상 그 어느 곳보다도 인종적으로 통합된 곳이었다. 거친 서부의 전성기가 인종 간의 분리가 대두되던 시기와 겹친다는 점을 고려할 때 이런 사실은 더욱 놀랄 만하다. 거의 모든 서부의 신흥도시에서 흑인과 백인은 아시아인, 인디언과 이웃해 살았으며, 수십여 개 국가에서 온 이민자들과 미국에서 태어난 사람들이 함께 일했다. 다수의 거주자와 방문객들은 서부의 술집과 댄스홀에서 보이는 마치 '만화경 같은' 사회적 구성에 대해서 언급했다. 또한 그들은 특히 사창가에서 두드러졌지만, 꼭 그곳에만 국한되지는 않는 빈번한 인종 간의 성교에 대해서도 기록했다. 백인과 흑인을 함께 고용한 사창을 일컫는 '흑인 여성과 그을린 여성(black and tan)의 집'은 흔했다. 물론 하나의 인종만 고용하는 사창도 많았지만, 그런 업소는 다른 인종을 고용하는 업소와 이웃해 있었다. 덴버나 샌프란시스코, 로스앤젤레스 같은 서부 대도시의 전형적인 사창에는 흑백의 여성뿐만 아니라 중국, 일본, 멕시코 그리고 유럽 전역에서 건너온 이민 여성들이 있었다. 마담들 중에는 유대계와 이탈리아계뿐만 아니라, 체로키족 출신도 있었다. 샌프란시스코와 로스앤젤레스의 건설 초기에 이 업계를 장악한 것은 중국계 혹은 멕시코계 마담들이었다. 부유하고 영향력이 컸던 유명 마담들 중에는 노예 출신들도 적지 않았다.

이렇듯 불량한 여성들이야말로 인종 간 통합의 최전선에 있었다. 사우스다코타 주의 험한 동네였던 데드우드에서 '금발의 여왕'으로 통했던 몰리 존슨은 빅토리아 시대의 가치를 따르던 미국에서 백인 여성에게 가해지던 모든 장벽을 헤치고 나갔다. 그녀는 자신이 운영하던 사창의 성공을 자축하기 위해서 값비싼 옷으로 치장하고 마차를 동원해 거리행진을 했다. 그녀와 그녀의 숙녀들이 벌이던 야단스럽고 노골적인 행태는 자주 신문기사로 전해졌다. 1878년 그녀는 '네덜란드 깜둥이'로도 불렸던, 지역의 연극배우 루 스펜서와 결혼했다. 존슨은 결혼 후에도 자신의 직종에서 계속 일했고, 한 역사가에 따르면, "평범한 기혼여성과 똑같아지려고 '연기하지(act)' 않았다."

몬태나 주 역사협회의 기록보관 담당자들은 19세기 인구조사 자료를 검토하면서 당시 몬태나 주의 흑인들은 대부분의 여타 미국 지역과는 달리 백인과 분리된 거주지역에 살지 않았다는 사실을 밝혀냈다. 오히려 그들은 백인과 이웃해 살았으며, 어떤 경우에는 흑백의 주민이 한 주소지에 살기도 했다. 형성 초기에 로스앤젤레스의 홍등가는 악덕의 소굴로써뿐만 아니라 주민들의 다양한 피부색으로도 악명이 높았다. 1876년 제정된 시의 조례는 매춘업을 여러 인종이 거주하던 하층계급 지역에 국한시켜 허용했다. 오랜 기간 로스앤젤레스 경찰은 홍등가에 관여하지 않음으로써 그곳의 반항적인 문화를 키웠다. 역사가 마크 와일드에 의하면, 이런 사실로 말미암아 "성산업의 (판매자와 구매자를 아우르는) 참여자들이 자신들의 인종적인 배경에 상관없이 이 지역으로 모여들게 되었다." "그리하여 다른 사회적 맥락에서는 스스로 분리된 공간에 머물렀던" 로스앤젤레스의 백인들은 "성에 관해서는 다른 인종의 로스앤젤레스 주민들과 훨씬 더 가깝게 지냈다." 욕망을 둘러싼 이런 인종 간의 통합은 흑백관계에만 국한되지 않았다. 1903년 개신교의 목회자들이 홍등가를 철거하려는 사회운동을 개시했을 때, 매춘부들을 구원하겠다는 내용의 전단지는 영어 외에도 중국어, 스페인어, 포르투갈어, 독일어 및 프랑스어로 제작되었다. 1917년 캘리포니아 주의 이민과 주택 위원회는 주요 홍등가를 "로스앤젤레스에서 가장 코스모폴리탄적인 지역"으로 평가했다. 1년 후 홍등가 지역에 자리한 침례교 선교단체, 처치 오브 올 네이션스(the Church of All Nations)는 그 지역에 42종에 이르는 인종이 거주한다고 밝혔다.

위의 사실이 매춘부가 인종관계의 정의를 구현하고자 도덕적으로 헌신했다고 시사하는 것은 아니다. 오히려 모든 훌륭한 반항자들과 마찬가지로 무도덕이야말로 그들이 헌신한 대의였다. 1930년내 초반 한 대학의 연구자로부터 왜 다른 인종에게 서비스를 제공하느냐는 질문을 받았을 때, 한 백인 매춘부와 흑인 매춘부는 똑같이 경제적 이익을 동기로 제시했다. "흑인 남자에게 엄청 끌리는 것은 아니다. 그러나 그들 때문에 나는 더 많은 돈을 벌 수 있다"고 백인 매춘부는 답했다. 흑인 매춘부를 움직인 동기는 하나 더 많았을 뿐이다. "백인이 돈을 더 지불하기 때문에 그들을 상대하는 것을 좋아한다."

아프리카계 미국인들이 농업 중심의 남부에서 도시로 이주하던 '대이주(Great Migration)'는 백인들의 군복무로 인해서 엄청난 규모의 공장 일자리가 생겼던 제1차 세계대전 중에 시작되어 1920년대에 절정을 이루었다. 이런 현상은 성적인 인종 간의 경계선을 두고서도 대이동을 낳았다. 시카고와 뉴욕의 도덕 개혁가들은 미국 사회의 최대 금기를 위반하는 사창가의 확산에 대해서 알렸다. 역사가 케빈 J. 멈퍼드에 따르면, 이 기간 동안 도시의 일부 사창은 "각각 흑백 전용이었지만 아마도 다수는 흑백 모두를 상대했을 것이므로 '흑인 여성과 그을린 여성의 집'의 계승자라고 할 수 있었다." 이런 업소들은 "특히나 흑백 결합, 즉 백인 여성을 찾는 흑인 남성 혹은 흑인 여성을 찾는 백인 남성의 수요에 부응했다." 마틴 루서 킹이 태어나기 1년 전이며 흑인 인권운동이 시작되기 한참 전인 1928년 '매춘을 겸한 주류 밀매점(Speak-easy House of Prostitution)'에 잠입한 비밀경찰들은 조사한 거의 모든 곳에서 인종 간의 통합현상을 볼 수 있었다. 스팬(Spann)이라는 상호의, 특히 번창한 뉴욕의 한 업소는 "흑인 남성을 위한 백인 여성"을 갖춘 클럽으로 홍보되었다. 또다른 주류 밀매점에 대해서 형사들은 "오직 흑인만을 상대하는 백인 여성들"을 고용한 곳으로 묘사했다. 한 시카고의 개혁가는 흑백을 모두 상대하는 클럽을 방문해서 "9명의 백인 여성 중 8명이 흑인 남성과 함께 있는 것"을 보았다. 이런 지하문화의 광경을 감시하던 도덕 개혁가들은 백인 여성들이 "성적으로 대단히 문란해서", "타락하고", "외설적인" 춤을 추면서 흑인 남성을 유혹하는 모습을 목격하고 경악했다. 시카고의 한 풍기단속 조사관은 "흑인 남성이 백인 여성과 춤추는" 클럽의 광경에 대해서 보고했다. "이 인간들의 행태"는 당연히 "몹시도 역겨운 것이었다." 최악은 흑인 고객에게 서비스를 제공하는 백인 매춘부였다. 예컨대 파트타임으로 "브로드웨이의 나이트클럽에서 접대부"로 일하면서 동시에 할렘에서 "흑인들과 어울리고", 또 "흑인들의 테크닉"을 선호한다고 밝힌 뉴욕의 한 백인 여성과 같은 부류 말이다.

서부의 신흥도시들에서 일하던 동종업계의 여성들과 마찬가지로 북부 도시에서 흑백이 함께 출입하는 사창을 운영하던 이들은 도덕이나 사회적 관습, 혹은 공동체적 윤리는 안중에도 없던 진정한 반항자들이었다. 누군가가 말했듯이, 그들은 "돈 있는 사람은 다 상대했다." 모든 다른 반항자들과 마찬가지로, 그들은 숱하게 많은 사람들을 위해서 자유의 길을 개척했다. 멈퍼드가 썼듯이, "금기의 여전한 위력과 그것이 강제되던 엄격함에도 불구하고, 흑인 인구가 압도적으로 많은 지역에서 백인 매춘부를 구할 수 있었다는 사실은 짐 크로 법 아래의 미국 사회에 의미심장한 변화로 다가왔을 것이다. 남부 사회에서 가장 귀하게 여겨졌으나 금기시되었던 것, 즉 백인 여성이 북부에서는 5-6달러를 쓸 여유가 있는 아프리카계 미국인에게 쉽게 허용되었다."

매춘부들은 후에 합법적인 미국 문화에 속하게 될 쾌락과 자유를 퍼뜨렸지만, 당시에는 그 일로 처벌을 받았다.

사회 정화

1870년대부터 매춘부들은 연쇄적인 공격을 받게 된다. 의료 당국과 경찰 간부들은 매춘부들의 등록을 의무화함으로써, 그들을 면밀한 감시하에 두고자 했다. 이런 '통제주의자'는 매춘은 "이미 회복 가능성을 지나쳐버린······ 타락한 무리들의 방탕" 때문에 완전히 제거될 수 없다고 주장했다. 더 성공적인 쪽은 매춘을 철저히 없애려고 했던 사회운동이었다. 가장 오래된 악덕, 즉 매춘뿐만 아니라 포르노그래피 같은 신종 악덕의 제거에도 헌신하는 단체들이 미국 전역에서 조직되었다. '사회 정화(social purity)'운동으로 불리게 된 이런 현상은 건국의 아버지들이 주창한 미덕에 바탕을 둔 공화주의, 노예들의 방탕에 대한 노예 폐지론자들의 공격, 해방된 노예들을 문명화시키고자 했던 해방 노예부의 전통을 잇는 영적 운동이었다. 이 운동은 대개 현대 페미니즘의 형성에 기여한 여성들이 주도했다. 여성 기독교 절제협회나 전국 순결협회 같은 단체들은 이후 여성 참정권 운동을 추진하는 인사들의 훈련장이었고, 1870년대와 제1차 세계대전 사이에 막강한 영향력을 행사했다. 이 조직에는 남성들도 참여했고, 사회 정화운동에 참여한 모든 운동가들이 여성의 참정권이나 재산권을 지지한 것은 아니었지만, 루스 로젠이 말했듯이, "페미니즘과 사회 정화는 깊이 결부되어 각각의 대의를 지지하던 단체의 구성원들이 상당수 서로 겹쳤다."

1910년대가 되면 거의 모든 주요 도시들에 사회악의 완전한 철폐를 목적으로 하는 준법률기구인 풍속위원회가 존재했다. 그 조직은 뉴잉글랜드 감시 및 감호 협회, 뉴욕 14조 위원회, 로스앤젤레스 도덕 효율성 위원회의 경우가 말해주듯이 자못 불길한 명칭들을 내걸었다. 이런 풍속 관련 조직들은 위엄 있는 신사들을 우두머리로 두되, 실제적인 인력은 여성 사회운동가들로 채웠으며, 위장요원을 활용하여 조사를 벌이고, 그 결과를 지역신문에 발표했으며, 마담과 매춘부 그리고 그 고객들에게 조치를 취하도록 시나 주 당국을 상대로 공세적인 로비 활동을 펼쳤다. 1910년과 1915년 사이에 이런 단체들 중 35곳에서 매춘을 "묵과할 수 없는 현실"로 선포하는 보고서를 발행했다. 필라델피아 가정법원, 시카고 도덕법원, 뉴욕 여성법원 등의 특별법정이 설립되어 급증하는 관련 소송건을 처리했다. 몇몇 주는 매춘부 전용 교도소를 만들었다. 그곳에 수용된 여성들은 바느질과 청소, 요리를 해야만 했다. 많은 수의 판사들이 수감된 매춘부들을 노역시설에 이관시켰다. 연방정부 또한 백인 노예 교역법(White Slave Traffic Act)이라고 불린 만 법(Mann Act)을 통과시킴으로써 이런 사회적 움직임에 일조했다. 그 법령은 '부도덕한 목적'으로 여성을 주의 경계선 너머로 이동시키는 것을 불법으로 규정했다.

1909년과 1917년 사이에 31개 주에서 법원에 '부도덕한 목적'의 건물을 폐쇄할 수 있는 권한을 부여하는 '홍등 폐지' 법령이 통과되었다. 더 나아가 1910년대에는 대다수 주에서는 보다 명시적인 표현을 써서 '난잡한 집'을 보유하거나 어떤 식으로든 매춘부를 관리하는 것을 불법화했다. 그러나 어느 도시에서도 매춘은 완전히 사라지지 않았다. 루스 로젠은 "대개의 경우 경찰의 주된 목표는 홍등 지역을 폐쇄하려는 의지를 보임으로써 시민 사회의 압력에 반응하는 것이었다"고 보았다. 어쨌든 미국 전역에 걸쳐 업소를 빼앗긴 매춘부는 거리로 나올 수밖에 없게 되었다. 거리에서 영업하는 매춘부에 대한 체포건수는 "미국 전역에서 치솟았고," 체포된 여성의 대부분은 교화소나 노역장으로 보내졌다. 마담과 사창 건물이라는 보호막이 사라지고 적대적인 경찰과 때로는 가학적인 손님을 상대하게 되면서 매춘부들은 남성 범죄자에게 의존해야 했다. "이런 상황에서 남성 포주가 매춘업을 장악하기 시작한 것은 놀랄 일이 아니다"라고 로젠은 썼다. 사법적 탄압이 시작되면서 매춘업계의 지배권은 남성에게로 넘어갔다. 물론 사창가에서도 마담과 매춘부들은 착취를 당했지만, "고객과의 관계에서 상당한 힘을 행사했다. 반면 이제 매춘부들은 포주와 조직범죄의 손쉬운 먹잇감이 되었다. 두 경우 모두에서 매춘부들이 맞닥뜨리게 된 신체적 폭력은 빠르게 증가했다."

1913년이 되면 유전적인 요인이 죄가 되는 행동의 원인이라는 도덕 개혁가들의 주장에 따라서 12개 주에서 판사에게 범죄자, '변태', '백치', '심약자'에게 불임시술을 명할 수 있는 권한을 부여했다. 대개 매춘부들은 이 4개의 범주에 모두 해당된다고 간주되었다. 매사추세츠 주의 한 조사관은 다음과 같이 말했다.

전반적인 도덕적 불감증, 뻔뻔함, 이기심과 허영, 악명의 추구, 수치나 회한의 결여, 심지어 자녀나 부모에 대한 표면적인 공감 혹은 애정 표현의 거부, 결과를 고려하지 않은 즉각적인 쾌락에 대한 욕망, 미래에 대한 불안 혹은 고려의 결여. 이러한 심약자의 핵심 징후는 모든 매춘부들에게서 확연하게 드러난다.

여성을 위한 웨이벌리 하우스라는, 뉴욕 소재의 교화원 원장이자 주도적인 페미니스트요, 여성 참정권자이기도 했던 모드 마이너는 자신의 감독 아래에 있던 여성의 4분의 1이 "어떤 맹렬한 사악한 기질이나 명백하게 타락한 성품 혹은 음주나 매춘"으로 말미암아 부적절한 형태를 보이게 되었다고 주장했다. 1907년과 1950년 사이에 대략 4만 명의 미국 여성들이 강제로 불임시술을 받았고, 그들 대부분은 성을 판다는 이유로 그런 일을 당해야 했다.

이렇듯 매춘부는 도시의 난동꾼들과 불량 흑인들의 뒤를 따라 자유를 위한 순교자 대열에 합류했다.

제2부

왜 백인들은 리듬을 잃어버렸는가?

5

리듬을 못 느끼는 국가

공식적인 규정에 의하면, 미국은 항상 리듬을 느끼지 못하는 국가였다. 애초에 '선량한' 미국인은 결코 춤을 춰서는 안 되었다. 실제로 최초의 식민지 개척자들이 가장 먼저 한 일 중의 하나가 춤의 금지였다.

청교도 이주민들이 고국을 떠난 것은 영국이 쾌락을 위해서 신체를 사용하는 사람들로 차고 넘쳤던 탓이 컸다. 간음 다음으로 큰 죄악인 신체의 활용은 감각적이고 흥미로운 방식으로 몸을 움직이는 것이었다. 1583년 청교도 저자였던 필립 스텁스는 춤에 대해서 이렇게 말했다.

아들이 유약하고, 여성스럽고, 불결하고, 말만 번지르르하며, 외설과 음담, 추잡한 노래와 재담을 좋아하기를 바란다면 혹은 아들이 여자나 그보다 더 못난 존재, 즉 온갖 종류의 오입질과 혐오스러운 짓거리에 이끌리는 존재가 되기를 바란다면 아들을 댄스 학교에 보내서 음악을 배우게 해라. 결코 그 기대에 어긋나는 일은 없을 것이다. 딸 또한 난잡하고, 음란하며, 불결하고, 추잡한 말이나 떠들도록 키우고 싶다면 음악과 춤을 가르쳐라. 역시 모든 것이 기대대로 되리라는 데에 내 목숨을 걸겠다.

또다른 청교도 사상가 윌리엄 프린도 1632년에 다음의 비난을 쏟아냈다.

남녀가 섞여서 음란하게 애정을 표현하는 여성적인 춤은······순진하고 정신이 맑은 기독인들에게는 철저하게 금해야 한다. 고대 이교도의 저자들과 왕들을 비롯한 다양한 작가들과 이 시대의 기독교인들도 같은 의견이다. 그럼에도 불구하고 오늘날 춤은 너무나 널리 행해지고 요구되는 유행인지라 많은 이들이 기도보다도 더 많은 시간(심지어 더 많은 날)을 춤을 추면서 보낸다. 어쩌면 노동하는 시간보다도라고 덧붙여야 할지도 모르겠다.

그래서 신대륙에서 완벽한 세계를 창안할 수 있는 기회를 가지게 되었을 때, 청교도들은 신체의 움직임을 신의 규칙에 묶어두고자 했다. 1635년 매사추세츠 만 식민주의 대표적인 목회자 중 한 사람인 존 코튼은 새로운 땅에서는 "음란한 음악에 맞춰 추는 음탕한 춤과 애정을 표현하는 동작과 음란한 수작 걸기는 금해야 한다. ······ 내가 보기에 그런 몸동작은 정욕을 엄청나게 부채질한다"고 선포했다. 같은 해에 로드아일랜드 식민주의 설립자인 로저 윌리엄스는 인디언들의 춤을 가까이에 있는 경계해야 할 위험한 유혹으로 파악했다. "나는 딱 한 번 그들의 처소에 가서 그들의 경배 행위를 본 다음에는 감히 그런 행사를 다시 찾아가볼 수 없었다. ······「에베소서」 5장 14절의 가르침에 반해서 사탄의 것을 통해서 사탄을 숭배하는 일에 참여하고자 했다면 몰라도 말이다."

이주 초기에 청교도들은 아마도 미국 역사를 통틀어 가장 반항적인 행위라고 할 만한 것에 대처해야 했다. 1625년 토머스 모턴이라는 한 영국인은 현재 매사추세츠 주 퀸시 지역에 비청교도 정착지인 메리마운트(Merrymount)를 건설했다. 여러 기록들에 의하면, 그곳에는 청교도들이 두려워한 모든 것이 있었다. 위스키와 맥주가 제약 없이 흘러넘쳤고, 백인과 인디언이 어울려 성교했으며, 메이폴(maypole) 둘레에서 요란하게 춤을 추었다. 메이폴은 이교도의 창안물로서 영국 전역에 걸쳐 농촌 지역에서 재미와 오락의 상징이 되었다. 모턴은 후에 메리마운트의 주민들에 대해서 다음과 같이 회고했다.

그들은 자기들끼리……옛 영국의 관습을 따라 요란한 소동과 오락거리를 고안했다. 그들은 축제날에 세울 메이폴을 마련했으며……더불어 훌륭한 맥주를 큰 통으로 준비했다. ……그날 참가한 모든 이들이 함께 어울려 기분 좋게 나눠 마시기 위해서였다. ……[여름을 환영하는 이교도의 축제날인] 오월세(May Day) 낮일 그들은 메이폴을 지정된 곳으로 가져갔는데, 그 행사를 위해서 준비한 북, 대포, 총과 그 밖의 도구들과 함께였다. 메이폴을 세울 때는 요란한 행사를 구경하러 온 야만인들의 도움을 받았다.

영국과 신세계의 청교도들은 메이폴과 오월제의 폐지를 촉구했다. 그러나 메리마운트의 주민 수는 놀라운 속도로 증가했고, 그래서 1628년 근처 플리머스 식민주의 청교도들은 마일스 스탠디시가 이끄는 군대를 보내서 난봉꾼인 자신들의 경쟁자를 파괴하고자 했다. 모턴은 그 공격을 받고 거의 죽을 뻔했으며, 플리머스 법정으로 끌려갔다가 영국으로 송환되었다. 메리마운트의 메이폴은 베어진 후에 불태워졌다.

그런 일이 벌어지고 얼마 지나지 않아 뉴잉글랜드 당국은 남녀가 춤을 추면서 서로 몸이 닿는 행위를 법으로 금했다. 그리고 17세기 많은 지역에서 열리던 댄스 모임의 개최 또한 금지되었다. 초기 미국의 여가활동을 연구한 역사가 브루스 C. 대니얼스는 "사실 남녀가 함께 하거나 여러 사람들이 어울리는 춤판은 뉴잉글랜드 식민지의 첫 세대 동안에는 거의 없었다"고 썼다. 그러나 목회자들의 분노와 법적 처벌이 춤을 없애지는 못했다. 사람들은 은밀히 자신들의 집 안에서나 숲 속에서 춤을 추었다.

그런 후에 프랑스인들이 도착했다. 1670년대 퇴폐의 땅에서 건너온 이 새로운 이주민 무리는 표나게 음란한 몸동작을 표현하는 기예를 뉴잉글랜드로 가져왔다. 더 나아가 그들은 학교를 열어 식민지 주민들에게 성행위와 흡사한 춤동작을 가르쳤다. 당국은 악덕을 전파하는 그런 학교의 존재를 알게 되었을 때, 그곳을 폐쇄하고 운영자를 처벌했다. 그러나 프랑스인들의 댄스 학교는 식민지 전역에서 계속 나타났다. 1684년 인크리스 매더(1639-1723 : 제2장에서 언급된 코튼 매더의 아버지로 역시 초기 식민지 역사에서 가장 영향력 있던 목회자 중 한 명/역주)는 『저속하고 난잡한 춤을 겨냥해 성서라는 화살통에서 꺼낸 화살(An Arrow Against Profane and Promiscuous Dan- cing Drawn out of the Quiver of the Scripture)』이라는, 정확한 제목을 단 책을 출판해서 이런 현상을 끝내고자 했다. 매더는 모든 춤이 나쁜 것은 아니라고 말했다. "남성이 갑옷을 입고 솟구쳐 힘과 활력을 보여주거나" "술에 취하지 않은 채 진중하게 남성과 남성이, 혹은 여성과 여성이 추는" 춤은 완벽하게 적절했다(매더는 동성 간의 춤이 나중에 더 문제가 될 것임을 예견하지 못했다). 그러나 "요란하고 야단스러운 파티나 타락한 모습을 보이는 연회" 또는 "음탕한 주신제적인(Bacchanallian) 크리스마스"에 목격되는 춤의 종류는 "기독교인들 사이에서 흔해졌지만", "두려움을 느끼지 않고는 떠올릴 수 없는 종류였다." 매더는 정부 당국에 그런 춤을 "법으로 완전히 금해서, 뉴잉글랜드에서는 그런 춤이 용인되지 않게" 하라고 권고했다. 그런데 "명백히 악한 쪽으로 끌리는 춤꾼들"이 보여주는 "불결한 동작과 신체 접촉"을 정확히 규정하는 것은 어려운 일이었다. 남녀의 신체가 접촉하는 어떤 동작도 사악하다는 점은 명확했다. 그러나 홀로 추는 춤의 어떤 동작이 지옥으로 인도하는가? 매더는 그것을 "얇게 써는 것(mincing)"이라고 불렀는데, 교회 당국은 빠르고 반복적으로 몸을 흔드는 동작을 그렇게 정의했다. 마르틴 루터는 그런 몸동작을 "흔들기(wag or waggle)"라고 불렀으며, 그것이 "교태어린 여성의 과장된 걸음"과 비슷하다고 말했다. 그것은 여성적이고, 불규칙적이며, 무질서하고, 성적이었다. 그것은 사탄의 작품이었는데, 여성적인 몸동작이 구현하는 그것은 바로 리듬(rhythm)이었다.

많은 미국인들은 계속해서 춤을 추었지만, 공식적인 미국은 그렇지 않았다. 펜실베이니아 식민주의 창설자인 윌리엄 펜은 저서『정부의 구조(*The Frame of Government*)』(1682)와『왕관도 십자가도 없는(*No Crown, No Cross*)』(1697)에서 쾌락 일반, 그중에서도 특히 춤을 공격했다. 이 두 권의 저서는 많은 이들에게 미국 헌법의 청사진을 제시한 것으로 인정된다. 예컨대, 저명한 역사학사인 버나드 베일린에 따르면, 그 저서들은 미국의 국가 제도의 "본질을 가장 분명하고 근본적으로 제시하고 있기 때문에 그 형성에 가장 두드러진 기여를 했다." 펜은『정부의 구조』에서 "무대 연극, 카드 및 주사위 놀이, 오월제의 놀이, 가면극, 소싸움 등은……사람들에게 무례와 잔학성, 난잡함과 불경을 야기하므로 모두 엄금하고, 엄중하게 처벌해야 한다"고 주장했다.『왕관도 십자가도 없는』은 춤에 반대하는, 초기 식민지 시기의 긴 설교와 흡사했다. "춤은 악마의 행렬로서, 춤추는 대열에 끼는 것은 악마가 인도하는 대열에 끼는 것이나 마찬가지이다. 춤추는 사람은 춤추며 내딛는 발걸음 수만큼 지옥에 가까이 다가간 것이다." 인크리스 매더의 아들인 코튼은 그 누구보다도 청교도적 미국의 형성에 큰 영향을 미친 인물인데, 1700년 그는 춤과 댄스 학교의 계속된 확산에 대응하고자 그 현상을 공격하는『연회와 춤에 반대하는 증인들의 무리(*A Cloud of Witness Against Balls and Dances*)』라는 책을 출간했다. 그는 그 책을 통해서 춤 열풍의 종식을 촉구했는데, 이는 "그 열풍이, 특히 연회 등 젊은 남녀들을 상호 간에 방종으로 이끄는 모임에서 두드러지게 나타났기 때문이었다." 몇십 년 후에 '대각성 운동(the Great Awakening)'을 이끌게 되는 조지 화이트필드 목사 또한 춤과 음악이 '악마의 오락'이라고 믿었으며, 따라서 춤을 금해야 한다고 설교했다. 다수 역사가들은 화이트필드를 미국 혁명이 진작시킨 자기 기율의 도덕적인 기반을 놓은 사람으로 평가한다. 1740년 사우스캐롤라이 주를 순회하며 설교여행을 다니던 어느 날 밤,

화이트필드는 한 술집을 가득 메운 춤꾼 무리 전체를 회개시키고자 했다.

나는 그날 밤 초대받지 않은 손님이었다. 새해 첫날이었기 때문에 마을 사람 몇몇이 어울려 전통 춤을 즐기려 모여 있었다. 동행한 이의 충고를 따라 나는 한 여자가 지그(jig) 춤을 출 때 그 무리 속으로 들어갔다. 나는 그 여자에게 자신이 내딛는 한걸음 한걸음이 악마를 얼마나 기쁘게 하는지 이해시키고자, 즉 그런 오락의 어리석음을 보여주고자 애썼다. 얼마 동안 그녀는 내 말에 기가 꺾이지 않으려고 애썼다. 악기 연주자와 그녀 어느 쪽도 멈추지 않았다. ……그러나 예수께서 사탄을 이기셨다. 모든 이들은 결국 조용해졌다.

화이트필드의 훈계에 귀를 기울였던 사람들은 곧 건국의 아버지들이 장려할 종류의 기율을 받아들일 공산이 컸다. 그러나 설교를 듣고 "개심한 이들" 모두가 그 마음가짐을 지킨 것은 아니었다. 상당수는 "즐거움에 너무 몰두해 있었다. 나의 그 모든 노력에도 불구하고 내가 돌아간 다음에는 다시 음악에 맞춰 춤추는 소리가 들렸다." 몇 개월 후 필라델피아에서도 춤을 단죄하는 화이트필드의 설교는 비슷하게 모순된 희극적인 결과를 낳았다.

화이트필드 목사가 이곳에서 설교한 다음 복음의 원칙과 맞지 않는, 댄스 학교와 연회가 열리는 음악당은 문을 닫았다. 그렇지만 그 운영에 관여하던 사람들이 닫힌 문을 부수어 다시 열자, 그 첫 번째 행사에 지각한 사람이 아무도 없었다는 소식이 들려왔다.

화이트필드는 뉴햄프셔 주의 포츠머스에서 더 큰 성공을 거두었다. 1740년 그곳을 방문한 한 관찰자에 따르면, 포츠머스에서 "음악과 춤은 완전히 사라진 것처럼 보였다. 이전에 들리던 신나는 노래가 종종 저속하거나 음란하기도 했다면, 이제는 같은 장소에서 하느님과 주 예수 그리스도께 올리는 찬송가만이 들린다." 문명에서 멀리 떨어진 백인들이라면 여전히 수치심 없이 춤을 추었을 공산이 컸다. 예컨대 노스캐롤라이나 주의 외진 스코틀랜드인들의 정착촌에서 사는 '저열한 부류들'이 그러했다. 다음은 1729년에 이곳을 방문한 어느 상류층 여행객의 증언이다.

그들은 모두 춤추기를 좋아했는데, 깽깽이나 백파이프가 있을 때는 특히 그랬다. 그 소리에 맞춰 그들은 몇 시간이고 어울려 계속 춤을 추었다. 아니 그들은 이 소중한 오락에 어찌나 애착이 컸는지, 악기를 구할 수 없을 때는 직접 노래를 불러가며 춤을 추었다. 실은 캐롤라이나 주에서 악기는 매우 귀한 물건이었다.

사우스캐롤라이나 주의 벽촌 마을들을 돌 때, 화이트필드는 다음과 같은 사정을 알고 실망했다.

그 작은 마을마다 춤을 인도하고, 가르치는 사람이 살고 있었다. 반면 마을에 터를 잡고 사는 목회자는 만나기가 몹시 어려웠다. 그런 사정은 어디에서든 두려운 결과를 초래할 것이 틀림없지만, 특히 새로운 정착촌에서는 그럴 것이다. 모든 총독들이 인간적인 견지에서 정책을 펴나간다면, 이런 사태를 종식시켜야 한다. 춤이라는 오락은 사람들의 정신을 유약하게 함으로써 깨닫지 못하는 사이에 그들을 여성적인 특성으로 이끌며, 또 역경과 피로를 견디는 데에 부적합하게 만든다. 역경과 피로는 완벽을 추구하고자 한다면 반드시 거칠 수밖에 없는 과정이다. 진정한 종교는 한 국가를 고양시키는 반면, 그토록 죄악에 깃든 오락은 국가의 수치이며, 시간이 흘러감에 따라서 모든 국민들에게 파멸을 가져올 것이다.

목사였던 코네티컷 주의 조지프 벨러미는 대각성 운동의 또다른 지도자이자, 건국의 아버지들과 협력한 주요 성직자들 중 한 사람이었다. 그 또한 "춤이라는 악질적이고, 사람들을 옭매는 관습"에 반대하는 설교를 했다. 독립전쟁 전에 이미 그는 춤이 "방탕과 타락을 가르치는 학교"로서 사람을 "게으르고 방종한 삶의 행로로 이끌며, 성적이거나 감각적인 쾌락만을 선호하도록" 만드는 경향이 있다고 경고했다. 벨러미는 후에 건국의 아버지들이 고수하게 될 입장을 앞서 설파한 것이다. 즉 춤은 모든 감각적 쾌락과 마찬가지로 사람들을 "허영심이 넘치고, 사치를 하며, 통치가 힘든" 무리로 타락시킨다는 것이다.

식민지의 주민들이 원시적인 신체 움직임의 주문에 걸렸을 때, 그들의 지도자들은 기민하게 기강을 세웠다. 1733년 제임스 오글소프가 이끄는 탐험대의 한 일원은 후에 조지아 주의 사바나 시가 될 곳에 상륙했을 때, 원주민들이 "땅에 피운 큰 불 둘레에서 춤을 추며" 자신들을 환영했다고 기록했다. 어떤 탐험대원들은 인디언들의 "기이한 동작과 노래, 박자를 맞추는 발동작과 위로 뻗은 손동작"을 보고 가벼운 역겨움을 느꼈지만, 다른 대원들은 매혹되었다. 그중 한 명은 원주민이 되다시피 했다.

나이가 가장 많은 의사 리온 씨는 잠자리에서 몰래 빠져나와 술을 마신 후 인디언 마을로 가서 춤추는 인디언들과 어울려 그 기이한 동작을 흉내내어 따라 하고자 했다. 그 소식을 들은 나는 인디언 마을로 가서 그를 찾아 당장 숙소로 복귀하라고 말했다. 그렇지 않으면 이 어리석은 짓을 반드시 오글소프 대장에게 알리겠다고 경고했다. 그는 그러겠다고 약속했지만, 숙소로 돌아와서 술을 엄청나게 마신 후, 인디언들에게로 돌아가서 다시 그들

과 어울려 춤을 추었다. 그 소식을 들은 나는 사람을 보내 그를 강제로 데려
오게 했다.

이 탐험대원의 일화는 다른 식민지 개척자들이 이전에 말한 내용, 즉 인디
언의 춤은 영국의 모리스(Morris) 춤과 비슷하다는 말과 맞아떨어진다. 모리스
춤은 (아마도 북아프리카의 무어족이 추던 춤에서 유래했을) 민속춤으로 무릎
과 팔꿈치를 구부리고 리듬에 맞춰 스텝을 밟는 동작으로 이루어지는데, 그런
동작은 미국 원주민이나 흑인 노예의 춤과 유사했다. 그 춤은 영국에서는 청
교도들에 의해서 공격을 받았고, 뉴잉글랜드의 식민주에서도 금지되었다.
　독일의 이주민들 또한 '원시적이고' 성적인 에너지를 담은 춤을 두고 편이
갈렸다. 1744년 펜실베이니아 주 랭커스터에서 열린, 유럽 정착민들과 6개
부족 인디언들 간의 협정 조인을 축하하는 연회에서 유럽인 대표는 다수의
독일 여성들이 "인디언들보다 더 격렬하게 춤을 추는 것"을 보고 당혹스러워
했다. "그 여자들(나는 차마 그들을 숙녀라고 부르지 못하겠다)은 전반적으로
매우 불쾌한 존재들이었다." 1750년대 조지아 주의 변경에 위치한 독일인 정
착촌 베서니의 한 교장 부인은 "춤에 대한 열정을 품고", 덜시머(dulcimer :
공명상자에 금속선을 걸어 만든 악기로 작은 해머로 쳐서 연주한다/역주)의
반주에 맞추어 "실제로 춤을 춘 후에" 공개적으로 비난을 받았고, 그녀의 남
편은 교장직에서 물러나야 했다.
　그럼에도 불구하고, 특히 남부에서 다수의 백인들은 계속해서 인디언과
노예들의 몸동작에서 영감을 받았다. 1759년 영국 국교회의 한 사제는 버지
니아 주의 백인들이 즐기던, 흑인들에게서 영감을 받은 난잡한 춤동작에 당
혹스러워했다.

　그들은 무절제하게 춤을 즐겼는데, 실상 춤은 그들이 즐기던 유일한 오락

거리였다. 게다가 춤을 출 때 그들은 취향과 고상함의 부족을 드러냈으며, 원래 고안된 대로라면 그 춤동작을 통해서 표출되어야 했을 품격과 우아함은 보이지 않았다. 저녁이 깊어지면 무리들은 민속춤에 꽤나 싫증을 느끼고 되고, 그러면 대개 지그 춤을 춘다. 내가 알기로 그 춤은 원래 흑인들로부터 유래한 것이었다. 그 춤에는 어떤 정해진 방식이나 규칙성이 없었다. 남녀가 마주보고 방의 곳곳을 돌며 춤을 추다가, 그중 하나가 물러나면 남은 쪽은 다른 상대를 찾다가 다시 짝을 이루기도 하는 등 야단스러웠다.

1775년 버지니아를 방문한 또 한 명의 영국인 니컬러스 크레스웰은 같은 현상을 기록하면서 비슷한 정도의 혐오를 표출했다.

지난밤 나는 연회장에 갔다. ……그곳에는 화장을 하고 옷을 차려입은 37명의 숙녀들이 있었고, 그중 일부 여성은 매우 예뻤고, 또 그만큼 자만심을 내비쳤다. 그들 모두는 춤을 좋아했는데, 내 생각에 그들의 춤은 고상한 품위와는 거리가 있었다. 민속춤 사이사이에 그들은 내가 영원한 지그 춤이라고 부르는 것을 추었다. 한 쌍의 남녀가 나서서 (흑인 음악에 맞추어) 지그 춤을 추기 시작하고, 또다른 쌍이 와서 그들을 제치고 나간다. 이런 식으로 깽깽이 연주가 지속되는 동안 춤은 계속 이어진다. 이를 통해서 사람들은 어울리게 되지만, 내 생각에 그 춤은 점잖은 모임보다는 주신제에 더 잘 어울렸다.

이 평판이 좋지 않은 춤을 사랑한 버지니아인이 토머스 제퍼슨의 동생 랜돌프였다. 그 가문 소속의 한 노예에 의하면, 그는 "밤의 반나절 동안 흑인들과 어울려 깽깽이를 켜고 춤을 추었다." 그런 모습은 형과 대조되었는데, 한 전기작가에 의하면, 토머스는 자기 집 혹은 다른 집 노예들의 음악에 "일말의

호기심이나 흥미도 없는 것처럼 보였다." 몇몇 학자들은 그의 형이 아니라 랜돌프가 집안의 노예였던 샐리 헤밍스와 관계를 맺어 사생아를 낳았다고 생각한다.

식민지 시대의 미국인들 중에는 더욱 격하게 반항한 춤꾼 무리들도 있었다. 1779년 보스턴의 「인디펜던트 크로니클(*Independent Chronicle*)」은 페퍼렐 근처에서 "종교적 의식인 양 벌거벗고 춤을 추는 무리"에 대한 기사를 실었다. "그 무리는 실상 잘못된 양심과 열광적인 흥분을 따를 때에 인간은 엄청난 소란을 피워 죄를 짓게 된다는 사실을 말해준다." 그리고 매사추세츠 주 서부에는 셰이커 교도들이 있었다. 미국 혁명기 동안 그들은 "종교적인 의식이 진행될 때 어떠한 종류의 의복도 부정했다. 그들은 비기독교적인 허영에 다름아닌 의복으로 스스로를 더럽히지 않은 채 그 모든 춤, 즉 뒤집기와 펄쩍펄쩍 뛰기, 구르기와 비틀기를 했다"고 전해진다.

음악과 스텝을 경계하라

미국을 세운 사람들은 지적 선조인 존 로크로부터 아이들에게 "평생에 걸쳐 그 몸가짐이 우아하고, 무엇보다도 남자다워지도록" 하는 춤만 가르쳐야 한다고 배웠다. 로크에 의하면, 춤을 가르치는 선생은 아이들을 "완벽하게 품위 있는 몸가짐"에서 멀어지게 하는 "흉내내는 과장된 자세"와 "몸을 빠르게 흔드는 동작"을 모든 춤에서 없애야 했다. 더 중요한 사실은 건국의 아버지들이 감각적 오락이 스스로 통치하는 개인들로 이루어진 공화국의 기강을 좀먹을 수 있다고 두려워했다는 것이다. 무엇보다도 동물적인 통제의 결핍이 질서에 위협이 된다면, 어떤 유형의 춤은 바로 그런 충동을 자극했던 것이다. 그래서 여동생 부부가 자녀들을 댄스 학교에 보내지 않기로 마음을 바꾸었을 때, 존 애덤스는 환호했다. 그는 "이 얼마나 갑작스럽고도 전면적인 개종인가?……허영에서 자부심으로, 허식에서 냉철과 실속으로"라고 썼다. "나는 탁월한 춤꾼 중에서 다른 분야에서도 뛰어난 사람은 한번도 본 적이 없다." 춤을 잘 추는 사람들은 "춤을 통해서 양식이나 학식 혹은 덕성"을 얻지 못한다. 애덤스는 "춤, 펜싱, 음악" 같은 나쁜 오락거리를 금지하기 전에 미국인은 애초에 "그런 오락거리에 대해서 무지해야 한다"고 썼다. 그런 그였으므로, "깽깽이를 켜는 흑인"과 "야단스런 무리"가 있는 술집에서 몸을 흔들어대는 잽 헤이워드라는 백인을 보고 큰 충격을 받은 것은 당연한 일이었다.

그는 적어도 지난 15년간 이 마을에서 가장 춤을 잘 추는 사람으로 명성이 자자했다. 몇몇이 그에게 도전했지만 아무도 그의 재바른 발재간을 따라가지 못했다. 그러나 그의 춤에서는 품위나 자세, 혹은 규칙성에 대한 관념이 보이지 않는다. 그의 외모가 비천하고 야비해 보이듯이, 그의 자세 또한 터무니없이 과격하고, 두서없으며, 산만하다. 간단히 말해서 그의 외모와 자세 그리고 몸과 손발의 동작은 너무나 우스꽝스럽고, 과장되며, 저속하다.

일부 건국의 아버지들은 감각적 쾌락에 대한 개인적인 애정과 그것에 반대해야 하는 공적인 의무 사이에서 분열되어 있었다. 애덤스의 동료 조사이어 퀸시 2세는 독립을 옹호하는, 가장 영향력 있는 논설의 저자였지만, 뉴욕을 방문했을 때 희극적인 춤 공연을 하는 몇몇 곳에 들렀으며 "대체적으로 몹시 만족했다"고 일기에 적었다. 심지어 그는 "그 도시에 한 달을 머물렀다면, 그런 공연이 열리는 극장에 매일 밤 갔을 것"이라고까지 썼다. 그러나 "사회의 도덕과 행복의 편에 선 시민으로서 나는 그런 극장에 출입하지 않도록, 그리고 내가 머무는 어느 주에서든 그런 극장이 들어서지 않도록 애써야 한다." 미국 국회의사당을 설계한 '미국 건축의 아버지' 벤저민 러트로브는 버지니아 지그 춤을 추는 백인들을 목격하고, 그 광경이 "극도로 혐오스러웠다"

고 묘사했다. 존 퀸시 애덤스의 사촌 엘리자베스 크랜치는 자신이 춤을 좋아하는데, 그로 말미암아 사촌이 분노할지도 모른다는 두려움에 대해서 썼다. 사촌은 "춤을 사랑하는 인간의 어리석음에 대해서 말도 못하게 신랄했다." 이 문제에 대한 건국의 아버지들의 생각을 따라가다 보면, "모든 종류의 사치와 방탕"을 막겠다고 한 대륙회의의 1774년 선언이 공식적으로 미국 시민을 리듬과 결별하게 했다고 결론내리는 것이 타당해 보인다. 그 선언이 겨냥한 감각적인 쾌락에는 춤 또한 포함된다고 널리 해석되어왔다. 역사가 브루스 대니얼스가 정리하듯이, "청교도의 금욕주의는 소박함을 지향하는 공화주의의 외피를 두르고 새로이 목소리를 높였다."

혁명기 동안 리듬을 상실한 미국인들 중 잘 알려진 인물로는 양키 두들(Yankee Doodle)이 있다. 이 국가적 상징이 반항적인 존재였다는 사실을 아는 미국인은 거의 없다. 원래 양키라는 용어는 17세기 영국 병사들이 서인도 제도의 저속한 네덜란드 해적들을 낮춰 부르는 욕으로 만든 것이다. 미국 식민지에서 이 용어가 사용된 최초의 기록은 1725년 사우스캐롤라이나 주의 노예명부로서, 그 역사적 문건에는 양키라는 이름의 노예가 등장한다. 이어서 영국인들은 이 단어를 "기강도 없고", "방종한" 뉴잉글랜드의 촌뜨기를 경멸적으로 지칭하는 데에 사용했다. 독립전쟁 최초의 전투가 벌어지는 동안 영국의 병사들은 쾌락을 좇는 과시적인 댄디에 관한, 속어로 된 노래를 불렀다. 그 노래 속 댄디는 "손쉽게 요리할 수 있는" 소녀를 찾아 도시로 간다. 이 인물의 성(姓)인 두들은 당시 '시골뜨기'나 바보, 혹은 남성 성기를 의미하는 민간의 용어였다. 영국군은 자신들이 전하려는 바를 강조하기 위해서 자주 그 노래에 맞춰 지그 춤을 추었다. 불행히도 전쟁 동안에 다수의 미국인들은 이러한 형상화를 적들이 의도한 대로 칭송보다는 모욕으로 받아들였다. 그래서 그들은 양키 두들을 반항자에서 병사로 바꾸었다. 식민지 민병대의 기악대는 불규칙적인 당김음을 제거하는 대신, 육중하고 잘 정돈된 '다―둠,

다-둠(da-dum, da-dum)' 박자를 집어넣어 춤곡을 행진곡으로 바꾸었다. 그 새로운 곡조에 맞춰 수정된 가사는 "음악과 스텝을 경계하라"고 병사들에게 지시했고, 더불어 "수백, 수천이 도열한 세계 위에 군림하는 워싱턴 대위"를 경배했다.

이런 변화에 발맞추어 혁명기 동안 댄스 학교는 오로지 점잖은 춤만 가르친다고 광고하기 시작했다. 미국사 초기에 가장 영향력 있는 춤 선생인 존 그리피스는 뉴욕과 뉴잉글랜드 전역에 걸쳐 강습회를 열었으며, 널리 읽힌 교본을 썼다. 그 책은 "젊은 남녀 모두가 신중하게 피해야 할 잘못된 동작들의 영향"을 열거한다. 그렇게 피해야 할 것으로는 "팔을 흔드는 것과 그 밖의 모든 어색한 동작", "무리지어 손이나 발로 소리를 내는 것", "아주 미약하게라도 저속함을 야기할 수 있는 모든 움직임", "추잡하거나 방종하다고 여겨질 수 있는 모든 동작"이 있었다. 18세기에 점잖은 것으로 인정된 민속춤은 콘트라 댄스(contra dance)가 유일했다. 그 춤의 동작은 골반의 움직임은 전혀 없이 미리 정해진 대형을 따라서 뻣뻣하게 걷는 것으로 국한되었다. 독립전쟁 때 미국인들을 도왔던 프랑스인 장군 마르키스 드 샤스텔로는 필라델피아의 연회에서 상당한 수준의 군대적 조직화를 목격했다.

> 춤은 명랑함과 애정의 상징이라고 할 수 있지만, 여기 미국에서는 법률과 결혼의 상징인 듯 보인다. 모든 위치는 표시가 되어 있고, 대무곡(隊舞曲, contredanses)은 미리 움직임이 정해져 있는 등 모든 진행과정이 준비되고, 계획되었으며, 정해진 규칙을 따르기 때문에 법률의 상징이 되는 것이고, 모든 숙녀는 파트너가 정해져서 그 남자하고만 저녁 내내 춤을 춰야 하고 다른 남자와는 출 수 없기 때문에 결혼의 상징이 되는 것이다. ……모든 춤은 미리 계획되었고, 그 순서에 맞춰 춤추는 사람들은 차례대로 불려나갔다.

혁명기의 연회는 '관리자'의 통제를 받았다. 샤스텔로는 한 관리자를 알게 되었는데, 그에 관해서 이렇게 기록했다. "스퀘어 댄스(square dance)를 추던 한 젊은 숙녀가 친구와 얘기를 나누다가 자기 차례를 놓치자 관리자는 그녀에게 다가가서 큰 소리로 '이보세요, 정신 차려요, 여기 놀러온 줄 아세요?'라고 외쳤다."

상황이 이렇다고 해서 신체적 움직임을 규제하려던 국가적 노력이 완전히 성공했다는 것은 아니다. 워싱턴 휘하의 한 병사는 일기에 역사적인 1778년 겨울의 끝자락에 대륙군대가 포지 계곡에 진을 쳤을 때, 고대의 반항적인 전통을 되살려 축하하는 행사를 가졌다고 일기에 적었다.

5월 1일 저녁 메이폴이
모든 부대마다 세워졌다.
막사별로 요란스러웠다.
나는 세 차례의 요란한 고함소리에 잠에서 깼다.
타마니 왕*을 기리는 소리였다.
이날은 잔치를 벌여 유쾌하게 보냈다.
병사들은 파이프와 드럼 소리에 맞춰
행진을 했고,
메이폴을 지나갈 때는
크게 고함소리를 냈다.
병사들의 모자는
하얀 꽃으로 장식되어 있었다.
다음으로는 3연대가 행진을 했다.
맨 앞에 선 이는 한 상사였는데

---

* 17세기 델라웨어 계곡을 거점으로 하는 레니-레나페 부족의 족장.

인디언 복장을 했다.

타마니 왕을 본딴 듯했다.

그 뒤로 13명의 상사들이 따랐는데,

하얀색 옷을 입은 그들은 각기

왼손에는 활을

오른손에는 13개의 화살을 쥐고 있었다.

인디언으로 분한 병사들은 바로 워싱턴에 의해서 소환되어 갑작스럽게 다시 문명으로 복귀했다.

부사관과 병사들이

앞서 말한 방식으로 열을 지어

연대별로 행진을 했고,

자신들이 세운 메이폴 앞에서 멈춰

세 번 고함을 외친 후에

행진을 계속했는데

본대로 가서 사령관을

기리기 위함이었다.

그러나 막 언덕을 내려갈 참에

한 부관을 만났고, 그는 그들에게

사령관이 화가 났으며,

각자 자신들의 진영으로 돌아가기를 바란다고 알렸다.

최대한의 품위와 절도를 지키면서 말이다.

이처럼 워싱턴 휘하 부대의 장교들마저도 새로운 규칙을 어겼다는 사실이 알려졌다. 뉴저지 주에 잔존하는 왕당파의 저택을 점거한 일군의 고위 장교들이 "야한 옷을 입은 여성들과 릴(reel) 춤을 추는 것"이 목격되었다. 그러나 저속한 관능을 표출하며 춤을 출 때, 애국적인 미국인들은 그런 행동이 국가의 이익과 배치된다는 것을 의식했다. 많은 애국적 인사들이 엉성하게 춤을 춘 것은 아마도 이런 이유 때문일지도 모르겠다.

19세기가 되자 앞에서 보았듯이, 일부 노예들은 백인들의 리듬 결핍에 대해서 연민을 표하게 되었다. 어떤 노예들은 백인들을 관찰하는 데에 재미를 느꼈다. 1772년 찰스턴 근처에서 흑인들이 개최한 한 파티에 관한 신문기사가 그 예가 될 터인데, 백인들의 몸동작을 조롱하는 노예들에 대한 이야기가 제법 떠돌아 다녔다. 그 파티의 오락거리는 "남자 노예와 여자 노예들이 주인 혹은 여주인의 태도를 모방(혹은 조롱)하는 것이었다. 그들은 주인에 관한 몹시 기이한 이야기를 들려주기도 했는데, 참석한 이들은 몹시 즐거워했다." 과거 노예였던 한 흑인은 다음과 같이 회상하기도 했다. "우리 노예들은 백인들의 파티를 지켜보았다. 그들은 파티에서 1분간 춤을 춘 후에는 장엄하게 행진을 했다. 신사와 숙녀가 각기 다른 방향으로 갔다가 다시 만나 팔짱을 끼고 방의 중심으로 행진하는 식이었다. 우리도 그 춤을 따라했는데, 그 모든 동작을 조롱하는 식이었다. 때때로 백인들은 우리가 자신들을 따라한다는 것을 알아채기도 했는데, 그런 우리의 행동을 좋아했다. 추측컨대 우리도 그렇게밖에 춤을 추지 못한다고 생각하는 듯했다."

6

백인 원숭이에서 양키 두들로 : 아일랜드인들

19세기에 백인처럼 보이지만 사악할 정도로 춤을 잘 추는 무리가 대거 미국으로 들어왔다.

가장 먼저 도착한 이들은 리듬을 타는 것으로 악명이 높았던 아일랜드인들이었다. 12세기 한 영국 작가가 말했듯이 그들은 미국에 오기 오래 전부터 "악덕에 푹 빠져 사는 추잡한 사람들"로 알려져 있었다. 그들은 "짐승처럼 살며", "근친상간도 피하지 않고", "목축을 하던 삶의 습관으로부터 조금도 나아지지 않았다"는 것이다. 시인인 에드먼드 스펜서는 1596년에 아일랜드인들에 대해서 다음과 같이 썼다. "내 생각에 아일랜드인들은 하늘 아래 인간들 중에서 가장 야만적이고 혐오스러운 상태로 산다. ……그들은 짐승과 같은 짓을 빠뜨리지 않고 다 하며, 적이나 동족 할 것 없이 모든 사람들을 억압하고, 약탈한다. 그들은 도둑질을 하고, 잔인하며, 복수심으로 가득 차 있고, 생명을 위협하는 활동에 즐거워하며, 방탕하고, 욕설을 잘 한다. 또한 그들은 신성모독을 하고, 여성을 겁탈하며, 아이들을 살해한다." 영국의 역사가인 토머스 칼라일도 1849년 아일랜드를 방문하고 나서 그 나라가 "진탕 속에서 허우적대는 술 취한 나라"임을 알게 되었다. 그는 아일랜드인들이 "하도 싸움을 해대는 바람에 말이 통하지 않는 족속"이자 "돼지 같은 인간 무리"이며, "미신에 젖은 야만인들이 울부짖는 검은 바벨탑"과 같다고 썼다. 성직자인 찰스 킹즐리도 아일랜드 여행에서 비슷한 충격을 받았다. 1860년 그는 아내에게 보낸 편지에서 다음과 같이 자신이 받은 충격을 설명했다. "나는 수백 킬로미터에 이르는 이 끔찍한 나라 전역에서 본 인간 원숭이 무리에 혼이 나갔소. ……하얀색 얼굴의 원숭이를 보는 것은 끔찍하오. 그들이 흑인이었다면 그렇게 충격을 주지는 않을 거요. 그러나 햇빛에 그을린 것이 아니라면, 그들의 피부는 우리와 마찬가지로 하얗소." 2년 후 영국의 잡지 『펀치(*Punch*)』는 아일랜드인이 인간과 유인원 간의 "잃어버린 고리(missing link)"라고 선언했다.

고릴라와 흑인 사이에는 확실히 심연이 놓여 있으며, 둘 사이의 간격은 꽤나 먼 듯하다. 아프리카의 숲과 황야를 돌아다녀보아도 그 중간단계의 동물을 볼 수 없다. 그러나 여기에서도 다른 많은 경우와 마찬가지로, 철학자들은 우선 주변을 살폈더라면 쉽게 찾았을 것을, 헛되이 먼 곳을 탐색하고 있는 것이다. 탐험심이 넘치는 모험가라면 명백하게 고릴라와 흑인 사이에 존재하는 피조물을 런던과 리버풀의 가장 비천한 구역에서 만날 수 있다. 그들은 애써 아일랜드를 벗어나서 그곳에 모여 산다. 그 무리들은 사실 아일랜드 원시인 부족에 속한다. 바로 가장 비천한 아일랜드 야후(Irish Yahoo)들인 것이다. 같은 종족과 이야기할 때 그들은 일종의 옹알이로 대화한다. 게다가 그 무리는 나무를 타는 종으로서, 벽돌을 한 통씩 짊어지고 사다리를 오르는 그들의 모습을 종종 볼 수 있다.

또한 1862년에 민족학자인 존 베도는 유럽인들의 흑인성을 측정하는 '흑인성 지수(Index of Negrescence)'를 발표했다. 흑인성 지수가 가장 낮은 민족은 근면하고, 절제하는 '우월한' 앵글로-색슨족이었다. 지수가 가장 높은 민족은 아일랜드의 켈트족으로서, 베도는 그들을 육체적이고, 관능적이며, 동물적인 용어로 묘사한다. 켈트족의 "발과 다리는 대개 잘 발달해서 허벅지가 비율상 길었고, 발등은 높았으며, 발목의 형태가 좋았고 크기도 적당했다. 그래서 발걸음이 매우 유연하고, 뛰어오르는 듯했다." 일부 미국인들도 아일랜드인들이 아프리카계 미국인을 대신해 인종적 위계의 맨 바닥에 자리한다고 생각했다. 예컨대 유명한 일기작가인 조지 템플턴 스트롱은 "고릴라는 근육 발달면에서 아일랜드인보다 우월하지만, 도덕 발달면에서는 거의 열등하지 않았다"고 썼다. 1851년 『하퍼스(Harper's)』는 "켈트인의 얼굴형"을 "코가 짧고 들린데다가 이빨이 튀어나와서 원숭이 같다"고 묘사했다. 마찬가지로 미국의 골상학자 새뮤얼 로버츠 웰스는 1871년에 펴낸 『새로운 인상학(New Physiognomy)』에서 아일랜드 여성을 "저열한 동물적 열정"에 지배당하고, "주된 즐거움을 육체적이고 동물적인 것에서 구하며," "육체적 욕구나 열정의 만족을 위해서 먹거나 사용할 수 없는 것에서는 미"를 찾지 못한다고 묘사했다. 그녀는 "무례하고, 거칠며, 세련되지 못했고, 무식하며, 야만적이다." 옥스퍼드 대학교의 역사학 교수 제임스 앤서니 프로드 역시 천성적으로 아일랜드인들이 열등하다는 이론을 지지했다. 그는 아일랜드의 시골 사람을 "인간보다는 불결한 원숭이에 더 가깝다"고 묘사했다. "거친 아일랜드인"은 "물과 같이 불안정한" 반면, 영국인은 질서와 자기 통제의 모범이었다.

아일랜드인은 게으르기까지 했다. 그들은 숙련노동을 하기에는 너무 멍청하고 게으르다는 평판이 널리 퍼져 있었기 때문에 처음 아일랜드로부터 대규모 이민이 유입되었을 때, 그들 대다수는 운하를 파는 노동에 고용되었다. 아일랜드인들이 운하 건설분야의 주된 노동자층을 이루던 1827년과 1853년 사이에 미국과 캐나다의 운하 건설현장에서는 57건의 파업과 93건의 현장폭동이 발생했다. 임금이나 노동환경에 대한 불만이 쌓이면, 아일랜드 노동자들은 작업도구를 감추거나 심지어 건설 중인 운하를 다이너마이트로 파괴했다. 1842년 아일랜드 노동자들은 에리 호와 온타리오 호를 잇는 웰랜드 운하 건설현장에서 자신들에게 약속되었던 일자리가 사라진 것을 알게 되자, 직접 나서서 문제를 해결하고자 했다. 1,000명으로 추정되는 폭동 가담자들은 상점을 털었고, 지역의 제분소에서 밀가루를 가져갔으며, 지나가던 배에서 돼지고기를 훔쳤다. 역사가들은 초기 아일랜드 이민자들이 일으킨 파업과 폭동이 대부분 즉흥적으로 발생했고, 보다 존중받는 미국의 '백인식' 쟁의와 달랐다는 것에 주목했다. 역사가 노엘 이그나티에프는 "무엇보다도 그 파업과 폭동이 농장 노예들의 파업이나 반항과 비슷했다."

아일랜드인의 '꾀병'에 대한 고용주들의 푸념도 널리 알려져 있었다. 한 미국인 자선사업가는 아일랜드 이민자들이 "불결하고 무질서한 환경에서 어울려 사는 것에 만족하며, 다툼 없이 무도회와 장례식과 잔치 같은 자신들의 행사를 즐긴다"고 말했다. 일리노이-미시간 주를 잇는 운하 건설현장을 방문하고 나서 영국의 여행가이자 작가인 제임스 실크 버킹엄은 다음과 같은 결론을 내렸다. "아일랜드인들은 그저 무식하고 가난한 것이 아니다. 그런 점은 잘못이라기보다는 불운에 해당할 것이다. 그러나 그들은 술주정을 부리고, 불결하며, 나태하고, 소동을 벌이기 때문에 그들이 모여 사는 곳에서는 다른 모든 이들이 혐오하고 두려워하는 대상이 된다." 리도 운하의 건설 책임자였던 존 맥타가트는 아일랜드인들이 유용한 노동인력이 될 수 없다고 선언했다. 그들은 너무 게을러서 존중받기 어렵다는 것이었다. "저급한 아일랜드인들은 세수하는 모습을 볼 수가 없다. 그들 앞에 수정처럼 맑은 물이 담긴 물병과 향기로운 비누를 놓아도 그렇다. 또한 그들은 기성복을 가져다주어도 옷을 점잖게 갖추어 입지도 못한다." 대신 그들은 "담배를 피우고, 술을 마시며, 감자를 먹고, 싸움을 벌이며, 권투를 하고, 이웃의 주택에 방화를 한다. 장전된 총과 대검으로 무장한 초병을 세우더라도 그들을 막을 수 없다."

대부분의 운하 건설자들은 계속해서 술을 공급하지 않고서는 아일랜드 노동자들을 붙들어둘 수 없었다. 평균적으로 아일랜드 운하 노동자들은 노동일별로 3 내지 4질(gill)의 알코올을 소비했는데, 온스로 계산하면, 12-20온스에 이르는 양이었다. 동포 아일랜드인조차 자신들이 처한 상황을 술 취한 가난한 아일랜드인 때문이라고 생각했다. 신부가 되기 위한 교육을 받았지만 운하에서 일했던 아일랜드 이민자 앤드루 리어리 오브리언은 펜실베이니아 운하 건설현장에는 선교사가 절실히 필요하다고 보았다. "현장에는 술이 넘쳐난다. ……밤이 오면 날이 밝을 때까지 이 거친 아일랜드인들이 주신제를 벌이는 듯 싸우고, 노래하고, 춤추는 소리가 들린다." 역사가 커비 밀러에 의하면, 이런 모습은 초기 아일랜드 이민자들이 그저 "자신들을 받아들인 나라의 노동관행에 익숙하지 않았다"는 사실 때문이었다.

운하 건설현장에서 일하지 않는 아일랜드인의 대부분은 슬럼에서 살았다. 뉴욕에서 가장 가난한 사람들이 살던 파이브 포인트 지역의 선교사들은 그곳의 아일랜드인들이 너무나 저급해서 주변의 흑인들마저 끌어내린다고 생각했다. 아일랜드인과 함께 있을 때 흑인들은 불결함과 게으름 속에서 허우적대지만, "그들끼리만 있을 경우에는 정돈된 환경에서 진지하고 정직한 자활 노력을 보였다." 한 선교사는 "파이브 포인트 지역의 흑인들은 품위와 진지함에서 아일랜드인보다 50퍼센트는 앞서 있다"고 주장했다. 1857년 정부의 한 조사위원회는 파이브 포인트의 건물주들로부터 다음과 같은 사실을 들었다. "세를 주기 위해서 지은 고급 주택건물에서 흑인들이 아일랜드인이나 독일인 가난뱅이들보다 세입자로 더 선호된다. 상대적으로 품위 있는 동네에 살고자 하는 욕구가 흑인들이 개인적 청결과 재산 관리에 더 신경쓰도록 자극하는 데에 비해서 같은 처지의 백인들에게 그런 덕성은 그저 강요될 뿐이다." 대부분의 백인들이 생각하는 흑인의 지위를 고려할 때, 이런 증언은 자못 의미심장했다.

1840년대와 1850년대에 폭발적으로 성장한 금주운동은 주로 과한 음주벽이 있는 아일랜드 이민자들의 대규모 유입에 대한 반응이었다. 모든 주요 도시들마다 금주회관(temperance hall)이 생겼고, 금주운동가들은 술잔을 내려놓으라고 외치면서 이민자 거주지역을 행진했다. 그러나 아일랜드인들은 선량한 미국 시민이 되려고 하지 않았다. 금주회관에는 자주 화재가 발생했는데, 단독 방화범의 소행인 경우도 있었지만 대개는 자원자로 이루어진 '소방대(fire company)'가 범인이었다. 이러한 소방대는 이민자 거주지역의 통제권을 두고 서로 경쟁하는 아일랜드 갱단의 위장에 불과한 경우가 많았다. 1853년에 필라델피아의 소방대에 대한 정부 측의 조사보고서에는 "법정에서 판결을 받은 폭동 사건들 중에서 소방대, 혹은 그 조직원이나 지지자와 관련되지 않은 경우는 거의 없었다"고 적고 있다. 몇 년 전에는 「유나이티드 스테이츠 가제트(United States Gazette)」가 "편안함을 추구하는 자본가들이 거주할 때 도시에 가져다줄 이익을 방해하는" 소방대를 비난했다. 그러나 소방대는 단지 범죄적 소동만 야기한 것은 아니었고, 반-이민 폭력조직의 공격과 도덕개혁가들의 침입으로부터 아일랜드 이민자들을 보호했다. 금주운동가들은 거리행진 중에 소방대 소속이거나 그들로부터 지원을 받는 무리로부터 공격을 받았다. 왜 아일랜드인들은 금주운동에 폭력으로 대응하느냐는 질문을 받자, 막 술집에서 나온 한 남자는 "이 자유의 땅에서 우리는 자신이 원하는 대로 살기를 바란다"고 답했다.

100만 명 이상의 아일랜드인들이 가난과 기근을 피해 미국으로 왔던 1810년대부터 1850년대 사이에 그들은 자주 '안팎이 뒤집힌 흑인'이나, 더 간단히 '백색 흑인'으로 불렸다. 미국의 관측자들은 두 인종집단 간의 문화적 유사성이 너무나 두드러진다고 보았으며, 그런 탓에 심지어는 흑인이 '그을린 아일랜드인'이라고 불리기도 했다. 1864년 민주당의 선거 관련 문건에는 다음과 같은 경고가 담겨 있었다. "이 나라 최초의 인종 간 융화 움직임은 아일랜드인과 흑인 사이에 발생하리라고 믿을 만한 이유가 충분하다." 실상 그런 움직임은 이미 시작되고 있었다.

두 집단 간의 동거는 아일랜드인들이 미국에 도착해 도시의 가장 가난한 구역에서 살게 되면서 시작되었다. 이 동거가 거리상의 인접성 이상의 것을 낳았음을 말해주는 증거는 많다. 1834년 뉴욕에서는 미국 태생의 백인 무리들이 만연한 인종 간의 성행위에 대한 소문을 듣고, 제6선거구를 쑥대밭으로 만들었다. 그들은 거리에서 마주치는 흑인과 아일랜드인을 폭행했고, 세인트 필립 아프리카 주교성당을 파괴했으며, 흑인과 아일랜드인이 사는 주택과 술집에 불을 질렀다. 필라델피아에서도 인종 간 교류에 이어 사회적 분노가 폭발하는 패턴이 반복되었다. 한 선교사는 아일랜드 여성이 "상당수의 불결한 흑인들과 함께 사는" 일이 얼마나 흔한지에 대해서 불만을 토로했다. 1847년 흑인 주민층을 담당하고 있던, 필라델피아의 한 인구조사원은 이런 현상을 보고 받은 충격을 표현했다. "마음 깊이 구역질이 난다. 내 영혼은 내 눈이 목격한 것으로 인해서 공포에 시달리고 있다. ……이 흑인들의 상당수는 아일랜드인과 함께 산다." 1853년 필라델피아 주 대배심원은 도시의 가난한 지역에서 아일랜드인들과 아프리카계 미국인들이 서로 섞이는 정도가 심각하다고 발표했다. 예컨대 한 술집 겸 하숙집에서는 "수십 명의 흑백 남녀들이 맨바닥에 눕거나 앉아서 서로 난잡하게 몸을 붙이고 있었다." 남북전쟁 전에 보스턴의 흑인 인구에 대한 연구에서 로이스 호턴과 제임스 호턴은 상당수의 백인이 흑인과 이웃해 살았거나 인종 간의 경계를 넘어 결혼 상대자를 구했다는 사실을 밝혀냈는데, 그 백인들은 대부분 아일랜드인이었다. "보스턴의 주거지역은 가장 가난하고, 가장 억압받는 집단 간의 인적 접촉을 용이하게 했기 때문에 개인 간의 마찰과 연애관계의 가능성 모두 증가했다." 뉴욕의 주요 신문 중 하나인 「월드(World)」는 1867년 "이 도시에서 낮은 계층의 흑인과 백인이 함께 사는 모습만큼 흔한 광경도 없다. ……아일랜드인 남성과 흑인 남성은 서로 적대적이라고 알려져 있음에도 불구하고 아일랜드인 **여성**과 흑인 남성 사이에는 확고한 친연성이 존재한다는 것은 다소 놀랄 만한 일이다. 흑백 간의 결혼은 대부분의 경우 한쪽은 흑인이고, 상대방은 아일랜드인이다.”

이런 어울림은 제6선거구의 파이브 포인트 지역에서 가장 두드러졌다. 『뉴욕의 갱들(Gangs of New York)』의 저자인 저널리스트 허버트 애스버리에 의하면, 이 지역의 주민은 “대부분 노예에서 해방된 흑인들과 하층계급 아일랜드인들이었으며, 그들은 서로 어우러져 파이브 포인트의 노후되고 밀집한 건물을 빼곡히 채우고 있었다.” 그 지역에 세들어 사는 가정을 방문한 한 선교사는 “석탄 화로를 살피는 삼보(sambo : 인디언과 흑인 혼혈아/역주)” 한 명을 만났다.

> 천 조각이 높게 쌓여 있었는데……그 밑에 있어서 보이지 않던 한 아일랜드 인 여성이 천이 엉켜 있는 머리를 들었다. ……“이것 보세요, 신사 양반! 이 작은 대구(codfish : 좀 기이한 선택인 듯하지만 맥락상 아이에 대한 애칭인 것 같다/역주)를 보세요!” 그 말과 함께 그 여성은 천 조각 아래에서 생후 몇 주일 정도 된 듯한 혼혈아 신생아를 들어 보였다. 그 말에 삼보는 이빨을 다 드러내고 웃으며 큰 기쁨을 표현했다.

그 선교사에 의하면, 흑인과 아일랜드인 사이에 태어난 혼혈아에게 주어진 운명은 “최초의 약으로 럼을, 최초의 배움으로 도둑질을, 최초의 주택으로 감옥을, 마지막 안식처로 비석도 없는 공동묘지”를 가지는 것이었다. 오래된 양조장으로도 알려진, 파이브 포인트에서 가장 큰 주거용 건물은 사실상 인종 간 혼인의 성지와도 같았다. 애스버리는 “한창 이름을 날릴 때, 그 건물에는 1,000명이 넘는 성인 남녀와 아이들이 살았으며, 아일랜드인과 흑인이 세입자 인구의 반씩 차지했다”고 밝혔다. 지하층의 방 대부분에는 “흑인들이 거주했는데, 그들 대부분은 백인 아내를 두고 있었다.” 그 건물 전체에 걸쳐 “인종 간 결합은 보편적인 현상이었다.” 저널리스트 조지 포스터는 『가스 등이 비추는 뉴욕』에서 일인칭으로 파이브 포인트 지역에 관해서 서술하는데, 흑인과 아일랜드인 간의 잦은 낭만적 관계뿐만 아니라 일반적으로 아일랜드 여성들이 흑인 남자를 "바람직한 동반자이자 애인"으로 생각한다는 사실에 주목했다. 다시 한번 미국의 인종적 반항자들은 사회의 최하층에서 나왔다.

남북전쟁 전에는 흑인과 아일랜드인 사이에 충돌도 있었지만, 성행위를 포함하는 쾌락적 활동이 그보다 훨씬 더 빈번했던 것으로 보인다. 역사가 그레이엄 호지스에 의하면, 아일랜드인과 흑인이 제6선거구의 주된 두 인종이었을 때는 "두 집단 간의 폭력적 충돌이 놀랄 정도로 적었다." "아일랜드 인구가 폭증하는 가운데서도 피부색이 다른 연인들과 흑인 교회 및 노예 폐지론자들은 그 지역에 남아 있었으며, 그 지역의 백인 주민들은 흑인에 대한 폭력 사태에 가담하지 않았다. ……춤은 초창기 파이브 포인트의 주요한 오락거리였고, 곧 파라다이스 광장 주변 거리에는 수십 개의 댄스장이 생겼다." 그 지역에서 가장 인기를 누렸던 댄스홀은 피트 윌리엄스라는 사람의 소유였는데, 그는 "석탄같이 검은 피부색의 부유한 흑인으로 바로 그 댄스홀을 운영해서 대단한 부를 축적했다"고 알려져 있었다. 윌리엄스의 댄스홀을 방문한 어느 상층계급 인사는 "굉장한 미모의 몇몇 혼혈 여성들이 무리 중에 있는 것"을 보고 충격을 받았다. "몇몇 젊은 남자들은 흑인들과 어울렸고, 전체적으로 이런 모습은 그 전에는 본 적이 없던 '융화'의 광경이었다." 『뉴욕 클리퍼 (*New York Clipper*)』지의 한 기자도 오렌지 가(街)의 업소에서 나타나는 "융화"가 "언뜻 보기에, 지배적인 광경이었다"며 의견을 보탰다. 중산층 출신의 기자들과 파이브 포인트에서 활동하는 선교사에 의하면, 이런 곳에서의 춤은 거의 성행위만큼이나 음란했다. 다음은 파이브 포인트 산업 고아원(House of Industry orphanage)의 책임자 루이스 피즈 목사가 밴드가 연주할 때 목격한 광경이다.

댄스홀의 분위기는 한껏 달아오른다. 바이올린의 활이 계속 움직이면서 점점 더 빨라진다. 탬버린을 머리와 뒤꿈치, 무릎과 팔꿈치에 두드려 나는 찰랑거리는 소리가 춤꾼들에게 쏟아진다. 흥분은 댄스홀 전체로 퍼져나간다. 발과 다리, 팔, 머리, 입술, 몸통 모두가 움직인다. 이렇듯 땀과 욕설, 바이올린 소리와 춤, 고함과 발 구르는 소리, 담배연기와 먼지로 자욱한 지하의 탁한 공기가 이곳을 특징짓는 요소들이다.

조지 포스터에 의하면, 때때로 춤은 성적 절정에 못지않았다.

동작[댄스의 패턴]을 따르는 것을 싹 잊고 모두들 그냥 뛰고, 발을 구르고, 고함을 지르고, 마음대로 환호성을 터뜨린다. ……춤을 추는 사람들은 이제 흥분으로 과격해져서……데르비시 교도(dervish : 극도의 금욕생활을 서약하는 한 이슬람교 교파의 신도. 예배 때 빠른 춤을 춘다/역주)처럼 이리저리 미친 듯이 뛰고, 춤 상대를 꽉 껴안는데, 이런 혼란과 무질서의 절정 가운데서 춤이 끝난다.

무대 위에서 최초로 흑인을 흉내낸 사람들은 아일랜드계 미국인들로서, 댄 에밋, 댄 브라이언트, 조엘 워커 스위니, 그리고 E. P. 크리스티 같은 민스트럴 쇼의 스타들이었다. 민스트럴 쇼 분야에서 가장 유명한 작곡가인 스티븐 포스터는 아일랜드 데리 지역 출신 이민자의 손자였다. 역사가 믹 몰로니는 "수천 명의 아일랜드 이민자들 혹은 그 후손들"이 흑인으로 분장하는 민스트럴 쇼의 공연자가 되었다. "민스트럴 쇼의 무대에 섰던 아일랜드계 미국인의 명단은 끝도 없이 이어진다." 다음은 노엘 이크나티에프의 주장이다. "흑인으로 분장하는 민스트럴 쇼를 개척한 선구자들 중에서 그렇게 많은 수가 아일랜드 혈통이었다는 사실은 확실히 우연이 아니다. 왜냐하면 아무리 변형

되었다고 하더라도 민스트럴 쇼의 기초가 되는 어법과 음악, 춤을 제공한 흑인들은 바로 아일랜드인과 가장 활발하게 교류했기 때문이다."

역사가 콘스탄스 루케가 말하듯이, "흑인들이 아일랜드 음악의 표현법을 쉽게 받아들인" 것 또한 우연은 아닐 것이다. 파이브 포인트 지역의 흑인 술집을 방문한 사람들이 들었던 것은 실로 혼종의 음악이었다. "흑인들의 음악에 다소 경쾌한 춤곡에 맞춰 변형한 스코틀랜드나 아일랜드의 노랫가락이 녹아 있는 것을 확인할 수 있다." 다음은 역사가 에릭 롯의 말이다. "민스트럴 쇼의 악기구성 자체가 흑백의 결합이라는 패턴을 따르고 있다. 밴조(banjo)와 조본(jawbone)은 흑인의 악기였고, 깽깽이와 본즈(bones), 그리고 (아마도 보드린[badhran]이라는 악기를 변형한) 탬버린은 아일랜드의 악기였다." 민스트럴 쇼에서 자주 불리던 일부 노래들은 명시적으로 흑인과 아일랜드인 간의 유비를 상정하고 있었다. 예컨대 "우리의 땅을 떠나는 것은 슬프다"는 흑인 말투를 흉내내어 부르는 아일랜드 송가이며, "아일랜드와 버지니아"를 비롯한 몇몇 민족주의적 찬가는 흑인으로 분장한 아일랜드인이 불렀다. 롯에 의하면, 더 나아가 다수의 민스트럴 쇼는 "흑인을 묘사하는 데에 사용된 것과 똑같은 용어로 아일랜드인을 묘사했다." 민스트럴 쇼에서 가장 인기 있는 노래 중의 한 곡인 "흑인의 비가(悲歌)"는 "아일랜드 이민의 비가"를 본떠 만든 노래였다.

아일랜드인이 하는 민스트럴 쇼는 지그(jig), 릴(reel), 그리고 더블(double) 같은 춤을 미국 대중에게 소개했다. 아일랜드를 방문한 어떤 이는 더블을 "발뒤꿈치와 앞꿈치로, 혹은 양발의 앞꿈치로 번갈아가며 빠르게 땅을 찍는" 동작으로 이루어진 춤으로 묘사했다. "이 춤의 완성도는 속도 외에도 그 동작의 맹렬함에 달려 있다." 초기 미국에서 흑인 춤으로 가장 유명했던 사람들도 역시 아일랜드인이었다. '대가' 존 다이아몬드는 P. T. 바넘의 순회극단 소속이었다. 그는 네 종류의 춤, 즉 "흑인 캠프타운 혼파이프(Camptown Hornpipe),

올 버지니 브레이크다운(Ole Virginny Breakdown), 스모크하우스 댄스(Smoke-house Dance), 그리고 파이브 마일 아웃 오브 타운(Five Mild Out of Town Dance)"에 너무나 뛰어나서 지역의 춤꾼들을 초청해서 자신에게 도전하도록 했다. 한 극장 관리인에 의하면, 다이아몬드는 "춤을 출 때 발과 다리를 비틀어 과거의 그 어떤 춤꾼보다도 환상적인 동작을 선보였다." 춤의 역사를 연구하는 이들은 다이아몬드와 그의 흑인 경쟁자였던 대가 주바에게 이후에 탭 댄스(tap dance)로 발전하는 스타일을 창안한 공을 돌린다.

탭 댄스만이 반항적인 아일랜드인의 유일한 업적은 아니었다. 인종과 관련 없이 모든 미국인은 현재 쓰고 있는 어휘의 상당수를 불결하고, 원시적이며, 문명화되지 않았던 19세기의 아일랜드 이민자들에게 빚지고 있다. '베이베(babe)', '야단법석(ballyhoo)', '적임자(bee's knees)', '티격태격하다(bicker)', '노파(biddy)', '거물(big shot)', '곤봉(billy club)', '허풍쟁이(blowhard)', '쓸데없는 일(boondoggle)', '술(booze)', '보스(boss)', '거들먹거리다(brag)', '녀석(brat)', '맑은(brisk)', '사내애(bub)', '목동(buckarro)', '동무(buddy)', '고약한 성질의 (cantakerous)', '영향력(clout)', '삐딱한(cockeyed)', '귀여운(cute)', '결투(feud)', '놈(fink)', '요행수(fluke)', '하수인(flunky)', '기형(freak)', '잡담(gab)', '풍성한 (galore)', '술책(gimmick)', '키득거리다(giggle)', '바보(goof)', '사기꾼(grifter)', '갈망하다(hanker)', '대혼란(helter skelter)', '대단한 것(humdinger)', '허튼 수작 (malarkey)', '소란(mayhem)', '별명(moniker)'. '서둘러 가다(scoot)', '긴급정지 (scram)', '공짜로 얻다(scrounge)', '판잣집(shack)', '앞잡이(shill)', '요란한 파티 (shindig)', '서둘러 피하다(skedaddle)'. '속물(slob)', '구호(slogan)', '침구(slop)', '산산조각(smithreens)', '얼룩(smudge)', '딱 소리를 내다(snap)', '맵시 있는 (snazzy)', '살금살금 가다(sneak)', '재채기하다(sneeze)', '비방(snide)', '콧대 (snoot)', '안녕(so long)', '말끔한(spic and span)', '장광설(spiel)', '흥청망청거리 기(spree)', '투지(spunk)', '끼익 하는 소리(squeal)', '땅딸막한(stocky)', '끄나풀

(stool pigeon)', '말더듬다(stutter)', '기절하다(swoon)', '짜증부리다(tantrum)', '약올리다(taunt)', '바글거리는(teeming)', '무리(throng)', '찌질이(twerp)', '강타하다(wallop)', '달인(whiz)', '재잘거리다(yack)', '고함치다(yell)' 같은 단어를 쓰거나, '못난 남자(buck)'와 사귀고 있는데, 그 사람이 '한심한 소리(bunk)'나 하고 '자신의 일(bee's wax)'은 신경쓰지 않아서 '불만(beef)'이 생겨 그를 '차야(bounce)' 한다면, 자신이 사는 동네를 '블록(block)'으로 도시를 '읍내(burg)'로 해적을 '노략자(buccaneer)'로 배변은 '똥(caca)'으로 부른다면, '연줄(crony)'이 있는 사람'과 '공모(cahoots)'를 한다거나 혹은 '풋볼을 하거나(chucking a football)' '자동차 경주 내기를 할(playing chicken)' 때 '주저앉거나(get knocked your can)' '박살이 났다면(clock cleaned)', 혹은 경관을 '캅(cop)'으로 부르거나, 재미있는 '농담(crack)'을 하거나 '기이한(crank)' 주장을 무시하거나 그저 '괴팍해지고 싶은(cranky)' 기분이 들었다면, 혹은 '허튼 짓(craps)'을 하거나, 죽은 사람을 '끽 한 사람(croaked)'이라고 부르고, 지각을 했다고 임금이 지불되지 않아서 어떤 직장을 '그만두었다면(ditch)', 한 '친구(dude)'와 '잘 어울린다면(duke)', 돈을 '가득 채워줄(flush)' 거래를 '속임수로 성사시킨다면(finagle)', 혹은 저지르지도 않은 일에 대해서 '누명을 쓴다거나(framed)' 약간 구식이라서 '저런(bygolly)!' 혹은 '어머나(gee whiz)!'라고 말한다면, 혹은 '헛소리(gibberish)'를 지껄이고 맥주를 '들이키는(guzzle)' '둔하고(gawky)' '퉁명스러운(grouchy)' 늙은 '영감쟁이(geezer)'를 참을 수 없다거나 '뇌물(graft)'을 받는 '엉터리(hack)' 정치인이 싫거나, '대박(jackpot)'을 터뜨리는 '감(hunch)'이 있다면, 혹은 '재즈(jazz)'를 듣거나 어떤 매춘부의 '애인(john)'인 작자를 '얼간이(jerk)'로 부르고, 가장 좋아하는 '술집(joint)'에 가거나 친구나 어린 애를 '키드(kid)'라고 부르며 누군가에 '키스 마이 애스(kiss my ass)'라고 욕한다면, 혹은 '판돈을 건다거나(put money in a kitty)' 법을 피해 '도망(lam)' 중이거나 싸워서 누군가를 '패주거나(lick)', '습한(muggy)' 날에 당신의 돈을 빼앗은 '강도

(mugger)'의 '낯짝(mug)'을 보았다면, 혹은 자신의 '말쑥한(natty)' 차림새에 자부심이 있거나, 친한 사람을 '툭 치거나(noogy)', 판돈을 올릴 '배짱(nuts)' 혹은 '애완(pet)' 동물이 있다면, 혹은 '사기꾼(phoneys)', '깡패(punks)', '겁쟁이(pussies)'를 싫어하거나, '퀴어하거나(queer)' '독특한(quirky)' 것에 대해서 자부심이나 수치심을 느낀다면, 이웃의 '소음(racket)'이나 부패한 사업상의 '부정(racket)'을 비판한다면. 혹은 '야단스러울 정도로(rollicking)' 흥겨운 시간을 보냈거나, 유망한 '신참선수(rookie)'에게 '응원하는(root)' 넘에서 출선 기회를 주어야 한다고 생각한다면, '사기(scam)'에 넘어간 바보를 '멍청이(sap)'로 부르거나 파리를 '훠이 하고 쫓는다면(shoo)', 혹은 도시를 '벗어나거나(skip)', '게으름을 피우던가(slack)', 혹은 좋은 아일랜드 위스키를 한 잔 '들이킨(slug)' 후에 잔을 바에 '탁 하고 치거나(slug)' 금주운동가를 '팬다면(slug)' 혹은 많은 좋은 것들이 '슬럼(slums)'에서 나왔다는 것을 알고, '정직한(square)' 거래를 하거나, 그저 '보통의 노동자(stiff)'이거나 '악취(stink)'를 풍긴다면, 혹은 너무 심하게 웃어서 '터질 지경(stitches)'이거나 '호화로운(swanky)' 것에 '사족을 못 쓰고(sucker)' 누군가를 '아저씨(uncle)'라고 부른다면, 초기 아일랜드 이민자들에게 감사해야 할 것이다.

사전 편찬자들은 아일랜드에서 이민을 온 노동자들이 원래의 게일어 표현을 변형하거나 기존 어휘의 의미를 새롭게 규정함으로써 이런 새로운 어휘를 만들었으며, 또한 그 어휘들을 널리 쓰이게 한 장본인이라는 증거를 가지고 있다.* 사회의 최하층에 함께 머물렀던, 아일랜드인들의 동료인 흑인들 정도만이 그들과 비슷한 정도로 미국 영어의 창조에 기여했다.

---

* 몇몇 비판자들은 대니얼 캐시디가 『아일랜드인들은 어떻게 속어를 만들었는가: 교차로의 비밀언어(*How the Irish Invented Slang: The Secret Language of the Crossroads*)』(2007)에서 제시한 몇몇 대표적인 주장을 반박해왔다. 그러나 위의 어휘목록을 포함한 압도적인 규모의 증거를 고려할 때 최소한 아일랜드계 노동계급이 미국의 민중언어 형성에 크게 기여했다는 사실은 명백해 보인다.

아일랜드계 경찰의 형성

에릭 롯을 위시한 일군의 학자들은 아일랜드계 이민자들이 흑인을 상대로 인종주의를 드러낸 것이 "계급과 인종 양측면에서 드러나는 자신들의 '흑인성'"을 감추기 위한 노력으로 보았다. 그런 인종주의의 사례로는 1863년 뉴욕시의 징집반대 폭동 중에 벌어진 흑인들에 대한 공격, '깜둥이(coon)'라는 어휘의 조어, 민스트럴 쇼의 공연에서 의도적으로 흑인들을 비하하려는 시도들을 들 수 있다. 노엘 이그나티에프가 말하듯이 "하얀 피부색은 아일랜드인들에게 백인종에 속할 수 있는 자격을 부여했지만, 그 피부색 자체가 가입을 보장하지는 않았다. 그들은 노력해서 백인종이 되어야 했다."

필라델피아에서 아일랜드인이 주도한 일련의 폭동이 벌어진 1844년에 나온 한 민스트럴 쇼의 노래는 하얀 피부색의 이민자들 사이에서 벌어지고 있던 변화를 포착했다.

오, 그러자 큰 물고기는 겁을 먹기 시작했다네,
그들은 재앙이 매우 가까워졌다고 생각했지.
그들은 평화를 위해 모임을 열었고,
모든 백인들을 경찰로 만들기로 결정했어.

그 백인들 중의 한 사람이 필라델피아의 윌리엄 '황소' 맥멀렌으로서, 그는 아일랜드 이민자들의 폭력조직인 킬러스(Killers)와 자매 소방단 모야멘싱 호스(Moyamensing Hose)의 우두머리였다. 그는 그 도시의 가장 가난한 지역에서 검게 그을린 피부색의 아일랜드 이민자들과, 흑인들에게 우호적인 백인들과 어울려 성장했다. 1840년대에 그는 필라델피아에서 벌어진 몇몇 폭동에 가담했는데, 한번은 이민을 반대하는 백인 한 명을 총으로 쏴서 죽였고, 칼로 경찰 두 명에게 상해를 입혔다. 재판을 피하기 위해서 맥멀렌과 그 일당들은 군대에 입대했다. 멕시코 전쟁의 최전선에 배치된 직후 그 일당들은 부대의 지휘관을 없애버리고 그 자리에 맥멀렌을 앉혔다. 여러 자료들을 고려할 때, 맥멀렌 일당들은 멕시코에서 완전한 미국 시민이 된 것으로 보인다. 그들은 군대에서 자기 기율과 충성심을 길렀으며, 너무나 맹렬히 전투에 임해서 용맹한 병사로 인정받게 되었다. 비슷한 처지였던 다수의 아일랜드계 이민자들처럼 맥멀렌도 전쟁에서 돌아온 후에 시 경찰청에서 일하기 시작했다. 1850년 그는 필라델피아의 민주당 키스톤 클럽의 회장으로 선출되었으며, 그 지역의 아일랜드계 인구의 다수를 조직하여 친(親)아일랜드 성향의 후보가 시장에 당선되도록 노력했다. 그가 지지한 후보가 당선되면서 모야멘싱 호스 소방단의 조직원 6명이 시 경찰직에 임명되었다. 또 맥멀렌은 노력 끝에 모야멘싱 교도소 감사위원회의 위원이 되었다. 그 이후에는 시 의원으로도 선출되어 필라델피아의 경찰인력을 아일랜드인으로 채우고자 했다.

똑같은 패턴이 뉴욕에서도 반복되어, 이 도시에서도 아일랜드인들은 흑인들에게 우호적인 백인에서 백인 시민으로 변모했다. 뉴욕의 아일랜드인 폭력조직은 권력과 합법성을 확보하기 위해서 당근과 채찍 전략 모두를 가차 없이 구사했다. 한편으로 그들은 폭동과 방화, 각종 폭력 행위를 벌이면서 시당국이 경찰과 소방대 조직의 규모를 크게 늘리도록 유도했다. 다른 한편으로 폭력조직은 열성적으로 이민자들의 정치적 조직화에 힘써서 자신들이 정한 후보가 자주 당선되었다. 상황이 이러했기 때문에 시장과 경찰조직의 책임자들은 새로 확대된 경찰인력을 아일랜드인으로 채워야 했다. 아일랜드로부터 대규모 이민이 시작된 무렵인 1840년대에 경찰로 일하는 아일랜드인은 손으로 꼽을 정도였다. 그러나 1855년 아일랜드인들의 표에 힘입어 시장으로 당선된 페르난도 우드 시장이 경찰인력을 246명 증원했을 때, 그 인원의 절반이 아일랜드인 차지였다. 그해 말에 뉴욕 시 경찰인력의 4분의 1 이상이 아일랜드인이었고, 19세기가 끝나갈 즈음에는 경찰 인력의 절반 이상과 소방대 인력의 4분의 3 이상이 아일랜드계 미국인이었다. 더해서 아일랜드인들이 검사와 판사, 교도소 간수로 일하는 비율은 미국 전체 인구에서 아일랜드인이 차지하는 비율을 월등히 상회했다. 곧 아일랜드계 경찰은 미국 문화의 상투형이 되었다. 한때 원숭이를 닮은 야만인으로 알려졌던 아일랜드인은 이제 자신들을 가장 사심 없고 애국적인 공무원으로 제시할 수 있게 되었다.

19세기부터 20세기에 걸쳐 아일랜드 이민사회의 지도자들은 놀랍도록 성공적인 동화과정을 이끌어냈다. 그들의 목표는, 아일랜드계 신문「보스턴 파일럿(Boston Pilot)」의 표현처럼 "가톨릭 교도이면서도 차분하고, 이성적이며, 존중받는 이민자" 집단을 만드는 것이었다. 뉴욕의 '단검 존' 휴즈 대주교나 보스턴의 존 조지프 윌리엄스와 윌리엄 헨리 오코넬 대주교 같은 가톨릭 성직자들이 생활현장에서 이런 과정을 주도했다. 이 성직자들은 교회의 권위와 기독교적인 규범을 활용하여 이민자들이 새로 정착한 국가의 방식을 받아들이도록 유도했다. 아일랜드인의 북아메리카 이주과정을 연구한 저명한 역사가 커비 밀러는 가톨릭의 기율이 미국 문화의 요구에 쉽게 녹아들었다는 사실에 주목한다. "설교와 교구학교의 독본을 통한 교회의 가르침은 이민자와 그 자손들에게 근면, 검약, 절제와 자기 통제를 명했는데, 이런 생활습관은 영적 파멸을 막아줄 뿐만 아니라 선량한 시민과 성공적인 사업가가 되는 길이기도 했다." 아일랜드계 성직자들은 운하 건설시기에 신도들의 기율을 잡는 일도 맡았다. 그들은 운하 건설업자에게 고용되어 게으르고 제멋대로인 노동자들에게 수치를 안겨주었다. 1843년에서 1844년까지 아일랜드계 노동자들이 웰랜드 운하 건설현장에서 말썽을 일으키자, 맥도너 신부는 "성직자의 권위로 그들에게 채찍질을 했다." 갤럽 운하 건설현장에서는 아일랜드 노역자들이 즉흥적인 쟁의를 벌여 삽을 내려놓자, 제임스 클라크 신부는 현장 관리자들에게 "현장에서 질서를 유지하는 데에 자신의 힘을 모두 보태겠다"

고 약속했다. 그는 파업 중인 아일랜드 이민자들에게 노동의 의무에 대해서 강연했고, 한 기록에 의하면 결국 그들을 설득해서 일터로 돌아가도록 했는데, 그의 강연을 들은 아일랜드 이민자들은 "완전히 유순해졌다."

밀러에 의하면, 이 기간 동안 대부분의 아일랜드계 성직자들은 "질서와 권위, 영적 순응에 대한 종교적 관심과 더불어 중산층 부모에게서 물려받은, 사회적 안정과 성적 순결에 대한 강박 모두를 드러냈다." 따라서 그들은 "전통적인 문상관습(wake), 설화적 세계에 대한 믿음, 남녀공학, 교차로에서 단체로 추는 춤 등 교회의 권위나 부르주아 헤게모니를 위협하는 모든 풍속"을 단죄했다. "이 '철의 도덕'은 기근 이후의 아일랜드인들을 세계에서 가장 철저하게 신앙생활을 준수하며, 성적으로 통제된 가톨릭 교도로 변화시키는 데 기여했지만, 그 과정에서 농부들의 삶에 특색과 활력을 부여했던 오래된 관습들이 많이 사라졌다."

교회의 세계관은 다수의 아일랜드인들이 새롭게 정착한 국가와 하나가 되는 데에도 중요하게 기여했다. 뉴욕에서 아일랜드인들의 동화에 누구보다 큰 역할을 했던 휴즈 대주교는 "가톨릭 교회는 기율의 교회여야 한다"고 주장했다. 이를 위해서 그는 수천 명의 아일랜드계 뉴욕 시민들을 금주단체에 가입하도록 설득했으며, 아일랜드 이민자협회의 설립을 주도했다. 이 단체는 아일랜드 이민자들에게 일자리를 알선하고, 취직 후에는 그들이 근면성과 노동윤리에 대한 헌신을 유지하도록 감독했다. 규범을 어긴 노동자들은 협회와 교구의 성직자로부터 공개적인 모욕을 당했다. 휴즈 대주교는 수녀들에게 병원, 학교, 고아원과 각종 협회의 주요한 행정직을 맡겼으며, 그들은 '마리아 교의(Marian Doctrine)' 등의 종교적 기율을 사람들에게 심고자 했다. 소녀들은 스스로 순결한 삶을 사는 데에 더해서 주변 친구들 역시 정조를 지키게 도와야 한다고 교육받았다. 휴즈 대주교를 비롯한 가톨릭 성직자들은 미국 전역에 설립된 가톨릭 학교에서 은어 사용을 벌함으로써 학생들이 정확하고 점잖은 영어 어법을 준수하도록 가르쳤다.

19세기 말이 되면 이런 노력들이 언뜻 보기에도 대단한 성공을 거두면서 아일랜드계 신문들이 아일랜드인의 생물학적 특성에 대해서 새롭고도 대담한 주장을 펴는 것이 가능해졌다. 간단히 말해서 아일랜드인의 '인종적' 특성이 본디 미국적이라는 것이었다. 켈트족은 천성적으로 근면하고, 질서를 숭상하며, 충성을 바치고, 성적 자제력이 크다고 선포되었다. 『코네티컷 가톨릭(Connecticut Catholic)』지는 세기 전환기에 아일랜드계 미국인이 "대단히 예의바르며 질서를 잘 지키는 집단"이라고 주장했다. "게으르고 단정하지 못하며, 자주 포악해지는" 야수 같다는 상투적인 이미지와는 달리 사실 아일랜드인들은 "훌륭한 시민에게 필요한 모든 자질 면에서……어떤 집단과 비교해도 뒤지지 않으며……특히 이민 2세대는 타고난 기질면에서도 철저하게 미국적이다."

이 모든 훈계와 재인종화는 아일랜드인들에게 상당한 영향을 미쳤던 것으로 보이는데, 19세기 말이 되면 그들은 운하 건설현장을 영원히 벗어나게 된다. 운하에서 일한 지 딱 한 세대 만에 아일랜드인들은 보수가 매우 낮은 직군에서 일하는 비율이 현저히 줄어들었다. 반면 경찰이나 소방대원으로 일하거나 교사와 사무원, 사서 등의 화이트칼라 직군에 종사하는 아일랜드 이민의 비율은, 아일랜드인이 미국 인구에서 차지하는 비율을 상회하게 되었다. 1880년 아일랜드계 뉴욕 시장이 탄생했고, 뒤이어 보스턴과 시카고에서 각각 1884년과 1893년에 아일랜드계가 시장으로 선출되었다. 20세기의 처음 20년 동안에는 로드아일랜드 주와 매사추세츠 주, 뉴욕 주에서도 아일랜드계가 주지사가 되었다. 말할 것도 없이 이것은 위대한 성취이지만, 그 대가를 묻지 않을 수 없다.

지그 춤에서 행진곡으로

아일랜드계 미국인 집단 전체와 마찬가지로 패트릭 길모어, 에드워드 해리건, 그리고 천시 올콧은 자신들의 삶의 이력을 흑인적인 것으로 시작했으나 백인적으로 것으로 끝맺었다.

1849년 골웨이에서 보스턴으로 건너온 직후 패트릭 길모어는 오드웨이즈 이올리언즈(Ordway's Aeolians)라는 이름을 내걸고, 흑인 분장을 하는 민스트럴 극단을 조직했다. 14년 후 그는 북군에 복무하며 반전(反戰) 노래를 한 곡 내놓았다. 전쟁에서 눈이 멀고 사지를 다친 군인에 관한 아일랜드 노래인 "조니 난 널 못 알아보겠어"에 한 흑인 부랑자에게 들은 흑인 영가의 요소가 보태졌다. 길모어는 "가락을 다듬고 새로운 곡명을 붙였으며 당시의 특별한 의도에 부합하는 가사를 보탰다." 이렇게 탄생한 것이 바로 미국에서 가장 뛰어난 애국적 가요 중 한 곡이며, 자주 전쟁을 지지하는 데에 동원되기도 하는 "조니가 귀향한다네"이다. 그 밖에도 길모어는 "연방을 구하소서", "에이브러햄에게로 돌아가며", "고향으로부터의 좋은 소식"과 "존 브라운의 시신" 같은 몇몇 전쟁가요들을 만들었다. 한 역사가에 의하면, "보스턴 시민들에게 아일랜드인에 대한 긍정적인 이미지를 심어주는 데에 길모어보다 더 큰 기여를 한 사람은 없었다."

아일랜드 이민자의 아들인 에드워드 해리건은 파이브 포인트에서 인종 간 교류가 가장 왕성하던 시절에 그 구역의 중심지 가까운 곳에 살았다. 그는 십대에 밴조 연주를 배웠는데, 흑인 노예들이 만든 그 악기는 민트스럴 쇼 무대에서 가장 핵심적인 요소였다. 1860년대 샌프란시스코로 옮겨간 해리건은 흑인의 어법으로 농담을 하는 특기로 민스트럴 쇼의 스타가 되었다. 1870년대 그는 다시 뉴욕으로 돌아와서 뉴욕의 하층계급, 특히 흑인과 아일랜드계 이민자들의 삶을 묘사하는 희극을 쓰고 공연을 하기 시작했다. 1880년대에 해리건은 당대의 가장 성공적인 극작가이자 제작자가 되었고, 아일랜드계 이민자들을 존중받는 주류 집단에 속하게 하는 데에 기여했다. 그는 자신이 제작한 공연에서 '순전한 재미'만 제공하고자 했는데, 그런 목표는 대다수 버라이어티 쇼의 노골적으로 성적인 측면에 대한 대안으로 제시된 것이었다. 한 역사가가 말하듯이, 실제 "해리건은 상업적인 무대에 긍정적인 아일랜드인의 이미지를 제시함으로써 앵글로-색슨족 개신교도가 지배하는 인종적 위계를 넘어설 수 있었다." 해리건의 작품에 다수의 흑인 인물들이 등장하지만 대개는 아일랜드인과 대조되는 반문명적인 존재로서였다. 19세기의 문학평론가 윌리엄 딘 하우얼스는 아일랜드인은 해리건의 형상화를 거치면서 야만적 상태에서 벗어난 반면, 흑인들은 여전히 그 상태에 머물렀다는 점에 주목했다.

이 작가는 아일랜드인의 삶의 모든 양상을 애정을 가지고 묘사한다. 반면 흑인들의 삶은 그의 손길 아래서 그만 한 대접을 받지 못한다. 모든 아일랜드인들이 선량한 것은 아니지만 모든 흑인들은 불량하다. 흑인들은 우울하며, 줄곧 근시안적인 거짓말과 즉흥적으로 꾸며내는 말을 뱉어낸다. 흑인들은 항상 즐거움을 주지만, 폭력적이며 신뢰할 수 없다. 우리 모두가 과거의 흑인 인물들에게서 보아왔던 밝은 다정함은 이 작품 속 흑인들에게는 존재하지 않는다.

해리건은 아일랜드인의 음주벽과 소란스러운 성향을 풍자해서 웃음을 끌어내지만, 그의 작품 속 아일랜드인의 전반적인 삶의 궤적은 사회적 존중을 획득하는 상승의 과정이다. 해리건의 작품 중에서 가장 큰 인기를 누렸던 시리즈의 주인공인 댄 멀리건은 1848년 아일랜드에서 이민을 와서, 남북전쟁에 참전했고, 식료품 가게를 마련했으며, 마침내 사심 없는 정치인으로 공동체에 봉사하게 된다.

해리건의 작품에 등장하는 아일랜드계 인물들은 사회적 존중을 획득하는 반면 리듬은 잃게 된다. 아일랜드인의 삶을 소재로 해리건과 (역시 흑인 분장을 한 민스트럴 쇼에서 공연했던) 그의 동료 데이비드 브러햄이 함께 만든 노래들은 대개 지그 풍을 따랐지만, 템포가 훨씬 더 느려졌고 행진곡 풍의 규칙적인 박자가 보태졌다. 그 작품들은 신체의 움직임보다는 멜랑콜리한 정서를 유도하는 것이 목적이었다. 리듬감을 창출하는 당김음 효과는 흑인 인물이 담당하며, 민스트럴 전통의 고전이라고 할 수 있는 "케이크를 향해 걸어가며", "시트론 웨딩 케이크", "마사가 결혼한 밤", "그 오래된 헛간 문", "찰스턴 블루스"에서만 쓰였다.

해리건과 마찬가지로 천시 올콧 또한 코르크 재를 얼굴에 묻힌 채 쇼 비즈니스에 발을 들였다. 아일랜드 이민자 여성의 아들로 태어나 에리 운하의 건설 현장에서 자란 올콧은 몇 차례나 가출을 해서 민스트럴 극단에 참여했고, 1870년대 흑인 분장을 한 가장 유명한 공연자들 중 한 명이 되었다. 그러나 아일랜드인들을 허구적인 문화적 기원과 연관을 지음으로써 사회적 존중을 확보하려는 시도들이 진행되던 1880년대가 되면, 올콧은 오페라식 벨칸토 창법을 받아들여 '진짜(authentic)' 아일랜드 노래들을 부르게 되었다. 역사가 윌리엄 H. A. 윌리엄스에 의하면, 1880년대 아일랜드를 방문한 후 올콧의 아일랜드 억양은 "수백 번의 공연을 치를 만큼 훌륭한 것으로 받아들여졌으며, 올콧은 미국 공연계에서 대표적인 아일랜드인 테너로 자리잡게 되었다." 올콧의 특기는 감상적인 발라드와 과장된 멜로 드라마적 연기였다. 또한 그는 굉장히 점잖고, 격한 리듬과는 거리가 먼 "새로운 유형의 아일랜드계 남성 인물"을 선구적으로 구현했다. 올콧이 창안해서 "술주정꾼 유형을 대체한" 인물은 "잘 생기고, 위트 있으며, 매력적이지만, 동시에 감성적인 영웅으로서 어머니와 조국을 위해서 눈물을 흘린다. ……그는 일을 할 때는 때때로 대담성을 보이기도 하지만, 기본적으로 성품이 다정한 남자로서 사랑노래와 자장가를 부르는 데도 능숙하다." 올콧은 "야생의 아일랜드 장미", "아일랜드의 눈이 웃을 때" 등의 몇몇 감상적인 발라드의 가사를 쓰기도 했다. 그 노래들은 온건하고, 낭만적이며, 춤추지 않는 아일랜드인의 이미지를 담고 있는데, 물론 이런 인물형은 춤추는 원숭이라는 과거의 이미지를 대체하기 위해서 창안된 것이었다. "올콧과 그의 동료들은 아일랜드계 미국인들에게 그것을 발판삼아 품위와 체통을 쌓을 수 있는 허구적이지만, 영광스러운 과거를 부여했다."

자극적이지 않은

1917년 시카고 청소년 보호협회의 한 조사관은 우드로 윌슨 클럽을 방문해서, 대부분의 참가자가 아일랜드계인 무도회를 참관했다. 그는 상당량의 알코올이 소비되고 "안고 키스하는" 광경을 목격했음에도 불구하고, "그 무도회장에서 딱히 흉한 것을 발견하지 못했다." 그는 그곳의 춤이 "자극적이지 않다고 (inoffensive)" 보고했다. "춤 스타일은 모던한," "나막신 효과(clog effect)"가 활용되는 폭스 트롯이었다. 이렇듯 아일랜드인들의 문화는 전반적으로 자극적이며 성적 암시가 강한 춤 스타일에서 탈피하고 있었다. 아일랜드계 청년들은 1910년대와 1920년대 폭발적으로 성장한 상업용 댄스홀에 출입이 뜸한 집단이었다.* 대신 그들은 '아일랜드 전통음악'을 연주하는 클럽에 갔다. 이

---

* 데이비드 나소의 『나들이: 공적 오락의 성장과 몰락(Going Out: The Rise and Fall of Public Amusement)』, 루이스 에렌버그의 『외출: 뉴욕의 밤문화와 미국 문화의 변화, 1890-1930 (Steppin' Out: New York Nightlife and the Transformation of American Culture, 1890-1930)』, 그리고 루스 알렉산더의 『젊은 여성이라는 문제: 뉴욕 여성의 성적 일탈, 1900-1930(Girl Problem: Female Sexual Deliquency in New York, 1900-1930)』 등의 연구서에는 아일랜드계 미국인에 대한 언급이 아예 없고, 캐시 피스의 『싸구려 오락: 세기 전환기 뉴욕의 노동 여성과 여가(Cheap Amusements: Working Women and Leisure in Turn-of-the-Century New York)』에

클럽들은 미국의 주요 도시들에 지부를 두고, 미국 문화에서 아일랜드인에 관한 전형적인 생각들을 지우고 아일랜드 문화를 고상하고, 차분하며, 점잖은 것으로 재창조하고자 했던 게일 연맹(Gaelic League)이 주도한 운동의 일부였다. 이 연맹은 진정한 아일랜드의 춤은 결코 저속하지 않으며, "우아함과 정확성, 단정함과 활력, 정서적 효과 면에서 탁월하고," "환락의 이집트 춤"과 비슷한 것은 아일랜드인에게 낯설다고 열렬히 주장했다. 이 연맹의 도시별 지부는 아일랜드인의 모임에서 "캣 워크나 케이크 워크 등등의 모든 끔찍한 외래종 춤들"을 추방하라는 지시를 받았다. 연맹의 회원들은 아일랜드인들이 "비아일랜드적 스타일로서 관용해서는 안 되는," "뮤직홀 스타일의 춤"을 추지 못하게 하겠다고 맹세했다. 당시 상업적인 댄스홀에 출입하던 아일랜드인들이 추던 춤은 "[아일랜드의 선원들과 미국의 흑인 노예들이 춘다고 알려져 있는] 벅-점핑(buck-jumping)이라고 불리던 종류였다. 그 춤은 격렬할 정도로 활기가 넘쳐서 우아함을 유지하거나 (옛 대가들이 다섯 종류가 있다고 말한) 정확한 자세의 유지에 주의를 기울일 수 없었다. 발동작에도 별반 신경을 쓰지 않았던 그 춤은 바로 때때로 나막신 춤(clog dancing)이라고도 불린 '지깅(jigging)'이었다(이런 아일랜드식 춤을 출 때는 나막신을 신고 뒤꿈치나 앞꿈치로 바닥을 두드림으로써 당김음의 울림 효과를 내는 '엇박'이나 '센박' 리듬을 만든다. 19세기에 다수의 흑인들이 이런 스타일을 받아들여 탭 댄스와 '스텝 댄스[stepping]'로 발전시켰다).

춤의 역사를 연구한 헬렌 브레넌에 의하면, 슬프고도 아이러니한 사실은 게일 연맹이 부정한 이 활력 넘치는 지그 춤과 릴 춤이야말로 그들의 옛 조국 마을에서 추던 '진정한 전통 춤'이었다는 것이다. 아일랜드 춤의 역사를 기록한 또다른 역사가인 존 P. 컬리네인에 의하면, 연맹은 진짜 전통 춤의 분방함

는 "독일계과 아일랜드계 노동자 및 미국 노동자가 모여 살았던 웨스트 사이드 거주지역" 댄스홀의 인기와 관련하여 아일랜드계 미국인이 언급되고 있기는 하다.

을 부정하고, 단체로 추는 춤에 "엄격하다 못해 거의 군대식 규율 같은 규칙"을 제정했다. "그 이전에는 규정된 규칙에 구애받지 않고 개인적으로 자유롭게 발을 놀려 춤을 추었다면," 이제는 "즐거움과 즉흥성을 빼앗기고 손동작과 발동작 모두 군의 움직임 같은 것이 되었다." 20세기 초반 필라델피아의 포 프로빈스(Four Provinces) 오케스트라나 보스턴의 오리어리스 아이리시 (O'Leary's Irish) 민스트럴 같은 '정통 아일랜드' 밴드는 지그와 릴에 맞는 춤곡을 연주했지만, 초기 이민자들의 선술집에 울려퍼지던 거친 리듬은 사라지고 사랑스러운 우아함을 추구했다.

비슷한 변화가 미국 대중문화에서 묘사되는 아일랜드인의 모습에서도 나타났다. 윌리엄 H. A. 윌리엄스는 『단지 아일랜드인의 꿈일 뿐: 미국 대중가요의 가사에 나타난 아일랜드와 아일랜드인의 이미지, 1800-1920(*Twas Only an Irishman's Dream: The Image of Ireland and the Irish in American Popular Song Lyrics, 1800-1920*)』이라는 저서에서 "노래 가사에서 전형적으로 아일랜드적인 인물유형을 구성하던 특징들, 즉 음주와 싸움, 춤과 노래를 지칭하는 일군의 단어들이 차지하는 비율이 19세기의 마지막 20년 동안 26퍼센트에서 8퍼센트로 감소했다"는 것을 발견했다. 그의 결론은 다음과 같다. "한때 아일랜드적이라고 하면, 거칠고, 소란하며, 기율이 없는 등의 특성이 떠올랐다면, 세기 전환기에는 보수적이고 구식의 태도를 연상시키기 시작했다. ……과거에 어울리기 좋아하고, 재미를 쫓는 것으로 알려진 아일랜드인의 부정적인 이미지는 사라지게 되었다."

매디슨 그랜트라는 이름의 "자연주의자"는 1916년에 출간한 저서에서 미국 내 이민자들의 인종적 지위를 재규정했고, 이 책에서 확립된 인종 간의 위계는 20세기의 상당한 기간 동안 미국 공공정책의 지침이 되었다. 『위대한 인종의 소멸 혹은 유럽사의 인종적 기반(*The Passing of the Great Race: or, The Racial Basis of European History*)』은 유럽인을 세 개의 인종으로 나누었다. 그 세 부류는 남부 유럽의 "지중해 인종," 중부 유럽의 "알파인 인종," 북부 유럽의 "노르딕 인종"이었다. 그랜트는 가장 우월한 집단인 노르딕 인종을 "최상의 백인"이라고 칭했다. 알파인 인종은 성취의 가능성은 있지만, 생물학적 결함으로 말미암아 노르딕 인종의 위대함에 결코 도달할 수 없었다. 지중해 인종은 아시아인이나 아프리카인보다 약간만 더 뛰어났기 때문에 원시적인 농업 상태를 넘어설 수 없었다. 이 책은 최종적으로 비-노르딕 인종을 미국에서 배제해야 한다고 주장했다. 아일랜드인에 대해서는, 그들이 처음 미국에 왔을 때는 "마치 살아 있는 네안데르탈인의 표본인 듯이 고릴라처럼 거칠었는데……그 점은 커다란 윗입술과 콧대가 낮은 코, 불쑥 나온 눈썹, 짧게 꼬인 머리카락과 야만적이고 잔인한 표정에서 쉽게 확인할 수 있다"라는 내용이 나온다.

그런데 보라! 이 고릴라 같은 아일랜드인에게 놀라운 일이 벌어졌다. "아일랜드인의 야만성은 이 나라에서 완전히 사라진 것처럼 보였다." 미국에 온 지 70년이 채 지나지 않아 아일랜드계 미국인은 인종적 위계의 최정상에까지 올라갔다. 1916년 그랜트는 "아일랜드인이 영국인만큼이나 완벽한 노르딕 인종이 되었다"고 보았다. 그들은 "영국인을 구성하는 것과 정확하게 똑같은 인종적 요소"로 만들어졌다. 그로부터 8년 후에 의회에서 비-노르딕 인종의 이민을 엄격하게 제한하는 국가 기원법(National Origins Act)이 통과되었을 때에도 아일랜드인에게는 자유로운 이민이 계속 허용되었다.

아일랜드인이 노르딕 인종으로 지위가 상승하는 시기에 가장 유명한 아일랜드계 인물은 브로드웨이 뮤지컬의 창시자인 조지 M. 코핸이었다. 그는 1878년 7월 3일 생이었지만, 부모가 자신들의 애국심을 증명하는 데에 열정적이었던 나머지 그의 생일을 7월 4일이라고 말하고 다녔다. 사망 무렵 코핸은 대중문화를 상징하는 인물이 되었고, 1942년 워너브라더스 사는 그에게 헌정하는 전기영화 「양키 두들 댄디」를 제작하기도 했다. 코핸의 뒤를 이어 가장 유명한 아일랜드계 미국인의 자리를 차지한 제임스 캐그니가 그 영화에서 코핸을 연기해 아카데미 주연상을 수상했다. 그 영화 묘사된 코핸의 삶 자체가 아일랜드인들이 미국에 가져온 음악의 운명을 잘 요약해서 보여준다. 코핸은 아직 갓난아기였을 때부터 부모님과 누이와 더불어 포 코핸즈(Four Cohans)의 일원으로 무대에 올랐다. 그들은 미국을 돌며, 흑인과 아일랜드 전통이 혼합된 보드빌 쇼를 공연했다. 매 공연에는 4명 모두 레프러컨(leprechaun) 요정 복장을 하고 경쾌한 지그 춤을 추는 '정통 아일랜드' 쇼가 포함되었다. 짧은 막간의 휴식 후에 4명은 정체성을 바꾸어 얼굴에 검댕칠을 한 흑인 댄서로 분장하고 공연했다.

코핸은 젊었을 때 자주 흑인 분장을 한 채 공연을 했으며, 미국에서 가장 뛰어난 탭 댄서가 되었다. 캐그니 또한 자신의 집에서 멀지 않은 파이브 포인트의 거리에서 배운 탭 댄스 실력이 탁월했다. 그러나 코핸과 캐그니에게 위대한 미국인의 영예를 안겨준 것은 탭 댄스를 행진곡과 혼용함으로써였다. 1900년대에 코핸은 오랜 시간 불리게 될 몇 곡의 애국적인 행진곡을 작곡했다. 그런 곡들 중 하나인 "너는 오래되고 장엄한 깃발이다"는 1906년 브로드웨이에서 히트한 「조지 워싱턴 주니어」의 피날레를 장식하기 위해서 만들어졌다. 앞에서 언급한 「양키 두들 댄디」의 결말에도 비슷하게 재연되는, 그 뮤지컬의 마지막 장면에서 주인공은 홀로 탭 댄스를 추다가 애국심을 자극하는 장엄한 군대음악에 맞추어 거대한 대열에 합류한다.

제1차 세계대전 중에 코핸은 "저 너머"라는 곡을 작곡했는데, 이 곡은 미군들 사이에서 가장 인기 있는 노래가 되었고 대중문화 영역에서도 인기를 누리면서 그 전쟁을 상징하는 노래가 되었다. 1936년 프랭클린 루스벨트 대통령은 제1차 세계대전 동안 군의 사기를 진작시킨 공로를 인정하여 코핸에게 미국 의회 황금명예훈장을 수여했다. 「양키 두들 댄디」의 바로 그 일화로 끝을 맺는데, 그 마지막 장면에서 코핸은 백악관에서 탭 댄스를 추며 걸어나

오다가 자신이 작곡한 노래에 맞춰 펜실베이니아 가(街)를 행진하는 군인들의 행렬에 합류한다.

앞의 내용이 아일랜드계 미국인 반항자들이 완전히 사라졌다고 시사하는 것은 아니다. 1910년대와 1920년대 댄스 열풍이 일었을 때, 몇몇 아일랜드인들을 나이트클럽에서 목격할 수 있었다. 아일랜드인들은 큰 명절인 성 패트릭 데이를 핑계 삼아 천박하다고 치부된 오래된 풍속을 풀어놓았다. 이에 대해서 1915년 대표적인 아일랜드계 신문인 「브루클린 태블릿(*Brooklyn Tablet*)」지는 "성 패트릭은 첫째로 나서서 안식일 전날의 이런 경박함을 비판했을 것"이며, "가톨릭 성도에게 토요일 밤의 춤은 혐오의 대상"이라고 선포했다. 보스턴에서는 대주교 윌리엄 헨리 오코넬이 새로운 형태의 춤뿐만 아니라 암시적인 성적 표현이 등장하는 문학작품과 점잖지 않은 복장과 화장, 카드 놀이 및 '타락한 노래', 즉 재즈를 금지했다. 대주교가 제대로 지적했듯이, 재즈는 "관능성이 넘치는 이교도 문화의 산물"이었다.

이런 공격적인 동화정책의 결과는 이중적이다. 첫째로 아일랜드계 미국인들은 다른 백인들과 구분되는 열등한 인종적 지위를 떨쳐내면서 이제는 거의 '소수적인 인종집단'으로 간주되지 않게 되었다. 둘째는, 미국 전역에 걸쳐 아일랜드계 미국인이 운영하는 술집에서 찾을 수 있다. 아일랜드인들은 여전히 기네스 생맥주를 마시되 다른 백인들처럼 텔레비전으로 스포츠 중계를 보고, 춤을 추기보다는 주먹다짐을 더 많이 하게 되었다.

7

유대인은 검둥이였다

1890년대에 대다수 학자들은 아일랜드인은 더 이상 흑인으로 볼 수 없지만, 유대인들은 아프리카에서 건너온 것이 확실하다는 데에 의견을 같이 했다. 1890년 펜실베이니아 대학교의 고고학자이자 민속학자인 대니얼 G. 브린턴은 검은 대륙이 "셈족의 요람"이라고 주장했다. 그로부터 9년 후에 출간된, 윌리엄 Z. 리플리의 『유럽의 인종(*The Races of Europe*)』은 브린턴의 주장을 대중화해서 널리 영향을 미쳤다. 역사학자 에릭 골드스타인에 따르면, 세기 전환기 이래로 "유대인, 고대 이스라엘 민족, 그리고 셈족 모두 아프리카와 연관되는 빈도가 증가했고," "정부 관료들 사이에서 유대인을 '히브리족' 인종으로 분류하는 경향 또한 늘어났다." 더 나아가 의회에서는 한 위원회가 조직되어, 이민 규제를 정당화하기 위해서 남부와 동부 유럽인들의 '인종적' 특성에 대한 통계자료를 편찬하기 시작했고, 인구청은 1910년 인구조사를 하면서 유대인을 포함한 유럽 이민들의 '인종' 분류를 위해서 새로운 범주를 추가하고자 계획했다. 필라델피아의 공립학교에서 학생들은 자신의 인종적 특성에 대한 설문지를 작성해야 했고, 그때 유대인 학생들은 자신들을 미국인으로 표시할 수 없었다. 1910년 아서 T. 애버네시는 당시 많은 미국인들이 인종에 대해서 가지고 있던 생각을 책으로 펴냈다. 다음은 그의 책 『유대인은 검둥이(*The Jew a Negro*)』의 결론 부분이다.

흑인성을 벗어던지려는 수천 년의 노력에도 불구하고 자신들의 인종적인 특성을 제거하지 못했기 때문에, 유대인은 여전히 행태와 육체적 기이함, 그리고 성향 측면에서 본질적으로 검둥이이다. ……사회생활의 세련된 관습과 그리고 성적 방종을 규제하는 규칙을 경시하는, 특히 유대인 남성들에게 두드러지는 성향은 그 인종을 대변하는 특성으로 여겨지게 되었다. 유대인들은 광적인 색정으로 말미암아 여성을 공격하게 되는 흑인과 마찬가지로 비정상적으로 뜨거운 피를 가졌다. ……유대인들은 음악분야에서 두각을 나타내는데, 이런 예외적인 특성마저도 흑인과 흡사했다. 유대인들과 흑인들은 천성적으로 음악적인 족속들이었고, 기회가 닿는 대로 음악을 즐겼다.

유대인은 검둥이가 아니다!

미국의 많은 랍비들은 이러한 주장에 분노로 대응했다. 샌프란시스코의 랍비 마틴 A. 메이어는 "가나안에 정착하기 위해서 광야를 빠져나온 유대인들은 셈족이었다"고 인정했지만, "오늘날 우리 중 누구에게도 원래 셈족의 피는 거의 흐르지 않는다"고 주장했다. 세인트루이스의 랍비 새뮤얼 세일은 유대인들이 더 이상 아프리카인이 아니라는 증거를, 두개골의 형태와 크기로 인종을 결정하는 골상학(骨相學)에서 찾았다. "우리는 해부학적인 수치에 근거한 명백한 사실, 즉 기껏해야 5퍼센트의 유대인들만이 자신들의 몸에 셈족의 특징적 표식을 지니고 있다는 것을 외면해서는 안 된다." 1909년 미국 유대인 위원회의 사이러스 애들러는 유대인들을 이론의 여지없이 백인에 포함시키는, "백인종의 실질적 정체성에 관한 아주 강한 어구의 선언"을 발표할 때가 되었다고 말했다.

인류학자 모리스 피시버그가 그 부름에 응답했다. 그는 연재된 기사들과 1911년에 출간한 저서 『유대인 : 인종과 환경에 관한 연구(*The Jews: A Study* of Race and Environment)』에서, "고대 히브리인, 심지어 셈족마저도 아프리카에서 유래했다는 것은 확증된 사실이 아니다"라고 주장했다. 그는 유대인들의 두개골 측정치로부터 유럽과 미국의 유대인들과 아프리카인들 사이에는 "아무런 연관이 없다"고 결론을 내렸고, 셈족의 요람을 "코카서스의 산악지역으로" 옮겨놓았다. 그러므로 유대인은 흑인과 달리 완전히 미국인이 될 수 있었다. 그는 "어떤 인구층은 단지 지배적인 인종집단의 언어, 종교, 관습, 습관 등을 습득함으로써 동화될 수 없는 것이 명백하기 때문에," "미국의 흑인들은 단지 영어를 말하거나 기독교인이 됨으로써 백인이 될 수 없다"고 설명한다. 그러나 "백인인 유대인은 비록 다른 종교를 믿지만, 그들이 동료 시민들과 동화되는 것을 막을 수 없다." 이러한 발견은 "유럽 및 미국의 유대인들과 기독교인들 간의 구분이 결국에는 사라지리라는 우리의 믿음을 뒷받침한다."

1906년 부커 T. 워싱턴이 한 연설에서 흑인에 대한 린치(lynch)와 유대인 학살(pogrom : 여기서는 나치에 의한 학살이 아니라 1905년 러시아에서 벌어진 학살을 지칭한다/역주)을 서로 견주자, 유대계 신문 「모던 뷰(Modern View)」는 워싱턴이 "정욕으로 인한 범죄로 자기 종족에게 수치를 안기는" 아프리카계 미국인들과 "열렬히 부를 추구하고 상업과 그 밖의 전문 분야에서 두각을 나타내는" 유대인들 사이에 "근거가 약한 유비"를 제시하려고 한다고 비난했다. 또 그 신문은 러시아의 유대인들은 "평화롭고, 근면하며, 범죄를 저지르지 않고," 성실한 데에 반해서 아프리카계 미국인들은 러시아의 유대인들보다 압제를 덜 받았음에도 불구하고 "범죄적 성향을 낳는 무지와 나태함"을 보인다고 주장했다. 뉴올리언스에서 발행되던 『유대인의 레저(Jewish Ledger)』는 워싱턴의 건방진 주장을 이렇게 비판했다. "인간적 우월성과 지적 성취 면에서 최고의 자리를 차지한 유대인과 저 아래에서 진흙이나 만지고 있는 검둥이를 비교하는 것은, 자기 종족에 대해서 보통 이상의 허영심과 오만을 가진 자만이 시도할 수 있는 일이다." 마찬가지로, 1900년 『미국의 히브리인(*American Hebrew*)』의 편집자 필립 코웬은 유대인 혹은 흑인이 강간을 저질렀다는 소문으로 촉발된 인종 폭동에서 "유대인은 단 한 명도 책임이 없고," 대개는 "사악한 흑인으로 말미암아" 그런 사태가 벌어졌다고 주장했다.

물론 다수의 유대인 지도자들은 흑인에 대한 이런 인종차별적 공격에 동참하지 않았을 뿐만 아니라 흑인 시민권 운동에 헌신했다. 그러나 그들 중 상당수가 유대인의 문화적 우월성에 대한 믿음과 덜 진화된 종족을 도우려는 온정주의적 충동 때문에 그렇게 행동했다. 여러 저명한 유대인들은 역경 속에서 단련된 강인함을 활용하여 아프리카계 미국인들을 돌봐야 한다는 도덕적 의무를 내세웠다. 1906년 뉴욕 윤리문화협회의 창립자인 펠릭스 애들러는 아프리카계 미국인들에 대한 유대인들의 도움이 "우리가 어떤 종류의 인간이고, 우리가 도덕적 지식과 발전의 길에서 얼마나 나아갔는지"를 보여준다고 주장했다. 1911년 미국 개혁 유대주의의 지도자인 랍비 맥스 헬러는 유대인들은 "박해의 용광로에서 강철같이 단련된 민족이기 때문에 연약한 동료 인간을 일으켜 세우는 도움의 손길을 내밀어야 한다"고 썼다. 유대인들은 바닥에서 "퇴보된" 종족과 함께 거주하니, "미숙한 형제를 가능한 빨리 우리들의 수준으로 끌어올려야" 한다는 것이었다.

대중문화 영역에서 일했던 다수의 유대인들은 흑인으로부터 거리를 두려고 애썼다. 유대계 이민자 이스라엘 장월이 1909년에 발표한 희곡 「인종의 용광로」라는 제목은 미국 문화로의 동화를 뜻하는 가장 대표적인 표현으로 남아 있다. 문화비평가 워너 솔러스가 지적하기를, "그 어떤 사회적 혹은 정치적 이론보다" "장월의 어구야말로 이민과 민족성에 관한 미국적 논의의 기조를 요약하고 있다." 「인종의 용광로」가 미국인이 되려면 백인이 되어야 한다는 것을 이민자들에게 전하려고 했다는 것은 잘 알려져 있지 않은 사실이다. 젊은 유대계 바이올린 연주자인 그 작품의 주인공은 미국의 문화를 정의할 교향곡을 작곡하려고 한다. 그런데 그 음악은 "미국인의 고귀한 유산을 저속하게 하고" "워싱턴과 링컨의 업적을 무화시키는," "유행광들"이 선호하는 "희극 오페라"나 "고전적인 대중음악"의 영향을 보여서는 안 된다. 장월이 작가 후기에 썼듯이, 그 음악은 "아프리카에서 건너온 사람들"의 "'래그타임'과 선정적인 댄스 음악"에 대한 대중적 요구에 저항해야 했다. 오히려, 미국의 교향곡은 유럽의 고상한 클래식의 계보를 이으며, "미국인들의 필그림 파더스(Pilgrim Fathers)가 유대인들의 『구약성서』와 직접 연결된다는 것을 아는 유대인"에 의해서 창조될 것이었다.

비정상적으로 뒤틀린

유대인이 백인적인 미국과 하나라는 주장을 유대인 자신과 미국인에게 납득시키려고 했던 유대인 동화주의자들의 노력에도 불구하고, 1910년대와 1920년대에 반유대주의는 도리어 강화되고 있었다. 대학들은 유대인의 입학허가를 제한하는 할당제를 도입했다. 유사한 종류의 장벽이 직업시장에도 세워졌다. 한 연구에 따르면, 1920년대 말쯤에는 뉴욕 시 사무직 일자리의 90퍼센트는 유대인을 고용하지 않았다. 유대계 은행가들은 제1차 세계대전이라는 참사에 자금을 대고 그로부터 이득을 취했다고 널리 비난받았다. 1918년 이래로 전 세계적인 독재정부를 세우려는 유대계 도당이 썼다고 믿어진 소책자, 즉 『시온의 장로들의 협약(*The Protocols of the Elders Zion*)』을 여러 국회의원과 미합중국 군대의 정보국 관료들을 포함한 미국 독서대중의 상당수가 읽었고, 많은 이들이 그 문건을 음모론의 증거로 간주했다. 한편 하층계급 유대인들이 급진적인 볼셰비키주의의 전파자로 여겨지기도 했는데, 그런 의심에는 근거가 없지 않았다.

동화주의자들의 대의에 가장 타격을 준 것은 유대인과 원시적인 성욕을 연관 짓는 통념의 지속이었다. 1915년, 애틀랜타 소재 연필 공장에서 일하던 유대인 공장 감독 레오 프랭크가 메리 페이건이라는 이름의 열세 살짜리 소녀를 강간, 살해한 혐의로 기소된 직후, 남부의 정치가 톰 왓슨은 "모든 사회학도는 기독교 여성에 대한 방종한 유대인의 정욕이 백인 여성에 대한 흑인남성의 정욕에 비해 딱히 덜 하지도 않다는 것을 알고 있다"고 말했다. 판사가 프랭크의 형량을 사형에서 무기징역으로 낮추자 자칭 '메리 페이선의 기사들'이라는 무리가 프랭크를 감옥에서 납치한 후 나무에 매달아 처형했다. 1915년 10월 16일, 정확히 프랭크가 처형된 지 두 달 후에 그 자경단 무리는 "가정의 안위를 흔드는 모든 세력의 제거"에 헌신하는 새로운 KKK단을 창설하는 데에 협조했다. 무엇보다 새로운 KKK단은 "여성을 보호하는 성스러운 의무에 헌신할 것"이라고 천명했다. "우리의 목적 중 하나는 여성의 정숙함을 지키는 것이다. 여성의 타락은 인간성의 성스러움에 대한 위반이자 백인종에 대한 죄이며, 사회에 대한 범죄이자 미국에 대한 위협이며, 삶에서 최선이자 최고이며 가장 고결한 모든 것에 대한 매춘행위이다."

1920년대 중반쯤 KKK단은 400만 내지 500만 회원을 거느린 단체로 성장했고, 백인 사회로부터 상당한 존경을 받았다. 그 단체는 무엇보다도 백인여성들을 성적으로 공격했다고 알려진 흑인들에게 린치를 가하는 것으로 유명했다. 그러나 실상 KKK단은 그보다도 백인 여성, 특히 반항적인 여성들의 자율적인 성을 통제하는 데에 자신들의 시간과 자원을 썼다. KKK단은 주로 댄스홀과 자동차를 집중적으로 감시했다. 황제 마법사(Imperial Wizard of the Klan: KKK단의 우두머리를 부르는 명칭/역주)가 경고했듯이, 그 둘은 "유혹적인 마력"을 발휘해 의지가 약한 여성들을 굴복시키기 때문이었다. KKK단은 지부를 둔 수많은 마을과 도시에서 소위 "사악한 유흥의 공간"에 반대하는 운동을 펼쳤다. 그들은 지방정부가 댄스홀을 규제하거나 폐쇄하도록 로비를 하는가 하면, 그런 활동이 성공적이지 못할 경우에는 자주 직접 댄스홀을 불태웠다. KKK단은 항상 다른 인종 남성의 공격으로부터 백인 여성을 보호한다고 주장해왔지만, 실상 그들은 백인 여성들을 여성 자신의 욕망으로부터 보호하고자 했던 것이다. 1920년대 KKK단의 조직원들은 대부분 흑인, 유대인, 가톨릭 교도, 여성 노동자들의 수가 빠르게 늘어가던 도시에서 살고 있었다. 그 이방의 족속들은 도시에서 형성되고 있던, 성적으로 해방된 문화에 열렬히 참여하고자 했다.

유대인은 '동화가 불가능하다'는 주장은 특히, 국회에서 드높았다. 1921년 하원의 이민귀화 위원회의 의장 앨버트 존슨은 미국이 "비열하고 비미국적이며 위험한 습벽이 있고," "비정상적으로 뒤틀린" 유대인들로 넘치게 될 위기에 봉착해 있다고 경고한 동유럽 외교관들의 말을 인용했다. 그후 국회는 동부 및 남부 유럽으로부터의 이민을 엄격하게 제한하는 긴급이민 제한법을 통과시켰다.

1920년대 내내 신문과 정치인, 정부 관료들은 유대인들이 급진주의와 섹스를 미국에 퍼뜨린다고 비난했다. 자동차 산업의 거물 헨리 포드는 자신이 소유한 「디어본 인디펜던트(*Dearborn Independent*)」에 "국제적 유대인 : 세계의 골칫거리"라는 제목으로 일련의 글을 게재했는데, 유대인의 위협에 대한 그의 주장은 폭넓은 지지를 얻었다. 유대인들이 은행업계를 지배하고 있다는 포드의 주장은 과장된 것이며, 전 세계의 유대인들이 앵글로-색슨 문화를 파괴하려는 음모를 꾸미고 있다는 주장도 거의 판타지에 가깝다. 그러나 유대인이 섹스를 조장하는 데에 큰 역할을 한다는 주장은 일리가 있었다. 포드의 말처럼, 실제로 당시의 극장에는 "음란한 소극과 재즈가 어우러져," "현란한 색깔과 몸동작"이 전부인 공연이 많았다. 그가 그 글을 쓰던 때에 "얇디얇은 천으로 몸을 감싼 소녀들 무리가 극의 핵심인, 압도적인 무대 효과로 장식된 육체의 향연"을 보여주는 "화려한 오락물과 익살극에 대한 인기"가 열렬했다는 것은 의심의 여지가 없다. 1920년대에 "경박함과 관능성, 상스러움"이 미국의 대중문화에 팽배했다는 사실을 누가 부정할 수 있겠는가? 그 새로운 문화는 "자연스럽게 육체의 노출 쪽으로 향했고, 그에 부합하는 보다 관능적인 감각을 주제로 삼았다." 그것은 확실히 "도덕적 보수주의라는 마지막 양심의 보루에 대한 전면공격"을 의미했다. 1920년대는 "코러스 걸들의 시대였다. 그 육감적인 존재들의 재능은 드라마의 요구와는 전혀 관련이 없었고, 그들의 무대 활동은 그 성격상 예술적인 경력이라고 할 수 없었다." 물론 대부분의 극장, 댄스홀 및 영화관은 "유대인들의 통제하"에 있었다. 어떤 역사가도 "유대계 관리자들이 예루살렘보다도 더 붐비는 뉴욕에서, 연극적 시도들이 점점 더 금지된 영역으로 확장되고 있다"는 포드의 주장을 부인할 수 없을 것이다. 다른 어떤 인종집단보다 유대인들이 "불안한 흥분과 방종의 근거지"인 극장을 더 많이 소유하고 운영했다는 사실은 기록으로 남아 있다. "점잖지 못한 춤에 빠진 무리들이" 포드가 "유대인의 재즈 공장"이라고 부른 곳에서 춤을 추었던 것이다. 그런 흥행사업으로 말미암아 미국의 오락문화에서는 "자극적인 감각이 소용돌이치고", "관능의 방기가 벌어지게" 되었다. 포드는 "유대인들이 [아시아적이고 지중해적이며, 아프리카적인 것을 모두 지칭하는] 오리엔트적인 관능성을 미국에 소개했다"고 주장함으로써 이 모든 현상을 요약했다. 그 진술은 사실이었다.

유대인의 재즈 공장

저명한 유대인 역사학자 하워드 자허는 20세기의 첫 10여 년 동안에, 뉴욕 매춘부의 75퍼센트가 유대인이었고, 사창의 50퍼센트가 유대인의 소유였다고 추정한다. 또한 1920년대 뉴욕 주의 교도소에 수감된 죄수의 대략 20퍼센트가 유대인이었다. 금주령 시기 동안 미국에서 소비된 상당량의 술을 조달한 것도 유대인 밀주업자였다. 앞에서 보았듯이 유대인들은 지하 피임 산업의 개척자이기도 했다. 또한 그들은 포르노의 출판과 유통을 획기적으로 늘림으로써 미국의 성 해방에 커다란 기여를 했다. 1880년에서 1940년 사이에 컴스톡 법령을 위시한 여러 외설 방지법을 위반하여 체포된 사람들의 상당수가 유대인들이었다. 한 평론가가 '미국 섹스의 황금기'라고 명명하기도 한 양차 세계대전 사이 포르노가 확산되고 있을 시기에 유대인들은 그 사업의 중심에 있었다. 역사학자 제이 A. 거츠먼은 이 시기 도덕 개혁가들이 "'포르노'의 유통이 1920년대와 1930년대에 왕성했고, 갤런시아나[gallantiana, 에로 소설], 전위적인 성애 소설, 싸구려 도색 소설, 섹스학 서적 및 노골적인 성 상품을 유통하는 사람들 중에는 유대인들이 압도적인 다수를 차지한다고 본 것은 옳았다"고 주장했다.

유대인들은 여러 모로 육체적인 민족이었다. 오늘날 미국인들은, 한때 이 나라에서 가장 천부적인 운동선수들이 유대인이었다는 사실을 거의 모르거나 믿으려고 하지 않을 것이다. 최초의 프로 농구연맹인 미국 농구 리그(ABL)는 1925년 설립 당시부터 1950년대까지 유대인 선수들이 장악했다. 설립 후 첫 20여 년 동안 리그에서 최다승을 올린 팀들로는 '천상의 쌍둥이'라는 별명을 가진 마티 프리드먼과 바니 세드런, 두 선수가 이끌던 클리블랜드 로젠블럼스, 모든 선수가 유대인이었던 브루클린 주얼스, 필라델피아 SPHAS(South Philadelphia Hebrew Association의 약자), 농구 역사 최초의 슈퍼스타인 냇 홀먼이 이끈 뉴욕 셀틱스가 있었다. SPHAS는 리그에서 7번 우승했는데, 해리 리트웩, 사이 카젤먼, 모 골드먼, 샤이키 고토퍼, 어브 토르고프, 맥스 포스낵, 제리 플라이쉬만, 잉키 로트먼, 레드 클로츠, (아버지가 로어 이스트 사이드에서 프렛즐을 팔던) 데이비 '프렛즐' 뱅크스, 브루클린 그린포인트의 자부심 해리 '재미' 모스코비츠를 포함한 당대 최고의 선수들 중 상당수가 이 팀 소속이었다. SPHAS는 12시즌 동안 무려 7번이나 우승하며 리그를 평정했다.

1926년에 발간된 『리치 농구 가이드(*Reach Basketball Guide*)』는 SPHAS를 "농구 역사상 가장 위대한 팀 내지는 위대한 팀들 중 하나"라고 평했다. 스포츠 역사학자 피터 르바인은 1930년대와 1940년대에 ABL에서 뛰던 선수 중 대략 절반이 유대인이었으며, 1940-41시즌의 득점 순위의 상위 "61명 중 36명이 확실히 유대계"라는 사실을 알려준다. 더 나아가 그 시즌의 최고 득점자인 SPHAS의 페티 로젠버그를 포함, 득점 순위 8위까지가 전부 유대계였다.

유대인들은 대학 농구도 장악했다. 1921년에 『미국의 히브리인』은 대학 농구 팀의 "이민자 소년들"이 "체력과 스피드, 기술 면에서 탁월성"을 보여준다고 평했다. 1935년 『주이시 크로니클(*Jewish Chronicle*)』 역시 대학 농구 경기에서, "유대인 스타는 농구의 동의어로 통용된다"고 썼다. 실제로, 1940년대에 유대인 학생들이 주축이 된 대학 팀들이 코트에서 비유대인 팀들을 제압했다. 1919년에서 1956년 사이에, 거의 유대인 선수만으로 구성된 뉴욕 시립대학교 팀은 423승, 190패를 기록했고, '뉴욕 대의 유대인 무리'라고 불리기도 한 뉴욕 대 농구 팀은 1922년부터 1958년까지 429승, 235패를 기록했다. 당시 다수의 전문가들은 유대인의 농구 실력을 생물학적인 특성으로 설명하고자 했다. 유대인들은 다른 인종보다 천부적으로 더 능란하고 더 뛰어난 운동능력을 타고났다는 것이다. 「데일리 뉴스(*Daily News*)」의 편집자 폴 갈리코 같은 이들은 그런 의견과 유대인에 대한 좀더 전통적인 통념을 결합시켰다. 갈리코는 농구가 "오리엔트적인 배경을 가진 히브리인의 흥미를 끈 것은, 그 스포츠에서 기민한 전술적 대응력, 순간적인 속임수, 노련한 몸놀림, 그리고 전반적으로 오만한 태도가 가치 있는 자질이었기 때문"이라고 주장했다.

유대인들이 한때 농구에서 '천부적인' 재능을 보였지만, 사각의 링만큼 그 집단의 타고난 운동재능을 증명해 보여준 분야도 없었다. 1900년에서 1940년 사이에 유대인들은 아일랜드계, 이탈리아계, 독일계, 흑인들보다 더 많은 수의 타이틀을 차지했는데, 유대인 세계 챔피언은 26명에 이르렀다. 같은 기간 동안 그 종목에서 가장 뛰어난 선수들 또한 유대인이었다. 베니 '게토의 마법사' 레너드는 8년 동안이나 라이트급 타이틀을 유지했고, 흔히 20세기 전반 그 체급에서 가장 뛰어난 선수로 여겨졌다. 맥시 '슬랩시' 로젠블룸과 바니 '레빈스키' 르브로비츠는 각각 5년 동안 라이트-헤비급 챔피언십을 보유했다. 랍비의 아들로 태어났고, 원래 이름이 도브-베르 로조프스키였던 바니 로스는 세 체급을 석권한 최초의 권투선수로서 10년간의 선수생활 동안 라이트급, 주니어-웰터급, 웰터급의 챔피언 벨트를 거머쥐었다. 유대인들이 이 종목에서 독보적으로 두각을 나타냈다는 증거로는, 1920년부터 1934년 사이 9번이나 유대인 선수끼리 챔피언 결정전에서 맞붙었다는 사실을 들 수 있겠다.

유대인 검둥이들

음악산업에서는 오랜 기간 유대인들이 흑인들보다 더 흑인적이었다. 1890년대와 1900년대 초반에 유대인이 소유한 M. 위트마크 & 선즈 사(社)는 그 시대의 가장 유명한 '당김음 된 음악' 혹은 '깜둥이 노래(coon song)'의 악보를 발간하고 홍보했다. 위트마크 형제 중 몇 명은 흑인 분장을 하는 민스트럴 극단에서 음악 경력을 시작했다. 그 회사의 발전과정을 기록한 문건에 따르면, 그 회사는 따로 '민스트럴 부서'를 두어, '민스트럴 쇼를 하는 아마추어들의 근거지' 역할을 했다. 그 부서는 민스트럴 노래, 민스트럴 전주곡 및 피날레 음악의 악보뿐만 아니라 흑인들의 농담을 모아놓은 시리즈도 출간했다. 또한 그 부서는 탬버린, 캐스터네츠, 노예 의상, 그리고 코르크 재도 팔았다. 1899년에 그 회사는 『최초의 민스트럴 백과사전』과 『최초의 민스트럴 관련 상품 카탈로그』를 출간했다. 마치 시어스와 뢰벅 같은 대규모 백화점의 카탈로그가 광범위한 고객들의 수요를 충족시키듯이, 위의 책들도 아마추어 민스트럴 공연자들의 필요를 빠짐없이 해결해주었다.

아일랜드인들이 흑인 분장을 벗어버리자, 유대인 이민자들이 굉장한 열의로 그 공백을 메웠다. 역사가 마크 슬로빈은 "웨버와 필즈부터 앨 졸슨, 소피 터커와 에디 캔터에 이르기까지 거의 모든 유대계 예능인들은 얼굴에 코르크 재를 바른 채 처음으로 무대에 섰다"는 사실을 알려준다. 그 분야로의 유대인들의 진출이 너무나 두드러졌던 나머지 「모닝 텔레그래프(*Morning Telegraph*)」는 1899년에 "히브리인들이 깜둥이 음악을 잇기 위해서 선택받았다"라는 제목의 기사를 싣기도 했다.

한동안 많은 유대인들은 자신들이 미국 노예의 후예들보다 더 뛰어난 음악적 재능을 타고났다고 생각했다. 1910년 젊은 어빙 벌린은 "깽깽이(Fiddle)를 켜는 유대인 이들(Yiddle)이여, 래그타임을 연주하라"라는 제목의, 유대인의 리듬 감각을 칭송하는 곡을 썼다. 이 노래는 "모든 사람이 노래하고 춤추고 뛰는" 결혼식에 초대받은 새디라는 여성의 모습을 묘사한다. 유대인 연주자인 이들이 연주하는 래그타임을 들었을 때, "그녀는 뛰어올라 그의 눈을 바라보며" 이렇게 말한다.

빠르게 연주해줘요.
나는 어지러울 지경이지만
두 살이나 어리게 느껴지네요.
초콜릿처럼 달콤한 내 사랑이여.

벌린의 흑인과의 동일시는 악기 연주를 연습하는 방식에서도 나타났다. 그는 오직 검은 건반들만 눌러 연주했는데, 그는 그 건반을 '검둥이 피아노'의 '검둥이 건반들'이라고 불렀다. 앨 졸슨은 또 한 명의 초콜릿처럼 달콤한 유대인이었다. 그의 전기작가 아이작 골드버그에 의하면, 졸슨은 흑인과 유대인 간의 "유사성의 살아 있는 상징"이었다. 젊은 시절 졸슨은 흑인 음악에 매료되어 할렘에서 상당한 시간을 보냈으며, 1910년대에 그는 흑인 카바레인 르루아에 들어갈 수 있는 유일한 백인이었다. 졸슨은 1911년 뮤지컬 「아름다운 파리」를 통해서 스타로 급부상했다. 그는 그 작품에서 "산 후안 힐 출신의 흑인 귀족으로 파리에서 뽐내는" 에라스투스 스파클을 연기했다. 그 뮤지컬에는 유대인 작곡가 제롬 컨이 쓴 "파리는 깜둥이 음악을 위한 천국"이라는 노래도 나온다. 이후 20여 년 동안 졸슨은 주기적으로 흑인 역할을 맡아 연기함으로써 쇼 업계의 최고 스타로 등극하게 된다.

졸슨이 흑인 역할로 스타가 된 해에 어빙 벌린 또한 그의 첫 번째 히트곡이자, 당김음 리듬을 차용한 미국 최초의 대중가요인 "알렉산더의 래그타임 밴드"를 작곡했다. 그 곡의 가사는 민스트럴 쇼의 흑인 방언을 모방한 어투로 쓰였고, 원시적인 음악성을 찬양하는 내용이다. "깽깽이는 끽끽거리는 것이/마치 닭 울음소리 같지/클라리넷은 흑인들의 사랑스런 애완동물/와서 음악들 들으세요/복숭아처럼 달콤한 밴드의 음악을……너무 자연스러워 더 듣고 싶을 거예요." 벌린은 웨이터로 일했던 차이나타운의 나이트클럽에서 래그타임 피아노 연주자의 음악을 들으면서 당김음 리듬을 익혔다. 후에 벌린은 "할렘은 내 마음에"와 "저녁 시간"을 위시한 다수의 유명한 '흑인 가요'를 썼다.

1918년에 앨 졸슨은 젊은 유대인 작곡가 조지 거슈윈이 쓴 민스트럴 가요 "스와니"를 불렀다. 그 노래의 화자는 "밴조가 부드럽고 낮게 울리고" "엄마가 기다리는" "딕시의 가족에게 돌아가기를" 염원하는 해방 노예이다. "랩소디 인 블루"와 "포기와 베스"에 이르는 거슈윈의 이후 음악 경력은 흑인 음악에 기반을 두고 있었다. 그는 십대 시절부터 드나들던 할렘의 나이트클럽에서 블루스, 재즈와 래그타임 등 다양한 흑인 음악을 익혔다. 제롬 컨 또한 유대인이자 흑인이었다. 그는 졸업반이 하는 민스트럴 쇼 공연에서 래그타임의 피아노 연주를 맡았다. 컨이 1927년에 발표한 「쇼 보트」의 악보는 "올 맨 리버"와 "그를 사랑할 수밖에"와 같은 고전을 포함해 영가, 래그타임, 블루스와 재즈 등 다양한 음악 스타일을 보여주며, 흔히 그의 최고작으로 여겨진다. 같은 해 앨 졸슨은 최초의 유성영화인 「재즈 가수」를 통해서 당대를 대표하는 연예인에 등극하는데, 그 영화에서 졸슨이 연기한 인물은 흑인으로 분장하는 쇼에서 성공하기 위해서 독실한 유대교 신자들인 가족을 떠난다.

벌린, 거슈윈, 컨과 졸슨이 흑인 음악과 주류 감수성 양쪽에 걸쳐 있으려고 했다면, 해럴드 알렌은 전적으로 흑인성을 받아들인 듯 보인다. 알렌의 아버지는 유대교 회당에서 즉흥적인 노래 솜씨로 이름을 떨친 성가대의 선창자(cantor)였다. 애송이 연주자 시절 알렌은 루이 암스트롱, 킹 올리버, 플레처 헨더슨을 위시한 선구적인 재즈 연주자들의 '흑인적인 음반(race record)'을 연구했고, 할렘의 코튼 클럽과 관련을 맺기 시작했다. 1930년 그 클럽에서 자신이 작곡한 "행복해져"가 공연되면서 알렌의 음악 경력은 궤도에 오르게 되었다. 이후 30여 년 동안 그는 1940년에 발표한 '흑인적인 연작곡집' 「존슨 목사의 꿈」에 실린 곡을 위시해 수십여 곡의 블루스와 재즈 히트곡들을 작곡했다. 블루스 가수 에셀 워터스는 알렌의 흑인적인 면모에 깊은 인상을 받았고, 그를 자신이 아는 한 '가장 흑인적인' 백인 남성이라고 칭했고, 그와 공동으로 곡을 썼던 한 동료는 알렌이 흑인의 모방자가 아니라 '한 명의 진짜 흑인'이라고 주장했다.

유대계 음악인들이 공연한 다수의 곡들은 흑인 작곡가들의 작품이었다. 흑인처럼 고함치듯이 노래하고, "최고로 섹시한 붉은 머리 언니"라는 애칭으로 불리던 소피 터커는 흑인에게 노래 교습을 받았고, 역시 흑인 작곡가들에게 곡을 의뢰했다. 보드빌 쇼를 하는 유대인 2인조 '스미스와 데일'의 멤버였던 조 슐처는 1890년대 로어 이스트 사이드의 뒷골목에서 공연한 흑인들에게 큰 영감을 받았다고 고백했다. "한 흑인 친구가 우리 동네에서 벅 댄스

(buck dance)라고 불리는 춤을 추었다. 그는 모래를 가져와 보도에 뿌리고 춤을 추었다. 그의 발동작이 노래와 만나 내는 소리가 나를 매료시켰고, 나는 그 사람처럼 춤을 추려고 노력했다. 그리하여 나 또한 무대에 오르고 싶다는 마음이 생기게 되었다." 위의 인사들만큼 유명하지 않은 유대인들도 흑인 음악에 심취하기는 마찬가지였다. 1880년대 언론인이자 사회 개혁가인 제이콥 리스는 "유대인 동네[로어 이스트 사이드]의 청년들은 비상할 정도로 춤에 빠져 있다"고 보았다. 유대계 도덕 개혁가 벨 모스코비츠는 유대인 동네에서는 "현란한 불빛과 요란한 음악 소리가 사방에서 터져나온다"며 절망을 표했다. 1910년대와 1920년대에 미국 전역의 하다샤 협회(1912년 뉴욕 시에 창설된 유대 여성 자선단체/역주) 지부와 유대인 청년 레크레이션 센터에는 흑인 분장을 한 채 흑인의 말투로 노래를 부르고, 당시의 가장 복잡한 재즈 스텝으로 춤을 추는 유대인 예능인들의 쇼가 정기적으로 상연되었다.

유대인 이민자들은 20세기 초에 보드빌 극장을 장악해, 그곳을 타락의 쾌락을 기리는 장소로 만들었다. 당시 규율을 중시하는 사람들에게 가장 거슬렸던 것은 보드빌 공연자들의 춤, 특히 여성 댄서들의 몸을 꼬는 동작과 성교를 흉내낸 '야한 춤'이었다.

최초의 아일랜드계 이민자들과 마찬가지로, 미국에 정착한 동유럽계 유대인들은 미국 사회의 피부색(인종) 구분을 의식하지 않거나, 개의치 않는 것처럼 보였다. 역사가 제프리 구록에 의하면, 그들은 "흑인들과 더불어, 혹은 흑인들 사이에 사는 것에 대한 거부감이 있는지 알아차리기가 어려웠다." 수천 명의 유대인들이 1920년대에 뉴욕의 할렘이나 시카고의 사우스 사이드 지역 등 흑인들의 거주지에서 살았고, 그곳에서 장사를 했다.

더 놀랍지만 널리 알려지지 않은 유대인의 흑인과의 동일시 사례는 유대인들의 별명으로 니거(nigger)가 흔하게 사용되었다는 사실이다. 마이클 골드의 자전적인 소설 『돈 없는 유대인(Jews Without Money)』에는 화자의 절친한 친구인, '니거'라는 이름의 '활력 넘치는 소년'이 나온다. 20세기 초반 대도시를 주름잡던 유대인 갱들도 다수가 동일한 가명을 채택했다. 이디시 블랙 핸드(Yiddish Black Hand)의 '이스키 니거', 그리저 갱의 '니거 베니' 스나이더, 필라델피아 69번가 갱의 해리 '니그' 로젠과 시카고 제20사단의 아사도어 '니거' 골드버그 등이 그러했다. 뉴욕에는 '니거 루스'라고 알려진 유대계 사창 운영자도 있었다. 뉴욕 차이나타운의 펠 가(街)에는 '니거 마이크' 설터라는 이름의 러시아계 유대인이 운영하던 카페가 있었는데, 그 사람이 바로 어빙 벌린을 웨이터로 고용했다.

시카고에 정착한 러시아계 유대인 이민자의 아들이자, 당대의 탁월한 클라리넷 연주자 중 한 사람인 밀턴 '메즈' 메즈로는 태생적인 인종적 정체성을 버렸다고 공언하기까지 했다. 십대에 미주리 주로 여행을 다녀온 이후, 그는 "남부의 흑인들이 나를 '검둥이 애인'이라고 부른 것"을 회상했다.

확실히. 나는 흑인 소년들을 좋아했을 뿐만 아니라 나 자신이 그 무리 중 하나였다. 요컨대, 나는 백인들보다 그들과 더 가깝다고 느꼈고, 그들 또한 나를 똑같은 부류로 대했다. ……내가 집에 돌아왔을 때 나는 앞으로 평생 그들과 가까이 지내게 되리라는 것을 깨달았다. 그들은 나와 같은 부류의 인간들이었다. 그리고 나는 평생 그들의 음악을 배우고, 연주할 것이었다. 나는 오직 흑인들만이 할 수 있는 방식으로 블루스 음악에 맞춰 몸을 흔드는 음악가, 흑인 음악가가 될 것이었다.

메즈로는 자신을 제외하고는 모두 흑인으로 구성된 밴드에 들어갔고, 흑인 여성과 결혼하여 할렘으로 이주했다. 그는 자신을 '자발적 검둥이'라고 선언했고, 더 나아가 '불량한 검둥이'가 되었다. 1930년대 메즈로는 재즈계의 대표적인 마약 거래상으로 통했고, 1940년에는 마리화나 소지와 유포 의도로 체포되어 기소되었다. 리커스 아일랜드 감옥에 도착했을 때, 그는 간수에게 자신은 흑인이라고 말해, 흑백이 분리된 그 감옥의 흑인 구역으로 보내졌다.

1946년 『에보니(*Ebony*)』는 "과거 백인이었던 한 남자의 사례"라는 기사를 통해서 메즈로를 "시련 가운데 거하는 이들과 똑같은 조건에서 살고자 짐 크로 법을 통과해 흑인의 삶으로 걸어 들어간" "몇 안 되는 백인 중 한 명"으로 칭송했다. 물론 그 기사는 "육체적으로 보자면," 메즈로는 "피부가 너무 하얗기 때문에, 아무리 상상력을 발휘해도 흑인으로 오인될 수 없다"는 점도 밝혔다. 그 기사는 그럼에도 불구하고 그의 "'흑인'으로의 개종은 대체로 그의 내면에서 일어났다. 그는 심리적 기질 측면에서는 완벽한 흑인이며, 그런 사실을 자랑스럽게 받아들였다"고 주장했다.

유대인은 백인이다

많은 역사가들은 재즈, 농구, 댄스홀 그리고 흑인 분장에 대한 유대인의 애착을 그들이 미국 문화에 동화되었다는 증거로 받아들였다. 그러나 그들은 미국 문화의 다양성과, 그 문화들 간의 갈등관계를 제대로 인식하지 못했다. 열렬하게 춤추고 자신들을 흑인이라고 칭한 유대인들은 '불량한' 미국인이 되었다.

이민자들을 미국인으로 훈련시키는 기관에서 연주된 노래와 춤을 일별해 보기만 해도 재즈 시대 동안에도 '선량한' 미국인들은 리듬을 전혀 느끼지 않았음을 알게 된다. 역사가 데릭 베일런트는 20세기의 첫 10년 동안 이민자 사회에서 활동하던 사회사업가들이 "래그타임이나 재즈 같은 특정 음악 장르의 청중을 가려내서 질책하고자 애썼는데, 그들이 자기 기율, 여성의 합당한 자리, 성풍속, 젊은이들의 행동양식에 대한 관습적인 기대에 도전하거나, 혹은 타 인종과의 교류를 도모하지 않을까 근심했기 때문이었다"고 보았다. 사회사업가들과 시의 관료들은 "현대적 스타일의 춤에 수반되는 악"을 두려워했기 때문에 이민자들을 고객으로 하는 댄스홀에서 "래그타임 음악, 성적으로 암시적인 제목이나 가사가 나오는 노래, 그리고 부적절한 춤을 유발하는 모든 종류의 음악"의 연주를 금지했다. 금지된 춤동작으로는 "가까이 붙어 춤추기", "부적절한 자세", "몸을 뒤트는 움직임", 그리고 "상체를 자주 숙이거나 격하게 몸을 흔드는 것"과 같은 "괴상하고, 불필요하며, 점잖지 못한 동작들"이 있었다. 오직 "자기 통제와 자기 규율"을 보이는 춤동작들만이 허용되었다.

유대계 사회의 지도자들은 부적절한 춤을 비롯한 여타 비미국적인 행태가 흑인들과 밀접해 사는 이민자들 사이에서 나타날 공산이 크다고 경고했다. 1911년 대표적인 유대계 신문인 「포워드(Forward)」의 한 필자는 유대인 상점 주인이 흑인들과 섞여 사는 것을 안타까워했다. "생계를 유지해야 하는 식료품점 주인은 바깥 문명의 모든 안위를 포기하고", "흑인 거주지역의 낡고 초라한 잔해" 속에서 살아야만 한다. 그 자녀들은 "반쯤 야만적이고 원시적인 흑인들의 거리의 삶에 영향을 받게 된다." 식료품 주인은 "흑인의 영어를 배우고, 자신이 지극히 낮은 단계의 삶을 산다는 것을 깨닫게 된다." 역사가 해시아 다이너에 따르면, 1920년대와 1930년대 이디시어 신문에는, "흑인과 관련된 사안 중에서 흑인 범죄에 관한 기사가 가장 많았다." 기사의 제목은 끔찍하고 자극적이었다. "미친 검둥이 시카고에서 네 사람을 죽이다", "미친 검둥이 경찰관을 물어 죽이다", "한 검둥이가 클로로폼을 사용하여 백인 소녀를 겁탈한 죄로 기소되다", "소녀 살해의 혐의를 받던 검둥이가 유죄 판결을 받다 : 어제, 추가로 두 명의 소녀가 더 잔인하게 공격당하다"와 같은 기사 제목이 전형적이었다.

가장 의미심장한 사실은 이디시어 신문들이 흑인들과 교류하는 것의 위험성을 강조했다는 점이다. "「포워드」지는 할렘의 밤 문화에 대한 여러 편의 긴 기사를 실었는데, 이는 부분적으로는 유대인 청년들이 그 지역을 다니지 못하도록 하기 위해서였다." 모든 신문은 하나같이 "백인들이 할렘의 카바레나 살롱에 드나드는 것은 위험한 일"이라고 결론지었다. 1915년부터 1935년 사이에 발행된 이디시어 신문을 검토한 다이너는 흑인 남성의 유대인 여성에 대한 공격 혹은 강간을 다룬 기사 8편, 특별한 이유 없이 흑인이 유대인에게 총칼로 상해를 입힌 사건을 다룬 여러 편의 기사, "유대계 상인뿐만 아니라 지하철 승강장이나 아파트 복도 혹은 길거리나 주택에서 불특정 유대인"을 대상으로 하는 강도와 폭력 사건에 대한 수십 편의 기사를 발견했다.

그 무렵 유대인의 생물학적 특성이 변하기 시작했다. 1920년대와 1930년대에 여러 유대계 지식인들은 유대인은 사실 전혀 별개의 '인종'을 이루고 있지만, 그 인종적 특성은 미국적 품위에 완벽하게 부합한다고 주장했다. 그 달 살레스키는 자신의 저서 『유랑하는 인종의 유명한 음악가들(*Famous Musicians of a Wandering Race*)』(1928)에서 "유대인의 피는 현대 문명이 영예를 바치는 모든 주요 예술의 영적인 핏줄 속에 흐른다"고 주장하며, "재즈의 야만적인 영향력과 색소폰의 끔찍한 울부짖음으로부터 절대적으로 자유로운" 곡들을 만든 유대계 미국인 작곡가들을 칭송했다. 마찬가지로 맥 데이비스의 『모세부터 아인슈타인까지 : 그들은 모두 유대인이었다(*From Moses to Einstein: They Are All Jews*)』(1937)는 "군인, 정치가, 탐험가, 권투선수, 시인, 과학자, 랍비, 여배우, 그리고 사업가"로서 인류 문명에 "어마어마한" 기여를 한 유대인 60명의 간략한 일대기를 모아놓았는데, 그 책에는 흑인으로 분장한 민스트럴 쇼 혹은 재즈 음악을 통해서 그들 못지않게 이름을 떨친 유대인에 대한 언급은 전무했다.

주류 언론은 유대계 운동선수들이 흑인들과 '천부적인' 신체적 재능을 공유하는 것에 주목한 데에 반해서, 다수의 저명한 유대인들은 그들의 고결한 품행으로 관심을 돌리고자 했다. 제타 베타 타우 협회의 회장 해럴드 리겔먼은 유대인 선수들의 "운동분야에서의 스포츠맨 정신", "신중함과 품위 있는 행실", 그리고 "태생적인 높은 인격"을 찬양했다. 『미국의 히브리인』은 미시간 대학교의 미식축구 스타인 베니 프리드먼의 "인격, 천부적 재능, 그리고 유쾌한 품행"을, 농구의 전설 냇 홀먼의 "교양인으로서의" "품위 있는 몸가짐", "솜씨 있는 언변", "침착함", 그리고 "정정당당하고 고상한 미국적 정신"을 칭찬했다. 『링 매거진(Ring Magazine)』의 유대인 편집자 냇 플라이셔는 베니 레너드의 "기민한 두뇌"에 대해서 언급했다. 심지어 레너드 자신도 "유대인 선수들이 과학을 권투경기에 도입했다"고 주장했다. 유대인 학자 맥스 마골리스도 1923년에 『브나이 브리티시 뉴스(B'nai B'rith News)』를 통해서 생물학적으로 "유대인은 백인"이라고 선언함으로써 유대인과 흑인의 신체적 특성을 견주는 통념을 반박하는 데에 기여했다. 같은 해에 「데일리 주이시 쿠리어(Daily Jewish Courier)」의 유대인 권투선수들에 대한 기사처럼, 어떤 이들은 신체적으로 뛰어난 사람은 진정한 유대인일 수 없다고까지 주장했다.

권투에서 크게 영예를 떨친 동포들을 두고, 우리는 유대인들이 문명 일반과 우리 인종의 문화에 기여하는 바가 있다면, 그러한 기여는 주먹으로보다는 지적인 영역에서 이루어져야 한다고 이야기할 수 있을 것이다. ……물론 이들 권투선수들은 어느 누구도 우연적인 유대인 혈통 말고는 유대인이라고 할 수 없을 것이다.

결국 반(反)명예훼손 연맹이 배포한 1939년 소책자는 유대인은 백인성을 달성했다고 선언한다. "과학적인 사실의 견지에서 볼 때 세상에는 위대한 세 개의 인종, 즉 흑인종, 황인종, 그리고 백인종만이 존재한다. 백인종에 포함되는 다수의 하위 인종들은 오랜 기간 피가 섞여왔으며, 우리 유대인들은 그 거대한 혼합집단의 한 부분이다."

유대인의 재즈 활동을 인정했던 이들은 유대인이 그 음악을 문명화시킨 공으로 그런 역사를 옹호했다. 1927년 평론가 에이브러햄 로백은 "격렬하게 소용돌이치기만 하는 원래의 재즈에 절제, 긴장, 예고의 요소를 들여온 이는 다재다능한 유대인 작곡가들이었다. ……만약 그들이 없었다면 미국의 음악은 어떻게 되었을지 묻는다면, 재즈가 아직도 유행하고는 있겠지만 유치한 채로 머물러 지금처럼 다채롭지 못했으리라는 것이 나의 대답이다. ……원래의 흑인 재즈는 형체도 없고 혼란스러운 것이다. 그러나 유대인의 재즈에서는 가닥을 따라갈 수 있다."

유대인들이 그저 흑인 음악을 내버려두기를 바라는 이들도 있었다. 1924년 랍비 스티븐 와이즈는 "재즈는 미국의 혼란스런 분위기라고 할 만한 것의 필연적인 표현 중 하나이다. ……미국이 그 영혼을 회복하면 재즈는 사라지겠지만 그 이전에는 그렇지 않을 것이다. 다시 말해서, 미국의 영혼이 다시 태어나면, 재즈는 그것이 기원한 주홍빛의 음침한 소굴로 밀려날 것인데, 그런 상실에 슬퍼하는 이는 전혀 없을 것"이라고 예측했다. 벨 모스코비츠는 유대인들에게서 흑인의 리듬을 제거하는 일을 평생의 과업으로 삼았다. 그녀는 자신의 동포들에게, "밤이면 밤마다 깊디깊은 관능을 느끼며, 마음속 최악의 것에 호소하는 춤을 최선을 다해 출 때 그로부터 영향을 받지 않는 것은 불가능하리라"고 말했다. 모스코비츠를 위시한 운동가들은 댄스홀의 춤 스타일을 규제하려는 캠페인을 주도했고, 1920년대 즈음에 60여 개의 도시에서 "음탕하고," "방탕하며," "관능적인" 춤동작을 규제하는 조례를 통과시켰다. 유대인 영화 제작자들도 곧 비슷한 정화 프로그램을 영화산업에 도입했다. 1934년부터 시행된 영화 제작규범은 여러 다른 규제와 더불어 "성적 행위나 점잖지 못한 욕망을 암시하거나 재현하는 춤", "관객의 정염을 자극하도록 의도된 춤", "가슴이 출렁거리는 춤동작", "발을 고정한 채 몸을 격하게 움직이는 동작"의 제시를 금지했다.

너드(Nerd)의 부상

이디시어 신문들은 1920-1930년대에 흑인과 유대인 간의 관계를 예의주시했고, 유대인 사회에서 소위 인종에 관한 자유주의적 관점을 확산시키는 데에 기여했다. 역사학자 해시아 다이너에 따르면, 「포워드」, 「모르겐 저널(*Morgen Journal*)」, 「타게블라트(*Tageblatt*)」와 같이 영향력 있고 널리 읽힌 신문들은 "의견이 일치하는 법이 거의 없었지만", "인종과 미국 흑인의 운명에 관해서만큼은 예외적으로 의견을 같이 했다." 주요한 이디시어 신문들은 한 목소리로 법적인 인종 분리정책을 비난했고, 흑인의 시민권을 옹호했으며, 더 나아가 흑인의 성취를 칭송했다. 그러나 그 신문들은 유대인과 흑인이 문화적으로 분리되어야 한다는 입장이었다. 흑인들은 리듬을 느꼈지만, 선량한 유대인들은 그렇지 않아야 했다. 다이너에 따르면 이디시어 언론은 대개 할렘을, "풍부하고 활력 넘치는 음악이 흘러넘치고, 특히 (「타게블라트」의 한 기자가 '흑인들의 악기'라고 칭한) 봉고 드럼에 맞추어 몸을 흔들어 춤추는 남녀로 가득한" 곳으로 묘사했다. 한 기사에서 이디시어 극장의 스타인 모리스 슈와츠는 "검둥이들의 피 속에는 확실히 리듬이 흐르고 있다고 주장했다." 마찬가지로 영어로 발행되던 「주이시 트리뷴(*Jewish Tribune*)」은 "흑인 댄서의 춤은 평범한 백인 여성보다 50배나 많은 활기를 보여주리라고 기대해도 된다"고 쓰기도 했다. 『미국의 히브리인』은 "흑인의 리듬은 잔인할 정도이며, 움직임의 충동으로 충만하다. 그들은 그 리듬에 맞춰 몸을 꺾고 흔든다"고 썼다. 전반적으로 유대계 신문들은 "음악성과 리듬의 표출은 흑인의 문화적 삶에서 가장 두드러지는 특징"이라고 보았다. 그러나 흑인의 시민권을 옹호하고, 그 음악적 천재성을 찬양하는 기사 옆에는 인종적 경계를 넘으려는 유대인들을 겨냥한 경고가 나란히 실려 있었다. 유대인 연주자들이 드러내는 흑인 음악과의 명백한 관련성에 대한 언급도 종종 등장했지만, 두 인종집단 간의 유사성은 관능성이 아니라 어디까지나 공통된 시련의 역사에서 기인하는 것이었다. 영화 「재즈 가수」에 대한 「포워드」지의 리뷰는 영화 속 흑인의 노래가 "유대 음악의 단조와 샤잔(Chazan : 유대교 회중을 이끄는 종교 지도자/역주)의 울부짖음, 그리고 시련을 겪은 민족의 고통의 외침" 같은 요소들을 담고 있다고 보았다. 뒤집어 말하면 "랍비의 후손은 세계 역사상 가장 잔인하게 짓밟힌 사람들이 만든 노래를 어떻게 불러야 할지 잘 알고 있다."

제2차 세계대전 동안 연방정부는 국민적 단결이라는 대의를 내세우면서 유대인의 백인으로의 진입을 공식화했다. 1943년 이민귀화국은 미국 시민권을 얻기 위한 신청서류에서 여러 유럽 민족을 구분 없이 '백인'으로 표기하도록 했다. 당시 군대에서는 흑백 간의 분리정책이 엄격하게 유지되었는데, 심지어 헌혈한 혈액조차 흑백을 나누어 관리했다. 그 와중에 군대는 다양한 출신의 유럽 이민자들을 통합하는 이례적인 조치를 취했다. 역사학자 게리 거슬에 따르면, 미군은 국적에 상관없이 백인 유럽인으로 구성된 최초의 연대를 편성했다.

때때로 4년 동안이나 유지되면서 이 부대들은 다양한 출신의 이민자들을 하나로 묶는 탁월한 기제로 기능했다. ……그리고 그 동화과정은 그 시작부터 인종차별적이었는데, 흑인은 물론이고 거의 모든 아시아인이 그 부대에 배치되는 것이 허락되지 않았던 것이다. 그들은 백인 연대로 규정된 부대에서 배제될 수밖에 없었다.

그 정책의 통합효과는 심대했다. 역사학자 에릭 L. 골드스타인에 따르면, "전쟁 동안의 그 어떤 변화보다도 유대인과 가톨릭 교도들의 미군으로의 철저한 통합이 그 인종집단들을 명백히 백인으로 보는 대중의 시각을 강화하는 데에 기여했다." 갑자기 유대인과 이탈리아인은 별개의 인종이 아니라 특정한 '민족'의 일원이 되었다. 1940년대에는 루스 베네딕트의 『인류의 인종(The Races of Mankind)』과 애슐리 몬태규의 『인간의 가장 위험한 신화: 인종의 오류(Man's Most Dangerous Myth: The Fallacy of Race)』같은 베스트셀러들이 유럽 내에 여러 인종이 존재한다는 기존의 견해를 반박했고, 백인종 사이의 차이는 생물학적이라기보다는 문화적인 것이라고 주장했다. 전쟁 후에 시행된 여론조사는 대다수의 미국인들이 처음으로 유대인을 구분되는 하나의 인종으로 여기지 않는다는 것을 보여주었다.

제2차 세계대전 동안과 그 이래로 유대인은 인종이 섞이는 것에 대한 두려움 때문에 할렘이나 시카고의 사우스 사이드 등의 남부에서 이주한 흑인들이 정착한 지역으로부터 대규모로 빠져나왔다. 곧 소수의 유대인들만이 반항적인 문화에 가담하게 되었다. 그러나 골드스타인이 썼듯이, "셀 수 없이 많은 회고록이 그 기간에도 유대인 청년들이 흑인 재즈 음악가들에게 열광했으며, 그들의 공연을 보고자 나이트클럽이나 댄스홀로 자주 갔었음을 기록하고 있다." 그와 동시에 유대계 재즈 음악가들의 수는 감소했으며, 스탠 게츠, 리코니츠, 허비 만, 레드 로드니, 스탠 레비, 루 레비, 폴 데즈먼드, 데디 찰스, 쉘리 만 등의 위대한 연주자들을 위시해 계속 연주활동을 했던 이들 또한 스윙을 버리고 전후의 음악 경향을 따라 춤추기 어려운 '쿨 재즈'와 복잡하고 고도로 기술적인 비밥 스타일을 채택했다.

유대인들은 스포츠에서도 떠나기 시작했는데, 특히 덜 지적이고 원시적이라고 여겨지는 스포츠 종목에 그러했다. 유대인의 권투 역사를 정리한 앨런 보드너에 따르면, "1950년 즈음에 유대인 권투선수는 거의 사라지다시피 했고, 그 이래로 줄곧 그러했다. 유대인 트레이너 또한 비슷하게 감소했지만, 유대인 매니저와 흥행사는 업계에서 존재감을 잃지 않았다." 피터 르바인에 따르면, 1940년대 말에는 "과거 농구 리그를 장악했던 유대계 선수들의 영향력은 분명한 하락세를 보였다." 1950년 시즌에는 득점 순위의 상위 36명 중 10명만이 유대인이었고, 이듬해 전체 선수 중에서 유대계가 차지하던 비율은 "9-11퍼센트에 불과했다." 1960년대 무렵에는 "유대인들을 농구 코트보다는 NBA 중역 회의실에서 찾기가 더 쉬웠다." 유대인의 신체적 능력의 상실을 단적으로 말해주는 것은 위대한 필라델피아 SPHAS의 몰락이었다. 1950년대 초반 뛰어난 포인트 가드였던 레드 클로츠가 이끌던 SPHAS는, 흑인 선수로만 구성된 할렘 글로브트로터스와의 시범경기에서 두 번 모두 승리했다. 그후 클로츠는 SPHAS 구단을 사서 팀 이름을 워싱턴 제너럴스로 바꾼다. 1953년 클로츠는 흑인들의 화려한 기술을 전시하는 무대가 된 시범경기에서 제너럴스를 글로브트로터스의 상대 팀으로 시합하는 계약을 체결했다. 1953년부터 1995년 사이 제너럴스는 글로브트로터스를 상대로 6경기를 이기고, 1만 3,000경기 이상을 졌다.

제2차 세계대전 이후 육체적으로 억압되었고, 매우 수다스러우며, 교외에 거주하는 유대인 가족이 흑인 분장을 한 춤꾼과 농구선수를 대체하여 전형적인 유대인의 모습으로 자리잡게 되었다. 1930년대 브롱크스의 다세대 주택에 사는 유대인 가정에 대한 라디오 프로그램으로 첫 전파를 탔던 「골드버그 가족」은 1940-1950년대에 동일한 가족이 교외로 이주해서 비유대인 이웃에 '녹아들고자' 광적으로 애쓰는 내용의 텔레비전 프로그램이 되었다. 1950년 「골드버그 가족」은 7번째로 시청률이 높은 텔레비전 시리즈물이었다. 그해 이 프로그램의 제작자이자 스타인 거트루드 버그는 에미상 여우주연상을 탔고, 그 가족의 가부장을 연기한 필립 로브는 미국 소년 클럽으로부터 '올해의 텔레비전 속 아버지 상'을 수상했다. 전쟁 이전의 대중문화 속 유대인들이 빠른 템포의 댄스 음악을 연주하며 스크린을 휘저었다면, 「골드버그 가족」의 모든 사건은 식탁 주변이나 거실에서 일어났다. 축음기에서 흘러나오는 클래식 음악을 배경으로 인물들은 체스를 두고, 주로 '최신 유행을 따라가는'

법에 대한 대화를 나눈다. 예컨대, 한 일화에서 버그라는 인물이 라틴 댄스 열풍에 뒤처지면서 느끼는 수치심을 중심으로 사건이 전개된다. "나는 왈츠만 춰요"라고 그녀는 말한다.

유대인들은 미국 연예계에서 두드러진 활동을 이어갔지만, 흑인의 음악과 몸동작에서는 점점 더 멀어져갔다. 1960-1970년대에 클래식 음악계에서 활동한 가장 유명한 유대인으로는 미국에서 클래식 음악을 대중화시킨 아론 코플랜드와 레너드 번스타인이 있었다. 같은 시기의 로맨틱 발라드 가수로는 에디 피셔, 바브라 스트라이샌드, 에디 고름, 스티브 로런스, 버트 바카락, 배리 매닐로와 닐 다이아몬드 등이 있었다. 밥 딜런, 폴 사이먼, 아트 가펑클, 캐럴 킹, 재니스 이언, 레너드 코헨 같은 지적인 포크 가수가 있었으며, 앨프레드 뉴먼, 엘머 번스타인, 버나드 허먼, 마빈 햄리시, 대니 엘프먼, 제리 골드스미스, 필립 글래스, 제임스 호너, 하워드 쇼어, 앨런 멘켄, 랜디 뉴먼 같은 유대인 영화음악 작곡가는 놀랄 정도로 많았다. 우디 앨런, 더스틴 호프먼, 리처드 드레이퍼스 같은, 신체적으로는 서투르지만 지적인 재능을 보여주는 배우들은 영화와 텔레비전에서 두각을 나타냈고, 이런 배우의 계보는 제리 사인펠트, 애덤 샌들러, 벤 스틸러, 래리 데이비드에 의해서 이어지고 있다. 20세기 말에 이르러 유대인들은 댄스홀을 떠나서 주류 미국인의 대열에 합류했던 것이다.

오늘날 이전의 반항적인 문화유산을 되살리고자 하는 유대계 미국인들은 가장 뜻밖의 장소에서 자신들의 영웅을 찾을 수 있다. 비록 대다수 미국인들이 이제는 폴라 압둘을 유명한 오디션 프로그램의 친절한 심사위원쯤으로 생각하고, 아마도 그녀의 인종적인 배경에 대해서도 무지할 것이다. 그러나 폴라 압둘은 보드빌 시대의 춤추는 히브리인만큼이나 펑키하고, 따라서 유대적인 존재이다. 그녀의 아버지 해리 압둘은 유대계 시리아인이고, 그녀의 어머니 로레인 리키스는 캐나다 마니토바 주 생보니파스의 몇 안 되던 유대인 집안 출신이다. 압둘은 로스앤젤레스의 정통 유대교 회당인 벨 에어에 열심히 출석했다. 1988년 이후, 그녀는 이전에 흑인 싱글 차트라고 불리던,『빌보드』의 핫 R&B/힙합 차트의 40위권에 5개의 싱글을 올렸고, 전국의 댄스 클럽에서 가장 인기 있는 노래를 주간 단위로 반영하는『빌보드』의 핫 댄스 클럽 플레이 차트의 40위권에도 10개의 싱글을 올렸다.

유대인들은 힙합 음악계에도 진출하여 인상적인 성과를 거두었다. 1980년대 초반 마이클 다이아몬드, 애덤 요크, 애덤 호로비츠가 결성한 비스티 보이즈(Beastie Boys)는 오랫동안 활동을 이어가면 큰 성공을 거둔 힙합 그룹 중 하나이다. 활동 초기에 그들을 설득해 펑크 록에서 힙합으로 전향하게 한 릭 루빈은 데프 잼 레코드를 설립했고, 1980년대에 음악산업에서 힙합을 지배적인 장르로 만든 다수의 음반을 제작했다. 1980년대 말에는 뉴욕 퀸스의 파 록어웨이 지역에서 살던 마이클 베린이 MC 서치라는 예명으로 활동을 시작했다. 그는 자신의 곱슬머리를 "하이 톱 페이드(high top fade : 머리 윗부분은 길게 길러 높이 세우고 옆머리는 짧게 잘라 없앤 모양/역주)" 스타일로 바꾸고, MC 해머 스타일의 춤 동작을 모방함으로써 당시 가장 성공적인 래퍼 중 한 명이 되었다. 그는 서드 베이스(3rd Bass)라는 그룹의 리더로서, 후에는 솔로 아티스트로 활동하면서『빌보드』랩 차트의 20위권에 오른 5장의 싱글 앨범을 만들었다. 비스티 보이즈와 MC 서치는 '백인 검둥이' 혹은 '위거(wigga : white + nigger가 결합해서 만들어진 조어/역주)'의 원형이 되는 인물들로 평가받는다.

오늘날 힙합 음악계에서 가장 많은 곡 의뢰를 받는 프로듀서 두 명은 터프 주 프로덕션을 설립했으며 '블링한' 귀금속의 애호가이기도 한 스콧 스토치와 연금술사라는 이름으로 더 잘 알려져 있으며, 여러 소음을 혼합해 히트곡을 만드는 데에 탁월한 솜씨를 보이는 앨런 대니얼 매먼이다. 매먼은 자신의 예명을, 보통의 금속을 섞어 금은과 같은 귀금속과 영생의 묘약을 만든

중세 세파르디 지역의 유대인으로부터 따왔다.

그들을 '가짜' 흑인 워너비라고 마음껏 조롱해도 좋다. 그러나 유대인 위거들은 회계사, 변호사 혹은 의사로 일하는 어떤 유대인보다 유대인 선조들이 물려준 문화적 유산에 충실한 존재일 것이다.

8

이탈리아계 미국인 : 아프리카를 벗어나서

아직은 극소수의 이탈리아 이민자들만이 미국에 유입되었던 1830년대, 한 유명한 뉴욕의 신사는 다음과 같이 말했다. "불결한 아일랜드인도 꽤나 흉하지만, 이탈리아인 백수의 역겨움에 비하면 아무것도 아니다." 몇십 년 후, 저명한 역사가이자 철학자인 존 피스크도 그런 평가에 동의했다. "가장 저급한 아일랜드인도 이 작자들[이탈리아인들]의 수준을 월등히 상회한다." 1876년에 간행된 「뉴욕 타임스」에 따르면, 당시 이탈리아인들에 대해서 널리 퍼져 있던 부정적인 의견은, 그들이 "생래적인 범죄성향"을 가졌다는 것이었다. 이어서 「뉴욕 타임스」의 사설은 그들의 여타 적절하지 못한 행태를 비난했다. "이탈리아인들은 미국인들보다 더 게으르고, 더 많은 험담을 늘어놓고, 속임수에 능하다." 그래서 그 신문의 사설은 "법률이라는 무기를 사용하지 않고 이탈리아인들을 교화시켜서 질서를 지키도록 하겠다는 생각은 가망이 없다"고 결론을 내렸다. 1872년 자선사업가인 찰스 로링 브레이스는 이탈리아에서 막 미국에 도착한 이민자들을 교화시키려던 계획의 실패에 대해서 쓰면서, 그들이 "자신이 만나본 가장 불결한 집단"이라고 결론을 내렸다. 다수의 미국인들은, 이탈리아인들의 어두운 피부와 더불어 이탈리아와 아프리카의 지리적 인접성 때문에 이민국이 또 하나의 흑인 종족을 받아들이고 있다고 생각했다. 1881년 「뉴욕 타임스」에 실린 한 기사의 표현을 빌리면, 그들은 "검은 눈에 검은 피부를 가졌고, 성품이 사악했다." 그 기사를 쓴 기자의 각별한 걱정거리는 이탈리아인들이 발산하는 원시적인 성적 매력에 있었다. 이 새로운 이민자들 때문에 "상상력이 불붙은 낭만적인 젊은 여성이 뉴욕에 수백 명"이나 있었는데, "낭만적인 기질은 남쪽의 강렬한, 라틴적인 어떤 것을 동경하기" 때문이었다.

당시 이미 미국에 사는 다른 '원시인들'과 이탈리아인들을 비교하는 경우가 잦았으며, 이런 경향은 흑인들이 북부로 떠나면서 생긴 일자리를 다수의 이탈리아인들이 차지한 루이지애나와 미시시피 주에서 두드러졌다. 루이지애나 주의 사탕수수 밭에서 일했던, 한 시칠리아 출신의 이민자는 "농장주가 우리를 깜둥이라고 불렀으며", "우리가 백인이 아니라고 말했다"고 회상했다. 1890년 뉴올리언스의 경찰서장이 살해당하자, 지역 신문인 「타임스 데모크라트(*Times-Democrat*)」는 "저속하고, 혐오스런 외양과 노예와 같은 복장이 그 야만적인 기질을 확실하게 보여주는" 시칠리아 이민자들을 범인으로 지목했다. 19명의 시칠리아 이민자가 구속되었다가 혐의를 벗자 폭도들이 그들이 잡혀 있는 구치소를 습격해서 그 무고한 사람들의 팔다리를 잘라 나무에 매달았다. 이후 몇십 년간 이탈리아인들은 덴버, 탬파, 거니슨, 콜로라도, 탈룰라, 루이지애나, 존스턴 시티, 일리노이에서 린치를 당했다.

그보다 덜 폭력적인 이탈리아인들과 흑인과의 유비는 매우 흔했다. 미시시피 삼각주 지역에서는 '백인'과 이탈리아 학생들을 분리하고, 새로 유입된 이탈리아 이민자들의 투표권을 박탈하려는 시도가 있었다. 한 지역 신문은 1898년 "우리가 백인 정부에 대해서 이야기한다면, 이탈리아인들은 가장 어두운 피부색의 흑인과 동류이다"라고 썼다. 1890년대에 이런 이유로 서인도제도 출신의 노예를 일컬었던 기니(guinea)라는 용어가 이탈리아계 미국인을 지칭하게 되었다.

북부에서도 이탈리아인을 흑인에 견주는 일이 점차 흔해졌다. 1901년 『레슬리스 일러스트레이티드(*Leslie's Illustrated*)』는 이탈리아 이민자들의 '본능'에 대한 기사를 실었는데, 거론된 본능에는 많은 이들이 아프리카계 미국인들의 태생적 특징이라고 생각했던 것들 중 다수가 포함되었다. "그들은 카드와 주사위 놀이를 하며, 모든 종류의 도박에 흥미를 보이고, 전 재산을 판돈으로 걸 때도 대수롭지 않다는 듯 무심하다. 마치 돈을 딸 것이라는 자신의 믿음 말고 뭔가가 자신을 지켜주기라도 하는 듯이 말이다." 이탈리아인들의 출산에 대해서는 다음과 같은 내용이 있었다. "사생아의 비율이 60퍼센트이다. 이탈리아의 신문에는 남녀의 외도에 대한 이야기로 넘쳐난다. ……유년기를 막 벗어난 소녀들이 아이들을 낳는데, 그렇게 세상으로 나온 아이들은 법과 종교 어느 쪽의 승인도 받지 못한다." 프린스턴 대학교의 총장으로 일하다가 후에 미국의 대통령이 되는 우드로 윌슨은 미국으로 이민 온 이탈리아인들이 "그 국가에서 불행하게 살아서 도덕적으로 문제가 많은 인구층에 해당되며, 삶과 노동에 대한 그들의 기준은 미국의 노동자들이 결코 생각지도 못한 정도로 낮다." 1904년 『파퓰러 사이언스 먼슬리(*Popular Science Monthly*)』의 한 필자는 "대개 피부색이 좀더 밝은 편이며", "어떤 기술이나 직종에 숙련된 경우"가 흔한 북부 이탈리아에서 온 이민자들은 환영한 반면, "신장도 작고, 피부색도 매우 어두우며", "예외 없이 비숙련 농장 노동자"인 "남부 이탈리아인"을 받아들이는 것에 대해서는 반대했다. 흑인, 초기 아일랜드 이민자, 유대인 이민자와 마찬가지로 이탈리아인들 또한 전적으로 몸뚱이뿐인 종족으로 인식되었다. 『파퓰러 사이언스 먼슬리』의 필자는 남부 이탈리아인들의 "지능은 수 세기 동안 문맹으로 살아온 농부의 후손들에게 기대할 수 있는 수준보다 높지는 않지만", "그들은 억세고 근육질이어서 장시간의 육체노동을 감당하며", "손놀림이 재빨라서 손기술을 필요로 하는 직종에 잘 적응한다"고 썼다. 따라서 이탈리아계 미국인들의 임금은 여러 직종의 노동시장에서 아프리카계 미국인과 비슷했다.

1910년 「시카고 트리뷴(Chicago Tribune)」은 인류학자 조지 A. 도시를 이탈리아로 보내 바람직하지 못한 이민자 집단의 뿌리를 연구하도록 했다. 도르시는 특히 남부 이탈리아인들은 명백히 "흑인종"인 선조에게서 유래했고, 따라서 "정신적, 도덕적, 육체적 관점 모두에서 문제가 많다"고 결론내렸다. 미국 이민위원회는 1911년 보고서에서 "쉽게 흥분하며, 충동적이고, 상상력이 풍부해서 실용적이지 못하며", "고도로 조직화된 사회에서의 적응능력이 거의 전무한" 남부 이탈리아인 "종족"의 이민 허용을 반대했다. 남부 이탈리아인의 노동습관에 대한 위원회의 보고는 흑인 노예의 노동습관에 대한 묘사를 상기시켰다. "시칠리아인들은 다른 종족들에 비해서 꾸준하지 못해서, 매일 출근하거나 한 직종에서 오래 일하려는 성향이 낮다. 그들은 일단 하루를 쉬고 보며, 이후에 해고되거나 말거나 상황을 받아들인다." 이보다 더 가혹한 내용의 주장은 "특정한 범죄성향이 이탈리아 종족에게 본래적으로 존재한다"는 것이었다. 미국 하원의 이민 및 귀화 위원회는 그 보고서를 검토한 후에 결론을 내지는 않았지만, "남부 이탈리아인을 순혈의 백인종으로" 분류해야 할지에 대해서 논쟁을 벌였다.

1910년대 몇몇 학자들은 이탈리아인의 인종적 계보를 검토하고, 당혹스러운 연구 결과를 도출했다. 위스콘신 대학교의 사회학 교수이자 미국 사회학회의 회장이었던 에드워드 로스는 1914년에 출간된 저서에서 "칼라브리아와 시칠리아 지역에는 그리스인과 사라센인, 그리고 아프리카인의 피가 상당한 정도로 유입되었기" 때문에 그곳은 단지 "원시적인 단계의 문명"에만 도달했다고 주장했다. 로스는 남부 이탈리아 이민자의 아이들은 "그 도드라진 광대가 보여주듯이 사라센족 혹은 베르베르족 선조의 미개함을 타고나서 역시 비영어권인 북유럽 이민자들의 또래 아이들보다 학업에서 뒤처질 공산이 두 배나 높다"고 주장했다. 또한 그는 미국 남부에서는 "남부의 백인과는 달리 강한 인종적 정서를 결여하고 있는 이탈리아인들이 흑인과 섞이면서 잡종을 만들어내지 않을까 하는 공포가 생겨난 것"을 알게 되었다. 로스는 흔히 흑인과 결부되는 다수의 특징들을 이탈리아인들을 묘사하는 데에 사용했다. 예컨대, 그들은 "도박에 중독되었으며," 노동에 저항하는 일이 잦고, 강한 범죄적 성향을 보였다. "이탈리아인들의 거주지역에는 전혀 일하지 않는데도, 풍족하게 사는 남성 무리가 존재한다. 그들은 '우리는 일하지 않는데, 노동은 우리와 맞지 않기 때문이다. 일해서 번 돈을 우리에게 주는 친구들이 있는데, 그렇게 살지 말라는 법이 없지 않는가?'라고 말했다. 대부분의 범죄를 저지르는 것은 이런 기생충 같은 존재들이다." 또한 그들이 살던 나라는 "북부 국가보다 세 배에서 네 배에 이르는 폭력이 발생하고, 관능적 성향의 지표가 되는 성범죄는 세 배나 많다." 인종적으로 결정되는 이런 행태로부터 도출된 결론은 "이탈리아 이민자들 중 절반 혹은 3분의 2가 미국의 기준에는 미치지 못하는, 미국에 합당한 존재가 아니다"라는 것이었다.

매디슨 그랜트의 영향력 있던 저서 『위대한 민족의 전락(The Passing of the Great Race)』(1916)은 아일랜드인에게는 "노르딕(nordic)"의 지위를 부여한 반면, 남부 이탈리아인들은 유럽에서 가장 저열한 종족이라고 주장했다. 그랜트는 "지중해인"을 "백인"의 범주에 놓기는 했지만, 한편으로는 그 종족이 흑인과 공통점이 많다는, 널리 유포된 편견을 거리낌 없이 드러냈다. "이 지중해 인종에 대한 연구는 이들이 순수하게 유럽적인 것과는 거리가 멀어서 유럽적인 만큼 아프리카적이며 아시아적이라는 것을 보여주었다"고 그랜트는 썼다. 복음주의 기독교 단체였던 선교교육 위원회의 회장은 이탈리아인들이 미국 문화에 동화될 가능성에 대해서 비관적인 전망을 가지고 있었고, 1917년에 이탈리아 이민자들은 "기독교적 삶이 무엇인지 아예 혹은 거의 모른다. 그들에게 일요일은 주일(holyday)이라기보다는 축일(fete day)이다. 음주는 당연한 것이고, 성윤리는 바닥으로 떨어졌다. 진리의 가치에 대한 그들의 태도는, '덜 알수록 더 낫다'는 것이다"라고 썼다.

1910년대부터 1920년대까지 이탈리아인들은 이민자를 대상으로 하는 지능 검사에서 낙제했다. 1922년 아서 스위니 박사는 16개국에서 건너온 수천 명의 이민자들을 대상으로 그런 시험 중의 하나를 시행하고 나서 "이탈리아로부터의 이민을 적극적으로 반대해야 한다"는 결론을 내렸다. 왜냐하면 그 시험을 치른 이탈리아인들 중 63.4퍼센트가 가장 낮은 단계인 D등급을 받았기 때문이다. D등급은 "백치와 아둔한 정상 사이쯤의 수준"을 뜻하며, 노동자로 일한다면 정신 지체자보다는 "다소 유용하지만," "그보다 많이 신뢰할 만하지도 않다." 폴란드인들만이 이탈리아인들에게 뒤졌다. 또 스위니는 기율의 부족으로 말미암아 이탈리아인들은 "결코 군인의 재목도 못 되었다"고 말했다. 그들에게 어울리는 일은 도랑을 파거나 화장실을 청소하는 등의 "오로지 근력만 쓰는 군대의 노역"이었다. 이탈리아인의 빈둥거림을 묘사하는 표현들은 노예들의 행태를 묘사하는 데에 쓰인 것과 흡사했다. "필수적으로 그들의 작업 상황을 계속 감시해야 한다. 그들은 아주 단순한 작업이라도 계속 주의를 집중해야 한다면 감당하지 못한다. 이탈리아인들에게는 자발성이 전적으로 결여되어 있다." 또 흑인과 마찬가지로 이탈리아 이민자들은 합리성과 기율이 부족하되, 육체적 쾌락을 잘 주고받는다고 생각되었다. 다음은 스위니의 말이다. "D등급의 인간들은 신체적으로 잘 발달되어 있어서 다수가 매력적이며, 감정적인 불안정성 때문에 언뜻 보면 비상하게 기민하고 반응이 빠르다는 인상을 준다. 그들은 잘 웃으며, 역시 쉽게 감동을 받아 눈물을 잘 흘린다." 어떤 D등급들은 "자기 억제의 부족"이 두드러져서 일보다는 여가를, 책임보다는 자유를, 희생보다는 자기 만족을 더 중요하게 생각했다. "쾌락이 그가 바라는 전부였다."

1919년 하버드 대학교의 경제학 교수였던 로버트 E. 푀르스터는 저서에 오로지 이탈리아 이민자들만이 미국의 노동윤리를 결하고 있다고 썼다. 푀르스터는 고용주들이 이탈리아인 노동자들을 자주 "게으르고, 약삭빠르며, 일을 피하고 시간만 때우는 자들"로 묘사하며, 한때 노예들이 그런다고 알려졌던 것처럼 "날씨가 궂을 때는 일하지 않기 위해서 아픈 척 속인다"고 불만을 토로한다고도 썼다. 한 고용주에 따르면, 그들의 "나쁜 자질"에는 "낮은 작업의 효율성과 추운 날씨를 못 견뎌하는 습성"이 있었다. 푀르스터가 만난 어떤 고용주는 이탈리아인보다 흑인을 선호했다. "우리의 일반적인 의견은 이탈리아 노동자의 일별 작업량이 여타 백인이나 흑인 노동자에 못 미친다는 것이다." 이탈리아계 노동자의 작업능률을 측정하기 위해서 한 회사에서 실시한 실험 결과에 따르면, 그들의 작업량은 미국 출신의 노동자와 비교해 고작 35퍼센트에서 50퍼센트밖에 되지 않았다. 그들은 성적 욕망에 대한 통제력 또한 떨어졌다. "해외에 사는 이탈리아 남성들이 성적으로 방만하다는 것을 보여주는 증언들은 숱하게 많다." 그런 증인들은 대개 비판적이었다. "아내를 버리는 일"이 잦았으며, "기꺼이 매춘부를 찾는 일"도 흔했다는 것이다. 푀르스터는 이 모든 결함의 원인으로 이탈리아인들의 전반적인 문명화 부족을 지목했다. "많은 면에서 이탈리아인들은 어린 아이와 같은 정신을 가졌다. 때때로 도덕적 기준은 너무나 저급하여, 문명화된 인간들이 원시적이라고 칭하는 삶의 방식에 만족하는 모습을 보인다." 예컨대 이탈리아인들에게 "보편적으로 드러나는 악덕은 불결함인데, 그들은 흑인보다 더 불결하다." 이 모든 점으로 인해서 "이탈리아인들은 빈번하게 백인의 지위를 부정 당한다."

이탈리아인들, 특히 남부 출신들의 흑인성에 대한 생물학적 주장은 그 근거가 없지 않았다. 대부분의 남부 이탈리아 지역은 로마보다는 아프리카와 더 가까웠고 오랜 기간 '검은 대륙'과의 인적 교류가 이어져왔기 때문에, 역사가 토머스 굴리엘모가 썼듯이 "당시의 사회과학자 다수는 메리디오날리(meridionali, 남부 이탈리아인들)를 부분적으로는 아프리카인으로 여겼고, 많은 경우 실제로 그들은 그런 존재였고, 현재에도 그렇다."

대규모의 이민이 벌어지는 동안 미국으로 건너온 대부분의 이탈리아인들은 흑인과 가깝게 지냈다. 이탈리아 이민자들은 뉴욕과 시카고, 뉴올리언스의 흑인 거주지역에 정착했고, 흑인들과 작업장과 오락시설, 주택을 공유했다. 굴리엘모가 썼듯이 이런 공유는 "친밀한 종류의 접촉을 포함하는 경우가 잦았다." 역사가 로버트 브랜드폰에 의하면, 뉴올리언스와 그 인근 농장에 기거한 이탈리아 이민자들은 '흑인들의 일'을 하는 데에 주저함이 없었다. "그들은 흑인의 지위를 받아들였다. 서로 잘 어울렸고, 남부인들은 그들을 구분하려고 하지 않았다." 또다른 학자는 남부에서 짐 크로 법이 한창일 때도 "이탈리아인들은 남부의 인종적 편견에 젖어들지 않았기 때문에 흑인들과 자유롭게 어울리면서, 용인되는 사회질서를 거슬렀다." 시카고에서 발행되던, 이탈리아계 신문들은 이탈리아 이민자와 흑인의 결혼이나 성관계에 대해서 대수롭지 않게 보도했다. 사회운동가였던 제인 애덤스는 정착용 주거시설의 확대를 통해서 이민자들의 동화를 꾀하던 단체의 지도적 인사로서 당시 어느 누구보다 많은 수의 이민자들을 관찰했을 것이다. 그녀는 시카고의 이탈리아인들이 "흑인들에 대해서 특별한 악감정이 없었는데, 그 지역의 이탈리아인들은 대부분 남부 출신이라 검은 피부색에 익숙했기 때문이었다"고 말했다. 더 나아가 애덤스는 "이 지중해 출신들은 앵글로 색슨족보다 피부색의 구분에 덜 예민했는데, 아마도 전통적으로 카르타고와 이집트인들에 친숙했기 때문일 것"이라고 덧붙였다.

1919년 시카고에서 수십 명의 흑인들이 폭동을 일으킨 백인들에게 살해당했던 '붉은 여름(Red Summer)' 당시 시카고의 대표적인 이탈리아계 신문 「이탈리아(L 'Italia)」는 희생당한 흑인들에게 동정적이었으며, 직접적인 백인 가해자뿐만 아니라 보편적 평등과 정의라는 미국의 공식 이념을 지키지 못하는 미국의 실패도 비판했다. 굴리엘모에 의하면, 몇몇 이탈리아인들은 그 폭동에 가담했지만, "절대 다수의 이탈리아인들은 1919년의 폭동에 참여하지 않은 것처럼 보였다." 시카고 인종관계 위원회는 리틀 시칠리아라고 알려진 지역에서 폭동은 "심각하지 않았으며," "그 소동 직후에 흑인들과 이탈리아인들은 우호적인 관계를 회복했다"고 보고했다. 3년 후에 발간된 위원회 보고서에는 "북부 지역에서 압도적인 다수를 이루는 시칠리아인들과 이웃인 흑인들 사이에는 우호적인 관계가 유지되고 있다. 어떤 흑인들은 시칠리아인들과 같은 건물에서 조화롭게 살기도 한다. 아이들은 함께 놀며 일부 흑인 아이들은 시칠리아어 표현을 익혀 시칠리아인 가게 주인에게 말을 걸려고 한다"는 내용이 있었다.

시카고에 거주하던 다수의 아프리카계 미국인들은 이러한 견해를 공유했다. 1925년 시카고의 대표적인 흑인 민권단체인 전국 도시연맹은 "흑인 가족들이 이웃의 이탈리아인들과 대단히 사이가 좋아서 서로 방문하며 질병과 가난이 심각할 때는 도움을 받기도 한다고 보고한 사례가 많았다"고 기록하고 있다. 시카고 대학교의 한 사회과학자는 1920년대 시카고의 인종집단을 연구하던 중에 아프리카계 미국인들이 "이탈리아인이나 유대인 공동체와 밀접한 관계를 맺고 있다"는 것을 발견했다. "이 두 집단은 대체로 시카고에 가장 최근에 이주해왔으며, 토착 미국인이나 더 오래된 다수 이민자 집단을 특징짓는 흑인에 대한 편견을 습득하지 않는 것처럼 보인다." 1930년 웨스트 사이드 커뮤니티 센터의 소장은 가장 규모가 큰, 아직 동화되지 않은 두 이민자 집단이 가장 적극적으로 미국의 인종적 경계를 위반한다고 말했다. "유대인들과 이탈리아인들만이 흑인과 한 집에 살려고 한다. 나는 그 때문에 이탈리아인들이 이 지역으로 온다고 생각한다. 그들은 흑인들의 행로를 따라다니고 있다." 뉴욕에서도 사정은 비슷했다. 역사가 살바토레 J. 라구미나는 이탈리아계 미국인과 아프리카계 미국인이 함께 여흥을 즐기는 경우가 숱하게 많다는 것을 발견했다. "1930년대 전에는 대체로 이탈리아인들과 흑인들 간에 폭력이나 적대적 감정이 없었다."

1920년대 시카고의 투표성향에 대한 굴리엘모의 분석은 "이 기간 내내 다수의 이탈리아인들이 기꺼이 흑인들과 동조하여 투표하려고 했다"는 것을 보여준다. "이탈리아인들은 흑인들과 같은 정당[즉, 공화당]을 지지하는 것에 대해서 크게 신경쓰지 않는 것처럼 보였다. 당시 민주당은 공화당에 흑인적인 색깔을 입히기 위해서 광적으로 노력했다. 사실 이탈리아어로 발행되던 신문들은 이탈리아인들이 흑인들과 비슷한 정당 지지성향을 보인다는 점을 공개적으로 드러냈다. 「이탈리아」라는 신문은 흑인들을 이탈리아인들의 정치조직화와 정치적 행동을 위한 모델로 제시하기도 했다." 1930년대 선국적으로 인종별 정당 지지가 재편될 때 압도적인 수의 이탈리아인들과 흑인들은 민주당으로 지지정당을 옮겼고, 이후 30년간 그 정당의 견고한 지지층으로 머물렀다. 사실 1930년대부터 1940년대까지 흑인 민권운동의 가장 열렬한 지지자들 중 한 명은 좌파 성향의 뉴욕 주 의원 비토 마르칸토니오였다. 그의 선거구인 이스트 할렘에는 이탈리아인과 흑인 인구가 대거 거주하고 있었다. 그는 몇몇 인권법이 통과되도록 후원했고, 국회에서 남부의 차별적인 인두세에 반대하는 투쟁을 주도했으며, 린치(lynch)를 연방법의 적용대상으로 만들기 위해서 노력했다.

이탈리아계 미국인들은 자주 '원시적인' 흑인과 비교당하는 것에 분개했지만, 오랜 기간 그런 인종적인 모욕에 백인적인 정체성을 내세우는 것으로 대응하지 않았다. 굴리엘모는, 이탈리아인들의 대규모 이민이 진행되던 첫 반세기 동안 자신들의 정체성을 공표해야 했을 때, "그들은 때와 상황에 따라서 다른 접근방식을 취했다. 즉 그들은 남부와 북부 이탈리아인, 시칠리아인, 미국인, 이탈리아계 미국인, 노동자, 여성, 남성, 가톨릭 교도로 스스로를 제시했다. 그러나 백인으로 제시한 적은 거의 없었다"고 썼다.

이탈리아 이민자들은 종교생활 측면에서도 인종적 경계를 흐리게 했다. 미국 전역에 걸쳐 이탈리아인들이 다니던 성당에는 동정녀 마리아와 몇몇 성자들을 흑인으로 묘사한 그림과 조각들이 진열되어 있었다. 1940년대까지 이탈리아 할렘 지역의 가톨릭 교도들은 매년 무어인인 성 베네딕트를 기리는 축제에서 시가행진을 했다. 성 베네딕트는 에티오피아에서 시칠리아로 팔려온 흑인 노예의 아들로서 그의 순결한 삶이 교단에 알려지면서 '성스런 흑인'이라는 칭호를 얻었고, 그런 칭호는 20세기 미국 할렘에서도 쓰였다. 역사가 로버트 오시에 의하면, "[시칠리아의 산프라텔로 지역 출신의] 여성들이 맨발로 이 흑인 성자의 이름을 부르며 기도하는 모습을 드물지 않게 볼 수 있었다."

불량한 미국적 재미에 대한 이탈리아인들의 기여

음주를 즐기는 미국인들은 이탈리아계 미국인들의 '원시성'에 빚을 지고 있다. 이들은 다른 어떤 집단보다 금주령이 폐지되는 데에 많은 기여를 했으며, '선량한' 미국인이라는 도덕적 기준을 따를 생각이 없었기 때문에 그런 노력을 했다. 1922년 한 필자는 『인디펜던트 앤드 위클리 리뷰(*Independent and Weekly Review*)』에 금주령에 대한 이탈리아인들의 광범위한, 수동적이거나 공세적인 저항에 관한 글을 실었다.

일군의 이탈리아 노동자들에게 금주령의 근거를 설명하려는 시도는 시베리아 사람들은 귀를 발삼아 걷는다는 것을 독자 여러분들에게 설득하려는 것과 마찬가지이다. 달리 말하면, 그 이야기는 흥미롭게 들리겠지만, 통하지는 않는다. ⋯⋯이런 유형의 사람들은 다른 사안에 대해서는 법률을 준수하고 애국적이며 선한 의도로 행동하지만, 동시에 밀주업자를 보호하고 금주법을 위반한다. 그럴 때 그들은, 중서부 지역의 미국인들이 (만약 그런 법률이 있다면) 옥수수 재배를 금지하는 법률을 위반하듯이 자신들의 행동이 그릇되지 않았다고 확신한다.

물론 이탈리아계 갱스터들이 금주령에 대항한 전쟁의 최전선에서 싸웠다. 어느 시점인가에는 미국에서 불법적으로 소비된 술의 대부분이 이탈리아계 범죄조직의 손을 거쳤을 것이다. 이탈리아계 여성들도 가정에서 이 선의의 전쟁에 동참했다. 굴리엘모에 의하면, 시카고 이탈리아계 공동체의 "다수의 여성들은 가정에서 밀주 생산에 적극적으로 가담했는데, 그 도시의 밀주업 전체가 이런 생산방식에 의존했다."

다수의 관측자들이 기율과 통제에 대한 이탈리아 이민자들의 저항이라고 칭한 현상은 그들의 음악적 취향에서도 확인된다. 로버트 푀르스터는 "이탈리아인들은 견줄 데가 없을 만큼 음악적인 집단이었지만, 성가합창에는 흥미가 전혀 없다시피 했다"고 썼다. 에드워드 로스는 이탈리아계 미국인들의 노래와 춤을 "유쾌하고, 집단적인" 것으로 묘사했다. 시카고 대학교의 연구자였던 거트루드 세이거는 니어 웨스트 사이드를 탐방한 후에 남부 출신 이탈리아인들은 "일을 해서 삶의 환경을 개선시키려고 하기보다 하루 종일 앉아서 노래나 부르려고 한다"는 것을 알게 되었다. 엄청난 수의 이탈리아 이민자들이 흑인 음악에 끌린 것은 그들의 흑인성에 대한 확증과도 같았다. 1904년 컬럼비아 대학교의 한 사회학자는 뉴욕의 로어 이스트 사이드 지역에서 흑인들과 동화되지 않은 이민자들이 거주하는 구역을 조사하고 나서 그 문화를 규정하는 요소가 춤이라는 사실을 발견했다.

이 구역의 거주자들(대부분 이탈리아인, 유대인, 흑인들)이 즐기는 모든 오락거리 중에서 춤만큼 감각과 정서에 강력한 호소력을 발휘하는 것은 없다. 특히 시끄럽게 두드리는 드럼과 요란하게 불어대는 코넷(cornet), 그리고 찰랑거리는 기타와 만돌린 소리가 어우러진 음악을 반주로 할 때 그러했다.

민속음악학자인 줄리아 볼펠레토 나카무라는 20세기 초에 이탈리아계 미국인들이 "흑인들의 노동요와 의식용 춤의 리듬을" 모방하기 시작했다고 주장했다.

세기 전환기의 뉴올리언스는 미국에 사는 이탈리아인들의 수도였다. 빅이지(Big Easy)라고 불린 그 도시에는 미국의 다른 어느 도시보다 많은 이탈리아 혹은 시칠리아 혈통의 인구가 살고 있었다. 그 이탈리아 이민자들은 심지어 미국 땅을 밟기 전부터 그들만의 리듬으로 인해서 두려움을 자아냈다. 뉴올리언스에서 발행되던 「데일리 피카윤(Daily Picayune)」의 기자는 팔레르모를 떠나 뉴올리언스로 향하던 "이민자들로 가득 찬 선박"에 대한 기사에서 그들을 다음과 같이 묘사했다.

배가 항구를 향해 점점 가까이 다가와서 배와 선착장 간의 상호인식이 가능해질수록 높은 음의 속어로 쏟아내는 흥분된 외침, 질문, 감탄들이 어우러진 소리가 들려왔다. 그 소리는 귀가 멀 정도로 시끄러웠다. 팔을 돌리고 머리와 몸통을 비트는 그들의 동작은 기이하게도 라틴계 인종 간의 인사에서 필수불가결한 것처럼 보였는데, 그런 모습을 바라보는 침착한 관찰자에게 그들의 사지가 대단히 격한 동작으로 말미암아 갑자기 몸통에서 떨어져 하늘로 솟구치지 않을까 하는 공포를 불러일으켰다.

이 "툴툴대는 시칠리아인들"의 대다수는 프렌치 쿼터의 "리틀 팔레르모" 구역으로 향했다. 이 동네를 방문한 사람들은 그곳을 "진과 싸구려 포도주, 마약", "반쯤 벌거벗은 아이들", "집 앞 현관에서 자는 늙고, 검은 피부의 뚱뚱한 늙은이와 여자", 그리고 "어디든 마늘 냄새가 섞인 냄새"의 고장이라고 칭했다. 바로 그곳에서 미국사에서 가장 야단스런 이들이 다수 태어났다.

뉴올리언스에서 최초로 문을 연 대다수 재즈클럽은 (다수가 마피아의 조직원인) 시칠리아 이민자들이 소유하고 운영했다. 그곳은 이탈리아인과 흑인 연주자를 함께 출연시킴으로써 당시의 흑백 분리정책을 정면으로 위반했다. 마트랑가즈, 조 세그레타즈, 톤티의 소셜 클럽, 그리고 랄라즈 빅 25 같은 클럽은 미국만의 고전음악을 창안한 실험실이었다. 재즈의 창안자들은 조 '킹' 올리버, 페르디난드 '젤리 롤' 모턴, 루이 암스트롱 같은 노예의 후손이거나 리틀 팔레르모에 사는 검은 피부의 늙고 뚱뚱한 시칠리아인의 반쯤 벌거벗은 아이들이 성장하여 성인이 된 존재들이었다.

스스로를 "잘못 태어난 가난한 이탈리아 소년"이라고 말한 도미닉 제임스 '닉' 라로카는 자신이야말로 재즈의 창시라라고 주장했는데, 전혀 근거가 없는 소리는 아니었다. 그는 자라면서 들었던 흑인들의 브라스 밴드(brass band) 음악을 모방하는 것으로 음악경력을 시작했다. 라로카가 재즈를 창시했는지의 여부와 별개로 그가 이끌던 오리지널 딕시랜드 재스밴드(Original Dixieland Jassband)는 재즈의 충격적이도록 원초적인 관능성을 미국인들에게 널리 알렸다. 1916년 라로카가 코넷을, 시칠리아계 미국인이었던 동료 토니 스바바로가 드럼을 맡았던 그 밴드는 시카고에서 공연을 했고, 백인들을 춤추게 하면서 전국적인 명성을 얻게 되었다. 그 도시의 도덕 운동가들은 "이 도시로 데려온 뉴올리언스 재즈 밴드의 거침없는 비명"을 미시시피 강 너머로 몰아내기를 희망했지만, 곧 그 밴드에 열광하는 수천 명의 팬들이 "도시의 밤을 끔찍하게 만드는" 데에 열중하고 있다는 것을 알게 되었다. 다음은 라로카의 회상이다.

우리가 시카고 사람들에게 준 충격은 대단했다. 여성들은 플로어로 나와서 격렬한 춤을 추었다. ……그들이 계속 춤을 출수록 우리의 연주는 더 나아졌다. ……청중들은 "한 곡 더"라고 외치기 시작했다. 나는 지금도 야단스럽게 춤을 추던 그 여성들을 기억할 수 있다. ……그들은 치마를 무릎 위로 들어올리면서 계속 춤을 추었고, 남자들은 비명을 질렀는데, 모두들 흥겨워했다.

그 다음 해에 밴드는 뉴욕에서 시판용 재즈 음반을 최초로 발매했는데, 그 음반에는 라로카가 작곡했으며 20세기 동안 가장 많은 밴드가 리메이크한 인기곡 중 하나인 "타이거 래그"가 실려 있었다. 이렇듯 밴드가 음반을 내고, 뉴욕의 큰 공연장에서 연주를 하게 되면서 수백만의 백인들은 재즈 리듬을 알게 되었다. 1917년 1월 (이름을 조금 바꾼) 오리지널 딕시랜드 재즈밴드는 콜럼버스 서클 지역의 라이젠베버 식당에서 공연을 했다. 『버라이어티(*Variety*)』는 그 공연이 "재즈의 공식적인 뉴욕 입성"이자, 청중들에게 혁명적인 배움의 시간이었다고 평가했다.

밴드는 전류가 흐르는 듯한 음악을 쏟아냈는데, 그들의 음악은 뉴욕 시민들에게 친숙한 왈츠, 원스텝, 탱고, 폭스트롯과 완전히 달랐다. 찌르는 듯한 울림과 복잡한 리듬 패턴을 보여주는 그 음악은 너무나 과음의 혼돈이자 소리의 폭동이었다. 이 기이한 음악에 혼란을 느낀 청중들은 댄스 플로어에 나서지 못했고, 반쯤은 당혹하고 반쯤은 매료된 상태였다. 밴드는 연이어 여러 곡을 연주했지만, 청중들 사이에는 춤추러 나가려는 움직임이 없었다. 마침내 지배인이 개입하여 공손한 설명을 내놓았다. "신사숙녀 여러분, 이것은 재즈이며 춤을 추기 위한 음악입니다." 호의적인 웃음이 터져나왔고, 분위기가 나아졌다. 몇몇 도전적인 남녀들이 춤을 추기 시작하자, 다른 이들이 따랐다. ……확실한 것이 있다면, 그것은 그 밴드의 음악이 경계심을 내려놓도록 유도한다는 점이다. 그 음악을 들을 때 사람들은 신체가 한계에 이를 때까지 격하게 움직이게 된다. ……자신의 발을 리듬감 있게 움직일 수 있는 사람이라면 누구나 멋진 춤을 보여주게 된다. ……재즈가 뉴욕에 당도했다. 좋든 싫든 이 음악은 뉴욕에 머물게 될 것이다.

그날의 청중 속에는 지미 듀란트라는 또 한 명의 이탈리아인도 있었다.

시 외곽 지역에 위치한, 어느 벌레스크 클럽(Burlesque Club)의 지하 홀에서 피아노를 연주하던 듀란트는 그날의 공연을 보려고 할렘의 125번가에서 시내 중심가로 왔다. 브루클린 출신의 이 이탈리아 이민자의 아들은 스콧 조플린의 음악에 큰 자극을 받아 학교를 중퇴하고 전업 래그타임 피아니스트가 되었다. 곧 래그타임 지미라는 이름을 얻게 된 듀란트는, 특히 춤을 유도하는 '핫'한 연주 스타일을 발전시켜왔던 터라, 라로카의 음악에 끌린 것은 당연했다. 듀란트는 그날의 공연을 보고 나서 댄스 음악을 연주할 밴드를 꾸렸고, 오리지널 뉴올리언스 재즈밴드라는 이름을 붙였다. 듀란트의 밴드에는 아킬레 바쿳이라는 이름의 흑인 클라리넷 연주자가 포함되었으니, 미국 대중음악계에서 최초로 인종 간 통합이 시도되었던 것이다. 1920년대에 듀란트는 흑인 작곡가 크리스 스미스와 여러 곡을 함께 만들었고, 그 노래들은 위대한 블루스 가수 마미 스미스의 음반에 실렸다. 래그타임 지미는 후에 코미디로 분야를 옮겨 보드빌 쇼, 라디오 방송, 브로드웨이 연극, 영화, 텔레비전에서 연기활동을 이어갔고, 미국 쇼 비즈니스 업계에서 가장 유명한 인사 중의 한 명이 되었다.

윙기 마농와 조 마살라 또한 격렬한 댄스 음악의 성립에 기여한 이탈리아계였다. 역시 닉 라로카의 집 가까운, 리틀 팔레르모 지역에서 자란 마농은 "타르 페이퍼 스톰프(Tar Paper Stomp)", "슬롯머신의 동전(Nickel in the Slot)", "순전히 역겨운 마음의 블루스(Downright Disgusted Blues)", "테일 게이트 램블(Tailgate Ramble)" 등 몇몇 중요한 스윙 곡들을 취입했다. 시카고 출신인 마살라는 흑백의 재주 연주자들이 함께 하는 정기적인 잼 세션을 주최했고, 1936년에는 트럼펫 연주자인 헨리 '레드' 앨런을 고용함으로써 흑인을 자신의 밴드에 포함시킨 최초의 백인 밴드 리더가 되었다. 재즈 역사가 레오나드 페더에 의하면, "조 마살라는 조용하고 은밀한 방식이기는 했지만, 재즈 음악계에서 인종 분리를 철폐하는 시도를 베니 굿맨보다 더 많이 했다."

그러나 이탈리아계 미국인들 가운데 루이스 프리마만큼 대단한 명성을 얻은 이는 없었다. 어린 시절 프리마는 집 근처의 클럽에서 쏟아져나오는 음악을 들으며 자랐다. 전기작가에 따르면, 그는 어려서부터 "리틀 팔레르모의 가장 열성적인 루이 암스트롱 팬"이라는 이름을 얻었다. 프리마는 자신의 영웅이 보여주는 코넷 연주와 노래, 춤과 무대 매너, 그리고 전반적인 스타일을 모방하기 시작했다. "신께 맹세하건대 처음 암스트롱의 음악을 듣는 순간 나는 그의 프레이징(phrasing)과 곡조를 다루는 방식이 너무나 속속들이 이해가 되어서 다른 음악을 연주할 때도 암스트롱 흉내를 멈출 수가 없었다." 아직 고등학생일 때 프리마는 "일종의 거친 딕시랜드풍, 즉 지중해와 아프리카의 멜로디 라인을 강조하는 길거리 자이브 재즈"를 주로 연주하는 밴드를 두 번이나 조직했다. 스스로를 "미국의 가장 핫한 트럼펫 연주자"로 칭하던 그는, 곧 전국적인 무대에 도전하려고 뉴욕으로 향했다. 그러나 그는 흑인이라는 이유로 거부당했다.

1930년대 중반에 뉴욕의 52번가는 할렘을 대신해서 세계적인 재즈의 수도가 되었다. 5번가에서 7번가 사이의 두 블록을 일컫는 '스윙 거리'에는 당시 가장 중요한 재즈클럽이 모두 모여 있었다. 1930년대에 그 구역의 몇몇 클럽에서 흑인 연주자를 고용하기도 했지만, 대부분의 클럽은 고객들이 아직 흑인이 제공하는 음악을 들을 준비가 되지 않았다고 판단하여 흑인이 없는 무대를 고수했다. 빌리 홀리데이는 "백인 연주자들이 52번가의 이 끝에서 저 끝까지 넘쳐났지만, 나와 [피아니스트] 테디 윌슨을 제외하면, 그 거리에서 흑인의 얼굴을 볼 수 없었다"고 회상했다. 그곳에서 재즈가 유행하는 데에 기여한 밴드 리더 중 한 명인 가이 롬바르도는 오랜 기간 "클럽을 소유한 이들이 수입에 미칠 영향 때문에 흑백의 경계선을 무너뜨리기를 거부했다"고 말했다.

1934년 롬바르도는 마디 그라(Mardi Gras) 축제 중이던 뉴올리언스를 방문했을 때 루이스 프리마를 발견했고, 이 젊은 트럼펫 연주자가 에디 데이비스와 만나도록 주선했다. 그는 스윙 거리에서 가장 인기 있던 클럽 중의 하나인 레온 앤드 에디스를 소유하고 있었다. 롬바르도는 "프리마를 고용하도록 그를 설득할 수 있을 것 같았다"고 회고했다. 그러나 그 클럽의 사장은 프리마를 보자, 롬바르도를 따로 데려가서 목소리를 낮춰서 "그를 고용할 수 없다"고 말했다. 롬바르도에 의하면, "에디 데이비스는 루이스 프리마를 처음 만났을 때, 올리브빛의 거무스름한 피부색을 보고 뉴올리언스 출신이라는 얘기를 듣고, 프리마가 흑인이라고 생각했던 것이다. 그가 금맥을 놓친 것보다도 당시의 편견에 굴복하고 말았다는 것이 안타까웠다." 재즈 연주자들의 속어로 말하고, 몹시 느긋하게 행동하는 그의 성향은 확실히 일자리를 구하는 것을 어렵게 했다. 다음은 그의 회상이다. "가이나 그 밖의 사람들이 도와주었음에도 불구하고 난 6개월간 일자리를 구할 수 없었다." 마침내 프리마는 페이머스 도어(Famous Door)라는 클럽의 새 소유주에게 자신이 백인이라는 사실을 납득시킬 수 있었고, 새로 결성한 자신의 밴드 히즈 뉴올리언스 갱(His New Orleans Gang)과 정기적인 공연 기회를 얻었다. 곧 그 클럽은 뉴욕에서 가장 주목받는 곳이 되었고, 프리마는 뉴욕 재즈의 새로운 얼굴이 되었다.

코카서스 인종이라는, 새로 얻게 된 자격에도 불구하고 프리마의 음악은 확실히 백인적이지 않았다. 『빌보드』는 프리마의 밴드가 "흑인 오케스트라의 격렬한 음악을 더욱 다져서 들려준다. ……아마도 그 점이 그의 인기를 설명하는 요인일 것이다. 그의 음악은 잔인할 정도로 리듬이 격렬한데, 거의 원시적이기까지 하다"라고 평했다. 그의 전기를 쓴 게리 불라드에 의하면, 뉴올리언스 출신의 그 연주자는 "재즈 연주가들이 52번가를 바라보는 방식을 영원히 바꾸어놓았다. 프리마 이전에 그 거리는 밴드의 연주를 들으며 술을 마시기에 좋은 곳이었다. 프리마 이후에 그곳은 이전에 그 도시에서 존재한 적이 없었던 종류의 격동적인 재즈를 들을 수 있는 유일한 곳이 되었다."

페이머스 도어의 수위에 의하면, 프리마는 "거칠고 섹시한 목소리"로 여성 고객들을 "거의 성적인 절정으로" 몰아갔다. 더 나아가 "그는 체격이 좋은 편이기도 해서 테이블마다 여성들이 차고 넘친다는 소문이 돌았다." 불라드는 프리마의 성공을 그의 충만한 흑인성에서 찾았다. "춤을 추며 무대 위로 이리저리 움직일 때, 프리마는 선정적인 흑인 연주자들이 활동하던 할렘에 국한되었던 장면을 뉴욕의 청중들에게도 개방한 것이었다. 사실 인상적인 그의 특성들은 당시 성공을 거둔 흑인 연주자들을 떠올리게 했다." 그의 패션 스타일마저도 점잖은 백인성의 규범을 위반했다. "연예계의 남성들이 관습적인 짙은 색 무대용 정장이라는 속박을 깨뜨리기 한참 전에 프리마는 라벤더색 코트, 노란색 혹은 붉은색 정장, 파란 줄무늬의 바지를 입었다. …… 요란한 무늬와 화려한 색깔, 파격적인 디자인은 그의 패션 스타일을 규정하는 요소였다." 프리마의 의상, 목소리, 몸동작, 춤, 음악 스타일, 성적 매력, 그리고 역사상 어떤 음악인에도 뒤지지 않는 '스캣(scat)' 능력은 "사람들이 프리마를 다양한 흑인 연주자들과 비교하도록 만들었다." 페이머스 도어에서 연주하는 동안 프리마는 자신이 만든 노래를 담은 최초의 음반을 녹음했다. 그 노래들 중에는 "집을 빌려서 하는 파티"도 있다. 그 곡에서 프리마는 노래도 하고 드럼 박자에 맞춰 가사를 읊조리기도 했는데, 이로 인해서 『힙합의 역사(*Vibe History of Hip-Hop*)』는, 그 노래가 음반으로 출시된 최초의 랩 음악이라고 평한다.

백인 재즈 팬들이 프리마를 숭배한 유일한 집단은 아니었다. 1930년대가 끝날 때쯤 그의 밴드는 뉴욕, 볼티모어, 보스턴의 흑인 극장에서도 공연을 했고, 스윙 시기 동안에 세계에서 가장 큰 흑인 극장인 워싱턴 D.C.의 하워드 극장과 할렘의 아폴로 극장에서 거듭해서 공연한 유일한 백인 밴드였다. 프리마 밴드와 함께 아폴로 극장에서 공연을 한 새미 데이비스 주니어는, 당시 벌어진 다소간의 인종 간 교류에 대해서 이렇게 회상했다. "하여간 관객들의 절반은 프리마가 흑인이라고 생각했다. 그는 흑인들 사이에서 대단히 인기가 있었다." 아폴로 극장으로 그를 초청한 랠프 쿠퍼는 프리마가 흑인 청중에게 성공을 거둔 것은 "그의 스타일이 아폴로 극장에 녹아들었기" 때문이라고 생각했다. "뉴올리언스 출신인데다가, 루이 암스트롱과 조 올리버를 음악적 선조로 한다는 점이 프리마의 음악이 우리에게 호소력을 발휘하는 이유 중의 하나라고 생각한다."

네로에서 비앙코로

인기에도 불구하고 프리마의 경력이 정점에 달했을 때, 그는 이미 사라지는 종족의 일원이었다.

1906년 루이지 빌라리라는 한 이탈리아 관료는 시칠리아 출신 농업 노동자들의 혹사 문제를 조사하기 위해서 루이지애나 주로 갔다. 그는 대부분의 농장주들이 이탈리아 이민자들을 '하얀색의 흑인'으로 간주하며 그런 생각에 따라서 그들을 대한다는 사실을 알게 되었다. 빌라리는 아쉬움을 담아 다음과 같이 결론내렸다. "이탈리아인들이 이 열등한 처지로부터 스스로를 해방시키는 유일한 길은 일체의 민족적 자부심을 버리고 철저하게 미국에 동화되는 것이다." 이탈리아 이민자 사회의 지도자 다수는 빌라리의 주장에 대해서 알게 되었고, 더불어 몇몇 영향력 있는 미국의 사상가들이 이탈리아인들은 선천적으로 '선량한' 미국인이 될 자질이 없다고 생각한다는 것에 대해서도 의식하고 있었다. 그들은 권력층에 속한 미국인들 가운데 미국 사회학회의 회장인 에드워드 로스의 주장에 공감하는 사람들이 증가하고 있다는 것도 알고 있었다. 1914년에 로스는 왜 이탈리아인들이 미국 문화에 동화될 가능성이 낮은지에 대해서 다음과 같이 설명했다.

녹슨 철을 갈아 빛나는 금속으로 제련하듯이 미국에서의 경쟁은 가난이라는 외피에 묶인 이민자들이 자기 민족의 뛰어난 자질을 드러내도록 할 것이다. 그러나 미국과 같은 민주주의 사회에서 그 모든 자질이 가치 있는 것은 아니다. 꾸준한 집중력과 쉽게 자극받지 않은 성품, 그리고 일관된 의지를 갖춘 민족만이 다가오는 국가 간의 경쟁에서 합당한 방식으로 조직해서 성공할 수 있다.

그리하여 미국 사회의 규칙을 깨달은 지도자들은 이탈리아인들에게 침착하고 착실하게 행동하라고 가르쳤다.

1920년대에 미국 의회가 '바람직하지 못한' 집단의 이민을 규제하기 시작하면서 동화를 추구하는 개혁운동은 긴박성을 띠기 시작했다. 1921년 긴급 할당법(Emergency Quota Act)은 이탈리아를 비롯한 남유럽 국가들로부터 유입되는 이민자 수를 대략 75퍼센트나 축소했다. 1년 후 스탠퍼드 대학교의 총장 데이비드 스타 조던은 그런 새로운 법률로는 충분하지 않다고 비판하며, 남부 이탈리아인들의 이민을 완전히 금하도록 의회에 촉구했다. 그들은 "현재도 그렇고 그들의 후손도 마찬가지일 텐데, 생물학적으로 열두 살 어린이의 정신적 수준을 넘어설 수 없다"는 것이었다. 1923년 영향력 있던 『커런트 오피니언(*Current Opinion*)』에서는 "미국을 '하얗게' 지키자"라는 제목의 글을 통해서 남부와 동부 유럽 국가들의 이민 할당수를 축소할 것을 요구했다. "키가 크고, 뼈가 굵으며, 눈이 푸른색인 전통적인 '백색의' 미국인이 작고 검은 피부색의 인종에게서 태어나지 않기 때문에, 엉클 샘이라면 현재 시행 중인 할당법을 계속 유지하지 않을 것이다. 요컨대 그 조항을 규모보다 훨씬 더 엄격하게 만들어야 한다." 다음 해에 『새터데이 이브닝(*Saturday Evening*)』은 이탈리아로부터의 이민 철폐를 촉구하는 다수의 기사를 실었는데, 어떤 한 가사는 그런 주장의 근거로 남부 이탈리아인은 부분적으로 아프리카인이기 때문에 "자율적 규제의 능력이 없으며 창조적 능력과 의욕이 전적으로 결여되어 있다"는 사실을 들었다. 그 잡지는 "[남부 이탈리아로 아프리카인이] 자유롭게 유입되면서 잡종 인종이 탄생했으며," "이 나라에서도 이민에 제약을 가하지 않으면 필연적으로, 기필코 같은 일이 벌어질 것이다"라고 주장했다.

반-이탈리아적인 분위기가 고조되고 있을 때, 미국의 이탈리아 형제단은 의회 산하 이민위원회의 위원장이자 대표적인 이탈리아 이민 반대자였던 하원의원 앨버트 존슨에게 편지를 보냈다. 그 편지는 이탈리아인들이 "신체적 활력과 강인한 정신력"을 소유하고 있으며, "정신이 온전하며, 검약성실하고," "미래 미국의 인종구성에 흠 없는 요소"로 자리잡을 것이라고 주장했다. 그럼에도 불구하고 1924년에 의회는 국민 기원법(National Origins Act)을 통과시켰다. 그 법률에 따라서 남유럽과 동유럽으로부터의 이민 규제는 더욱 강화되었으며, 이탈리아 이민자의 수는 연간 4,000명으로 제한되었다. 이것은 이탈리아로부터의 이민이 절정이 달했던 20세기 초와 비교하면, 98퍼센트가 감소한 수치였다.

이탈리아계 미국 사회의 대표들은 계속해서 자신들이 이제 본질적으로 미국인이 되었다고 주장했다. 예컨대 시카고의 「이탈리아」는 1928년에 "시카고의 20만 이탈리아인들은 정직하고 근면한 집단을 이루고 있다"고 선언했다. 대공황으로 말미암아 일자리 경쟁과 주택 문제가 생사를 건 투쟁이 되었던 1930년대, 다수의 이탈리아계 미국인들은 '불량한' 미국인과 거리를 두어야 한다는 주장에 귀를 기울기 시작했다. 신문에는 흑인들이 자신들의 거주지역으로 유입되는 것에 대해서 격렬하게 항의하거나 흑인들과 폭력적인 충돌을 일으키는 이탈리아 이민자들에 대한 기사가 자주 실렸다. 그러나 흑인들과 거리를 두려는 노력이 새로운 이탈리아계 미국인의 정체성과 문화의 형성으로 결집된 것은 1940년대가 되어서였다. 토마스 굴리엘모가 말했듯이,

"실상, 다수의 이탈리아인들이 공개적으로 백인의 정체성을 취하고, 백인의 정치적 대의를 지지한 것은 제2차 세계대전이 발발한 이후였다." 이탈리아계와 흑인들이 인접해 있던 시카고의 니어 노스 사이드 지역에서 "두 집단 간의 적대는 1920년대와 1930년대에는 드물었다. 그러나 1940년대에 이탈리아인들은 이웃에 살던 흑인 거주자와 종종 다툼을 벌이게 되었다."

시카고에서 가장 많은 수의 시칠리아 이민자들이 다니던 세인트 베니지 성당의 루이지 기암바스티아니 신부가 새로운 공공주택 건설공사에서 이탈리아인과 흑인의 거주지역을 분리하는 운동을 주도했다. 굴리엘모에 따르면, "1940년대 이전에 그는 이탈리아인들을 옹호하는 다수의 공적 발언과 글에서 백인에 관한 언급을 거의 하지 않았다. 이탈리아인에 대한 옹호는 백인으로서가 아니라 이탈리아인으로서의 덕성을 강조하는 방식이었다. ⋯⋯유입되는 흑인 인구에 대한 반대투쟁에서도 1930년대 중반까지 그는 백인성에 대한 명시적인 언급을 피했다." 그러나 1940년대가 되면 "기암바스티아니의 언어는 극적으로 바뀌어서 이탈리아인은 '백인'이 되었고, 인종은 곧 피부색과 동일한 것으로 바뀌었다." 1942년 자신의 교구를 대표해 시카고 주택 당국에 보낸 편지에서, 그는 "백인과 흑인의 동거 혹은 동거 비슷한 현상은 이 지역 백인의 전통과 정서에 해를 미칠 것이다"라고 설명했다. 더욱 의미심장한 사실은, 그가 자신의 민족과 흑인 간의 근본적인 생물적 차이를 강력하게 주장했다는 점이었다. "어느 누구든 본성이나 전통, 문화 측면에서 자신들과 다른 사람을 이웃으로 두기를 좋아하지 않는다는 것을 잘 알고 있다. 그들이 동거를 하게 되면, 흑인은 고양될 수도 있겠지만, 백인은 환경의 법칙으로 인해서 스스로가 전락할 것이라고 느끼게 된다." 오랜 세월 '이탈리아인'과 '시칠리아인'만을 대변했던 기암바스티아니는 이제 새로 유입된 흑인에게 대항하여 세인트 필립 지역의 백인을 위해서 싸웠다. 동시에 캐브리니 공공주택 공사의 책임자는 잠재적인 이탈리아계 거주자들로부터 "흑인들과 거주지가 분리된다면 입주할 것이요, 그렇지 않으면 입주하지 않을 것"이라는 말을 계속 들었다고 밝혔다.

시카고 대학교의 한 연구자는 1940년대 내내 니어 웨스트 사이드의 이탈리아 이민자 거주지역으로 이사하려는 흑인들의 시도는 "이탈리아 이민자 공동체의 일관된 저항에 가로막혔으며," "흑인들의 공공시설 사용은……폭력을 유발했다"고 보았다. 1941년 스스로를 블랙 핸드 갱(Black Hand Gang)이라고 칭하는 일군의 젊은 이탈리아 남성들은 같은 거주지역의 흑인들을 때리고, 그들을 향해 총을 쐈다. 2년 후에는 흑인이 사는 아파트에 총이 발사된 것을 계기로 수백 명의 흑인들과 이탈리아인들이 연루된 폭동이 발발했다. 1943년 이 지역의 이탈리아 이민자들은 시의 관료들과 부동산 소유주들의 협회를 설득하여 지역의 모든 부동산 매물을 구입하게 하려는 청원운동을 벌였다. 흑인들이 부동산을 사거나 빌리는 것을 애초에 차단하려는 목적이었다. 이 기간 동안에 흑인이 거주하는 몇몇 주택에 방화사건이 발생했고, 니어 웨스트 사이드의 이탈리아인 상점 주인들은 흑인 손님에게 판매를 거부하기 시작했다.

흑인에 대한 거부와 백인성의 포용은 전쟁 중에 지적이고 정치적인 정당성을 얻었다. 이탈리아계 미국인을 위한 신문과 이탈리아계 노동자가 많이 가입한 노조에서 발행하는 신문들은 1943년 발간된 루스 베네딕트의 베스트셀러 『인류의 경쟁(The Races of Mankind)』의 핵심적인 논점을 요약해 실었다. 한 신문이 정리한 바에 따르면, 그 논점은 "세상에는 주요한 세 인종이 존재하는데, 바로 코카서스 인종, 몽골족, 흑인종이다. 아리아인, 유대인, 이탈리아인은 인종이 아니다"라는 것이었다. 전쟁 중에 시카고 시 정부는 정기적으로 이탈리아계 미국인들을 솔저스 필드에서 매년 열리는 "나는 미국인이다 기념일(I Am an American Day)" 행사에 초대했고, 시카고에서 발행되는 신문들은 "상당한 정도로 동화되고 미국화되어" "승리를 위해서 다수가 참전한"시카고의 이탈리아인 대오"를 칭송했다. 몇몇 주요 도시들의 이탈리아 형제단은 이탈리아계 미국인들이 전쟁공채를 구입하도록 장려하는 노력을 개시했다. 공채의 발행은 부분적으로는 이탈리아의 패배를 의도했음에도 불구하고 말이다. 1940년대 초반이 되면 귀화 신청 시에 이탈리아인은 더 이상 여타 백인과 구분되는 인종으로 표시하지 않아도 되었다. 굴리엘모에 의하면, 이탈리아로부터의 대규모 이민이 시작되고 첫 50년간 "이탈리아인들은 자주 인종란에 남부 혹은 북부 출신으로 등록되었고, 피부색은 백인으로 분류되었다. 그러나 제2차 세계대전이 발발할 무렵이 되면 이탈리아인들은 아르메니아인, 유고슬라비아인, 그리스인, 영국인, 시리아인, 멕시코인 등 많은 다른 집단들과 더불어 인종과 피부색을 묻는 질문에 하나의 단어, 즉 백인이라고 답하기 시작했다. 미국 문화에 동화되려는 사회운동의 성공을 말해주는 가장 강력한 증거는, 아마도 일본계 미국인과 달리 미국에서 태어난 이탈리아계 미국인 중 어느 누구도 제2차 세계대전 중에 안보에 위협이 되는 존재로 취급되어 수용소에 감금되지 않았다는 사실일 것이다. 비록 대부분의 이탈리아계 신문들이 진전 시기에 베니토 무솔리니가 이끄는 파시스트 정권의 부상을 지지했음에도 불구하고 말이다.

흑인과 이탈리아인과의 관계는 전쟁이 끝나고 나서도 개선되지 않았다. 1947년 시카고의 웰스 고등학교에 다니던 수백 명의 학생들은 3명의 이탈리아계 학생의 주도하에 수업을 거부했는데, "많은 흑인 학생들을 자신들의 학교에 배정한" 지역 교육청의 결정에 항의하기 위해서였다. 한 달 후에는 니어 웨스트 사이드 지역의 아파트 건물에 방화사건이 발생해서 10명의 흑인이 사망했다. 1951년 시카고 인근의 시세로 지역에서 국가 계엄령이 선포되고 주 방위군이 출동했는데, 백인들만 살던 아파트에 한 흑인 가족이 입주하면서 방화와 폭동이 벌어졌기 때문이었다. 폭동 가담자의 대다수가 이탈리아계라는 사실은 대표적인 흑인 전국지 중 하나인 「볼티모어 아프로-아메리칸

(*Baltimore Afro-American*)」이 확증해주었다. 그 신문은 폭동 가담자들을 "유럽의 지중해 지역에서 이민을 온 자들의 후손으로서 피에 굶주린 광적인 8,000명"으로 묘사했다. 굴리엘모는 "백인성은 최초로 이탈리아인들의 공적인 자기 이해에 중심적인 요소"가 되었다고 결론지었다.

이탈리아계 미국인들은 앞서 아일랜드인들의 전철을 밟아 가장 공격적인 형태의 공적 봉사를 동화의 수단으로 이용했다. 이탈리아계 신문은 남성 독자들에게 입대를 종용했고, 엉클 샘에게 봉사하는 이탈리아 아들들의 희생과 용기를 찬양했다. 1940년대 동안에 이탈리아계 미국인들은 대규모로 경찰직에 진출했고, 많은 경우 아일랜드계 미국인을 대체하여 그 분야의 지배적인 인종 집단으로 부상했다.

프랭크 리조는 경찰직을 이용해 스스로를 선량한 미국인이자 반항자들의 적으로 자리매김했다. 1943년 이민자의 아들이었던 리조는 필라델피아의 경찰이 되었고 흑인 인구가 압도적으로 많았던 서부 지역에 배치되었다. 그는 흑인이 소유하고, 흑인이 고객이던 밀주 판매점과 도박장을 기습적으로 단속함으로써 빠르게 승진했다. 리조는 1960년대에 부서장과 서장으로서 일하면서 "자신의 부하들, 자신의 군대"에게 명해, 그 도시에서 시위를 벌였던 거의 모든 민권운동가와 블랙 파워·운동가들을 체포했다. 그렇게 체포된 이들로는 맬컴 X와 학생비폭력 조정위원회의 구성원들, 그리고 공립학교에서 아프리카계 미국인의 역사에 관한 더 많은 수업의 개설을 요구하며 시위를 벌인 일군의 흑인 청소년들이 있었다. 1970년 그의 휘하에 있던 경관들이 블랙 팬더당(Black Panther Party)의 지역본부를 급습했고, 6명의 조직원을 거리로 끌어내서 벌거벗긴 채 기자들 앞에 세웠을 때, 리조는 필라델피아에 거주하는 다수의 이탈리아계 미국인들로부터 찬사를 받았다. 그는 "덩치 큰 블랙 팬더당의 조직원들이 바지를 내린 모습을 상상해보라"고 말하기도 했다. 리조는 불량한 백인들도 공격했다. 그는 비트족이 출입하던 커피하우스와 게이 바의 문을 닫게 했고, 히피들을 도시에서 추방했다.

1971년 필라델피아에 거주하는 이탈리아계 미국인의 86퍼센트가 시장선거에서 리조에게 투표함으로써, 그는 그 도시의 최고 직위를 차지한 최초의 이탈리아계 미국인이 되었다. 시장으로 일할 때 리조는 백인 거주지역의 공공주택 건설안에 반대했는데, 그곳 주민들이 "자신들의 마을로 흑인들이 이사오는 것을 싫어한다"는 것이 그 이유였다. 정치학자 잭 시트린, 도널드 필립 그린, 그리고 데이비드 시어스는 리조가 "반흑인 정서의 공인된 상징"이 됨으로써 이탈리아인으로서의 정체성을 뛰어넘었다고 보았다. 또한 역사가 스페파노 루코니가 말하듯이 그는 이탈리아계 미국인들이 "민족적 계보에 바탕을 둔 에스닉한 소속감"을 대체하여 백인이라는 새로운 인종적 정체성을 확보하는 데에 기여했다.

기억력 나쁜 흑인

이탈리아계 미국인들이 미국 사회에서 존중을 받는 집단으로 부상하는 동안, 프리마와 동세대의 재즈 연주자들은 춤을 추지 않는 연주자들로 물갈이 되었다.

다수의 이탈리아인들(과 그 이전의 아일랜드인들)처럼 프랭크 시나트라의 부모는 정부와 관련된 일을 함으로써 오명을 벗고 미국 시민이 되었다. 1910년대와 1920년대 동안에 마티 시나트라는 권투선수와 밀주업자로 일했고, 아내 돌리와 함께 밀주 판매점을 운영했다. 아내 돌리는 불법 낙태를 시술함으로써 가족경제에 도움이 되고자 했다. 그후 돌리는 지역 민주당 지부에서의 지위가 높아져서 결국 뉴저지 주 호보켄 제3선거구의 책임자가 되었고, 정치적 연줄을 활용하여 남편이 최초의 이탈리아 이민자 출신 소방수가 되도록 힘을 썼다. 그 부부는 아들에게, 점차 이탈리아 이민자 사회에서 희소해지던 타 인종에 대한 관대함을 물려주었다. 그러나 프랭크 시나트라의 인종적 정체성은 연예계 경력 초기부터 확연히 백인이었다.

루이스 프리마가 뉴올리언스 거리의 흑인 악사들을 자신의 모델로 삼았다면, 시나트라는 당대 백인 음악계를 상징했던 인물을 우상으로 삼았다. 그의 우상은 메이플라워 호를 타고 온 청교도의 후예로서 워싱턴에서 성장한 전형적인 와스프(White Anglo-Saxon Protestant, WASP : 앵글로-색슨계 미국 개신교도를 줄인 말로 흔히 미국 주류 지배계급을 뜻한다/역주)인 빙 크로스비와 메인 주에서 태어나 예일 대학교를 졸업했으며, 자신의 첫 번째 밴드를 '코네티컷 양키즈'로 명명한 루디 발리였다. 크로스비와 발리는 '크루닝(crooning)'이라고 불린, 낮게 읊조리는 새로운 창법을 유행시켰는데, 그들은 흑인 재즈 가수들의 음조를 차용하되 재즈의 육체적 관능성을 낭만적이고 영적인 에로티시즘으로 대체했다. 두 가수 모두 보수적인 정장을 입고, 무대에 꼼짝 않고 서서 발라드를 부르는 것으로 유명했다. 1929년 『배너티 페어(*Vanity Fair*)』는 발리가 "흔한 재즈 연주자의 리듬이나 요란함(dash)이 없다"며 그를 칭송했다. 한편 학자들은 크로스비의 노래 스타일을 "탈육체화된 목소리"로, 그의 인격적 특성을 "굳건한 노동윤리, 도덕성, 가족, 작은 마을에서의 삶과 같은 전통적인 헤게모니와 연관된 전통적 가치들"과 연루된 것으로 규정했다. 십대였던 프랭크 시나트라는 뉴저지에서 크로스비의 공연을 보고서는 "저렇게 하자"고 결심했다. 어느 누구보다도 이탈리아계 미국인의 이미지를 재창조하는 데에 많은 기여를 한 그 인물은 빙 크로스비에게서 "내 음악 경력의 아버지이자 청춘의 우상"을 보았다. 이런 선택이 시나트라에게 야기한 유일한 문제는 할리우드 영화사의 제작자가 그에게 춤을 춰보라고 했을 때 벌어졌다. 시나트라는 "나는 춤을 춰본 적이 없었다"고 회상했다. "나는 춤추는 법을 몰랐다."

시나트라를 필두로 크로스비를 좇아 턱시도를 입고 천천히 움직이는, 이탈리아계 미국인 크루너 스타들이 한 세대를 형성했다. 루지에로 유지니오 디 로돌포(루스 콜롬보), 피에리노 코모(페리 코모), 프란세스코 파올로 로베치오(프랭키 래니), 디노 크로체티(딘 마틴), 안토니 도미니크 베네데토(토니 베넷), 비토 로코 페리놀라(빅 다몬), 게나로 루이지 비탈리아노(제리 베일), 그리고 프랜시스 아발론(프랭키 아발론) 모두가 영감의 주요한 원천으로 워싱턴 주 스포케인의 '더 빙글(빙 크로스비)'을 꼽았다.

이 새로운 세대의 이탈리아계 미국인 대중예술가들은 1950년대에 등장한 새로운 댄스 음악에 대해서 시나트라와 견해를 같이 했다. 시나트라는 1958년 "로큰롤은 가장 야만적이고, 흉하며, 야단스럽고, 사악한 형태의 음악적 표현으로, 그런 음악을 듣는 것은 불행이다"라고 의회에서 증언했다. "로큰롤은 거짓되고 가짜처럼 들린다. 대부분 멍청한 이들이 그 음악을 만들어서 노래하고 연주하는데, 거의 바보 같아 보이는 반복과 교활하고, 선정적인(솔직히 말하자면 추잡한) 가사로 인해서……구레나룻을 기른 지구상의 모든 불량배들의 음악이 될 수 있었다."

뉴욕과 필라델피아의 젊은 이탈리아계 미국인들은 흑인들에게 영향을 받은 록 음악의 거칠고 몰아치는 관능성에 대응하여 앞선 시나트라 세대가 재즈 음악을 듣고서 그랬던 것처럼 새로운 종류의 유한 음악을 내놓았다. 부드러운 소리의 조화와 낭만적인 가사, 그리고 정지된 무대 매너가 결합된 음악적 스타일, 즉 두왑(doo-wap)은 1940년대 거리에서 활동하던 흑인 청년들에 의해서 창안되었지만, 이탈리아계 미국인들이 그 스타일을 수용한 1950년대 말에서야 팝 차트의 정상을 차지할 수 있었다. 그 즈음에 흑인 연주자들은 이미 소울 음악으로 옮겨갔다. 디온(디무치)과 벨몬츠가 팝 차트 순위에 자신들의 노래 몇 곡을 올려놓은 1958년부터, 1964년 소위 '브리티시 인베이전(British Invasion)'이 일어날 때까지 이탈리아계 미국인으로 이루어진 두왑 그룹이 미국 대중음악계를 지배했다. 모두 점잖은 정장을 입고 부드러운 낭만적 분위기를 풍겼던 카프리스(Capris), 엘리전츠(Elegants), 미스틱스(Mystics), 듀프리스(Duprees), 델 세틴스(Del-Satins), 포 제이스(Four Jays), 이센셜스(Essentials), 랜디 앤 레인보즈(Randy and the Rainbows), 그리고 비토 앤 설루테이션스(Vito & the Salutations)는 이탈리아인의 미국 문명으로의 진입을 알렸다.

두왑과 프랭크 리조가 부상하던 시기에 맬컴 X는 새롭게 백인이 된 이탈리아인들을 조롱했다. "어떤 이탈리아인도 내 얼굴에 바짝 다가와 더러운 욕설을 할 수는 없다. 왜냐하면 난 그들의 과거를 알기 때문이다. 너희들이 흑인들에 대해서 이러쿵저러쿵 떠들면 그것은 실제로는 너의 아버지를 비웃는 것이 된다. 너희들 아버지는 자신들의 역사를 기억한다. 그들은 어떻게 하얀 피부색을 얻었는지를 기억할 것이다." 점차 맬컴 X가 말하는 바를 이해하는 이탈리아계 미국인의 수는 줄어갔지만, 자신들의 역사를 무대에서 재현하는 이가 있었다.

이탈리아계 미국인의 상징이었던 루이스 프리마의 인기는 사그라졌지만, 그는 계속해서 자신의 원시적인 과거에 대한 헌신을 견지했다. 1947년 그는 자신의 마지막 히트곡 중 하나인 "문명(봉고, 봉고, 봉고)"을 발매했는데, 그 노래는 반항적인 이민자들의 주제가라고 할 수 있었다. 프리마는 "나는 콩고를 떠나기 싫다", "나는 정글에서 너무나 행복하다"라는 가사를 통해서 "열차에 타려고 야만인처럼 서두르는" 문명의 구성원들을 조롱한다. "그들은 이 주일짜리 휴가를 얻으면 휴양지로 서둘러 간다. 그들은 그곳에서만 수영을 하고 낚시를 하지만, 나는 1년 내내 그렇게 지낸다."

1950년대 초반 프리마는 또 한 명의 뉴올리언스 출신 이탈리아인 샘 부테라와 함께 밴드 위트니시스(Witnesses)를 결성하여 자신의 이전 음악을 더 격하고 광적인 방식으로 연주하기 시작했다. 음악평론가 아트 페인은 30년 후에 "프리마가 음악을 통해서 표출한 것은 약동하는 비전을 담고 있었지만,

당시에는 그에 대한 이름이 없었다. 음악사가들이 그것이 정확히 무엇이었는지 꼭 집어 말하는 데는 30년이 걸렸다. 그것은 로큰롤이었다."더 나아가 그는 새로운 '정글 음악'에 대한 자신의 찬탄을 당당히 밝힘으로써 문명으로 향하는 이탈리아계 미국인들의 경향을 조롱했다. "그는 로큰롤에 잘못된 것이라고는 없다. 전혀 없다. 그 음악에는 비트가 있다. 아이들이 그 음악을 듣는 한에는 곤경을 피할 수 있을 것이다. 아이들을 얕잡아봐서는 안 된다. 그들은 본능적으로 들어서 재미있고, 춤추기에 좋은 음악이 무엇인지를 알아본다." 프리마는 로큰롤을 공격하고, 그리하여 원시적 과거를 부정한 자기 세대를 책망했으며, "왜 부모들이 아이들에 대해서 불만을 토로하는지 모르겠다"고 의아해했다. "그 부모들도 과거에 흑인 음악에 맞추어 춤을 추었고, 그 음악 또한 노골적으로 저속했다."

1967년 자신의 음악적 경력이 끝나갈 무렵, 프리마는 한 영화에서 자신에게 맞는 역할을 연기함으로써 명성을 되찾았다. 그가 연기한 역할은 오랑우탄이었다. 아카데미상 후보에도 올랐던 디즈니 사의 영화 「정글북」에서 킹 루이는 정글에서 사는 원숭이들과 쉼 없이 재즈 파티를 벌이는 무리의 두목이었다. 영화의 가장 인상적인 장면에서 그는 "나는 춤꾼들(swingers)의 왕이요, 정글의 VIP"라고 노래하고, 동시에 그의 전기작가가 "골반의 내던짐(hip abandon)"이라고 칭한 춤을 춘다. 프리마는 자신이 연기한 캐릭터를 칭송했다. "그 캣(cat : 재즈 연주자를 일컫는 속어이다/역주)은 진정으로 정글을 뒤흔든다"고 그는 말했다. "사실 그 영화에 나오는 모든 원숭이 무리 또한 제대로 몸을 흔든다. 이 캐릭터들은 나와 샘 부테라 그리고 위트니시스를 닮았다."

1970년대에 이탈리아계 미국인들은 잠깐 동안 자신들의 리듬을 되찾은 것처럼 보였다. 디스코는 뉴욕 시의 언더그라운드 파티에서 태어났으며, 그 파티의 손님은 대개 흑인들이었지만 운영자는 이탈리아계 미국인들이 많았다. 음악사가 피터 샤피로에 의하면, "크게 보아 대부분 브루클린 출신의 이탈리아계 미국인들이 무에서 디스코를 창조했다." 1970년대 초반 디스코를 발전시킨 디제이들 대부분이 이탈리아계였다. 프랜시스 그라소, 데이비드 만쿠소, 닉키 시아노, 마이클 카펠로, 스티브 다퀴스토, 톰 사바레세, 바비 '디제이' 구타다로, 프랭키 스트리벨리, 그리고 리처드 팜피아넬리 등이 대표적이다. 1970년대 중반에 디스코 댄스는 이탈리아계 미국인 거주지역의 나이트클럽으로 확산되었고, 거기서 다시 주류 미국 문화로 퍼져나갔다. 1977년 영화 「토요일 밤의 열기」는 뉴욕의 초기 디스코클럽 중에서 가장 유명했던, 브루클린 베이 리지 지역의 2001 오디세이의 댄스 플로어를 주름잡았던 젊은 이탈리아계 미국인들의 이야기를 들려준다. 나이트클럽을 배경으로 하는 첫 장면은 토니 마네로와 4명의 친구들이 자신들이 인종적 경계선 위에 서 있다는 사실을 의식하고 있음을 보여준다. 그 무리들 중 한 명은 자신의 헤어스타일과 새 옷에 자부심을 느끼고 "멋지지 않냐?"며 동의를 구한다. 그 질문에 다른 한 명은 "조금만 더 멋졌다가는 흑인이 되겠는데"라고 답한다.

최근에도 다수의 이탈리아계 미국인들이 인종 간의 경계와, 그와 결부된 춤의 격차를 가로질러 성공적인 경력을 쌓아가고 있다. 디제이 스크리블로더 잘 알려진 스콧 아이알라치와 디제이 그린 랜턴으로 활동하는 제임스 다고스티노는 21세기 초반 가장 성공적인 힙합 프로듀서들에 속한다. 그리고 물론 마돈나 루이스 치코네는 흑인에게 영향을 받은 노래를 부르고, 거기에 맞춰 춤을 춤으로써 가장 많은 돈을 번 미국인이 되었다.

이런 반항아들의 위반에도 불구하고 공식적인 이탈리아계 미국인들은 자신들의 역사에 대해서 고의로 모른 척하고 있다. 2002년 뉴욕의 힙합 라디오 방송국인 WAXQ-FM 소속의 아프리카계 미국인 디제이 척 나이스는 방송 중에 "이탈리아인들은 기억력 나쁜 흑인들이다"라는 발언을 했다. 80년 전 의회에 이탈리아인들은 천성적으로 백인이라고 주장했던 이탈리아 형제단은 즉각 자신들은 "그 발언에 당혹감을 느낀다"고 논평했고, 방송국에 사과를 요구했다.

이탈리아계 미국인들의 반항의 역사를 돌아볼 때, 물론 척 나이스의 발언에는 당혹스러울 것이 없다. 그러니 실망하지 말고, 우리가 그 역사를 활용하는 방식이 더욱 중요하다는 사실을 깨달으면 되겠다. 그리하여 이탈리아 형제단이 모욕으로 여긴 것을 칭송하자. 우리의 자유와 쾌락에 그토록 많은 기여를 한, 그 모든 '원시적'이고 '검은' 동유럽 이민자들의 역사 또한 이탈리아 이민자들의 역사와 함께 이어나가자.

제3부

불량한 자유를 위한 투쟁

9

쇼핑 : 진정한 미국의 혁명

당신이 19세기 초반의 전형적인 미국인이었다면, 파종을 하고, 김을 매서 수확을 해야 했고, 소나 돼지를 직접 잡아 식량으로 가공해야 했다. 옷도 직접 만들어 입어야 했는데, 반드시 실용적이어야 했다. 장식이나 불필요한 색깔, 즉 스타일은 없었다. 동이 트기 전부터 밤늦게까지 일해야 했으며, 유일한 오락거리는 독서였고, 구할 수 있는 대부분의 책은 도덕적 우화였다. 또한 평생토록 집의 반경 80킬로미터 밖을 벗어나지 않았다. 당신은 여가는 나쁜 것이라고 믿었을 것이고, 주말은 존재하지 않았다.

19세기 말이 되자, 전형적인 미국인인 당신은 대부분의 의복을 상점에서 사게 되었다. 오로지 매력적으로 보이게 하는 것이 목적인 옷도 소유하게 되었다. 전국 각지에서 온 음식을 먹고, 차가운 맥주를 마시며, 아이스크림도 먹었다. 당신이 도시에 산다면, 몽고메리 워드(Montgomery Ward), 시어스(Sears), 뢰벅(Roebuck), 매이시스(Macy's), 에이브러햄 & 스트라우스(Abraham & Strauss), 조던 마시(Jordan Marsh), 필렌스(Filene's), 혹은 워너메이커스(Wanamaker's) 백화점으로 쇼핑을 하러 갔을 것이며, 만약 시골에 산다면, 우편 주문을 통해서 앞에서 언급한 백화점에서 물건을 샀을 것이다. 당신이 읽는 싸구려 소설의 유일한 목적은 재미를 주는 것이었다. 도시에서 살 경우, 놀이공원, 영화관, 보드빌 쇼를 구경하러 갔을 것이다. 당신은 부모 세대보다 적게 일하며, 조부모 세대보다는 훨씬 더 적은 시간을 일할 것이다. 당신은 여가는 좋은 것이라고 믿었다.

미국의 일상적 삶에 이런 혁명을 가져온 사람은 누구인가? 학자들은 다음과 같은 요인들에서 이유를 찾았다. 북아메리카의 막대한 자연자원, 주(州)간 무역장벽의 부재, 대중의 형성, 철도와 철강, 석유와 밀, 목재 및 육류 산업 등의 긴밀한 연관관계, 근대적 기업의 이른 발달, 그리고 고무 가황법(vulcanization), 재봉기, 냉장고, 혹은 베서머 평로강(Bessermer and open-hearth steel)이나 조립 라인, 전등과 전력 등 생산기술의 혁신, 그리고 기업 보호법과 무상 토지 불하, 주식과 채권의 허가 및 지원, 미국 기업을 외국과의 경쟁에서 지키기 위한 보호관세, 파업에 대한 무력적 개입과 같은 여러 가지 연방정부의 지원 등이 흔히 거론되는 이유들이다.

그러나 사람들이 그런 상품을 원하지 않았다면, 달리 말해서 사람들이 그런 물건의 구입을 스스로에게 허용하지 않았다면 단 하나의 소비상품도 생산되지 않았을 것이다. 욕망이 없으면, 수요도 없고, 수요가 없다면 생산도 없는 것이다. 소비혁명이 일어나기 위해서 필요했던 것은 미국인들의 욕망과 쾌락, 여가와 소비에 대한 생각의 결정적인 변화였다. 그러므로 반항자들이 없었다면, 우리는 여전히 농부였을 것이다.

오락이라는 문제

오늘날의 관점으로는 19세기를 살던 대부분의 미국인들이 물질주의는 악이고, 검약이 덕이며, 쾌락의 추구는 아무리 좋게 보더라도 위험한 것으로 생각했다고 상상하기는 어렵다. 그러나 미국의 정치인들과 성직자, 지식인, 기업 지도자들, 노동계 지도자들은 거의 한 목소리로 탐닉을 단죄했다. 남북전쟁 이전에 브라운 대학교의 총장을 오랫동안 역임했으며, 저명한 신학자이자 반-노예제 활동가이기도 한 프랜시스 웨일런드는 의복에 대해서 이렇게 경고했다. "생각 없는 변덕, 감각적인 자기 탐닉과 무모한 지출은 죄일 뿐만 아니라 사회적으로도 위험하다. 예컨대 식탁의 장식을 위해서 돈을 쓸 때, 달리 말하자면 그 지출의 유일한 결과가 육체적 욕망의 만족일 때, 우리는 가장 저급한 만족을 위해서 돈을 낭비하는 것이다." 최초의 소비재 시장은 그저 공화국의 기초인 덕성을 약화시키는 "새로운 유혹의 길"이었다. 웨일런드에게 "감각의 충족 이외에 다른 유용성은 없는 물건, 달리 말해서 유행을 따르려는 욕망이나 과시욕 때문에 구입한 물건"은 가치가 없었다. 또 한 명의 주요한 종교 사상가이며 사회 개혁가인 헨리 워드 비처는 널리 읽힌 『젊은이에게 고함(Lectures to Young Men)』(1948)에서 "진정한 만족은 과잉이나 나태 혹은 부의 산물이 아니라 근면과 절제, 유용성의 산물"이라고 주장했다. 비종교적인 사상가들도 쾌락을 위한 소비에 덜 적대적이지 않았다. 위대한 작가인 헨리 데이비드 소로는 놀이와 오락을 부정했고, 스파르타적인 단순함을 유일한 행복의 조건으로 받아들인 그 세대의 미국 지식인 전체를 대표했다. 이들을 위시한 미국적 삶의 대변자들은 신체의 기능에 필요한 것 이상의 음식, 기능이 아니라 유행을 따른 의복, 적절한 안식처 이상의 것을 제공하는 주택, 그리고 그저 여흥을 위한 상품에 저항해야 한다는 데에 의견을 같이했다.

매사추세츠 주 노동통계청의 캐럴 D. 라이트는 1875년 미국인들의 소비습관에 대한 최초의 보고서에서 미국 가정에서 순전히 즐거움만을 위한 물품들이 놀라운 속도로 증가한다는 것을 밝혔다. 더욱 심각한 문제는 술의 소비량 증가와 그로 인한 전체 소비습관의 변화, 그리고 그 결과 나타난 임금상승을 요구하는 노동자들의 전투적 태도였다. 라이트는 절제가 "검약하는 소비습관을 낳고, 이는 파업을 막아준다"고 주장했다. 그래서 "격한 삶과 기력을 떨어뜨리는 사치품의 과시, 그리고 합당하지 않은 차림새를 유지하려는 정신 나간 시도"를 거부하고, "정신이 깨어 있고, 근면 검약한" 노동자 집단을 창출하는 것이 필요했다.

심지어는 부자도 소비를 공격했다. 앤드루 카네기는 역사상 가장 많은 재산을 축적한 사람들 중의 한 명이지만 부가 가져다준 쾌락은 부정했다. 카네기 가족이 스코틀랜드에서 이민을 와서 피츠버그에 정착했을 1848년, 그는 열세 살이었다. 어린 카네기는 가족의 생계를 돕기 위해서 화물차 화부와 전화 교환원, 그리고 배달원으로 일했다. 펜실베이니아 철도회사의 간부가 그의 재능과 의지를 알아보고 그 회사의 일자리를 주었다. 카네기는 회사에서 고속 승진을 하면서 자신의 사업에 투자할 자금을 모았다. 그는 남북전쟁 후에 철강이 미국의 미래라고 판단을 했고, 1873년 미국 최초의 철강공장을 세우는 데에 전 재산을 투자했다. 이후 20년 동안 그는 세계적인 철강기업의 사장으로 일했고, 결국 세계에서 가장 부유한 사람 중의 한 명이 되었다. 그러나 그는 1년 내내 거의 쉬지 않았으며, 동이 트기 전에 일을 시작해서 한밤중이 될 때까지 일했고 사치라고는 몰랐다. 그는 죽을 때까지 거의 전 재산을 자선단체에 기부했다.

1889년 카네기는 산업 자본주의 시스템은 지지하지만, 그것이 산출하는 안락함은 공격하는 글을 한 편 썼다. "부의 복음(The Gospel of Wealth)"이라는 제목의 글은 많은 이들이 부르주아 문화라고 부른 것의 근본적인 교의를 설파했다. 요컨대 부는 축적해야 하지만, 그것을 즐겨서는 안 된다는 것이다. 재산의 유일하게 "합당한 사용방식"은 "공동체에 유익함을 가져다주는 공공의 목적"을 위한 것이었다. 부자는 자신의 쾌락을 위해서 돈을 쓰기보다는 "일생 동안 재산의 집행에 신경을 써야 하며, 사회 또한 항상 부자들의 재산이 사람들에게 널리 유익하게 쓰이고 있는지 살펴야 한다." 카네기는 "이기적인 백만장자의 무가치한 삶"을 막기 위해서 대규모 재산세를 제안했는데, 부자들이 "재산 중의 상당 부분을 국가에 내어놓도록" 하기 위함이었다. 요컨대 부자는 자기 희생적인 가부장과 같아야 했다.

다음을 부자의 의무로 제시하고자 한다. 첫째, 낭비나 과시를 피함으로써 가식 없고 소박한 삶의 모범을 보일 것. 그에게 의존하는 사람들의 합당한 필요를 적절하게 충족시킬 것. 그렇게 한 후에도 발생하는 추가 수익은 그저 집행을 의뢰받은 신탁기금으로 생각해서, 엄격한 의무에 따라서 공동체에 가장 이로운 결과를 낳도록 열심히 숙고하여 그 집행방식을 결정할 것. 이렇듯 부자는 더 가난한 형제들을 위한 신탁 관리자요, 대리인에 다름 아니다. 그는 공공에 봉사하기 위해서 자신의 뛰어난 지혜와 경험, 실천력을 발휘함으로써 가난한 자들이 스스로 자신들을 위해서 일할 때보다 더 나은 결과를 낳는다.

　카네기 당대에 그보다 더 부유했던 단 한 사람은 1870년부터 1897년까지 스탠더드 석유회사의 사장으로 있는 동안 전 세계 휘발유의 대부분을 공급했던 '거인' 존 D. 록펠러였다. 록펠러는 술, 담배를 전혀 하지 않았으며, 즐거움을 위한 여행도 다니지 않았다. 그는 파티를 열지도, 가지도 않았다. 록펠러는 자신의 아이들에게 사탕을 금했다. 또한 그의 아이들은 한 대의 자전거를 같이 써야 했으며, 옷도 물려 입어야 했다. 막내였던 외동아들 존 주니어는 여덟 살 때까지 누나들이 물려준 드레스만 입어야 했다. 그의 전기작가 론 처노는 록펠러가 "사업할 때의 강렬한 열정을 동원하여 오락거리에 대한 사람들의 관심을 공격했고, 열렬히 내핍의 의식에 몰두했으며, 엄숙할 정도로 삶과 생활상의 필요를 단순화하고자 했다"고 평했으며, 그를 "기독교적 노동윤리의 포로"라고까지 불렀다. 막대한 부를 가진 사람이 그 혜택을 즐기기를 거부하는 것에 대해서 의아함을 느낀 독일의 사회과학자 막스 베버는 이 부자들은 부유해지기 위해서가 아니라 사회를 관리할 책임을 느껴서, 달리 말해서 거대 가부장이 되기 위해서 자본가가 되었다고 결론을 내렸다. 그들에게 이런 책임은 종교적 '소명'이기 때문에, 달성될 경우에 그들에게 구원과 은혜를 가져다줄 것이었다.

일보다 여가를 선호하는 보통의 미국인들에게는 대변자가 없었다. 19세기와 20세기 초반 모든 주요 노동단체는 초기 청교도 정착민들만큼이나 노동윤리에 깊이 헌신하고 있었다. 1866년 윌리엄 H. 실비스는 미국 최초의 노동조합 연합인 전국노동연합을 창설했는데, 그 단체의 목적은 조직원들의 경제적 이익을 보호하는 것과 더불어 모든 노동자의 "도덕적, 사회적, 지적 상황을 고양시키는 것"이기도 했다. 노동자들은 노동이 "신의 지혜로운 의도의 실행"이라고 배워야 했다. 1870년대와 1880년대 노동자 기사단이 전국노동연합을 대신해 전국적인 노동조직이 되었지만, 역시 여가보다 노동이 먼저라는 가치를 견지했다. 1879년 펜실베이니아 주의 기계공이었던 테런스 파우덜리가 노동자 기사단의 의장이 되면서, 여성과 흑인, 그리고 이민자와 미숙련 노동자들에게도 문호를 개방했다. 대부분의 직능 노조에서는 이런 부류의 노동자를 받아들이지 않던 시절에 그 조치는 급진적인 시도였다. 그러나 파우덜리의 의도는 이들에게 보수적인 교훈을 확산시키는 데에 있었다. 모든 신입 조직원들은 "입문 서약"을 낭송해야 했는데, 그 문서는 "태초에 신은 인간이 노동하도록 명하셨으니 노동은 저주가 아니라 축복"이라고 선포했다. 그리고 조직의 목적은 "노동을 통해서 신을 영광되게 하는 것"이어야 했다. 파우덜리가 이끄는 노동자 기사단은 노동시간 감축을 지지했지만, 그것은 어디까지나 과도한 노동이 노동윤리를 약화시킨다고 믿었기 때문이었다. 인간은 노동의 영광을 누리지 못하는 기계가 되어서는 안 되었다.

1886년 창설 이래 1930년대까지 노동운동을 주도했던 미국 노동총연맹도 노동윤리에 헌신적이기는 마찬가지였다. 오랜 기간 의장직을 맡았던 새뮤얼 곰퍼스는 노동에 대한 회피가 "남자답지 못하고, 불명예스러우며, 유치하다"고 조롱했다. 노동자 기사단과 마찬가지로 노동총연맹도 노동시간 감축을 위해서 애썼지만, 노동자의 여가와 자유를 증진시키기보다는 노동에 대한 혐오를 막기 위해서였다. 급진주의자들마저도 노동을 사랑했고, 여가를 증오했다. 세기 전환기에 사회당의 주요한 지도자였던 유진 데브스는 "돌같이 차가운 가슴에 자비를 심고, 방탕한 자의 부패한 정신에 맑은 정신에 대한 사랑을 불러일으키고, 태만으로부터 근면을 끌어내는 것"이 자신의 사명이라고 선언했다.

금욕이라는 이상은 19세기 미국에서 사회적 존중을 낳은 기준 중의 하나였다. 사치에 내한 탐닉은 부자와 대다수 노동계급 모두에 의해서 반-미국적인 것으로 간주되었다.

오늘날 자유주의라고 불리는 이념을 창시한, '혁신주의(progressivism)' 지식인 세대는 여러 의제를 두고 기업계와 종교계 및 노동계 지도자들과 의견을 달리 했지만, 여가와 소비가 악덕이라는 신념은 공유했다. 산업생산이 폭발적으로 증가하던 세기 전환기에 활동했던 이 사상가들은 쾌락에 휩쓸린 사회가 혼돈 속으로 빠져드는 것을 막을 방법을 찾고자 했다. 그들은 역사가인 다니엘 호로비츠가 "물질주의가 근면과 저축, 자기 기율이라는 가치에 제기하는 문제"라고 부른 것과 대결했다. 20세기 초반 가장 영향력 있던 경제학자 중의 한 명인 사이먼 패튼은 평균적인 미국인의 물질적 부의 증가를 옹호했지만, 어디까지나 그들이 가난으로 인한 "억눌린 열망을 저열한 방식으로" 보상받지 않으려고 하는 한에서였다. 노동자들은 배가 부른 만큼, 적절한 교육을 통해서 머리 또한 채울 때 싸구려 영화관과 벌레스크 쇼와 놀이동산의 유혹에 저항할 수 있을 터였다. 호로비츠는 "고통스런 생계의 필요에서 벗어날 때 이민자들과 가난한 사람들은 자발적인 청교도가 되리라"고 패튼의 주장에 동조했다. 소스타인 베블런은 일련의 책과 논문들을 통해서 소비에 대한 가장 영향력 있는 진보적 비판을 내놓았는데, 그중 가장 주목을 받은 것은 고전이 된 『유한계급론(*The Theory of the Leisure Class*)』(1899)이었다. 패튼처럼 베블런도 노동자의 빈곤화가 그들을 무절제하게 쾌락을 추구하는 삶으로 이끌지 않을까 두려워했다. 그는 미국의 노동계층이 "명백하게 자신들의 금전문제를 관리할 줄 모르고, 마구잡이로 낭비한다"는 비난은 "상당한 근거가 있다"고 보았다. 노동자들의 비참한 상태는 "전통적인 사회적 가치에 대한 존중 혹은 애착"을 점점 줄어들게 해서, 자기 절제의 기술을 배우지 못한 노동자들은 생존에 필요한 것 이상의 수입이 생겼을 때 유용하지 않은 오락에 쓰게 된다는 것이다. 이렇듯 베블런은 다른 이들이 "완곡하게 생활수준의 향상으로 부르는" 현상이 그저 "낭비적인 소비의 누적적인 성장"만을 낳는다고 보았다.

노동계급의 소비행태에 대한 일군의 혁신주의적 연구들은 1달러의 초과도 없이, "기본적인 신체기능을 유지하고, 핵심적인 생활상의 필요를 충족시키며, 인성을 발전시키는 힘"을 제공하는 정확한 물질적 부의 양을 결정하는 것을 목표로 했다. 대다수 연구의 결론은 사회적으로 해로운 '과잉'을 피하자는 것이었고, 그러자면 필요한 "기회와 물건의 최소량"이 그 물질적 부의 최대치가 되어야 했다. 이 점에서 로버트 채핀의 『뉴욕 시 노동계층의 소비수준(*The Standard of Living Among Workingmen's Famillies in New York City*)』(1909)은 전형적이다. 이 책은 "카페나 맥주집에 가는 것"과 담배와 도박, 복권 및 "(개인적인) 장신구", "극장과 축제"는 물론 아이들을 위한 사탕과 탄산음료, 아이스크림도 "사치와 낭비"로 규정했다. 메리 킹스베리 심코비치 같은 연구자들은 노동자들이 즐거움을 더가 아니라 덜 누리도록 하기 위해서 노동시간을 줄이자고 주장했다. 그녀는 "노동의 속도가 더 올라갈수록 여가 또한 더 관능적이고 자극적인 방향으로 전락한다"고 결론을 내렸다.

노동시간이 길어지고 노동강도가 강해질수록 여가형태는 더욱 저속해진다. ……술집은 추가 노동시간만큼 더 늦게까지 문을 열 것이다. ……춤은 또 하나의 감각적 오락이다. 그 자체로는 순수하고 즐거운 것이지만 자주 가장 사악한 용도로 전락한다. 음주를 동반할 경우 댄스홀에서 자주 그런 것처럼 춤은 관능을 유발한다. 음주가 사랑받는 것과 같은 이유로 춤 또한 사랑받는다. 춤은 과잉 노동에서 유래하는 절대적인 무감각 상태에서 벗어나, 자기 방기 상태를 가져다주는 것이다. 무감각 상태일 때 가장 자극적인 오락형태에서 쾌락을 찾게 되는 것이다.

혁신주의 경제학자인 프랭크 스트라이토프에 따르면, 낮은 임금과 불안정한 고용상황, 그리고 "노동에서 비롯되는 육체적, 정신적 긴장"은 노동자를 방탕하게 만들어 돈을 마구 쓰게 한다.

대개의 노동자는 지적, 정서적 면모 어느 쪽으로도 결코 바람직하지 않다. 그는 추잡하게 생각하고, 말한다. 그의 가정생활은 대개는 편의의 문제로서, 부부간에 영적 연대는 아예 부재하거나 거의 없다. 술집은 직접적으로는 금전적 문제에서, 간접적으로는 육체적, 영적 고통의 측면에서 값비싼 대가를 치르게 한다. 그곳에서의 오락은 강하게 관능적인 경향으로 흐르는데, 춤은 자주 역겨운 부도덕을 낳는다.

스트라이토프가 "오락 문제"라고 부른 것의 해결책은 "과거 공동체에서 그토록 인기를 누렸던 것과 비슷한 사회적, 문학적 행사나 진정한 교육적 가치를 가진 주제에 대한 대중강연이었다." 마찬가지로 루이스 매리언 보즈워스도 보스턴의 여성 노동자에 대한 연구에서 "숱한 종류의 오락과 탐닉"에 돈을 지출하도록 유도한다며, 과잉 노동을 비판했다. "긴 노동시간과 저임금"은 강의와 고전음악 연주회 및 이민자들을 미국인이 되도록 가르치는 수업과 같은 "저녁 시간의 특권을 향유하는 데에 필요한 여분의 활력을 남겨두지 않는다." 만약 임금이 영양가 있는 식사와 안락한 생활환경을 제공하기에 충분하고, 노동시간이 충분히 줄어들어서 쉴 수 있는 시간이 주어진다면, 어린 여성 노동자들은 지적, 육체적, 사회적 발전을 위해서 이 기회를 잘 활용할 것이었다. 호로비츠가 평했듯이, 혁신주의자들이 수행한 "생활비에 관한 연구는 검증되지 않은 다양한 논리를 동원하여 이민자와 노동계층의 문화를 공격했는데, 그들은 대신 자조와 자기 기율에 대한 부르주아적인 가치를 강조하고자 했다."

쇼핑에 대한 반대는 제1차 세계대전 중에 더욱 심해졌다. 새로운 노동계급 문화에 대한 부르주아의 혐오가 음주와 매춘, 성병을 억제하는 잘 조직된 사회운동의 형태를 띠게 되었고, 노동계급의 소비행태에 대한 도덕적 단죄가 가해지기 시작했다. 1917년 미국이 참전하고 얼마 지나지 않아 상원의원인 포터 맥컴버는 "풍요의 소란에서 비롯되는 도덕적 위험"을 경고하는 글을 발표했다. 그는 "낭비적 습관에 대한 몰두와 오락거리, 즉 계속적인 정신적 취기에 대한 억제되지 않는 요구"가 미국을 위협한다고 썼다. 다수의 정부 관리와 지식인들은 전쟁을, 더 많은 물건에 대한 욕망을 부정함으로써 미국이 갱생할 수 있는 기회로 보았다. 노동통계청과 국가전시 노동위원회는 1918년 "임금 노동자와 중간 및 하층의 가구"가 1875년 이래 의식주 이외의 지출비율을 평균 두 배 이상 늘려왔다고 보고했다. 정부의 정책 결정권자들과 지식인들은 노동계급 가구에 적용할 검약의 기준에 부합하는, 따라서 애국적인 '최소 생활편의' 예산을 정하고자 했다. 1917년 연방 무역위원회에 합류한, 지도적인 혁신주의 경제학자인 스튜어트 체이스는 「전시 가구 예산안」을 발표했다. 그 글은 사치품 소비를 줄임으로써 "낭비를 제거하는 것은 개인적 필요일 뿐만 아니라 애국적 의무"이며, 훌륭한 미국인이 되기 위해서는 곧 "어떤 이성적인 인간적 필요에도 봉사하지 않되, 국가적 삶과 특성을 왜곡시키거나 오염시킬 뿐인 장식과 과다, 독적인 것"에 대한 지출을 없애야 한다는 내용이었다. 체이스는 미국인들이 "전쟁이 끝나고 평화 시에도" 검약을 이어나가기를 바랐다.

하이힐의 높이

19세기의 금욕적 이상이 지배적인 가치로 계속 남아 있었다면, 영화관이나 쇼핑, 그리고 주말은 없었을 것이다. 그러나 이런 이상은 다르게 살기로 결정한 젊은 세대의 미국인들에 의해서 침식되었나. 이것은 혁명의 이야기이지만, 이 혁명에는 지도자나 선언문, 그리고 민병대가 없었다. 이 혁명은 수많은 이름 없는 여성들에 의해서 전개되었다. 예컨대, 꽃무늬 모자를 사러 시내로 가고, 남자친구를 위해서는 코니아일랜드로 물건을 사러 갔던 로어 이스트 사이드의 유대인 의류 공장 노동자나 매주 서너 번씩 영화관에 갔으며, 시카고 밀워키 가(街)의 폴란드 이민자 구역에 살던 통조림 공장 노동자, 혹은 워너메이커스 백화점에서 쇼핑을 하던, 필라델피아 남부의 이탈리아계 소시지 제조공들 같은 여성들 말이다.

아그네스는 그런 혁명가들 중 한 명이다. 1883년 프랑스와 면한 독일의 트레베스에서 태어난 아그네스는 유년기 내내 가톨릭계 학교에서 수녀들에 의해서 길러졌다. 어머니 노릇을 한 수녀들은 "굉장히 엄격했으며, 거의 낯선 사람과 다를 바 없었다." 1903년 한 잡지에 기고한 회고록에서, 그녀는 모자 제작자의 무급 도제로 아침 8시부터 저녁 6시까지, 때로는 밤 9시까지 일한 경험을 묘사했다. 그녀의 삶은 제약이 많았음에도 불구하고, 아그네스는 "다양한 종류의 놀이"를 즐겼다. 그녀는 소년들과 장난을 쳤으며, 춤을 추었고, "노래하기 좋은 목소리를 가졌으며", 그 밖에도 "혼자 간직하고 있는 기억들"이 많았다. 그 학교에서 소년과 소녀는 따로 교육을 받았지만, 그녀는 "소년들과 대화를 나눌 수단을 찾았으며", 그리하여 "프리츠라는 이름의 키가 크고 말랐으며, 사려 깊은 검은 머리 소년"과 사랑에 빠졌다. 이 커플은 운동장을 가르는 담장을 사이에 두고 은밀한 관계를 지속해갔다. 그들이 함께 어느 수녀를 비웃다가 들켰을 때, 아그네스는 벌로 손바닥을 맞았다.

모자 제작자 밑에서 일하면서 그녀는 그곳을 떠날 생각을 하기 시작했다. "나는 놀지도 못하고 일만 하는 것에 지쳐가면서 미국으로 가고 싶어졌다." "놀고 싶다는 마음을 이해하지 못하던" 그녀의 어머니는 마침내 자유에 대한 그녀의 소망을 인정했고, 그녀를 뉴욕에 있는 언니와 살도록 보내주었다. 아그네스는 생애 최초로 자신이 번 돈을 원하는 대로 쓸 수 있게 되었다. 그녀는 "자신이 더 많은 즐거움을 원했다"고 회상했다. 그녀는 부유한 가족의 유모 자리를 구했는데, 자유시간이 많았던 것도 그 일을 택한 이유 중의 하나였다. 그녀는 휴일을 제대로 즐겼다. 휴일이면 그녀는 친구들과 함께 롱아일랜드 해변과 브루클린으로 나갔다. "우리는 배를 타고 그곳에 가는 내내, 춤을 추었다." 개혁가들이 '바닷가의 소돔'이라고 부른 그곳이야말로 그녀가 가장 좋아하는 장소였다. "나는 코니아일랜드를 가장 좋아했다. 그곳은 멋지고, 아름다운 곳이었다."

아그네스는 춤추는 것을 매우 좋아했다. 노예들이 노예주의 어색한 몸동작을 동정한 것처럼, 그녀 또한 코니아일랜드와 댄스홀이 수준 이하라고 생각한 엘리트 계층과 도덕 개혁가들을 깔보았다. "문제는 이 높으신 분들이 춤추는 법을 모른다는 것이었다. 나는 파티에서 그 사람들이 춤추는 것을 보고, 웃을 수밖에 없었다. 내가 진짜 춤추는 법을 보여준다면, 그 사람들은 눈이 휘둥그레질 것이다."

이 반항자 세대의 많은 여성들처럼 아그네스도 일찍 결혼해야 한다는 문화적 기대를 따르지 않았다. "나는 아직까지는 결혼하고 싶지 않다. 왜냐하면 여자는 결혼하면 즐거움을 많이 누릴 수 없고 나아가 많은 남자들을 만나지 못하기 때문이다." 그녀는 뉴욕에서 "키가 크고, 검은 피부색"의 한 남자를 만났다. 그녀는 그 남자가 지금은 큰 식료품 가게에서 종업원으로 일하지만

"곧 자기 가게를 열 것"이라는 포부 때문에 좋은 인상을 받았다. 그러나 그녀는 더 중요한 이유로 그 남자와 결혼할 수도 있다고 생각했다. "나는 그 남자가 마음에 들었는데, 그는 내가 본 사람들 중에서 가장 뛰어난 춤꾼이었다."

아그네스의 삶은 여성들이 가정 밖으로 진출하는 거대한 변화의 일부였다. 1900년대 초반 뉴욕에 거주한 16세와 20세 사이의 여성들 중 거의 60퍼센트는 집 밖에서 일했으며, 그 대부분이 미혼이었고, 상당수는 혼자 살았다. 그들은 위험한 반항자 집단인 '표류하는 여성들'이었다. 역사가 캐시 피스에 의하면, 그들은 자신들의 삶을 딸과 아내, 어머니의 역할에 가두기를 거부함으로써 "여성에게 강요되던 삶의 경계를 넓혔다." 그들은 자신들의 자유와 즐거움을 위해서 산 최초의 미국 여성 세대였다. 그들은 직업을 가짐으로써 아버지의 집으로부터 풀려났고, 남자들에게 경제적으로 의존하지 않아도 되었다. 그들은 종종 자신들의 일을 싫어했지만, 그것이 가져다준 자유는 사랑했다. 노동의 세계가 여성들을 가정의 테두리와 부모와 경찰, 성직자들의 규제로부터 벗어나게 하여 이 세대 여성들은 이전에는 '타락한' 여성만이 누렸던 자유를 누리게 되었다. 미국 역사상 최초로 엄청난 수의 여성들이 돈을 벌고 썼으며, 하루 종일 원하는 대로 살았고, 독자적으로 남성들과의 관계를 형성했다. 그리하여 많은 여성들이 노동을 쾌락을 위한 수단으로 보았다. 피스는 다음과 같이 썼다. "일터는 건전한 노동습관과 기율, 가정에서의 조용한 저녁에 대한 욕구를 심어주기는커녕 쾌락에 대한 관심을 강화시켰다."

도덕 개혁가들과 시치풍속을 조사하던 이들은 과거 남성적이라고 여겨지던 공간에서 여성의 출입이 잦아진 것에 주목했다. 피스에 따르면 1910년대에, "술집을 자주 찾는 여성들이 증가했다." 14명의 조사관으로 구성된 위원회는 1917년 뉴욕 시 웨스트 사이드의 술집에 드나드는 여성이 전부 매춘부가 아니라는 사실을 발견하고 그 경향에 주목하게 되었다. "여기에 있는 2명의 여성은 타락한 것 같아 보이지는 않는다. 장바구니를 들고 온 그들은 시장에 갔다 오는 길인 듯하다." 노동계급 여성은 도박에도 진출했다. 역사가들은 이 시기에 대도시의 여성들이 '폴리시'나 '넘버즈'라고 알려진 복권 게임에 열렬히 참여했다는 증거를 찾았다. 당시의 한 신문은 "이 복권에 참여하는 다수는 임대주택 지역에 사는 여성들이며 수입의 마지막 한 푼까지도 아끼지 않는다"는 기사를 실었다.

그런 여성들은 대개 하루 10시간에서 12시간 동안 고되고 험한 육체노동을 했지만, 여전히 오락을 위해서 남겨둔 기력으로 많은 이들을 놀라게 했다. 한 의류 공장의 관리자는 놀라워하며, 자신의 공장에서 일하는 여성들 "모두가 일요일을 휴식일이 아니라 축제의 날로 여기며, 하루 종일도 모자라 밤늦게까지 너무나 열심히 즐긴 나머지 월요일 아침이면 완전히 나가떨어진다"고 말했다. 맹렬하게 여가를 즐기려는 마음은 다수 여성들의 저녁 외출 준비를 도왔던 뉴욕의 한 판매직 여성에 의해서 가장 잘 정리되었다. "어떤 여자들은 낮에는 서서 일해야 한다고 투덜대다가도 정작 밤이 되면 늦게까지 춤을 추느라 바쁘다." 이런 현상은 메이시스 백화점의 교육 책임자 같은 사측에 적지 않은 염려를 불러일으켰다. "우리는 항시 밤에 놀러 다니는 직원들을 목격하게 되는데, 이런 행동은 다음 날의 업무에 지장을 준다."

14인 위원회는 1914년에 식당에서 일하는 여성 종업원들의 단정하지 못한 행태를 언급했다. "그들은 앞치마를 두르거나 머리를 빗고 화장을 하는 내내, 선의의 동료애 때문인 듯하지만 서로 간에 내가 들어본 가장 더러운 욕설을 주고받았다." 지배인들이 여성 종업원들에게 높은 수준의 품위를 지키도록 강제하는 메이시스 백화점에서도 한 조사관은 "음란한 그림이나 시가 적힌 카드를 열심히 옮겨 적어 여자들 사이에서뿐만 아니라 남녀 간에도 돌려본다"는 사실을 발견했다. 모든 노동자들이 적절한 규범에 대한 고려 없이 행동하는 것은 아니었지만, "한 특정 판매부서에서 오가는 외설적인 말들은 댄스홀에서보다 더 많았다." 피스에 따르면, 많은 노동계급 여성들이 사교 모임을 조직했는데, "그곳에서는 사회적 자유에 대한 젊은 여성들의 갈망과 그런 자유를 주로 여가활동과 동일시하는 그들의 태도가, 중산층 개혁가뿐만 아니라 부모와 이웃들이 승인하지 않는 행동으로 표출되었다." 시겔 쿠퍼 포목상점의 여성 우편주문 판매원들은 미혼 여성의 사교 클럽을 "자신들의 독립과 자유를 누릴 수 있는" 곳으로 조직했다. 다수의 그런 사교 클럽에서 독립성과 자유는 관습적인 여성성에 대한 생각들의 타파를 뜻했다. 그런 성격의 사교 클럽의 회원이었던 여성은 한 도덕 개혁단체에 이렇게 보고했다. "모든 클럽에서는 놀 때 다들 서로 키스를 하고, 저속한 속어를 쓴다." 어떤 클럽에서는 "젊은 여성들끼리 점잖게만 놀지 않는다."

자신의 처지보다 더 나은 옷을 입었던 19세기의 노예들처럼 20세기 초반의 여성 노동자들 또한 자신들에 대한 통념을 돌파했다. 중산층 출신의 저자인 버사 리처드슨은 1904년에 다음과 같이 썼다.

점원으로 일하는 가난한 여성들이 그들이 처한 처지에서 벗어나도록 도우려는 열망에 차서 그들이 사는 주거지역에 간 적이 있는가? 그랬다면 그때 당신을 엄습한 기이한 느낌을 기억하는가? ……무엇인가 착오가 있음에 틀림없다고 당신은 생각했을 것이다. 그들은 일주일에 5-6달러씩 버는 가난한 여성들일 리가 없다. 그들은 당신보다도 더 잘 차려입었다. 모자에 달린 장식과 바스락거리는 비단 속치마 하며, 그들이 입고 있는 모든 것은 최신품이다.

심지어는 여공들조차도 예상보다 훨씬 더 잘 차려입었다. 1909년 여성용 셔츠 공장에서 파업이 일어났을 때, 『콜리어스 위클리(Collier's Weekly)』의 한 기자는 파업현장에서 전시되고 있는 고급 패션을 보고 충격을 받았다.

속옷의 허리 장식은 정교했으며, 치마 주름은 부풀어 있었다. 그림이 그려

진 머리띠나 다이아몬드 펜던트도 보였다. ……이런 차림새는 축제나 유혹
의 광경에나 어울렸다. 파업에 대한 내 느낌은 침통한 모임에서 침통한 결정
이 이루어지는 어떤 것이었다. ……나는 "그런데 저 사람들은 어떤 불만도
있어 보이지 않는데요"라고 말했다. 기존에 가지고 있던 생각을 부정하는 것
은 항상 고통스럽다.

그 파업에 대한 신문기사도 역시 빈곤 수준을 넘지 못하는 임금을 받는
여성 노동자들이 "자신이 소유한 가장 좋은 옷을 입고 각양각색의 자태를
뽐내는 탓에 도대체가 짓밟혔거나 기아 상태와는 거리가 먼 듯했고, 모두들
부유해 보이는" 것에 주목했다. 『노동의 기쁨(The Joy in Work)』을 비롯하여
여러 권의 교훈적 저작을 썼던 메리 오거스타 라셀은 1914년 이렇게 썼다.

비교적 소수의 여성 노동자들만이 제대로 된 복장을 갖추고 일을 한다.
대개 그들이 쓴 모자는 크기나 모양, 색깔에서 별나다. ……넓은 옷깃에는
싸고 요란한 레이스가 달려 있다. 겉옷은 적합하지 않은 소재로 만들어졌고,
색깔 또한 잘못 선택되었다. 장식이 과한데다가 종종 불결하기까지 한 상의
속옷의 경우, 목 부분이 너무 깊게 파였거나 소매가 너무 짧았고, 자주 등쪽
의 매듭은 허술하게 묶여 있었다. ……1월에도 그들의 발은 얇은 스타킹에
싸여 굽이 높은 신발에 얹혀 있었다. ……하얀색의 청결한 깃에 깔끔하게 재
단된 웃옷을 입고 단정하고 작은 타이를 맨 모습이, 세련되게 보이고 싶어서
요란하게 꾸민 모습보다 훨씬 더 매력적일 것이다. 그리고 어느 가게나 사무
실에서든 차분하고 단정한 차림새의 여성들이 일반적으로 고용주에게 가장
유용한 존재들이다.

19세기에 백인들이 '어리석게' 귀족의 의복을 흉내내서 입던 노예들을 비판

했던 것처럼 라셀 또한 노동계급 여성들의 열망을 멍청한 행동으로 규정했다.

여성 노동자의 어울리지 않는 의복은 그들이 의복 스타일에 대한 판단력이 충분하지 않다는 것에서 기인한다. 지금 그들이 선호하는 옷은 외출 시에 리무진을 타고, 두꺼운 카펫이 깔려 있는 실내만 다니기 때문에 얇은 실크스타킹과 작은 슬리퍼만 신어도 되는 부유층 여성에게나 어울린다. 화려한 모자 역시 자기 소유의 마차를 홀로 타고 가는 부유한 여성의 머리를 장식할 때나 어울리는 것이다. 여성 노동자의 모자와 신발, 드레스 및 의복 일체는 많은 경우 수입이 많은 여성들의 값비싼 의상에 대한 터무니없는 모방이다. 부유한 유한계급 여성에게 합당한 의복 스타일과 많아야 주급 12달러를 받고 사무실에서 일하는 여성에게 합당한 스타일을 분별하는 일이 노동계급 여성에게는 어려운 일인 것처럼 보인다. 혹은 진정으로 값어치 있는 의복과 싸구려 모조품을 구분하는 일이 그러한 듯하다.

또한 이 여성들은 새로운 성혁명의 전위이기도 했다.
조사관들이 1910년 뉴욕 시의 공립학교에 다니는 천 명의 학생들을 조사했을 때 거의 90퍼센트의 여학생들이 춤을 출 줄 안다고 응답한 반면, 남학생들은 3분의 1만이 안다고 응답했다. 피스에 의하면, 규모가 큰 대중적인 댄스홀에서는 "낯선 이들과의 분방한 성적 교류가 규범적인 행태였다." 1917년 한 풍속 조사관은 뉴욕의 유명한 댄스홀의 광경을 이렇게 묘사했다.

나는 여성들이 담배를 피우고 짝지은 남녀 대다수가 안고 키스하는 모습을 보았다. 남녀는 테이블을 옮겨다니며 다들 서로 어울렸고, 홀의 모든 사람들이 서로 아는 사이인 듯 보였다. 나는 또한 커플이 계속 다른 테이블로 옮겨다니며 다른 무리와 합류해 노래하는 것도 보았다. 홀의 이곳저곳을 계속 뛰어다니는 그들의 모습은 마치 탈출한 광인 무리 같았다.

도덕 개혁가 줄리아 쉰펠드는 뉴욕의 모든 댄스홀에는 "저속한 춤을 추는 무리가 있는데, 몸을 많이 비틀고 터는 스피엘(spiel)이……어디서나 인기이다"라고 말했다. 스피엘이라고 불리는 종류의 사교춤은 남녀가 통제를 벗어난 것처럼 보일 정도로 빙빙 도는데, "각별히 성적 흥분을 야기한다." 왜냐하면 그 춤을 출 때 "모든 남성은 여성을 상대하면서 쉽게 친밀감을 확보할" 수 있기 때문이다. 이 새로운 문화를 관찰한 한 조사관은 "대부분의 여성들은 직업이 있었고, 매춘부가 아니었다. 그렇지만 그들은 담배를 피우고, 술을 마셨으며, 요란한 춤을 추었고, 자신에게 접근하는 어떤 남성과도 밤늦도록 함께 있었다"고 보고했다.

1920년대에 엄청난 인기를 얻게 된 춤은 성혁명에서 중심적인 역할을 했다. 1924년 뉴욕에서만 600만 명의 남녀가 댄스홀을 찾았다. 17세에서 40세까지의 뉴욕 시민 중 10퍼센트 이상이 최소 매주 한 번씩은 춤을 추러 갔고, 이런 수치가 여타 대도시와 견주어 적지 않다는 점은 거의 확실하다. 이런 유행은 흑백을 막론했고, 이민자와 비이민자 할 것 없이 거의 모든 인종에 해당되었다. 그리하여 미국사에서 최초로 서로 어울려 춤을 추면서 자신들의 성적인 매력을 발산하는 남녀의 행태가 널리 용인되었다. 60여 개가 넘는 시에서 댄스 스타일을 젊은 여성들에게 '보다 안전하고' 덜 성적인 형태로 규제하려고 시도했지만, 댄스 열풍은 1920년대와 1930년대를 거쳐, 1940년대까지 거세지기만 했다.

일하는 소녀 대 페미니스트 여성

페미니스트들이 여성의 '자유'를 말했을 때, 그들이 욕망의 자유를 뜻했던 것은 아니었다. 버사 리처드슨은 동료 페미니스트 개혁가들에게 잘 차려입은 어린 여성 노동자를 본 소회를 이렇게 밝혔다. "어렵게 번 돈을 싸구려 모조품에 낭비하는 그 소녀에 대해서 곰곰이 생각하며 집으로 왔다. 그 소녀는 자신의 처지보다 더 과하게 꾸몄는데, 그런 치장으로부터 어떤 즐거움을 얻는지 알 수가 없었다." 여성 지도자의 사명은 명확했다. "가진 것이 거의 없지만 많이 가진 것처럼 보이고자 애쓰는 그들에게 우리는 도덕과 취향의 기준을 가르쳐야 한다." 여성의 복지를 위해서 일했으며, 뉴욕의 로어 이스트 사이드에 헨리 스트리트 구호소를 설립한 릴리언 월드는 물질적 쾌락에 매혹된 한 젊은 여성을 교화하는 데에 실패한 경험을 회고했다. 그녀는 자서전에서 그녀와의 만남을 이렇게 기억한다. "한번은 부도덕한 삶을 살던 한 젊은 여성이 내게 왔다." 가난하게 자란 그 소녀는 백화점에서 상품을 진열하는 일을 했다.

비싸고 세련된 물품들이 진열대에 전시되어 있고, 부유한 여성들이 손쉽게 그런 물품을 구입하는 환경은 분명히 그녀가 도덕적으로 퇴보하는 데에 일조했을 것이다. 그녀가 인식하고 있는 욕망의 대상은 실크 재질의 속옷이다. 그것은 그녀가 분명하게 지목할 수 있는 유일한 물품명이었다. 그저 어처구니없기만 한 이 공소한 욕망의 실체가 그녀의 상태를 잘 말해준다.

이처럼 자신의 사회적 지위에 합당한 것 이상을 추구하는 태도를 버사 리처드슨은 "저속한 허영"이라고 칭했다. 마찬가지로 여성용 셔츠 공장의 파업을 조직했던 노동조합 지도자들은 파업 노동자들의 화려한 의복에 깊은 당혹감을 느낀 나머지 각각의 조합원들이 의복 구입에 쓰는 돈을 제한하려는 시도까지 했다.

거의 모든 페미니스트들은 젊은 노동계급 여성의 새로운 문화에 대해서 적대적이었다. 노동여성협회 뉴욕 연맹이라는 한 페미니스트 단체는 여성들에게 "여성다운 자질이 성장할 수 있도록" 저급한 대중오락을 피하라고 권고했다. 그 단체의 기관지는 젊은 여성들에게 "만약 그 대가가 순수한 사고를 희생시키는 것이라면, 작업현장에서 인기를 얻기 위해서 너무 조바심을 내지 말라"고 조언했다. 그럼에도 불구하고 일부 회원들은 자신들의 단체가 오락을 부정하는 것에 대해서 불만을 토로했다. 한 여성 노동자는 기관지에 투고한 글에서 회원 수가 줄어드는 현상을 지목하고, 그 원인에 대해서 물었다. "단체명이 시사하듯이 우리는 여성 노동자들이고, 따라서 한편으로는 감성적이고 영적인 문화도 필요하겠지만 우리가 가장 원하는 것은 즐거운 오락이기 때문에 그런 것이 아닐까?"

이 쾌락적인 문화의 중심에는 영화관과 놀이공원, 그리고 댄스홀이 있었다. 이 세 현상은 사회적 무질서의 원인이며, 동시에 그것을 잘 보여주는 현상으로 널리 인식되고 있었다. 오하이오 주 톨레도의 목회자 존 J. 펠런은 새로운 오락의 위험을 조사한, 다수의 도덕 개혁가들 중 한 명이었다. 1919년 펠런은 그 도시의 오락시설의 실태를 조사했는데, 시내 중심가에만 "54곳의 공간이 춤을 추는 데에 사용되고" 있으며, 그곳이 모두 "극장 근처에 위치하고 있다"는 사실을 발견하고 충격을 받았다. 펠런은 이 두 오락시설이 근접한 것은 우연이 아니라고 결론을 내렸다. "나의 개인적인 관찰에 의하면, 영화관에서 남녀의 만남은 빈번하고 빠르게 이루어지고, 이런 만남은 인근 댄스홀 방문으로 이어진다." 영화관에서 댄스홀, 그리고 성행위로 이어지는 이 타락의 경로는, 산업혁명기와 특히 군대가 조직되던 제1차 세계대전 중에 농촌 지역과 해외에서 도시로 유입된 대규모 청년 인구의 존재를 걱정하던 혁신주의 인사들과 종교 지도자들에 의해서 자주 언급되었다. 이 인구들은 "보금자리를 벗어나면서", "안정된 가정의 억제하고 고양시키는 영향력"에서도 벗어났다. 펠런은 도시에는 충분한 도덕적 규제가 부족하기 때문에 "(그 말이 뜻하는 모든 의미에서) '싸구려' 대중 쇼와 규제를 받지 않는, 다수의 상업 오락에 많은 손님이 몰리는 것이다." 잠재적인 반항자의 수 자체가 압도적이었다. 펠런은 당시 인구가 24만3,000명으로 중간 크기 정도의 도시였던 톨레도에 "최소한 2만 명의 청년 인구가 걸어서 영화관에 갈 수 있는 거리 안에 있는 300곳의 임대주택에서 살고 있다'고 추정했다. 펠런을 가장 당혹스럽게 한 것은 영화업계의 한 권위 있는 인사의 다음과 같은 발언이었다. 청년층 인구는 상대적인 빈곤에도 불구하고 "절반 이상이 일주일에 2-3번 영화관을 찾고, 상당수는 일요일을 포함하여 매일 밤 극장에 간다." 역사가들은 당시 시카고와 뉴욕에서도 비슷한 빈도의 영화 관람행태가 존재했다는 것을 발견했다.

펠런은 영화관이 야기하는 "일반적인" 위험에 대해서 놀라울 정도로 많은 사례들을 제시했다. 그 위험에는 "바람직하지 않은 것들과의 빈번한 교류", "불결한 것과의 신체적 접촉", "가정에서의 통제의 이완", "의지박약한 이들과의 빈번한 교류", "정신작업을 지속할 수 없는 무능력", "미성숙한 청년들에게 나타나는 조숙한 태도", "삶에 대한 과장된 관점", "병적인 호기심의 자극", "진짜와 가짜를 가리는 분별의 부족", "죄에 대한 잘못된 관념", "비정상적인 상상력의 발달", "병적인 감수성의 형성", "가족 간 결속과 국가 및 사회와의 관계에 관련하여, 방종한 윤리적 행동에 대한 생생한 묘사", "미국적 가치에 대한 잘못된 서술" 등이 포함된다. 특히 젊은 여성들에게 미치는 위험은 통렬했다. "부도덕한 행위로 법정에 선 젊은 여성의 3분의 2에게 그 불행은 영화의 직접적인 영향에서 비롯된 것이다. 그 영향은 영화 자체의 내용일 수도 있고, 아니면 영화관에서 만난 남성의 '유혹'일 수도 있다."

욕망의 혁명

유럽에서의 대전이 끝나고 1년이 지난 1919년에 전체 노동력 중 압도적인 비율이라고 할 22퍼센트에 해당하는 400만 명의 미국 노동자가 파업에 참여했다. 이는 미국 역사상 가장 대규모의 파업 참가인원이다. 파업의 직접적인 원인은 물가폭등을 야기한 전시 가격 통제정책의 폐기였다. 파업의 규모는 광범위해서 뉴잉글랜드에서는 전화 서비스가 중단되었고, 보스턴의 경찰과 클리블랜드의 소방서, 시카고의 대부분의 시 행정 인력도 파업에 참여했다. 전국의 철도교통과 광산업, 철강업 대부분이 운영을 멈추었다. 정부의 다수 인사들은 러시아를 장악한 공산주의 혁명세력인 볼셰비키와 공모한 급진주의자들이 파업을 주도한다고 추정했다. 이러한 추정은 이른바 적색 공포를 낳았다. 법무부 장관 A. 미첼 파머는 체제 전복적이라고 의심되는 이민자들에 대한 일련의 대규모 체포작전을 주도했다. 수천 명의 사람들이 이런 조치로 인해서 구금되었고, 그중 600명은 본국으로 송환되기도 했다. 대부분의 역사가들은 이런 사태를 민권에 대한 부당한 공격으로 단죄하지만, 한편으로 1919년에 벌어진 파업 대부분을 실제로 급진주의자들이 주도했다는 데에는 널리 동의한다. 어떤 학자들은 그 대단했던 연쇄파업이 반자본주의적인 미국의 혁명적 잠재력을 드러낸 순간이라고까지 주장한다. 그러나 1919년에 벌어진 파업은 자본주의에 반대하는 움직이라기보다는 부상하는 대중 소비문화의 일부분이었다는 것을 말해주는 증거가 훨씬 더 많다.

많은 노동운동 **지도자**들은 반자본주의적인 급진주의자였지만, 그 대열의 극히 일부만이 좌파 조직과 관련을 맺고 있었다. 급진적인 지도자가 이끌었던 소수의 파업을 비롯하여, 1919년의 파업은 거의 전부 임금상승과 노동시간의 단축, 노동환경의 개선 혹은 노조의 인정만을 요구했고, 그 외의 요구는 전무했다. 특정 산업부문의 장악을 목표로 내건 노동자들의 파업은 단 한 건도 없었다. 사실 1919년이 아니라 20세기 미국사 전체를 살펴보아도 실질적인 쟁점이 임금상승과 노동시간 단축이 아닌 파업은 단 한 건이라도 찾기가 어렵다. 달리 말하면 소위 적색 공포는 수백만의 보통 사람들이 자신들의 물질적 삶을 향상시키기 위한 노력이었을 공산이 크다. 그들은 더 많은 돈을 벌어서 그 돈을 쓰고자 했고, 더 적은 시간 일하면서 늘어난 수입으로 구입할 수 있게 된 새로운 쾌락을 즐기고자 했던 것이다.

실제로 몇몇 잡지와 신문들은 당시에 벌어지고 있던 노동쟁의의 원인으로 각별히 노동계급의 소비를 비난했다. 『하퍼스』의 한 필자는 전시 동안의 노동력 부족으로 인해서 노동자들은 좋은 대접을 받았고, 전후에는 "필수품이 아니라 사치품을 위해서 돈을 요구하기 시작했다. ······[그들은] 사동차와 고급 음식, 보석과 드라이브를 원한다"고 주장했다. 「새터데이 이브닝 포스트(*Saturday Evening Post*)」의 컬럼니스트 앨버트 애투드는 노동자들은 "오늘날 오랫동안 느껴왔지만 과거에는 실현 불가능했던 필요를 충족시키고 있다"고 썼다. 그는 자신의 처지보다 넘치는 수준으로 살고자 한다며 노동계급, 특히 여성과 아프리카계 흑인들을 비판했다. 애투드는 가격을 묻지도 않은 채 고급 옷을 사는 여공과 흑인 노동자들을 조롱했다. 그는 평범한 노동자들이 가치 있는 것에 투자하지 않고, 대신 자신들의 돈을 "그저 과시용에 불과한 옷과 다이아몬드 등"에 쏟아붓는다고 말했다. 전후에 법무부 장관 파머를 포함하여 다수의 논평자들은 검약의 정신을 노동자들에게 불어넣음으로써 국가의 안위를 위협하는 파업과 사회 불안정을 멈출 수 있다고 주장했다.

고객은 여왕이다

'소비혁명'을 탐구한 대부분의 역사가들은 그 현상이 위로부터, 즉 광고회사의 사무실로부터 하달되었다고 주장한다. 소비혁명에 대한 표준적인 스토리는 광고가 소비자의 마음에 욕망과 거짓 필요를 불러일으켰다는 것이다. 광고업에 관한 선구적인 한 역사서의 제목을 빌려 말하자면, 광고는 소비자의 마음을 사로잡고, "문화적 헤게모니"를 확립하기 때문에 "의식의 지배자"

에 다름 아니었다.

그러나 18세기에 최초로 소비재를 대량 판매한 이들이 사업에 도입한 성 공공식은 '소비자를 왕', 보다 정확히 말하자면 '여왕'으로 대접하는 것이었 다. 최초의 도예 공장을 설립했으며, 처음으로 소비재를 판매할 더 넓은 시장 을 확보하고자 애썼던 자본가 세대에 속하는 조사이어 웨지우드와 토머스 벤틀리는 자신들의 취향에 따라서 생산품목을 결정하지 않겠다고 서로에게 다짐했다. 웨지우드는 그다지 예쁘지 않다고 생각한 꽃병이 잘 팔린다는 사 실을 알았을 때, 그 제품을 대량 생산하는 데에 주저함이 없었다. 그는 벤틀 리에게 "나는 그 제품에서 어떠한 아름다움도 찾을 수 없지만, 대신 그 제품 으로 큰돈을 벌 것이다"라고 말했다. 웨지우드와 벤틀리는 생산품목을 결정 하기에 앞서 런던의 매장에서 가능한 한 많은 시간을 보내며 고객들이 무엇 을 구입하는지를 살피고, 그들의 의견을 구했다. 산업사가인 레지나 리 브와 슈치크에 따르면, 이 두 사람은 "소비자 주권을 인정했고, 취향을 조종하기보 다는 수요에 부합하려는 전략을 짰다." 그들은 "소비자의 미묘한 취향 변화를 파악하는 기법을 완성했고, 그렇게 얻은 정보를 공장의 디자인 실에 공급했 다." 처음에는 런던 상류층의 취향에만 부응하고자 했던 웨지우드와 벤틀리 는 소비자 주권의 원칙을 그보다 아래 계급에게도 적용하기 시작했다. 둘은 "중간계급 사람들"에게 취향을 하달하려고 하지 않고, "그 계급만의 특성이 이미 자리잡혀 있기 때문에" 그들은 자신들이 좋아하며, 알고 있는 제품을 "대량 구입한다"는 것을 인정했다. 18세기 말 그들의 회사는 이런 전략으로 말미암아 유럽과 미국 양쪽에서 가장 유명한 브랜드가 되었다. 마찬가지로 20세기 초반 대표적인 미국의 도예회사를 운영하던 프레더릭 허튼 리드도 디자인 전문가가 아니라 오직 소비자만이 "무엇을 생산할지를 알려준다"고 인정하게 되었다.

1920년대 『네이션스 비지니스(Nation's Business)』지가 "사실 파악"이라는,

"사업적 필요"라고 칭한 것으로부터 소비자 조사가 시작되었다. 프록터 & 갬블 사는 미국 전역의 가정에 직접 질문지를 보내는 기법을 선구적으로 개척했으며, 면담을 통해서 구매자의 선호도를 조사하기도 했다. 그 회사는 소비자의 반응을 철저하게 조사하지 않고는 단 하나의 제품도 출시하지 않았다. J. 월터 광고회사의 조사 책임자인 폴 T. 셰링턴은 1931년 "소비대중은 자신의 의지를 회사에 강제한다"고 말했다. 그 광고회사는 기업에게 "소비자로부터 확보한 사실"을 제공하겠다고 약속했다. 셰링턴에 따르면, 모든 기업의 사활이 걸린 핵심 의제는 소비자가 특정한 제품에 대해서 품는 "복잡하고, 까다로운 생각들"이다. 기업이 성공하려면 대중을 조종하려고 하지 말고, "그들에게 즐거움과 만족을 주어야 한다." 셰링턴이 볼 때, 소비자야말로 시장에서 "힘의 축"이며, 따라서 "제조사와 판매인의 역량은 소비자의 욕구를 파악하고, 만족시키는 정도에 의해서 평가될 수 있다."

19세기 말 소비자의 욕구에 부응하고자 한 회사들은 모두 시장조사를 통해서 소비자들이 원하는 것을 찾아, 가능한 한 빨리 그 제품을 생산했다. 새롭고 특별한 것을 욕망하게 된, 평범한 미국인들은 특정 제품에 대한 선호를 자주 바꾸었으며, 어렵사리 번 돈으로 새로운 삶을 개척했다. 그리하여 모든 사람들에게 새로운 삶의 방식이 열렸다.

여전히 광고회사가 소비자를 통제한다고 믿는 사람이라면 다음의 몇몇 상품명을 떠올려볼 필요가 있다. 터커(Tucker), 헨리 J(Henry J), 포드(Ford), 에드셀(Edsel), 머큐리 파크 레인(Mercury Park Lane), 스튜드베이커(Studebaker), 와고네어(Wagonaire), 링컨 블랙우드(Lincoln Blackwood), AMC 말린(AMC Marlin), 뷰익 리애타(Buick Reatta), 이글 프리미어(Eagle Premier). 이상은 제조사가 열렬히 홍보했으나, 판매 저조로 인해서 조속히 생산이 중단된 자동차 이름이다. 또 1960년 이후 식료품점에 새로 진열된 신상품 3만여 개 중에서 80퍼센트 이상이 1980년까지 사라졌다. 1980년대가 되자 소비자들은 더 많은 제품을 거부했다. 1980년대에 시판된 식료품 8만4,933개 중 86퍼센트가 살아남지 못했다. 시장의 법칙을 이해하려면 할리우드 영화사의 아무 제작자에게나 관객을 즐겁게 하는 일이 쉬운지 물어보아도 좋을 것이다. 제작과 홍보에 거대 예산이 투입되고도 수백만 달러의 손실만 낳은 영화가 수천 편이 넘는다. 할리우드에서 제작된 영화의 최소 80퍼센트가 적자를 내고, 그중 엄청난 손실을 내는 영화도 상당수에 이른다.

유니버설 영화사를 창립한 칼 래믈 같은, 영화계의 거물도 관객을 통제할 수 없는 할리우드의 무능력에 대해서 언급한 바 있다. 1916년 의회의 청문회에서 자신이 제작한 영화의 도덕적 질에 대해서 증언하면서, 그는 2만2,000명의 극장주에게 원하는 영화의 장르를 묻는 설문지를 보내서 얻은 결과를 밝혔다. 그 영화사의 수장은 내심 응답자의 95퍼센트가 새롭고, 건전한 영화를 요청하리라고 기대했지만, "실상 반수 혹은 60퍼센트가량의 극장주가 프랑스어로 '아슬아슬한(risque)' 영화, 즉 영어로는 외설적인(smutty) 영화를 원했다. ……극장주들은 관객이 점잖은 영화보다는 흐릿한(off-color) 영화를 보기 위해서 지갑을 더 쉽게 연다는 것을 알고 있었다." 그래서 래믈은 영화 제작자가 "공공도덕의 수호자"가 될 수 없다고 결론내렸다.

미국의 마케팅 업계는 초기부터 (광고업계를 대표하는 잡지인 『인쇄공의 잉크[Printers' Ink]』의 표현을 빌리자면) "인간을 이해하려면 인간을 관찰해야 하듯이 시장을 파악하려면 여성을 연구해야 한다"는 것을 알고 있었다. 이 점은 특히, 성장하고 있던 오락산업에 해당되었다. 몇몇 역사가들은 초기 영화산업이 주로 여성 관객의 소비에 기대어 성장했음을 밝혔다. 역사가 난 엔스테드에 의하면, "전례 없이 많은 수의 여성 노동자들이 파업에 참여하는 한편으로 영화 '열풍'을 불러일으켰다." 1905년 니켈로디언(Nickelodeon : 주로 짧은 단편 시리즈 영화를 상영하던 소형 영화관. 입장료가 당시 니클로 불리던 5센트여서 이런 이름이 붙었다/역주)이라는 소형 영화관이 도시의 동네 골목마다 자리잡으면서 붐을 맞이했다. 여성들은 남성들에 비해서 여가활동에 쓸 돈이 적었지만, 영화사 초기에 주된 관객층으로 부상했다. 그 결과 제작자들은 영화를 여성 관객의 취향에 맞추어 제작했다. 그런 여성 취향의 영화들로는 "여성 주인공이 등장하는 일련의 시리즈 영화들"이 대표적이다. 그 장르에 속하는 「메리에게 무슨 일이」나 「헬렌의 위험」은 오랜 기간 상영되면서 엄청난 인기를 누렸다.

여성 노동자들은 놀이공원에도 몰려갔고, 여성들의 전폭적인 지지를 얻은 그런 시설들은 빅토리아 시대의 종식에 대한 살아 있는 상징이 되었다. 역사가 존 캐슨은 "코니아일랜드는 그 입구를 통과한 모든 사람들에게 도덕적 휴일을 선언했다"고 썼다. "그곳은 검약과 금주, 근면과 야심 등의 도덕적 가치 대신 사치와 흥겨움, 방만과 소란을 장려했다." 처음에 코니아일랜드는 경마와 권투, 매춘의 근거지로서 주로 1870년대에 흥성한 '즐기는' 남성 하위 문화의 필요에 부응했지만, 19세기 말이 되자, 새로 해방된 노동계급 여성들이 그곳을 자신들의 공간으로 만들었다. 그 휴양지의 소유자들은 가장 열렬한 고객층으로 부상한 여성들의 요구에 부응하여, 널빤지를 깐 해변의 산책로를 따라 대형 천막으로 만든 댄스홀을 세웠다. 한 관찰자가 증언하듯이, 그 야외 댄스홀에서는 "열광적으로 춤추는 수천 명의 젊은 여성들이 매일 밤을 새는" 광경이 펼쳐졌다.

야외 댄스홀로 몰려든, 주로 여성으로 이루어진 새로운 소비자 집단은 세기 전환기에 코니아일랜드의 가파른 성장을 추동했는데, 더 많은 여성들을 끌어들이기 위해서 새로운 놀이공원이 건설되었다. 특히 드림랜드 파크, 루나 파크, 스티플체이스 파크. 세 놀이공원은 여성 노동자들의 개방적인 새로운 성문화에 부응했다. 그곳의 놀이기구는 승객들의 몸이 부딪히도록 뒤흔듦으로써 '친밀감과 로맨스'를 장려했다. 스티플체이스 파크에 있던, '사랑의 통'이라는 이름의 구르는 원통은 한술 더 떠서 승객들의 몸이 서로 포개지게 했다. 또 '베네치아의 운하,' 그리고 '사랑의 터널' 같은 다른 탈것은 승객을 태우고 조명이 없는 어두운 구간을 지나갔다. 이성과의 접촉을 원하고, 공개적인 장소에서 그런 욕망을 추구한 여성 인구가 없었다면, 코니아일랜드 등지에서 발전한 놀이공원은 현재와 같은 형태로 존재하지 않았을 것이다. 캐시 피스가 정리했듯이, "춤추고, 남자를 만나고, 즐거운 시간을 보내는 것을 사랑했던 아그네스와 같은 여성 노동자들의 욕망이 형성 중이던 대중문화에 형태를 부여했다."

미국에서 여가 및 쾌락의 혁명을 추동한 여성 노동자 세대는 딸들이 집 바깥에서 일하고 돈을 소유하기를 원하지 않았던 부모 세대의 반대를 돌파했다. 그들은 공공장소에서 즐거움을 추구한 여성은 부도덕하고, 타락했다는 통념을 깨부쉈다. 간단히 말해서 그들은 나태와 과시, 낭비, 사치에 대한 청교도적이고 빅토리아 시대적인 금기를 무시했다. 그들은 실제로 주말을 창안했으니, 그 공만으로도 국가적 영웅으로 칭송받아야 마땅하다. 그러나 그들은 그보다도 훨씬 더 놀라운 무엇인가를 달성했다. 그들은 모든 상황의 제약을 극복하고 미국의 오락을 발명했던 것이다.

10

갱스터들은 어떻게 미국을 더 나은 곳으로
만들었는가?

재즈가 없는 미국을, 음주가 여전히 불법인 미국을 상상해보자. 브로드웨이,
라스베이거스, 혹은 할리우드가 없는 미국을, 모든 게이와 레즈비언들이 아
직 커밍아웃을 하지 않은 미국을 상상해보자. 이 모든 가정들을 위해서 독자
들은 미국에 범죄조직이 없었다고 상상하기만 하면 된다.

최악의 장소에서 최고의 음악이

앞에서 보았듯이 시칠리아 마피아는 1860년대 뉴올리언스에 당도했다. 이
미 1880년대에 300여 명의 마피아 조직원들이 도시 경제의 상당 부분을 장악
했는데, 가장 비중이 큰 사업분야는 뉴올리언스를 남부에서 쾌락의 수도로
자리잡게 한 다수의 사창과 술집 및 나이트클럽이었다. 몇몇 역사가들은 사
회적 규범에 개의치 않는 성향으로 인해서 갱스터들이 비합법적인 경제활동
을 활발히 전개했으리라고 주장해왔다. 실제로, 품위 있는 미국인들은 재즈
를, 흑인들과 범죄자들이나 듣는 정글 음악이라고 여겨 피했지만, 대개 흑인
혹은 이탈리아계 부두 노동자로 구성된 사회 최하층은 다수가 돈을 지불하고
그 음악에 맞춰 춤을 추려고 했기 때문에 뉴올리언스의 갱스터들은 기꺼이

재즈를 자신들의 사업으로 삼았다. 앞에서 최초의 재즈 연주자들 중에 이탈리아인들이 있었으며, 직업적인 연주자들이 최초로 재즈를 연주한 장소, 즉 프렌치 쿼터 근처 스토리빌 구역의 사창가는 시칠리아 폭력조직의 소유라는 사실도 살펴보았다. 1917년 루이 암스트롱이라는 한 십대 소년은 헨리 마트랑가 소유의 술집에서 트럼펫을 불어 생애 최초의 임금을 받았는데, 헨리 마트랑가는 마트랑가 집안의 우두머리이자, 20세기 초반 가장 강력한 범죄자라고 할 법한 인물이었다. 암스트롱에 의하면, 마트랑가는 여타 사회규범과 더불어 피부색의 경계 또한 가볍게 무시했다. "그는 모든 사람을 공평하게 대했고, 그래서 흑인 고객도 그를 몹시 좋아했다." 암스트롱을 위시한 음악의 창안자들, 즉 버디 볼든, 프레디 케퍼드, 킹 올리버는 활동 초기에 앤더슨 램파트 가(街)에 위치한 한 카바레의 지배인 조지 델사에게 고용되었는데, 그는 마피아와의 연줄을 이용해 자신의 클럽과 그곳에서 일하는 매춘부들을 경찰로부터 보호했다.

시카고와 뉴욕에서도 이탈리아인과 유대인 갱스터들이 초기 재즈사에서 중요한 역할을 했던 클럽들을 운영했다. 몇몇 시카고의 재즈클럽들을 통제한 알 카포네는 그 음악의 애호가였고, 재즈 연주자에게 생계비 이상의 돈을 지불한 최초의 인물이었다. 카포네가 운영한 시카고의 재즈클럽들은 최초로 주류 관객들에게 재즈를 소개하기도 했다. 피아니스트 얼 하인스는 다음과 같이 회상했다. "스카페이스(Scarface)는 연주자들과 잘 어울렸다. 그는 심복들을 데리고 클럽에 와서 밴드에게 자신의 신청곡을 연주시키는 것을 좋아했다. 그는 아낌없이 100달러 지폐를 팁으로 주었다." 가장 중요한 사실은 카포네가 이전에는 가난하게 살았던 재즈 연주자들을 전문가로 대우하고 높은 수입을 꾸준히 보장했다는 것이다. 가수 에델 워터스는 카포네가 자신을 "존중과 박수, 경의"로 대했고, "넉넉하게 돈을 보장해주었다"고 애정 어린 회고를 했다.

작가인 랭스턴 휴즈에 따르면, "갱스터들이 자기들 소유로 만들어버린" 시카고 스테이트 가의 클럽들은 재즈를 전국적 현상으로 만든 뮤지션들을 고용했다. 그 클럽 소속의 밴드를 이끈 이들이 바로 루이 암스트롱과 킹 올리버, 플레처 헨더슨과 베니 굿맨이었다. 한 연주자에 의하면, "스테이트 가에서는 최악의 장소일수록 더 좋은 음악이 나왔다." 뉴욕에서도 사정은 마찬가지여서, 역시 한 재즈 뮤지션은 재즈가 탄생한 클럽들은 "조무래기 깡패가 아니라 거물 갱이 운영했다"고 회고했다. "그들은 다른 누구보다도 그런 곳을 운영하는 방법을 잘 알고 있었다." 학자인 제롬 샤린에 의하면 "흑인 재즈 뮤지션들을 자신들의 보호 아래에 두었던 백인 갱스터들이 없었다면, '재즈 시대'는 존재하지 않았을 것이고, 재즈 자체도 거의 발달하지 않았을 것이다."

마찬가지로 브로드웨이가 대중예술의 본산으로 성장하는 데에서, 조직범죄를 거대 사업으로 만든 장본인이기도 한 아널드 '브레인' 로스스타인보다 더 중요한 인물은 없다. 그는 처음에 주류 밀매점과 지하 카지노, 경마에 투자해서 막대한 부를 쌓았으며, 이후에는 포커판과 경마 도박을 통해서, 또 "경기 결과를 조작한"(1919년 월드 시리즈를 포함한) 운동경기에 대한 도박을 통해서 역시 큰돈을 벌었다. 1920년대 로스스타인은 밀주와 마약 밀매로 사업분야를 바꾸었고, 1927년에는 미국 마약 거래량 전체를 실질적으로 통제한다고 여겨졌다. 당시 49번가와 브로드웨이 사이에 있던 린디즈 식당을 비공식적인 사무실로 사용했던 로스스타인은 맨해튼 중심가에서 성장해가던 뮤지컬 산업에 막대한 자본을 투자했다. 그는 42번가에 위치한 저명한 셀윈 극장을 비롯한 몇몇 공연장의 건축에 자본을 댔다. 또 그는 수천수만의 관객을 브로드웨이로 불러들임으로써 그 지역을 미국 최초의 연예계 수도로 자리잡게 한 공연기획에도 투자했다.

공공의 적이자 대중의 영웅

수정헌법 제18조에 따라서 마시기 위한 알코올의 판매, 생산 및 운반이 전국적으로 금지되었던, 1919년부터 1933년까지의 금주령 시기가 청교도적 재앙이었다는 데에는 오늘날 거의 보편적인 합의가 이루어졌다. 그러나 금주령을 미국사에서 가장 철저하게 실패한 도덕 개혁운동으로 만든 장본인들이 범죄조직이라는 사실은 거의 인정받지 못하고 있다.

수정헌법 제18조가 시행되었던 1920년 1월 16일부터 이탈리아계와 유대계 범죄조직에 고용된 주류 밀수업자들은 대서양과 태평양 연안, 멕시코 만을 따라서 술을 실어 나르기 시작했다. 북부 지역에서는 술병 상자들을 실은 큰 썰매들이 캐나다 국경을 넘어왔다. 이런 노력에 더해 미국인들의 음주에 대한 압도적인 욕구로 인해서 금주령 시행 첫 2년 동안, 성찬식용 포도주의 소비량은 80만 갤런이나 증가했다. 대개 범죄자들의 소유였던 주류 밀매점은 전국 모든 도시의 모든 주거지역에 존재했다. 1920년대의 어느 시점엔가 맨해튼에만도 대략 5,000개의 주류 밀매점이 영업을 하기도 했다. 금주법 이전 대부분의 술집에서 출입이 금지되었던 여성들도 주류 밀매점에서는 환영을 받았고, 단골이 되기도 했다. 어느 여름날, 한 주류 밀수 선박이 해안경비대를 피해 코니아일랜드를 빠져나갔는데, 해변에서 그 광경을 본 수천 명의 사람들이 환호성을 질렀다. 이 모든 상황은 갱스터들이 왜 영화와 현실세계 양쪽에서 금주령 시기의 영웅이 되었는지를 설명해준다.

1931년 『버라이어티』는 미국 대중에게 여러 저명인사들의 이름을 아는지 묻는 대규모의 설문을 실시했다. 그 결과를 수합한 잡지 기사에 따르면, 1931년 미국인들에게 가장 친숙한 유명인은 영화배우들이었다. 그 다음으로 친숙한 유명인사는 갱스터들이었다. 세 번째는 운동선수들이었고, 네 번째가 정치인들이었다. 갱스터들이 누린 유명인의 지위는 금주령 기간 동안에 그들이 언론에 자주 노출되었기 때문이었다. 그러나 그들의 존재를 가장 널리 알린 것은 갱스터 영화였다. 그 영화들은 금주령 시기 막바지에 가장 인기 있던 장르였다. 그 시기 동안 가장 많은 수익을 올린 영화 3편은 1930년에 개봉된 「리틀 시저」, 「공공의 적」(1931), 「스카페이스」(1932)였다. 「리틀 시저」와 「스카페이스」는 알 카포네의 삶을 그렸고, 「공공의 적」은 1920년대 주요한 유대인 폭력조직의 우두머리였던 하이미 와이스의 삶을 각색해서 보여주었다. 이 3편의 영화는 1930년대 초기 미국 갱스터 영화의 원형을 확립했다. 이전의 영화에서는 범죄자들이 도덕적 비난의 대상이었다면, 이 영화들에서는 이야기가 갱스터의 관점에서 그려진다. 달리 말해서, 그 영화들은 최초로 갱스터에게 동정과 공감을 불러일으켰다. 「리틀 시저」의 시나리오 작가이며, 실질적으로 이 장르를 창안한 W. R 버넷은 왜 자신의 영화가 혁명적이었는지를 이렇게 설명했다.

그 영화가 대단한 충격을 주었던 것은……오로지 갱스터의 눈을 통해서 세상을 그린다는 사실 때문이었다. ……그 전에는 그런 적이 없었다. 범죄를 다룬 영화는 있었지만, 항상 사회의 관점으로 범죄를 보았던 것이다. 범죄자는 누군가를 죽인 망할 놈이니까, 그저 체포의 대상일 뿐이었다. 나는 그들을 인간으로 묘사했다.

「리틀 시저」에서 에드워드 G. 로빈슨이 연기하는 주인공은 소도시의 불량배에서 출발해, 시카고의 주요 범죄조직의 우두머리로 성장한다. 영화는 그의 성공을 용기, 지성 및 결단력의 결과로, 또 그의 죽음은 정의의 실현이라기보다는 비극으로 제시한다. 「리틀 시저」와 마찬가지로 「공공의 적」에서 제임스 캐그니가 연기한 인물 또한 처음에는 별 볼일 없지만, 스스로의 노력으로 범죄왕국의 정상에 올라선다. 그는 영리하고, 단호하며, 오직 자신만을 신뢰한다. 그 영화에는 경찰이 단 한 명도 등장하지 않는다. 캐그니가 연기하는 인물도 경쟁조직에 의해서 죽음을 맞게 되는데, 이 죽음 또한 비극으로 그려진다. 검열관들이 갱스터들을 미화한다고 제대로 판단한 「스카페이스」는 아마도 이 장르의 대담성을 가장 잘 보여주는 사례일 것이다. 폴 무니가 알 카포네와 흡사한 토니 캐몬테를 연기한다. 영화에서 캐몬테의 모토는 "먼저 하고, 직접 하고, 계속 그렇게 하자(Do it first, do it yourself, and keep on doing it)"이다. 캐몬테는 한 타락한 변호사가 법의 허점을 찾아내면서 출옥하게 된다. 그는 출옥 장면에서 경관의 배지에 성냥을 그어 담뱃불을 붙이고, 그 경찰에게 조롱하는 경례를 하기도 한다. 같은 시기에 나온 이런 장르의 영화가 대체로 그러하듯이 이 3편의 영화에서 연출자는 관객들이 반항자 주인공들과 동일시하고, 또 그들을 숭배하도록 의도했다는 것이 명백했다.

공황 초기에 제작된 영화에는 갱스터들과 비견되는 부류의 여성 주인공들도 등장했다. 그들은 바로, 갱스터 영화 못지않게 인기가 높았던 장르, 즉 영화사가들이 '타락한 여성' 장르라고 부르는 영화의 주인공들이다. 할리우드는 성적 매력을 이용해서 부와 권력을 얻는 여성들을 그린 이런 영화들을 제작해서 큰 성공을 거두었다. 그 영화 속 여성들은 남성들을 조종하고, 대단히 영리하며 독립적이다. 또한 사치품을 좋아하고, 아내와 어머니라는 전통적인 여성의 역할을 거부했다. 당시 할리우드의 거의 모든 여성 스타들, 즉 그레타 가르보, 마를레네 디트리히, 조앤 크로퍼드, 클로데트 콜베르, 진 할로와 탈루아 뱅크헤드는 최소한 1편 이상씩은 이런 '타락한 여성' 장르 영화에 출연했다. 특히 진 할로가 출연한 「빨간 머리 여자」는 사회적으로 큰 주목을 받았는데, 도덕 개혁가들의 대대적인 공격 때문이었다. 그 영화는 한 노동계급 여성이 부유하고, 행복해 보이는 유부남 사장을 유혹해서 결혼하는 내용을 담고 있다. 성을 물질적 부와 남성에 대한 지배력을 얻는 수단으로 활용하는 여자 주인공의 모습은 노골적으로 묘사된다. 한 장면에서 그녀는 출입이 통제되는 고급 컨트리클럽으로 밀고 들어가서, 부유하고 점잖은 자신의 애인이 전화 부스에서 자신에게 키스하도록 강요한다. 영화는 여자 주인공이 그렇게 결혼한 부유한 남편을 총을 쏘아 죽인 후에, 그 시신을 내려다보면서 애인과 함께 웃는 것으로 끝난다. 「금발의 비너스」에서 마를레네 디트리히가 연기하는 인물은 남편과 이혼하고 도시의 우범지역에 있는 한 카바레에서 공연을 하면서 먹고 산다. 그 인물을 페미니스트로 보기는 어렵겠지만, 분명히 그녀는 정절을 지키는, 일부일처제에 부합하는 아내가 되기를 거부한다. 그 인물은 영화 속의 한 공연에서 다음과 같은 가사의 노래를 부른다.

상황은 나빠 보여, 남은 것도 별로 없지.
그러니까 오늘 내 애인 중 가장 나은 남자가
다시 부인이랑 살러 떠나버렸어
하지만 내가 그 일로 마음 아파해야 할까?
그 사람은 떠났어, 그래서 뭐?
그건 내 삶에서 아무 일도 아냐.

보스이자 드랙퀸

갱스터들은 극단적인 남성성으로 널리 알려져 있었지만, 한편으로는 동성애에 적대적이었던 제2차 세계대전과 1950년대 동안에 그 하위문화를 보호함으로써 그 조성에 기여했다. 뉴욕에서 가장 크고, 강력했던 범죄 가문의 우두머리였던 비토 제노비스와 카를로 갬비노는 1930년대 초부터 이미 게이 바에 투자하기 시작했다. 그들이 제노비스가 아내인 안나 페틸리오 베르노티고를 통해서 그런 바의 존재에 대해서 알게 되었다고 추정되는데, 그녀는 오랫동안 게이 바의 단골 손님이었으며, 공개적으로 한 동성애인과의 관계를

비토 제노비스, 미국 역사상 가장 강력했던 범죄조직의 우두머리이자 뉴욕 최초의 게이 바를 여럿 소유했다.

유지했다. 제노비스는 아내의 성적 지향을 긍정했을 뿐만 아니라 그녀의 첫 번째 남편을 살해하기도 했다. 그는 그녀가 사랑 없는 결혼관계에서 벗어나 자유로이 여성과 사귀도록 도왔던 것이다.

1950년대 뉴욕에서 문을 연 대부분의 게이 바는 제노비스 조직의 소유였다. 마피아들은 경찰과 연줄을 대고 있었고, 적극적으로 경관들을 뇌물로 매수했기 때문에 그들이 운영하는 바에서 손님들은 경찰의 습격으로부터 안전했다. 1950년대 동성애자들에 대한 경찰의 위협적인 기습 단속은 매우 빈번했다.

그리니치 빌리지의 크리스토퍼 가에 자리한 스톤월 인(Stonewall Inn) 술집도 오랫동안 이성애자들을 위한 식당이자 나이트클럽이었다. 1966년 그 가게는 제노비스 조직의 세 동료가 구입했는데, 우두머리 격인 '팻 토니' 로리아는 몸무게가 190킬로그램이나 나가고, 잠자리 상대로 남자를 선호한다고 알려진 조직의 보스였다. 그는 동성애자들 사이에서 경찰의 단속으로부터 안전한 바에 대한 수요가 매우 많다는 것을 확인했고, 동시에 자신의 욕망 실현을 용이하게 하고자 그 업소를 게이 바로 바꾸었다. 그는 자신의 바가 폭력적인 단속에서 제외되는 대가로 제6구역 경찰본부의 경관들에게 매주 2,000달러를 바쳤다. 그런 지출에도 불구하고 스톤월 바는 막대한 이익을 가져다주었다. 스톤월 바의 운영자들을 위시한, 여러 게이 클럽을 운영하던 디수의 마피아 조직원들은 본인들이 동성애자였고, 몇몇은 드랙퀸으로의 분장성향이 있었다. '빅 바비'라는 이름으로 알려진, 한 거구의 기도는 6번가와 맥두걸 가 사이에 있던 토니 패스터 바에서 일했다. 그는 그 클럽에서 발레 공연을 했던, 토니 리라는 이름의 중국계 드랙퀸과 공개적인 연인관계였다.

특히 스톤월 바에는 동성애자인 마피아 조직원들의 수가 다른 업소보다 많은 것처럼 보였다. 역사가 마틴 더버먼에 따르면, 스톤월 바를 비롯한 여러 게이 클럽에서 일했던 피티라는 이름의 마피아 기도는 "강한 이탈리아 억양으로 말했고, '별 사후 고려 없이' 행동했으며, 검은 셔츠와 넥타이를 좋아했다." 그는 "손님 혹은 동료들과 사랑에 빠지는 습관 말고"는 "전형적인 마피아 조직원의 모습"이었다. 그는 스톤월 바에 자주 왔던, 디자이리라는 이름의 이탈리아인 드랙퀸을 각별히 좋아했다. 업소의 관리자인 에드 '더 스컬' 머피는 평생 불량배로 살았고 전과도 있었다. 그가 여러 게이 바에서 기도로 일한 것은, 성교할 동성의 상대를 만나기가 수월했기 때문이었다. 머피는 흑인과 라틴계를 선호한다고 알려졌는데, 그로 말미암아 스톤월은 게이, 비(非)게이 바를 통틀어 뉴욕에서 인종적으로 가장 다양한 손님들이 찾는 곳이라는 명성을 얻게 되었다.

1969년 경찰이 그 업소를 단속한, 그 유명한 사건은 실은 폭력조직을 겨냥한 연방정부의 유인작전이었다. 제6구역 소속의 경찰들은 마지막 순간까지도 작전에 대해서 모르고 있다가 (폭력조직의 뇌물 명단에 들어 있지 않던) 연방요원의 지휘하에 그 작전을 수행해야 했다. 그후 10년간 머피와 제노비스 패밀리는 게이 프라이드 행진에 자금을 댔고, 이 뉴욕의 행사는 성적 자유를 대변하는 국제적인 연례행사가 되었다. 매해 머피는 '크리스토퍼 가의 시장'이라고 쓰인 어깨띠를 두르고 왕관을 쓴 채로 오픈카를 타고 행진대열에 참가했다.

라스베이거스의 건설

갱스터들이 없었다면, 오늘날 미국에서 가장 많은 관광객이 방문하는 라스베이거스의 스트립 지역은 한낱 사막에 지나지 않았을 것이다. 초기 재즈나 성인용 영화, 금주령 시기 동안의 술, 스톤월 이전의 게이 바 같은 여타 불법적인 대중오락과 마찬가지로 도박 또한 사회규범을 철저히 무시한 자들에 의해서 이익을 낳는 사업으로 발전했다. 1930년대 신디케이트(Syndicate)로 알려진 유대인 범죄조직의 우두머리 메이어 랜스키는 마이애미, 새러토가, 스프링스, 뉴욕, 쿠바의 하바나 등지의 주요 카지노를 포함, 서반구에서 누구보다도 많은 도박장을 운영했다. 1934년 그는 2명의 심복 모 세드웨이와 벤저민 '벅시' 시걸을 3년 전 도박이 합법화된 네바다 주로 보내 카지노와 호텔의 개발 가능성을 조사하게 시켰다. 곧 세드웨이는 윌리엄 윌커슨과 일하게 되는데, 그 호텔 개발업자는 네바다 주의 새 법령을 활용하기를 원했고, 그러자면 도박장 운영에 관한 갱스터들의 지식이 필요했던 것이다.

1945년 윌커슨과 세드웨이, 그리고 또다른 랜스키의 심복 거스 그린바움은 후에 플라밍고 호텔과 카지노가 될 건물의 공사를 시작했다. 전쟁은 끝났지만 건축에 대한 전시의 규제와 제약은 여전했기 때문에 건축자재는 귀하고 비쌌다. 1년 후 자금이 다 떨어진 윌커슨은 충분한 양의 자재를 구할 수 없었고, 건설계획은 폐기 직전이었다. 그때 로스앤젤레스 도박장을 운영하던, 신디케이트 조직의 떠오르는 스타이자 유명한 바람둥이 벅시 시걸이 등장했다. 시걸은 여러 연줄과 뇌물을 동원한 매수를 통해서 암시장에서 건축자재를 싼 값으로 확보했고, 플라밍고 호텔 공사가 재개되었다. 곧 그는 윌커슨을 몰아내고 플라밍고 호텔의 소유회사로 캘리포니아 네바다 프로젝트 사를 설립해 등록했으며, 자신은 그 회사의 회장이 되었다. 1946년 여름 현재 우리가 알고 있는 형태의 라스베이거스의 토대가 되는 플라밍고 호텔이 완공되었으며, 그 호텔은 전적으로 그 폭력조직에 의해서 소유, 운영되었다.

결국 플라밍고 호텔은 번창하게 되었지만, 시걸은 그렇지 못했다. 카지노를 자신의 생각대로 운영하고자 했던 그의 야심과 더불어 개장 직후의 석연치 않은 손실 때문에 랜스키는 시걸이 돈을 빼돌린다고 믿게 되었다. 1947년 6월 20일 밤 시걸은 머리에 맞은 두 발을 포함, 여러 발의 총상을 입고 죽었는데, 사건 당시 그는 캘리포니아 주 베벌리 힐스의 동료 집에서 신문을 읽던 중이었다.

시걸이 죽은 후 랜스키가 신뢰하는 수하들인 그린바움과 대비 버만 및 모리스 로젠, 3명이 호텔 운영을 넘겨받았고, 호텔의 이름을 패뷸러스 플라밍고(Fabulous Flamengo)로 바꾸었다. 이 3명의 갱스터들이 소위 '일체형 휴양시설'을 실질적으로 창조했다. 카지노 이외에는 단순한 숙박시설만 제공하는 것이 당시의 표준적인 서비스였다면, 플라밍고 호텔은 대규모 공연을 무대에 올렸고, 숙박시설도 화려하게 꾸몄으며, 거대한 실내수영장도 갖추었다. 손님들은 그곳을 벗어날 필요가 없었다. 그리하여 호텔은 엄청난 성공을 거두었으며, 신디케이트 조직은 스트립 거리를 따라 더 많은 휴양시설을 짓는 데에 막대한 자본을 투입했다. 1950년대 중반 스트립 지역에는 호텔 겸 카지노 건물들이 줄지어 들어서게 되는데, 그 대부분은 전문적인 범죄조직이 소유하고 운영했다. 바야흐로 라스베이거스가 탄생한 것이었다.

불량한 유대인, 토머스 에디슨, 그리고 할리우드의 탄생

영화 카메라와 영사기를 발명한 직후, 에디슨은 제작과 배급을 겸하는 영화사를 차렸다. 1908년 그는 대개가 상층계급 와스프(WASP)가 소유한 9개의 영화사들과 연합하여 영화사를 설립했는데, 그 회사는 미국 내 모든 영화의 제작과 배급 및 상영을 통제하고자 했던 독점기업이었다. 에디슨과 그 영화사 연합은 건전하고, 기독교적이며, 미국적인 가치를 진작하는 영화만을 제작하기로 다짐했다. 그러나 뉴욕의 로어 이스트 사이드에서 일군의 유대인 이민자 사업가들이 에디슨의 발명품을 이용하여 영화를 제작해서, 배급했다. 그 영화들은 미국 전역에 걸쳐 노동계급 거주지역에 위치한 (입장료가 5센트여서 니켈로디언이라고 불린) 수백여 곳의 싸구려 영화관에서 상영되었다. 이 '불법' 영화 제작자들은 원래 보드빌이나 벌레스크 쇼의 흥행사들이었는데, 그들이 만든 영화는 에디슨의 회사가 내놓는 것보다 더 성적이고, 더 폭력적이었으며, 훨씬 더 재미있었다.

위대한 발명가는 유대인 모리배들이 자신의 특허품을 훔쳐서 그로부터 부를 얻고, 또 그것을 이용해 '쓰레기'를 미국 전역에 퍼뜨리는 것에 대해서 격분했다. 신문과 사법당국도 마찬가지였다. 1907년 「시카고 트리뷴」은 니켈로디언을 "저급한 정념을 아이들에게 불어넣고", "그 존재를 정당화할 장점이 하나도 없다"고 비판했다. "이 영화들은 전적으로 부정적인 영향만 주기" 때문에 "당장 금지시키는 것이 합당하다." 신문은 이 새로 생긴 저속한 영화관들은 "변호될 수 없으며", "가망 없을 정도로 불량하다"는 결론을 내렸다. 시카고의 한 판사도 그 의견에 동조해서, "그런 영화관이 비슷한 다른 모든 것을 합친 것보다 더 많은 청소년들을 법정으로 불러들이는 직간접적인 원인이다"라고 판결문에서 밝혔다. 혁신주의 개혁가 제인 애덤스는 니켈로디언에서 상영되는 영화의 도덕적 내용에 대한 엄격한 규제를 요청했는데, 그는 검약과 건전, 공동체에 대한 희생, 그리고 노동윤리를 독려하는 영화만을 허용해야 한다는 입장이었다. 그 직후에 시카고 시의회는 경찰청장에게 그 도시에서 상영되는 영화를 검열할 수 있는 권한을 부여하는 법령을 통과시켰다. 1907년 뉴욕 시에서도 경찰청장이 싸구려 극장을 다 없애야 한다는 의견을 냈고, 그 직후 증거로 제시된 영화를 보고 흥분한 그레고리 맥클랜 주니어 시장은 당장 크리스마스까지 시민의 정신을 오염시키는 부도덕한 영화를 상영하는 불법 영화관을 모두 폐쇄시키라고 지시했다. 니켈로디언 극장용 영화의 제작자들이 자체 검열을 약속한 후에야 시장은 그 지시를 철회했다.

도덕적 단죄와 법정의 명령도 부적절한 내용의 영화를 상영하고, 에디슨의 특허권을 침해하는 니켈로디언의 확산을 막을 수 없었다. 그래서 발명가와 그의 동료들은 그런 영화관을 폐쇄하기 위해서 직접 폭력조직을 고용했다. 그들은 필름을 탈취했고, 제작자와 배우들을 구타했으며, 관객들을 영화관에서 쫓아냈고, 니켈로디언 극장 거리를 부수고, 그 영화관들이 밀집해 있는 도시구역 전체에 불을 냈다. 그러나 다행히도 영화 제작자들은 자신을 보호할 수 있었고, 또 기꺼이 그러고자 했던 전투적인 주민들이 살던 동네에서 사업을 했다. 바로 '빅' 잭 젤리그, '레프티 루이' 로젠버그, 해리 '깁 더' 블러드 호로비츠, 조 '더 그리저' 로젠츠바이크, 그리고 악명 높은 이디시 블랙핸드 조직의 우두머리였던 제이콥 '조니' 레빈스키와 '찰리 더 크리플' 비토프스키가 그들이었다. 기꺼이 싸우고자 한 여성들도 있었다. 베시 런던, 틸리 핑클스타인, 버디 포머란츠, 제니 '팩토리' 모리스 같은, 그 남자들의 애인 또한 총을 잘 다루고, 사나웠다.

카메라와 영사기, 필름과 녹음장치들이 에디슨 회사의 창고에서 사라졌다가 로어 이스트 사이트의 급조된 영화 세트에 나타났다. 니켈로디언의 지붕 위에서 영화사 연합이 고용한 폭력배들에게 총알이 쏟아졌다. 또 브롱크스와 필라델피아, 시카고에 있던 에디슨 영화사 소속의 배급사 창고에서 화재가

났다. 1915년 연방법정은 연합이 불법적인 독점기업이라고 판결했다. 그러나 그때쯤이면 불법 영화사들은 이미 서부로 옮겨가서 더 규모가 크고 더 나은 질의 영화를 만들고 있었다. 별칭으로 불렸던 친구들의 도움을 받아가며, 에디슨과 법률에 대항해 싸웠던 그 사람들은 누구였던가? 그들은 바로 뢰스 극장과 메트로-골드윈-메이어 영화사를 세운 마커스 로였고, 유니버설 영화사를 세운 칼 래믈이었고, 파라마운트 영화사를 세운 아돌프 주커였고, 20세기폭스 사를 세운 윌리엄 폭스였고, 해리, 앨버트, 샘, 잭 워너 형제였다.

11

"독재자를 보라": 파시즘과 뉴딜

우리가 현재 "자유주의(liberalism)"라고 부르는 정치적 이념을 낳은 뉴딜 (New Deal)이 독일의 나치즘이나 이탈리아의 파시즘과 같다는 몇몇 사람들 의 주장은 터무니없는 것이다. 그러나 미국의 역사 교과서에서처럼 다음과 같은 사실들, 즉 뉴딜과 유럽의 전체주의가 동일한 이념적 뿌리에서 나왔고, 놀랄 정도로 유사한 국가 정책을 낳았으며, 완전히 똑같지는 않겠지만 친족 적 유사성을 띠는 국민문화를 발전시켰다는 점을 감추는 것 또한 마찬가지로 말이 되지 않는다. 우리는 히틀러와 무솔리니 정권이 비정상적이며, 심지어 는 미국의 정치전통과는 완전히 이질적인 광기의 발현으로 생각하지만, 실상 두 정치체제는 20세기의 가장 영향력 있던 미국의 정치운동과 유기적으로 연결되어 있었다.

프랭클린 루스벨트가 도입한 정책들은 연방정부와 미국 사회의 관계를 새 롭게 규정했으며, 그 정책들을 떠받치는 이념은 건국 이래 미국의 정치문화 를 지배해왔던 자유방임주의(laissez-faire ideology)를 몰아냈다. 가장 근본적 으로 뉴딜은 공동체적 도덕의 시대를 가져왔고, 사회의 긴밀한 군사적 조직 화(social regimentation)를 미국 문화의 주요한 가치로 성립시켰다.

많은 이들이 뉴딜 시대를 미국 사회가 최하층계급의 이해를 포용했던 혁신 기로 보지만, 사실 그 시기는 앞선 독립전쟁과 남북전쟁, 재건기와 마찬가지로 미국 역사에서 반항이 가장 철저하게 봉쇄되었던 때였다.

위대한 군대

대통령 임기가 시작되고 1년째 되던 1934년 봄, 루스벨트는 좌우파 모두로 부터, 심지어는 자신의 당원들로부터도 공격을 받았다. 지도적인 공화당원들은 워싱턴에서 번갈아가며 '새로운 독재'를 규탄했다. 펜실베이니아 주 상원 의원이던 제임스 M. 벡이 대표적인 인물인데, 그는 뉴딜이 미국 정부를 "거의 무제한적인 권력을 가진 사회주의 정부"로 변모시켰다고 주장했다. 좌파쪽에서의 비난 또한 그 못지않게 신랄했다. 공산당은 공식적으로 대통령을 "파시스트"라고 칭했다. 몇몇 민주당원들도 루스벨트의 급진적인 방식에 비판적이었는데, 그런 비판자들 중에는 이전에 민주당의 대통령 후보였던 앨 스미스와 민주당 전국위원회의 의장을 역임한 존 J. 래스콥도 포함되어 있었다. 결국 민주당의 대표인사들은 반-루스벨트 미국 자유연맹을 결성하는 데에 협력했다.

물론 루스벨트에게는 다수의 충성스런 지지자들이 있었다. 그를 경외했던 한 인물은 백악관으로 서신을 보내 루스벨트가 자신의 입장을 고수하도록 "미국인의 이익을 위한 영웅적인 노력"을 취하했다. 편지를 보낸 사람은 다름 아닌 독일의 총통 아돌프 히틀러였다. 그는 "전 독일 국민이 존경과 관심을 가지고 경제적 곤경에 맞선 당신의 성공적인 투쟁을 지켜보고 있다"고 썼다.

뉴딜에 대한 비판자가 많았던 것은 사실이었다. 그러나 동시에 뉴딜이 엄청나게 인기가 있었기 때문에, 미국인들의 정치적 삶을 사로잡을 수 있었던 것이다. 루스벨트는 모두 큰 표 차이로 네 번의 선거에서 승리함으로써, 20세기 중반의 상당 기간 동안 연방정부를 장악했다. 산업 노동자와 아프리카계 미국인들은 뉴딜 정책의 결과, 통째로 민주당 지지층이 되었다. 한 세대의 지식인들이 '루스벨트 혁명'을 칭송했으며, 아직도 학문적 담론은 뉴딜 지지자들이 지배하고 있다. 그런 탓에 루스벨트는 계속해서 미국에서 가장 위대한 대통령 중 한 명으로 칭송받고 있는 실정이다. 그러나 뉴딜이 성립되었을 당시 미국 내의 지지자들은 독일과 이탈리아의 파시스트들만큼 칭찬을 쏟아내지는 않았다.

루스벨트가 대통령에 취임한 지 불과 4개월 후인 1933년 7월, 역시 막 총리로 선출된 히틀러는 "의회와 로비스트, 관료들을 무시하며 곧장 정책목표로 돌진하는" 루스벨트를 칭송했다. 히틀러의 찬사는 단지 최강대국의 지도자로부터 호의를 끌어내기 위한 것만은 아니었다. 사실 나치는 뉴딜을 자신들의 정치적 기획과 비슷하다고 생각했기 때문에 계속해서 그것을 칭송했다. 1934년 1월 나치의 당 기관지인「민족의 관찰자(*Völkischer Beobachter*)」는 루스벨트의 "독재적인" 조치에 찬사를 보냈다. "우리, 독일 국가사회주의자들 또한 미국을 주시해야 한다. ······루스벨트는 담대한 정치적 실험을 수행하고 있다. 우리 또한 루스벨트와 더불어 그 기획이 실패할까봐 걱정한다." 루스벨트의 두 저서인 『앞을 보며(*Looking Forward*)』(1933)와 『우리 식으로 (*On Our Way*)』(1934)에 대한 가장 우호적인 서평은 뉴딜과 국가사회주의를 유사한 기획으로 보았던 독일 저자들에 의해서 쓰였다. 1934년 독일 작가 헬무트 마거스는 『루스벨트 : 상식의 혁명가(*Roosevelt: A Revolutionary with Common Sense*)』라는 전기를 출간했는데, 그는 이 책에서 뉴딜을 나치의 집권과 "놀랄 정도로 유사한 권위주의적 혁명"으로 추켜세웠다.

루스벨트의 대통령 재임 초기 2년 내내「민족의 관찰자」는 미국의 "절대적인 군주이자 지도자"인 인물과 히틀러 간의 유사성을 계속해서 찾아냈다. "항상 우리와 동일한 언어를 구사하는 것은 아니지만, 루스벨트 또한 집단적 이익이 각자의 자기 이해보다 우선한다고 주장한다. 그의 저서『앞을 보며』의 많은 내용은 국가사회주의자가 썼다고 해도 이상할 것이 없었다. 하여간 루스벨트가 국가사회주의 철학에 상당히 친숙함을 느끼리라고 가정해도 될 것이다." 루스벨트가 "민주주의라는 허구적 외양"을 내세우고는 있지만, 실제로 미국에서는 "권위주의적 국가를 도모하는 변화가 진행 중"이라는 것이었다. 결국 그 신문은 "루스벨트가 경제와 사회정책에서 국가사회주의 계통의 사유를 받아들였다"고 결론내렸다.

히틀러는 자신이 미국의 대통령과 동류라고 생각했다. 그는 독일 주재 미국 대사인 윌리엄 도드에게 다음과 같이 말했다. "나는 의무, 희생할 각오, 기율이 국민에게 자리잡아야 한다는, 미국 대통령의 견해와 동일한 견해를 가지고 있다. 미국 대통령이 모두 시민들에게 제시하는 이러한 도덕적 요구는 독일 국가주의 철학의 정수이기도 하다. 이런 철학은 '공공복리가 개인의 이해를 초월한다'는 구호에 잘 담겨 있다." 또한 1938년 도드의 후임 휴 R. 윌슨은 히틀러에게 다음과 같이 말한 사실을 루스벨트에게 보고했다. "지금 독일에서 시행되고 있는 정책을 보건대, 총통은 사회주의, 특히 노동자와 청년들을 위한 정책의 특정 국면에 각별한 관심이 있는 듯합니다. 저의 가장 중요한 임무 중의 하나는 그런 정책들이 어떻게 달성될 수 있는지를 가르쳐 주는 것입니다." 루스벨트가 적극적으로 독일에 대한 군사적 개입을 하리라는 사실이 명백해진 1940년에도 괴벨스가 주관한 주간지 『제국(Das Reich)』은 여전히 나치와 뉴딜 정책 간의 친족적 유사성을 주장했다. "히틀러와 루스벨트 : 독일의 성공–미국의 시도"라는 제목의 기사는 뉴딜이 미국의 "의회민주주의적 체제"로 인해서 완벽히 실현되지 못한다고 애석해했다. 역사가 존 A. 개러티에 따르면, "나치들은 명백하게 뉴딜 초기의 대공황 정책이 근본적으로 자신들의 정책과 동일하며, 루스벨트의 역할 역시 총통과 크게 다르지 않다고 생각했다."

이탈리아의 파시스트들 또한 뉴딜에 깊은 인상을 받았다. 무솔리니는 루스벨트에게서 동지의 모습을 발견했다. 그는 『앞을 보며』에 대한 서평에서 다음과 같이 썼다. "루스벨트가 독자들에게 남성적인 각성과 단호함을 불러일으켜 전투에 나서게 하는 모습은 파시즘이 이탈리아 국민들을 일깨운 역사를 떠올리게 한다." 무솔리니는 1933년 전국산업 회복법(NIRA)의 발효로 미국의 대통령이 국가 경제 전반에 걸쳐 제약 없는 권한을 가지게 되었다는 소식을 듣는 즉시, "독재자를 보라!"라고 외쳤다.

자칭 파시스트들만이 그런 유비를 제시한 것은 아니었다. 대표적인 미국의 자유주의자들 다수와 민주당의 충실한 지지자들도 비슷한 생각이었다. 『뉴 리퍼블릭(New Republic)』의 편집자 조지 소울은 "우리는 파시즘의 그 모든 사회, 정치적 파괴 행위를 겪고 있지는 않지만 현재 그들의 경제학을 실험하고 있다"고 썼다. 『네이션(Nation)』의 발행인 오즈월드 개리슨 빌러드는 이전에 루스벨트를 지지했던 것을 후회했다. 1934년 그는 다음과 같이 썼다. "루스벨트의 입법이 대통령의 권한을 막대하게 증가시킴으로써 자신에게 독재적 권력을 부여했으며, 이런 선례로 말미암아 그의 후계자나 그 자신이 미국을 파시즘 혹은 국가사회주의 노선으로 기울게 할 수도 있게 되었다는 사실을 누구도 부인할 수 없을 것이다." 『컨슈머 리포트(Consumer Report)』를 창간한 J. B. 매슈스와 루스 셸크로스는 1934년 『하퍼스』에 기고한 글에서 뉴딜 정책을 뒷받침하는 원리는 "그 논리적 귀결까지 전개될 경우 파시스트적인 경제 통제단계에 이르게 될 것이다"라고 썼다.

뉴딜과 유럽 파시즘 간의 유사성은 루스벨트 행정부 초기 2년 동안에 특히 두드러졌다. 루스벨트와 히틀러는 모두 공황의 깊은 수렁 가운데 집권했고, 양자는 공히 전쟁과도 같은 그런 위기 상황에서는 비통상적인 권력의 집중과 군사적 사회의 구축이 필요하다고 주장했다. 1933년 히틀러는 독일 국민에게 다음과 같이 선언했다. "기강이 격렬한 본능을 대신해 국가적 삶의 지도적 원리가 되어야 한다. 우리가 모두 기율과 복종, 동지애, 그리고 미래에 대한 무한한 충성을 지켜간다면, 그 어떤 것도 이 나라에서 우리의 운동을 막지 못할 것이다." 그는 모든 독일인이 군인이 될 것을 요청했다. "지금 수백만 명의 사람들이 우리의 대열에 합류하고 있다. 그러나 그들 중 상당수는 우리의 돌격대가 수 년간 실천해온 것을 앞으로 배워야만 한다. 그들은 수천수만의 우리 동지들이 자신의 피와 생명을 바쳐 맞섰던 것에 맞서는 법을 배워야 하는 것이다." 같은 해에 루스벨트는 취임연설에서 다음과 같이 말했다.

전진하려면 공통의 기율이라는 선을 위해서 희생할 각오가 된, 훈련되고 충성스런 군대처럼 움직여야만 한다. 그런 기율 없이는 어떤 진보도 이루어질 수 없고, 어떤 지도력도 효과적일 수 없다. 나는 우리가 기꺼이 자신의 삶과 재산을 그런 기율에 바칠 준비가 되었다는 것을 안다. 그래야만 더 큰 선을 목표하는 지도력이 가능해질 것이다. 큰 목적의식이 우리 모두를 성스러운 의무로 묶어주리라고 확신하며 위와 같은 제안을 내놓는 바이다. 사실 지금껏 이런 통일된 의무는 전시에나 요청되었다. 그리하여 나는 공동의 문제를 집요하게 공격하고자 하는, 모든 국민으로 구성된 이 위대한 군대의 지도자 역할을 주저하지 않고 받아들인다.

아마도 루스벨트가 그런 권력을 소망했던 유일한 대통령은 아니었겠지만, 그는 그것을 기꺼이 요구한 유일한 대통령이었다. 그는 취임식이 열린, 국회 의사당의 동쪽 현관에서 미국을 하나의 거대한 군대로 조직화하는 데에 실패하더라도, "나를 기다리는 분명한 사명의 길을 회피하지 않을 것"이라고 밝혔다. "나는 의회에 하나의 기관을 중심으로 맞서야 한다고 주장할 것이다. 즉 나는 광범위한 행정부의 권력, 다시 말해서 미국이 적국의 침입을 받았을 때 대통령에게 주어지는 정도의 막대한 권력을 위임받아 이 비상사태와 전쟁을 벌이고자 한다." 실상 루스벨트는 이런 권력을 확보한 유일한 대통령이었다.

대통령에 취임한 지 이틀 후에 루스벨트는 '국가 비상사태'라는 이유를 들어 독재적인 권력을 향한 전례 없는 조치를 시행했다. 미국 역사상 최초로 대통령이 은행을 폐쇄한 것이었다. 이어서 3월 9일에는 의회가 상당한 권한을 대통령에게 위임함으로써, 루스벨트는 국가의 경제 전체를 좌우하는 절대적인 권위를 가지게 되었다. 1917년에 제정된 적성국 교역법(Trading with the Enemy Act)은 개정되어 다음과 같은 내용을 담게 되었다. "전시나 대통령에 의해서 선포된 국가 비상사태 중에 대통령은 그가 지정한 기관을 통하거나 혹은 여타 방식으로, 역시 그가 지정한 규칙이나 규정하에 허가나 그 밖의 수단을 활용하여 외환거래나 은행의 지불, 신용장 양도, 그리고 금은 주화나 금괴 및 통화의 해외 이전, 비축, 혹은 용해와 배정을 조사, 규제, 금지할 수 있다." 이렇듯 의회는 실질적으로 대통령에게 은행과 금융거래 일반, 특히 금에 대한 제약 없는 통제권을 부여했다. 더 불길한 것은 새로운 법률이 대통령만이 홀로 그 권한을 언제 확보하고, 행사할지를 규정하도록 했다는 것이었다.

루스벨트 행정부가 이후에 시행한 주요 조치는 1933년 6월에 통과된 전국 산업 회복법으로서, 이 입법은 소위 '제1차 뉴딜(First New Deal)'의 성격을 잘 보여준다. 이 입법은 이탈리아와 독일에서 확립된 국가주의 경제와 거의 동일한 체제를 탄생시켰으며, 대통령이 행사할 수 있는 권력을 더욱 강화시켰다. 전국산업 회복법과 전국산업 회복국은 자유방임주의, 즉 자유롭고 경쟁적인 시장에 대한 미국인들의 신념을 과격하게 부정했는데, 연방 반독점법의 효력이 중지되면서 모든 산업부문에서 카르텔(cartel)이 형성되었던 것이다. 그리하여 시장 대신에 이 카르텔들이 생산품의 판매가격, 노동자들의 임금, 회사의 생산량을 결정했다. 이 카르텔들은 '규정 당국(code authorities)'이라고 불렸다. 이탈리아에서는 그 비슷한 조직이 '조합'이라고 불렸고, 독일에서의 명칭은 '산업 카르텔'이었다. 세 나라 모두에서 그 경제조직은 동일한 권력을 가졌으며, 오로지 국가의 수장, 즉 이탈리아의 무솔리니, 독일의 히틀러, 미국의 루스벨트만을 상위의 권위로 두었다.

이런 극단적인 정책이 어떻게 미국에서 도입될 수 있었을까? 전국산업 회복국을 구상했던 대다수의 인사들은 자유시장에 반대했고, 민주주의를 혐오했으며, 경제의 중앙통제를 지지했다. 초기 뉴딜의 설계자들은 혁신주의에 이념적 뿌리를 두고 있었으며, 사회질서, 기강, 합리성과 개인 정체성의 국가로의 흡수에 대한 그 사회운동의 강박적 믿음을 공유했다. 이러한 강박들은 20세기 전반부에 대서양 양안에서 나타난 사회현상이었지만, 특히 미국과 독일, 이탈리아에서 두드러졌다.

역사가 존 P. 디긴스는 1972년 펴낸『무솔리니와 파시즘 : 미국에서의 관점(*Mussolini and Fascism: The View from America*)』을 통해서 학계에서 최초로 파시즘에 공감했던 미국 엘리트의 존재를 인정했다. "무솔리니의 파시즘 독재는 다른 어떤 서구 국가보다 민주적인 미국에서 더 큰 찬탄의 대상이었다"는 것이다. 실제로 혁신주의 시대에 뿌리를 둔 다수의 지도적인 미국 지식인들과 정치인들은 1920년대에 파시즘에 끌렸다. 유명한 혁신주의 시대의 추문 폭로자였던 링컨 스테픈스와 이다 타벨은 이탈리아를 방문하고 나서, 검은 셔츠 정권(Black Shirts Regime)을 극찬하는 글을 썼다. 초기 뉴딜과 이탈리아 파시즘 모두를 열렬하게 지지했던 사람들 중에는 컬럼비아 대학교의 교수이자 '혁신주의 역사학파'의 지도적 인사였던 찰스 비어드가 있다. 그는 『뉴 리퍼블릭』에 기고한 글에서, 미국인들은 무솔리니의 폭력 사용과 시민권 억압을 눈감아주어야 하며, 파시즘이 세계에서 가장 효율적인 근대화 방식임을 인정해야 한다고 주장했다.

[파시즘은] 놀라운 실험이다. ……그것은 개인주의와 사회주의를, 또 정치와 기술을 화해시키는 놀라운 실험인 것이다. 파시스트적 통치에 수반되는 잔혹한 행동과 과격한 주장만을 생각하여 흥분해서 이 모험에 담긴 교훈과

잠재성을 보지 못한 것은 실수이다. 아니, 그것은 그저 모험이 아니라 어떤 안장이나 고삐도 없이 그 역사적인 반도를 가로질러 달리는 운명이며, 그로 인해서 이탈리아 반도는 고대적 세계와 현대적 세계를 잇는 교량이 된다.

이탈리아 파시즘에 압도적인 지지를 보낸 또다른 집단은 미국의 대기업이었다. 유명 기업들은 이탈리아 경제에 질서와 안정을 가져왔다며 무솔리니를 칭송해 마지않았다. 미국 상공회의소 회장 줄리어스 반스는 연설과 잡지 기고문을 통해서 "무솔리니는 의심할 바 없이 위대한 사람이다"라고 거듭 주장했다. 전국 제조업협회의 회장 제임스 에머리는 연례회의에서 총통(Il Duce)이 "막 통일된 신생국가에서 거대한 시민의 무리를 이끌어 급진적인 사회주의의 저주 어린 손아귀에서 벗어나게 했다"며 그를 칭송했다. 『월스트리트저널(*Wall Street Journal*)』은 미국 경제를 염두에 두고서 "무솔리니가 필요하다"는 제하의 편집자의 논설을 싣기도 했다. J. P. 모건 은행연합의 회장 토머스 W. 러몬트는 파시즘의 '전도사'로 자처했고, 그 이념에 대한 '조용한 설교'에 헌신했다. 역사가 디긴스는 "산업계의 주도적인 여론 주도층은 거의 예외 없이 파시즘에 열렬하게 호응했다"고 보았다. 더 나아가 그중 다수는 자신들이 운영하는 회사가 나치당에 기부하도록 지시했다.

그런 사업가들 중의 한 명이 제너럴 일렉트릭 사의 제러드 스워프 회장으로, 그가 바로 전국산업 회복법의 초안을 작성한 인물이었다. 1931년 그는 스스로 "스워프 안(Swope Plan)"이라고 칭한 문건을 출간했는데, 그 글의 내용은 특정분야의 기업들이 시장의 압력에서 벗어나 집단적으로 가격과 임금, 생산수준을 결정할 수 있도록 반독점법의 효력이 중지되어야 한다는 주장이었다. 다수의 뉴딜 주창자들과 마찬가지로 스워프의 주장을 관통하는 것은 민주주의에 대한 적대감이었다. 스워프는 묻는다. "우리는 사회가 입법을 통해서 행동하기를 기다릴 것인가? 아니면 산업계 스스로 피고용인과 대중들에 대한 의무를 자각하고, 자신의 임무를 수행해야 할 것인가?" 그의 대답은 미국 의회를 기업들의 카르텔로 대체하는 것이다. "조직화된 산업계가 피고용인과 대중들, 그리고 주식 보유자들에 대한 책임을 인식하고 상황을 주도해야 한다. 그 편이 민주주의적 사회가 정부를 통해서 위기에 대응하는 것보다 낫다." 당시 대통령이던 허버트 후버는 스워프 안을 "파시즘을 향한 처방전"이라고 불렀다. 그러나 주지하다시피 그 처방의 상당수가 루스벨트의 대통령 재임 첫 달에 실행되었으며, 전국산업 회복법의 주요 입안자 중 한 명인 레온 키설링에 따르면, "그 입법의 원안은 이른바 제러드 스워프 안으로부터 나온 것이었다."

뉴딜을 창안한 이들은, 정부의 최고 지도자에서 최하층 노동자까지 사회의 모든 구성원들이 전체 조직 안에서 맡은 기능에 따라서 고안, 제작, 배치되는 기계 같은 사회를 꿈꾸었다. 그런데 그들에게는 곤혹스러운 사실이었겠지만, 대부분의 미국인들은 위기의 시간을 제외하고는 그와 같은 꿈을 거부했다. 제1차 세계대전이라는 위기 상황에서, 그들은 미국을 기강하에 두는 기회를 잡을 수 있었다. 그러나 곧 풍요와 안정의 1920년대가 찾아왔고, 사회적 질서에 대한 자신들의 판타지를 실현하기 위한 또 한 번의 국가적 비상사태를 염원하는 오랜 기다림이 시작되었다.

기계적인 사회

1920년대 컬럼비아 대학교 교정의 오른편을 따라 늘어선 건물들은 언덕진 모닝사이드 하이츠 지역에서 할렘을 내려다보고 있었다. 경제학 교수 렉스퍼드 터그웰의 연구실은 그 건물 중의 하나에 있었다. 터그웰은 자신의 연구실에서 음악소리는 들을 수 없었지만 재즈 시대를 특징지은 나이트클럽과 댄스홀, 주류 밀매점은 볼 수 있었다. 거기서 그는 기다렸다.

터그웰은 어린 시절에 육체적 쾌락으로부터 차단되어 있었다. 그는 천식을 비롯한 계속된 질병 때문에 뉴욕 주 서쪽 끝의 외떨어진 농촌 동네에서 살면서 침대를 벗어나지 못했다. 그는 짙은 피부색과 고불고불한 머릿결의, 마치 무성영화 배우 같은 빼어난 외모의 젊은이로 자라났지만, 질병이 계속되면서 성인이 되었을 때는 책의 세계로 숨어들었다. 그는 혜성이 지구를 파괴할 것을 두려워한 인류가 전 세계를 협동적인 공동체로 재조직하는 내용인 H. G. 웰스의 『혜성의 날들(In the Days of the Comet)』 같은 유토피아적인 공상과학소설의 팬이었다. 그는 청춘의 많은 나날들을 완벽한 인간들이 거주하는 완벽한 세상을 꿈꾸면서 보냈다. 1910년대 펜실베이니아 대학교의 학부생이던 그는 막 그런 세계의 창조를 요청하는 책을 펴낸 젊은 경제학 교수 스콧 니어링에게 매료되었다. 터그웰은 자서전에서 다음과 같이 회상했다. "나의 사회철학은 다른 공부를 통해서도 강화되었지만 주로 니어링의 가르침에 영향을 받아 정립되었다. 니어링의 철학은 그가 1912년 출간한 『슈퍼 인종: 미국의 한 가지 문제(The Super Race: An American Problem)』를 통해서 가장 잘 알 수 있다." 그 책에서 니어링은 미국이 선택교배를 통해서 세계 최초의 유토피아를 창조할 슈퍼 인종을 개발해야 한다고 주장했다. 이러한 생각들은 니체 철학의 조악한 파생물로서 다시 이후 나치즘에 지적 기초를 제공할 지식인들 사이에서도 인기를 끌고 있었다.

터그웰이 대학교에서 만난 또 한 명의 스승은 독일에서 교육을 받은, 저명한 혁신주의 경제학자 사이먼 패튼이었다. 터그웰은 "그가 사건의 외관 이면에서 작용하는 내재적 동력을 해명하고, 그 통일된 법칙성을 발견하는 일의 중요성을 가르쳐주었다"고 회상했다. "그에게서 배운 것 중 하나는, 이제 심각해지기 시작한 사회적 갈등요인이 우리 사회를 파괴하지 못하게 하려면 경제에서 자유방임주의와 정치에서의 견제와 균형으로 대변되는 미국의 다원주의적 시스템을 통일적인 조직으로 재편해야 한다는 결론이었다." 패튼의 얼핏 자비롭게 들리기도 하는 그와 같은 생각들은 어디에서 왔을까? "그는 독일인들이 철학과 경제에서, 그리고 아마도 정치에서의 통일성에 대한 열쇠를 쥐고 있다고 생각했다. 그는 독일인이 구상한 생동하는 전체성과 영국에서 기원한 쇠퇴 중인 다원주의의 분열성 간의 갈등이 몹시 음울하게 수면 위로 부상하고 있다고 보았다." 사실 진짜로 불길했던 것은 나치즘에 지적 기초를 제공한 독일의 학자들과 패튼이 공유했던 신념으로서, 그들은 산업 자본주의와 기술적 진보가 인류를 허약하게 만들어 남성성을 앗아갔다고 믿었다. 패튼은 이렇게 썼다. "수작업을 축소시키고, 단순화시키는 모든 기술적 진보는 노동계급의 결함을 중지시킬 것이다." 이 문제에 대한 패튼의 해법은 간결, 신속하며 가차 없었다. "사회의 진보는 평등보다 상위의 법칙이기 때문에, 국가는 어떤 대가를 치르더라도 사회의 진보를 선택해야 한다. 그 유일한 진보의 길은 사악하고 비효율적인 존재들을 제거하는 것이다." 니어링과 패튼의 처방이 그저 학자의 소망일 뿐이었다면, 터그웰은 그 소망을 실현하고자 했다.

세계대전은 신이 주신 선물이었다. 미국이 1917년 유럽의 갈등 속으로 빨려들어갔을 때, 터그웰은 많은 혁신주의자들과 마찬가지로 그때를 "산업 기술자들의 천국"을 창조할 기회로 보았다. 주요 산업부문에 대한 통제권을 쥔 정부 기관들은 터그웰을 희망으로 벅차게 했다. 정부는 워싱턴에서 미국 경제를 운용했고, 국가의 기강과 인종적 활력을 유지하기 위해서 악덕에 대항하는 사회운동을 시행했으며, 500만 명의 신체 건강한 남성들을 징집하여 잘 조직된 군대를 창설했다. 그는 "우리는 전 지구적인 산업기계를 확보할 찰나에 있었다"고 나중에 회고했다. 그러나 평화가 그의 꿈을 산산조각 냈다. "오로지 평화협정 때문에 생산의 통제, 가격의 통제, 소비의 통제를 달성할 위대한 실험이 좌초되었다." 1920년대 내내 터그웰은 자신의 연구실 창문을 안타깝게 내다보며 전시 사회로의 복귀를 주장하는 일련의 글들을 썼다. "사회 통제와 인간 삶의 과학적 관리"가 언젠가는 시대의 질서가 되리라는 것이었다.

1929년의 주식시장 폭락은 터그웰에게 온 또 한 번의 기회였다. 대공황 초기에 터그웰은 이제 절박한 때가 왔으므로 미국인들이 진지하게 받아들일 것이라고 생각하여 책 한 권을 출간했다. 그는 『산업의 기강과 통치의 기술(The Industrial Discipline and the Governmental Arts)』에서 사회 전체를 하나의 거대한 공장으로 만들 것을 주장했다. 그는 "경쟁적 산업의 죽은 손"을 없애고, 그것을 중앙통제로 대체하라고 요청했다. "산업이 정부가, 정부가 산업이 되면 근대적 체제에 깊이 자리잡은 이 둘 간의 갈등이 완화될 것이다." 당연하게도 그는 바로 이런 이유를 들어 이탈리아 정부를 칭송했다. 그는 자신이 판단하기에 무솔리니가 "필요한 많은 일들을 했다. 여하튼 이탈리아는 체계적인 방식으로 실질적인 차원에서 새롭게 건설되었다"고 평가했다.

1932년의 어느 추운 겨울날, 터그웰은 연구실 근처의 거리를 걷다가 레이먼드 몰리라는 정치학과의 동료 교수와 마주쳤다. 몰리는 그에게 당시 뉴욕 주지사이자 대통령 후보였던 루스벨트를 만나겠냐고, 또 그의 정책 자문진에 합류할 생각이 있냐고 물었다. 터그웰은 기쁘게 그 제안을 받아들였고, 몇 주일 지나지 않아 그 유명한 '두뇌 집단(Brain Trust)'의 일원이 되었다. 그들이 바로 뉴딜을 창안한 소규모 학자 그룹이었다. 터그웰은 산업 회복법을 위시한 공공노동 프로그램과 다수의 농업 프로젝트 같은 뉴딜의 몇몇 주요한 정책을 구상하고 입안했다. 그러나 터그웰은 워싱턴에서 새로운 일을 시작한 지 얼마 되지 않아 로마에 있는 자신의 영웅을 부러워하게 되었다. 후에 그는 다음과 같이 말했다. "확실히 무솔리니 또한 루스벨트처럼 반대자들이 있었지만, 그는 언론을 완전히 장악해서 매일 그에 대한 거짓말이 쏟아져 나오는 것을 막았다. 또 그에게는 자원은 부족하지만, 단단히 뭉쳐 기강이 잡힌 국가가 있었다. 적어도 겉으로 보기에는 무솔리니가 거대한 진전을 이뤄낸 것처럼 보였다." 그에게 민주주의는 골칫거리였고, 파시즘은 자신이 본 "가장 깨끗하고, 가장 잘 짜였으며, 가장 효율적으로 작동하는 사회적 기계였다. 나는 그것이 부럽다."

터그웰이 합리적인 정신을 따르는 삶을 통해서 조직화를 사랑하게 되었다면, 휴 존슨 장군이 그렇게 된 것은 또 하나의 주요한 뉴딜 문화의 원천이었던 군대를 통해서였다. 아일랜드인답게 얼굴이 둥글고 알코올 중독으로 항상 얼굴이 붉었던 존슨은 W. C. 필즈를 닮았고 술 또한 그렇게 마셔댔지만, 그는 그 유명 코미디언과 같은 개인적 성향과 권위에 대한 반항심은 없었다. 오클라호마 주의 거친 서부 마을인 올바에서 자란 청소년기의 존슨은 일주일에 2번씩 훈련하는 지역 민병대에 자원했다. 그는 전쟁에 대한 생각에 너무 몰두한 나머지 고작 열다섯 살의 나이로, 스페인과의 전쟁에서 테디 루스벨트(1851-1919 : 미국의 제26대 대통령의 본명인 시어도어보다 애칭인 테디로 불린다. 스페인과의 전쟁[1898]에서 자원자로 이루어진 기병연대를 이끌고 혁혁한 전공을 세워 국민적 영웅으로 부상했다/역주)가 지휘하는 기병연대에 지원하고자 했다. 소년 병사가 되려는 꿈은 아버지에 의해서 좌절되었지만, 그는 불과 열일곱 살에 웨스트 포인트에 입학했다. 그는 육군 장교가 되자 훈련 감독과 점호, 열병과 사열을 즐겼고, 아주 작은 규정 위반에도 사병들에게 호통을 치는 것으로 알려졌다. 그는 군에 복무하던 중에 잡지에 단편을 기고하는 작가로서의 경력 또한 시작했다. 그가 쓴 이야기는 소년들이 군대에서 기율과 충성, 자기 희생을 배우며 남자로 성장하는 내용이었다.

터그웰 같은 미래의 뉴딜 입안자들처럼 존슨 또한 제1차 세계대전을 대다수 미국인들의 생각과는 달리, 무가치한 공포가 아니라 사회 전체를 군대화할 수 있는, 오랜만에 찾아온 기회로 보았다. 수백만 명 규모의 군대를 조직하자는 윌슨 대통령의 요청에 고작 7만3,000명이 응하자, 연방정부는 남북전쟁 이래 처음으로 강제징집을 시행해야만 했다. 몇몇 군대의 지도자들이 징집병으로 대규모 군대를 조직하는 일에 존슨이 적임자임을 알아보았고, 그는 워싱턴으로 불려가서 선발 징집제를 담당했다. 1,000만 명이 강제징집 대상으로 등록되었고, 그중 400만 명이 실제로 군사훈련을 받았으며, 11만7,000명이 군사작전 중에 사망했고, 20만 명 이상이 부상을 당했는데, 존슨은 이런 상황을 일러 "전쟁사에서 가장 놀라운 장관 중의 하나였다"고 회고했다. 그는 "술집과 당구장에서 다른 동시대인들이 전장으로 나서는 것을 보고만 있는," 징집되지 않은 사람들을 유용하게 만드는 계획도 고안했다. 입영을 연기한 사람들 중에서 실직 상태이거나 '비실질적인 노동'에 종사하는 이들은 전시 체제에 기여하는 일을 찾지 못할 경우 강제로 징집될 것이라는 주의를 받았다. 존슨은 "일하거나 싸우라"는 명령이 "바텐더나 자가용 운전사 혹은 미용사로 일하는 여성적인 남자" 13만7,255명에게 정부가 필수적인 것으로 간주하는 일을 하도록 강제했다고 자부했다.

1920년대 동안 존슨은 사적 부문으로 물러나 있었지만, 세상이 군대적인 삶을 선호하는 때가 되기를 기다렸다. 공황이 가장 극심했던 1932년에 존슨은 그 기회를 발견했다. 그는 행동안을 작성해 비밀스럽게 민주당 내 지인들에게 회람케 했다. 무슬리니(MUSCLEINNY), 임시 독재자라는 서명이 달린 그 '선언문'에서 존슨은 자신을 "공화국의 독재자로 뽑아줄 것"을 요구했다. 민주주의를 없앨 적기라는 것이었다. 그는 "이 위기의 시기에, 특히 이 정치적인 연도에 분권은 전혀 적절하지 않다"고 썼다. "유일한 치유책은 단일한 통치와 즉각적인 행동이다." 그는 대통령과 부통령, "모든 의회의 구성원들"이 이 나라를 떠날 것과 선거 시행을 중지할 것을 요구했다. 이 선언문을 쓰고 한 달 후에 존슨은 루스벨트의 선거운동을 돕던 측근들의 모임에 초대를 받았다. 그는 나중에 다음과 같이 회고했다. "무슬리니는 8개월 후에 도입된 몇몇 주요한 정책을 앞서 내세우며 사태의 향방을 적극적으로 책임지고자 했으며, 그는 위기 상황을 매우 정확히 진단했고, 최소한 희미하게나마 상당수 경제 회복 프로그램을 예상했다."

전국산업 회복법을 작성할 때가 되자, 존슨은 의회가 아닌 대통령이 단독으로 '규정 당국'에 대한 감독권을 보유하게 되는 안을 성공적으로 옹호했다. 그 법안이 통과되자 루스벨트는 아마도 고마운 마음에 존슨을 산업 회복국의 초대 수장으로 임명했다. 그즈음 존슨은 이탈리아의 파시스트들이 쓴 글을 읽게 되었다. 그는 무솔리니의 교육부 장관이 쓴 책을 루스벨트 내각의 구성원들에게 돌렸고, 한 연설에서는 이탈리아의 독재자를 "20세기의 빛나는 모범"이라고 칭송했다.

존슨은 혁신주의 노동 변호사이자, 산업 회복법의 작성을 도운 도널드 리치버그를 불러들여 산업 회복국의 대표 법률 자문직에 임명했다. 리치버그는 그 법률이 미국에서 의회민주주의를 종식시키고, 독재정치를 수립하고자 하는 열망에서 나왔던 것이라고 회고했다. 그는 "당시 미국이 나쁜 습관을 고치고자 하지 않았다"고 말했다. 그렇다면 누군가가 미국인들을 위해서 대신 그 과업을 맡아야 했다. "미국 정부는 다수의 미국인들이 원하지 않는 것을 선택하지 않을 것이다. 민주적 정부가 온존하며 정치인들이 위험한 문제를 회피하는 한 말이다." 그가 "대중적 정부의 비효율과 타락"이라고 지칭한 것은 결국 한 명의 지도자로 대체되었다. "우리는 행동하는 인간을 요구했고, 우리는 그런 사람을 얻었다. ……미국인들은 무릎을 꿇고 신께 감사해야 할 것이다. ……유일하게 미국인들을 구원할 수 있는 자, 즉 행동의 인간에게 권력이 집중된 것에 대해서." 법률사학자 제임스 Q. 휘트먼은 다음과 같이 정리했다. "회복국의 두 수장은 드러내놓고 반의회주의자로 자처했다. 그들은 1932-1933년의 위기 상황의 산물이다."

그 위기의 또다른 두 산물인 루스벨트와 히틀러는 땅에 대한 애착과 자신의 나라가 자연과 어우러질 때에야 비로소 갱생되리라는 믿음을 공유하고 있었다. 우선 양자 모두 농업에 대한 통제를 확립했다. 미국에서는 1933년 농업 조정법(Agricultural Adjustment Act)을 통해서였고, 독일에서는 농업부가 농부들이 얼마나 생산하고, 또 작물에 얼마의 가격을 매길지를 결정하게 되었다. 루스벨트와 히틀러는 모두 가족단위의 자영농을 국가적 덕성의 근간으로 보았다. 미국의 대통령에게 시골은 "전통적인 미국적 의미에서 진정한 가정을 꾸릴 수 있는" 유일한 곳이었다. 총통에게 농부는 독일의 "근간이자 생명, 즉 국가적 생식의 근원"이었다. 뉴욕 주지사일 당시 루스벨트는 도시에 사는 가구가 시골로 이주할 경우 그 비용을 충당해주는 프로그램을 도입했는데, "그들이 과밀한 도시에서 잃어버린 지속적인 일자리를 대지를 통해서 확보할 수 있으리라는" 이유에서였다. 대통령이 된 후에 루스벨트는 터그웰이 고안한 이른바 자급 농장법(Subsistence Homestead)을 시행했는데, 그 법령은 다수의 가구에 "세련되지만 비싸지 않은 주택, 창고와 더불어 일정한 땅을 양도하여 상당량의 식량을 자급하도록 했다." 나치 또한 도시의 과밀을 해소하고 식량의 자급자족을 장려하기 위해서 농촌 지역의 주택 건축비용을 보조해주었다. 무솔리니의 가장 야심찬 기획 중의 하나는 로마 교외의, 300제곱마일 상당의 늪지를 개간하여 확보한 택지에 자영농 마을을 세우는 것이었다. 독일의 문화사가인 볼프강 쉬벨부시는 "파시즘과 국가사회주의, 그리고 뉴딜은 모두 식량을 자급하는 농가를 새로운 형태의 문명을 향한 자신들의 계획의 주춧돌로 삼았으며, 호소력 있는 구호와 이미지, 대중행사를 통해서 그에 대한 대중적 열광을 불러일으켰다."

　루스벨트가 가장 선호한 뉴딜 정책은 1933년에 창설된 민간자연 보존단으로서, 그 조직에서 청년들은 군대에서처럼 캠프 생활을 하며 미국의 내륙지역에서 육체노동을 했다. 나치 또한 노동 캠프로 청년 노동력을 동원하여 시골 지역의 환경 개선을 도모했다. 존 개러티에 따르면, "나치의 노동 캠프와 민간자연 보존단이라는 명칭을 단 미국의 캠프는 외양이나 의도면에서 거의 동일했다." 루스벨트는 민간자연 보존단이 청년들을 "도시의 구석진 거리"에서 벗어나게 한다며 칭송했다. 히틀러는 나치 노동 캠프가 독일 청년들이 "거리에서 대책 없이 썩고 있는 것"을 막아준다고 평했다. 뉴딜 입안자들과 나치는 모두 청년들을 군사-시민으로 양성하려는 계획을 가지고 있었다. 보존단에 참여한 수십만 명의 자원자들을 감독하는 권한이 미국 육군에 부여되었다. 보존단 소속의 청년들은 차렷 자세가 요구되었고, 군대에서처럼 상관을 서(Sir)로 불러야 했으며, 아침저녁으로 국기 게양식 및 강하식에 참석해야 했다. 한 단원은 집으로 보낸 편지에서 "여기서 우리는 땅의 군인이라고 불리는데, 기술자와 공학도들이 우리가 실제로 그런 존재가 되도록 교육을 시킵니다. 우리는 대지의 적들을 퇴치하도록 훈련받고 있으니 군인이 맞을 것입니다."

1930년대 말이 다가오면서 미국의 여론은 참전 쪽으로 기울게 되었으며, 이제 청년들의 군인화는 보존단의 노골적인 목적이 되었다. 1940년에 의회는 모든 보존단원들을 대상으로 비전투적인 군사훈련을 의무화했다. 이 프로그램의 책임자였던 제임스 J. 맥켄티는 이런 군사적인 것의 강조는 "노동 경험이 없는 젊은이들을 트럭과 트랙터를 몰 수 있는 강인하고 활기찬 남성으로 변모시키기 위함이었다. 트럭과 트랙터는 탱크와 흡사하며, 도로와 교량을 건설하거나, 전화선을 세우는 데에 동원된다. ……이런 교육과정은 산업의 방어와 군사력 강화를 가져올 것이다"라고 설명했다.

뉴딜 입안자들과 무솔리니, 히틀러는 노동계급의 삶의 조건이 크게 개선되어야 한다는 신념에서도 한 마음이었다. 파시스트와 나치 정권은 노동조합을 불법화했지만, 동시에 그들은 더욱 안전하고 위생적이며 쾌적한 작업환경이 갖춰지도록 열심히 노력했으며, 주택 보조금과 저비용의 휴가, 그리고 스포츠 프로그램을 수백만 명의 노동자들에게 제공했다. 뉴딜에서는 공공노동 프로그램에 가장 많은 예산이 쓰였다. 1935년에 설립된 고용촉진국은 그중에서도 가장 규모가 큰 기획이었다. 그 프로그램은 연방예산의 절반을 배정받아 1935년부터 1941년까지 연평균 210만 명을 고용했다. 고용촉진국이 고용한 노동자들은 고속도로 및 일반도로, 보도와 도서관, 학교, 운동장과 공원, 공항, 하수 처리시설, 교량, 수영장을 건설했다. 세 정권 가운데 제3제국이 노동자들에게 새로운 삶을 가져다주는 목표에서 가장 앞서 있었다. 나치는 완전고용을 추구해서 히틀러가 정권을 잡은 지 3년도 채 되지 않아 독일에서 실업은 실질적으로 거의 사라졌다. 거대한 공공노동 프로그램인 제국노동 봉사단은 규모와 범위에서 고용촉진국에 견줄 만했다. 봉사단은 군대조직처럼 움직이며 고속도로와 숱한 일반도로, 교량을 건설했다. 또한 그 조직은 늪지를 농토로 개간했고, 제방을 쌓았으며, 하수구 시설을 개선했고, 거대한 수목 제거사업을 달성했다. 전쟁 기간에 봉사단은 벙커, 지하시설을 건설했으며, 전 유럽에 걸쳐 참호를 팠다.

미국과 독일 양국에서 정부가 지원하는 고용 프로그램은 상당한 정도로 군사적 목적을 의도하고 있었다. 나치는 수십만 명의 독일인들을 무기와 전투기, 그리고 탱크를 만드는 데에 동원했고, 미국에서 고용촉진국이 고용한 노동자들은 2척의 항공모함과 4척의 순항함, 몇 척의 작은 전함을 건조했고, 100대 이상의 전투기와 폭격기를 생산했으며, 50곳에 가까운 군사비행장과 공군 사령부 청사를 건설했다. 독일과 미국의 공공노동 프로그램은 또 하나의 중요한 기능을 했는데, 그것은 노동력의 상당 부분을 군대식으로 조직함으로써 노동자들에게 기율, 질서, 희생과 국가에 대한 충성을 강조하는 국가문화를 주입했다. 뉴딜 입안자들과 나치가 자신들의 프로그램을 홍보하는 방식의 유사성은 놀라울 정도이다. 양국에서 생산된 수천 장의 포스터에서 국가에 대한 충성이 전체적인 의미를 규정하고 있는 가운데, 노동은 남성성과 품위를 획득하는 수단으로 찬양되었고, 육체노동은 영광스러운 것으로 그려졌으며, 동성 간의 친밀한 우애에 대한 암시가 넘쳐났다.

성적으로 해방된 1920년대에 전개된 가족의 해체는 사회적 무질서의 원인이자, 결과라는 생각이 양쪽 국가에 널리 퍼져 있었다. 그리하여 뉴딜 입안자

왼쪽: 고용촉진 프로그램을 홍보하는 포스터 오른쪽: "네가 곧 전선이다."
왼쪽: 고용촉진 프로그램 포스터 오른쪽: "정신노동자와 육체노동자: 최전선의 병사인 히틀러에게 투표하라!"

들과 나치는 모성을 장려하고, 그것을 국가적 이익과 결부시키는 선전활동을 벌였다. 나치 여성조직의 선언문에는 다음과 같은 내용이 있었다. "여성이 된다는 것은 곧 어머니가 된다는 것, 다시 말해서 영혼의 모든 의식적인 힘을 다해 모성의 가치를 긍정하고, 그런 긍정을 삶의 법칙으로 삼는다는 것을 뜻한다." 1933년 독일의 실업 감소법은 재정지원을 하는 공공노동 프로젝트와 직업훈련 프로그램에서 여성을 배제함으로써 여성들을 노동현장에서 몰아냈다. 마찬가지로 뉴딜 아래에서 미국의 연방정부와 주정부 또한 모성을 강제할 힘을 가졌다. 소위 제2차 뉴딜의 주요 입법 중 하나이며, 21세기까지 이어지고 있는 사회보장법(Social Security Act)은 1935년에 시행되었으며, 노년연금제도와 실업보험 같은 세부 프로그램을 포함하고 있다. 그런데 실업보험과 연금제도는 가사노동자들을 배제했기 때문에 대부분의 여성 노동자는 노동에 대한 정부지원에서 제외되었다. 사회보장법은 오직 특정한 유형의 여성, 즉 노동자와 군인 혹은 시민을 낳음으로써 국가에 기여하는 여성들만 원조하고자 했다. 사회보장법에 포함된 피부양 아동 원조안은 여성들을 가정에 머물게 하는 것을 의도했다. 법안을 작성한 위원회에 따르면, 이것은 "그 자연스런 기능이 아이에게 필수적인 신체적인 보호와 애정을 제공하는 자를 임노동에서 해방시킴으로써 아이가 사회적 불행에 떨어지는 것을 막을 뿐만 아니라, 더 적극적으로는 그들을 사회에 기여할 역량 있는 시민으로 양육하고자 고안되었다."

민주주의의 규율

미국과 독일 양국에서 언론의 검열은 뉴딜과 나치 통치기간 중에 눈에 띄게 증가하기도 했지만, 대개는 신문이 알아서 검열을 함으로써 정부에 대한 지지를 밝히는 동시에 처벌을 피하려고 했다. 간단히 말해서, 언론은 점차 자유로운 의사 표현에 적대적이 되어가던 문화적 규범을 따랐다. 독일에서는 수백 명의 기자들이 나치 선전부에 소속되고자 했다. 쉬벨부시에 따르면, 그럴 의사가 없던 기자들도 "대개는 묵시적이었던 규칙을 위반할 시에 닥칠 결과를 인지만 시켜도 그 선을 넘지 않도록 조심했기 때문에, 가장 효율적인 동시에 비가시적인 통제형태인 자기 검열이 뿌리내렸다." 미국에서는 그보다 두드러진 형태의 검열이 존재했지만, 언론은 훨씬 더 자발적으로 정부에 순응했다.

루스벨트는 자신에게 충성스런 인물들을 연방통신 위원회에 임명했고, 그 위원들은 정부에 비판적인 프로그램을 내보낼 시에 방송국의 허가가 취소될 수 있다는 점을 명백히 했다. 1934년 뉴잉글랜드 지역의 양키 라디오 네트워크는 위원회로부터 경고를 받은 후에 대통령에게 열렬한 지원을 바치겠노라고 약속했다. 또다른 방송사의 한 간부는 정부 개입에 대한 두려움으로 인해서 "검열관이 반대할 수도 있는 상당수의 프로그램을 일일이 점검해서 내용을 수정했다"고 밝혔다. 루스벨트 행정부가 출범하고 몇 주일 되지 않아 NBC 방송국은 대통령에 대해서 비판적인 인물을 방송에서 배제하는 정책을 도입했다. CBS의 헨리 벨로스는 대통령 취임식 직후에 루스벨트의 언론 담당 보좌관에게 "당신과 방송사들 간의 긴밀한 접촉은 정부에 큰 도움이 될 것이며, 평생의 민주당원으로서 나는 이 협력이 성공적으로 이루어지도록 최선을 다 하겠노라고 맹세한다"고 말했다. 1935년 CBS는 뉴딜 2주년을 기념하여 전문 배우들이 재임 2년간의 중요한 순간들을 재연하는「국민의, 국민에 의한, 국민을 위한」이라는 특집 프로그램을 방송했다. 교육부는 공립학교의 윤리시간에 그 2시간짜리 프로그램을 들려주는 것을 의무화기도 했다. CBS의 보크 카터는 당시 인기 있는 정치평론가였음에도 불구하고, 점차 대통령에 비판적인 논평을 한다는 이유로 1938년 해고되었다. CBS와 NBC는 1930년대를 거쳐 제2차 세계대전 때까지도 뉴딜에 대한 비판자를 계속 방송에서 축출했다.

국가적인 사회규범의 주된 전파자인 할리우드는 뉴딜 기간 동안에 심대한 변화를 겪었다. 앞에서 살펴보았듯이 1920년대부터, 특히 1930년대 초에는 악당들이 은막의 영웅이었으며, 당시에 할리우드 영화는 미국 문화에 두드러졌던 권위에 대한 무시와 성적 해방을 반영하고, 장려했다.

가톨릭 교단과 도덕 개혁가들이 할리우드를 압박해 영화를 건전하게 변화시키고자 시도했다. 그래서 이미 1930년에 회장이던 윌 헤이스의 이름을 따서 헤이스 오피스(Hays Office)로 더 잘 알려진 미국 영화 제작자 및 배급자 협회는 영화산업에 자기 검열규정을 제시했다. 그러나 그후 몇 년 동안 그 규정은 강제되지는 않았다. 헤이스에 따르면, 할리우드와 미국은 표현의 자유에 제한을 둘 준비가 되어 있지 않았다. 소위 헤이스 코드(Hays Code)는 루스벨트가 대통령에 취임하고 이틀이 지난 1933년 3월 6일이 되어서야 지켜지게 되었다. (뉴딜과 할리우드의 관계에 관한 유일한 학술서적의 저자인) 영화사가 줄리아나 무초에 따르면, 그런 사실은 "영화산업이, 뉴딜 정부처럼 연방정부의 개입을 옹호하는 행정부가 자신들의 사업에 간섭할까봐 두려워했다"는 것을 보여준다. 즉 각 제작사의 수장들은 스스로 검열하지 않으면, 워싱턴이 직접 나서리라는 것을 알고 있었다.

헤이스 코드는 독일이나 이탈리아에서 강제된 검열체계만큼이나 철저한 표현의 제약이었다. 그것은 또한 나치와 파시스트 정권보다 더 오래 살아남았다. 1967년 영화등급제로 대체될 때까지 미국에서 제작되는 거의 모든 영화는 그 규정을 준수했다. 일단 그 규정은 막연하게 시작한다. "관객들의 도덕적 기준을 떨어뜨릴 영화는 제작되어서는 안 된다." "드라마와 오락의 요구를 따르되 삶의 정확한 기준은 반드시 제시되어야 한다." "자연권이든 인간이 만든 법률이든 그 어떤 것도 조롱해서는 안 된다"는 세 번째 조항은 틀림없이 연방정부의 환영을 받았을 터인데, 당시 정부는 전례 없이 광범위한 규제 법령을 쏟아내고 있었다.

성의 묘사는 엄격하게 제한되었다. "결혼과 가족제도의 신성함이 온존해야 하며," "영화는 저급한 성관계가 흔하며, 용인될 수 있다는 생각을 암시해서는 안 된다." 더욱 통렬한 것은 "정염을 담은 장면들은……플롯에 꼭 필요하지 않을 경우에는 나와서는 안 된다"는 대목이다. 그렇다면 무엇이 금지된 "저급한" 성인가? "과도하고 음란한 키스, 음란한 포옹, 성적인 것을 암시하는 듯한 자세와 동작들을 보여줘서는 안 된다. ……일반적으로 말해서 이런 장면들이 저급하고 저열한 감정을 불러일으키도록 처리되어서는 안 된다." 물론 동성애를 뜻하는 "성 도착이나 그에 대한 어떠한 암시"도 금지되었으며, "백인 노예나 (백인과 흑인 간의 성관계를 말하는) 인종 간 관계, 성과 관련된 위생문제나 성병에 대한 언급, 심지어는 품위 없는 춤동작"도 금지되었다. 관객들로부터 암시적인 연상을 차단하기 위해서 "침실 묘사는 훌륭한 취향과 섬세함을 따라야 하며, 실제 출산장면은 실루엣으로 처리하더라도 전적으로 금지되어야 한다."

이렇듯 헤이스 코드는 '퇴폐 예술'을 금하는 제3제국의 법률과 흡사한 언어를 사용하여 "올바른 오락"을 생산하고, "한 종족의 도덕적 이상과 삶의 전체적 조건을 타락시키는" "나쁜 오락"의 생산을 막고자 했다. 나치가 독일 박물관에서 수천 점의 '비도덕적인 예술' 작품들을 추방하고자 했다면, 영화라는 미국의 가장 대중적인 예술은 "예술이 도덕적으로 사악한 효과를 발휘할 수 있다는 것은 청결하지 못한 미술과 천박한 도시, 그리고 성적으로 암시적인 드라마가 명백히 보여준다"라는 신념에 의거한 일련의 규칙들에 따라서 생산되었다.

독일과 이탈리아에서 국가와 미디어가 통합되었다는 것은 잘 알려진 사실이다. 미국에서 뉴딜과 할리우드의 결합은 그보다는 덜 공식적이었지만, 그 못지않게 철저했다. 그런 통합과정은 루스벨트가 당선되기 전부터 시작되었다. 무초에 따르면, 1932년 9월 워너브라더스 사의 잭 워너는 로스앤젤레스 올림픽 스타디움에서 "명백하게 대통령 후보 루스벨트를 홍보하는," "버스비 버클리(「42번가」 같은 대규모 브로드웨이 뮤지컬을 수십 편 연출하고 장대한 스케일의 영화도 감독했다/역주) 풍의 대규모 스펙터클을 과시하는 행사"를 개최했다. 그 행사에서는 거대한 전기 구조물과 "나치 특유의 집단 율동을 연상시키는 군중들의 기하학적인 신체 배치"가 선을 보였다. 워너브라더스 사는 선거 후에도 뉴딜의 비공식적인 선동조직의 역할을 계속해나갔다. 예컨대, 1933년 워너 사는 「길이 다시 열렸다」를 개봉했는데, 그 영화는 나치 선전부와 비슷한 방식으로 정권을 홍보했다. 이 영화에서 과거 대통령들, 즉 워싱턴과 링컨, 그리고 윌슨의 유령이 등장해 현재의 대통령을 칭송한다.

워싱턴 : 음, 이보게 링컨. 이제 우리 나라에 대한 걱정을 그만해도 될 것 같네. 루스벨트가 우두머리 역할을 제대로 하고 있으니 말이네.

링컨 : 미국에 필요했던 것은 행동계획과……그것을 관철시킬 용기를 가진 인간이 전부였지요.

윌슨 : 모든 미국인은 산업 회복국으로부터 혜택을 입을 것입니다. 모든 남녀와 아이들이 제 역할을 한다면 말이지요.

워싱턴 : 미국인들이라면 그럴 것이라고 믿을 수 있네.

역시 1933년에 개봉한 또 한 편의 워너 사의 영화이며 그해 박스 오피스를 강타한 「각광받는 행진」은 장엄한 결말을 연출한다. 감독인 버클리는 마지막 장면에서 행진하는 병사들이 미국 국기와 루스벨트의 초상, 그리고 산업 회복국의 상징인 비둘기를 형상화하도록 배치했다.

다른 영화사들도 뉴딜을 홍보하는 데에 일정한 역할을 했다. 1930년대 초 폭스 사의 가장 유명한 스타는 윌 로저스였는데, 그는 대중문화 부문에서 뉴딜에 대한 지지를 선도했다. 그는 1910년대와 1920년대에 이미 보드빌 쇼와 무성영화를 통해서 스타가 되었지만, 루스벨트의 재임 첫 3년 동안에 최고의 인기를 누렸다. 그는 1933년과 1935년 사이에 12편의 영화에 출연했고, 그 기간 동안에 '윌 로저스 공식'으로 알려진 흥행공식을 자리잡게 했다. 로저스는 평범하되 순수한 마음을 가진 시골 출신으로 대도시의 기업가에게 희생당하는 전형적인 역할을 연기했다. 그가 출연한 영화는 그와 같은 보통의 미국인들의 집단적인 노력을 통해서 기업의 횡포를 극복하는 플롯으로 이루어져 있었다. 그가 나온 거의 모든 영화에서 노동, 특히 개인의 이익이 아니라 공동체를 위해서 협력하여 수행하는 직접적인 신체노동은 거룩한 것으로 묘사된 반면, 사치와 물질적 안락에 대한 욕구는 타락의 근원으로 공격당했다. 1932년 로저스는 루스벨트를 위해서 열렬히 선거운동을 했고, 루스벨트가 당선된 이후에는 자신의 라디오 쇼를 통해서 뉴딜 정책을 홍보했다. 그는 "최고의 뉴딜 지지자"로 자처했다. 그는 또 한 명의 세계적인 지도자를 열렬히 숭배했다. 로저스는 이탈리아에서 총통을 만난 지 1년이 지난 1927년 한 순회 집회에서 "무솔리니는 현재 세계에서 가장 위대한 인물이다"라고 말했다. "그놈의 이탈리아 작자들을 일하게 만들었다면, 분명 대단한 인물일 것이다." 나중에 이 최고의 뉴딜 지지자는 자신의 팬들을 청중삼아 무솔리니의 군사적 통치방식을 칭송했다.

무솔리니는 위대한 국가라면 휴대 무기처럼 항상 동원 가능한 병력을 갖추고 있어야 한다는 것을 안다. 그는 육군과 해군이 없는 국가가 계속 늘어가는 인구를 수용하지 못하리라는 것을 알고 있는 것이다. 그는 지금까지 줄곧 이탈리아를 성장시켜왔지만, 사람들은 항시 "무솔리니는 오래가지 못할 거야"라고 말해왔다. 반면에 나는 1926년에 그를 만난 이래로, 늘 무솔리니가 내가 만나본 최고의 사내라고 말했다. 그 생각이 바뀌었던 적은 한번도 없었다. 집권한 기간을 고려해볼 때, 그는 역사상 그 누구보다도 많은 일을 이탈리아를 위해서 했다. 그래서 사람들은 더 이상 그를 공격하지 못한다. 그는 진정한 수완가이다. 나는 무솔리니가 어리석은 제안을 내놓는 것을 본 적이 없다.

로저스가 비행기 사고로 죽은 후에, 박스 오피스의 상위권은 셜리 템플의 영화들이 물려받게 되었다. 그녀를 스타로 만든 영화는 폭스 사가 제작하여

1934년 개봉한 「일어나 응원하라!」였다. 그 영화에서 루스벨트를 몹시도 닮은 미국의 대통령 캐릭터는 미국인의 기운을 북돋고자 오락부 장관을 임명한다. 장관은 대공황 동안에 재정 이익을 얻는, '블루 노즈(blue nose)'라고 불리는 우울한 사업가 집단에 대항할 보드빌 쇼의 단원들을 모집한다. 그 극단의 스타가 바로 템플이 연기하는, 노래로 미국의 마음을 사로잡은 네 살배기 꼬마 소녀이다. 영화의 마지막 장면에서 청중은 한 목소리로 "공황은 끝났다! 사람들은 일자리로 돌아갈 거야!"라고 외친다.

루스벨트 행정부는 영화 제작규정에 따라서 할리우드 영화를 순화하는 데에 열심이었던 헤이스 오피스의 노력에 고마워했다. 1938년 엘리너 루스벨트는『포토플레이(*Photoplay*)』에 기고한 글에서 미국 대중들에게 "좋은 취향을 심어주려는" 영화 제작자들의 책임감 있는 모습을 보게 되어 기쁘다고 썼다. 이어서 그녀는 조금의 망설임도 없이 검열과 예술적 표현의 제한이 국익에 이바지한다고 선언했다.

수준 높은 교양을 갖춘 사람들은 훌륭한 취향의 소유자들이다. ……어떤 문학 및 예술은 늘 퇴폐적 경향을 내비친다. 훌륭한 취향을 진작하려면, 그런 것들을 영화로부터 차단해야 한다. 여기에 미래 영화 제작자들의 막중한 과제가 있다. 영화는 훌륭한 취향을 개발하는 도구가 될 것인가? 그리하여 미국이 예술적 지식과 심미안을 갖춘 나라로 성장해갈 것인가?

결국 1941년 윌 헤이스는 프랭클린 루스벨트로부터 자신을 "미국의 가장 중요한 선동기제"의 고안자로 칭송하는 격려 편지를 받았다. 루스벨트는 할리우드가 자기 검열을 계속해나갈 것을 권고하며, "당신은 차르 같은 존재이면서도, 독재자로 불리지 않는다. 당신은 공명정대하며, 채찍을 사용하지 않고도 일을 마무리 지어 공익을 도모하기 때문"이라고 썼다. 실로 미국 영화산업의 수장들은 루스벨트와 무솔리니와 놀랄 정도로 긴밀한 관계를 맺었다.

1935년 미국 영화 제작자 및 배급자협회의 법률 자문인 찰스 페티존은 무솔리니를 만나 그 파시스트 국가에 관한 다큐멘터리 제작을 제안했다. 그는 그 영화가 완성되면, "대략 1만4,500여 곳의 미국 극장"에서 개봉됨으로써 "대략 7,000만 명의 미국인들이 이탈리아의 입장을 더 잘 이해하게 되리라고" 장담했다. 1936년 이탈리아의 관리들이 미국 영화의 수입을 막으려고 하자, 헤이스는 직접 이탈리아로 가서 무솔리니에게 미국 영화가 규정에 따라서 개혁됨으로써 이탈리아의 도덕적 가치들과 어울리게 될 것임을 납득시켰다. 그 만남 이후에 무솔리니는 매해 250편 이상의 미국 영화가 상영되도록 허가했다. 이어서 헤이스는 페티존이 미국과 이탈리아 정부 간의 비공식적인 연락책 역할을 하도록 주선했다. 1937년 페티존은 총통의 아들 비토리오 무솔리니를 만났는데, 그는 할리우드에서 로럴과 하디(미국 희극영화의 명콤비/역주), 그리고 윌 로저스를 스타로 만든 제작자 할 로치와 함께 할리우드에 제작사를 설립하려던 참이었다. '로치와 무솔리니(Roach and Mussolini)'를 줄인 RAM을 회사명으로 택한 그 제작사는 이탈리아를 홍보하는 단편 뉴스 다큐멘터리를 만들었다. 페티존은 루스벨트의 사위인 존 뵈티거에게 무솔리니의 아들이 "차분하고 겸손한 성품의, 훌륭하며 청년"이며, "이탈리아로 돌아가기 전에 진심으로 대통령을 만나고픈 소망을 밝혔다"는 내용의 편지를 썼다. 페티존의 편지는 루스벨트와 무솔리니 가계 사이에 이미 존재했던 교우관계를 언급한다. "대통령의 아들[존 루스벨트]은 이미 그의 아버지[베니토 무솔리니]를 로마에서 만났기 때문에, 대통령은 그 방문에 화답하려는 이 소년[비토리오]의 마음을 이해하리라고 생각한다." 얼마 지나지 않아 비토리오 무솔리니는 루스벨트와 백악관에서 차를 함께 마셨다.

나치와 파시스트 문화의 핵심적인 특징인 군사적 조직화는 뉴딜 기간 중에 할리우드 뮤지컬과 연방정부가 제작한 선전물의 두드러진 주제였다. 뉴딜 초기에 버스비 버클리와 워너 영화사는 노골적으로 루스벨트 행정부를 지지하는 영화를 제작해서 엄청난 흥행을 기록했다. 「1933년의 황금광들」, 「42번가」, 「각광받는 행진쇼」, 「데임」은 모두 긴밀하게 짜인 군무 장면이 들어있었고, 집단주의적 메시지를 내비치고 있었다. 버클리는 제1차 세계대전 중에 육군 장교로서 사열을 구상했던 경험이 안무가로서 성공하는 데에 최고의 훈련과정이었음을 밝히기도 했다.

군대와 관련된 이미지는 뉴딜 문화 선반에 깊이 자리집고 있었다. 예컨대 관료들은 일상적으로 질서와 기강의 확립을 말했다. 1932년 루스벨트는 선거운동 중에 "미국 경제라는 군대에 보병"을 모집하겠노라고 맹세했다. 임기가 시작되고 몇 달이 채 지나지 않아 산업 회복국은 루스벨트가 "실업에 대한 원대한 공격"이라고 부른 프로그램에 참가한 사람들에게 배지를 나누어주었다.

전투 중에 야간공격을 할 때 병사들은 형광 견장을 달아 동료 병사에게 총을 쏘는 것을 방지한다. 같은 원칙에 따라 이 프로그램을 통해서 서로 협력하는 이들 또한 단번에 서로를 인식할 수 있어야 한다. 그런 목적으로 "우리는 각자의 역할을 수행한다"라는 구호가 새겨진, 이 단순한 도안이지만 영광스러운 배지를 나눠주는 것이다. 나는 나와 함께 하는 모든 이들이 이 배지를 자랑스럽게 내보이기를 요구한다. 그런 자부심은 우리가 목표를 달성하는 데에 반드시 필요하다.

1937년에도 루스벨트는 위와 흡사한 군사적 언어를 사용하여, 의회에서 새로운 공공노동 프로그램의 필요성을 주장했다. "세 개의 탄창이 필요한 때에 두 개의 탄창만으로 여유를 부려서는 안 된다. 만약 우리가 구호와 신용대출을 중지한다면, 적이 괴멸되기 전에 탄약이 떨어진 상황에 처하게 되는 것이다. 세 번째 탄창을 갖춰야, 이 역경과의 전투에서 이길 때까지 버틸 수 있다.” 루스벨트 내각의 구성원들은 자주 그를 정복군의 수장에 견주었다. 내무부 장관 해럴드 익스는 1934년 루스벨트가 “단호한 손길로 이 격동의 상황을 장악하여 질서를 회복했다”고 말했다.

여기 오랫동안 고대해왔던 지도자가 마침내 등장했다는 것이 나의 판단이다. 이 지도자가 더 나은 새로운 질서를 향한 대약진의 행보를 거치면서 세계에서 가장 강력한 통치자의 자리를 차지한 것은 기적 중의 기적이다. 국민들의 강한 신뢰와 솔직한 애정으로 보호받고 있기 때문에 그는 실패하지 않을 것이다. 우리가 그를 저지하지 않는다면 말이다. 그는 올바른 방향으로 항해하는 튼튼한 배의 선장이다. 우호적인 바람이 불어준다면, 그는 안전하게 우리를 더 아름다운 땅으로 인도할 것이다.

워싱턴 D.C.와 독일의 다수 도시들은 뉴딜 시기와 나치즘 집권 중에 새롭게 바뀌었다. 히틀러의 건축가들은 나치 건축의 특징을 확연히 드러내는 건물을 설계했다. 바로 올림픽 스타디움, 신제국 청사, 템펠호프 공항, 항공부, 베를린의 일본 대사관, 독일 아트 하우스 등이 그런 건물들이다. 히틀러는 자신이 가장 신뢰한 건축가 알베르트 슈페어와 협의하여 베를린을 완전히 새롭게 바꾸고자 했다. 그 구상에는 거대한 돔을 올린 대연회장과 신청사를 3마일의 대로로 연결하는 것도 포함되어 있었다. 이 건물들의 건축을 계획하면서, 나치 건축가들은 ‘폐허로서의 가치(ruin value)’라는 이론에 따랐다. 그 이론은 새로운 건물들은 수천 년이 지나도 압도적인 폐허로 남아 제3제국의 위대함을 증언하도록 설계되어야 한다는 것이었다. 이런 이론은 고대 그리스와 로마의 건축양식을 본뜬 기념비적인 석조 구조물을 통해서 실현되었다. 루스벨트 행정부가 현대 워싱턴의 외양을 규정하는 건물들의 설계를 의뢰한 건축가들도 기념비적인 것에 대한 추구와 신고전주의적인 양식을 선호했다. 연방 삼각지대(Federal Triangle : 백악관 동쪽 연방정부의 청사들이 밀집해 있는 삼각형 모양의 관청가/역주), 국립 갤러리, 국립 문서고, 연방 대법원 건물, 국무부의 펜타곤, 법무부 건물과 제퍼슨 기념관이 그런 특징을 보여준다. 건축사가인 토머스 S. 하인스는 유럽과 미국 양쪽에서 그런 현상이 나타난 것에 주목했다. "장대한 것을 선호하는 루스벨트의 건축 취향은 보수적이었으며, 이탈리아와 독일의 독재자의 취향과 그리 다르지 않았다." 특히 놀라운 것은 알베르트 슈페어와, 루스벨트가 가장 신호했던 건축가 제임스 러셀 포프 간의 유사성이었다. 하인스는 역사가들이 "포프의 건축과 독일의 건축가 알베르트 슈페어가 설계한 건물이 종종 유사성을 보인다는 것을 인식하고, 둘 사이의 형식적, 문화적 비교 연구를 하기 시작했다"고 본다. 또 한 명의 건축사가인 존 W. 렙스는 "원래는 전제군주들과 황제들의 영예를 과시하기 위해서 고안된 건축양식이 민주적 평등을 이념적 기초로 하는 나라의 국가적 상징으로 활용되었다"는 사실에서 "굉장한 아이러니"를 보았다.

확실히 뉴딜과 나치즘 사이에는 명백한 차이가 있었다. 미국에서는 '인종적 순결성'이라는 미명 아래 유대인, 집시, 장애자, 공산당원, 그리고 동성애자들에 대한 대량학살이 일어나지 않았다. 그러나 미국에서도 그 나름의 인종 정화작업은 시도되었는데, 바로 유대인들 자신이 자기 민족을 대상으로 그 같은 일을 벌였다.

뉴딜 전에는 유대인 영웅들이 영화 관객들의 시선을 사로잡았다. 유대인과 비유대인 감독 모두 동유럽의 유대인 촌과 뉴욕의 로어 이스트 사이드를 배경으로 한 이야기를 들려주었다. 미국의 영화 관객들은 극장에서 랍비, 성가대원, 그리고 이디시어를 말하는 영웅들을 보았다. 베라 고든, 몰리 피콘, 에디 캔터, 패니 브라이스, 앨 졸슨, 그리고 막스 형제 같은, 전형적인 유대인 이름의 영화 스타들이 코헨이나 골드버그, 루벤스, 페인바움이나 라비노비츠 같은 역시 유대인임이 명백한 인물들을 연기했다. 와스프이자 인종주의자인 감독 중에서도 가장 유명했던 D. W. 그리피스조차 어머니가 죽은 후에 힘겨운 인생을 사는, 로어 이스트 사이드의 한 젊은 여성 재봉사에 관한 감상적인 영화를 만들었다. 영화계에서 유대인들이 전성기를 누렸던 때가 미국에서 반유대주의가 절정에 달했던 1920년대라는 것은 주목할 만하다. 1920년대에는 400만 명 이상의 사람이 KKK단에 가입했으며, '국제적인 유대인'을 경계하는 책과 신문이 수백만 부씩 팔려나갔고, 동유럽으로부터의 이민은 금지되었다. 필라델피아에 살던 일군의 유대인 영화감독들은 이런 사회 분위기에 대응하여 의식적으로 유대인들의 일상적인 삶을 소재로 하는 영화를 더 많이 제작했다. 더욱 주목할 것은, 공황이 유대인들 탓이라는 생각이 널리 퍼져 잔혹한 반-유대주의가 팽배해진 가운데서도 유대인과 비유대인 간의 결혼을 축복하는 할리우드 영화 몇 편이 대단한 성공을 거두었다는 사실이다. 엄청난 흥행작인 「애비의 아일랜드 장미」(1928)를 필두로, 유니버설 영화사가 대공황 초기에 제작한 "코헨 가와 켈리 가"라는 7편의 코미디 시리즈는 한 유대인 여성과 아일랜드계 가톨릭 남성의 결혼 이야기를 다루었다.

뉴딜이 시행되자, 유대인들은 미국 영화산업의 대부분을 장악했다. 1930년대 할리우드 대형 영화사 8개 중 7개가 전적으로 유대인 이민자의 소유였다. 1936년의 한 연구에 따르면 제작부문에 종사하는 영화사 직원 중 62퍼센트가 유대인이었다. 그러나 이 유대인들은 과거 선배들과는 달랐다. 예컨대 그들은 골프와 폴로를 즐겼다. MGM의 사장 루이스 메이어는 러시아에서 이민을 오던 중에 출생기록을 잃어버렸는데, 7월 4일을 자신의 생일로 정했다. 컬럼비아 영화사의 해리 콘은 유대인을 조롱하는 농담을 즐겼고, 유대인 구호기금에 기부하라는 부탁을 받자, "유대인을 구호하다니! 차라리 유대인으로부터의 구호가 어떨까?"라고 고함쳤다. 모든 할리우드의 유대인 거물들은 성대한 크리스마스 파티를 열었고, 유대교 회당에는 거의 가지 않았으며, 유월절과 신년제(Rosh Hashnanh), 속죄일(Yom Kippur) 같은 유대교 명절에도 일했다. 그들은 유대교 율법이 규정하는(Kosher) 식사법도 조롱했다.

영화사가 닐 개블러는 『그들만의 제국 : 유대인들은 어떻게 할리우드를 발명했는가(*An Empire of Their Own: How the Jews Invented Hollywood*)』라는 저서에서 1930년대 할리우드 유대인들의 작업을 문화적 홀로코스트로 묘사한다. "무엇보다도 그들은 유대인이 아니라 미국인으로 인식되고자 했다. 그들은 자신들을 새로운 인간으로 재창조하기를 원했다." 물론 이민자들의 동화노력이 새로운 현상은 아니었다. "그러나 무엇인가가 이 젊은 할리우드의 유대인들을 맹렬하게, 심지어는 병적인 열정으로 미국을 받아들이도록 내몰았다. 그들은 미국에 정착하기 전 자신들의 존재는 그 무엇이든 부정하려고 했다." 할리우드를 통제했던 유대인들은 "너무나 철저하고 가차 없는 동화과정에 착수하여 자신들이 해석한 미국적 품위라는 모델에 자신들의 삶을 맞춰나갔다. 예컨대, 그들은 자신들의 과거와 전쟁을 벌였다."

뉴딜 기간 동안 할리우드 영화는 역사가 게리 거슬이 "인종 청소"라고 명명한 작업을 수행했다. 그 결과 유대인은 미국 문화에서 지워졌다. 영화사가 퍼트리샤 이렌스는 『미국 영화 속 유대인(*The Jew in the American Cinema*)』이라는 저서에서 "1930년대 영화의 지배적 경향은 인종적, 문화적 차이를 억압하고 거대한 '용광로'의 최종 결과물인 평균적 미국인의 제시였다"고 썼다. "할리우드에서 '평균적인 미국인'이란 와스프였다. 따라서 1930년대 동안에 눈에 띄게 유대인적인 특성을 보이던 인물은 은막에서 사라지다시피 했다." 헤이스 오피스는 유대인 혹은 유대인적인 같은 단어의 사용과 유대교의 종교적 관습에 대한 언급도 금지했다. 유럽이 배경인 영화에서 유대인들은 '비-아라아족'으로 불렸는데, 그것은 바로 나치의 용어였다. 영화사의 임원들은 유대인 배우들에게 이름을 '미국화'하도록 강제했다. 그래서 엠마누엘 골든버그는 에드워드 G. 로빈슨, 베티 퍼스크는 로렌 바콜, 데이비드 카민스키는 대니 케이, 버나드 슈바르츠는 토니 커티스, 이수르 다니엘로비치 뎀스키는

미국인을 대표하는 각진 턱의 커크 더글러스가 되었다. 이디시어 연극에서
따온 이야기는 게토가 아닌 곳을 배경으로 비유대인 배우를 등장시켜서 영화
로 만들어졌다. 레오 프랭크 사건을 다룬 「그들은 잊지 않아」(1937)나 드레
퓌스 사건에 관한 「에밀 졸라의 삶」(1937) 같은 영화가 잘 보여주듯이 유명
한 실화들에 바탕을 둔, 반-유대주의 영화에서도 비유대인 배우가 유대인
희생자 역할을 연기했다.

　인종적 순수성은 뉴딜 문화의 눈에 띄는 요소였다. 우월한 인간의 생식은
장려하되 열등한 인간의 생식은 억제함으로써 인류가 완벽해질 수 있고, 또
그래야만 한다는 믿음에 바탕을 둔 우생학은 흔히 나치 정권과 연관된다. 그
러나 나치는 우생학에 관한 지식의 대부분을 미국인으로부터 배웠다. 루스벨
트 행정부는 나치처럼 결코 공식적으로 우생학을 장려하지는 않았다. 그러나
그 행정부를 주도했던 이들이 우생학의 원칙을 소개했으며, 뉴딜은 미국에서
우생학의 영향력이 정점에 달했을 때 출현했다. 1930년대 중반 41개 주에서
'정신 미약자'나 정신 질환자의 결혼을 금지시켰고, 30개 주는 우생학적인
거세를 허용했다. 앨라배마 주의 경우 주가 정신 미약자로 판정한 사람들은
강제로 불임수술을 당했다. 캘리포니아 주에서는 "상습적인 범죄자"와 "백
치" 및 "정신 지체자"는 법률에 의해서 강제로 불임수술을 받아야 했다. 코네
티컷 주정부는 "상습적인 범죄성향을 물려받은 사람들"을 거세시켰다. 그 밖
에 14개 주에서는 간질 환자에게도 동일한 법적 조치가 적용되었다. 노스다
코타, 오리건, 워싱턴 주에서는 "도덕이 퇴화한 자"와 "성적 변태"가 거세되
었다.

　『수치의 유전 : 미국에서의 우생학과 인종주의 이야기(*Inheriting Shame:
The Story of Eugenics and Racism in America*)』의 저자인 역사가 스티븐 셀던
에 따르면, "우생학 이데올로기는 1920년대와 1930년대 미국 대중문화에 깊
이 자리하고 있었다." 「검은 황새」 같은 영화는 거세를 '처신이 올바르지 못

한' 여성에게 합당한 것으로 그렸다. 많은 목회자들이 신자들에게 유전적으로 우수한 사람들은 열등한 집단에 속한 사람과 결혼하지 않도록 조심해야 한다고 가르쳤다. 미국 전역에서 개최되는 주 박람회에는 무료 우생학 검사를 제공하는 '더 적합한 가족' 홍보실이 마련되어 있었다. 낮은 점수를 받은 사람들은 자신들이 "다른 사람들에게 짐이 되는" 미국인에 속할 수도 있다는 경고를 받았다. 높은 점수를 기록한 사람들은 "예, 나는 우수함을 타고났다"라고 새겨진 메달을 받았다. 1930년내 대개의 고등학교 과학 교과서에는 우생학에 대한 장이 포함되어 있었는데, 그 장은 '적합한' 인종과 '적합하지 않은' 인종의 개념과 미국 문화를 유지하는 데에 적합하지 않은 인종을 거세할 필요에 대한 내용을 소개했다. 하버드와 컬럼비아, 코넬과 브라운 대학교를 위시하여 우생학 강좌를 제공하는 대학도 수백여 곳에 이르렀다.

미국의 우생학과 뉴딜은 모두 혁신주의의 산물이었다. 후에 루스벨트 행정부가 받아들이고 또 발전시켜나간 다수의 원칙과 정책들을 확립한 혁신주의자들의 상당수, 즉 마거릿 생어, 데이비드 스타 조던, 로버트 레이섬 오웰, 윌리엄 앨런 윌슨, 해리 에머슨 포스딕, 로버트 라투 디킨슨, 캐서린 베먼트 데이비스, 버지니아 길더슬리브, 그리고 렉스터드 터그웰의 스승이었던 사이먼 패튼과 스콧 니어링은 우생학 운동에 깊이 관여했다. 그들은 우생학에서 사회적 기획에 대한 자신들의 사명을 침실과 분만실에까지 확장하고, 또 인구를 수정단계에서부터 통제할 수 있는 수단을 발견했다. 가장 영향력이 컸던 미국의 우생학자 폴 포피노는 '사회적 위생'을 위한 혁신주의 운동의 지도자 중 한 명이었다. 제2차 세계대전 중에 포피노는 미국 육군 위생연대의 대위로 복무하며 음주와 같은 악덕을 규제하고자 했는데, 그런 목표는 바로 혁신주의의 대표적인 의제였다. 전후에 포피노는 연구와 홍보활동을 위해서 캘리포니아를 우생학적 거세를 선도하는 주로 만들었다. 『인간 개량을 위한 거세(*Sterilization for Human Betterment*)』라는 그의 저서는 나치 정부가 독일어로 번역한 최초의 미국 책들 중 한 권이었으며, 나치의 '인종 위생' 이론가들은 자신들의 거세 프로그램을 정당화할 때 그 책을 널리 인용했다. 1934년 포피노는 "인간 사회의 생물학적 원칙 위에 인류의 생물학적 재생의 희망"을 단단히 자리잡게 했다며, 히틀러를 칭송했다. 미국의 우생학자들은 보다 영향력이 컸던 독일의 동료들에게 부러움을 표하기도 했다. 예컨대 버지니아 주 웨스턴 주립병원의 책임자인 의사 조지프 S. 데자네트는 1938년에 다음과 같이 썼다.

독일에서는 지난 6년간 부적합한 국민 8만 명을 거세시킨 반면, 인구가 대략 독일의 두 배인 미국에서는 1938년 1월까지 지난 20년간 고작 2만 7,869명을 거세시켰을 뿐이다. ……미국에 1,200만 명의 결함 있는 인간이 있다는 사실은 이 조치를 최대한 밀어붙이겠다는 열정을 불러일으켜야 옳다.

그러나 데자네트는 미국 역사의 다른 어떤 시기보다도 뉴딜 기간 중에 더 많은 거세가 이루어졌다는 사실에서 위안을 얻을 수 있었다. 미국 우생학 운동에 관한 권위자인 대니얼 케블스에 따르면, "1920년대 내내 미국 전체의 거세율은 매해 인구 10만 명당 2명에서 4명 사이"를 오갔다. "1930년대 중반에는 그 비율이 15명으로 급증했고, 1930년대 말에는 20명까지 증가했다. ……게다가 1932년부터 1941년까지 거세는 그 어느 때보다 많은 주에서 단지 입법화만 되었던 것이 아니라, 실제로 시행되었다."

1940년 미국의 대표적인 우생학 운동단체인 파이오니어 기금은 루스벨트 행정부의 전쟁부 장관인 해리 H. 우드링의 협조로 인간 종을 개선하는 실험에 착수했다. 이 단체는 유전적으로 월등하다고 여겨지는 집단인, 최소 자녀가 셋 이상인 미군 항공대 장교들에게 새로 아이를 낳으면 교육비로, 중산층 가정의 평균 연봉에 해당하는 4,000달러를 지원해주었다. (공군의 전신인) 항공대는 그 프로그램을 장교들에게 권장하고, 파이오니어 기금에 부모, 인종, 종교에 관한 정보를 포함하는 광범위한 인적 자료를 제공했다. 전쟁이 발발하면서 그 실험은 종결되었는데, 그 전에 12명의 아이들이 4,000달러의 장학금을 받았다.

제2차 세계대전은 당대의 다수 관측자들과 현재의 역사가들에게 파시즘과 미국적인 삶의 방식 간의 근본적인 대립관계를 증언하는 것처럼 보였다. 많은 이들은 그 전쟁을, 특히 뉴딜의 진보적인 삶의 방식이 파시즘과 적대적이라는 증거로 받아들였다. 다수의 공화당원들을 위시한 뉴딜의 적들이 파시즘에 대항한 해외에서의 전쟁에 반대했음에도 불구하고, 결국 루스벨트는 미국을 이끌고 독일, 이탈리아, 일본에 대항해 싸웠다. 40만 명 이상의 미국인이 그 전쟁에서 목숨을 잃었지만, 루스벨트 행정부는 파시스트 정권에 확실히 패배를 안겨줌으로써, 그들을 말살시켰다. 그러나 둘 사이의 유사성은 뉴딜과 파시즘이 이념이나 가치, 혹은 삶의 방식을 두고 전쟁을 벌인 것이 아니라고 시사한다. 오히려 그 전쟁은 세계 가족의 지배권을 두고 벌인, 형제간의 투쟁으로 보인다.

12

제2차 세계대전은 과연 얼마나 인기가 있었는가?

텔레비전 저널리스트이자 작가인 톰 브로코가 말한 것처럼 제2차 세계대전을 경험한 사람들이 '위대한 세대'일 수도 있겠지만, 그 세대는 실상 우리가 믿도록 유도된 것보다는 전시체제에 훨씬 덜 적극적이었다. 더 나아가 당시 많은 이들은 미국 역사상 가장 애국적이라고 간주되는 그 시대에 전시 동원에 저항하며, 놀랍도록 반항적인 문화를 꽃피웠다.

대다수의 신체 건강한 남성들이 대의를 위해서 자원입대했던 여타 전쟁과는 달리, 제2차 세계대전 당시 대부분의 미국인들은 입대하라는 정부와 사회의 요란하고 꾸준한 홍보에도 불구에도, 시민권이 요구하는 최종적인 희생을 감수하려는 적극성이 낮았다. 참전한 미군 병사들의 3분의 2 정도가 징집되었는데, 그 사실만으로도 이미 싸우려는 미국인의 의지가 강하지 않았다는 것을 알 수 있다.

진주만 공습 이전에도 루스벨트 행정부는 미국이 유럽의 전선, 혹은 태평양에서 일본의 전진을 제지하는 새로운 전선에 참전하기를 고대했다. 그러나 미국 정부는 미국인들의 참전 의지에 대해서 비관적이었기 때문에 일단 1940년 의회를 압박해 미국 최초의 평화 시기 징집법안을 통과시켰다. 1940년 루스벨트의 서명으로 발효된 선택적 훈련 및 복무법은 21세에서 35세까지의 남성이 해당 지역의 징집위원회에 등록하는 것을 의무화했다. 대통령은 이

징집안이 "국가 방위의 주춧돌"이라며 열광적으로 환영했다. 그러나 진주만 공습이 있고 얼마 지나지 않은 1941년 12월 7일 승전에 필요한 만큼의 인원이 자원하지 않았고, 게다가 자원한 사람들 중 다수는 전투에 적합하지 않다는 사실이 분명해졌다. 그래서 1942년 12월 5일 루스벨트는 자원입대를 끝내는 행정명령을 발효했다. 그때부터 종전 때까지 전시인력 관리위원회가 매달 평균 20만 명의 강제징집을 감독했다. 약 1,000만 명의 미국인들이 그 '훌륭한 전쟁'에 강제로 동원되었다. 역사가 C. 포그에 따르면, "제2차 세계대진에서 승리한, 대규모의 육해군 병력의 조성을 가능하게 한 것은······바로 1940년에 시행된 선택적 훈련 및 복무법이었다."

정부는 징집을 거부하면 처벌을 받으리라는 점을 명백히 했다. 실제로 징집되었으나 복무를 거부하거나, 징집위원회에 등록하지 않아서 6,000여 명이 복역하거나 강제노역을 했다. 1940년 의회는 평화 시에라도 국방의 의무를 거부하도록 유도하는 어떠한 내용이라도 쓰거나 말하는 것을 불법화한 스미스 법(Smith Act)까지 통과시켰다.

일부 역사서는 제2차 세계대전 중 아프리카계 미국인들의 미군에 대한 기여를 칭송하지만, 저자들은 그들이 범죄자여서 강제로 징집된 인원의 35퍼센트를 차지하며, 징집기피로 구속된 인원의 18퍼센트 이상이 흑인이라는 사실은 언급하지 않는다. 이런 상황은 전미 흑인지위 향상협회와 도시연맹, 그리고 흑인 신문들의 이른바 '이중의 승리'에 대한 열정적인 홍보 노력에도 불구하고 빚어진 것이다. 이중의 승리란 추축국(Axis)과의 전쟁이 미국 내의 인종주의에 대한 전쟁만큼 중요하다는 뜻을 담은 표현이었다.

아프리카계 미국인들이 그 전쟁을 자신들의 것으로 느끼지 않았다는 증거는 많다. 전쟁 중에 군에 복무했던 흑인들 중 압도적인 다수라고 할 70만 명은 징집되었다. 상당수의 흑인들이 징집을 피하기 위해서 정신 질환자나 심각한 질병을 앓는 환자로 위장했다는 이야기가 많은 것도 그 증거가 되겠다. 마약을 구하기 쉬운 도시에서는 많은 흑인들이 징병 센터에서 신체검사를 받기 전에 심장이 기능 이상인 것처럼 들리게 하는 암페타민을 먹고 신체 부적격 판정을 받았다. 예컨대 젊은 맬컴 X도 지역의 징집위원회가 자신이 정신적으로, 또 정치적으로 군복무에 부적격한 사람으로 믿게 했다.

당시 세상에는 나를 겁나게 하는 것이 딱 세 가지 있었다. 바로 감옥과 일, 그리고 군대였다. 징집위원회에 가야 하는 날짜가 열흘 앞으로 다가왔을 때, 나는 곧장 작업에 착수했다. 육군 정보대원들, 즉 민간인 복장을 한 흑인 스파이들이 할렘에서 백인들이 무슨 얘기를 하는지 귀를 세우고 있었다. 나는 정확히 어디에서 말을 흘려야 할지를 알고 있었다. 나는 일본군에 입대하고 싶어 미치겠다고 시끄럽게 떠들기 시작했다. 스파이들이 내가 하는 말을 듣고 있다는 느낌이 들자, 나는 약에 취해 미친 것처럼 떠들었다. ……징집위원회에 가던 날 나는 배우처럼 옷을 입었다. 나는 주트 수트(zoot suit)를 갖춰 입고, 끈을 묶는 끝이 뾰족한 구두를 신었으며, 머리는 붉게 염색해서 위로 뻗치게 했다. 발끝으로 폴짝폴짝 뛰면서 건물로 들어가 접수석에 있던 백인 병사에게 어수선한 인사를 던졌다. "오, 미쳐, 여보쇼, 날 빨리 보내줘, 어서 저 갈색 문으로 들어가고 싶다니까." 아니나 다를까 그 병사는 내가 말하는 것을 듣고 혼이 빠졌다. ……내가 쉬지 않고 흑인 속어로만 떠들어대자, 방 안은 완전히 침묵에 빠졌다. ……곧 나는 속옷만 입은 채로 신체검사실에 서서 너무나 입대하고 싶다는 말을 했지만, 흰 가운을 걸친 군의관들의 눈에 복무 부적격 판정이 스쳐지나갔다. ……흰 가운 중 한 명이 나를 데리고 복도를 거쳐 어디론가 갔다. 나를 군 정신의에게로 데려가는 중이라는 것을 알 수 있었다. ……나는 그 정신과 의사에게 이 말만은 하고 싶다. 그는 객관적이고 전문적인 자세를 견지하고자 했다. 그는 앉아서 파란색 연필을 책상에 두들기며 내가 3-4분간 떠드는 것을 듣고 있었다. ……나는 갑자기 벌떡 일어나 두 문, 즉 내가 들어왔던 문과 벽장문 밑을 살폈다. 그런 후에 나는 고개를 숙여 그에게 속삭였다. "이제 우리 둘뿐이군. 여보쇼, 우리는 저 북쪽에서 왔는데, 아무에게도 말하지 마쇼. ……난 남쪽으로 파견된 거야, 흑인 병사들을 조직하라고 말이지. 우리는 총을 훔쳐서 그 놈들[백인들]을 죽여버릴 거야." 그 의사는 연필을 떨어뜨렸고, 전문가적인 솜씨로 순식간에 자신의 마음을 감췄다. 그는 마치 부화하는 뱀 새끼인 양 나를 쳐다보면서, 빨간 연필을 찾았다. 나는 의사를 속였다는 것을 알았다. 그가 "끝났습니다"라고 말했다. 면제 통지서가 우편으로 왔고, 나는 이후로 군으로부터 아무 소식도 들을 수 없었지만, 내가 왜 면제되었는지 궁금하지도 않았다.

비슷한 방식으로 비밥 재즈의 선구자인 존 '디지' 길레스피도 징병 장교에게 비슷한 생각을 털어놓음으로써 면제 판정을 받았다.

보쇼, 여기 미국에서 지금 누가 나를 엿 먹이고 있겠소? 백인들이 줄곧 나를 엿 먹였고, 점점 더 심하게 그래왔어. ……지금 적을 얘기하는데, 독일인이 그 적이라지. 지금까지 난 독일인은 만난 적도 없어. 그러니 내 손에 총을 쥐어주고 그 적들을 죽이라고 한다면, 총을 쏴야 할 때 '편을 바꿀지도' 몰라.

수천수만 명의 흑인과 멕시코계 청년들은 시민권에 대한 무관심을 선언하며 주트 수트 스타일을 선택했는데, 많은 백인들에게 그런 스타일은 적절한 품위를 결여한 요란한 것으로 간주되었다. 또 그런 스타일을 따르는 이들은 전시체제에 협조하기보다는 즐기는 데에 더 관심이 많은, 비애국적인 게으름뱅이들로 불렸다. 대체로 이런 평가는 옳다고 보아야 할 것이다. 미국 전시생산 위원회는 과하게 옷감이 사용된 의복을 불법으로 규정했기 때문에 주트 수트의 헐렁한 바지와 과장되게 강조한 어깨, 그리고 챙이 넓은 모자는 확실히 비애국적이었다. 주트 수트를 입은 이들 중 다수는 폭력조직에 속해 있었고. 그들 모두는 당시 유행하던 스윙 댄스에 깊이 몰두했으며, 널리 알려진 것처럼 징집 기피자이기도 했다. 주트 수트를 입고 다니던 한 남성은 다음과 같은 문장이 담긴 편지를 경찰과 징집위원회에 보냈다.

나를 내버려둬라,
내 이런 생각을 너희에게 전하는 바이니
내 삶을 방해할 생각은 마라.

1943년 6월 초 로스앤젤레스의 지역 신문들은 멕시코계 미국인들이 일군의 백인 선원들을 폭행한 사건을 크게 보도했다. 그 보도가 나가자, 수천 명의 해병대원과 선원들, 병사들과 일반인들이 멕시코계 미국인들의 거주지역으로 몰려가 주트 수트를 입은 이들을 공격해서 옷을 벗기고, 장발을 자르며 공포 분위기를 조성했다. 죽은 사람은 없었지만 100명 이상이 폭력의 피해자가 되었다.

이전의 인종적 분노가 아프리카계 미국인들을 겨냥했다면, 전시 중에는 상당 정도로 그 대상이 일본인으로 바뀌었다. 일본인들이 기만적이고, 잔인하며, 냉혈한 종족이라는 말은 통념이 되었다. 반-일본적 인종주의의 확산과 더불어, 당시 미국에 거주하던 일본인이 12만7,000명밖에 되지 않았기 때문에, 연방정부는 비교적 수월하게 국가안보에 대한 국내적 위협으로 간주된 집단에 대해서 적극적인 조치를 취할 수 있었다. 다수의 국무부 인사들은 하와이에 거주하는 일본인들이 진주만 공습을 계획하는 데에 협조했고, 캘리포니아 주의 일본인들도 일본군의 미국 침략에 공모했다고 믿었다. 1942년 2월 루스벨트는 민간인 격리령이라고 칭한 행정명령을 발효하여 미국에 거주하는 모두 일본계 인구를, 심지어는 미국에서 태어난 사람들까지도 이른바 이주수용소에 격리시키는 것을 허가했다. 이어서 루스벨트는 또 하나의 행정명령을 발효해서 그 계획을 관장할 전시 이주청을 설립했다.

실제로 많은 일본계 미국인이 미국에 충성을 바치지 않았다. 전쟁이 발발하기 직전 1만 명 이상의 일본계 미국인은 일본 육군에 기부금을 바치는, 일본 군인연맹에 가입해 있었고, 5,000명에 가까운 사람들이 미국에 대한 협조 거부를 결의한 제국동지회의 회원이었다. 군인연맹의 정관은 "언제가 되었든 일본 정부가 군사작전을 시작하면 우리 일본인들은 단결해서 각자의 역할을 해야 한다"고 선언했다. 두 조직의 모임은 일본 국가(國歌)의 제창으로 시작되었으며 "천황과 국가, 종족, 후손"에 대한 충성선언으로 끝났다. 로스앤젤레스 근처 가드나 밸리에서 있었던 연맹 모임에서 회원들은 "유사 이래 가장 드높이 국가적 자긍심을 고취하고, 일본 신민의 총체적인 동원을 떠받치는 근본 원칙을 실천하며, 미래에 맞닥뜨릴 많은 난관들에 저항할 힘을 기르고, 이민 1세대와 2세대 모두 그리고 일본인 조상을 둔 사람이라면 누구든지 최선을 다해 전쟁비용을 부조하라"는 말을 들었다. "지금은 일본인의 피가 흐르는 사람 모두에게서 일본의 민족혼을 일깨워야 할 때이다. 우리는 바야흐로 가드나 밸리의 모든 일본인들이 떨쳐 일어날 것을 호소한다." 두 단체의 회원을 합치면 일본계 미국인 인구의 12퍼센트를 넘었다.

여타 일본계 미국인 단체들도 마찬가지로 고국에 대한 충성을 장려했다. 검도호국협회의 회원들은 일본군 전역자들이었고, 도고 회(東鄕會 : 러일전쟁 당시 혁혁한 전공을 세운 도고 헤이하치로를 기리는 모임/역주)는 일본 해군을 위해서 모금했다. 더 나아가 역사가 존 스테판에 따르면, 하와이에 거주하던 일본계 주민들이 1937년과 1939년 사이 300만 엔(90만 달러, 현재 가치로는 1,200만 달러)의 제국 전쟁공채를 매입했으며, 120만 엔(35만 달러, 현재 가치로는 400만 달러)을 일본 국방성과 병사 구호기금에 기부했다. 하와이에 거주하는 일본계 미국인의 1인당 방위기금 기부액은 본토 인구보다 더 많았다. 캘리포니아 주의 일본어 신문은 전시의 검열로 인해서 폐간될 때까지 열렬하게 친일본적이었다. 진주만 공습이 있기 몇 달 전에 샌프란시스코의 「신태양(*New World Sun*)」은 캘리포니아의 일본인들이 "한마음으로 조국의 부름에 응답할 준비가 되어야 하며, 또 교포사회를 통일해서 하나의 혼으로 뭉쳐야 한다"고 선포했다. 하와이의 일본어 신문들은 제국군대를 "우리 군대"로, 일본의 전투기 조종사를 "우리의 성난 독수리"로 칭했다. 역사가 스테판은 일본계 신문에서 영어로 쓰인 부분의 내용과 어조는 일본어로 쓰인 부분과 몹시 달랐다고 지적했다. "영어 지면에서 나타나는 일본에 대한 태도는 상대적으로 초연했다. 그러나 일본어 부분에서는 [친일본적인] 애국적 수사가 진동했다." 하와이와 캘리포니아 전역에 걸쳐 불교 사원의 제단 위에는 "이제 매일 아침 천황을 공경하자"라는 가르침이 쓰여 있었다.

실제로 거의 모든 일본계 미국인 아이들은 일본어 학교에 다녔는데, 아이들은 일본어뿐만 아니라 초밥 만드는 법과 접지술(接紙術, origami), 그리고 스모를 배웠으며, 천황을 공경해야 한다는 가르침을 들었다. 일본계 학교를 다녔지만 후에 미국의 상원의원이 된 대니얼 이노우에는 교사들의 강렬한 민족주의적 훈시에 대해서 다음과 같이 회고했다.

윤리와 일본사를 가르쳤던 승려는 매일 수업시간마다 천황의 신권이라는 결론을 이끌어냈다. ……그는 짧게 깎아 위협적인 머리를 우리 쪽으로 기울이고는 엄중하게 선언했다. "어떤 운명의 장난으로 너희들은 고국에서 멀리 떠나서 살게 되었지만, 충성을 어디에 바쳐야 할지 추호의 망설임도 없어야 한다. 고국이 부르면 너희의 혈관에 흐르는 것이 일본의 피라는 것을 잊지 말아야 한다."

일본계 학교에 대한 다른 증언은 그곳의 일과가 교사가 학생들을 "작은 군인들처럼 꼼짝 않고 대열을 세우는 것"으로 시작했다고 말해준다. "그런 후에 교사들은 천황이나 유명한 해군 제독의 사진을 높이 치켜올리는데, 학생들은 양손을 들어 만세를 외치며 공경을 표했다." 일본계 학교에서 사용되는 교과서는 일본의 교육부가 제공한 것이었다. 한 중학교 교과서에는 "우리는 결코, 단 한 순간도 우리가 일본인이라는 사실을 잊어서는 안 된다"고 쓰여 있었다. 역사가 페이지 스미스는 일본계 학교를 "실질적인 일본 민족주의의 조직"이라고 평했다. 진주만 공습 당시 하와이에서는 3만9,000명의 이민 2세가, 캘리포니아에서는 1만8,000명의 이민 2세가 일본어 학교에 다니고 있었다. 전시 중에 실제로 수천 명의 일본계 미국 시민들이 조국의 부름에 응해서, 제국군대에 입대했다.*

위의 내용은 일본계 미국인의 수용소 감금에 대한 옹호가 아니다. 마찬가지로 이 책의 의도가 이런 자료를 공개한 다수의 보수주의자들이 그랬던 것처럼 소수인종에 관한 자료수집과 반-이민 조치를 지지하려는 것도 아니다. 이 내용은 그저 우리가 믿도록 유도되었던 것보다 미국의 단결 정도가 훨씬 더 낮았다는 주장의 근거일 뿐이다.**

아마도 국내 전선에서 가장 중요한 전투는 생산현장에서의 전투, 더 정확히 말하면 노동자들이 일하도록 강제하는 전쟁이었을 것이다. 톰 브로코는

---

* 전시에 일본군에 입대한 이민 2세의 수는 일본 정부의 공식 집계치인 1,648명에서 7,000명까지, 그 추정치의 범위가 넓다. 이 추정치에는 미국에 남아 제국군대에 협조한 스파이와 동원 거부자는 포함되어 있지 않다.

** 몇몇 학자들은 미셸 몰킨이 미국에 존재했던 일본 첩보망에 대한 주장을 뒷받침하기 위해서 일본 외교부의 통신내용을 가로채서 확보한, "마술(MAGIC)의 전문(電文)"으로 불리는 증거문서의 해석방식에 이의를 제기한다(『감금의 옹호 : 제1, 2차 세계대전에서의 인종별 프로파일링에 대한 변호[In Defence of Internment: The Case for Racial Profiling in World War II and the War on Terror]』). 그들은 그 전문에 첩보망의 존재를 명확히 뒷받침하는 내용이 담겨 있지 않다고 주장한다. 그러나 그 학자들도 이 책에 제시된, 일본계 미국인이 일본에 충성했다는 주장은 반박하지 못할 것이다.

리벳 공 로지와 채소를 자급하기 위한 뜰안 텃밭(victory garden), 전쟁공채 등에 대해서 말했지만 우리는 군수공장에서 파업에 동참했던 노동자들의 존재에 대해서는 들은 바가 없다. 이기적이고, 비애국적이며, 반역적이기까지 한 그런 존재들에 대해서 말이다.

인플레이션을 막기 위해서 전시에 설립된 물가관리국의 전시생산 위원회는 대부분의 산업부문에서 임금을 엄격하게 제한했다. 노동에 대한 수요가 높았기 때문에 그런 통제정책이 없었다면, 노동자들은 더 높은 임금을 받았을 것이다. 그 밖에도 의무잔업을 포함한, 전시체제하에서의 엄격한 기강 때문에 전쟁 중에 1만4,000건 이상의 파업이 발생했고, 600만 명 이상이 여기에 참여했다. 노조 지도자들의 무파업 서약에도 불구하고 다수의 파업은 주로 군수부문에서 발생했다. 대부분의 파업은 노조의 승인 없이 이루어졌기 때문에 파업 노동자들을 처벌하는 '비공인(wildcat)'의 형태를 띠었다. 승인받지 못한 노동 거부는 대개 작업의 가속화나 의무잔업의 강요, 감독들의 징벌적 조치에 대한 대응이었다. 전시에 빈번했던 파업은 미국인들이 전쟁의 승리를 위해서 희생을 감수하려는 마음이 크지 않았다는 것을 보여주는 또 하나의 사례이다. 군수산업에서 파업을 일으킨 노동자들은 자신의 이익을 전시 중의 국가 이익보다 소중히 여겼다는 이유로 비애국적이라는 비난을 들었다. 대체로 그 비난은 옳았다고 할 것이다.

또한 제2차 세계대전은 전혀 의도되지 않은, 아이러니한 두 가지 상황을 통해서 대규모의 반항자 집단의 형성을 도왔다. 우선 전쟁은 다수의 게이와 레즈비언들의 삶의 분기점이었다. 외떨어진 시골에 살던 수백만 명의 게이들이 군에 입대하면서 비슷한 존재들을 찾을 수 있었다. 입대한 게이들은 군 경험을 인생의 전환점으로 생각했으며, 최초로 창설된 여성 부대는 레즈비언들 사이에서 반드시 가야 할 곳으로 알려지게 되었다. '위대한 세대'의 많은 게이 남성들은 군대에서 처음으로 성경험을 했다고 밝혔다. 예컨대 밥 톰슨은 위스콘신 주의 매디슨에서 출발해 샌디에이고로 가는 군용열차에 막 올라 탔다. 그는 다음과 같이 회고한다. "각 객차 끝에는 4명 정도가 함께 잘 수 있는 작은 객실 칸이 있었다. 우리 넷은 기차에 타면서 똑같은 생각을 하고 있었다. 우리는 그 작은 객실 중 하나를 차지하려고 달려갔는데, 넷 다 게이였다. 우리는 그 객실 문을 닫고 대단한 밤을 맞이했다."

해군의 의무 책임자 사무실 소속의 한 장교는 1942년 8월 "해군 내의 동성애는 계속 있었고, 따라서 그들을 어떻게 다룰지에 대한 문제 또한 항상 존재했다"고 밝혔다. 이어서 그 장교는 "현재 상황이라면 동성애는 전쟁이 계속될수록 군 내에서 더욱 확산될 공산이 크다"고 예측했다. 육군 의무 책임자의 최고 자문으로 일했던 정신의 윌리엄 메닝거는 전시의 군대문화가 동성애를 확산시킨다는 것을 확신하게 되었다. 1948년 출간한, 전시 상황에서의 정신의학의 역할을 논한 그의 저서는 많은 이들에게 충격을 주었다. 그 책은 전시의 미국 군대를 "객관적인 견지에서 판단하건대, 정신의학적 의미에서 근본적으로 동성애 집단"으로 규정했다. 메닝거는 모든 군사작전의 성공은 "여성을 전면적으로 배제하는 환경을 받아들이고, 다른 남성들과 함께 일하고 살며 잘 어울리는 병사들의 능력에 달려 있다"고 주장했다. 이런 요구에 부응하려면 "'정상적인' 훈련병에게 어떤 변화가 필수적인데", 그중 가장 중요한 것은 다른 남성들과의 친밀한 결속의 확립이다. "많은 남성들이 다른 남성들과의 육체적 관계에 만족했는데, 이런 사실은 그들을 놀라게 했다." 군대문화가 '정상적인' 남성에게 동성애적 감정이 생기도록 했다면, 군대는 명백히 동성애자인 남성들로 넘쳐났다. 메닝거는 "의무대로 소환되거나 (동성애 판정을 받고 제대하기 위해서) 자발적으로 찾아온 동성애자들의 5배에서 10배나 되는 동성애자들이 군대에 숨어 있다"고 추정했다.

로버트 플라이셔는 "군대에서 성관계를 가지는 것이 꽤 쉽다는 것을 알게 되었다"고 회고했다. "처음에는 매우 조심스러웠다. 게이들은 자신의 정체를 드러내는 데에 겁먹을 수밖에 없는데, 고발당할 수도 있기 때문이었다. 그러나 조금만 시간이 지나면 누가 게이이고, 누가 아닌지, 또 누구를 믿고 누구를 믿을 수 없는지 알게 된다. 기초 군사훈련을 받는 동안 관심이 가는 남자를 찾을 수 있었다."

여성 육군단은 1942년 5월에 창설되고 얼마 지나지 않아 여성 동성애의 온상이라는 명성을 얻었다. 강화된 인적 조사는 많은 부대원들의 입대동기를 밝혀냈다. "제복과 그것이 상징하는 것을 사랑해서", "늘 남자가 되어 입대하고 싶어서", "애국심을 가진 비슷한 여자들과 함께 있고 싶어서", "다른 여성들과 어울리고 싶어서" 등등. 팻 본드는 여성 육군단에 입대했을 때 여성 부대원들이 "다들 여장한 남자 체육 선생처럼 생겼다"고 회상했다. "스타킹을 신고, 작은 귀걸이를 했으며, 머리는 뒤로 넘겨 섬세하게 손질한 모습 때문에 알아보기는 힘들었지만, 나는 그들이 레즈비언이라는 것을 알 수 있었다." 본드는 자신이 알던, 남성 역할의 레즈비언 다수가 남자 옷을 입은 채로 그 부대에 지원하러 왔다고 설명했다. 그러나 그런 남성적인 외모에도 불구하고 정신의들은 그들의 입대를 허용했다. "세상에, 신병훈련소에 입소했을 때 난 천국에 온 것 같았다. ⋯⋯ 모두들 누군가와 사귀고 있거나 아니면 누군가를 연모하고 있었고, 혹은 누군가와 막 사귀려던 참이었다."

노스캐롤라이나 주 체리 포인트의 여성 해병대 훈련소에 입소한 베티 서머스는 그곳에서 "여성들끼리 서로 애정을 나누는 것"에 대해서 "딱히 대응하는" 것을 본 적이 없었다고 회상했다. 그녀의 기억으로는 트럭 등의 운송수단으로 인력과 물품을 수송하는 부서에 지원한 여성들이 동성애자일 공산이 컸다. 서머스가 있던 부대에서 트럭을 모는 여성들은 일종의 철저히 "공개된 레즈비언 집단"으로서, 그들은 몹시 강력한 소프트볼 팀도 보유하고 있었다.

군 당국은 복무 중인 동성애자들의 존재를 아주 예민하게 의식하고 있었고, '비정상적인' 충동을 군대의 기율에 부합하는 방식으로 표출되도록 만들고자 했다. 잠재적인 동성애 성향을 보이는 훈련병들은 그들의 성적 욕망을 "이성애 유형의 반응" 쪽으로 유도함으로써 "실제 동성 간의 성행위에 참여하는 것을 막을 수 있다"는 것이었다. 마찬가지로 여성 육군단의 장교들은 레즈비언 성향을 상관에 대한 비성적인 복종으로 전환시키고자 애썼다. 훌륭한 장교는 "그녀의 영향력을 통해서" "이전까지 동성애 성향을 보이던 여성에게 특정한 유형의 지도력을 발휘하여 성적 표현의 정상적인 영역 안으로 인도함으로써, 그녀를 가치 있는 조직의 일원으로 만들어야 했다."

제2차 세계대전 당시 군대문화에서 가장 놀랍지만, 거의 언급되지 않는 현상들 중 하나는 모든 부대에서 행해지던 지아이 드랙쇼(GI dragshow)이다. 역사가 앨런 베루베는 그 현상에 대해서 이렇게 썼다. "브로드웨이에서 과달카날 섬까지 미군 병사들은 트럭의 짐칸이나 급조된 단상, 혹은 세련된 연극 무대에서 여장한 인물이 등장하는 쇼를 상연하고 즐겼다." 본인들이 준비한 쇼를 상연하려는 병사들에게 도움을 주던 육군 특별 서비스 본부는 게이 문화에 핵심적인 드랙쇼를 규범화하다시피 했다. 그 본부에서 발행한, 「하이! 양키」라는 제목의 쇼를 위한 교본은 남성 병사가 입을 드레스의 도안과 옷본에 8쪽 넘게 할애했다. 거기에는 군대 담요로 'GI 쇼걸'이 입을 드레스를 만드는 법과 군대에서 배급되는 분홍색 티셔츠로 발레용 드레스를 만드는 법도 담겨 있었다. 군인들이 상연하던 다수의 쇼는 그 자신 게이이며, 게이 연극의 캠프적 스타일을 발전시킨 극작가들이 집필했다. 육군 부대에서 자주 공연되던 「맥시 일병의 보고」라는 작품에는 "녹색 카네이션을 달고", (스스로 말하는 바) "장교가 되는 것은 너무 너무 퀴어한 것이기 때문에" 장교 생도학교에 등록하는, 게이임이 명백한 "일병 블루밍십"이라는 인물이 등장한다. 여성 인물들만 나오는 풍자극 「여성들」은 전쟁 전에 이미 게이들 사이에서 고전이 되었고, 1950년대와 1960년대에 걸쳐 줄곧 게이 연극계의 단골 상영작이었다. 바로 이 작품이 지아이들 사이에서 가장 인기 있던, 군대 내 공연작들 중 한

편이다. 『라이프』지는 콜로라도 주 로리 필드의 군부대에서 공연된 작품에 대한 평에서 복장도착을 한 군인 배우들에게 각별한 찬사를 보냈다. "털이 많은 가슴과 몹시 큰 신발, 터질 것 같은 이두근에도 불구하고 이 '여배우들'은 뛰어난 연기를 보여주었으며, 관객에게 재미를 주는 데에 성공했다. …… 한 시간 후부터 관객들은 무대 위의 '여성들'이 남성이라는 것을 잊어버리는데, 그들이 저음의 목소리로 출산에 대해서 얘기할 때, 그 사실은 상기된다."

그러나 육군 특별 서비스 본부가 제작한 최고의 인기작은 「이것이 육군이다」였다. 베루베에 의하면, 그 작품은 "제2차 세계대전에 군인들이 상연한 연극의 전형이 되었으며, 전시 GI 드랙쇼의 세 가지 양식적 특징을 확립시켰다." 그 세 가지는 남성적인 인물들이 드레스를 입은 채 노래하고, 춤추는 희극적인 '조랑말 발레' 장면과 노래를 곁들인 고도로 숙련된 드랙쇼, 마지막으로 전후 게이 공연의 중심적인 요소가 되는 여성 유명인 흉내내기였다. 「뉴욕 헤럴드 트리뷴(New York Herald Tribune)」지는 이 작품의 한 공연을 평하면서 "여성 배우들을 제외한 모든 것을 갖추었는데, 진실을 말하자면 관객들이 여성의 부재를 아쉬워하지 않는다"고 결론을 내렸다. 1943년 전쟁부와 워너브라더스 영화사는 공동으로 조지 머피, 조앤 레슬리, 앨런 헤일, 로널드 레이건 등의 할리우드 스타들을 동원하여 그 연극작품을 영화로 제작했다. 베루베는 1942년 여성이 군대에 대거 유입되면서 남녀가 함께 등장하는 쇼를 제작하려는 시도가 많아졌지만, 여전히 남성들만 출연하는 GI 드랙쇼의 수요는 줄지 않았다고 썼다.

전쟁이 게이 문화에 미친 가장 중요하고, 또 가장 지속적인 영향은 아마도 군부대 근처에 게이, 레즈비언 바와 클럽이 형성되었다는 사실일 것이다. 샌프란시스코가 트레저 아일랜드 해군 기지와 헌터스 포인트 해군 조선소, 해군 공군 기지 앨러미다에 가까이 있지 않았더라면, 피노치노스(Pinochino's), 탑 오브 더 마크(Top of the Mark), 블랙 캣(Black Cat), 실버 달러(Sliver

Dollar), 실버 레일(Silver Rail), 올드 크로(Old Crow), 리포즈(Li-Po's)와 릭쇼 (Rickshaw) 등과 같은 유명 게이 바가 그렇게나 많이 문을 열지도 않았을 것이고, 샌프란시스코는 미국 서부의 게이 수도가 되지도 않았을 것이다.

제2차 세계대전에서 비롯된 의도되지 않은, 또 하나의 아이러니한 결과는 전쟁을 위한 물자생산과 관련이 있다. 1942년 초에 일본 군대는 아시아로부터의 공급선을 끊었다. 이에 대한 대처로 정부는 미국 농부들에게 여러 군수물자 생산에 필요한 삼(hemp) 재배를 장려했다. 삼의 다른 이름은 마리화나였다. 1937년 그 작물의 재배는 불법이 되었으나, 전시에 미국의 모든 농부들은 「승리를 위한 삼」이라는 영화를 보고, 상영회에 참석했다는 서명을 해야 했으며, 그 작물의 재배기술이 담긴 소책자를 읽어야 했다. 삼을 수확하는 농기계는 아주 헐값이나 무상으로 공급되었고, 삼을 재배하는 데에 동의한 농부는 그 자식까지도 군복무 의무가 면제되었다. 전시 동안에 35만 에이커의 농지가 전시물자인 삼의 생산에 할애되면서, 전후 미국의 마약 문화의 씨앗이 말 그대로 심어지게 되었다.

제2차 세계대전이 자유를 위한 전쟁이었다면, 그것은 바로 위와 같은 이유 때문이었다.

제4부

어느 편에 설 것인가?

13

불량 청소년들은 어떻게 냉전에서 승리했는가?

제2차 세계대전 이후 소련의 병사들은 서부전선에서 바이러스에 감염된 채 고향으로 돌아왔다. 소련 인구의 상당수가 그들이 몰고온 바이러스에 감염되었고, 곧이어 동유럽의 공산주의 국가들로도 확산되었다. 몇 년이 지나지 않아 소련 공산당의 지도자들은 그 바이러스가 사회주의의 본거지를 내부로부터 궤멸시킬지 않을까 두려워했다. 그러나 공산주의를 위협했던 것은 생물학적 질병이 아니었다. 소련의 주석 스탈린과 정치위원들은 그것을 소비에트 청년들의 정신을 병들게 하는 '부도덕의 전염병'이라고 불렀다. 그것은 '미국의 원시적 태도'였고, '자본주의의 문화적 제국주의'였고, '부르주아 범세계주의'였다. 그 바이러스의 정체는 바로 미국의 반항적 문화였다.

1946년 스탈린의 수석 참모인 안드레이 즈다노프는 재즈가 "대중들의 의식을 마비시킬 것"이라고 경고했고, 공산당 중앙위원회는 모든 국립 오케스트라가 그 장르의 음악을 연주하는 것을 금지시켰다. 또한 색소폰과 와우와우 트럼펫 약음기, 베이스의 현을 뜯는 주법, 블루 노트(blue note)적인 음색을 내기 위해서 의도적으로 톤을 낮추는 주법, 그리고 리듬감이 너무 강한 드럼 연주도 금지되었다. 일종의 음악 순찰연대가 조직되어 재즈 풍의 음악이 연주되지는 않는지 극장과 음악 홀을 감시했다. 왈츠와 폴카, 혹은 러시아 민속음악 이외의 음악에 맞춰 춤을 추는 남녀는 체포되었다. 재즈 밴드의 연주자들은 집단구금된 후에 '갱생'을 위해서 시베리아의 수용소나 먼 도시로 추방되었다.

소비에트 당국이 재즈를 두려워한 것은 옳았지만, 결국에 그들은 재즈를 막을 수 없었다. 불법 녹음된 음반이 암시장에서 수백만 장씩 팔려나갔다. 스틸라기(stillagi), 즉 '[서구의] 스타일을 쫓는 청년'이 공산국가의 주요 도시마다 등장했다. 남자들은 머리를 뾰족하게 세우고 주트 수트를 입었고, 여자들은 머리카락을 위로 말아올리고 몸에 딱 붙는 드레스를 입었다. 한 국영 소비에트 신문에 따르면, 여자들의 드레스는 "몸에 딱 달라붙어 야했다." 그들은 노동을 거부하고, 술을 마시며 '어울리기(hang out)'를 좋아했고, 미국의 만화책을 읽고, 미국의 흑인 음악을 들었다. 미국산 제품을 구하기가 어려웠던 스틸라기들은, 자신들이 원하는 것을 직접 만들었다. 그들은 국가에서 배급받은 단색의 넥타이에 덧칠을 하거나 미국의 담뱃갑을 오려붙여 다양한 색깔의 요란한 넥타이로 개조했다. 철의 장막 뒤에는 그들이 흠모하던 미국 스타와 같은 헤어스타일로 꾸며줄 미용사들이 없었기 때문에, 그들은 쇠막대를 달구어 서로의 머리를 지졌다. 그런 탓에 그들 중 다수는 첨단의 헤어스타일뿐만 아니라 목 부위의 화상도 자랑하게 되었다. 또한 그들은 미국식 껌 대신 파라핀 왁스를 씹었다. 그들은 반항적인 미국의 음악을 가능한 많이 밀수해왔지만, 수요에 미치지 못했으므로 음반을 복제할 수 있는 독창적인 방식을 고안했다. 재즈를 사랑한 소련의 한 의대생은 엑스-레이 사진판에 음반의 홈이 새겨진다는 사실을 발견하고 나서 고품질은 아니어도 들을 만한 복사본을 제작할 수 있는 기계를 발명했다. 스틸라기들은 그 기술을 사용해서 미국 음악이 거래되는 암시장을 장악했다. 초창기에는 스윙과 부기우기(boogie-woogie)가 인기가 많았고, 이어서 비밥과 리듬 앤 블루스가 사랑받았다.

동유럽 공산권의 모든 국가들에는 그 나름의 스틸라기가 있었다. 폴란드에서는 비키니아르제(bikiniarze)로, 헝가리에서는 잼펙(jampec)이라고 불렸다.

체코슬로바키아에서는 파섹(pásek)이 거리를 활보했다. 각 국가의 경관들은 이 거리의 반항자들을 체포하지는 않았지만, 즉석에서 머리나 옷을 가위로 자르는 등의 방식으로 탄압했다.

제2차 세계대전의 종전과 더불어 미국과 영국이 소련 권역의 일부로 인정하면서 공산권으로 편입하게 된 동독에서는 재즈를 연주하는, 소위 핫클럽이 1945년과 1946년에 우후죽순처럼 생겨났다. 역사가 우타 포이거에 따르면, 이 클럽들은 "연주자들이 즉흥적으로 긴 독주를 하는 잼 세션(jam session)을 하고, 청중들은 박수를 치며 춤추는 것"으로 악명이 높았다. 독일 당국이 보기에 재즈, 특히 춤을 유도하는 종류의 재즈의 인기는 미국 제국주의의 첨병에 다름 아니었다. 동독의 신문 「신독일(*Neues Deutschland*)」지는 공산국가의 청년들에게 "부기우기 같은 진창"을 쏟아붓는다며 미국을 비난했다. 1950년 동독의 한 문화부 관료는 할리우드 영화배우를 모방하는 동독 젊은이들의 '록적인' 헤어스타일, 즉 위로 말아올린 머리모양을 미국 패권의 상징으로 보았다. "목에서부터 말아올려 솟구치는 그 머리모양은 원자폭탄의 버섯구름을 상기시킨다." 같은 해에 또 한 명의 독일 관료는 재즈에 저항하는 것은 "미국의 제국주의 이데올로기와 부기우기 '문화'로 인한 원시화에 맞서 독일의 문화전통을 수호하는 것"이라고 선언했다. 같은 해 독일 당국은 부정기적으로 연주하는 재즈 밴드마저 해산시키고, 방송에서 재즈를 금지시켰으며, 국경관리소에서 재즈 음반을 압수했다. 독일 정부의 청년조직들은 그 대안으로 문명화된 동작으로 추는, 즉 골반과 팔다리의 격렬한 동작이 제거된 춤을 가르쳤다.

미국의 대중문화에 영향을 받은 공격적인 남성 청년을 일컫는 할프슈타르케(Halbstarke)는 공산국가의 기강을 전복한다는 비난을 들어야 했다. 동독의 여러 지역에서 연쇄 강도행각을 벌인, 베르너 글라도브가 이끄는 폭력조직에 대한 재판에서 공산 당국은 그들을 범죄자로 만든 책임이 미국 문화에 있다며 그 영향을 비난했다. 한 독일 신문은 글라도브가 "범죄와 살인 및 자극적인 재판 장면이 등장하는 미국의 갱스터 영화"를 보며 성장했고, "그 영향력에 굴복했다"고 주장했다.

동독 당국은 미국 스타일을 따르는, 이른바 탱고 소년 부류의 젊은 남성들의 도발로부터 1953년 6월의 대규모 민중봉기가 시작되었다고 판단했다. 동독 전역에서 이틀간 대부분 젊은이들로 구성된 시위대가 결집했다. 시위대의 요구는 노동시간 단축, 자유선거, 그리고 때때로 공산정권의 해체 등이었다. 동베를린의 시위군중은 브란덴부르크 개선문에서 소련 국기를 떼어냈으며, 다른 도시에서는 수감자들이 풀려나거나, 비밀경찰이 거리에서 구타를 당했다. 이 봉기는 6월 17일 소련의 탱크가 동베를린의 도심으로 진입하고, 동독 군대가 돌을 던지며 저항하는 시위대에게 발포하면서 막을 내렸다. 동독의 주요 신문은 즉각 그 시위의 원인으로 미국 문화의 영향을 지목했다. 「신세계(*Junge Welt*)」는 (초기 록 스타일을 대표하는) 줄무늬 양말을 신고 반바지를 입은 "서구 기독교 문화의 수호자들"이 동베를린의 거리를 메웠다고 보도했다. 「신독일」은 카우보이가 그려진 티셔츠를 입고, "벌거벗은 여인이 그려진 텍사스식 타이를 맸으며", 위로 말아올린 머리모양에 "범죄자의 얼굴을 한" 한 시위자의 사진을 싣고, 이 모습을 "미국적 삶의 방식을 보여주는 전형"으로 소개했다. 동독의 수상 오토 그로테볼은 이런 상황정리에 동의하며, "색색의 줄무늬가 들어간 양말을 신고 카우보이 바지(청바지)와 텍사스 셔츠를 입은 서구식 도발자들이 대규모의 정치적 분쟁을 야기하려고 한다"고 주장했다. 우타 포이거에 의하면, 그로테볼의 연설은 "서독과, 서독의 영향을 받아 미국식 패션을 즐기는 청년들을 6월 사태의 초점으로 부각시키려고 했던 동독 언론의 노골적인 책략의 일부였다." 그렇지만 한편으로 동독 당국은 그 봉기 이후에 더 많은 자원을 소비재와 대중문화 부문에 할당하는 정책을 채택하게 되었다.

1954년에는 이전의 어느 때보다 더 많은 동독 청년들이 미국식 패션을 즐기고, 재즈를 들으며, 부기우기에 맞춰 춤을 춘다는 것이 명백해졌고, 동독의 정치 지도자들은 미국의 대중문화에 대한 자신들의 입장을 누그러뜨려야만 했다. 공산당의 주요한 청년 신문은 재즈 밴드의 사진을 싣기 시작했다. 선택된 재즈 밴드는 '핫'한 스타일보다는 '쿨'한 것으로 분류되는 종류였지만 말이다.

공산당의 정치 지도자들에게는 안 된 일이었지만, 철의 상막 뒤의 재즈 음악 팬의 형성은 1991년이 되어서야 끝나게 되는 과정의 시작일 뿐이었다. 역사가 줄리언 헤슬러가 썼듯이, "스틸라기들은 전후 서구 사회를 특징짓는 개인주의적이고, 자기 표현적인 소비주의의 도래를 예고했다." 이 '저속하고' '퇴폐적인' 문화는 계속해서 확산되었을 뿐만 아니라 1950년대가 끝나갈 무렵에는 더 나쁜 것, 즉 로큰롤로 모양을 바꾸게 된다.

동유럽 공산권의 록음악

동독에서 재즈에 대한 당국의 규제는 완화되었지만, 반항적인 '미군 문화'에 대한 수요는 더욱 증가했다. 1954년 최초의 록음악이 철의 장막을 건너오자 할프슈타르케가 거의 모든 독일 도시에서 출현했고, 더 큰 문화적 자유와 더 많은 소비재를 요구하는 시위가 벌어졌으며, 이런 시위는 자주 폭동으로 이어지기도 했다. 당시 할리우드 영화를 상영하고, 재즈와 록을 틀어주는 서베를린의 극장은 동베를린과의 경계를 따라 늘어서 있었다(아직 베를린 장벽이 들어서기 전이었다). 매일 그 경계를 넘어가는 동독인의 수는 동독의 관료들에게 엄청난 것처럼 보였다. 1956년 동독 당국은 이듬해까지 이어질 조사에 착수하여 매일 평균 2만6,000여 명의 청년들이 서베를린의 '국경 극장'에서 춤과 영화를 즐긴다는 사실을 알게 되었다. 그런 극장들 중에는 동독에서 건너온 십대가 손님의 90퍼센트에서 100퍼센트를 차지하는 곳도 있었다. 동독 주민의 요구를 파악하기 위해서 기획된 정부 주최의 공청회에서 다수의 청년들은 왜 할리우드 영화, 특히 히트곡이 나오는 음악영화가 상영되지 않는지, 왜 동독의 패션은 서구에 미치지 못하는지, 왜 청바지와 같은 꽉 끼는 바지를 동독에서는 구할 수 없는지 질문했다. 1956년 오직 애국주의적이며 교육적인 영화만을 상영하는 몇몇 동독의 극장 앞에서 폭동이 발생하기도 했다.

1957년 동독 당국은 이런 청년 폭동에 대해서 절망을 표했다. 그런 사태는 공산주의의 암담한 미래를 예견케 했기 때문에 그렇게 반응할 만했다. (소련의 통제하에 있었던 동독의 집권당인) 사회주의 통일당 중앙위원회에 신설된 문화위원회의 책임자인 알프레트 쿠렐라는 동독 청년들에게 "동물적인 면"을 자극하는 "점증하는 퇴폐적 영향의 위험"에 대해서 경고했다. 쿠렐라는 훌륭한 공산주의자들은 "국가의 문화적, 사회적 삶이 파괴되지 않도록 막고", "진정한 국민문화"를 보존해야 한다고 역설했다. 1957년 10월 당의 문화총회는 최근 "서구 자본주의 반문화의 파괴적인 영향이 동독에 침투했다"고 선언했다. 이듬해에는 로큰롤이 재즈를 밀어내고 가장 위험한 서구의 문화적 산물로 등극했다. 1958년 당의 총서기 발터 울브리히트는 "그 소음"을 "자본주의 사회의 무정부주의"를 특징짓는 "광란의 표현"으로 비난했다. 국방장관 빌리 스토프는 여러 신문들에 "로큰롤은 젊은이들이 핵전쟁을 벌이도록 유혹하는 수단"이라고 경고하는 글을 실었다. 스토프는 그런 음모의 증표로 1958년 서독으로 공연하러 왔던 로큰롤 밴드 빌 헤일리 앤 더 코밋츠(Bill Haley & the Comets)를 지목했다. 스토프는 "동독 젊은이들에게 광적이고 발작적인 열광을 불러일으켜서 그들을 거대한 공동묘지로 끌고 가는 것이 헤일리의 사명이다"라고 썼다. 국영신문들은 이런 유의 음모론을 널리 퍼뜨렸다. 「신독일」지는 엘비스 프레슬리를 "냉전의 무기"라고 칭했고, 「신세계」지는 젊은 독자들에게 다음과 같이 조언했다. "핵전쟁을 책동하는 무리들이 프레슬리를 두고 야단을 피우는 것이다. 왜냐하면 프레슬리 팬인 젊은이라면 핵전쟁에도 참전할 만큼 멍청하기 때문이다."

사회주의 통일당의 관료들은 록 팬들을 '더 나은' 음악으로 인도하겠다는 희망을 품고 알로 콜이 리더로 있는, 철저하게 안전한 음악만을 연주하는 한 밴드를 열렬히 선전했으며, 3명의 무용교사를 지정해 단정하고, 품위 있는 문명화된 사회주의 댄스를 개발하는 일을 맡겼다. 그렇게 해온 나온 것이 바로 립시(Lipsi)라고 알려진 춤이다.

그러나 동독의 젊은이들은 공산당이 제시하는 것에 흥미가 없었다. 1959년 라이프치히와 드레스덴에서 청소년들은 록을 지지하고 사회주의 통일당을 반대하는 시위를 벌였다. 그들은 거리를 행진하며, "우리는 립시와 알로 콜을 원하지 않는다. 우리가 원하는 것은 엘비스 프레슬리와 로큰롤이다"라고 외쳤다. 라이프치히에서 활동하는 엘리스 프레슬리 하운드 독이라는 단체의 회원들은 누군가 "동독과 발터 울브리히트여, 영원하라!"고 선창하면, 나머지 사람들이 [독일식 야유인] "퓨이, 퓨이, 퓨이(Pfui, Pfui, Pfui)"라고 대꾸한 후에 "엘비스 프레슬리여, 영원하라!"고 외쳤다. 같은 해 청소년 범죄에 관한 정부 보고서는 최소한 13개의 행정구역에 엘비스 숭배단체가 있다고 밝혔다. 록을 지지하는 시위대와 엘비스 숭배단체의 우두머리들을 체포하고, 부적절한 춤을 추지 못하도록 함으로써 "청년들 가운데 잔존하는 자본주의적인 생활방식을 종식시키고자" 특수 경찰대까지 창설되었지만, 젊은이들의 반항은 멈추지 않았다. 1959년 당의 총서기에게 제출된 한 보고서는 로큰롤 팬들의 시위, 서독으로의 불법여행, 공산당 지도자들을 공격하는 격한 선동, 그리고 청소년 범죄 모두 빠르게 증가하고 있다는 내용을 담고 있었다. 그 보고서는 이런 사태와 관련된 대부분의 청년들이 로큰롤 숭배자라고 결론내렸다. 다음 해에 당 중앙위원회의 청년부서는 전반적인 범죄율의 하락에도 불구하고, 1959년의 청소년 범죄는 1950년과 비교할 때 61.4퍼센트가 증가했다고 보고했다. 보고서는 그 이유가 미국과 서독이 "동독의 청년들에게 영향을 미치려는 노력을 늘려왔기" 때문이라고 주장했다. 그런 유혹의 수단에는 음악과 만화책, 패션이 있었다.

그리하여 동독 당국은 1961년에 베를린 장벽을 세우게 되었다. 이런 조치는 동독 사람들을 가둬두기 위해서이기도 했지만 미국 문화의 산물을 몰아내기 위해서이기도 했다. 당국은 장벽을 "파시즘에 대항하는 방어 댐"이라고 불렀다.

미국의 대중문화가 공산정권을 잠식하는 효과가 있었음에도 불구하고 미국 정부는 오랜 기간 동유럽 공산권에 그런 문화를 확산시키려는 노력을 하지 않았다. 1946년부터 1955년까지 미국의 영향력을 확대하고자 서독의 여러 도시에 세워진 미국 문화원은 도서관을 갖추고, 강연 및 고전음악 연주회를 제공한 반면, 할리우드 영화보다는 교육영화를 상영했고 재즈나 로큰롤 콘서트는 후원하지 않았다. 우타 포이거가 지적했듯이, 사실 동유럽 공산국가들은 재즈와 로큰롤, 할리우드 영화에 대한 공격을 다른 국가에서 배웠다. 물론 나치가 이미 재즈를 퇴폐적이고 타락을 부추기는 음악으로 단죄했지만, 그들 또한 그런 비판을 다른 국가로부터 배웠다. 포이거는 이렇게 정리했다. "'퇴폐' 혹은 '타락'이라는 어휘는 소련이나 동독 당국의 창조물이 아니었다. 오히려……19세기 이래로 유럽과 미국의 작가들은 정치적 입장에 관계없이 대중을 포함한 다양한 형태의 예술을 겨냥해서 그런 공격을 퍼부어왔다."

내부의 적

앞에서 보았듯이 재즈는 미국에서 20세기에 들어서도 한참 동안 칭송보다는 비난을 들어야 했다. 그러나 1950년대 미국의 로큰롤만큼 묵시록적 공포의 대상이 된 음악은 없었다. 진보적인 정치 지도자와 보수적인 정치 지도자들이 그 음악에 대한 공격을 공동의 대의로 삼는 경우가 잦았다. 1950년대 후반 내내 의회의 양원에서는 디스크 자키(disk jockey)가 대중에게 미치는 영향력에 대한 청문회가 열렸다. 이매뉴얼 셀러를 위원장으로 하는 하원의 반독점 법사 소위원회가 1956년에 밝혔듯이 디제이와 음반회사는 "방송전파를 어지럽히는, 로큰롤 따위의 괴물 같은 음악에 책임이 있다. ……현재 라디오와 텔레비전 방송의 분위기는 엘비스의 동물적인 몸동작을 수용한다. ……몸이나 떨고 비틀 뿐인 재능 없는 무리가 호소력을 발휘하는 대상은 주로 주트 수트를 입는 이들과 비행 청소년들이다."

1957년과 1958년에 상원의원 존 F. 케네디와 배리 골드워터는 록음악에 대한 수요를 "인위적으로 부채질하는" 라디오 방송국의 영향력, 혹은 청문회에 출석한 한 증인을 말을 빌리자면, "대중에게 로큰롤 음악을 강제로 주입하는 권한"을 근본적으로 제한하기 위한 법안을 열렬하게 지지했다. 이런 입법 시도는 "미국의 방송전파"가 "저급한 음악으로 넘쳐나는 것"을 막기 위한 노력이었다. 그 법안을 논의하는 청문회에 증인으로 나온, 브라운 대학교의 한 음대 교수는 그 법안에 찬성하는 상원의원들에게 다음과 같이 말했다. "방송이 내보내는 저급하고 문제적인 음악 소비를 제한하고, 가볍지만 수준 높은 음악을 제공하는 것은 우리의 아이들과 가족에 대한 의무이다." 1959년 로큰롤 음악을 조사하던, 하원 소위원회의 몇몇 의원들은 자신들의 목표가 대중을 라디오에서 방송되는 "끔찍한 것들"로부터 구해내는 것이라고 선언하기도 했다. 그 소위원회의 위원장이었던 아칸소 주의 의원 오렌 해리스는 "만약 그것도 음악이라고 한다면, 건전한 것과는 거리가 먼 이런 유형의 음악이 그 나이 때의 아이들에게 강요되는 것은 방송매채의 여러 용도 중에서도 최악이라고 생각한다"고 말했다.

워싱턴과 워싱턴 D.C., 보스턴, 볼티모어, 하트퍼드, 애틀랜타, 휴스턴, 저시 시티, 뉴어크, 클리블랜드, 산타크루스, 샌안토니오, 버뱅크, 뉴헤이븐, 뉴브리튼 등의 도시에서는 록음악의 공연이 금지되었다. 테네시 주에서는 한 판사가 지역 라디오 방송국에 록음악 위주의 방송내용을 과거처럼 고전음악으로 바꾸라고 명했다. 샌디에이고와 플로리다의 경찰은 엘비스가 무대에서 몸을 움직이지 않고 노래하는 조건으로 공연을 허용했다. 1958년에는 국무부가 후원하는, 미국 디제이들의 유럽 순회공연이 취소되기도 했다. 상원의원 노리스 코튼이 그 행사가 국제사회에서 미국의 평판을 손상시킬 것이라는 의견을 내놓았기 때문이었다. 공공봉사를 위한 전미 디제이 협회의 회장 머리 카우프먼은 그 단체의 회원들이 유럽에서 록음악을 틀지 않을 것이며, 모든 공연은 미군 위문협회의 감독 아래 미군 기지 안에서만 열릴 것이라고 공언했다. 역사가 린다 마틴과 케리 시그레이브가 지적했듯이, 미국 정부는 소련과 동독 정부의 록음악 검열을 거의 문제 삼지 않았는데, "그들 또한 그 음악을 좋아하지 않았기 때문이었다."

개방정책의 사운드트랙

로큰롤과 마찬가지로 할리우드 영화와 미국의 만화도 동유럽의 공산권 지도자와 미국의 정치 지도자 모두에게 경멸의 대상이었다. 청소년 범죄율의 증가와 십대들 사이의 전반적인 성적 개방이라는 사회문제와 관련해 몇몇 국회의원들은 대중문화에 대한 공격을 자신들의 사명으로 삼았다. 1955년 상원의원 에스테스 키포버는 청소년 탈선과 대중문화에서 표현되는 성과 폭력 사이의 연관성에 관한 일련의 청문회를 열었다. 공공보건국 산하 질병통제청의 정신보건부서의 책임자 레오폴드 웩스버그는 영화와 텔레비전 프로그램, 만화책이 실제로 청소년 탈선의 원인이 된다고 증언했다. 키포버는 연방정부가 "공익을 위해서, 특히 범죄와 폭력이 등장하는 엄청난 양의 방송으로부터 아이들을 보호해야 하는 임무를 위해서 자신에게 부여된 힘을 최대한으로 활용하지 않고 있다"고 결론을 내렸다. FBI의 수장 J. 에드거 후버는 "영향 받기 쉬운 청소년들의 정신을 파괴하는 셀룰로이드 독을 뿜어내는 쓰레기 공장"을 제압하겠다고 맹세했다.

한편 동유럽 공산권에서는 녹음이 가능한 카세트 플레이어가 보급되면서 록과 R&B, 후에는 디스코와 힙합 팬들이 참여하는 언더그라운드 문화가 크게 성장했다. 1960년내에 「소비에트 러시아(*Sovetskaia Rossia*)」는 "카세트 플레이어로 녹음한 외설적이고 저속한 노래가 감기 바이러스다 더 빨리 퍼지고 있다"고 경고했다. 흐루쇼프 시대에 소련에서 압도적으로 인기를 끌었던 춤은 트위스트였다. 흑인 록 가수 처비 체커가 1960년대 초반 그 새로운 장르를 미국에서 유행시켰고, 이후 공산권에도 전파되었다. 특히 체코슬로바키아에서는 언더그라운드 극장에서 공연을 하는 '트위스트 댄스단'이 200여 개나 있다고 추정되었다. 그러나 공산권의 청년들은 점차 미국의 음악을 직접 연주하는 자국의 대중음악인들을 선호하게 되었다.

공산권의 정부 당국은 경쟁하는 자본주의 국가에서처럼 명시적인 인종적 표현을 쓰지는 않았지만, 타락한 대중문화의 인종적 근원을 명확하게 파악하고 있었다. 한 불가리아 신문은 젊은 록 가수들을 "이국의 동물원에서 보낸 오만한 원숭이들"이라고 불렀고, 소련의 문화 관련 잡지는 재즈와 록을 "원숭이 문화"가 생산한 "진창 같은 음악"으로 지칭했다. 동독의 공산주의자들이 가장 솔직했는데, 그들은 그 미국 음악을 '깜둥이의 음악'으로 폄하했다. 그러나 정작 청년들은 아프리카계 미국인과의 연관을 찬사로 받아들이는 것처럼 보였다. 1958년에 결성된 한 폴란드의 록 밴드는 처음에는 밴드명을 리듬 앤 블루스로 했다가, 곧 레즈 앤 블랙스(Reds and Blacks)로 바꾸었다.

1970년대에 이르러 음악에 대한 욕구는 자주 공산정권에 대한 증오의 표출로 이어졌다. 몇몇 록 콘서트 장에서 폭동이 일어났고, 그럴 때 공격대상은 공연을 막고자 했던 당국인 경우가 많았다. 록 다음으로는 디스코가 공산권을 휩쓸었는데, 뉴욕의 나이트클럽에서 그 장르가 생겨난 지 얼마 지나지 않아서였다. 디스코는 특히 발트 해 지역 국가들에서 인기가 높았으며, 이 지역의 클럽은 경찰에 저항하는 폭동의 장소이기도 했다. 한 라트비아 신문은 그 나라에 있는 300곳의 디스코클럽을 "폭력의 배양소"라고 칭했다.

결국 크렘린은 대중음악을 더 이상 봉쇄할 수 없다는 사실을 인정하게 되었다. 역사가 티머시 W. 라이백이 썼듯이, 대중음악은 "개방정책의 사운드트랙"이 되기에 이르렀다. 1980년대 대중음악 공연장은 당국의 공식 인가를 받아 문을 열었고, 음반에 대한 검열은 완화되었으며, 대규모 록 콘서트가 동유럽 전역에서 개최되었다. 1980년대 말에는 영미의 유명한 록스타들의 공연이 철의 장막 너머에서 허용되었다. 소련의 청년들은 마르크스, 레닌, 스탈린보다 록스타에 대해서 더 많이 알고 있다는 조사 결과도 나왔다. 1989년 베를린 장벽이 허물어졌을 때, 동독 사람들이 몰려간 곳은 서베를린의 음반 가게였다.

그렇다면 미국 반항자들의 문화가 민주주의의 전도사들에게 거의 칭송받지 못한 이유는 무엇인가? 만약 위에서 본 것처럼 재즈와 록, 만화책과 영화가 공산주의의 몰락을 도왔다면, 왜 미국의 정치인들은 그런 대중문화를 자유의 횃불로 선전하지 않았는가? 그 답은 이념을 막론하고, 미국 대통령부터 공산국가의 정치국 위원까지 모든 정치인들은 필연적으로 사회적 질서에 대한 신념을 공유하며, 따라서 자연스럽게 반항자들의 적이 된다는 것일지도 모르겠다.

14

자기 정화과정 : 아프리카계 미국인에 대한 민권운동의 공격

1957년 여름, 미국 남부의 한 침례교 설교자는 흑인들을 상대로 나태와 성적 방종, 범죄와 음주, 추잡함과 무지를 맹렬하게 꾸짖는 일련의 설교를 했다. 그는 단상에서 "일다운 일"과 "흑인들이나 하는 일" 간의 차이에 대해서 큰 소리로 설명했다. 또한 그는 흑인들이 백인들의 영리한 저축 습관을 따르지 않고, "너무나 자주 원하는 것을 사버리고 나서 정작 필요한 것은 구걸한다"고 비난했다. 그는 흑인들이 거리를 다니면서 항상 "성에 대해서 생각한다"는 취지의 말을 하기도 했다. 그가 볼 때, 흑인들은 너무나 폭력적이며, 제대로 씻지도 않았다. 게다가 미국 전역의 가정을 침범하는 흑인들의 음악은 "사람들의 정신을 저속과 부도덕의 심연에 빠뜨린다."

이 설교자의 이름은 바로 마틴 루서 킹 주니어였다. 그렇지만 그가 비난한 부도덕한 흑인들이 흑백 분리를 철폐하는 데에, 그가 주도한 민권운동보다 더 큰 기여를 했다.

흑인 시민과 '불량한 흑인'

노예 해방 이래로 다수의 아프리카계 미국인들은 시민권을 확보하는 데에 장애가 되는 사회적 조건들과 자신들을 시민권에서 떼어놓는 흑인 특유의 행태를 극복하고자 애써왔다. 종종 품위 있는 흑인 노동계급으로 지칭되던 집단과 중산층 흑인들은 현대의 민권운동을 연구한 역사가들이 자주 간과하는 사실, 즉 미국 시민이 되려면 흑인들은 과격한 교화가 필요하다는 것을 이해했다.

마틴 루서 킹을 비롯한 다수의 민권운동 지도자들에게 시민권의 자격은 기독교적 금욕과 겹쳐졌다. 킹 목사는 설교와 저작을 통해서 아프리카계 미국인들에게 열심히 일하고, 부도덕한 형태의 성생활을 피하며, 물질적 욕심을 억제하라고 요청했다. 흑인들은 더 이상 가족과 사회에 대한 책임을 회피해서는 안 되고, "자기 정화과정"을 거쳐 "시민의 지위에 합당한 차분하고 다정한 품위"를 보여주어야 한다는 것이었다.

비폭력 노선을 견지했던 킹은 아프리카계 미국인들에게 시민권과 사회적 존중을 획득하기 위한 산 제물로 "바로 우리의 육체를 내놓자"고 했으며, 그런 자기 부정의 모범으로 자신을 제시했다. 1956년 몽고메리 버스 승차 거부 운동을 벌이던 중에 자신의 집이 폭발물에 의한 공격을 받자 킹은 언론에 성명서를 발표했는데, 그 어조는 사도 바울 같기만 했던 것이 아니라 조국을 위해서 기꺼이 목숨을 바치려는 시민군과 같았다. 킹은 "자신이 죽고 사는 문제는 그렇게 중요하지 않다"고 말했다. "내가 신경을 쓰는 것은 대의의 쟁취이다." 1957년 킹은 세 개의 맞물린 기획을 통해서 민권운동의 전국적 대변자라는 지위를 공고히 했다. 그 세 기획은 남부 기독교 지도자 회의의 창설, 시민권을 위한 행진이라고 이름붙인 투표권 투쟁의 개시, 그리고 흑인들의 비기독교적이고 비미국적인 생활습관을 없애려는 복음주의적 사회운동이었다. 역사가들은 처음의 두 기획만을 킹이 민권운동의 지도자로 등극하게 되는 계기로 지목한다. 놀랍게도 킹을 연구한 학자들은 아프리카계 미국인에 대한 킹의 도덕적 교화운동에 대해서는 거의 전적으로 침묵한다.

1957년 여름 킹은 "인성통합의 문제"라는 제목하에 일련의 설교를 했다. 설교의 목적은 아프리카계 미국인들이 주류 미국 문화에 진입하도록 준비시키는 것이었다. 킹은 "쾌락을 추구하는 비극적 삶에 자신의 인생을 내어주고 방종한 삶을 사느라 소유한 모든 것을 탕진하는 사람들"에게 "어떤 위대한 대의나 목표, 혹은 이상이나 신의에 몰두할" 것을 권고했다.

킹은 이듬해 출간한 책과 1957년부터 『에보니』에 기고하기 시작한 조언 및 수많은 대중연설을 통해서 일능 시민권을 획득하기 위한 수단으로 기독교적인 자기 부정을 제시했다. 시민이 되려면, 흑인들은 "자신들의 결함을 교정함으로써 다른 이들의 존중을 얻어야 한다"는 것이었다. 킹은 흑인들에게 음주와 도박을 끊고, 사치욕을 억제하라고 권고했다. 그는 흑인 범죄의 원인으로 가난과 구조적인 인종주의뿐만 아니라 게토 지역 주민들의 자제력과 도덕심의 결핍을 지목했다. "교회는 복음주의적 활동을 가난에 찌든 대도시의 슬럼 지역으로 확대해야 하고, 이로 인해서 범죄성향에 보다 쉽게 물드는 부류의 사람들과 접촉해야만 한다. 그들을 교회에 데리고 와서 종교의 위대한 도덕적 통찰과 접하게 할 때, 그들은 내적 안정을 공고히 함으로써 책임감 있는 시민이 될 것이다."

킹은 흑인들의 가난이 상당 부분 방종과 나태 때문이라고 여기기까지 했다. 이런 사안을 두고 킹은 부커 T. 워싱턴의 입장을 지지했고, 그의 말을 그대로 옮기다시피 했다. "흑인들이 스스로의 힘으로 자신을 구제할 길은 많다. 누군가 잘 말했듯이, 흑인들은 원하는 것을 사버리고 나서 정작 필요한 것은 구걸하는 일이 잦다. 흑인들은 체계적으로 저축하는 법을 배워야만 한다." 킹은 아프리카계 미국인들이 백인들의 노동윤리를 거부했다는 것에 각별히 주목했다.

그냥 흑인들이 하는 정도로 잘 하려고 해서는 안 된다. ……거리의 청소부가 자신의 일이라면 마치 라파엘로가 그림을 그리고, 미켈란젤로가 대리석을 조각하며, 베토벤이 음악을 작곡하듯이, 혹은 셰익스피어가 시를 쓰듯이 청소를 해라. 청소를 너무나 깨끗이 한 나머지 천상과 지상의 모든 주민들이 멈춰서서 다음과 말해야 한다. "여기 자신의 일을 너무나 훌륭하게 해내는 위대한 청소부가 있다"고 말이다.

킹은 흑인의 성적 행태가 자신의 동화 기획에 특별한 위협이 된다는 것을 인식했다. "우리는 매일 거리로 다녀야만 한다. 그래서 사람들에게 우리가 거리를 다니면서 고개를 돌릴 때마다 성적인 생각을 하는 것이 아니라는 사실을 알도록 해야만 한다"고 『에보니』지의 한 독자에게 답해주었다. 킹은 같은 잡지에 실은 글에서 로큰롤을 피하라고 흑인 독자들에게 권면했다. 그런 음악은 "사람의 마음을 저속한 부도덕의 심연에 빠지게 한다"는 것이었다.

너무나 흑인 같은

민권운동과 관련해서 잘 알려지지 않은 중요한 이야기 중의 하나로는 제2차 세계대전 직후에 크게 성공했던 흑인 목회자들의 몰락을 꼽을 수 있을 것이다. 그들은 시민권을 열망한 흑인들과 대척점에 있었다. 특히 그들 중 2명, 즉 예언자 존스로 알려진 제임스 프랜시스 존스와 스윗 대디 그레이스라는 이름으로 활동한 찰스 매뉴얼 그레이스는 1940년대와 1950년대 흑인 노동계급 사이에서 가장 인기 있던 종교계 인사라고 해도 과언이 아니다. 심지어 그들은 후에 민권운동을 이끈, 당시 부상하고 있던 젊은 목회자 집단보다도 인기가 더 높았다.

예언자 존스는 이 시기에 디트로이트에서 가장 큰 오순절파 교회 두 곳에서 목회를 했다. 또한 그는 캐나다 방송국인 CKLW에서 매주 생방송으로 설교를 했다. 5만 와트짜리 송신시설 덕분에 중서부 지역의 몇몇 도시들에까지 방송이 송출되었고, 상당한 규모의 흑인들이 그 방송을 청취했다. 1955년 존스는 WXYZ 텔레비전 방송국에서 일요일 야간 프로그램을 진행하기 시작하면서, 매주 텔레비전에 나오는 디트로이트 최초의 흑인 목회자가 되었다. 『라이프』, 『타임』, 『뉴스위크』 및 『새터데이 이브닝 포스트』의 특집기사를 비롯하여 전국적인 주류 언론의 지속적인 관심 덕택에 1950년대 중반에 이르면, 전체 흑인 인구의 상당수가 존스의 숭배자가 되었다. 그가 디트로이트의 흑인 노동계층에서 가장 인기 있는 목회자였다는 것은 거의 확실했다. 존스의 교회를 연구한, 웨인 주립대학교의 한 교수는 "존스를 숭배한 신도들은 사회경제적 위계에서 최하층에 가까운 집단이 다수인 것처럼 보였다"고 썼다. 1955년 『새터데이 이브닝 포스트』가 존스에 대해서 우호적인 장문의 기사를 싣자, 그 잡지의 디트로이트 지역 판매부수가 30퍼센트나 증가하기도 했다.

존스는 부를 이용한 자기 과시에 열심이었다. 그는 연단이 아니라 왕좌처럼 생긴 5,000달러짜리 의자에서 설교했다. 외출 시에 그는 자주 유럽제 양복 위에 발목까지 내려오는 밍크 코트를 걸쳤고, 집에서는 반짝이가 달리고 빳빳하고 높게 세운 깃으로 장식한 매끈한 가운을 입고, 새틴 천으로 만든 슬리퍼를 신은 느긋한 모습으로 있기를 즐겼다. 그는 향수를 끼었다시피 했고, 매우 큰 보석반지를 여러 개 꼈으며, 거대한 흰색 캐딜락을 몰았다. 그러나 가장 인상적인 부의 과시는 도미니온 레지던스라고 불린 방 54개짜리 저택으로서, 그 집에는 향수방, 이발소, 1951년에 사망한 그의 오랜 동료 제임스 월턴의 납골당도 있었다. 존스는 그 저택을 계절마다 다른 색으로 칠했다. 아마도 존스가 누린 대부분의 부가 추종자들의 헌금에서 나왔다는 사실이 그에 관한 가장 놀라운 사실일 것이다. 존스에 대한 그들의 헌신은 그의 동성애에 대한 언론의 계속된 폭로에도 식지 않았다.

예언자 존스와 마찬가지로 스윗 대디 그레이스 또한 흑인 노동계급의 숭배 대상이었고, 역시 자기애의 화신이었다. 그는 1920년대 노스캐롤라이나 주의 샬럿에서 목회활동을 시작하여 워싱턴과 뉴욕으로, 최종적으로는 뉴잉글랜드 지역으로 진출하여, 동부 해안을 따라 오순절파 교회제국을 건설했다. 1950년대 이르러 그 제국은 거의 70개의 도시에 걸쳐 300개의 교회에 50만 명의 교인을 거느리고 있었다. 『에보니』가 "미국에서 가장 부유한 흑인 목회자"라고 선언한 그레이스는 모든 노력을 경주하여 그 호칭이 진실임을 보여주고자 했다. 어깨까지 내려오는 그의 머리카락은 금색과 자주색이 섞인 연미복 깃 위에 흩날렸다. 그는 연미복 안에는 꽃무늬 넥타이와 샤르트뢰즈 조끼를 입었다. 그의 외양 중에서 가장 두드러졌던 것은 5인치 길이로 기른 손톱이었는데, 손톱에는 대개 빨간, 하얀, 혹은 푸른 색 매니큐어가 칠해져 있었다. 카보베르데 출신의 이민자였던 그레이스는 설교자가 되기 전에 접시닦이와 떠돌이 농장 일꾼으로 일한 경험이 있으며, 자신의 긴 손톱이 노동의 거부를 뜻한다고 말했다. 20세기 후반 그처럼 길고 정교하게 장식한 손톱 모양이 흑인 노동계급 여성들 사이에서 널리 유행한 것은 우연이 아니지 싶다. 그들 중 다수는 컴퓨터와 계산대 앞에서 일하면서도 스스로를 그 일에 매여 있다고 보지 않았다.

그레이스는 주문 제작한 캐딜락 사의 리무진을 타고 다녔고, 맨해튼에서 가장 고급한 부동산을 사들였다. 그중에는 센트럴 파크 서쪽의 엘도라도 아파트도 포함되어 있었는데, 그곳은 당시 세계 최고층의 아파트 건물이었다. 1950년대 중반에 그의 총자산은 2,500만 달러에 이르렀던 것으로 추정된다. 그리고 역시 존스와 마찬가지로 그 부의 대부분은 노동계급 신도들의 헌금이 원천이었다. 그가 목회하던 다수의 교회에서는 신도들이 방주처럼 생긴 거대한 통을 만들었으며, 지폐가 수북이 쌓인 그 통 뒤에 그레이스의 권좌가 놓였다. 또한 그레이스가 주관하는 예배는 성적인 분위기가 충만했다. 예배는 그레이스가 붉은 양탄자가 깔린 통로를 천천히 걸어내려오면서 시작되었으며, 그럴 때 신도들은 10달러, 20달러, 50달러, 심지어 100달러짜리 지폐를 그의 예복 주머니에 꽂아넣었다. 밴드가 R&B 음악을 연주하는 동안 회중은 도취된 모습으로 춤을 추었다. 왜 그렇게 관능적인 열광을 진작시키느냐는 질문을 받자, 그는 "왜 마귀만 재미를 보아야 하느냐?"고 반문했다. 그레이스는 스스로를 "세상 모든 이들의 남자친구"라고 불렀고, 그가 등장할 때 울려퍼지는 노래에는 "대디, 너무 멋져요"라고 합창하는 구절이 있었다.

민권운동은 예언자 존스와 스윗 대디 그레이스의 경력을 종식시켰다. 존스에 대한 중립적인 기사를 실은 지 몇 년이 지난 1955년 1월, 디트로이트 지역의 대표적인 흑인 신문 「미시간 크로니클(*Michigan Chronicle*)」은 존스를 맹렬히 공격하는 기사를 실었다. 신문은 그를 "종교로 위장을 했지만 요란한 쇼로 주목만 끌려고 하는 사람"이라고 칭했다. 3개월 후에 NBC 방송국이 존스가 「투데이 쇼」에 출연한다고 예고하자, 디트로이트 도시연맹과 디트로이트 교회협의회는 그 예언자의 방송출연에 반대하는 시위를 조직하여 그의 방송출연을 저지했다. 존스에 대한 가장 단호한 공격은 뉴베델 침례교회의 목회자이자 아레사 프랭클린(1942- : 흔히 민권운동 시기와도 겹쳐지는 소울의 전성기를 대표하는 흑인 여가수/역주)의 아버지이기도 한 C. L. 프랭클린의 몫이었는데, 당시 그는 디트로이트 지역 민권운동의 새롭게 부상하는 지도자였다. 프랭클린은 오랜 기간 존스에게 우호적이었지만, 이제는 그 예언자가 "지역 종교계의 품위를 떨어뜨릴 뿐만 아니라, 더욱 심각하게는 영적일 뿐만 아니라 민주적인 형제애를 도모하는 모든 인종 간의 통합노력을 100년은 후퇴시키는 장애"라고 비난했다.

이런 공격이 있은 후 얼마 지나지 않아 존스는 자신을 비밀리에 수사하던 경찰관에게 구강성교를 제공하려고 했다는 혐의를 받고 체포되었다. 존스가 사설 복권사업을 운영 중이라는 소문이 퍼지면서 수사가 진행되던 상황이었다. 지역의 흑인 언론은 그의 체포소식에 환호했다. 「미시간 크로니클」은 그 체포를 "지역 공동체에 점증하는 소란 요인"을 제압한 승리로 칭했다. 그 신문은 존스처럼 "오로지 개인적인 부와 권력의 축적을 위해서 종교와 대중의 공포, 신앙과 노골적인 속임수를 솜씨 좋게 뒤섞기만 하는" 사람들은 "고귀한 단상에서 축출되어야 한다"고 주장했다. 바로 전 해에 존스를 칭송했던 「디트로이트 트리뷴(*Detroit Tribune*)」은 이제 흑인들이 "한 변태적인 인간의 영향력 아래에 있다"는 인상을 백인들에게 준다는 이유로 그를 비난했다. 전국적인 언론으로는 『에보니』가 단죄하는 어조의 4면짜리 기사를 "심판의 날"로 명명한 존스의 재판에 할애했다. 그러나 흑인 지도자들의 노력에도 불구하고, 존스의 추종자들은 언제나처럼 충성스러웠다. 그들은 재판이 있는 날마다 법정을 가득 메웠고, 배심원들이 무죄를 선고하자 수백 명이 "다 잘 끝났다"고 외치며, 요란스럽게 승리를 자축했다. 이후에 존스는 언론의 회피대상이 되었고, 흑인 노동계급의 대변자로서의 가시적 명성을 잃었다. 그러나 그의 지속적인 인기는 1970년 그의 장례식에 참석한 2,000명 이상의 군중들의 존재가 확인해준다. 그의 청동관에는 그 유명한 백색 밍크 코트가 덮여 있었다.

대디 그레이스도 비슷한 운명을 맞이했다. 1957년 조지아 주의 퇴직교사였던 루브니어 로이스터는 1920년대 자신이 그레이스와 결혼했지만, 첫 아이의 출산 직후 그가 자신을 버리고 떠났다고 주장하며 소송을 제기했다. 곧 법정에서 그 주장이 거짓임이 밝혀졌지만, 흑인 언론은 유죄평결을 내렸다. 『제트(*Jet*)』의 헤드라인은 "대디 그레이스를 따라다니는 과거—이혼소송은 승소했지만 첫 번째 아내에 관한 비밀이 드러났다"였다. 잡지는 이 목회자를 "미국의 가장 부유한 사이비 교주"라고 칭했고, 재판으로 인해서 "대디 그레이스의 왕국이 흔들릴 것"이라는 희망 섞인 추측을 내놓았다. 마틴 루서 킹도 이 공격에 합류하여 그레이스 같은 설교자의 무책임과 방탕을 단죄했다. 그는 몽고메리에 있던 자신의 교회에서 다음과 같이 설교했다.

남부 전역과 전국에 걸쳐 있는 모든 공동체에는 지적이고, 담대하며, 헌신적인 지도자들이 필요하다. 돈이 아니라 정의를 사랑하는 지도자들, 또 명성이 아니라 인류를 사랑하는 지도자들이 필요한 것이다.

그레이스와 그 추종자들은 누구보다도 동화의 대의에 위협이 되는 존재들이었다. 킹이 보기에 그들은 너무 흑인스러웠다.

우리가 동화에 대비하려면, 함성을 지르는 법을 배우는 데에 시간을 다 써서는 안 된다. ……우리에게는 떨쳐 일어나 예수 그리스도의 복음을 설파할 목회자가 있어야 한다. 흑인식 복음전파, 즉 그저 사람들이 자리를 박차고 일어나 고함을 지르도록 유도하는 예배로는 안 된다. 사람들을 생각하도록, 또 바르게 살도록 이끌며 신앙생활의 시련에 맞설 수 있도록 하는 복음이어야 한다.

그레이스 왕국의 신민들은 동요하지 않았다. 그레이스의 지지자들은 넘치도록 법정을 메웠으며, 재판이 시작된 지 8개월 후에는 샬롯 시내를 가로지르는 연례 행진행사에도 수만 명이 참여했다. 그러나 그레이스가 죽은 1960년에는 스윗 대디 그레이스와 예언자 존스의 왕국은 새로운 세대의 지도자들에게 정복당한 후였다.

민권운동의 지도자들에게는 그 밖에도 아프리카계 미국인들의 충성을 차지하기 위해서 경쟁하는 여타 세력들이 있었는데, 그중에서도 흑인 민족주의자들이 유력한 세력이었다. 흑인 민족주의자들은 동화와 비폭력을 거부했지만, 민권운동의 지도자들과 마찬가지로 존스와 그레이스의 퇴폐를 경멸했다.

맬컴 X와 그가 이끄는 단체인 이슬람 국가(the Nation of Islam)는 엄격한 기강을 내세우며, 마약, 담배, 술, 포식, 나태, 감정 표출, 성적 방종을 금지했다. 그들은 "스스로 도덕적 교화를 달성하고, 스스로의 도덕적 기준을 높여 신적 존재가 되고자 애쓰는" 새로운 흑인 국가를 약속했다. 현 상태의 "흑인"은 "그런 새로운 자아에 부합하지 않지만", "새로운 흑인"은 국가에 봉사하는 "선한 삶"을 위해서 개인적인 욕망을 버리게 될 것이었다. 맬컴 X에 의하면, 이슬람교는 흑인들에게 "과음과 마약 중독 같은 이 사회의 악덕과 사악함으로부터 스스로를 교화하도록, 또 일을 해서 가족에게 생계를 제공하고, 아이들과 아내를 돌보도록" 가르친다. 1966년에 창설된 블랙 팬더 당도 비슷한 사명을 내걸고, "공동체"에 대한 의무가 그들이 부와 쾌락에 대한 "퇴폐적이고 부르주아적인" 욕망이라고 부른 것보다 우선하는, 반(半)군사적인 단체로 스스로를 조직했다. 아미리 바라카나 론 카렝가, 니키 조반니 같은 흑인 문화 민족주의자들은 물질에 대한 집착을 "백인들의 가짜 만병통치약"이자 "노예 근성"의 산물로 비판했다. 마지막 시인들(The Last Poets)이라는 아방가르드 음악집단은 흑인 예술운동에 기원을 두고 있으며, "악어가죽 구두와 캐딜락, 성에 대한 몰두로 말미암아 혁명을 두려워하는" 흑인들을 단죄했다.

바닥에서 자는

의미심장하게도 흑인 자유운동의 가장 열렬한 금욕주의자들은 백인들이었다. 1964년 자유를 위한 미시시피 여름 봉사활동은 다수의 백인 대학생들이 남부 흑인들의 가난과 고통에 이끌렸다는 것을 보여준다. 한 지원자는 이 행사에 참여하게 된 동기를 다음과 같이 밝혔다. "이 행사는 그저 진보적인 가치를 지향한다고(liberal) 해서 가담할 수 있는 투쟁이 아니기 때문에, 그런 부류들이 이 투쟁에 필요한 희생을 감내하리라고 기대할 수 없다. ……나는 출생으로 얻은 권리를 거부하고, 자발적으로 억압받는 계급과 동일시한다." 또다른 지원자는 다음과 같이 선언했다. "나는 나의 가족이 대변하는 많은 것들에 반대한다. 나는 미시시피 흑인들의 방식으로 생활하면, 네 가구가 내 아버지의 수입만으로 편안하게 살 수 있다는 것을 깨달았다." 한 대학원생은 지원서에 운동에 합류하기 위해서 학자로서의 경력을 포기하겠다고 썼다. "간단히 말해서 나는 박사학위를 받으려는 시도를 더 이상 정당화할 수 없다. 미시시피 사람들이 역사와 사회, 그리고 인간의 폭넓은 삶에 대한 지식 중에서 가장 기본적인 것을 이해하려고 애쓰고 있는데 탐욕스럽게 '고등교육'을 추구하는 내 자신이 부끄러웠다. 그리고 이곳에서의 일상에 내재하는 공포와 빈곤에 대해서 생각하면, 상대적으로 안정되고 안락한 학생의 삶으로 돌아갈 수 없었다." 어떤 자원봉사자들은 물질적으로 안락한 삶을 선택한 사람들에 대한 격분을 억누를 수 없었다. 전미 교회협의회의 백인 목회자들이 자원봉사자들이 품위 있는 중산층의 이미지를 따라야 한다는 내용의 조언을 보내오자 한 봉사자는 다음과 같이 반응했다.

우리는 소독되어 깨끗하고 품위 있는 중산층 이미지를 쓰레기 취급한다. 우리가 바꾸고, 극복하려는 것이 바로 그 품위라는 것이다. 그러니 당신네 중산층들의 품위와 교인다움을 전부 버릴 것이다. 새로 산 그 망할 자동차에서 내리고, 잘 다려 말끔한 옷도 벗어던져라. 바닥에서 자는 우리와 동참해라. ……자동차를 타지 말고 우리와 함께 먼지 나는 걸프포트 거리를 걷자.

백인 자원봉사자들은 미시시피의 흑인들에게 금욕적 삶의 가치를 가르치는 데에 상당한 에너지를 쏟았다. 그런 사정은 걸프포트 거리를 비롯한 그 지역에서 그들이 대면한 주민들은 이 운동가들의 소명에 공감하지 않았다는 것을 시사한다. 많은 백인 봉사자들은 가난한 흑인 아이들을 위한 '자유학교'

를 세우는 데에 협조했고, 그곳에서 선생으로 가르쳤다. 당시 스펠만 대학교의 교수였던 백인 급진주의자 스토턴 린드가 자유학교를 관리하고 그 교육과정을 개발했다. 린드가 작성한 기본 교육과정에 명시된 이 학교의 중심적인 목표는 흑인 아이들에게 백인 중산층의 삶과 상반되는 가치를 주입하는 것이었다. 일부 수업은 그 취지가 "백인들의 소위 '더 나은 삶'이 실제로는 어떠한지, 그리고 그런 삶에는 어떤 대가가 따르는지를 알도록 하는 것"이었다. 또다른 수업에서는 "학생들이 북부 흑인의 삶의 조건을 명확히 파악하고, 북부로의 이주가 근본적인 해결책이 되지 않는다는 것을 이해하도록 돕고자 했다."

자유학교의 교육과정에서 한 과목 전체는 백인과 짝지어지는 이른바 물질적인 부와 흑인과 짝지어지는 영적인 것들 간의 차이를 설명하는 데에 할애되었다. 그 수업의 목적은 "전적인 물질주의의 부적절함에 대한 통찰을 진작시키는 것"이었다. 학생들이 "깨우쳐야 하는 관념들" 중에는 "소유가 인간을 자유롭게 하지 않는다"는 것과 "흑인들은 백인들이 가진 것을 취하거나 오로지 물질적인 목표만 겨냥한 운동을 통해서는 자유로워지지 않는다"는 것 등이 있었다. 이런 생각을 유도하기 위해서 고안된 질문 목록에는 다음과 같은 구체적인 질문들이 들어 있었다.

100만 달러가 있다고 가정해보자. 요트와 큰 자동차, 집과 옷, 음식 등 많은 좋은 것들을 살 수 있을 것이다. 그러나 친구를 살 수 있는가? 봄날의 아침을 살 수 있는가? 건강을 살 수 있는가? 친구와 봄, 건강이 없는데, 어떻게 행복할 수 있겠는가?

다음이 자유운동의 입장이다. 이 운동을 통해서 모든 흑인들이 좋은 집과 일자리를 구할 수 있다고 가정해보자. 흑인들이 백인 중산층이 가진 모든 것을 가졌다고 가정해보자. ……흑인을 제외한 나라 전체가 가진 것들을 말이다. ……그것으로 충분할까? 미국의 중산층에게는 심장마비 같은 질병을 비롯해서 왜 그렇게 많은 불행이 존재할까?……이러한데도 그들의 삶이 그리 자유로워 보일까? 또 핵폭탄은 왜 존재할까?

그 운동에 참여한 한 백인 조직가와 흑인 학생 사이에 오간 대화 한 토막은 그들이 같은 종류의 열망을 공유하지 않았다는 것을 보여준다. 미시시피 주 그린우드의 흑인 십대들은 백인들만 들어갈 수 있는 극장이 흑인에게도 개방되도록 폭력적인 전술을 쓸 것을 요구했다. 백인 침례교 목사의 아들이었으며 그 운동을 주도적으로 조직했던 밥 젤너는 그들의 생각을 바꾸는 임무를 부여받았다. 공동체 회의에서 젤너는 그들이 극장이 아니라 좀더 중요한 사안에 힘을 모아야 한다고 주장했다. 그는 "우리의 집중된 노력은 투표자 등록에 투입되어야 한다"고 말했다. "남부의 모든 극장에서 흑백 분리를 철폐한다고 해도 어떤 기본적인 것도 달성하지 못한다." 그러자 열여섯 살의 소녀가 대꾸했다. "당신은 투표권을 얻을 때까지 기다려야 한다고 말하지만, 정작 그때가 되면 지금 어린 사람들은 너무 늙어서 볼링장과 수영장을 즐기지 못하게 될 것이다." 미시시피에 온 백인 자원봉사자들은 자주 자신들이 닮고자 했던 흑인들과 반대방향으로 가고자 했다.

통합되기에는 너무 불량한

민권운동과 흑인 민족주의 단체들이 새로운 흑인의 모습에 대한 고양된 비전을 통해서 엄청난 수의 아프리카계 미국인들에게 영감을 준 것은 부인할 수 없는 진실이지만, 이 운동의 지도자들은 시민권을 확보하는 데에 필요한, 책임감을 가지고 희생하는 대중을 창출하는 데에는 성공하지 못했다. 공동체적 의무에 대한 반발은 백인들보다 흑인 노동계급 사이에서 훨씬 더 거셌다. W. E. B. 두보이스, 랭스턴 휴즈, 제임스 볼드윈과 보다 최근의 학자들로는 로빈 D. G. 켈리, 데이비드 뢰디거, 새디야 하트먼, 로데릭 퍼거슨 등은 흑인 문화의 상대적으로 해방된 면모가 다음과 같은 역사적 사실, 즉 항상 그랬던 것은 아니겠지만 미국사의 대부분의 시기 동안 흑인들이 상당한 정도로 시민권에서 배제되어왔고, 따라서 그 억압을 내면화할 공산이 훨씬 더 적었던 결과라고 시사했다. 흑인들이 노예제와 흑백 분리, 강제노동을 거쳐오면서 고유의 문화를 창조해왔다는 사실을 고려할 때, 제2차 세계대전 후에 시민권의 획득이 가능해 보였을 때 흑인 노동계급이 그 권리와 자기 문화가 주는 쾌락을 맞바꾸는 데에 주저했다는 것은 확실히 그럴싸한 견해이다. 학자들이 흑인 지도자들에 대한 연구 대신 흑인 노동계급의 문화에 대한 검토를 시작하면서 이런 저항을 뒷받침하는 사례들은 쌓여왔다.

두 차례의 세계대전과 한국전쟁을 거쳐 베트남 전쟁에 이르기까지 군대 내의 불복종과 더불어 징집 회피 경향은 백인들보다는 흑인들 사이에서 월등히 심했다. 제1차 세계대전 당시 파병된 유일한 흑인 전투사단의 병사들은 전장에서 자주 도망쳤고, 그 결과 전체 사단의 전선배치가 철회되었다. 또한 양차 세계대전 동안 많은 수의 흑인들이 징집을 피하고자 환자나 광인인 척 위장했다는 이야기도 꽤나 많았다. 앞에서 제2차 세계대전 동안에 흑인들이 백인들보다 징집을 피하려는 경향이 강했다는 사실을 살펴보았다. 비슷한 이야기인데, 역사가 제럴드 길은 한국전쟁 기간에 징집법의 위반 경향이 도시의 흑인 거주지역에서 이례적으로 두드러졌다는 것을 밝혔다. 개전 이후 첫 몇 개월간 할렘의 징집 대상자 중 30퍼센트가 대상자 등록의무를 준수하지 않은 것으로 추정되었다. 전국적으로 보면, 1951년부터 1953년까지 징집 선발법을 어겨 체포된 인원의 대략 20퍼센트가 아프리카계 미국인이었다. 애국의무에 대한 흑인들의 저항은 베트남 전쟁 때에 절정에 달해서 등록의무를 어긴 징집 대상자의 절반가량이 흑인이었다.

병역을 거부한 주된 동기가 평화주의에 대한 신념일 공산은 적다. 사실상 몇몇 학자들이 제시한 증거는 인종주의에 대한 전투적이고 분리주의적인 저항보다는 오히려 비폭력 동화주의가 미국사 전체에 걸쳐, 심지어 민권운동 시기에조차도 이례적이라는 티머시 타이슨의 주장을 뒷받침해준다. 타이슨의 연구는 디케이터, 미시시피, 먼로, 노스캐롤라이나, 컬럼비아와 테네시 지역에서 인종차별적 폭력에 대항한 대중봉기와 남부 전역에 걸쳐 발생한 자기 방어적인 개인적 폭력행위의 숱한 사례들에 대해서 말해준다. 당연히 북부 도시에서도 가난과 경찰 폭력에 대한 폭력적 대응은 흔했고, 와트(1965)와 디트로이트(1967), 뉴어크(1967)에서 벌어진 주요 봉기에는 약탈이라는 폭력적 형태로 물질적 욕구가 표출되었다.

로빈 D. G. 켈리, 테라 헌터를 비롯한 여러 역사가들은 흑인 노동계급 남녀에게서 작업장의 기강에 저항하는 오랜 전통을 발견했다. 켈리에 의하면, 그런 저항은 흔히 "노동을 회피하려는 일상적 전략, 즉 시간 끌기에서 태업, 작업장에서의 절도, 결근, 욕설 및 낙서"의 형태를 띤다. 켈리는 인종주의적 전형을 퇴치하려고 시도하는 학자들을 비판하는데, 그들은 "종종 너무 성급하게 그 전형들을 뒤집어 흑인 프롤레타리아를 가장 성실하고, 가장 검소하며, 또한 가장 효율적인 노동력으로 둔갑시킨다"는 것이다. 그의 의견은 오히려 "대개의 노동, 특히 인종차별적이고 성차별적인 환경에서 이루어지는 노동이 소외를 야기한다는 것을 고려할 때, 흑인 노동자는 경제적 손실을 최소화하는 한에서 최대한 일을 덜 하고자 했던 것일 수 있다"는 것이다.

아프리카계 미국인은 '선량한' 시민에게 요구되는 의무를 다른 방식으로, 즉 은밀하게 회피했다.

1970년대의 납세 거부는 주로 분노한 백인들이 주도했다는 관측이 많지만, 아프리카계 미국인들도 자신들만의 납세 거부운동 비슷한 것을 벌이고 있었다. 그런 움직임은 백인들의 반란보다 덜 가시적이고, 아마도 덜 의식적인 정치적 행동이었겠지만 그 규모는 훨씬 더 컸다. 미국 국세청 자료를 토대로 수행한 연구들은 1960년대와 1970년대 조세법에 대한 불응이 백인들보다 흑인들 사이에서 현저히 많았다는 것을 보여준다. 게다가 이런 연구들은 조세체계에서 벗어난 거대한 지하경제를 제외하고도 그런 결론에 도달했다. 경제학자들은 1970년대 전체 국민소득의 8퍼센트에서 14퍼센트 가량이 지하경제에 속한다고 추정했으며, 지하경제의 참여자들은 압도적인 비율로 흑인들이 많았다. 1971년 노동부에서 수행한 한 연구는 할렘 지역의 성인 인구는 5명당 1명꼴로 불법적인 활동에서 나온 수입만으로 생계를 꾸린다고 추정했다.

아마도 가장 의미심장한 사실은 1950년대와 1960년대에 부상한 흑인 대중문화가 마틴 루서 킹의 기획을 확실하게 외면했다는 것이다. 그 점을 잘 보여주는 흑인 대중문화는 그동안 민권운동을 연구해온 거의 모든 역사가들이 무시한 분야였다.

더 고상한 목적을 위해서 개인적인 욕구 충족을 포기하라는 민권운동 지도자들의 훈계에도 불구하고 이 시기 동안 도시에서 사는 흑인들에게 가장 인기 있었던 이야기는 '불량한 흑인'에 대한 선망을 표출하는 도시의 구전설화들이었다. 그 이야기 속 흑인들은 고된 일을 거부하고, 운동과 성생활, 지적 활동에서 상대 백인을 꺾으며, 또한 "밴더빌트와 골드버그, 헨리 포드"를 능가하는 부를 축적한다. 1960년대와 1970년대 가장 인기 있었던 개그 실황 음반에는 루비 레이 무어의 스탠드업 코미디도 포함된다. 그는 「돌레마이트 (Dolemite)」, 「샤인(Shine)」, 「포주 샘(Pimpin' Sam)」, 「말하는 원숭이(The Signifying Monkey)」와 같은, 불량한 흑인에 관한 고전적인 이야기를 성인 버전으로 각색하여 들려주었다. 마찬가지로 레드 폭스와 리처드 프라이어는 직설적으로 흑인 문화의 관능성을 긍정하는 쇼로 대중적 인기를 얻었다. 이런 공연자들은 아프리카계 흑인 코미디의 지배적인 장르를 확립했는데, 그들의 쇼는 백인들의 억압적인 도덕 대신 쾌락과 자유를 포용하는 흑인 문화를 자랑스럽게 내세웠다. 흑인의 '불량함'에 담긴 우월성을 표현하는 일은 남성에게만 국한된 것이 아니었다. 맘스 매블리는 전후의 어떤 흑인 코미디언보다 더 인기가 많았다. 성과 소울 푸드에 대한 그녀의 이야기는 전국에 걸쳐 수십만 명의 흑인 관객들을 극장으로 끌어들였다.

민권운동 시기에 영화에서의 흑인상은 시드니 포이티어가 연기한 무성적이며 자기 희생적인 인물로 대변되었다. 1970년대 초 이런 이미지는 성적인 에너지로 충만한 슈퍼 영웅으로 교체된다. 이 새로운 인물형은 "다른 사람들을 위해서 일하지" 않으면서도 대단한 부를 쌓는다. 이른바 도식적인 흑인 오락영화 장르(blaxploitation)는 할리우드가 아니라 1971년과 1972년에 연이어 개봉한 2편의 영화, 즉 「스윗 스윗백의 배드 애스 송(Sweet Sweetback's Baad-assss Song)」과 「슈퍼플라이(Superfly)」를 만든 흑인 독립 제작자와 작가, 감독에 의해서 창안되었다. 「스윗 스윗백」의 사창가 출신 주인공은 포주가 되어 화려한 옷과 멋진 차, 무제한적인 성을 즐기는 삶을 산다. 2명의 백인 경관이 한 흑인 청년을 무자비하게 구타하는 것을 목격한 스윗백은 그 경관들을 살해하고 멕시코 국경을 넘어 도주하게 된다. 『에보니』는 그 영화가 "하찮고," "진부하다"고 평했지만, 흑인 노동계급 관객들은 그런 평가에 동의하지 않았다. 영화는 디트로이트의 그랜드 서커스 극장에서 개봉했고, 개봉 당일의 흥행기록을 갈아치웠다. 1만5,000달러로 제작한 「스윗 스윗백」은 전국적으로 1,500만 달러 이상을 벌어들여 당시까지 가장 많은 수익을 올린 독립영화가 되었다. 「슈퍼플라이」는 그보다도 더 큰 인기를 끌어서 1,800만 달러 이상의 수익을 올렸고, 역시 민권운동의 지도자들로부터 공격을 받았다. 영화는 코카인을 파는 할렘의 마약상에 관한 내용으로서, 주인공은 백인 갱단 두목으로부터 거금을 탈취하고 백인 경찰도 제압함으로써 게토 지역과 마약상 일에서 벗어나고자 한다. 이 주인공 역시 사회적 지위와 노동윤리 모두를 거부하고, 쾌락과 자유의 삶을 선호한다.

대중음악 부문으로 시선을 돌리면, 민권운동과 블랙 파워 운동이 벌어지던 시기에 흑인들이 만든 노래의 가사는 흑인 지도자들이 힘써 억누르고자 했던 거의 모든 욕망을 담고 있다. "머니 허니", "페이백", "돈(바로 내가 원하는 것이지)" 등의 큰 인기를 누렸던 노래들은 하나같이 물질에 대한 열망을 강하게 드러냈다. R&B 장르의 또 하나의 단골소재는 강요된 노동의 거부이다. 팻 도미노, 샘 쿡, 스모키 로빈슨은 "우울한 월요일"과 "일을 구해야만 하는" 상황이 싫고, 주말이 가져다주는 해방을 사랑한다고 노래했다. 검약과 근면을 당부하는 킹에게 응답이라도 하듯이 리틀 리처드는 "찢어 발겨"라는 노래에서 다음과 같이 절규했다. "자, 이제 토요일 밤이고 난 막 봉급을 탔지/돈을 써버려, 저축일랑은 말고/내 가슴이 놀자! 놀자! 즐겨보자!고 외친다/왜냐하면 토요일 밤이고 기분이 끝내주니까." 또한 1950년대 클로버의 "멋진 사랑"에서 1960년대 제임스 브라운의 "섹스 머신"을 거쳐 1970년대 마빈 게이의 "렛츠 겟 잇 온"에 이르기까지 이 장르의 음악에는 성적 방종에 대한 찬가가 많았다.

이런 쾌락적 정서는, 특히 1970년대에 가장 인기 있던 대중음악 장르인 디스코 음악이 부상할 때 거침없었다. 흑인과 이탈리아인, 동성애자 노동계층이 출입하던 나이트클럽에서 발생한 디스코는 1970년대 중반이 되면, 방송과 빌보드 순위, 클럽을 평정하게 된다. 디스코는 미국 역사상 성적으로 가장 개방적이던 시기의 중심적인 문화현상이었다. 디스코는 육체를 찬미하고, 노동을 거부하며, 가족에 반하는 지향을 상징했다. 이 문화현상을 관측한 다수가 말했듯이 가장 놀라운 것은 디스코클럽이야말로 미국에서 가장 철저하게 인종 간의 경계가 사라진 곳이었다는 사실일 것이다. 철저하게 반항적인, 동성애 문화의 산물이 민권운동이 도덕적 훈계와 입법을 통해서 달성한 것보다 더 폭넓은 인종 간의 통합을 이룩했다는 것은 아마도 미국 인종관계의 역사에서 가장 위대한 아이러니일 것이다.

가장 혹독한 디스코 비판자들이 마틴 루서 킹의 계승자였다는 것은 놀라운 일이 아니다. 제시 잭슨(1941- : 미국의 침례교 목사로 민권운동에 참여한 이래 줄곧 영향력 있는 흑인 사회의 대변인 역할을 맡아왔고, 민주당 대통령 후보 지명에도 여러 차례 도전했다/역주)은 디스코를 "섹스 록"이며, "청년들의 도덕의식과 정신을 더럽히는 쓰레기 혹은 오염물질"이라며 공격했다. 이런 언사는 1950년대 로큰롤을 단죄한 킹의 말을 거의 그대로 반복하고 있다. 잭슨은 디스코 음악을 파는 음반가게를 상대로 구매 반대운동을 벌이겠다고 위협했으며, 그가 이끄는 인권단체 오퍼레이션 푸시(Operation PUSH[People United to Save Humanity])는 디스코의 해악에 관한 일련의 토론회를 개최했다. 디스코는 주류 음악계에서 사라졌지만, 새로운 문화적 형식으로 이어졌다. 힙합이라는 그 새로운 음악은 잔존하는 민권운동의 지도자들을 더욱 곤혹스럽게 만들었다. 1970년대 후반 등장할 때부터 힙합은 디스코보다 킹의 비전에서 더욱 멀리 달아났다. 오늘날 힙합에서 나름의 시각적 특징들을 동반하는 두 가지 지배적인 장르는 격렬하게 동화에 반대하는 '갱스터(gangster) 스타일'과 과시적 소비와 감각적 만족을 찬미하는 '블링(bling) 스타일'이다.

엘라 베이커를 위시한 민권운동의 지도자들은 투쟁의 목적이 (베이커의 표현대로) "햄버거 이상"이며, "개인적인 자유의 추구에 국한되지 않는다"고 주장했지만, 시위 참가자들의 증언은 다수의 남부 흑인들이 공공장소에서의 분리철폐를 소비문화에의 참여로 여기고 환영했다는 것을 말해준다. 애틀랜타의 가장 큰 백화점의 식당 구역에서 분리가 철폐된 후에 가장 먼저 식사를 하러 온 흑인이 그 나들이 때문에 몹시 화려하게 차려입은 것을 보고 시위를 조직한 활동가들은 당혹감을 느꼈을 것이다.

백인들의 자유운동

민권운동이 흑인 문화를 개조하려고 노력했다면, 흑인 노동계급이 백인들에게 최소한 일정 정도의 해방을 가져다준 것은 사실이다. 흑인들처럼 시민권의 의무를 거부한 백인들은 흑인들의 고통과 빈곤이 아니라 그들의 문화가 표현하는 기쁨에 끌렸다. 전후에 아프리카계 미국인들을 모방해 유명해진 작가집단, 즉 비트족(Beats)의 작품은 공통적으로 백인 중산층 청년이 흑인 문화에 참여함으로써 소외를 극복하는 내용을 다룬다. 「울부짖음(Howl)」에서 앨런 긴즈버그가 말하는 "가장 뛰어난 정신들"은 부르주아지의 장벽을 뚫고 흑인들의 게토로 들어가서 성과 마약, 정서적인 카타르시스에 한껏 취한다. 잭 케루악은 『길 위에서(On the Road)』에서 흑인이 되어 자유를 향유하려는 욕구를 명시적으로 드러냈다. 소설의 주인공은 덴버에 도착하자마자 흑인들의 거주지역으로 향한다. "나는 걸었다. ……덴버의 흑인 지역으로. 나는 내가 흑인이기를 소망했다. 백인의 세계가 제공할 수 있는 최선의 것도 나에게는 충만한 절정, 충분한 삶, 기쁨, 자극, 어둠, 음악, 충분한 밤이 못 된다고 나는 느꼈다." 많은 '인종 배반자'처럼 비트족도 흑인 문화를 관능적인 면모로 축소시켜 이해했고, 그렇게 함으로써 백인성과 시민권의 구속으로부터 달아날 수 있는 출구를 발견했다.

비트족은 흑인 문화로 향하는 백인 청년들의 집단적인 흐름에 작은 지류일 뿐이었다. 1950년대 동안 흑인 음악이 거둬들인 수익이 전체 음악시장에서 차지하는 비중은 5퍼센트에서 거의 75퍼센트까지 늘어났고, 1960년대 초반이 되면 헤아릴 수 없을 만큼 많은 백인들이 R&B 음반을 소유했고, 들었으며, 그 음악에 맞춰 춤을 추었다. "정글의 리듬이 백인 소년, 소녀들을 동물 수준으로 떨어뜨린다"고 주장했던 반-동화주의자 백인들은 R&B로 대변되는 관능과 감정의 해방에 담긴 호소력이 미국 사회의 근간을 전복하는 위협이라는 것을 잘 이해하고 있었다. 이러한 위협은 콘서트 장으로 몰려드는 젊은 백인 여성 집단이 가장 잘 보여주었다. 백인 여성들은 콘서트 장에서 자제심을 떨쳐버리고 인종적 금기를 넘어설 수 있었다. 척 베리는 흑인 음악이 백인 여성에게 뜻하는 바에 대해서 솔직하게 표현했다. "갈색눈의 멋진 남자"나 "어리고 다정한 16살" 등의 곡을 통해서 베리는 백인들의 성적 금기는, 인종주의자가 상상하듯이 흑인 남성의 공격이 아니라 백인 여성의 욕망으로 인해서 깨진다고 선언했다. 베리의 이런 자부심은 1950년대 후반 그를 겨냥한 사법당국의 기획수사에 의해서 사실임이 밝혀졌다. 그는 비윤리적인 이유로 미성년자를 주 경계를 넘어 데려가는 것을 금지하는 만 법령(Mann Act) 위반으로 두 번 체포되었다. 첫 번째 체포 시에는 피해자로 추정된 백인 여성이 자신과 베리의 관계는 전적으로 상호동의에 의한 것이며, 자신이 관계를 주도했다고 밝힘으로써 혐의가 쉽게 풀렸다. 두 번째로 체포되었을 때 베리는 유죄판결을 받고, 3년간 연방 교도소에서 복역했다. 1959년 미시시피 주 머리디언에서 공연을 한 후에 베리는 다시 한 번 체포되었는데, 한 십대 소녀 팬이 그의 목을 잡고 키스를 했기 때문이었다.

백인 또한 흑인 음악이 엄청나게 해방적이라는 것을 알게 되었고, 그 음악을 누릴 권리를 보호하고자 자주 공격적인 태도를 취했다. 1950년대 후반부터 1960년대 초반까지 버밍엄에서 활동하던 셸리 스튜어트라는 이름의 흑인 디제이는 지역의 흑인 라디오 방송국에서 R&B 프로그램을 진행하고, 일주일에 한 번씩 백인 청소년들의 댄스파티에서 디제이로 일을 하면서 상당한 수의 백인 팬을 확보하게 되었다. 한번은 댄스파티가 한창일 때 그 지역의 KKK 단원 80명이 건물을 포위하고, "백인 소녀들과 춤을 추려고" 했다는 이유로 스튜어트에게 위협을 가했다. 그러자 파티장의 젊은 남성들이 오히려 그들을 공격했고, 수백 명으로 추정되는 그 장정들 덕택에 스튜어트는 그곳에서 무사히 빠져나올 수 있었다.

1950년대 후반 백인 젊은이들 사이에서 R&B의 인기는 너무나 커졌고, 이런 현상은 몇몇 남부 대학교들에서 인종 간 통합의 길을 닦게 되었다. 1958년 테네시 주 밴더빌트 대학교의 교내신문 편집자들은 R&B에 대한 애정에 기반해 고등 교육기관에서의 인종 분리에 대한 지속적인 공격을 개시했다. 그들은 일련의 사설에서 흑인 음악에 대한 백인의 반대를 민권운동 시위대에 대한 폭력 진압에 견주었고, 자신들의 대학 캠퍼스에서 즉각적인 인종 통합을 시행할 것을 요청했다. 1962년 앨라배마 대학교의 본부가 그 대학 최초의 흑인 지원자의 입학을 거부하는 동안 코틸리온 학생 클럽은 대학 캠퍼스에서 공연을 할 가수를 결정하고자 학생 전체가 참여하는 투표를 실시하고 있었다. 후보 목록에는 흑인 가수가 한 명도 없었지만, 레이 찰스가 '직접 쓰는 칸에 그의 이름을 쓴 압도적인 다수'에 의해서 선택되었다. 그 결과 그 소울 가수는 코틸리온 클럽의 회장에게 초청을 받았지만, 대학 본부는 그의 공연을 불허했다. 1964년에도 레이 찰스는 투표를 통해서 선택되었지만 이번에도 대학 본부에 의해서 거부당했다. 다음 해 백인 민권단체인 남부학생 조직위원회는 그 대학교에서 인종 간의 통합을 지지하는 분위기가 놀라울 정도로 고조되었다고 보고했다. 1966년 학생들의 폭동 가능성에 직면하게 된 그 대학 캠퍼스는 (흑인적 색깔이 가장 강한) 제임스 브라운을 맞아들이게 되었다.

　1960년대와 1970년대 초반 로큰롤이 대중음악 인기 차트에서 컨트리 음악과 경쟁하는 데에 기여한 음악가들은 모두 흑인 대중문화에 깊이 영향을 받았다. 잘 알려진 바와 같이 다수의 백인 록 가수들은 주크박스가 있는 흑인 술집이나 나이트클럽, 혹은 라디오에서 R&B를 들으며 자신들의 소명을 깨닫게 되었고, 그들이 창조한 음악은 미국 시민권의 모든 신조들에 도전했다. 시민권과 백인성으로부터 도망친 이들 역시, 댄 에밋이 흑인 분장을 하고 선보인 민스트럴 쇼를 통해서 그토록 간절하게 추구했던 것을 원했다. 미국 문명에서의 자신들의 위치, 즉 두보이스가 "그토록 창백하고, 경직되고, 빈약한 것"이라고 부른 것을 받아들이는 대신 이 백인들은 노예들이 보여주는 "세계의 아름다움에 대한 관능적인 감지능력"이라고 두보이스가 칭한 특성을 선망했다.

폭력의 결실

마틴 루서 킹이 미국 비폭력의 사도로 보는 것은 옳은 관점이다. 그러나 그는 20세기에 가장 대규모의 살인 음모에 가담했다. 미수로 그친, 그 살인 음모가 겨냥한 대상은 바로 불량한 흑인이었다.

제2차 세계대전 동안 불량한 흑인은, 다수의 미국 청년들에게 반항정신을 감염시킨 주트 수트를 입은 모습으로 백인들의 관심을 끌었다. 다수의 사람이 로스앤젤레스와 할렘에서의 폭동, 주트 수트 문화, 그리고 반항적인 청년 문화 일반이 국가 안보에 위협이 된다고 보았다. 이 모든 현상의 주된 책임은 불량한 흑인에게 있었다. 그래서 그들을 죽이려는 음모가 꾸며졌다.

청년 폭동이 있고 나서 캘리포니아의 주지사 얼 워런은 주트 수트 문화를 낳는 사회적 조건에 대한 연구를 지시했다. 케네스 클라크라는 이름의 한 젊은 흑인 심리학자가 폭동에 가담한 할렘의 흑인 주트들과 면담조사를 한 후에 『이상심리학(*Journal of Abnormal Psychology*)』에 폭동을 유발한 반사회적 행태를 해명하는 논문을 실었다. 비슷한 시기에 스웨덴의 사회과학자 군나르 뮈르달은 미국 전역을 돌며 여러 도시의 게토들을 방문 중이었다. 그는 미국의 인종 문제를 단번에, 영원히 종식시킬 연구를 위한 현지조사를 하고 있었다. 그 연구는 『미국의 딜레마: 흑인 문제와 현대 민주주의(*An American Dilemma: The Negro Problem and Modern Democracy*)』라는 제목을 달고 폭동 1년 후인 1944년에 출간되었다. 그 책은 전국적인 베스트셀러가 되었고, 여전히 미국에 관한 사회과학의 성과들 가운데 가장 높은 평가를 받는 저서 중 한 권으로 남아 있다. 그 책의 내용은 재건기 이래 처음으로 불량한 흑인을 없애려는 계획으로 요약할 수 있다.

『미국의 딜레마』는 흑인의 "병리적 특성"이 노예제와 인종 분리의 결과라고 주장했다. 뮈르달에게 이 특성들 중에서 가장 문제가 된 것은 노동의 혐오, 백인에 대한 적대심, 성적 일탈, 그리고 그가 "흑인 가정의 불안정"이라고 칭한 현상이었다. 『미국의 딜레마』는 아프리카계 미국인들에게 미국에 소속되고, "미국 문화로의 동화"를 추구해야 한다고 지시하는 한편, 자신들이 이탈한 규범을 재수용하고 "주류 백인들이 존중하는 특질들"을 체화하기 전에는 미국 사회에 받아들여지지 않을 것이라고 경고했다.

뮈르달은 백인들, 특히 정부와 기업계의 고위직들에게는 엄중한 책망을 쏟아냈다. 그들이 인종 분리를 지속시킴으로써 국력의 기반을 약화시키고 있다는 것이었다. 뮈르달은 미국의 효율적인 운영을 위해서는 통합과 동화가 필수적이라고 주장했는데, 그의 논리는 노예제가 태만을 낳았다고 주장했던 노예 폐지론자들과 흡사했다.

우발적인 폭력뿐만 아니라 대부분의 나태와 부주의, 무책임, 좀도둑질과 거짓말은 틀림없이 [백인들에 대한] 은밀한 공격이라고 설명할 수 있다. …… 일반적으로 흑인들은 자신들이 백인들에 대해서 무조건적으로 도덕적 의무를 져야 한다고 느끼지 않는다. ……두 계급 간의 격리를 강화하는, 이런 의지적인 도덕적 의무의 철회 또한 흑인들의 은밀한 저항의 표현이다.

인종 분리의 비효율성에 대한 이런 분석이 전후 시기를 주도한 인종 진보주의자들을 사로잡았다. 트루먼 행정부는 군대에서 인종 간의 통합을 밀어붙였으며, 1947년 대통령 직속 민권위원회는 인종 분리가 유지되는 한 흑인들은 열등한 병사이자, 노동자로 머물 것이라고 주장하는 보고서를 발간했다.

흑백 분리의 가장 값비싼 대가는 어쩌면 가장 덜 실제적인 것일 수도 있다. 어떤 국가도 그 구성집단들이 서로 적대적인 상황에서는 피로가 쌓이지 않을 수 없다. 긴장과 의심 속에서 사는 사람들은 에너지를 건설적으로 사용할 수 없다. 제약 속에서 사는 이들의 좌절감은 주류 집단에 대한 공격성으로 탈바꿈한다. ……이류 시민으로 격하된 사람들이 이류 시민처럼 행동하는 것은 전혀 놀랍지 않다. 이런 현상은 다양한 이 나라의 모든 소수 집단들에게 해당된다. 이 상처입고 위축된 인성이 야기하는, 돈과 생산, 창의성과 시민권 측면에서의 손실은 측정이 불가능하다. 미국은 인적 자원과 국가 경쟁력 차원에서의 막대한 누수를 허용할 형편이 못 된다.

인종적 진보주의의 언술을 확산시키는 과정에서 엘리너 루스벨트보다 더 중요한 인물은 없었다. 그녀는 남편의 재임 기간 중 줄곧 민권운동의 가장 공세적인 지지자였고, 전후에는 전미 유색인종 지위향상협회와 인종평등회의의 이사진 중에서도 가장 두드러진 일원이었다. 그녀는 수많은 연설과 글을 통해 아프리카계 미국인들에게 완전한 시민권이 부여되기 전에는 미국이 민주적 이념에 미달할 수밖에 없다고 주장했다. 동시에 그녀는 여타 인종적 진보주의자들과 마찬가지로 시민권이 혜택들의 꾸러미만은 아니라는 것도 강조했다. 1943년 루스벨트는 백인 필자들이 연재하던 『니그로 다이제스트 (Negro Digest)』의 "내가 만약 흑인이라면" 시리즈에 기고했다. 그녀는 아프리카계 미국인들이 분노할 이유가 있다는 것을 인정했지만, 시민권에는 노동과 희생이 따른다는 사실도 상기시켰다.

내가 만약 지금 흑인이라면……나는 내가 성실히 노력할 것이며, 현 상태에서 가능한 최선의 것을 달성하기 위해서 계속해서 노력하리라는 것을 안다. 나는 여러 세대에 걸쳐 누적된 경제적 불평등에 발목을 잡히겠지만, 어떤 분야가 되었든 그곳에서 최고의 자리를 향해 점진적으로 도전해온 흑인들에게 자부심을 느낄 것이다.
나는 너무 많은 요구를 하지는 않을 것이다. 나는 기회가 올 때마다 내 자질과 능력을 보여주겠지만, 빨리 인정받지 못한다고 해도 계속해서 나 자신을 증명해나갈 것이다. 뛰어난 성과는 결국 인정을 받게 된다는 사실을 알기 때문에······.

나는 친구들에게 의지하여 자신에 대한 믿음을 견지하려고 애쓸 것이다. 내가 의지하는 친구들 중에는 반드시 백인들도 있을 것이다.

1954년의 브라운 대 교육위원회 사건의 대법원 판결은 전통적으로 흑인들에 대한 선물로 해석되어왔다. 그러나 그 판결을 정당화하는 대법원의 주요 논거는 교육기관에서의 인종 통합이 고용주와 국가를 이롭게 하리라는 것이었다. 대법원은 우선 규범에 어긋나는 흑인들의 행태가 국민 전체의 정치체제로의 통합목표와 상충한다고 명시했다. 이어서 대법원은 미국이 흑인들에게 온전한 시민권을 박탈함으로써 기강 잡힌 생산적인 노동자와 병사를 길러낼 수 있는 기회를 스스로 박탈했다고 설명하면서, 교육기관에서의 흑백 분리를 위헌으로 판결했다.

아마도 오늘날 교육은 중앙과 지역 정부 모두의 가장 중요한 기능일 것이다. 학교 출석을 의무화하는 법령과 엄청난 교육예산이 민주사회에서의 교육의 중요성에 대한 우리의 인식을 보여준다. 교육은 가장 기본적인 공적 의무, 심지어 병역을 수행하는 데도 필수적이다. 교육은 훌륭한 시민적 문화의 근간인 것이다. 오늘날 교육은 아이들에게 문화적 가치를 일깨워주고, 이후의 직업적 훈련에 대비시키며, 아이들이 삶의 환경에 정상적으로 적응하도록 돕는 주요한 수단이다.

브라운 판결은 단 하나의 각주를 포함하고 있는데, 바로 군나르 뮈르달의 『미국의 딜레마』의 한 구절이 인용된다. 인종 분리가 흑인들을 병적으로 만든다는 판결문의 핵심 주장은 케네스 클라크의 저서에서 유래했다. 그리고 그 판결문을 작성한 사람이 바로 클라크에게 연구를 의뢰한 얼 워런이었다. 이렇듯 불량한 흑인이라는 관념은 미국의 학교에서 인종 통합을 명한 그 판결문의 모든 단어들에 스며들어 있었다.

연방정부는 미국 역사상 최초로 흑인 지도자들에게 진정한 인종 통합의 기회를 선사했고, 그러자 그들은 불량한 흑인을 흑인 시민으로 변모시키기 위해서 그 기회를 잡았다.

앨라배마 주 몽고메리 지역의 민권운동 지도자들은 버스 승차 거부운동을 벌이기로 결정하고도 그 운동의 상징이자 촉매가 될 사람을 물색하면서 브라운 판결 이후 거의 1년을 기다렸다. 지도자들은 흑인 여성이 남성보다 더 큰 공감을 불러일으킬 것이라고 믿었기 때문에, 그 상징은 여성이어야 한다는 데에 동의했다. 1955년 초 한 후보가 부상했으나 그녀는 사회적 품위라는 기준을 충족시키지 못했다. 3월에 클로데트 콜빈이라는 이름의 15세 소녀는 도시의 분리규정에 불응했다는 이유로, 강제로 버스에서 내려야 했다. 지도자들은 그녀의 저항을 계기로 승차 거부운동을 펼칠 것을 고려했지만, 그녀가 미혼인 데다가 임신 중이라는 사실이 밝혀지자 그녀를 포기했다. 콜빈과 달리 로자 파크스는 가족적 가치와 사회적 품위에 부합하는 여성의 이미지를 대외적으로 구현할 수 있었다. 파크스는 결혼했고, 차분했으며, 성실한 신자였기 때문에 그녀는 민권운동의 대모 역할에 몹시 잘 어울렸다. 승차 거부운동이 벌어지는 동안 지역의 민권운동 지도자들은 언론에 그녀가 "온화하며, 온건한 말투의 숙녀로서, 화가 났을 때도 젠장(damn)이라는 말조차 쓰지 않을 만큼 다정한" "전형적인 미국의 주부"라고 소개했다. 그 운동의 한 백인 지지자는 그녀가 "어머니의 날의 상징과 같았다"고 말하기도 했다.

물론 불량한 흑인은 미국 전역의 도시에서 계속 살아남았다. 그리고 미국의 역사 교과서는 말하지 않지만, 1960년대에 불량한 흑인은 꽤나 대단한 성과를 보여주었다. 그들은 동화나 통합을 추구하지 않고도 남부의 인종 간 경계를 허물었다.

역사가들은 1963년의 버밍엄 사태가 미국에서의 인종 간 역사에서 결정적인 사건이었다는 데에 동의한다. 이듬해 민권법이 제정되면서 공공시설에서의 인종 분리가 불법이 되었던 것이다. 또한 역사가들은 대개 1963년 5월 버밍엄의 비폭력 시위대가 지역의 백인 권력층에 수치심을 주어 그 도시의 상업지역에서 인종 분리의 철폐를 가져왔다는 데에 동의한다. 그 시위대로 말미암아 경찰서장 불 코너와 폭력적이기로 악명이 높던 그 도시의 경찰들이 물대포를 동원하고 개를 풀었다는 사실이 세상에 공개되었다.

그런 공식적인 역사에 의하면, 단정한 복장의 아이들이 줄지어 감옥으로 걸어가고, 시위대가 물대포와 셰퍼드의 공격을 받는 모습이 전국적으로 방영되면서 인종 분리는 사라져야 할 사회적 모순으로 보이게 되었다. 당시 미국은 검은 피부의 제3세계 국민들의 마음을 두고 공산국가와 경쟁을 벌이고 있었다. 실제로 경찰 폭력이 방송된 직후 버밍엄 시정부의 대표들과 상공회의소는 시내의 상업구역 전체를, 과거에 흑인들에게 금지되었던 일자리와 더불어 흑인들에게 개방하는 협정서에 서명을 했다. '아이들의 십자군'을 요청했던 마틴 루서 킹이 그 유명한 『버밍엄 감옥에서 보낸 편지(*Letter from Birmingham Jail*)』를 썼던 것도 이때였다. 킹의 책은 곧장 미국 문학의 정전에 편입되었고, 비폭력 시위를 도덕적으로 올바를 뿐만 아니라 가장 효과적인 사회 변혁의 수단으로 자리잡도록 했다.

그러나 비폭력은 전략에 그치는 것이 아니었다. 앞의 책을 통해서 킹은 거기에 담긴 더 깊은 정치적 함의를 밝혔다. 비폭력 민권운동은 인종 분리의 철폐나 백인들의 특권과 공간에 대한 접근권뿐만 아니라 인종 간의 통합을 추구했다. 킹을 위시한 민권운동의 지도자들에게 그 말은 흑백의 완벽한 **융합**을 뜻했다. 비폭력이 불가결한 전략이 되었던 것은 바로 이런 목표 때문이었다. 킹이 이해한 바, 백인에 대한 폭력적 저항은 흑인이 백인에게 환영받는 것을 불가능하게 만들 것이었다. 또한 폭력적 저항은 그가 "벗어날 수 없는 상호성의 관계망"이라고 부른 것을 손상시키는데, 그 표현은 모든 인간이 "하나의 단일한 운명의 옷"으로 엮여 있다는 생각을 담고 있었다.

그러나 버밍엄에서의 인종 분리 철폐과정에 대한 이 이야기에서 빠진 것은 그 도시의 대다수 흑인들, 즉 그 운동에 참여하지 않은 흑인들이다. 그들의 이야기는 비폭력과 통합에 관한 것이 아니라 폭력과 자율성의 수호를 주제로 한다.

버밍엄 경찰서의 문서고에는 민권운동이 벌어지기 직전 4년간의 흑백 간 만남에 대한 상세한 묘사를 제공하는, 경관들의 보고서가 있다. 이런 보고서는 놀라울 정도의 생생함으로 전부 백인에, 인종주의로 악명 높고 폭력적이었던 버밍엄의 경찰과 그에 못지않게 인종차별로 유명했던 그 지역의 민간인들이 흑인들의 대항을 받지 않은 것은 아니며, 거리에서의 폭력은 쌍방향이었음을 보여준다. 그 보고서는 수백 명의 평범한 흑인들이 자신들의 자유를 아주 사소하게라도 침해한 백인들을 때리고, 차고, 물고, 심지어는 칼과 총으로 공격했다는 것을 말해준다.

이 경찰 보고서가 밝혀주는 또 하나의 놀라운 사실은 다수의 여성들이 이런 거리의 전투에 참여했으며, 또한 맹렬하기까지 했다는 것이다. 1962년 4월 29일 밤 두 명의 경관이 존 카터의 집을 방문해 주차 위반에 대한 소환장을 전달하고자 했다. 이어지는 사태를 기록한 보고서는 한 평범한 흑인 여성의 권리에 대한 감각과 더불어, 부르주아적인 품위 규범에서 한참 벗어나는 수단을 사용해서 권리를 지키려는 적극성에 대해서 말해준다.

경찰이 소환장을 쓰는 동안 존 카터의 아내는 집에서 나와서 남편에게 서명하지 말라고 말했다. 경찰은 그녀에게 집으로 들어가라고 명했다. 그녀는 그 명령을 거부했고, 오히려 고함을 지르는 등 소란을 피웠고, 그러자 흑인 군중이 모여들었다. 그녀는 경찰에게 이곳은 공공의 거리이고 누구도 자신에게 이곳을 떠나라고 명령하지 못한다고 말했다. 경관들이 체포하려고 하자 그녀는 경찰과 싸웠고, 그들을 할퀴었다. 그녀는 경관 잭 파커의 손을 물려고도 했다. 파커 경관이 이 흑인 여성과 몸싸움을 벌이는 동안 그 남편이 파커를 올라타 제압했다.

경찰서는 1959년에 체포된 여성들의 수를 기록했는데, 무기를 숨기고 다니다가 체포된 흑인 여성은 17명이었던 반면 그해에 같은 혐의로 구속된 백인 여성은 1명뿐이었다.

몇몇 보고서는 경찰이 흑인들의 공간을 침해했을 때 즉각적으로 연대해 저항한 사례를 담고 있다. 예를 들면, 1960년 5월 7일 사우스 사이드 구에 위치한 클럽인 쓰리 시스터 카페에서 벌어진 사건이 그렇다. 2명의 경관이 카페에 들어와 음주로 인한 질서교란 명목으로 남녀 1명씩을 체포하자, "여러 흑인들이 경찰과 대치하여 욕설을 퍼붓기 시작했으며," 이어지는 소동을 통제하기 위해서 "현장으로 몇 대의 순찰차가 도착했다." 비슷한 사건으로는 1956년 여름, 시 강당에서의 스포츠 경기 후에 발생한, 흑백 간의 대규모 집단 폭력사태가 있다. 해럴드와 비니아 레이라는 흑인 부부는 아이와 함께 길을 걷다가 한 백인 남자와 맞붙어 말싸움이 붙었는데, 부부는 그 남자가 자신들을 차로 치었다고 주장했다. 경찰에 체포된 부부는 경찰과 몸싸움을 벌였고, 경찰은 그들을 도로에서 경찰서까지 강제로 끌고 가야 했다. 재판에서 판사는 그 부부에게 그들의 행동이 거의 인종 폭동을 일으킬 뻔했다고 말했다.

역사가들은 체포에 저항한 사건을 기록한 보고서에 신중하게 접근했는데, 그런 기록들이 경찰 폭력을 정당화하기 위해서 과장되었을 수도 있기 때문이다. 그러나 그 보고서가 작성된 1950년대 후반에서 1960년대 초반까지는 아직 흑인들에 대한 경찰 폭력이 국가적 사안이 되기 전이었고, 버밍엄 경찰 중 누구도 흑인에 대한 부당한 폭력으로 처벌받거나 고발당하기 전이었다. 또한 기록된 대부분의 사건에서 구속된 흑인 용의자가 당한 상해는 경미했거나 전혀 없었다. 관련 경관은 상해를 입은 반면 구속된 흑인은 그렇지 않았다고 기록한 보고서 또한 많았다. 어느 기간 동안은 평균 1개월에 1명의 경찰이 체포에 불응하는 용의자를 상대하다가 심각한 상해를 입었다.

백인 민간인을 상대로 비슷한 형태의 저항이 벌어지기도 했다. 숱한 경찰 보고서와 신문 기사가 흑백 분리를 유지하고자 하는 백인들의 권력에 대담하게 맞선 흑인들의 이야기를 담고 있다.

1955년 어느 여름날, 시내의 시장에서 백인 농부들이 일군의 흑인 청소년들을 자신들의 가판대에서 쫓아냈다. 흑인 청소년들이 말을 듣지 않자, 한 농부가 그들 중 한 명에게 발길질을 했다. 그러자 3명은 도망을 갔다가 곧 좀더 나이가 많은 2명을 데리고 돌아왔는데, 그들은 권총을 들고 있었다. 무장 호위를 등에 업고 소년들 중 하나가 농부들을 놀렸다. 한 농부가 「버밍엄 뉴스(*Birmingham News*)」에 증언한 바에 의하면, "뒤에 서 있던 나이가 많은 놈들이 아까처럼 마차 앞의 어린놈들을 쫓아내보라고 도발했다." "우리가 그들을 쫓아내자 뒤에 서 있던 나이 많은 놈이 총을 발사했다." 농부 중 2명이 상해를 입었고, 3명은 가까스로 총상을 피했다.

1960년에는 철로를 경계로 흑인 거주지역과 분리되어 있던 킹스턴 지역의 백인 주민들이 흑인 청소년들이 백인 동네를 마치 자기 동네인 양 돌아다닌다고 경찰에 신고했고, 더 나아가 그 침입자들이 자신들의 집에 돌을 던지자 스스로 무장하겠다고 경찰을 압박했다. 이후 몇 년간 이 흑백 경계지역의 백인들은 흑인들이 자신들의 주택을 공격하고 나서 철로 저편으로 달아남으로써 체포를 피한다는 신고를 계속해서 했다.

한편 백인의 흑인 거주지역 침입은 폭력으로 앙갚음을 당했다. 1962년 9

월, 한 무리의 백인 십대들이 차를 탄 채 흑인 거주지역을 관통하는 대로를 돌아다녔다. 그 무리 중 한 명이 나중에 경찰서에서 한 증언에 따르면, 그들은 "흑인들, 특히 흑인 소녀들에게 고함을 쳤다." 그들이 차를 멈추었을 때, 흑인 남자 2명이 "그들을 붙잡아 계속 때렸다." 한 달 후에 작성된 경찰 보고서도 비슷한 사건을 담고 있다. 누군가 칼에 찔렸다는 신고를 받고 순찰차가 출동했다. 현장에는 3명의 십대가 있었고, 그중 1명인 게리 홉킨스가 등을 칼로 찔렸다. 홉킨스는 자신이 한 가게에 들어설 때 "우연히 가게 앞에 서 있는 흑인 남자와 부딪혔다"고 말했다.

그[홉킨스]는 그 흑인 남성이 양손을 허리에 올리고 있어서 팔꿈치가 나와 있었으며, 부딪힌 신체 부위가 그쪽이라고 진술했다. 부딪힌 후 둘은 서로 위협하고 욕을 하기 시작했다. 그 흑인 남성은 홉킨스에게 자기 눈에 띄지 않는 편이 좋을 것이라고 말한 후에 칼로 등을 찔렀다.

1960년 10월 토요일 밤에는 한 흑인 남성이 백인들이 가는 카페에 들어가서 주문을 하고 점원에게 돈을 건넸다. 경찰 보고서에 의하면, 그때 2명의 백인 손님이 그 남자에게 이곳에서는 음식을 살 수 없다고 말했다. 점원은 주문한 것을 가져다줄 테니 밖에서 기다리라고 말했다. 흑인이 카페 밖으로 나가자, 몇몇 백인 남자들이 그를 쫓아나갔다가 입구에서 멈춰섰다. 점원의 진술에 의하면, 12명가량의 흑인 남자들이 입구 앞에 서서 "그들에게 욕설을 퍼붓고 바깥으로 나와보라고 도발했다." 그 말에 일부 백인 남자들이 바깥으로 뛰어나갔고, 그들을 맞이한 것은 총소리였다. 백인 남자 1명이 총상을 입었고, 그 흑인 무리는 그곳에서 빠져나갔다.

아마도 버밍엄에서 일어난 폭력적인 저항 중에서 가장 극적인 것은 스무 살의 흑인 여성 마틸다 커닝엄의 행동일 것이다. 그녀는 경찰에게 1960년

8월 8일, 3명의 백인 남자가 뒷문으로 자신의 집에 들어오려고 했다고 증언했다.

그녀가 집에 들어오는 것을 허락하지 않자, 그들은 강제로 문을 열고 들어왔다. 그들은 방 안을 뒤지고 나서 마틸다에게 남편이 어디에 있는지를 물었다. 그녀는 남편이 직장에 출근했다고 대답했다. 그들은 남편을 찾아 패주려고 한다고 말했다. 그들은 남편이 "똑똑한 흑인"이며, 웨스트 엔드의 한 백인여성 집에서 나오는 것이 목격되었다고 말했다. 그들은 그 말을 하고, 집을 떠나면서 다시 올 것이라고 말했다.

커닝엄에 의하면, 3일 후에 그 3명의 남자들은 다시 왔다.

그녀는 그들이 오는 것을 보고 뒷문으로 가서 원하는 것이 무엇인지 물었다고 진술했다. 그들은 집 안으로 들어가겠다고 말했다. 그녀는 잠깐 기다리라고 한 후에 안으로 들어갔다. 그녀가 말하기를, 그녀는 총을 들고 다시 뒷문으로 나왔으며, 그러자 그들은 도망가기에 바빴다. 그녀는 도망가는 그들을 향해 두 발의 총을 쏘았지만 아무도 맞지는 않았다. 그들 중 한 명이 도망가는 중에도 다시 올 것이라고 고함을 쳤다.

1956년에는 흑인의 폭력에 대한 백인들의 불안이 너무나 커져서, 디트로이트 인근의 산업도시 베서머에서 백인들은 흑인들이 소위 "[백인들을] 밀어내는 날"을 조직하고 있다고 확신하게 되었다. 그날이 되면 흑인 군중이 시내를 장악해서 백인들을 거리에서 전부 몰아내리라는 것이었다. 예상한 날이되자, 근무시간이 아니었던 경관들도 모두 소환되어 시내를 순찰했지만 그런 일은 벌어지지 않았다.

흑인이 백인을 공격한 사건 중에는 그 동기가 그저 범죄적인 악의 이상은 아닌 듯한 인상을 주는 사건들도 있었다. 1958년 8월 한 젊은 백인 남녀는 밤늦게 인적이 없는 거리를 걷다가 흑인 남자들에게 둘러싸여 병으로 머리를 맞고 깨진 병조각에 찔렸다. 1961년 3월에 벌어진 비슷한 사건에서는 여자 둘과 남자 넷으로 이루어진 20대의 흑인 무리가 홀로 거리를 걸어가던 백인 남자를 쓰러뜨린 후에 마구 때리고 어깨와 손을 칼로 베기까지 했다. 이런 사건에서 폭력을 행사한 흑인들이 어떤 분명한 정치적 사명 때문에 그 같은 행동을 했다고 시사하는 증거는 없다. 그렇지만 그들의 행동은 버밍엄에서 흑백 분리를 철폐하는 데에 결정적인 역할을 한 것으로 드러났다.

아마도 민권운동과 관련하여 가장 유명한 이미지는 1963년 5월에 불 코너가 킹이 이끄는 비폭력 시위대의 흑인들을 향해 물대포를 쏘고 개를 풀면서 만들어졌다. 그 이미지에 관해서 잘 알려지지 않은 사실은 그 사태의 희생자가 비폭력 시위대가 아니었다는 점이다. 오히려 그들은 버밍엄 사태를 연구한 역사가들이 "행인", "방관자", "구경꾼", 그리고 "주변에 있었던" 사람들로 묘사한 이들이었다. 이러한 묘사는 두 가지 효과를 낳는다. 첫째, 그 도시의 평범한 아프리카계 미국인들에 의한 자발적 저항의 역사를 지운다. 지금 보면 감옥으로 걸어들어간 민권운동 지도자들의 아들, 딸들보다 그들이 훨씬 더 전형적인 버밍엄의 흑인들이었다. 둘째, 이러한 묘사는 아프리카계 미국인들에게 희생자의 지위를 부여하는데, 그것이야말로 정확히 킹이 통합과 동화를 위해서 만들고자 했던 흑인의 정체성이었다. 그러나 코너의 경찰들에게 공격당한 사람들을 희생자라고 하기는 어려웠다. 그리고 시위 이전과 시위가 진행되는 동안에 그들은 동화 혹은 통합되고자 하는 욕망을 전혀 드러내지 않았다.

사실 시위 중에 경찰들에게 돌멩이와 병을 던진 흑인들이 비폭력 시위대보다 월등히 많았다. 그리고 코너가 폭력적인 진압전술을 펴도록 강제한 것은 바로 그들의 폭력이었다. 버밍엄 경찰의 보고서는 소방 호스와 개들이 도입되기 전 5월 첫째 주에 돌멩이와 병, 벽돌에 맞아 4명의 경관이 상해를 입었다고 말해준다. 폭동이 거세지면서 6명의 경관이 더 상해를 입은 5월 7일이 되어서야, 코너는 자신에게 영원한 오명을 가져다준 진압노선을 채택하게 되었다. 이후 며칠 동안 도시의 남쪽 지역에 살던 수천 명의 흑인들이 거리로 쏟아지면서 폭동은 더욱 격렬해졌고, 경찰들은 주먹질을 당하고 돌멩이나 병에 맞았을 뿐만 아니라 총과 칼을 이용한 공격을 당했다. 이런 시가전 중에 10명 이상의 경관이 상해를 입었는데, 경관 1명이 칼에 찔렸고, 다른 1명은 스스로 총격전으로 묘사한 상황 중에 다쳤다.

그런데 이 모든 행동들이 무엇을 성취했는가? 그 해답은 킹이 그 도시의 엘리트들에게 선택지를 제시하는 『버밍엄 감옥에서 보낸 편지』의 결정적인 대목에서 찾을 수 있다. 킹은 자신이 흑인 공동체의 두 세력 사이에 서 있다고 썼다. 그 두 세력은 인종 간의 분리를 받아들이는 순응적이고 보수적인 흑인 중산층과 킹이 "비통함과 증오"의 세력이라고 칭한 집단이었다. "나는 이 두 세력 사이에 서려고 노력해왔다. 순응세력의 '가만히 있자 주의(do-nothingism)'와 흑인 민족주의자의 증오와 좌절, 그 어느 쪽도 따르지 말아야 한다고 말해왔다."

나는 비폭력의 철학이 나타나지 않았다면, 지금쯤 남부의 많은 거리에는 피가 흐르고 있을 것이라고 확신한다. 더 나아가 확신컨대, 우리의 백인 형제들이 비폭력 직접 행동노선을 따르는 우리를 '소동꾼'이나 '거리의 선동가'로 폄하하고 우리의 비폭력 시위를 지지하지 않는다면, 수백만의 흑인들이 좌절과 절망 가운데 흑인 민족주의 이데올로기에서 위안과 안녕을 찾고자 할 것이다. 그런 사태의 전개는 필연적으로 악몽같이 끔찍한 인종 간 관계의 악화를 가져올 것이다.

이제 화해와 소속감을 구하지 않았으며, 사회적 품위에 개의치 않았던 버밍엄 지역 흑인들의 저항의 역사를 알게 되었으므로 왜 킹의 위협에 그토록 대단한 무게가 실렸는지 이해가 될 것이다. 만약 버밍엄의 백인들이 킹과 협상하여 흑인들에게 공적 공간을 개방하지 않았다면, 그들은 계속해서 증오와 비통함의 세력, 즉 거리의 불량한 흑인들과 상대해야 했을 것이다. 그리하여 폭동이 벌어지고 나서 며칠 후에 재계와 정계의 백인 지도자들은 민권운동의 지도자들과 마주 앉아 흑인들에게 그 도시의 상업 및 공공 지구에 제약 없는 출입을 허용했으며, 시내 상점에서 흑백 간의 직업 분리를 철폐하는 협정서에 서명했다. 이러한 조치는 **통합**은 아니었다. 협정서는 아프리카계 미국인들이 백인과 더불어 혹은 백인처럼 살도록 강제하지 않았고 그저 그들이 원하고 내키는 대로 오가는 것을 허용했을 뿐이었다. 그리고 그런 조치는 백인들의 양심에 호소하거나 미국의 백인 가족에게 인정받기를 추구했기 때문이 아니라, 흑백 분리로 인해서 치러야 할 대가가 너무나 비싸졌기 때문에 얻을 수 있었다.

킹이 이끄는 남부기독교 지도자협회와의 협상을 중개했던 버밍엄 상공회의소 회장 시드니 스마이어는 당시에 자신을 움직인 것은 흑인에 대한 사랑이 아니라 도시의 통제를 회복할 필요였다고 말했다. 그는 스스로를 "머리끝에서 발끝까지 분리주의자"라고 칭했지만, "지금 하는 이 일이 우리의 주주들에게 내가 할 수 있는 그 어떤 것보다 더 이익이 된다"고 밝혔다. 그는 『월스트리트 저널』과의 인터뷰에서 "우리의 모든 부동산은 버밍엄에 있었는데, 그중 30퍼센트나 세가 나가지 않으면서 아무런 이윤도 내지 못하는 상황이었다. 개발을 하려면 경기가 좋아야 하는데, 증오와 폭력의 도시에서는 그럴 수 없었다." 스마이어는 후에 "나 또한 약간의 인종 간 평화를 원했으며, 그것이 솔직한 내 심정이었다"고 회고했다.

이렇듯이 불량한 흑인들이야말로 남부에서 인종 간의 분리를 철폐했다.

그들이 자신들을 싹 쓸어없애는 일을 사명으로 삼았던 사람의 입을 통해서 그런 과업을 달성한 것은 미국사 최대의 아이러니 중의 하나일 것이다. 그들에게 입을 빌려준 사람은 다름 아닌, 비폭력의 사도 마틴 루서 킹이었다.

15

동성애 해방, 미국의 해방

동성애자들이 항상 반항적이지는 않았다. 그러나 일단 그들이 '선량한' 미국인이라는 목표를 거부하자, 그들 자신을 넘어 모든 미국인들에게 무수한 자유와 쾌락의 문이 열리게 되었다.

미국 최초의 동성애자 정치운동은 1950년대와 1960년대의 '동성애 옹호(homophile)' 운동으로서 '민권' 혹은 '완전한 시민권', 즉 "우리도 이성애자들과 같다는 인정"을 추구했다. 미국인들이 가장 엄격하게 스스로를 이성애자로 규정했을 때, 동성애 운동가들은 자유롭기보다는 주류 사회에 포함되기를 원했던 것이다.

한 국무부 관리가 의회에서 국무부가 동성애자들에게 잠식당했다는 증언을 하면서부터 성적 일탈을 탄압하는 십자군 운동이 본격적으로 시작되었다. 이 증언으로부터 다음과 같은 조치들이 촉발되었고, 5년간 지속되었다. 상원은 정부에서 '변태들'을 색출했고, FBI는 수천 명의 미국인들의 성생활을 감시했으며, 군대에서는 성적 일탈이라는 혐의로 제대하는 군인의 수가 두 배이상 늘어났다. 아이젠하워 대통령은 연방정부에서 동성애자들을 축출했으며, 공무원 지원자들은 지금까지의 성생활 경험을 점검받아야 했고, 각 지역의 경찰들은 수천 번에 걸쳐 동성애자 술집과 그들이 자주 모이는 장소에 대한 기습적인 단속을 시행했다. 더불어 신문은 불법적인 성행위라는 죄목으로 체포된 남녀의 이름과 주소를 공개했다.

이런 1950년대의 반동성애 문화에 대응하여 3개의 주요 동성애 단체였던 매타친 협회, 빌리티스의 딸들, 그리고 야누스 협회는 민권운동의 '위신의 정치' 전략을 채택했다. 이 단체의 회원들은 정장과 보수적인 복장을 갖춰 입었다. 그들은 아이비리그식 패션을 고수해야 했으며, 스위시(swish : 여성 적인 행태를 과장되게 연기하는 동성애자의 행태에 대한 총칭/역주)와 팔목 을 흐느적거리거나 혀 짧은 소리를 내는 것이 금지되었다. 공적인 모임에서 그들은 "연방대법원이 승인한 과학적 자료"만을 제시했다. "근육질 남성이 등장하는 영화"는 금지되었다. 이 단체들은 명시적으로 드랙퀸과 '불 다이크 (bull dyke : 남성적인 외양과 행동을 보이는 여성 동성애자/역주)'를 자신들 의 모임에서 축출했다. 이들의 정치적 활동은 동성애가 정상이라는 것을 입 증하는 연구를 수행할, 호의적인 과학자들을 찾는 데에 국한되었다. 매타친 협회는 이런 목적을 달성하고자 "어떠한 형태의 직접적이고도 과격한 행동" 을 금지하는 결의문을 채택했다. 야누스 협회 또한 킹 목사를 위시한 동화주 의적 노선을 주창했던 민권운동 지도자들의 말을 거의 그대로 써서 "모든 동성애자들은 비난받지 않을 행동규범을 받아들임으로써 이성애자들과의 동 화를 방해하는 장애들을 제거하자"고 촉구했다.

매타친 협회의 설립 초기에 창립자 중 한 명은 다른 노선을 주장했다. 동성 애가 거론되지도 않던 사우스다코타 주의 한 마을에서 성장한 척 롤런드는 제2차 세계대전 중에 군복무를 하는 등 이성애자들의 세계를 누구 못지않게 잘 알았다. 그런 그가 1953년의 협회 총회에서 동화 전략을 공격했다. 그는 "우리는 성적 지향만 다를 뿐이고, 우리가 원하며 또 필요로 하는 것은 성적 욕망을 추구할 수 있는 자유뿐이라는 생각에서 벗어나야 한다"고 말했다. 지 배적인 이성애 문화는 그들을 배제했으며, "그 결과 우리는 여타 집단과는 다르게 발전해왔다"는 것이다. 롤런드는 회원들이 자신들의 욕망과 쾌락, 정체성을 감추기보다는 긍정하기를, 더불어 "하나의 윤리적인 동성애 문화"를 창조하는 데에 힘을 모을 것을 촉구했다. 이 자기 긍정의 발언은 그 세대의 동성애자가 자율성을 주장한 마지막 외침이었다. 그러나 롤런드는 그 총회에서 협회의 여타 지도자들에게 패퇴당했다. 그들은 "다른 성을 추구하는 재[동성애자]는 그 이외의 면에서는 누구와도 다르지 않다. 우리는 사회 일반에서 합당하게 받아들여지는, 즉 가정, 교회, 국가 등의 제도가 승인하는 행동방식에 적응해야 한다"는 입장을 천명했다.

한 잡지 기사에 따르면, 1963년에 열린 동부 해안지역 동성애 옹호단체들의 총회는 "엄정한 품위 유지가 기조였으며, 모든 참석자들은 점잖게 차려입었다." 총회의 청중석에서는 "공개적인 스위시가 금지되었고, 한 토론 모임에 참가하고자 했던 그 지역의 드랙퀸 한 쌍은 정중하되 분명히 출입을 거부당했는데, 적절한 복장을 갖추고 적절하게 행동할 때에만 다시 참석할 수 있다는 말을 들었다." 그 기사는 "참석자들은 너무나 열렬하게 품위를 추구했으며, 명백하게 여성적인 행동을 억제했다"고 결론내렸다. 총회의 기조 연설자는 "체격이 크되, 아름다운 여성"인 조앤 플레쉬만이었다. 그녀는 후에 "남성적인 남성들과 여성적인 여성들이 동성애 옹호운동을 위한 대외 홍보에 도움이 될 것이기 때문에," 자신이 연설자로 선택된 것이라고 밝혔다.

동성애 옹호단체가 조직하는 시위조차 몇 분 동안 침묵하며 행진한 후에 재빨리 한마디 말도 없이 해산하는 방식이었다. 그런 단체는 참가회원들에게 일말의 성적인 함의도 내비치지 말도록 주의를 주었고, "상대의 몸을 건드리거나 손을 잡는 것조차" 금지시켰다. 단체의 지도자들은 공적인 발언을 통해서 거듭 "대다수의 동성애자들은 성적인 지향을 제외하면 누구와도 다르지 않다"고 주장했다. 그들은 성행위에 대해서 침묵할 것을 규범화했으며, "다수의 동성애자들에게 경멸과 조롱을 안겨주는 스위시를 하는 동성애자 부류"를 공격했다. 그들은 동성애자 하위문화의 반항적 역사를 지우고, 존중받는 미국인이 되고자 했던 것이다. 1950년대와 1960년대 초반의 보수적인 사회 분위기를 생각할 때, 사회적 존중을 추구하는 전략이 불가피했다고 주장할 수도 있겠지만, 결국 그런 전략은 완전한 실패작임이 드러났다. 가장 강력한 형태의 성적 이종(異種)을 제거함으로써 사회적 존중을 확보하려고 했던 운동은 경찰 폭력을 종식시키는 데에 실패했으며(1950년대와 1960년대 경찰 폭력은 오히려 증가했다), 시민권도 얻어내지 못했고, 실상 당시의 성적 보수주의에 기여했을 뿐이었다.

1969년 6월 28일 이른 새벽에 뉴욕 그리니치 빌리지의 스톤월 인(Stone-wall Inn)이라는 술집에서부터 이전과는 전혀 다른 사태가 전개되었다. 뉴욕의 풍기 단속반이 동성애자 손님과 그 술집을 운영하는 마피아를 체포하러 왔을 때, 그곳에 있던 200명의 손님 중 다수가 체포에 저항했다. 어떤 손님은 달아났고, 어떤 손님은 신분증 제시를 거부했으며, 한 무리는 자신의 성정체성을 뽐내며 줄지어 술집 밖으로 걸어나갔다. 정문으로 술집을 빠져나간 몇몇 행인들을 관객 삼아 경찰을 조롱하는 연기를 선보였다. 그들은 경찰들 특유의 자세와 그들의 경례하는 모습을 과장되게 흉내냈던 것이다. 한 신문 기사는 "그들의 손목은 흐느적댔고, 머리는 눈에 띄게 꾸몄으며, 행인들의 박수에 대한 그들의 응대는 고전적이었다"고 묘사했다. 하이힐을 신은, 흑인과 백인, 푸에르토리코인 드랙퀸과 군인 같은 머리를 하고 가죽 점퍼를 입은 레즈비언들은 경찰에게 벽돌과 술병을 던졌으며, 건물에 불을 질렀다. 가장 놀라운 것은 그들이 "우리는 동성애자들이며, 우리는 집으로 돌아가지 않을 거야"라고 외쳤다는 사실이다. 완벽한 드랙퀸 복장을 갖추고 기습 체포현장에 있었던 실비아 '레이' 리베라이는 다음과 같이 회고했다. "그동안 사람들은 우리를 쓰레기 취급해왔다. 이제 우리의 차례였다. ……그때는 내 인생 최고의 순간들 중 하나였다."

경찰 특수부대가 폭동을 잠재우기 위해서 도착하자, 동성애자 무리 중의 몇몇이 즉흥적으로 코러스 걸처럼 열을 지어 캉캉 춤을 추기 시작했다. 그들은 노래도 불렀는데, 그 가사는 다음과 같았다. "우리는 스톤월 걸즈라네/ 우리는 머리를 말아올렸지/우리는 속옷을 입지 않았어/그래, 우리의 음모를 보여주지." 현장에서 사태를 지켜본 한 동성애자는 당시 상황이 동성애 옹호 단체가 이전에 권고해왔던 것과는 거의 정반대였으며, 미국사에서 가장 위대한 반항의 순간 중 하나였다고 회고한다.

나는 한 편에는 한 무리의 동성애자들이 다른 편에는 경찰들이 서서 대치하고 있는 광경을 지켜보았다. 경찰들은 다리를 벌리고 서서 곤봉을 쭉 내밀어 들고 있었다. 갑자기 드랙퀸들이 바짓단을 말아올려 반바지로 만들고 나서 경찰들 바로 앞에 섰다. 경찰은 10명쯤이었고, 드랙퀸은 20명쯤 되었다. 그들 모두 서로 어깨동무를 하더니 열을 지어 캉캉 춤을 추기 시작했다. 그러자 경찰들은 곤봉을 들고 돌격해서 드랙퀸들의 머리를 갈기고, 이곳저곳을 때린 후에 그들을 경찰차로 끌고 갔다. 소름끼치는 광경이었다. 가장 의외였던 것은 먼저 공격한 것이 경찰이었다는 사실이었다. 그때 분노가 치밀어 올랐다고 생각한다. 경찰은 우리가 자신들을 릴리 로(Lilly Law : 경찰을 일컫는 은어)라고 부른다는 사실을 잘 알고 있었으며, 우리가 하는 쇼에도 익숙했다. 그런데 갑자기 그 캉캉 춤이 그들의 권위를 조롱했던 것이다. 짐작컨대 그 춤은 경찰의 남자다움에 대한 풍자였을 것이다. 그때 분노를 느꼈던 것 같다. 왜냐하면⋯⋯사람들이 몽둥이로 두드려 맞고 있었으니까. 왜? 고작 캉캉 춤을 추었다고 해서.

1965년 동성애자의 시민권을 위해서 양복을 입고 백악관 앞에서 행진했던 랜디 위커는 그날의 사건에 대해서 이렇게 논평했다. "그렇게 열지어 고함을 지르며 캉캉 춤을 추었던 드랙퀸의 모습은 우리가 구축하고자 했던 동성애자

상과 완전히 배치되었다. ……그날 우리는 그저 소란스럽고 엉성하며 저속한 연기를 하는, 한 무리의 드랙퀸이었을 뿐이다."

다음날 밤에는 더 많은 사람들이 그 술집에 모여들었다. 또 한 번 폭동이 벌어졌고, 시위는 이후 닷새 동안 매일 밤 되풀이되었다. 1943년 십대 시절의 어느 날, 자기 안에서 "어마어마한 동성애"를 발견했던 시인 앨런 긴즈버그는 스톤월의 폭도들에게서 새로운 얼굴을 보았다. "이 사람들은 너무나 아름답다. 그들은 10년 전 모든 동성애자들이 보여주었던 상처입은 표정을 떨쳐버렸다."

동성애 옹호단체는 자신들의 출판물에서 게이라는 단어를 피해왔지만, 스스로 게이 해방전선(Gay Liberation Front, GLF)이라고 칭하는 단체가 스톤월 사건 직후에 창립되었다. 그로부터 6개월이 채 지나기도 전에 뉴욕의 활동가들은 「게이, 게이 파워(Gay, Gay Power)」와 「컴 아웃!(Come Out!)」이라는 2종의 신문을 발간하기 시작했다. 두 신문의 발간부수는 1년 사이에 합해서 2만 부에서 2만 5,000부로 증가했다. 이후 소위 게이 해방운동은 경찰 폭력을 종식시켰고, 남성 혹은 여성이 무엇인가에 대한 관념을 개방시켰으며, 한 세대 전체의 성적 정체성을 넓혀놓았다. 그리하여 퀴어(queer)와 스트레이트(straight)라는 말이 생겨났다.

스톤월 이전에 동성애는 흔히 질병이나 악이라고 생각되었고, 게이들이 모이는 곳은 모든 도시에서 공식적으로는 불법이었다. 그러나 스톤월 사태 1년 후인 1970년, 수만 명의 남녀가 뉴욕의 센트럴 파크와 로스앤젤레스의 그리피스 파크에 모여 대규모 커밍아웃 파티를 개최했고, 최초의 게이 프라이드 퍼레이드(Gay Pride Parade)가 미국 전역에 걸쳐 열려 스톤월에서의 항쟁을 기렸다. 1970년대 내내 다수의 게이 해방단체가 미국뿐만 아니라 전 세계에서 창설되었다. 게이-레즈비언 연구과정이 대학교에 자리잡게 되었고, 동성애는 브로드웨이 연극과 할리우드 영화의 단골소재가 되었다. 게이와 레즈비언의 삶에 나타난 가장 극적인 변화는 행정기관이 게이 바와 게이 사우나에 대한 폭력적인 단속을 중지했다는 것이다. 스톤월 이후에는 소도시의 게이 바조차도 더 이상 스스로를 위장하지 않았고, 1977년이 되면 미국에는 공개적인 게이 사우나가 최소한 129곳이 존재하기에 이르렀다.

게이 해방운동은 이성애자의 삶에도 무수히 많은 방면에서 변화를 가져왔다. 성은 벽장에서 나왔을 뿐만 아니라 가정에서도 벗어나게 되었다. 1970년대 게이들은 선구적으로 곳곳의 공공장소, 예컨대 크리스토퍼 거리의 부두, 육류가공 공장지대에 세워진 트럭 뒤칸, 세인트 마크 사우나, 파이어 아일랜드의 모래사장, 게이 클럽, 웨스트 빌리지의 골목길에서 성교를 했다. 이렇듯 게이들은 공공장소에서 대담하고, 왕성하게 성행위를 하면서 미국 전체가 옷을 벗도록 유인했다. 동성애자는 결혼 혹은 출산과 관계없는, 이런 순전히 오락적인 성교밖에 할 수 없었다. 이런 유형의 성이 미국 문화에서 최초로 합법화되었다. 스톤월 직후『성의 기쁨(The Joy of Sex)』이 출간되어「뉴욕타임스」베스트셀러 목록에 70주간이나 머무르며 수백만 명의 이성애자들에게 이전에는 저속하고 변태적이라고 인식되었던 체위를 소개했다. 불과 2-3년 전이었다면, 그 책은 수백 장에 이르는 성행위를 하는 남녀의 사진 때문에 판금조치를 당했을 것이다. 앞에서 보았듯이 스톤월 이전에는 구강성교는 창녀 혹은 동성애자들이나 하는 짓으로 인식되었다. 의사이자 성과학자인 에드윈 허쉬는 1934년에 구강성교는 "일반적으로 혐오스러운 것으로 간주되며, 애처로울 정도의 변태성욕을 보여주는 징후"라고 썼다. 1960년대 내내 의학 전문가들은 공히 이성애자들의 구강성교를 '장애' 혹은 '일탈적 성교'라고 칭했다. 스톤월 직전에 1969년의 베스트셀러였던『항상 궁금했지만 묻기 두려웠던 성에 대한 모든 것(Everything You Always Wanted Know About Sex But Were Afraid to Ask)』을 출간한 데이비스 루벤 등의, 동성애 의료 '전문가들'은 구강성교가 동성애에서 중요한 역할을 한다고 확언했다. 그렇지만 그들이 대답해주지 않았지만, 정작 대부분의 이성애자들이 궁금해하는 질문은 '우리도 해야 하는가?'였을 것이다. 스톤월 이후에는 물을 것도 없이 모두가 그 행위를 하고 있었다.

스톤월 이전 뉴욕에 사는 수천 명의 게이들의 놀이터였던 파이어 아일랜드는 당국이 알몸을 용인해주는 유일한 해변이었다. 스톤월 이후에 동서부 해안 전역에 걸쳐 불법 노출은 눈에 띄게 증가했다. 1973년에는 케이프 코드 국립해변, 로드아일랜드의 문스톤 해변, 로스앤젤레스의 베니스 해변, 샌디에이고의 블랙스 해변 같은 여러 곳을 나체주의자들이 장악했다. 같은 해에 유진 캘런을 비롯한 몇몇 이성애자 나체주의자들은 미국 해변에서 알몸 노출을 합법화하고자 시위도 하고, 로비도 펼치는 미국 해변전선(Beachfront USA)을 창설했다. 다음해에는 매일 1,000명 이상의 나체주의자들이 베니스 해변에 나타난 것으로 추정된다. 그런 직후부터 이런 '자연 애호(naturism)'는 동부 해안 전체로 확산되었다. 1970년대 중반에는 (가장 열렬한 나체주의자들이 공략한) 플로리다 주에서 메인 주까지의 여러 해변에서 알몸인 사람들이 눈에 띄게 늘어났고, 결국 그곳은 그들의 차지가 되었다. 1978년 케이프 코드 해변의 나체 군중과 어울리면서 자신의 소명을 찾은 리 백샌들은 『프리비치즈(Free Beaches)』라는 잡지를 발간하기 시작했고, 전 세계의 누드 해변에 관한 자료를 수집하는 자유해변 자료 센터를 열었다. 후에 그는 알몸이 허용되는 세계 곳곳의 장소를 알려주는 컬러 책자 『리 백샌들의 전 세계 누드 위락시설 안내서(Lee Baxandall's World Guide to Nude Recreation)』를 출간했다. 그 책자는 전 세계 나체주의자들에게 성서와도 같은 책이 되었다. 이후 백샌들과 캘런은 정부의 승인 없이 전미 누드 주말과 전미 누드 주간을 지정하기도 했다.

스톤월 이전에 심리학자들은 동성애를 정신질환이라고 생각했을 뿐만 아니라 한 개인 안에 존재하는 남성성과 여성성이 서로 반비례관계를 이룬다고 보았다. 어떤 사람이 더 여성적일수록 그 또는 그녀는 덜 남성적이 되며, 그 역도 마찬가지이다. 스톤월 이후에는 문화 전반은 물론이고 심리학 분야도 남성성과 여성성에 대한 이런 생각을 바꾸게 되었다.

1970년 5월 스톤월과 성장해가던 게이 해방운동에 용기를 얻은, 게이 해방 전선 로스앤젤레스 지부의 활동가들은 미국 심리학협회가 개최한, 행동교정에 관한 학술행사장에 잠입했다. 동성애 성향을 감소시키기 위한 전기충격요법에 대한 영화가 상영될 찰나에, 그 활동가들은 "고문이다!", "야만이다!"라고 외치며 단상을 장악했다. 그들은 그런 치료법을 처방하는 의사들은 고문의 공범들이며, 동성애는 정신질환이 아니라고 선언했다. 2년 후 협회는 전국학회에 게이 활동가들을 초청해 연설을 부탁했는데, 동성애에 대한 국가전체의 태도 변화를 감지했던 것으로 보인다. 1973년 미국 심리학협회 이사회는 투표를 거쳐 동성애라는 범주를 『정신장애에 관한 진단 및 통계 교본 (*Diagnostic and Statistical Manual of Mental Disorders*)』에서 삭제했다. 더나아가 심리학계는 벰의 성역할 측정 질문지(Bem Sex-Role Inventory)를 채택했다. 그 질문지는 한 개인 안에 공존하는 남성성과 여성성을 분리하여 측정했다. 따라서 이제 미국인들은 남성, 여성이라는 범주 이외에도 남성성과 여성성 모두를 보유한 '양성' 유형과 어느 성도 아닌 유형에 대해서도 말하기 시작했다.

그러나 1950년대 동성애 옹호운동의 최신판인 오늘날의 게이 결혼운동은 게이의 해방을 끝장냈고, 이제는 이성애자들의 해방까지 끝내려고 하는 등 우리 모두를 1950년대로 되돌려놓고자 한다. 동성애 옹호운동과 마찬가지로 게이 결혼운동은 온전한 시민권을 얻기 위해서 구성원들에게 미국 시민의 문화적 규범, 즉 생산성과 이타성, 책임과 성적 자제력, 특히 동성애적 표현의 억제를 수용하도록 요구한다. 동성 간 결혼의 지지자들은 동성 배우자를 헌신적이고 자기 희생적이며 근면한 성인으로 제시함으로써 이런 요구를 정당화한다.

스톤월 이후 게이 프라이드 운동의 연례 퍼레이드에는 완전히 알몸이거나 알몸에 가까운 참가자들이 행렬을 이루었는데, 그런 모습은 자신들의 성적 개방성에 대한 자부심의 표현이었다. 반면 게이 결혼운동은 그 구성원들을 무성적인 존재로, 그들의 관계를 플라토닉한 것으로 제시한다. 이 운동의 지도자들은 드랙퀸 분장을 행진 대열에서 제외시켰고, 참가자들의 복장규정을 도입했다. 성의 억압과 품위 있는 언어의 강제 경향은 게이, 레스비언, 양성애자, 트랜스젠더 민권운동 단체가 운영하는 웹사이트에서도 명백하게 드러난다. 2000년대 초반 람바다 법률 자문회사의 웹사이트에는 게이와 레스비언 배우자들에 대한 내용이 올라와 있었는데, 그들 모두는 품위 있는 직업을 가졌고 오랜 기간 배우자 관계를 유지한 것으로 소개되었다. 또 다수는 헌신적인 부모이자 조부모로 묘사되었다. 그런 배우자들 중에는 대령 마거릿 캐머마이어와 다이앤 디벨베스 커플도 있다. 캐머마이어 대령은 "베트남 전에서의 돋보이는 공헌"으로 청동 성장(Bronze Star) 메달을 받았고, 디벨베스는 "과거 뛰어난 교수"였다. 그 사이트의 게이 군인란에는 현재 복무 중인 수십 명의 동성애자 군인들이 군대에서의 자신들의 성취에 대해서 긴 설명을 제공하지만, 성과 관련된 내용은 전혀 없다. 욕망 대신 책임만을 말하는 이런 경향은 캐럴린 콘래드의 사례가 잘 보여준다. 그녀와 캐슬린 패터슨의 '시민간 결합(civil union)'은 2000년 시행된, 동성 커플에게 법적 배우자의 지위를 허용한 버몬트 주의 법이 적용된 최초의 사례이다. "처음 만났을 때 캐슬린이 모터사이클을 타고 다녀서 나는 그녀가 좋았다"라고 콘래드는 회상했다. "지금 내가 그녀를 사랑하는 것은 그녀가 그 모터사이클 값을 갚아나가고 있기 때문이다." 게이들 간의 결혼을 옹호하는 자들은 오랫동안 허용되지 않았던 권리들을 얻으려면 그런 도덕적 교화가 필수적이라고 주장한다. 그러나 유럽에서는 거의 모든 민권이 '동거 배우자(domestic partner)'에 관한 법률에 따라서 부여되며, 다수의 주요 미국 기업 또한 결혼식을 올리지 않고 동거하는 남녀에게도 동일한 복지혜택을 제공한다.

이런 변화가 게이, 레즈비언, 트랜스젠더들에게 함의하는 바는 명백하다. 이런 변화는 이성애자들의 삶 또한 규정한다. 동성애 옹호운동과 게이 결혼 운동은 핵가족이 우리 모두에게 주어진 운명이라고 말한다. 무엇보다도 그 운동은 동성애를 감추고, 억제해야 한다고 말할 뿐만 아니라, 미국 문화의 청교도적 전통이 시초부터 말해왔듯이 모든 종류의 성을 감추고, 억제해야 한다고 말하고 있다. 그런 생각을 거부하는 이들에게 스톤월의 드랙퀸들은 국가적 영웅임에 틀림없다.

16

거의 자유로운 : 레드넥과 히피의 전망과 비극

20세기 들어 백인들이 리듬감을 상실했다고 해서 반항적인 본질마저 전부 잃어버린 것은 아니었다. 적어도 1960년대와 1970년대 동안만은 수백만의 평범한 백인들이 선량한 시민이 되기를 거부했다. 그러나 대개의 경우 그들은 결국 청교도와 건국의 아버지들이 내세운 가치로 회귀하게 된다.

1960년대에는 반항자처럼 행동하는 백인들이 숱하게 많았다. 널리 알려진 부류로는 히피들(hippies)과 반전 시위대가 있었다. 그 밖에도 평범해 보이지만, 게으른 노예처럼 행동하는 다수의 백인들이 있었다. 1960년대에 엄청난 수의 백인 노동자들이 자주 노동윤리를 저버리고 일터를 벗어나고자 했다는 것은 잘 알려지지 않은 사실이다. 이런 사정은 특히 자동차 산업에서 두드러졌다. 1960년대 동안 자동차 공장에서 결근율은 두 배로 증가했고, 모든 산업 부문에서 노동조합의 승인을 받지 않은 즉흥적인 파업 또한 두 배로 증가해서 1969년에는 그 수가 2,000건에 이르렀다. 더불어 작업장에서의 태업과 작업 관리자나 조합 간사에 대한 반항이 빈번히 발생했다.

이 시기에 많은 백인들이 미국의 노동윤리에 저항했지만, 한편으로 더 많은 수의 백인들은 자신들의 미국적 가치를 찬미했다. 백인 노동계급이 국가와 문화적 일체감을 느껴왔다는 것은 미국의 군사행동에 대한 그들의 우호적인 반응이 잘 말해준다. 베트남 전쟁 중에도 반전운동에 대한 적대감은 백인 노동자 계층에서 가장 심했다. 당시 가장 대규모의 전쟁지지 시위를 이끈 세력은 백인들이 압도적인 다수를 이루는 노동조합이었고, 1970년 봄 뉴욕과 세인트루이스, 템플과 애리조나에서는 백인 건설노동자들이 반전 시위대에게 폭력을 행사하기도 했다.

컨트리 음악이 주도적인 노동계급의 문화형식으로 부상한 사정도 노동계급의 보수적 애국주의를 풍부하게 보여주는 사례이다. 제2차 세계대전 중에 컨트리 음악은 대중적이면서도 애국적인 장르로 떠올랐다. 전쟁이 끝날 무렵 적어도 65개의 음반사가 컨트리 음반을 출시하고 있었고, 종전 후에도 이 장르의 인기는 계속 커지면서 전통적인 근거지인 남부를 넘어 확산되었다. 1947년『빌보드』는 컨트리 음악의 스타는 미국 전역에 걸쳐 흥행에 성공하고 있으며, 펜실베이니아 주와 오하이오 주, 미시간 주에서는 가장 큰 음악시장을 형성하는 장르라고 평가했다. 제2차 세계대전 중에 다수의 컨트리 음악은 애국적 주제를 담았는데, 로이 애커프의 "진주만의 겁쟁이들", 밥 윌리스의 "이오지마의 성조기"와 "오키나와의 백십자가", 그리고 직설적인 제목을 단 카슨 로비슨의 "우리는 작고 추잡한 일본 놈들을 갈겨줘야 해(그리고 그 일의 적임자는 엉클 샘이지)" 등이 그런 노래이다. 전쟁 중에 모든 장르를 통틀어 가장 인기 있었던 노래들 중의 한 곡은 '힐빌리(hillbilly)' 가수 엘턴 브릿이 부른 "어딘가에 성조기가 휘날리고 있다"였다. 그 노래는 한 장애인 산골 소년이 엉클 샘에게 싸우게 해달라고 애원하는 내용이다. "신께서 나에게 자유로운 미국인이 될 권리를 주셨다./그 귀한 권리를 위해 난 기꺼이 목숨을 바치겠네." 1942년『빌보드』는 컨트리 음악에서 두드러지게 나타나는 애국적 정조에 주목했다.

음반시장에서 전쟁을 지지하는 컨트리 음악의 인기는 다음 사실을 상기시킨다. 컨트리 음악은 정부의 관리들이 대중음악 분야에 기대한 유형의 전시

음악을 내놓았던 것이다. ……이런 음악의 제작은 계속되었고……사기를
진작하는 과업을 훌륭하게 수행해오고 있다.

컨트리 음악인들의 국가에 대한 충성심은 냉전기까지 이어져서 해리 초트
의 "한국, 우리가 간다", 지미 오즈번의 "신이여 한국에서의 승리에 감사합니
다", 지미 디킨스의 "그들은 철의 장막을 세워 신을 막고 있다", 엘턴 브릿의
"우리가 원하는 붉은색은 우리만의 붉은색이다(백색, 청색과 어우러져 있던
옛날의 적색 말이다)" 같은 단호하게 반공적인 노래들을 내놓았다. 행크 윌리
엄스는 스탈린에게 "안 돼, 안 돼, 조"라고 노래했고, "조에게 하는 충고"에서
로이 애커프는 소련의 독재자에게 "모스크바가 잿더미가 되는" 날이 올 것이
라고 경고했다.

1960년대 컨트리 음악은 '대항문화'의 부상에도 불구하고 계속 다수 백인
노동계급의 음악으로 남아 있었다. 컨트리 음악을 전문으로 하는 라디오 방
송국의 숫자는 1961년 81개에서 1966년 328개로 늘어났고, 그때쯤 되면 이
장르의 인기는 더 이상 '시골(country)'에 국한된 현상이 아니었다. 1960년대
중반 한 시장조사에 의하면, 전형적인 컨트리 음악의 청취자는 대도시 지역
에 사는 숙련 노동자와 반(半)숙련 노동자였다.

컨트리 음악인들은 반전운동에 대한 공격을 주도했으며, 이 음악의 내용은
베트남 전쟁 중에 더욱 공세적인 애국주의를 드러내게 되었다. 많은 노래들
이 "조국의 부름에 응답하기보다는 감옥으로 가려고 하는 '의심파'와 히피를
비판할 뿐만 아니라 그들에게 폭력을 행사하겠다"고 위협했다. 멀 해거드는
반전 시위대가 "적의 편"에 서 있다고 경고했다. 팻 분이 부른 "친구, 자네가
여기 있다면"에서 그 노래의 군인-화자는 징집을 회피하는 친구에게 전쟁이
끝났을 때 "나는 소총과 군복을 치운 후에 너를 찾아가겠다"고 다짐한다. 빅
터 런드버그는 "십대인 아들에게 보내는 공개편지"에서 자식이라도 징집장

을 태운다면, 의절할 것이라고 맹세했다.

컨트리 음악과 그 음악을 소비한 백인 미국인 대중은 문화적 시민권에 대해서도 헌신을 보여주었다. 컨트리 음악에서 미국의 주춧돌이 되는 이성애 핵가족은 찬양되고, 옹호되었다. 특히 여성들이 만들고, 부른 노래에서 그러했다. 여자 컨트리 가수의 노래 중 역사상 가장 많이 팔린 "네 남자를 떠나지 마"와 "나를 구속해줘, 나를 사랑해줘"는 모두 태미 와이넷의 노래인데, 그 히트곡들은 여성 해방운동에 반발하여 가족적 가치를 옹호하는 사회적 흐름을 대변했다. 이 시기 컨트리 음악계의 또다른 주요 스타들인 로레타 린과 돌리 파턴의 노래는 와이넷의 노래보다 더 공세적이었다. 그들의 노래는 일관되게 "해방을 위해서 행진하는 여성들"과 대비되는 헌신적이고 자기 희생적인 주부들의 덕성을 기렸다. 1960년대와 1970년대에는 모성과 순결, 일부일처제와 양육의 가치를 진작하는 여성 컨트리 가수들의 노래가 성적인 면을 표출하거나 배우자를 배반하는, 혹은 홍키통크(honky-tonk) 바에서 춤을 추거나 술 마시는 내용의 컨트리 음악보다 더 많이 팔렸다. 몇몇 학자들은 컨트리 음악의 가사가 "훌륭한 결혼을 만족스런 남녀관계와 동일시한다"고 분석했다. 실상 '무법자'에 다름 아닌, 제멋대로이고 술고래에다가 여러 여자를 유혹하는 카우보이 화자를 이상화하는 컨트리 음악에서도 사정은 마찬가지였다.

한편 전후의 컨트리 음악은 미국의 강고한 노동윤리에 대해서는 심원한 양가감정을 표출했다. 멀 트래비스의 "16톤", 조니 페이첵의 "이 일을 던져버려라", 조니 캐시의 "허니"와 "한 번에 하나씩"은 직장 상사에 대한 개인적인 반항의 내용을 담고 있다. 바로 앞에서 논의한 즉흥적인 파업과 같은 작업장에서의 개인적 저항들이 그 주된 내용인 것이다. 그러나 이 노래들은 노동에 대한 도덕적 의무를 문제삼지는 않는다. 컨트리 음악의 가사에는 노동에 대한 증오와 더불어 노동하는 것에 대한 자부심이 담겨 있었다. 1960년대와

1970년대 초반 가장 인기가 많았던 컨트리 가수 중 한 사람인 멀 해거드는 이런 모순을 잘 요약한 바 있다. 히트곡인 "노동자 블루스"의 화자는 "아내와 9명의 자식들"을 부양하기 위해서 "코가 닳도록" 일해야 하는 곤경에 처해 있기 때문에, 매일 밤 술집으로 향하고 "자신을 다른 도시로 데려갈 기차를 타려는" 열망에 시달리게 된다. 그러나 노동이 선사하는 품위와 가족 때문에 그는 실제로는 떠나지 않는다.

> 나는 일하러 돌아간다.
> 아이들에게 새 신발을 사줘야 하니까.
> 나는 한번도 실업급여를 받은 적이 없고
> 앞으로도 그 지경으로 떨어지지는 않을 거야.
> 내 두 손이 움직이는 한
> 난 계속 일할 거야.

노동윤리에 대한 이런 애착은 복지제도를 경멸하는 몇몇 노래들에서도 드러난다. "복지제도 때문에 아버지 같은 사람들이 사라지리라"는 로레타 린의 예측은 그녀의 아버지가 "그때그때 주어진 일을 해낸 대단한 남자"이며, 그래서 "일이 끊긴 적이 없다"는 사실로 뒷받침된다. 가이 드레이크는 보다 명시적으로 복지제도를 비판한다. 그는 "열심히 일한 적이 없지만", "복지제도로 마련한 캐딜락"의 주인을 조롱하는데, 그 작자는 "연방정부"의 돈으로 그 비싼 자동차를 살 수 있었다. 엄청난 인기를 누린 이 노래들이 미국 백인들의 태도를 폭넓게 반영한다는 점은 부정하기 어려울 듯하다. 그래서 그 노래들은 20세기 미국에서 노동시간을 단축하려는 노동운동이 지속적으로, 널리 전개되지 못한 이유를 말해준다. 20세기 말 무렵에도 미국의 노동자들은 서유럽 노동자에 비해서 매년 평균 100시간에서 많게는 300시간을 더 일했다.

'새로운 우파'가 부상할 때 컨트리 음악이 그 배경음악이 된 것은 확실히 우연이 아니었다. 앨라배마 주의 흑백 분리주의자인 조지 월리스는 대통령 선거에서 "생계를 위해서 매일 일하는 평균적인 시민들"에게 호소하며, 세금 감면, 복지제도와 해외원조의 종식, 군대의 강화, 반전 시위대에 대한 강력대처를 공약으로 내걸었다. 그는 1964년, 1968년, 1972년 세 차례의 대통령 선거에서 컨트리 음악 밴드를 주된 유세 수단으로 활용했으며, 몇몇 컨트리 가수들의 공개지지를 받기도 했다. 월리스의 유세 중에서 가장 주목할 만한 사실은 그가 북부 산업도시, 특히 자동차 산업의 노동자들로부터 열광적인 지지를 받았다는 것이다. 1968년 선거에서 미국 자동차 노동조합 내의 월리스 지지 열기가 너무나 뜨거웠던 나머지 진보적 색채의 노조 지도부는 그런 움직임을 막고자 600명의 상근직 노조원과 50만 달러의 자금을 투입했다. 그럼에도 불구하고 4년 후에도 월리스는 미시간 주 예비선거에서 승리했으며, 당시 그가 자동차 산업 노조원들의 표를 가장 많이 가져간 후보라는 것이 대부분의 관측이었다. 다수의 컨트리 음악 팬들은 자신들이 좋아하는 노래에 언급되는 고의적인 실업자와 도시의 폭력배를 검은 피부색과 관련지었는데, 월리스는 자신이 비판한 그와 같은 사회현상이 주로 아프리카계 미국인의 소행임을 시사하면서 백인 노동계급의 마음을 움직였다. 그러나 월리스의 **명시적인** 비판은 항상 백인 엘리트, 즉 '관료'와 '이론적 공상가'를 겨냥했다. 그들은 1930년대 미국의 정치문화를 지배했던 뉴딜 진보주의자들과 마찬가지로 자신들의 원대한 사회 관리기획을 위해서 성실한 노동자를 희생시켰다는 것이다.

 1968년과 1972년 당선으로 이어진 유세에서 리처드 닉슨은 월리스의 공약을 거의 그대로 따라하면서 컨트리 음악계의 스타 텍스 리터와 로이 애커프의 지지를 받았고, 당선 후에는 멀 해거드와 조니 캐시를 백악관으로 초청해 그들의 공연을 보았다. 1980년 대통령 선거에서 로널드 레이건 또한 동일한 당선공식을 활용했다. 그는 "노동과 가족은 우리 삶의 중심이자, 자유민으로서의 품위의 근거"라고 선언했으며, 그 근거를 감세와 공세적인 군사력으로 지키겠다고 맹세했다. 레이건이 현직 대통령이던 지미 카터를 꺾은 그해에 200개 이상의 라디오 방송국이 컨트리 음악만 방송하는 것으로 선곡표를 수정했다. 1977년과 1983년 사이에 컨트리 음악 방송국은 1,140개에서 2,266개로 두 배나 증가했다. 캘리포니아 주지사 시절 레이건은 멀 해거드를, 혐의가 확정된 절도죄에서 사면해주었고, 대통령에 당선된 후에는 그 "머스코지 출신의 오키(okie)"를 몇 차례나 백악관으로 초청했다.

'새로운 우파'의 문화적 표현은 엘리트의 사회지배에 대한 반항적인 거부와 국가와 가족, 노동에의 헌신에 대한 맹렬한 옹호를 결합했다. 이전 시기와 마찬가지로 시민권과 백인성은 연관지어 구성되었고, 아프리카계 미국인은 곧 비-시민의 모델 역할을 했다. 더 나아가 미국성과 백인성에 대한 이런 이중의 소속은 항시 자기-규제적인 온정주의로 이어졌다. (대개 남성인) 개인은 국가로부터 원조를 받지 않고 가족을 부양하기 위해서 열심히 일해야 했으며, 적들로부터 가족을 보호하기 위해서 자신을 희생해야 했다. 그 적은 방종한 여성이거나 범죄자 혹은 공산주의자였다.

다시 (미국의) 대지로

대다수 미국의 백인들이 멀 해거드의 노선을 따라서 반항자와 시민이 결합한 모순적인 존재가 되었다면, 주트 수트를 입은 백인이나 로큰롤 애호가 혹은 비트족 같은 반대쪽 부류는 과거의 유산으로부터 완전히 벗어나기를 희망했다.

로큰롤 운동에서 파생한 1960년대와 1970년대의 히피들은 방종한 성적 태도로 잘 알려져 있지만, 아이러니하게도 이들 또한 자신들의 주적인 레드넥(redneck : 농업에 종사하는 남부 농부의 목둘레가 빨갛게 탄 것을 의미한다/

역주)들과 동일한 모순에 빠지게 된다. 전형적으로 히피 하면 자유연애를 즐기고, 노동을 회피하며, 마리화나와 애시드 등의 마약을 하고, 자연을 사랑하는 방랑자를 떠올리게 된다. 실상 다수의 히피, 특히 도시에 머물면서 '자연의 삶'에 대한 히피적 신념을 철저하게 실현하지 않은 부류는 노동과 일부일처제, 국가에 대한 봉사를 회피하는 반항적인 라이프스타일을 유지했다. 그러나 자신들의 신조가 내포하는 논리를 철저하게 추구한 히피들은 그들이 피하고자 했던 '정상적인' 미국인의 삶보다 여러 면에서 더욱 강제적이고, 고되며, 덜 자유로운 삶을 살았다.

1960년대 후반 수백 명의 히피들은 도심과 교외지역을 벗어나서 자족적인 코뮌(commune)을 건설하고자 했다. 이 국제적인 공동체는 대체로 농업에 기반을 둔 전(前) 산업사회를 재창조하고자 외떨어진 곳에 세워졌다. 이런 고립성으로 말미암아 농촌 수준의 노동강도가 필수적이었다. 그들은 '극심한 생존경쟁'을 비하했지만, 대부분의 농촌 코뮌에 사는 히피들, 적어도 부유한 구성원의 자금지원이 없는 코뮌의 히피들은 평균적인 미국 노동자들보다 더 많은 노동을 해야 했다. 물은 자연에서 확보해야 했으므로 우물을 파야 했고, 식량은 농기계 없이 재배해야 했으며, 매일 할당되는 빵은 화덕에서 구워야 했고, 의복은 재봉틀 없이 만들어야 했으며, 주택 또한 벽돌과 목재를 하나씩 쌓아올리는 식으로 지어야 했다. 보다 '참된' 생산수단이 선호되었기 때문에 노동을 절감하는 기술은 피해야 했다. 사회학자 길버트 지클린에 의하면, 다수의 히피 코뮌에서 "자연주의자들은 인간과 동물의 근력의 활용을 선호했고, 현대 기술의 사용에는 반대했다." 일부 공동체에서는 일단의 구성원들이 의도적으로 노동을 절감하는 도구를 회피하는 것에 지쳐서 밭을 맬 때 트랙터를 사용하고자 요구했다. 그러나 그들은 괭이와 갈퀴 이외의 도구를 사용하는 것은 코뮌의 창설원칙에 어긋난다고 믿는 이들로부터 비난을 받았다. 북부 오리건 주 산간의 헤이니에 위치한 한 코뮌에서는 필요한 물자를 구하기 위해서 가장 가까운 마을을 방문하려고 해도 나귀를 타고 몇 킬로미터를 가야 했다. 몇몇 코뮌은 심지어 농업 시기 **이전으로** 되돌아가고자 했다. 그 공동체의 일원이었던 렐레인 로렌젠은 "야생에서 음식을 채집했던" 경험에 대해서 다음과 같이 회상했다. "우리는 때로는 많은 밤을 주웠고, 때로는 수영(秀穎)을 땄다. 그 애기수영은 알다시피 시다. 우리는 그것으로도 수프를 만들어 먹었다."

다수의 코뮌에서는 성별에 따른 노동분업이 지켜지지 않기도 했는데, 그저 모든 사람이 매달려서 노동량을 늘려야 했기 때문이었다. 1960년대에 유명했던 코뮌 중의 하나인 버몬트 주의 토털 로스 농장에서 대부분의 요리와 청소는 여성이, 물건을 옮기고 나무를 쪼개는 일의 대부분은 남성이 했다. 그러나 성별에 따른 현대의 노동분업이 생존에 충분한 소작을 산출하지 못하면서 양쪽 성 모두에 **추가적인** 노동이 필요해졌다. 여성들은 전통적인 여성의 노동에 더해서 돼지를 잡고, 소 젖을 짜며, 우물을 파는 일을 도와야 했고, 다수 남성들은 야외에서의 일과를 마치고 나서 부엌에서 일했다. 한 여성은 단지 음식을 마련하는 데에 필요한 노동량에 대해서 다음과 같은 기억을 남겼다.

> 9월과 10월 동안 우리가 한 것이라고는 음식을 마련하는 일이 전부인 것처럼 보였다. 우리의 노동을 [현재의 평균적 수준에 따라서] 시간당 1달러 60센트로 계산한다면 상당한 돈을 벌었어야 했지만, 우리가 그 모든 시간을 쏟아부어 얻은 것은 기껏 음식이 전부였다. 그러나 우리가 이런 방식으로 사는 것은 그저 일을 싸게 해치우기 위해서가 아니었다.

실상 그들이 그런 방식으로 살아간 것은 일을 **고되게** 하기 위해서였다. 다수의 히피 여성들은 자신들이 급진주의자임을 천명했지만, 동시에 자신들의 삶이 미국의 보수파들이 덕의 표본으로 내세우는 존재, 즉 식민지 시기의 여성들의 경험과 유사하다는 것에 자부심을 느꼈다. 남편과 다섯 아이와 더불어 손수 땅을 일궈 먹고 살았던 아얄라 텔페이는 자신의 삶을 이렇게 묘사한다. "저녁때가 되면 나는 바구니를 들고 정원으로 가는데, 그렇게 식사 준비가 시작된다. ……나는 매일 두 번씩 소젖을 짰다. 그 우유로 치즈와 버터, 요거트와 버터우유, 생크림과 아이스크림 등 모든 것을 만들었다. ……그런 음식 준비가 내 시간을 많이 잡아먹었는데, 게다가 나는 음식을 나무 화덕에서 만들었다. 모든 음식을 그렇게 준비했다. 또 나는 내가 뽑아서 직접 물들인 실로 남편의 양말을 짰으며, 남편은 집에서 만든 빵과 마요네즈, 치즈 그리고 직접 기른 상추로 만든 샌드위치를 가지고, 역시 집에서 만든 셔츠와 모자를 입고 쓴 채로 일터로 나갔다." 노니 기언거도 남편, 자식들과 함께 "자연적인 방식으로" 살았다. 그녀는 "해조류와 쐐기풀, 질경이, 민들레, 산딸기, 산사과를 땄다. ……심지어 우리는 빵을 만들 때 밀가루를 직접 갈았다. 나는 식민지 시기의 주부였고, 우리 가족은 매우 적은 돈으로 살았다. 그러나 모든 물건이 어떻게 해서 만들어지는지를 알았기 때문에 좋았다." 한 아이가 오염된 물을 마시고 이질에 걸리기도 했다. "하루는 아이가 밖에서 울고 있었는데, 아이의 장이 빠져나와 있었다. 어떻게 된 영문인지 몰랐던 나는 겁에 질렸다." 기언거는 풀로 약을 만들어 아이를 치료했다.

매릴린 모스베어 스콧은 개척지 소설을 연상시키는 언어를 사용하여 자신의 삶을 대지로 복귀한 히피의 삶으로 묘사했다. "우리가 처음 그곳에 갔을 때 있는 것이라고는 여물통이 전부였다. 그래서 우리는 집과 물 저장고를 지었고, 길을 새로 냈다. 계속해서 모든 것을 새로 만들었다. 그러던 중에 아이도 낳았다. ……집에서는 아이를 돌보았다. 나는 아이와 같은 침대에서 잤고, 직접 집에서 아이들을 가르쳤다. 우리는 아침에 일어나면 밭일을 하고, 집을 짓고, 이것저것 모아 요리를 했다. 모든 일을 직접 했다. 나는 내가 먹을 빵과 치즈, 두부를 직접 만들었다. 밭을 일구어 채소를 길렀다. 나는 그 마을에서 청옥수수 등의 새로운 식재료를 가장 먼저 재배했다. 그 밖에도 나는 온갖 종류의 콩과 채소 씨앗을 파종했다."

어떤 자연주의자 코뮌의 구성원들은 자신들을, 소비주의적인 삶의 방식과 대비되는 금욕적인 미국 원주민의 모습과 합치시켰다. 뉴멕시코 주 타오스 근처의 한 코뮌에서 짚을 섞은 진흙 벽돌로 만든 조그만 집에서 살던 한 여성은 그 지역 인디언에게 신세를 졌다고 인정했다. "락시미(Lakshimi) 부족은 우리에게 집 짓는 법과 농사법을 가르쳐주었다. 그들이 없었다면, 우리는 이곳에 정착하지 못했을 것이다. 멕시코인과 인디언들은 진짜 서로 다른 길을 가고 있다. 멕시코인들은 온갖 종류의 것들을 원하고, 진정으로 성공하고 싶어한다. 그러나 인디언들은 그저 대지 가까이서 살고 싶어한다. 이렇듯 그들은 많이 원하지 않기에 우리의 추구를 이해한다."

히피의 대항문화에 관해서 최초로 글을 쓴 학자들 중 한 명인 찰스 라이히는 히피들이 지배문화의 노동윤리를 공유한다는 사실에 주목했다. "새로운 세대에 공감하지 않는 관측자들은 자주 이들의 주된 특징 중 하나가 노동에 대한 혐오라고 말한다. 이 관측자들은 이들을 못마땅하게 여기는 청교도적인 관점으로 말미암아 자신들이 목격하는 현상의 진정한 중요성을 이해하지 못한다. ……이 새로운 세대는 게으르지 않다. 이들은 만약 가치 있다고 느낀다면, 그 어떤 일에도 기쁜 마음으로 큰 수고를 기울인다. 그 일이 몇 시간씩 하는 악기 연습이든, 혹은 협동농장에서의 노동이든, 혹은 버클리의 시민공원을 만드는 데에 힘을 보태는 일이든 말이다." 펜실베이니아 주의 농업 지역에 아내인 마티 제롬과 함께 다운힐 농장을 세웠으며, 후에 1960년대 히피 코뮌 분야의 저명한 학자가 된 저드슨 제롬은 코뮌에는 "강력한 노동윤리가 확립되었지만, 이윤에 반대하는 편향은……이윤을 선호하는 이전 문화의 편향만큼이나 철저하게 지켜야 하는 규율이었다"고 썼다. 제롬은 '새로운 문화'의 노동윤리를 "'개신교적인 노동윤리'와 혼동하지 말아야" 한다고 경고한다.

그럼에도 불구하고 그 자신부터 자신들의 노동윤리를 뉴잉글랜드에 정착한 칼뱅주의자와 비슷한 방식으로 정의한다. "새로운 문화의 노동윤리에 따르면 노동은 그 자체로 가치가 있으며, 실상 일종의 여가활동이 된다."

일부 코뮌은 애인에 대한 '독점적 소유'를 추구하는 구성원을 축출했지만, 대부분의 코뮌은 근본적으로 일부일처제적인 이성애 짝으로 이루어져 있었다. 길버트 지클린에 의하면, "코뮌, 적어도 자연주의자 코뮌에서 성은 자주 미래에까지 관계를 지속시키고자 하는 남녀 짝에 국한되어 있었다. 그곳에서 성생활은 난잡하게 집단적으로 이루어지지 않았다." 뉴멕시코 주의 모라이어 코뮌의 일원이었던 버지니아 스템 오웬스는 "우리가 원했던 것은 순수였지, 방탕이 아니었다"고 회고했다.

미국 시민들이 스스로에게 부과한 의무를 회피하고 반항자들의 선물을 받아들인 평범한 미국 백인들 중에는 오하이오 주 로즈타운에 자리잡은 제너럴 모터스 사의 노동자들도 있었다. 1972년 그들은 고용주와 자신들이 속한 산별노조인 미국 자동차 노조에 저항하여 일터를 떠나는 파업을 벌였다. 전국적인 방송매체는 파업 참여자들이 당시의 전형적인 백인 노동자들과 다르다는 사실에 주목했다. 그들은 머리가 길었고, 수염은 지저분했으며, 거리낌 없이 술과 마약을 했고, 베트남 전쟁을 반대했으며, 항시 록음악을 들었다. 가장 놀라웠던 것은 그들이 뻔뻔하게 노동윤리를 거부했다는 사실이었다. 그들은 보란 듯이 작업장에서 태업을 일삼았고, 즉흥적으로 생산 지연과 생산 중지행위를 저질렀으며, 늦게 출근하거나 아예 결근하기도 했다. 그들은 함께 '농땡이'를 피우거나 '가능하다면 아무 때고 일을 멈추었다.' 쟁의를 야기한 직접적인 사안은 회사가 강요한 빨라진 작업속도였지만, 곧 미국 자동차 노조의 노조원들에 대한 태도가 쟁점으로 부각되었다. 자동차 노조는 노조원들의 자유를 보호하기보다는 생산기준을 유지하는 데에 더 신경을 쓴다는 비난을 들어야 했다. 로즈타운의 반항자들은 자신들이 일하는 작업장에 대해서 책임을 져야 한다는, 뉴딜 진보주의자들의 이념에 반대했을 뿐만 아니라 더 넓게는 미국인들이 공유하는 문화적 의무도 거부했다.

'선량해지려는' 마음에서 벗어나 스스로에게 '불량하고픈' 욕구를 허용하고자 한다면, 이 로즈타운의 노동자들로부터 배울 것이 많을 것이다. 이 책에 소개된 다수의 반항자 무리와 마찬가지로 그들은 말은 별로 없었지만, 우리가 부러워하는 일을 꽤나 많이 실천했다. 그들은 잠깐 동안이나마 사회로부터 자신들을 해방시켰다. 그들 또한 국가나 공동체를 위해서 자신들을 희생한 적도 많았을 것이다. 그러나 만약 그러기만 했다면, 얼마나 많은 것들이 사라졌을 것인가? 그래서 우리는 얼마나 많은 것을 잃어버렸을 것인가? 미국인들이 전 역사에 걸쳐 희생을 함으로써 자신들을 '선량하게만' 만들었다면, 우리는 지금 어떤 사회에서 살고 있을 것인가? 이 질문에 답하려면 우리가 자신의 삶에서 소중히 생각하고, 즐기기를 소망하는 것들 중에서 이 책에 거론된 것을 세어보기만 하면 된다. 그런 후에 지금 그것을 누리는 것이 불가능하다고 상상해보자. 반항자들은 금지된 기쁨을 가능하게 했을 뿐만 아니라 계속 실재하도록 만들었다. 물론 그들은 자신들의 행동을 우리에게 주는 선물로 의도하지는 않았다. 이제 우리의 역할은 그들의 행동을 선물로 받아들이고, 사회질서의 수호자들이 그들을 억누르고 더 많은 것을 차지하려고 할 때, 그 반항자들의 편에 서는 것이다.

감사의 말

나의 거친 생각을 이 책에 담는 데에 많은 이들의 도움을 받았다.

캐스퍼 그래스홀, 빌 클레그, 팀 바틀릿은 집필 초기에 격려와 함께 조언을 주었다. 빅토리아 해섬, 마크 카네스, 케빈 케니, 조슈아 브라운 그리고 나의 어머니 레슬리 러셀 라슨은 집필 중인 원고를 한 부분씩 읽고 논평을 했다.

조슈아 스퍼버와 미르 야르피츠는 전체 원고를 읽고 논평을 했는데, 너무나 큰 도움이 되었다. 사샤 그로님은 놀라운 자료수집 능력으로 집필을 도왔다.

케이트 밴 윙클 켈러와 커비 밀러는 사료를 찾는 데에 적극적으로 도움을 주었다.

프리 프레스 사(社)에서 일하는 도미닉 안푸소, 브루스 니컬스, 리 밀러, 모라 오브라이언, 그리고 조너선 에번스는 저자와 원고 모두 까다로운 일을 맡아 훌륭하게 마무리 지었다.

지금까지 내가 내린 최선의 결정 중 하나는 5번가의 마법사라고 할 데이비드 쿤을 내 에이전트로 삼은 것이다. 데이비드는 내 인생을 바꾸어놓았다. 쿤 프로젝트 에이전시의 빌리 킹즐랜드는 이 책에 관해서 비판적인 조언을 주었고, 더불어 내가 이 책에서 더 높은 목표를 지향하도록 격려했다.

이 책에서 제시된 생각은 지금껏 내가 만나본 사람 가운데 가장 독창적이면서 탁월한 사유를 보여주는 조너선 커틀러와의 다 년간의 대화를 통해서 발전해온 것이다. 그 생각은 컬럼비아 대학교, 버나드 대학, 유진랑 대학, 그리고 신사회연구원의 강의실에서 최초로 공개되었다. 내 수업을 들은 그 학생들이 없었더라면 나는 애당초 이 책을 쓸 생각조차 하지 않았을 것이다.

참고 문헌

제1장

Agresto, John T. "Liberty, Virtue, and Republicanism, 1776-1787." *Review of Politics* 39 (1977): 473-504.

Burg, B. R. *Sodomy and the Pirate Tradition: English Sea Rovers in the Seventeenth-Century Caribbean*. New York: New York University Press, 1995.

Cott, Nancy F. *Public Vows: A History of Marriage and the Nation*. Cambridge: Harvard University Press, 2000.

Franklin, Benjamin. *The Autobiography of Benjamin Franklin*. New York: The MacMillan Company, 1927.

Gilfoyle, Timothy J. *City of Eros: New York City, Prostitution, and the Commercialization of Sex, 1790-1920*. New York: W. W. Norton, 1992.

Gilje, Paul A. *Liberty on the Waterfront: American Maritime Culture in the Age of Revolution*. Philadelphia: University of Pennsylania Press, 2004.

Godbeer, Richard. *Sexual Revolution in Early America*. Baltimore: Johns Hopkins University Press, 2002.

Horsmanden, Daniel. *The New York Conspiracy Trials of 1741: Daniel Horsmanden's Journal of the Proceedings with Related Documents*. New York: Bedford/St. Martin's, 2004.

Kann, Mark E. *Punishment, Prisons and Patriarchy: Liberty and Power in the Early American Republic*. New York: NYU Press, 2005.

Kross, Jessica. "The Sociology of Drinking in the Middle Colonies." *Pennsylvania History* 64: 1 (January 1997): 28-55.

Lender, Mark Edward and James Kirby Martin. *Drinking In America: A History*. New York: Free Press, 1982.

Linebaugh, Peter and Marcus Rediker. *The Many-Headed Hydra: Sailors, Slaves, Commoners, and the Hidden History of the Revolutionary Atlantic*. Boston: Beacon Press, 2000.

Lint, Gregg L. and James C. Taylor. *Papers of John Adams*. Cambridge, Mass.: Harvard University Press, 2008.

Locke, John. *Some Thoughts Concerning Education*. 1693.

Lyons, Clare A. *Sex Among the Rabble: An Intimate History of Gender and Power in the Age of Revolution, Philadelphia 1730-1830*. Chapel Hill: University of North Carolina Press, 2006.

____. "Mapping an Atlantic Sexual Culture: Homoeroticism in Eighteenth-Century Philadel- phia." *William and Mary Quarterly* 60 (2003): 119-54.

Morgan, Edmund S. *The Birth of the Republic, 1763-1789*. Chicago: University of Chicago Press, 1977.

____. "The Puritan Ethic and the American Revolution." *William and Mary Quarterly* 24 (1967): 3-43.

Rorabaugh, W. J. *The Alcoholic Republic: An American Tradition.* New York: Oxford Univer- sity Press, 1979.

Salinger, Sharon V. *Taverns and Drinking in Early America.* Baltimore: Johns Hopkins University Press, 2002.

Thompson, Peter. *Rum Punch and Revolution: Taverngoing and Public Life in Eighteenth- Century Philadelphia.* Philadelphia: University of Pennsylvania Press, 1999.

Warren-Adams Letters. Whitefish, MT: Kessinger Publishing, 2008.

Wulf, Karin. *Not All Wives: Women of Colonial Philadelphia.* Ithaca: Cornell University Press, 2000.

제2장

Block, Sharon. *Rape and Sexual Power in Early America.* Chapel Hill: The University of North Carolina Press, 2006.

Camp, Stephanie M. H. *Closer to Freedom: Enslaved Women and Everyday Resistance in the Plantation South.* Chapel Hill: The University of North Carolina Press, 2004.

Clinton, Catherine. *The Plantation Mistress: Woman's World in the Old South.* New York: Pantheon Books, 1982.

Cockrell, Dale. *Demons of Disorder: Early Blackface Minstrels and Their World.* New York: Cambridge University Press, 1997.

D'Emilio, John and Estelle B. Freedman. *Intimate Matters: A History of Sexuality in America.* New York: Harper & Row, 1988.

David, Paul A., et al, eds. *Reckoning with Slavery: A Critical Study in the Quantitative History of American Negro Slavery.* New York: Oxford University Press, 1976.

Escott, Paul D. *Slavery Remembered: A Record of Twentieth-Century Slave Narratives.* Chapel Hill: The University of North Carolina Press, 1979.

Fogel, Robert William and Stanley L. Engerman. *Time on the Cross: The Economics of American Negro Slavery.* Boston: Little, Brown, 1974.

Genovese, Eugene D. *Roll, Jordan, Roll: The World the Slaves Made.* New York: Pantheon Books, 1974.

Glenn, Myra C. *Campaigns Against Corporal Punishment: Prisoners, Sailors, Women, and Children in Antebellum America.* Albany: State University of New York Press, 1984.

Gutman, Herbert. *Slavery and the Numbers Game: A Critique of Time on the Cross.* Urbana: University of Illinois Press, 1975.

Kaye, Anthony E. "The Personality of Power: The Ideology of Slaves in the Natchez District and the Delta of Mississippi, 1830-1865." PhD diss., Columbia University, 1999.

Lane, Horace. *The Wandering Boy, Careless Sailor, and Result of Inconsideration: A True Narrative.* Skaneateles, NY: L. A. Pratt, 1839.

Lhamon, W. T. *Raising Cain: Blackface Performance from Jim Crow to Hip Hop.* Cambridge, Mass.: Harvard University Press, 1998.

Lott, Eric. *Love and Theft: Blackface Minstrelsy and the American Working Class.* New York:

Oxford University Press, 1993.

Nathan, Hans. *Dan Emmett and the Rise of Early Negro Minstrelsy*. Norman: University of Oklahoma Press, 1962.

Olmsted, Frederick Law. *Journey in the Seaboard Slave States*. New York: Dix & Edwards, 1856.

Pleck, Elizabeth H. *Domestic Tyranny: The Making of American Social Policy Against Family Violence from Colonial Times to the Present*. New York: Oxford University Press, 1987.

Rawick, George P. *The American Slave: A Composite Autobiography*. Westport, Conn.: Green- wood Pub. Co., 1972.

Rodgers, Daniel T. *The Work Ethic in Industrial America, 1850-1920*. Chicago: University of Chicago Press, 1978.

Roediger, David R. *The Wages of Whiteness: Race and the Making of the American Working Class*. New York: Verso, 1991.

Rothman, David J. *The Discovery of the Asylum: Social Order and Disorder in the New Republic*. Boston: Little, Brown, 1971.

Stevenson, Brenda E. *Life in Black and White: Family and Community in the Slave South*. New York: Oxford University Press, 1996.

Walters, Ronald G. *The Antislavery Appeal: American Abolitionism After 1830*. Baltimore: Johns Hopkins University Press, 1976.

White, Shane and Graham White. *Stylin: African American Expressive Culture from Its Beginnings to the Zoot Suit*. Ithaca, NY: Cornell University Press, 1998.

Wood, Peter H. "'Gimme de Kneebone Bent': African Body Language and the Evolution of American Dance Forms." In *The Black Tradition in Modern American Dance*, edited by Gerald E. Myers. American Dance Festival, 1988.

제3장

Billman, Carol. "McGuffey's Readers and Alger's Fiction: The Gospel of Virtue According to Popular Children's Literature." *Journal of Popular Culture* 11 (1977): 614-619.

Brown, H. E. *John Freeman and His Family*. Boston: American Tract Society, 1864.

Burns, Eric. *The Spirits of America: a Social History of Alcohol*. Philadelphia: Temple University Press, 2004.

Douglass, Frederick. *My Bondage and My Freedom*. New York, Miller, Orton & Mulligan: 1855.

DuBois, W. E. Burghardt. *Black Reconstruction: An Essay Toward a History of the Part which Black Folk Played in the Attempt to Reconstruct Democracy in America, 1860-1880*. New York: Harcourt Brace & Co., 1935.

_____. *The Gift of Black Folk: The Negroes in the Making of America*. Boston: The Stratford Co., 1924.

Elson, Ruth Miller. *Guardians of Tradition: American Schoolbooks of the Nineteenth Century*. Lincoln: University of Nebraska Press, 1964.

Fisk, Clinton Bowen. *Plain Counsels for Freedmen: In Sixteen Brief Lectures*. Boston: American Tract Society, 1866.

Foner, Eric. *Reconstruction: America's Unfinished Revolution, 1863-1877*. New York: Harper & Row, 1988.

Franke, Katherine. "Becoming a Citizen: Reconstruction Era Regulation of African American Marriages." *Yale Journal of Law and the Humanities* 11 (1999): 251-309.

Gaines, Kevin Kelly. *Uplifting the Race: Black Leadership, Politics, and Culture in the Twentieth Century.* Chapel Hill: University of North Carolina Press, 1996.

Gilfoyle, Timothy J. *City of Eros: New York City, Prostitution, and the Commercialization of Sex, 1790-1920.* New York: W. W. Norton, 1994.

Gutman, Herbert George. *Work, Culture, and Society in Industrializing America: Essays in American Working-Class and Social History.* New York: Knopf, 1976.

Hartman, Saidiya V. *Scenes of Subjection: Terror, Slavery, and Self-Making in Nineteenth- Century America.* New York: Oxford University Press, 1997.

McGarry, Molly. "Spectral Sexualities: Nineteenth-Century Spiritualism, Moral Panics, and the Making of U. S. Obscenity Law." *Journal of Women's History* 12 (2000): 8-29.

Nasaw, David. *Going Out: The Rise and Fall of Public Amusements.* New York: Basic Books, 1993.

Powell, Lawrence N. *New Masters: Northern Planters During the Civil War and Reconstruction.* New York: Fordham University Press, 1998.

Rodgers, Daniel T. *The Work Ethic in Industrial America, 1850-1920.* Chicago: University of Chicago Press, 1978.

_____. "Socializing Middle-Class Children: Institutions, Fables, and Work Values in Nineteenth-Century America." In *Growing Up in America: Children in Historical Perspective,* edited by N. Ray Hiner and Joseph M. Hawes, 119-132. Urbana: University of Illinois Press, 1985.

Roediger, David R. and Philip S. Foner. *Our Own Time: A History of American Labor and the Working Day.* New York: Verso, 1989.

Stevens, Thaddeus. Speech delivered in the House of Representatives, March 19, 1867, on the Bill (H.R. No. 20) Relative to Damages to Loyal Men, and for Other Purposes.

제4장

Bellocq, E. J. *Storyville Portraits.* New York: Museum of Modern Art, 1970.

Blackburn, George M. and Sherman L. Ricards. "The Prostitutes and Gamblers of Virginia City, Nevada, 1870." *Pacific Historical Review* (1979): 239-258.

Butler, Anne M. *Daughters of Joy, Sisters of Misery: Prostitutes in the American West, 1865-90.* Urbana: University of Illinois Press, 1987.

Chicago Vice Commission. *The Social Evil in Chicago; a Study of Existing Conditions With Recommendations By the Vice Commission of Chicago: A Municipal Body Appointed By the Mayor and the City Council of the City of Chicago, and Submitted as Its Report to the Mayor and City Council of Chicago.* Chicago: Gunthorp-Warren printing company, 1911.

Enss, Chris. *Pistol Packin' Madams: True Stories of Notorious Women of the Old West.* Guilford, Conn.: TwoDot, 2006.

Epstein, Dena J. *Sinful Tunes and Spirituals: Black Folk Music to the Civil War.* Urbana: University of Illinois Press, 1977.

Erenberg, Lewis A. *Steppin' Out: New York City Nightlife and the Transformation of American Culture, 1890-1930.* Chicago: University of Chicago Press, 1984.

_____. *Swingin' The Dream: Big Band Jazz and The Rebirth of American Culture*. Chicago: University of Chicago Press, 1998.

Gabbert, Ann R. "Prostitution and Moral Reform in the Borderlands: El Paso, 1890-1920." *Journal of the History of Sexuality* 12 (2003): 575-604.

Gilman, Charlotte Perkins. *Women and Economics: A Study of the Economic Relation Between Men and Women as a Factor in Social Evolution*. Boston: Small, Maynard & Co., 1898.

Goldman, Marion S. *Gold Diggers and Silver Miners: Prostitution and Social Life on the Comstock Lode*. Ann Arbor: University of Michigan Press, 1981.

Hobson, Barbara Meil. *Uneasy Virtue: The Politics of Prostitution and the American Reform Tradition*. New York: Basic Books, 1987.

Kenney, William Howland. *Jazz on the River*. Chicago: University of Chicago Press, 2005.

MacKell, Jan. *Brothels, Bordellos and Bad Girls: Prostitution in Colorado, 1860-1930*. Albuquerque: University of New Mexico Press, 2004.

McGovern, James R. "The American Woman's Pre-World War I Freedom in Manners and Morals." *The Journal of American History* 55 (1968): 315-333.

Mumford, Kevin J. *Interzones: Black/White Sex Districts in Chicago and New York in the Early Twentieth Century*. New York: Columbia University Press, 1997.

Nye, Russel B. "Saturday Night at the Paradise Ballroom: Or, Dance Halls in the Twenties." *The Journal of Popular Culture* 7 (1973): 14-22.

Peiss, Kathy. *Hope in a Jar: The Making of America's Beauty Culture*. New York: Metropolitan Books, 1999.

Petrik, Paula. *No Step Backward: Women and Family on the Rocky Mountain Mining Frontier, Helena Montana, 1865-1900*. Helena: Montana Historical Society Press, 1990.

Rosen, Ruth. *The Lost Sisterhood: Prostitution in America, 1900-1918*. Baltimore: Johns Hopkins University Press, 1983.

Seagraves, Anne. *Soiled Doves: Prostitution in the Early West*. Hayden, Idaho: Wesanne Publications, 1994.

Tone, Andrea. *Devices and Desires: A History of Contraceptives in America*. New York: Hill and Wang, 2002.

West, Elliott. *The Saloon on the Rocky Mountain Mining Frontier*. Lincoln: University of Nebraska Press, 1991.

White, Richard. *"It's your misfortune and none of my own": A New History of the American West*. Norman: University of Oklahoma Press, 1993.

Wild, Mark. *Street Meeting: Multiethnic Neighborhoods in Early Twentieth-Century Los Angeles*. Berkeley: University of California Press, 2005.

제5장

Bailyn, Bernard. *The Ideological Origins of the American Revolution*. Cambridge: Belknap Press of Harvard University Press, 1967.

Bobrick, Benson. *Angel in the Whirlwind: The Triumph of the American Revolution*. New York, NY: Simon & Schuster, 1997.

Daniels, Bruce C. *Puritans at Play: Leisure and Recreation in Colonial New England*. New York:

St. Martin's Griffin, 1996.

Dempsey, Jack, ed. *New English Canaan: Text, Notes, Biography and Criticism*. Scituate, Mass.: Digital Screening, 1999.

Ewing, George. *The Military Journal of George Ewing, 1775-1778*. Yonkers, N.Y.: 1928.

Keller, Kate Van Winkle. *Dance and Its Music in America, 1528-1789*. Hillsdale, NY: Pendragon Press, 2007.

Stearns, Marshall and Jean. *Jazz Dance: The Story Of American Vernacular Dance*. New York: Da Capo Press, 1994.

Stubbes, Phillip. *The Anatomie of Abuses*. 1836.

Wagner, Ann. *Adversaries of Dance: From the Puritans to the Present*. Urbana: University of Illinois Press, 1997.

제6장

Almeida, Linda Dowling. *Irish Immigrants in New York City, 1945-1995*. Bloomington: Indiana University Press, 2001.

Anbinder, Tyler. *Five Points: The 19th-Century New York City Neighborhood that Invented Tap Dance, Stole Elections, and Became the World's Most Notorious Slum*. New York: Free Press, 2001.

Asbury, Herbert. *The Gangs of New York: An Informal History of the Underworld*. New York: Vintage Books, 2008.

Bayor, Ronald H. and Timothy J. Meagher, eds. *The New York Irish*. Baltimore: Johns Hopkins University Press, 1996.

Beddoe, John. *The Races of Britain: A Contribution to the Anthropology of Western Europe*. Bristol: J. W. Arrowsmith, 1885.

Benshoff, Harry M. and Sean Griffin. *America on Film: Representing Race, Class, Gender, and Sexuality at the Movies*. Malden: Blackwell Publishing, 2004.

Boyer, Paul. *Urban Masses and Moral Order in America, 1820-1920*. Cambridge, Mass.: Harvard University Press, 1978.

Braham, David and Edward Harrigan. *Collected Songs*. Madison: A-R Editions, Inc., 1997.

Brennan, Helen. *The Story of Irish Dance*. Dingle, Ireland: Brandon Books, 1999.

Cassidy, Daniel. *How the Irish Invented Slang: The Secret Language of the Crossroads*. Oakland, Calif.: AK Press, 2007.

Cipolla, Frank J. "Patrick S. Gilmore: The Boston Years." *American Music* 6, no. 3 (1988): 281-292.

Cullen, Frank, Florence Hackman, and Donald McNeilly. *Vaudeville, Old and New: An Encyclopedia of Variety Performers in America*. New York: Routledge, 2007.

Curtis, L. Perry, Jr. *Apes and Angels: The Irishman in Victorian Caricature*. Washington, DC: Smithsonian Institution Press, 1971.

Gorn, Elliott J. "'Good-Bye Boys, I Die a True American': Homicide, Nativism, and Working-Class Culture in Antebellum New York City." *Journal of American History* 74 (1987): 388-410.

Grant, Madison. *The Passing of the Great Race: or, The Racial Basis of European History*. New York: C. Scribner's Sons, 1921.

Harris, Leslie M. *In the Shadow of Slavery: African Americans in New York City, 1626-1863*. Chicago: University of Chicago Press, 2003.

Higham, John. *Strangers in the Land: Patterns of American Nativism, 1860-1925*. New Bruns- wick, N.J.: Rutgers University Press, 1955.

Horton, James Oliver and Lois E. Horton. *Black Bostonians: Family Life and Community Struggle in the Antebellum North*. New York: Holmes & Meier, 1979.

Ignatiev, Noel. *How the Irish Became White*. New York: Routledge, 1995.

Knobel, Dale T. *Paddy and the Republic: Ethnicity and Nationality in Antebellum America*. Middletown, Conn.: Wesleyan University Press, 1986.

Lee, J. J. and Marion R. Casey, eds. *Making the Irish American: History and Heritage of the Irish in the United States*. New York: New York University Press, 2006.

Lhamon, W. T. *Raising Cain: Blackface Performance from Jim Crow to Hip Hop*. Cambridge: Harvard University Press, 1998.

Linebaugh, Peter and Marcus Rediker. *The Many-Headed Hydra: Sailors, Slaves, Commoners, and the Hidden History of the Revolutionary Atlantic*. Boston: Beacon Press, 2000.

Lott, Eric. *Love and Theft: Blackface Minstrelsy and the American Working Class*. New York: Oxford University Press, 1993.

Miller, Kerby A. *Emigrants and Exiles: Ireland and the Irish Exodus to North America*. New York: Oxford University Press, 1985.

Miller, Wilbur R. *Cops and Bobbies: Police Authority in New York and London, 1830-1870*. Chicago: University of Chicago Press, 1977.

O'Sullivan, Patrick, ed. *The Creative Migrant*. New York: St. Martin's Press, 1994.

Quinlin, Michael P. *Irish Boston*. Guilford, Conn.: Globe Pequot Press, 2004.

Roediger, David R. *The Wages of Whiteness: Race and the Making of the American Working Class*. New York: Verso, 1991.

_____ . *Towards the Abolition of Whiteness: Essays on Race, Politics, and Working Class History*. New York: Verso, 1994.

_____ . *Working Toward Whiteness: How America's Immigrants Became White: The Strange Journey from Ellis Island to the Suburbs*. New York: Basic Books, 2005.

Rowland, Thomas J. "Irish American Catholics and the Quest for Respectability in the Coming of the Great War, 1900-1917." *Journal of American Ethnic History* 15 (1996): 3-31.

Schneider, Eric C. *In the Web of Class: Delinquents and Reformers in Boston, 1810s-1930s*. New York: New York University Press, 1992.

Shaw, Richard. *Dagger John: The Unquiet Life and Times of Archbishop John Hughes of New York*. New York: Paulist Press, 1977.

Tomko, Linda J. *Dancing Class: Gender, Ethnicity, and Social Divides in American Dance, 1890-1920*. Bloomington: Indiana University Press, 1999.

Way, Peter. *Common Labour: Workers and the Digging of North American Canals, 1780-1860*. New York: Cambridge University Press, 1993.

Williams, W. H. A. *'Twas Only an Irishman's Dream: The Image of Ireland and the Irish in American Popular Song Lyrics, 1800-1920*. Urbana: University of Illinois Press, 1996..

제7장

Abernathy, Arthur Talmage. *The Jew a Negro: Being a Study of the Jewish Ancestry from an*

Impartial Standpoint. Moravian Falls, N.C.: Dixie Publishing, 1910.

Blady, Ken. *The Jewish Boxers Hall of Fame.* New York: Shapolsky Publishers, 1988.

Blee, Kathleen M. *Women of the Klan: Racism and Gender in the 1920s.* Berkeley: University of California Press, 1991.

Bodner, Allen. *When Boxing Was a Jewish Sport.* Westport, Conn.: Praeger, 1997.

Daniels, Roger and Otis L. Graham. *Debating American Immigration, 1882-Present.* Lanham, Md.: Rowman & Littlefield Publishers, 2001.

Davis, Mac. *From Moses to Einstein: They All Are Jews.* New York: Jordan Publishing Co., 1937.

Diner, Hasia R. *In the Almost Promised Land: American Jews and Blacks, 1915-1935.* Baltimore: Johns Hopkins University Press, 1995.

Dinnerstein, Leonard. *Antisemitism in America.* New York: Oxford University Press, 1994.

Erenberg, Lewis A. *Steppin' Out: New York City Nightlife and the Transformation of American Culture, 1890-1930.* Chicago: University of Chicago Press, 1984.

_____. *Swingin' The Dream: Big Band Jazz and The Rebirth of American Culture.* Chicago: University of Chicago Press, 1998.

Ferris, Marcie Cohen and Mark I. Greenberg, eds. *Jewish Roots in Southern Soil: A New History.* Hanover, NH: University Press of New England, 2006.

Ford, Henry. *The International Jew: The World's Foremost Problem, Vol. 1-4.* Dearborn, Mich.: The Dearborn Publishing Co., 1920.1922.

Gabler, Neal. *An Empire of Their Own: How the Jews Invented Hollywood.* New York: Crown Publishers, 1988.

Gerstle, Gary. *American Crucible: Race and Nation in the Twentieth Century.* Princeton: Princeton University Press, 2001.

Gertzman, Jay A. *Bookleggers and Smuthounds:.The Trade in Erotica, 1920-1940.* Philadelphia: University of Pennsylvania Press, 1999.

Goldstein, Eric L. *The Price of Whiteness: Jews, Race, and American Identity.* Princeton: Princeton University Press, 2006.

Gurock, Jeffrey S. *Judaism's Encounter with American Sports.* Bloomington: Indiana University Press, 2005.

_____. *When Harlem Was Jewish.* New York: Columbia University Press, 1979.

Levine, Peter. *Ellis Island to Ebbets Field: Sport and the American Jewish Experience.* New York: Oxford University Press, 1992.

MacLean, Nancy. *Behind the Mask of Chivalry: The Making of the Second Ku Klux Klan.* New York: Oxford University Press, 1994.

Melnick, Jeffrey Paul. *A Right to Sing the Blues: African Americans, Jews, and American Popular Song.* Cambridge, Mass.: Harvard University Press, 1999.

Mezzrow, Mezz. *Really the Blues.* New York: Random House, 1946.

Riess, Steven A., ed. *Sports and the American Jew.* Syracuse, N.Y.: Syracuse University Press, 1998.

Rogin, Michael Paul. *Blackface, White Noise: Jewish Immigrants in the Hollywood Melting Pot.* Berkeley: University of California Press, 1996.

Rogoff, Leonard. "Is the Jew White?: The Racial Place of the Southern Jew." *American Jewish*

History 85, no. 3 (1997): 195-230.

Sachar, Howard Morley. *A History of the Jews in America*. New York: Knopf, 1992.

Saleski, Gdal. *Famous Musicians of a Wandering Race*. New York: Bloch Publishing Company, 1927.

Slobin, Mark. *Tenement Songs: The Popular Music of the Jewish Immigrants*. Urbana: University of Illinois Press, 1982.

Sollors, Werner. *Beyond Ethnicity: Consent and Descent in American Culture*. New York: Oxford University Press, 1986.

Suisman, David. *Selling Sounds: The Commercial Revolution in American Music*. Cambridge, Mass.: Harvard University Press, 2009.

Vaillant, Derek. *Sounds of Reform: Progressivism and Music in Chicago, 1873-1935*. Chapel Hill: University of North Carolina Press, 2003.

Zangwill, Israel. *The Melting-Pot: Drama in Four Acts*. New York: The Macmillan Company, 1909.

Zurawik, David. *The Jews of Prime Time*. Hanover, NH: University Press of New England, 2003.

제8장

Boulard, Garry. *Just a Gigolo: The Life and Times of Louis Prima*. Lafayette, La.: Center for Louisiana Studies, University of Southwestern Louisiana, 1989.

Brandfon, Robert L. *Cotton Kingdom of the New South: A History of the Yazoo Mississippi Delta from Reconstruction to the Twentieth Century*. Cambridge, Mass.: Harvard University Press, 1967.

Brunn, H. O. *The Story of the Original Dixieland Jazz Band*. New York: Da Capo Press, 1977.

Carr, Ian, Digby Fairweather, and Brian Priestley. *The Rough Guide to Jazz*. New York: Rough Guides, 2004.

D'Acierno, Pellegrino, ed. *The Italian American Heritage: A Companion to Literature and Arts*. New York: Garland Publishing, 1999.

De Stefano, George. *An Offer We Can't Refuse: The Mafia in the Mind of America*. New York: Faber and Faber, 2006.

Erenberg, Lewis A. *Swingin' The Dream: Big Band Jazz and The Rebirth of American Culture*. Chicago: The University of Chicago Press, 1984.

Ewen, David. *Men of Popular Music*. Chicago: Ziff-Davis Publishing Company, 1944.

Fikentscher, Kai. *"You Better Work!": Underground Dance Music in New York City*. Hanover, N.H.: University Press of New England, 2000.

Foerster, Robert F. *The Italian Emigration of Our Times*. Cambridge: Harvard University Press, 1919.

Grant, Madison. *The Passing of the Great Race; or, The Racial Basis of European History*. New York: C. Scribner's Sons, 1921.

Greene, Victor. *A Passion for Polka: Old-Time Ethnic Music in America*. Berkeley: University of California Press, 1992.

Guglielmo, Jennifer and Salvatore Salerno. *Are Italians White? How Race Is Made in America*. New York: Routledge, 2003.

Guglielmo, Thomas A. *White on Arrival: Italians, Race, Color, and Power in Chicago, 1890- 1945*. New York: Oxford University Press, 2003.

Higham, John. *Strangers in the Land: Patterns of American Nativism, 1860-1925.* New Bruns- wick, N.J.: Rutgers University Press, 1955.

LaGumina, Salvatore. *The Humble and the Heroic: Wartime Italian Americans.* Youngstown, OH: Cambria Press, 2006.

____. *WOP: A Documentary History of Anti-Italian Discrimination in the United States.* San Francisco: Straight Arrow Books, 1973.

Light, Alan, ed. *The Vibe History of Hip Hop.* New York: Three Rivers Press, 1999.

Lawrence, Tim. *Love Saves the Day: A History of American Dance Music Culture, 1970-1979.* Durham, N.C.: Duke University Press, 2003.

Luconi, Stefano. *From Paesani to White Ethnics: The Italian Experience in Philadelphia.* Albany: State University of New York Press, 2001.

Martin, Linda and Kerry Segrave. *Anti-rock: The Opposition to Rock 'n' Roll.* Hamden, Conn.: Archon Books, 1988.

McCracken, Allison. "'God's Gift to Us Girls': Crooning, Gender, and the Re-Creation of American Popular Song, 1928-1933." *American Music* 17, no. 4 (1999): 365-395.

Morris, Ronald L. *Wait Until Dark: Jazz and the Underworld, 1880-1940.* Bowling Green, OH: Bowling Green University Popular Press, 1980.

Mustazza, Leonard, ed. *Frank Sinatra and Popular Culture: Essays on an American Icon.* Westport, Conn.: Praeger, 1998.

Nakamura, Julia Volpelletto. "The Italian American Contribution to Jazz." *Italian Americana* 8 (1986): 23.

Orsi, Robert A. *The Madonna of 115th Street: Faith and Community in Italian Harlem, 1880-1950.* New Haven: Yale University Press, 1985.

Pugliese, Stanislao G., ed. *Frank Sinatra: History, Identity, and Italian American Culture.* New York: Palgrave Macmillan, 2004.

Roediger, David R. *Colored White: Transcending the Racial Past.* Berkeley: University of California Press, 2002.

Ross, Edward Alsworth. *The Old World in the New: The Significance of Past and Present Immigration to the American People.* New York: The Century Co., 1914.

Shapiro, Peter. *Turn the Beat Around: The Secret History of Disco.* New York: Faber and Faber, 2005.

Spiro, Jonathan Peter. *Defending the Master Race: Conservation, Eugenics, and the Legacy of Madison Grant.* Hanover, NH: University Press of New England, 2009.

Sudhalter, Richard M. *Lost Chords: White Musicians and Their Contribution to Jazz, 1915-1945.* New York: Oxford University Press, 1999.

Summers, Anthony and Robbyn Swan. *Sinatra: The Life.* New York: Knopf, 2005.

Sweeney, Arthur. "Mental Tests for Immigrants." *The North American Review* 215 (1922): 600-612.

Ward, Brian. *Just My Soul Responding: Rhythm and Blues, Black Consciousness, and Race Relations.* Berkeley: University of California Press, 1998.

Ward, Geoffrey C. *Jazz: A History of America's Music.* New York: Alfred A. Knopf, 2000.

Warne, Frank Julian. *The Tide of Immigration.* New York: D. Appleton, 1916.

제9장

Beecher, Henry Ward. *Lectures to Young Men on Industry and Idleness.* New York: Fowlers and Wells, 1848.

Blaszczyk, Regina Lee. *Imagining Consumers: Design and Innovation from Wedgwood to Corning.* Baltimore: Johns Hopkins University Press, 2000.

Carnegie, Andrew. "Wealth." *North American Review* 148.39 (1889).

Chapin, Robert Coit. *The Standard of Living Among Workingmen's Families in New York City.* New York: Russell Sage Foundation, 1909.

Chernow, Ron. *Titan: The Life of John D. Rockefeller, Sr.* New York: Random House, 1998.

Converse, Jean M. *Survey Research in the United States: Roots and Emergence 1890-1960.* New Brunswick, NJ: Transaction Publishers, 2009.

Dubofsky, Melvyn and Warren Van Tine, eds., *Labor Leaders in America.* Urbana: University of Illinois Press, 1987.

Enstad, Nan. *Ladies of Labor, Girls of Adventure: Working Women, Popular Culture, and Labor Politics at the Turn of the Twentieth Century.* New York: Columbia University Press, 1999.

Erenberg, Lewis A. *Steppin' Out: New York City Nightlife and the Transformation of American Culture, 1890-1930.* Chicago: The University of Chicago Press, 1984.

Ewen, Stuart. *Captains of Consciousness: Advertising and the Social Roots of Consumer Culture.* New York: McGraw-Hill, 1976.

Horowitz, Daniel. *The Morality of Spending: Attitudes Toward the Consumer Society in America, 1875-1940.* Baltimore: Johns Hopkins University Press, 1985.

Kann, Mark E. *On the Man Question: Gender and Civic Virtue in America.* Philadelphia: Temple University Press, 1991.

Kasson, John F. *Amusing the Millions: Coney Island at the Turn of the Century.* New York: Hill and Wang, 1976.

LaSelle, Mary A. *The Young Woman Worker.* Boston: Pilgrim Press, 1914.

Lebergott, Stanley. *Pursuing Happiness: American Consumers in the Twentieth Century.* Princeton, NJ: Princeton University Press, 1993.

Nye, David E. *Technology Matters: Questions to Live With.* Cambridge, Mass.: MIT Press, 2006.

Patten, Simon Nelson. *Product and Climax.* New York: B.W. Huebsch, 1909.

Peiss, Kathy. *Cheap Amusements: Working Women and Leisure in Turn-of-the-Century New York.* Philadelphia: Temple University Press, 1986.

Phelan, Rev. J. J. *Motion Pictures as a Phase of Commercial Amusement in Toledo, Ohio.* Toledo: Little Book Press, 1919.

Richardson, Bertha June. *The Woman Who Spends: A Study of Her Economic Function.* Boston: Whitcomb & Barrows, 1904.

Rodgers, Daniel T. *The Work Ethic in Industrial America, 1850-1920.* Chicago: University of Chicago Press, 1978.

Salvatore, Nick. *Eugene V. Debs: Citizen and Socialist.* Urbana: University of Illinois Press, 1982.

Stein, Leon and Philip Taft, eds. *Workers Speak: Self Portraits.* New York: Arno, 1971.

Veblen, Thorstein. *The Theory of the Leisure Class.* New York: Dover Publications, 1994.

Wald, Lillian D. *The House on Henry Street.* New York: H. Holt and Co., 1915.

Wayland, Francis. *The Elements of Political Economy*. New York: Leavitt, Lord & Company, 1837.

Weber, Max. *The Protestant Ethic and the "Spirit" of Capitalism*. New York: Penguin Books, 2002.

제10장

Bowser, Eileen. *The Transformation of Cinema, 1907-1915*. Berkeley: University of California Press, 1994.

Burbank, Jeff. *License to Steal: Nevada's Gaming Control System in the Megaresort Era*. Reno: University of Nevada Press, 2000.

Carter, David. *Stonewall: The Riots that Sparked the Gay Revolution*. New York: St. Martin's Press, 2004.

Charyn, Jerome. *Gangsters and Gold Diggers: Old New York, The Jazz Age, and the Birth of Broadway*. New York: Thunder's Mouth Press, 2003.

Chilton, John and Max Jones. *Louis: The Louis Armstrong Story, 1900-1971*. New York: Da Capo Press, 1988.

De Stefano, George. *An Offer We Can't Refuse: The Mafia in the Mind of America*. New York: Faber and Faber, 2006.

Doherty, Thomas Patrick. *Pre-code Hollywood: Sex, Immorality, and Insurrection in American Cinema, 1930-1934*. New York: Columbia University Press, 1999.

Duberman, Martin B. *Stonewall*. New York, N.Y.: Dutton, 1993.

Eisenbach, David. *Gay Power: An American Revolution*. New York: Carroll & Graf, 2006.

Fried, Albert. *The Rise and Fall of the Jewish Gangster in America*. New York: Holt, Rinehart, and Winston, 1980.

Gabler, Neal. *An Empire of their Own: How the Jews Invented Hollywood*. New York: Anchor, 1989.

Hampton, Benjamin Bowles. *A History of the Movies*. New York: Covici, Friede, 1931.

Jacobs, Lewis. *The Rise of the American Film: A Critical History*. New York: Harcourt, Brace and Co., 1939.

Joselit, Jenna Weissman. *Our Gang: Jewish Crime and the New York Jewish Community, 1900-1940*. Bloomington: Indiana University Press, 1983.

Keller, Morton. *Regulating a New Society: Public Policy and Social Change in America, 1900-1933*. Cambridge: Harvard University Press, 1994.

Kobler, John. *Capone: The Life and World of Al Capone*. New York: Da Capo Press, 2003.

May, Lary. *The Big Tomorrow: Hollywood and the Politics of the American Way*. Chicago: University of Chicago Press, 2000.

McCracken, Robert D. *Las Vegas: The Great American Playground*. Reno: University of Nevada Press, 1997.

Miller, Nathan. *New World Coming: The 1920s and the Making of Modern America*. New York: Scribner, 2003.

Moehring, Eugene P. *Resort City in the Sunbelt: Las Vegas, 1930-1970*. Reno: University of Nevada Press, 1989.

Morris, Ronald L. *Wait Until Dark: Jazz and the Underworld, 1880-1940*. Bowling Green, OH: Bowling Green University Popular Press, 1980.

Newton, Michael. *Mr. Mob: The Life and Crimes of Moe Dalitz.* Jefferson, N.C.: McFarland & Co., 2009.

Peretti, Burton W. *The Creation of Jazz: Music, Race, and Culture in Urban America.* Urbana: University of Illinois Press, 1994.

Pietrusza, David. *Rothstein: The Life, Times, and Murder of the Criminal Genius who Fixed the 1919 World Series.* New York: Carroll & Graf, 2003.

Raab, Selwyn. *Five Families: The Rise, Decline, and Resurgence of America's Most Powerful Mafia Empires.* New York: Thomas Dunne Books, 2005.

Ramsaye, Terry. *A Million and One Nights: A History of the Motion Picture.* New York: Simon and Schuster, 1926.

Rockaway, Robert A. *But He Was Good to His Mother: The Lives and Crimes of Jewish Gangsters.* Jerusalem: Gefen Publishing House, 2000.

Shapiro, Nat and Nat Hentoff. *Hear Me Talkin' to Ya: The Story of Jazz as Told by the Men who Made It.* New York: Dover Publications, 1966.

Sklar, Robert. *Movie-Made America: A Social History of American Movies.* New York: Random House, 1975.

Slide, Anthony. *Early American Cinema.* Metuchen, NJ: Scarecrow Press, 1994.

제11장

Cogdell, Christina. *Eugenic Design: Streamlining America in the 1930s.* Philadelphia: University of Pennsylvania Press, 2004.

Diggins, John P. *Mussolini and Italy: The View from America.* Princeton, NJ: Princeton University Press, 1972.

Erens, Patricia. *The Jew in American Cinema.* Bloomington: Indiana University Press, 1984.

Gabler, Neal. *An Empire of Their Own: How the Jews Invented Hollywood.* New York: Crown Publishers, 1988.

Garraty, John A. "The New Deal, National Socialism, and the Great Depression." *The American Historical Review* 78.4 (1973): 907-944.

Jacobs, Lea. *The Wages of Sin: Censorship and the Fallen Woman Film, 1928-1942.* Berkeley: University of California Press, 1997.

Johnson, Hugh Samuel. *The Blue Eagle from Egg to Earth.* Garden City, N.Y.: Doubleday, Doran & Co., 1935.

Kevles, Daniel J. *In the Name of Eugenics: Genetics and the Uses of Human Heredity.* New York: Knopf, 1985.

Kuhl, Stefan. *The Nazi Connection: Eugenics, American Racism, and German National Socialism.* New York: Oxford University Press, 1994.

Leuchtenburg, William. "The New Deal and the Analogue of War." In *Change and Continuity in Twentieth-Century America.* John Braeman, Robert H. Bremner, and Everett Walters, eds. Columbus: Ohio State University Press, 1968.

Munby, Jonathan. *Public Enemies, Public Heroes: Screening the Gangster from Little Caesar to Touch of Evil.* Chicago: University of Chicago Press, 1999.

Muscio, Giuliana. *Hollywood's New Deal.* Philadelphia: Temple University Press, 1996.

Namorato, Michael V. *Rexford G. Tugwell: A Biography*. New York: Praeger, 1988.

Ohl, John Kennedy. *Hugh S. Johnson and the New Deal*. Dekalb, Ill.: Northern Illinois University Press, 1985.

Patel, Kiran Klaus. *Soldiers of Labor: Labor Service in Nazi Germany and New Deal America, 1933-1945*. New York: Cambridge University Press, 2005.

Pickens, Donald K. *Eugenics and the Progressives*. Nashville: Vanderbilt University Press, 1968.

Richberg, Donald Randall. *The Rainbow*. Garden City, NY: Doubleday, Doran & Co., 1936.

Schivelbusch, Wolfgang. *Three New Deals: Reflections on Roosevelt's America, Mussolini's Italy, and Hitler's Germany, 1933-1939*. New York: Metropolitan Books, 2006.

Selden, Steven. *Inheriting Shame: The Story of Eugenics and Racism in America*. New York: Teachers College Press, 1999.

Steele, Richard W. *Propaganda in an Open Society: The Roosevelt Administration and the Media, 1933-1941*. Westport, Conn.: Greenwood Press, 1985.

Suzik, Jeffrey Ryan. "'Building Better Men': The CCC Boy and the Changing Social Ideal of Manliness." *Men and Masculinities* 2 (1999): 152-179.

Tugwell, Rexford G. *The Industrial Discipline and the Governmental Arts*. New York: Columbia University Press, 1933.

_____. *To the Lesser Heights of Morningside: A Memoir*. Philadelphia: University of Pennsyl- vania Press, 1982.

Vadney, Thomas E. *The Wayward Liberal: A Political Biography of Donald Richberg*. Lexing- ton: University Press of Kentucky, 1970.

Whitman, James Q. "Of Corporatism, Fascism, and the First New Deal." *The American Journal of Comparative Law* 39.4 (1991): 747-778.

제12장

Berube, Allan. *Coming Out Under Fire: The History of Gay Men and Women in World War Two*. New York: Free Press, 1990.

Boyd, Nan Alamilla. *Wide-Open Town: A History of Queer San Francisco to 1965*. Berkeley: University of California Press, 2003.

Brecher, Jeremy. *Strike!* San Francisco: Straight Arrow Books, 1972.

Clifford, John Garry. "Grenville Clark and the Origins of Selective Service." *The Review of Politics*, 35.1 (1973): 17-40.

Clifford, John Garry and Samuel R. Spencer, Jr. *The First Peacetime Draft*. Lawrence, Kan.: University Press of Kansas, 1986.

Gill, Gerald R. "Afro-American Opposition to the United States' Wars of the Twentieth Century: Dissent, Discontent and Disinterest." PhD diss., Howard University, 1985.

Glaberman, Martin. *Wartime Strikes: The Struggle Against the No-Strike Pledge in the UAW During World War II*. Detroit: Bewick Editions, 1980.

Kelley, Robin D. G. *Race Rebels: Culture, Politics, and the Black Working Class*. New York: Free Press, 1994.

Malkin, Michelle. *In Defense of Internment: The Case for "Racial Profiling" in World War II and the War on Terror*. Washington, DC: Regnery, 2004.

O'Sullivan, John. *From Voluntarism to Conscription: Congress and Selective Service, 1940- 1945*. New York: Garland, 1982.

Pagán, Eduardo Obregon. *Murder at the Sleepy Lagoon: Zoot Suits, Race, and Riots in Wartime L.A.* Chapel Hill: The University of North Carolina Press, 2003.

Pogue, Forrest C. *George C. Marshall*. New York: Viking, 1963.

Sloman, Larry. *Reefer Madness: The History of Marijuana in America*. Indianapolis: Bobbs- Merrill, 1979.

Smith, Page. *Democracy on Trial: The Japanese American Evacuation and Relocation in World War II*. New York: Simon & Schuster, 1995.

Stephan, John J. *Hawaii Under the Rising Sun: Japan's Plans for Conquest After Pearl Harbor*. Honolulu: University of Hawaii Press, 1984.

Stone, Geoffrey R. *Perilous Times: Free Speech in Wartime from the Sedition Act of 1798 to the War on Terrorism*. New York: W. W. Norton & Co., 2004.

제13장

Cushman, Thomas. *Notes from Underground: Rock Music Counterculture in Russia*. Albany: State University of New York Press, 1995.

Hessler, Julie. "The Birth of a Consumer Society: Consumption and Class in the USSR, 1917-1953." Historians' Seminar, Davis Center for Russian Studies, Harvard University, February 22, 2002.

____. *A Social History of Soviet Trade: Trade Policy, Retail Practices, and Consumption, 1917-1953*. Princeton: Princeton University Press, 2004.

Lytle, Mark H. *America's Uncivil Wars: The Sixties Era from Elvis to the Fall of Richard Nixon*. New York: Oxford University Press, 2006.

Martin, Linda and Kerry Segrave. *Anti-rock: The Opposition to Rock 'n' Roll*. Hamden, Conn.: Archon Books, 1988.

Pecora, Norma, John P. Murray, and Ellen Ann Wartella, eds. *Children and Television: Fifty Years of Research*. Mahwah, N.J.: Lawrence Erlbaum, 2007.

Poiger, Uta G. *Jazz, Rock, and Rebels: Cold War Politics and American Culture in a Divided Germany*. Berkeley: University of California Press, 2000.

Ryback, Timothy W. *Rock Around the Bloc: A History of Rock Music in Eastern Europe and the Soviet Union*. New York: Oxford University Press, 1990.

Starr, Frederick S. *Red and Hot: The Fate of Jazz in the Soviet Union, 1917-1991*. New York: Limelight Editions, 1985.

제14장

"1 Killed, 7 Hurt When Shotgun Blast Sets Off 7-Hour Battle in Alabama." *Washington Post and Times Herald*, November 18, 1957, A3.

"6 Negroes Are Jailed In Attack On White Man." *Birmingham Post-Herald*, March 7, 1961.

Baldwin, James. "Freaks and the American Ideal of Manhood." In *Collected Essays*. New York: Library of America, 1998.

Belfrage, Sally. *Freedom Summer*. Charlottesville: University Press of Virginia, 1965.

Beron, Kurt J., Helen V. Tauchen, and Ann Dryden Witte. "The Effect of Audits and Socioeconomic

Variables on Compliance." In *Why People Pay Taxes: Tax Compliance and Enforcement*, edited by Joel Slemrod. Ann Arbor: University of Michigan Press, 1992.

Bogle, Donald. *Toms, Coons, Mulattoes, Mammies, and Bucks: An Interpretive History of Blacks in American Films*. New York: Viking Press, 1973.

_____. *Blacks in American Films and Television: An Illustrated Encyclopedia*. New York: Fireside, 1988.

Cantarow, Ellen, Susan Gushee O'Malley, and Sharon Hartman Strom. *Moving the Mountain: Women Working for Social Change*. New York: McGraw-Hill, 1980.

Carson, Clayborne, ed. *The Papers of Martin Luther King, Jr., Volume IV: Symbol of the Movement: January 1957-December 1958*. Berkeley: University of California Press, 1992.

Chafe, William. "The End of One Struggle, the Beginning of Another." In *The Civil Rights Movement in America*, edited by Charles W. Eagles. Jackson: University Press of Mississippi, 1986.

Chappell, Marisa, Jenny Hutchinson, and Brian Ward. "'Dress modestly, neatly······as if you were going to church': Respectability, Class and Gender in the Montgomery Bus Boycott and the Early Civil Rights Movement." In *Gender in the Civil Rights Movement*, edited by Peter J. Ling and Sharon Monteith. New Brunswick: Rutgers University Press, 1999.

Chateauvert, Melinda. *Marching Together: Women of the Brotherhood of Sleeping Car Porters*. Urbana: University of Illinois Press, 1998.

"Citizenship Curriculum." *Radical Teacher* 40 (1991): 9-18.

Clark, Kenneth B. "The Zoot Effect in Personality: A Race Riot Participant." *Journal of Abnormal and Social Psychology* 40 (1945): 142-148.

D'Emilio, John. *Lost Prophet: The Life and Times of Bayard Rustin*. New York: Free Press, 2003.

Dance, Daryl Cumber. *Shuckin' and Jivin': Folklore from Contemporary Black Americans*. Bloomington: Indiana University Press, 1978.

Davis, Lenwood G. *Daddy Grace: An Annotated Bibliography*. New York: Greenwood Press, 1992.

DuBois, W. E. Burghardt. *The Gift of Black Folk: The Negroes in the Making of America*. Boston: The Stratford Co., 1924.

Eskew, Glenn T. *But for Birmingham: The Local and National Movements in the Civil Rights Struggle*. Chapel Hill: University of North Carolina Press, 1997.

Frazier, Edward Franklin. *The Negro Family in the United States*. New York: Citadel Press, 1948.

_____. "Negro, Sex Life of the African and American." In *The Encyclopedia of Sexual Behavior*, edited by Albert Ellis and Albert Abarbanel. New York: Hawthorn Books, 1961.

Gill, Gerald Robert. "Afro-American Opposition to the United States' Wars of the Twentieth Century: Dissent, Discontent and Disinterest." PhD. diss., Howard University, 1985.

Ginsberg, Allen. "Howl." In *Howl, and Other Poems*. San Francisco: City Lights Pocket Bookshop, 1956.

Hamilton, Marybeth. "Sexuality, Authenticity and the Making of the Blues Tradition." *Past and Present* 169 (2000): 132-60.

Hughes, Langston. "The Negro Artist and the Racial Mountain." *The Nation* (June 23, 1926).

Hartman, Saidiya V. *Scenes of Subjection: Terror, Slavery, and Self-Making in Nineteenth-Century America*. New York: Oxford University Press, 1997.

472

Hunter, Tera W. *To 'Joy My Freedom: Southern Black Women's Lives and Labors After the Civil War.* Cambridge, Mass.: Harvard University Press, 1997.

Jackson, Walter A. *Gunnar Myrdal and America's Conscience: Social Engineering and Racial Liberalism, 1938-1987.* Chapel Hill: University of North Carolina Press, 1990.

"Jittery Bessemer Goes On Alert, But Race Riot Rumors Fall Flat." *Birmingham Post-Herald,* February 18, 1956, 1.

Johnson, John H. and Lerone Bennett, Jr. *Succeeding Against the Odds.* New York: Warner Books, 1989.

"Judge Tells Negro Couple City Wants no Race Riot." *Birmingham News,* July 11, 1956.

Kelley, Robin D. G. *Race Rebels: Culture, Politics, and the Black Working Class.* New York: Free Press, 1994.

Kennedy, David M. *Over Here: The First World War and American Society.* New York: Oxford University Press, 1980.

Kerouac, Jack. *On the Road.* New York: Viking Press, 1957.

King, Martin Luther, Jr. "Letter from Birmingham Jail." In *Why We Can't Wait.* New York: Penguin, 1964.

_____ . *Stride Toward Freedom: The Montgomery Story.* New York: Harper, 1958.

Levine, Lawrence W. *Black Culture and Black Consciousness: Afro-American Folk Thought from Slavery to Freedom.* New York: Oxford University Press, 1977.

Malcolm X. "The Old Negro and the New Negro." *The End of White World Supremacy: Four Speeches by Malcolm X,* edited by Imam Benjamin Karim. New York: Arcade Publishing, 1971.

Martin, Linda and Kerry Segrave. *Anti-rock: The Opposition to Rock 'n' Roll.* Hamden, Conn.: Archon Books, 1988.

Martin, Waldo E., Jr., ed. *Brown v. Board of Education: A Brief History with Documents.* Boston: Bedford/St. Martin's, 1998.

Martinez, Gerald, Diana Martinez, and Andres Chavez. *What It Is, What It Was! The Black Film Explosion of the '70s in Words and Pictures.* New York: Hyperion, 1998.

McAdam, Doug. *Freedom Summer.* New York: Oxford University Press, 1988.

Myrdal, Gunnar. *An American Dilemma: The Negro Problem and Modern Democracy.* New York: Harper, 1944.

"Negro, 70, Freed After Slaying Ala. White Man." *Jet,* January 22, 1953, 11.

"Negroes, Whites Exchange Gunfire." *Birmingham News,* October 29, 1960.

"Negro Group Attacks Youth." *Birmingham Post-Herald,* August 11, 1958.

O'Brien, Gail Williams. *The Color of the Law: Race, Violence, and Justice in the Post-World War II South.* Chapel Hill: University of North Carolina Press, 1999.

Raines, Howell. *My Soul is Rested: Movement Days in the Deep South Remembered.* New York: Putnam, 1977.

Retzloff, Tim. "'Seer or Queer?' Postwar Fascination with Detroit's Prophet Jones." *GLQ: A Journal of Lesbian and Gay Studies* 8: 3 (2002): 271-296.

Roberts, John W. *From Trickster to Badman: The Black Folk Hero in Slavery and Freedom.* Philadelphia: University of Pennsylvania Press, 1989.

Roosevelt, Eleanor. "Freedom: Promise of Fact." *Negro Digest* 1 (1943): 8-9.

_____. "Some of My Best Friends Are Negro." *Ebony* 9 (1953): 16-20, 22, 24-26.

Russell, Thaddeus. "The Color of Discipline: Civil Rights and Black Sexuality." *American Quarterly* 60 (2008): 101-128.

Simon, Carl P. and Ann D. Witte. *Beating the System: The Underground Economy.* Boston: Auburn House, 1982.

Theophilus Eugene "Bull" Connor Papers. Birmingham Public Library Archives: Birmingham, Alabama.

"Number of Females Arrested By Race, 1959-1960," Box 5, Folder 27.

J. W. Garrison to Jamie Moore, January 28, 1960, Box 5, Folder 23.

C. D. Guy to Chief Jamie Moore, May 7, 1960, Box 6, Folder 8.

Sergeant C. D. Milwee to Captain J. W. Garrison, August 3, 1960, Box 5, Folder 23.

T. E. Sellers to Chief Jamie Moore, August 11, 1960, Box 5, Folder 23.

Sgt. C. D. Guy to Chief Jamie Moore, April 29, 1962, Box 11, Folder 46.

W. J. Haley to Commissioner Connor, Memorandum, May 25, 1962, Box 11, Folder 46.

L. B. Thompson to Chief Jamie Moore, September 4, 1962, Box 12, Folder 11.

Sgt. C. D. Guy to Chief Jamie Moore, October 3, 1962, Box 12, Folder 11.

George Wall to Chief Jamie Moore, October 4, 1962, Box 11, Folder 24.

"Two farmers in hospital with gunshot wounds after clash with boys, bullets at curb market." *Birmingham News.* August 15, 1955, 21.

Tyson, Timothy B. *Radio Free Dixie: Robert F. Williams and the Roots of Black Power.* Chapel Hill: University of North Carolina Press, 1999.

To Secure These Rights: The Report of the President's Committee on Civil Rights. Washington, DC: U.S. Government Printing Office, 1947.

Van DeBurg, William L. *New Day in Babylon: The Black Power Movement and American Culture, 1965-1975.* Chicago: University of Chicago Press, 1992.

Vincent, Rickey. *Funk: The Music, the People, and the Rhythm of the One.* New York: St. Martin's Griffin, 1996.

Ward, Brian. *Just My Soul Responding: Rhythm and Blues, Black Consciousness, and Race Relations.* Berkeley: University of California Press, 1998.

Watkins, Mel. *On the Real Side: Laughing, Lying, and Signifying: The Underground Tradition of African-American Humor.* New York: Simon & Schuster, 1994.

제15장

Allyn, David. *Make Love, Not War: The Sexual Revolution, an Unfettered History.* Boston: Little Brown, 2000.

Bem, Sandra L. "Gender Schema Theory: A Cognitive Account of Sex Typing." *Psychological Review* 88 (1981): 354-64.

D'Emilio, John. *Sexual Politics, Sexual Communities: The Making of a Homosexual Minority in the United States, 1940-1970.* Chicago: University of Chicago Press, 1983.

D'Emilio, John and Estelle B. Freedman. *Intimate Matters: A History of Sexuality in America.* New York: Haper & Row, 1988.

Duberman, Martin B. *Stonewall.* New York: Dutton, 1993.

Eisenbach, David. *Gay Power: An American Revolution*. New York: Carroll and Graf, 2006.

Faderman, Lillian and Stuart Simmons. *Gay L.A.: A History of Sexual Outlaws, Power Politics, and Lipstick Lesbians*. New York: Basic Books, 2006.

Krich, Aron M. *The Sexual Revolution*. New York: Dell Pub. Co., 1964.

Reuben, David R. *Everything You Always Wanted to Know about Sex, but Were Afraid to Ask*. New York: D. McKay Co., 1969.

Stein, Marc. *City of Sisterly and Brotherly Loves: Lesbian and Gay Philadelphia, 1945-1972*. Chicago: University of Chicago Press, 2000.

Stern, Michael and Jane Stern. "Decent Exposure." *New Yorker*, March 19, 1990.

제16장

Aronowitz, Stanley. *False Promises: The Shaping of American Working Class Consciousness*. New York: McGraw-Hill, 1973.

Carter, Dan T. *The Politics of Rage: George Wallace, the Origins of the New Conservatism, and the Transformation of American Politics*. New York: Simon & Schuster, 1995.

Cutler, Jonathan. *Labor's Time: Shorter Hours, the UAW, and the Struggle for American Unionism*. Philadelphia: Temple University Press, 2004.

Freeman, Joshua B. "Hardhats: Construction Workers, Manliness, and the 1970 Pro-War Demonstrations." *Journal of Social History* 206 (1993): 725-744.

Jerome, Judson. *Families of Eden: Communes and the New Anarchism*. New York: Seabury Press, 1974.

Kazin, Michael. *The Populist Persuasion: An American History*. New York: Basic Books, 1995.

Lemke-Santangelo, Gretchen. *Daughters of Aquarius: Women of the Sixties Counterculture*. Lawrence, Kan.: University Press of Kansas, 2009.

Lichtenstein, Nelson. *The Most Dangerous Man in Detroit: Walter Reuther and the Fate of American Labor*. New York: Basic Books, 1995.

Malone, Bill C. *Country Music U.S.A.: A Fifty-Year History*. Austin: University of Texas Press, 1968.

Melville, Keith. *Communes in the Counter Culture Origins, Theories, Styles of Life*. New York: Morrow, 1972.

Miller, Timothy. *The 60s Communes: Hippies and Beyond*. Syracuse: Syracuse University Press, 1999.

Owens, Virginia Stem. *Assault on Eden: A Memoir of Communal Life in the Early '70s*. Grand Rapids, Mich.: Baker Books, 1995.

Reich, Charles A. *The Greening of America*. New York: Random House. 1970.

Smith, Daniel A. *Tax Crusaders and the Politics of Direct Democracy*. New York: Routledge, 1998.

William, Chris. *Redneck & Bluenecks: The Politics of Country Music*. New York: New Press, 2005.

Wolfe, Charles K. and James E. Akenson, eds. *Country Music Goes to War*. Lexington, Ken.: University Press of Kentucky, 2005.

Zicklin, Gilbert. *Counterculture Communes: A Sociological Perspective*. Westport, Conn.: Greenwood Press, 1983.

역자 후기

이 책은 학자가 쓰기는 했지만, 본격적인 학술서라기보다는 대중서에 가까워서 해제가 필요한 것 같지는 않다. 딱히 미국사가 아니더라도 역사서에 관심을 가져온 독자라면, '선량한' 미국인들과 '불량한' 미국인들 간의 대립관계를 중심에 놓고 미국사 전체를 새로 검토해야 한다는 저자의 입장이 역사를 추동하는 복잡한 메커니즘에 대한 경시를 낳을 수 있다는 점에 유의할 것이며, 이 책이 풍부하게 기록하고 있으나 일관되게 칭송하기만 하는 '불량한' 미국인들의 (상대적으로) 숨겨진 역사에 대해서도 인정할 것과 의심할 것, 더 나아가서 비판할 것을 가려가며 읽으리라고 생각된다. 다만 상당히 튀는, 한글 제목에 대해서는 해명이 필요할 것 같았다.

솔직히 고백하자면, 『불한당들의 미국사』라는 한글 제목은 아주 정직한 번역은 아니다. 대다수 영한사전은 원제(*A Renegade History of the United States*)의 키워드인 'renegade'의 번역어로 '변절자', '탈당자', '배교자' 등을 제시하고 있다. 이런 여러 번역어들을 관통하는 공통의 의미소는 소속집단의 가치에 대한 거부로 정리할 수 있겠다. 그리고 대개 그런 태도는 그 집단에서 이탈하는 행동으로 이어지기 때문에 위의 번역어들이 성립한다. 그러나 이 책에 나오는 'renegade'들은 미국을 떠나거나(오히려 이 책이 칭송하는 '영웅들'의 대다수는 이민자들이다) (제12장에 등장하는 일본인 이민자들을 제외하면) 이적행위를 하지는 않는다. 그들이 버린 것은 어디까지나 미국의 엘리트들이 확립하고자 하는 주류 가치였다. 그래서 썩 만족스럽지는 않지만 본문에서 이 단어는 두어 군데를 제외하고는 (주로 수식어로 쓰이므로) '반항적

(인)'으로 옮겨진다. 그런데 이 단어는 특정한 문맥에서 떨어져 홀로 쓰일 때는 '저항' 같은 유사어도 상기되면서 무엇인가에 대해서 의식적으로 도전한다는 어감이 강해진다. 그러나 이 책의 'renegade'들은 그저 자신의 쾌락을 열렬히 쫓을 뿐이지 무슨 정치적 자각에 따라서 행동하는 존재들이 아니다. 특히, 제1장에 등장하는, 다른 이유에서가 아니라 그저 술김에 몰려다니다가 영국군에 대한 폭행에 가담하는 보스턴의 폭도 무리가 그러한데, 이 책이 기리는 인물들은 당대 주류 사회의 도덕적 기준으로 볼 때는 '불한당'이라고 할 법한 존재들인 것이다. 물론 'renegade'의 번역어로 '불한당'을 택한 것은 저자의 뜻을 거슬러 이 책의 '영웅들'을 비난하겠다는 것이 아니라 그 단어에 따라붙는 낭만적인 아우라 때문이다. 내 경우에는 불한당이라고 하면 대번 보르헤스의 유명한 소설집 『불한당들의 세계사』가 떠오른다. 충분한 숫자의 표본을 대상으로 확인을 거친 것은 아니지만 이런 연상작용이 상당히 일반적인 듯하기 때문에, 현재의 제목이 사회의 주변적 존재들을 역사의 중심에 놓으려는 저자의 취지를 살리는 데에 기여하리라고 본다. 게다가 제법 귀에 얹히는 제목이어서 포기하기가 더욱 어려웠다.

앞에서 저자의 사관을 경계할 필요가 있다고 했지만, 이 책이 상당한 공력과 노고의 산물이라는 데에는 이견이 있을 수 없다. 특히 '백인성(whiteness)' 연구와 이민사 분야의 최신 성과들을 폭넓게 활용하여 인종의 사회적 구성과정을 흥미로운 이야기의 형태로 풀어내는 제2부와 제3부의 내용은 점차 다인종 사회로 향해 가는 한국 사회에 시사하는 바가 크다. 전체적으로도 이만큼이나 활달한 문체로 미국사의 전(全) 시기를 다루는 책도 드물기에 미국사에 입문할 수 있는 값진 통로가 하나 더 마련되었다고 할 수 있다.

이정진

인명 색인